中国低碳能源转型系统分析
方法、模型与应用

张希良 等/著

科 学 出 版 社
北 京

内 容 简 介

本书收录了清华大学张希良教授和他指导的学生们近10年来对中国低碳能源转型问题研究的部分论文，着重介绍了如何将经济理论和系统分析方法应用到中国低碳能源转型的技术路线和政策综合评价中，展现了中国低碳能源转型系统分析方法和模型研究的创新性成果，从不同层面、不同维度和不同领域辨识中国低碳能源转型过程的特点。本书的主要内容包括低碳能源经济系统分析、可再生能源系统分析和低碳交通系统分析等。

本书可供从事能源、环境、经济和公共管理工作的研究人员和管理人员参考，也可作为能源工程、环境工程、能源经济管理、环境经济管理专业研究生的教学参考书。

图书在版编目(CIP)数据

中国低碳能源转型系统分析：方法、模型与应用／张希良等著．—北京：科学出版社，2020.1

ISBN 978-7-03-062503-8

Ⅰ.①中…　Ⅱ.①张…　Ⅲ.①低碳经济-能源经济-研究-中国　Ⅳ.①F426.2

中国版本图书馆CIP数据核字（2019）第220784号

责任编辑：刘　超／责任校对：樊雅琼

责任印制：赵　博／封面设计：无极书装

科学出版社出版

北京东黄城根北街16号

邮政编码：100717

http://www.sciencep.com

北京建宏印刷有限公司印刷

科学出版社发行　各地新华书店经销

*

2020年1月第　一　版　开本：787×1092　1/16

2025年1月第四次印刷　印张：26

字数：620 000

定价：328.00元

（如有印装质量问题，我社负责调换）

前　言

改革开放40年，中国得到快速发展，成就巨大，举世瞩目，但也积累了发展“不平衡、不协调、不可持续”的深层次矛盾，资源、环境的压力持续增大。快速增长的化石能源生产和消费是造成当前“资源约束趋紧、环境污染严重、生态系统退化”严峻形势的首要原因。在中国，SO_2、NO_x、烟尘等常规污染物排放的70%以上来自燃煤和汽车尾气。国内粗放扩张型发展方式的危害正在不断显现，而且未来难以为继，中国已走到了一个必须“转型发展”的阶段。气候变化是人类生存和经济社会可持续发展的最大威胁之一。中国是世界最大的发展中国家，也是全球最大的二氧化碳排放国。虽然碳排放与常规污染物排放含义不同，但在中国它们具有显著的同根、同源、同步特点。因而，在中国“绿色发展”和“低碳发展”是高度重叠统一的，都是一种以低耗能、低污染、低排放为特征的可持续发展模式。

2006年中国的二氧化碳排放量超过了以前的全球第一排放大国美国，2014年以后超过了欧盟和美国排放之和，当前人均碳排放量也超过了欧盟。随着中国经济地位和国力的提升，特别是在美国退出《巴黎协定》后，国际社会对中国应对全球气候变化寄予厚望。中国应该继续维护发展中国家地位，不做超越国情、发展阶段和自身能力的贡献，更不需要为额外分担美国所放弃的义务而付出更大代价，要管控好外部不切实际的预期。但从维护和扩展中国自身根本利益出发，维护中国发展中国家的地位绝不等同于不采取积极的应对气候变化行动，也绝不等同于不在全球气候治理制度和机制发展中发挥积极的引领作用。

中国实施绿色、循环、低碳发展理念，建设人与自然和谐共生的现代化，满足人民日益增长的对美好生活和优美生态环境的需求，推进生态文明建设。这与《巴黎协定》所倡导的实现气候适宜型低碳经济发展路径相契合。中国节能降碳和经济转型所取得的巨大成效，也是把应对气候变化和国内可持续发展相结合，打造经济、民生、能源、环境和减排二氧化碳多方共赢的局面，已成为推动世界能源变革和经济低碳转型的重要贡献者和引领者。一个国家在全球气候治理中的引领作用表现其在对各缔约方立场和利益诉求的协调能力，其在各方利益诉求的平衡点上展现出的影响力、感召力和塑造力。只有引导全球气候治理制度和机制发展的走向和节奏，才能更好地维护和扩展自身国家利益。中国应统筹国内国际两个大局，以积极和坚实的国内行动占据国际道义制高点，增强引领全球气候治理进程的底气。

绿色低碳发展和能源转型包括个人和组织行为改变、经济转型和产业升级、能源系统变革和国际气候制度创新等内容，涵盖经济、社会、能源、环境、技术、国际合作等诸多方面，不仅会涉及当代人的利益，也会涉及子孙后代的利益，还会受未来国际气候制度安排的制约，因而是一项复杂的系统工程，存在很多的挑战和不确定性。

为了尽可能地降低转型的成本和有效管控转型过程中出现的风险和不确定性，需要全球性的视野和前瞻性的布局，需要在国家宏观战略层面上进行不同空间和时间尺度的统筹协调，提出不同阶段的转型目标和指标要求，优化转型路径，实施及时有效的政策干预，即要对转型进行宏观管理。鉴于低碳能源转型的复杂性，成功的宏观管理客观上要求我们首先要对中国低碳能源转型中的关键管理科学问题进行系统和深入的研究，实现对转型过程本身客观规律的深刻认识，建立起科学的管理理论和方法，形成决策的科学支持平台。

低碳能源转型的宏观管理可理解为 3 个层次，如图 1 所示。最上层是政府面对的宏观管理问题。例如，国家近、中、远期转型目标的设定问题，能源消费总量与碳排放总量的管理问题，国际气候合作问题，政策体系与政策工具的选择问题等。中间层是从上一层宏观管理问题中提炼出来的科学问题，即我国绿色低碳发展转型管理所涉及的深层次的科学问题。例如，企业和居民的绿色低碳行为问题，宏观经济运行形态问题，能源体系变革的规律与驱动机制问题，国际气候治理结构演变与合作机制问题、政策综合评估模型等。研究这些科学问题的目的是形成对中国绿色低碳发展转型客观规律的深刻认识，提出科学管理理论和方法，形成中国低碳发展转型管理的科学基础。最下层是以科学问题研究成果为基础建立的决策支持平台，主要由各类模型构成，为绿色低碳发展转型管理提供科学的决策支持。

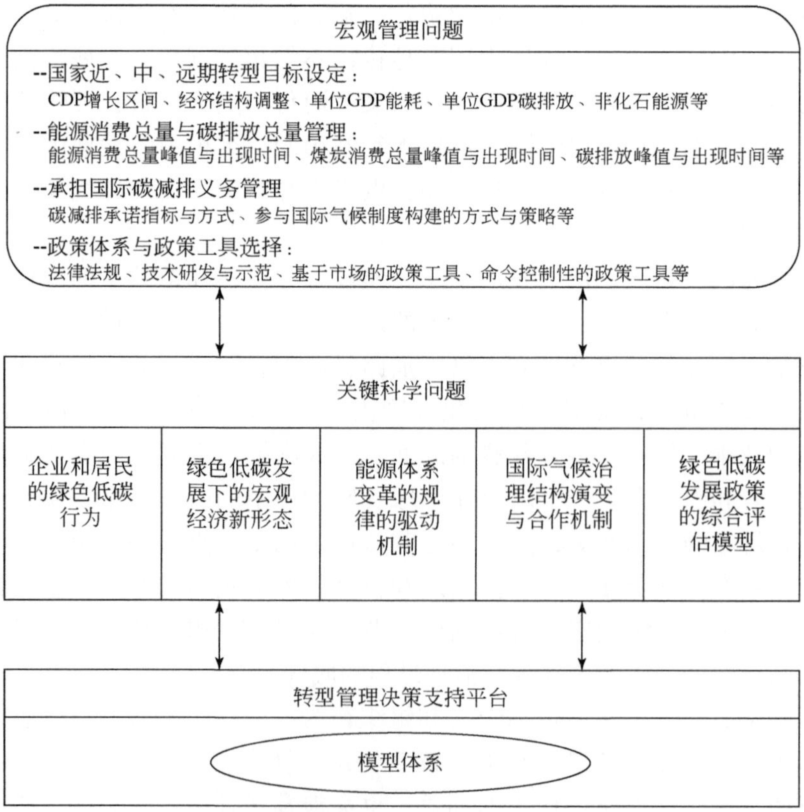

图 1　低碳能源转型宏观管理的研究框架

《中国低碳能源转型系统分析——方法、模型与应用》收集了近10年我和我指导的研究生们，在对中国低碳能源转型相关管理科学问题研究中取得的一些成果，包括分析方法、模型工具和政策机制等，旨在从不同的维度和不同的层面解释中国低碳能源转型的规律和特点，建立和发展中国低碳能源转型的分析方法和评估模型体系，形成对中国低碳能源转型技术方案和政策方案的科学认识。这些研究成果绝大部分已发表在国际学术刊物上，本书是对这些成果的集中梳理和汇编。以中文出版这些成果，我们希望有更多的中国低碳能源转型研究者和政策制定者了解这些成果，从而能够对中国低碳能源转型做出更大的贡献。本书收录的成果研究得到国家自然科学基金、科学技术部研究计划、国家社会科学基金和清华大学—麻省理工学院（MIT）国际合作项目等资助，得到生态环境部、国家发展和改革委员会、国家能源局等政府部门的支持，本书的出版得益于国家自然科学基金重大项目（71690240），在此特表谢忱。

张希良

2019年11月于清华园

目　　录

目录

国家碳市场总体设计中几个关键指标之间的数量关系*

张希良

摘要：以降低单位 GDP 碳排放或提高碳生产力为主来控制碳排放总量，是我国现阶段应对气候变化政策方针的一个基本特征；以免费分配为主的方式分配碳排放配额是我国现阶段碳市场建设的另一个基本特征。基于这两个基本特征，本文讨论了国家碳市场总体设计的几个关键问题，分析了单位 GDP 碳减排目标及碳市场对完成国家碳减排目标的贡献率、覆盖范围、配额总量、行业碳排放基准值等碳市场总体设计中关键指标之间的数量关系，为碳市场总体设计建立了一个自上而下和自下而上相结合的分析框架，指出了碳市场总体设计和建设应该遵循的基本原理，可为碳市场总体设计和建设提供有效的科学指导。

关键词：碳市场设计；国家碳减排目标；总量设定；配额分配

1　引言

“十一五”“十二五”期间我国经济低碳转型取得了很大成就。2015 年单位 GDP 碳排放（又称 GDP 碳强度），与 2005 年相比下降了 38.6%，年均下降 5% 左右，明显超过发达经济体碳强度年均下降 2% ~3% 的水平。我国经济低碳转型成绩的取得在很大程度上得益于政府出台和实施的一系列节能减碳的政策措施，其中既包含命令控制型的政策工具，也包含基于市场的政策工具。尽管过去 10 年我国经济低碳转型成效显著，但我国的碳强度即使按购买力平价计算仍然是全球平均水平的 2.4 倍、美国的 3.4 倍、日本的 5.1 倍、德国的 5.4 倍，这说明我国经济低碳转型之路仍然任重道远。同时也应注意到，“十一五”“十二五”期间实施的一项主要的节能减碳的政策措施——节能财政补贴，已在“十二五”后期退出；制定的工业能效标准一直面对落实难的问题；“上大压小”和淘汰落后低能效产能等过去行之有效的措施遇到了边际效用下降、边际成本上升等新问题。我国经济要实现进一步的深度低碳转型，需要开展对政策手段的创新研究。在新的形势下，我们有理由相信，碳市场将成为推进我国经济低碳转型的一个最主要的政策工具。

碳市场作为一种应对气候变化的制度安排，在 30 多年前就已出现，但最终成功的实践案例还很少。欧盟用 10 多年的时间，曾经建立起世界上最大的碳市场，但它已经失效，而且我们也不知道它什么时候能再度恢复。中国是世界上最大的碳排放国家，也是世界上最大的发展中国家，要成功借用碳市场实现节能减碳等政策目标所面临的挑战是巨大的。自 2013 年开始，中国在北京、上海、天津、重庆、湖北和广东 6 个省

---

* 原文来源：张希良．国家碳市场总体设计中几个关键指标之间的数量关系．环境经济研究，2017，4：1-5，收入本书出版略有改动。

（直辖市）及深圳开展了碳市场建设的试点工作，为国家碳市场总体设计和建设提供了非常宝贵的经验。中国的经济产业特征、能源市场化程度、企业治理结构、法律制度体系等与发达经济体有显著差异。这些碳市场试点实践告诉我们，中国的碳市场总体设计和建设，一方面需要积极借鉴国外已有碳市场总体设计和建设的经验教训，另一方面需要符合我国的国情，要与我国经济低碳转型的阶段性特点相适应。

碳市场是一个基于碳排放配额（也称碳排放许可）的市场。碳市场配额总量设定和配额分配方法既是政府政策目标的体现，也从根本上决定着碳市场的碳价水平和结构特征。因此，碳市场配额总量设定和配额分配方法选择是碳市场总体设计和建设的一个根本性问题。配额分配方法可分为有偿分配法和免费分配法。拍卖是有偿分配法采用的主要形式。利用拍卖分配配额时，配额总量设定和配额分配设计相对简单，只要在市场上将设定的配额总量拍出即可。我国碳排放的70%来源于工业部门，碳市场覆盖的行业多为制造业，其产品消费依靠市场流动、容易产生碳泄漏。这决定着我国碳市场配额分配的方式要以免费分配为主。在免费分配的情形下，碳市场配额总量设定和配额分配之间的关系不像拍卖分配那样简单。

作为一个发展中国家，我国现阶段以降低碳强度为主来控制碳排放总量，降低碳强度也是最主要的碳减排目标。在《中华人民共和国国民经济和社会发展第十二个五年规划纲要》（简称“十二五”规划）和《中华人民共和国国民经济和社会发展第十三个五年规划纲要》（简称“十三五”规划）中，我国都把降低碳强度列为约束性指标。我国的碳市场试点都采用了以免费分配为主的配额分配方式，但从本文掌握的资料和信息来看，在碳市场设计和建设过程中，这些碳市场试点都或多或少地存在“重配额分配，轻配额总量设定”的问题，特别是没有能够很好地将完成降低碳强度目标要求与配额总量设定和配额分配方法有机结合起来。究其原因，最主要的是缺乏对完成降低碳强度目标要求与配额总量设定和配额分配方法内在关系的认识。本文旨在阐明碳市场总体设计中的几个关键指标之间的数量关系，提出碳市场总体设计应该遵循的基本原理，为碳市场总体设计和建设提供有效的科学指导。

2 配额总量设定与完成碳减排目标的关系

碳市场设计的一个首要任务就是要回答碳市场在完成国家碳减排目标中究竟能起多大的作用这一问题。降低碳强度是我国“十二五”“十三五”期间计划完成的约束性目标，也是最重要的应对气候变化目标。根据“十三五”规划纲要要求，“十三五”期间我国的碳强度要下降18%左右。为了保证这一碳减排目标的完成，2016年国务院发布了《“十三五”控制温室气体排放工作方案》，将我国的碳强度下降18%的目标分解到各省（自治区、直辖市），《“十三五”控制温室气体排放工作方案》也成为各省（自治区、直辖市）“十三五”期间要完成的约束性工作方案。这就客观要求明确碳市场配额总量设定与完成碳减排目标之间的数量关系。

完成规划期碳减排目标所需要的碳减排量可以表示为

$$\Delta Q_Y = Q_Y^0 \times (1+\alpha_Y) \times \beta_Y \tag{1}$$

式中，ΔQ_Y 为实现规划期碳减排目标所需要的碳减排量；Q_Y^0为规划初期整个经济体的碳排放总量；α_Y为规划期整个经济体的经济增长率；β_Y为规划期要求的整个经济体的碳强度下降率。

规划末期碳市场完成的碳减排量可以表示为

$$\Delta Q_{\text{ets}} = Q_{\text{ets}}^0 \times (1+\alpha_{\text{ets}}) \times \beta_{\text{ets}} \tag{2}$$

式中，ΔQ_{ets}为规划期碳市场完成的碳减排量；Q_{ets}^0为规划初期碳市场覆盖行业的碳排放总量；α_{ets}为规划期碳市场覆盖行业的综合平均经济增长率；β_{ets}为规划期碳市场覆盖行业的综合平均碳强度下降率。

根据式（1）和式（2），碳市场对实现碳减排目标的贡献率可以表示为

$$\delta = \frac{Q_{\text{ets}}^0}{Q_Y^0} \times \frac{1+\alpha_{\text{ets}}}{1+\alpha_Y} \times \frac{\beta_{\text{ets}}}{\beta_Y} \tag{3}$$

式中，δ 为碳市场对实现碳减排目标的贡献率。

对式（3）重新整理，令 $\varepsilon = \frac{Q_Y^0}{Q_{\text{ets}}^0}$，方便起见，忽略幂级数展开后的 α_{ets}二次以上的高次项以及 α_{ets}和 α_Y的乘积项，所要求的碳市场覆盖行业的综合平均碳强度下降率可以表示为

$$\beta_{\text{ets}} = \varepsilon \times \delta \times \beta_Y \times (1+\alpha_Y - \alpha_{\text{ets}}) \tag{4}$$

规划末期碳市场配额总量可以表示为

$$Q_{\text{ets}} = Q_{\text{ets}}^0 \times (1+\alpha_{\text{ets}}) \times (1-\beta_{\text{ets}}) \tag{5}$$

将式（4）代入式（5），我们可以得到碳市场配额总量的一个新的表达式：

$$Q_{\text{ets}} = Q_{\text{ets}}^0 \times (1+\alpha_{\text{ets}}) \times [1-\varepsilon \times \delta \times \beta_Y \times (1+\alpha_Y - \alpha_{\text{ets}})] \tag{6}$$

式（6）是一个“自上而下”的碳市场配额总量设定方程式。我们可以把 ε 理解为碳市场覆盖范围的一个特征参数。由式（6）也可以看出，碳市场配额总量与碳市场覆盖行业的范围、碳减排目标的要求以及碳市场发挥的作用有关，也与碳市场覆盖行业未来的经济增长率有关。欧盟碳市场失败的一个主要原因就是设计者预先估计的碳市场覆盖行业的经济增长率高于后来实际的经济增长率，设定的碳市场配额总量大大高于实际的碳排放总量。

3　配额分配方法与配额总量设定的关系

配额分配方法可分为有偿分配法和免费分配法。拍卖是有偿分配法采用的主要形式。利用拍卖分配配额，配额分配和配额总量设定的关系就变得十分简单，只要在市场上将设定的配额总量拍出即可。现阶段，我国碳市场的配额分配还是以免费分配为主，因此本文讨论的是免费分配法与配额总量设定的关系。免费分配法包括基于历史碳排放总量法、基于历史碳排放强度法和基准法等；基于历史碳排放强度法和基准法

又分为基于过去活动水平的基准法与基于未来实际活动水平的基准法。我国 7 个碳市场试点运行的实践显示，基于未来实际活动水平的基准法比较符合我国的实际情况（熊灵等，2016；Pang and Duan，2016）。本文选择基于未来实际活动水平的基准法，重点讨论配额分配方法与配额总量设定之间的关系。

基于未来实际活动水平的基准法可以表示为

$$a = B \times l \tag{7}$$

式中，a 为排放企业或单位可获得的碳排放配额；B 为排放企业或单位所属行业的碳排放基准值；l 为排放企业或单位的实际活动水平。如果采用基于实际活动水平的基准法分配配额，碳市场配额总量可以表示为

$$Q_{\text{ets}} = \sum_{i}^{N} B_i \times L_i \tag{8}$$

式中，N 为碳市场覆盖行业总数；B_i 为行业 i 的碳排放基准值；L_i 为行业 i 的实际活动水平。式（8）所表述的碳市场配额总量是由行业基准和行业活动水平决定的，而行业基准往往是根据行业的碳排放强度数据分布情况而确定的，考虑了技术上的可行性，是一种“自下而上”的配额总量设定方法。

4 碳市场总体设计中几个关键指标之间的数量关系

碳市场配额总量设定要求“自上而下”设定的配额总量与“自下而上”设定的配额总量相一致，因此本文得到：

$$Q^0_{\text{ets}} \times (1 + \alpha_{\text{ets}}) \times [1 - \varepsilon \times \delta \times \beta_Y \times (1 + \alpha_Y - \alpha_{\text{ets}})] = \sum_{i}^{N} B_i \times L_i \tag{9}$$

式（9）建立了碳市场总体设计的一个理论分析框架，表述了碳市场总体设计中的关键政策目标指标（碳强度下降率和碳市场贡献率）、关键碳市场特征指标（碳市场覆盖范围和行业碳排放基准值）和关键经济指标（碳市场覆盖行业总体经济增长率和分行业活动水平）之间的数量关系，指出了碳市场总体设计应该遵循的基本原理。也就是说，只有当碳市场总体设计涉及的这些指标满足式（9）时，碳市场总体设计内部逻辑才是一致的，也才能做到科学合理。

下面用一个例子说明在国家碳市场总体设计中，如何科学确定关键指标的问题。2015 年我国化石燃料消费所产生的 CO_2 排放量约为 90 亿 t。根据“十三五”规划的目标要求，“十三五”期间的 GDP 年增长率在 6.5% 左右（5 年约增长 37%），碳强度累计下降 18%。根据 2017 年公布的国家碳市场的覆盖范围和纳入碳市场的企业门槛，2015 年国家碳市场的 CO_2 排放量约为 45 亿 t。假定“十三五”期间碳市场覆盖行业的总经济增长率为 27.6%（年均约 5%），如果希望国家碳市场的建设对实现碳减排目标的贡献不低于 30%、50% 和 70%，根据式（6），可以计算出 2020 年国家碳市场配额总量应分别不高于 51 亿 t、47 亿 t 和 42 亿 t。根据式（9），行业碳排放基准的选择应该保证碳市场配额总量分别不高于 51 亿 t、47 亿 t 和 42 亿 t。另外，在利用企业排放报告数据确定行业碳排放基准过程中，通过进行完成碳减排目标所希望的行业碳排放基

准和根据企业排放报告数据所确定的行业碳排放基准之间的对比分析，来验证利用“自上而下”的方法提出的碳市场贡献率是否可行，进而对碳市场贡献率进行调整，重新确定配额总量，直到得到一个科学合理的贡献率和配额总量。

5 结语

中国的碳市场总体设计和建设，一方面需要积极借鉴国外已有碳市场建设的经验教训，另一方面需要符合我国的国情，要与我国经济低碳转型的阶段性特点相适应。以降低碳强度或提高碳生产力为主来控制碳排放总量是我国现阶段应对气候变化政策方针的一个基本特征；以免费分配为主的方式分配配额是我国现阶段碳市场建设的另一个基本特征。基于这两个基本特征，本文讨论了国家碳市场总体设计的几个关键问题，分析了碳强度下降率目标、碳市场对完成碳减排目标的贡献率、碳市场覆盖范围、行业碳排放基准值和碳市场覆盖行业经济发展等关键指标之间的数量关系，为碳市场总体设计建立了一个自上而下和自下而上相结合的分析框架，指出了碳市场总体设计和建设应该遵循的基本原理。厘清碳市场总体设计中这些指标之间的关系，不仅可以帮助我们认识碳市场总体设计和建设的基本逻辑，也可为碳市场总体设计和建设提供有效的科学指导。

参考文献

熊灵,齐绍洲,沈波.2016. 中国碳交易试点配额分配的机制特征、设计问题与改进对策. 武汉大学学报(哲学社会科学版),69(3):56-69.

Pang T, Duan M S. 2016. Cap Setting and Allowance Allocation in China's Emissions Trading Pilot Programmes:Special Issues and Innovative Solutions. Climate Policy,16(7):815-835.

The Quantitative Relations of Some Key Indicators in China's National Emission Trading System Design

Zhang Xiliang

Abstract: The primary climate policy of China is currently characterized by controlling its carbon dioxide emissions by reducing the carbon emissions per unit of GDP or improving the carbon productivity. Free allocation is the primary way for allowance allocation in the first phase of its national emissions trading system (ETS) construction. This paper describes the quantitative relations of some key indicators which should be taken into account in national ETS design, such as carbon intensity reduction target, the contribution of ETS in achieving the carbon intensity reduction target, the ETS coverage, total allowance allocation, industry carbon emission basic value, establishing an analytical framework which integrates the top-down approach and the bottom-up approach for cap-setting and allowance allocation. In the end, the paper points out the basic principle which the design and construction of ETS should follow, aiming to provide effective scientific guidance.

Keywords: ETS Design; National Climate Change Mitigation Target; ETS Cap-setting; ETS Allowance Allocation

中国碳排放交易体系碳配额价格下限的一般均衡分析*

翁玉艳，张　达，卢兰兰，张希良

摘要：2017 年 12 月中国碳排放交易体系（emissions trading system，ETS）正式启动，成为中国实现国内节能降碳约束性目标和国际应对气候变化减排承诺的核心政策工具。区别于全球其他国家或地区的碳市场设计机制，中国碳排放交易体系的总量设定较为灵活，排放总量与单位 GDP 碳排放（也称 GDP 碳强度）和活动水平相挂钩。因此，如果国内经济增幅大于 GDP 碳强度降幅，其二氧化碳排放总量将允许有所上升。这样的设计充分考虑了发展中国家对于至少短期内二氧化碳排放增长的现实需要。因此，为了在经济增长、技术进步和可再生能源发展等不确定性条件下，仍保证碳排放交易体系的碳价格信号能够支撑中国顺利实现国内节能降碳约束性目标和国际应对气候变化减排承诺，需要对碳排放配额价格设定一个下限。本文利用中国–全球能源经济模型（China-in-Global Energy Model，C-GEM），采用情景分析方法，模拟了各种不确定性条件下未来中国的碳排放配额价格路径。研究表明，在考虑各种不确定性因素的条件下，如果碳排放配额价格遵循 2020 年前 4 美元/t，2021 ~ 2025 年 8 美元/t，2026 ~ 2030 年 12 美元/t（均为 2011 年美元不变价）的发展路径，中国将有 90% 的机会实现国内节能降碳约束性目标和国际应对气候变化减排承诺目标。同时该价格路径可以作为中国碳市场交易过程中碳排放配额的下限价格。

关键词：碳排放交易体系；碳价下限；C-GEM；中国

1　引言

2015 年年底，《巴黎协定》确立了 2020 年后以各国国家自主贡献（nationally determined contribution，NDC）为基础的“自下而上”的全球共同应对气候变化新机制，中国提出了到 2030 年的自主行动目标：到 2030 年，二氧化碳排放达到峰值并争取尽早达峰；单位 GDP 二氧化碳排放比 2005 年下降 60% ~ 65%；非化石能源占一次能源消费比例达到 20% 左右（United Nations Framework Convention on Climate Change，2015）。

碳排放交易体系已经成为中国实现国内节能降碳约束性目标和国际应对气候变化减排承诺的首要政策工具。2013 年以来，中国已经在 6 个试点省（直辖市）及深圳开展碳交易试点，同时推进建设全国统一的碳排放权交易市场。2017 年 12 月，中国政府宣布在发电行业率先启动全国碳排放交易体系，然后逐步扩大参与碳市场的行业范围。作为一种基于市场的政策工具，碳定价机制能够为低碳减排提供激励作用，用最低的

* 原文来源：Weng Y Y，Zhang D，Lu L L，et al. A general equilibrium analysis of floor prices for China's national carbon emissions trading system. Climate Policy，2018，18：60-70，中文出版略有改动。

减排成本实现中国的减排目标。区别于全球其他国家或地区的碳市场设计机制，中国碳排放交易体系的总量设定较为灵活，排放总量与单位 GDP 碳排放和活动水平相挂钩。因此，如果国内经济增幅大于 GDP 碳强度降幅，其二氧化碳排放总量将允许有所上升。这样的设计充分考虑了发展中国家至少短期内对于二氧化碳排放增长的现实需要。因此，为了在经济增长、技术进步和可再生能源发展等不确定性条件下，仍保证碳排放交易体系的碳价格信号能够支撑中国顺利实现其碳减排目标，需要对碳配额价格设定一个下限。

本文利用 C-GEM，考虑了多种不确定性因素，模拟了 27 种不同情景下的碳价路径。C-GEM 是一个可计算一般均衡（computable general equilibrium，CGE）的全球模型，并可对中国的经济系统以及与能源之间的关系做出更加细致化的表达。本文主要考虑了 3 种不确定性因素：未来 GDP 增长率、自动能效提升（autonomous energy efficiency improvement，AEEI）因子和可再生能源政策。研究得到 2030 年每一种情景下中国实现其国内外碳减排目标所需的碳价水平，并将其从低到高排列，选取这 27 种碳价路径中位于 90 分位点位置的碳价水平，并将该碳价水平作为中国碳排放交易体系的碳配额价格下限（carbon price floor，简称碳价下限）。在这一假设下，中国将有 90% 的机会实现国内节能降碳约束性目标和国际应对气候变化减排承诺目标。

本文剩余部分内容安排如下：第 2 部分对碳定价机制进行综述，并重点评述有关碳价下限的研究；第 3 部分描述情景设计过程；第 4 部分介绍采用的模型方法和数据；第 5 部分展示主要的研究结果；第 6 部分为总结。

2 政策背景和文献综述

2.1 政策背景

碳定价机制，即给碳赋予一个价格，是一种基于市场的政策工具，能够通过市场机制将化石燃料和其他温室气体来源的外部成本内部化，以最低成本实现碳减排目标。理想来看，碳的价格应该反映碳的社会成本（social cost of carbon，SCC），代表额外每单位 CO_2 或 CO_2 当量所带来的经济成本（Nordhaus，2017）。实际当中，碳定价机制通常被认为是实现碳减排目标成本最低的政策工具（Environmental Defense Fund and International Emissions Trading Association，2016；International Carbon Action Partnership，2017）。许多国家的国家自主贡献文件提出了将碳定价机制作为实现其减排承诺目标的关键措施。

2011 年，中国正式开启了碳交易试点工作，国家发展和改革委员会相继批准了在北京、天津、上海、重庆、湖北、广东以及深圳 6 个省（直辖市）及深圳开展碳交易试点，开始利用碳定价机制来促进节能减排与应对气候变化（Zhang et al.，2014）。7 个碳交易试点的运行经验为全国统一碳市场的建设打下了坚实的基础。2017 年 12 月，国家发展和改革委员会发布了《全国碳排放权交易市场建设方案（发电行业）》，指出了全国统一碳市场建设工作的三个阶段。第一阶段为基础建设期，大约用时一年，重点建设全国监测、报告和核查（monitoring，reporting and verification，MRV）体系，建设全国注册登记系统和全国碳排放交易平台。第二阶段为模拟运行期，大约用时一年，在发电行业开展配额模拟交易，检验全国碳市场设计的有效性。第三阶段为深化完善期，在发电行业正式开展配额交易，并逐渐扩大行业覆盖范围。

2.2 文献综述

碳市场价格面临较大的不确定性。研究人员对于碳价格管理提出过多种不同的方案，如价格下限（carbon price floor）、价格上限（carbon price ceiling）、价格上下限（carbon price collar）（McKibbin and Wilcoxen，2002；Burtraw et al.，2010；Wood and Jotzo，2011）。本文研究主要关注高概率下中国实现国内外碳减排目标的碳价路径，重点对碳价下限进行讨论。

碳价下限机制是指为碳配额设定一个最低价格，使碳交易过程中的配额价格能够始终高于这个最低价格。当配额价格触发最低价格时，碳市场的作用相当于碳税。部分研究者提倡引入碳价下限机制，认为价格下限能够减小碳价的波动，为低碳技术投资者提供一个长期稳定的价格信号（Weber and Neuhoff，2010；Brauneis et al.，2013）。Wood 和 Jotzo（2011）总结了碳价下限的 3 种形式：①以最低价格回购碳配额，相当于减少市场上配额的数量或对企业支付补贴（Roberts and Spence，1976；Hepburn，2006)；②设置拍卖保留价格和可拍卖配额的数量（Grubb and Neuhoff，2006；Hepburn et al.，2006)，美国区域温室气体减排倡议（regional greenhouse gas initiative，RGGI）和加利福尼亚州总量控制与交易体系均设置了拍卖底价；③当配额价格低于既定的最低价时格，在配额价格之上支付额外费用，使配额价格能够达到该最低价格（Wood and Jotzo，2011；Brauneis et al.，2013；Brink et al.，2016；Egli and Lecuyer，2017)，这一形式目前在英国应用广泛。

英国为碳价下限机制的运用提供了有效案例。由于欧盟碳排放交易体系（European Union emissions trading system，EU ETS）的碳价格持续低迷，不足以支持有效的低碳投资，2013 年 4 月英国引入碳价下限机制，以提高碳配额的交易价格，促进电力行业低碳技术的投资（HM Treasury，2011）。英国的碳价下限主要包括两部分：欧盟碳排放交易体系配额价格和欧盟碳排放交易体系配额价格之上的碳支持价格（carbon price support，CPS）。当欧盟碳排放交易体系价格低于既定的碳价下限时，发电企业需要支付欧盟碳排放交易体系配额价格与碳价下限之间的差额，即碳支持价格。随着碳价下限机制的引入，英国的发电厂产出急剧下降，并有数个发电厂相继关闭。相比 2013 年，2016 年英国煤炭消费量下降了 70%（World Bank，2017）。起初，英国政府设定的碳价下限 2013 年为 15.7 英镑，直到 2020 年增长到 30 英镑，2020 年之后每年增长 4 英镑，直到 2030 年达到 70 英镑（Sandbag，2013）。但是，随着欧盟碳排放交易体系配额价格的持续低迷，碳价下限与欧盟碳排放交易体系配额价格的差距越来越大，人们担心这将不利于英国高耗能工业的发展（HM Treasury，2014）。2014 年，碳价下限被重新设定，2016 ~ 2020 年固定为 18 英镑，并在 2016 年将这一价格水平延续到2021年（HM Revenue Customs，2014）。截至2017年，英国政府已经因碳价下限机制获得10亿英镑的收入。

欧盟碳排放交易体系也曾经讨论过实施碳价下限机制的可能性（European Commission，2012，2013）。部分政策制定者认为对于碳价的干预应该降到最低，人为设定碳价下限可能会损害碳定价机制的效率（Hirst，2018）。也有部分研究者提议将市场稳定储备作为解决欧盟碳排放交易体系碳价过低问题的另一选择（Perino and Willner，2017）。对比欧盟碳排放交易体系，中国碳市场并没有一个确定的配额总量，而是可以随经济活动水平的变化而调整的。这样的设计可以为中国碳市场设定碳价下限提供依据，帮助中国提高不确定性条件下实现国内外碳减排目标的可能性。

3 情景设计

本文主要考虑了3种不确定性因素：未来GDP增长率、AEEI因子和可再生能源政策。这些不确定性因素影响着中国未来的二氧化碳排放路径和非化石能源的发展，进而影响着中国是否能够实现国内节能降碳约束性目标和国际应对气候变化减排承诺目标。

第一个不确定性因素考虑的是中国未来GDP增长的不确定性。图1展示了不同研究机构对于中国未来GDP增长速度的预测结果，包括世界贸易组织（World Trade Organization，WTO）、亚洲开发银行（Asian Development Bank，ADB）、国际能源机构（International Energy Agency，IEA）、世界银行（World Bank，WB）、经济合作与发展组织（Organization for Economic Co-operation and Development，OECD）、联合国（United Nations，UN）、国际货币基金组织（International Monetary Fund，IMF）、欧盟（European Union，EU）和其他机构（Asian Development Bank，2015；Economist Intelligence Unit，2015；Energy Information Administration，2014；European Union，2015；International Energy Agency，2016；International Monetary Fund，2015；Organization for Economic Co-operation and Development，2014，2015，2016a，2016b；United Nations，2015；World Bank，2015）等。本文设计了三种情景：低经济增长情景（lgdp）、高经济增长情景（hgdp）和中经济增长情景（mgdp）。低经济增长情景的GDP增长速度取图1中所有预测结果的各年最低值，高经济增长情景的GDP增长速度取图1中所有预测结果的各年最高值，中经济增长情景的GDP增长速度取低经济增长情景和高经济增长情景的中间值。

第二个不确定性因素考虑的是AEEI因子。AEEI因子代表的是在没有任何政策干预的情况下能源效率的提升速度，反映技术进步、技术扩散等多重因素带来的能源效率的提升。本文设计了三种情景：低AEEI因子情景（laeei）、高AEEI因子情景（haeei）和中AEEI因子情景（maeei）。根据文献调研，中AEEI因子情景的AEEI因子取值为1%（Weyant，2000），低AEEI因子情景和高AEEI因子情景的AEEI因子取值分别为0.5%和1.5%。

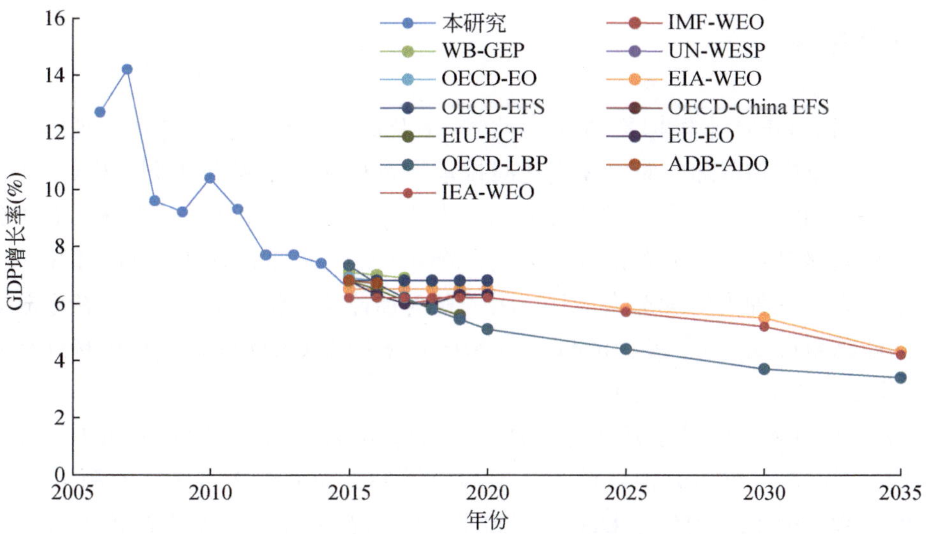

图 1 不同研究机构对中国未来 GDP 增长速度的估计①

第三个不确定性因素考虑的是中国未来可再生能源政策。本文设计了三种情景：低可再生能源情景（lre）、高可再生能源情景（hre）和中可再生能源情景（mre）。中可再生能源情景假设 2020 ~ 2030 年光伏的补贴率为 25%（Huo，2012；Zhou，2017），低可再生能源情景和高可再生能源情景假设 2020 ~ 2030 年光伏的补贴率分别为 12.5% 和 50%。

综上，本文研究设计了 27 种不同情景下的碳价路径。为了得出减排目标下可能的碳价路径，本文采用 C-GEM 碳强度下降约束的方法来实现。2005 年至今，中国 GDP 碳强度的年均下降率约 5%，因此本文设定年均碳强度分别下降 4%、5% 和 6% 的约束，对上述 27 种情景均给出 3 条碳价路径（27×3 = 81 条路径），并且检验是否能够实现国内外碳减排目标。针对这 27 种情景，在 4%、5% 和 6% 的 3 条路径下选取能够实现国内外碳减排目标的最低碳价路径，从而得到 27 条碳价路径，并将这 27 条碳价路径从低到高排列。我们选择 27 条路径上各年的 90 分位点作为未来碳价格的下限值，即考虑上述三种不确定性因素在一定范围内变动的情况下，此价格能够以 90% 的机会实现中国国内节能降碳约束性目标和国际应对气候变化减排承诺目标。

① WB-GEP 为世界银行的 *Global-Economic-Prospects*；OECD-EO 为经济合作与发展组织的 *Economic Outlook and Interim Economic Outlook*；OECD-EFS 为经济合作与发展组织的 *Economic Outlook for Southeast Asia，China and India*；EIU-ECF 为经济学人集团的 *Economic and Commodity Forecast*；OECD-LBP 为经济合作与发展组织的 *Long-term Baseline Projections*；IEA-WEO 为国际能源署的 *World Energy Outlook*；IMF-WEO 为国际货币基金组织的 *World Economic Outlook*；UN-WESP 为联合国的 *World Economic Situation and Prospects*；EIA-IEO 为美国能源信息署的 *International Energy Outlook*；OECD-China EFS 为经济合作与发展组织的 *China-Economic Forecast Summary*；EU-EO 为欧盟的 *China：Economic Outlook*；ADB-ADO 为亚洲开发银行的 *Asian Development Outlook*。

4 方法和数据

本文采用C-GEM来模拟不同情景下的二氧化碳排放路径，并评估实现中国国内节能降碳约束性目标和国际应对气候变化减排承诺目标所需的碳价下限。C-GEM已被应用于中国能源和气候政策影响的多个研究。例如，Qi等（2014）应用C-GEM分析中国经济结构调整对隐含贸易碳排放的影响；Zhang等（2016）运用C-GEM模拟了两种气候政策情景（一种为持续努力情景，另一种为加速努力情景），评估了新政策如何影响中国的能源与排放趋势；Qi和Weng（2016）采用C-GEM评估了碳市场连接对实现2030年国家自主贡献目标的影响。

C-GEM含有多个区别于其他可计算一般均衡模型的特征，使其适用于研究中国碳市场碳价下限问题。许多其他可计算一般均衡模型，如CEEP多区域能源-环境-经济模型系统（Wu et al.，2016）、Dai等（2018）的动态可计算一般均衡模型以及排放预测和政策分析（emissions prediction and policy analysis，EPPA）模型（Paltsev et al.，2005）等可能包含其中的几个特征，但不具备所有特征。首先，C-GEM是一个可计算一般均衡的全球模型，能够准确刻画各国之间的贸易进出口状况。对于中国这样的大型开放经济体来说，贸易对于碳价的影响非常显著。而且，通过在模型建模过程中纳入其他主要国家和地区，C-GEM能够对其他国家和地区的气候政策与碳减排承诺进行刻画，这也会影响中国的碳价水平（见本文5.2节的敏感性分析）。其次，C-GEM建立在全球最新的经济和能源数据基础上，模型中投入产出表和双边贸易数据来自第九版全球贸易和分析项目（Global Trade Analysis Project）数据库（GTAP 9 Data Base）①。该数据库基年为2011年，是目前可获取的最新版本（Angel et al.，2016）。中国能源数据根据2011年中国能源平衡表进行调整（国家统计局，2016）。中国近年来经济与能源变化快速且巨大，使用最新的数据非常重要。目前尚不知晓是否还有其他全球可计算一般均衡模型组利用中国最新数据对中国进行数据处理。最后，C-GEM作为一个动态模型，能够动态刻画中国经济结构变化，因此能够良好地反映中国经济转型与经济再平衡的发展趋势（Zhang et al.，2016）。C-GEM从2011年开始运行，第二期运行到2015年，之后以5年为一个周期运行到2035年。C-GEM的动态设计结构有助于本文更好地探究碳定价机制是否能够帮助中国实现国内外碳减排目标。

C-GEM是一个多区域、多部门、递归动态可计算一般均衡模型，涵盖全球能源与经济系统，具体描述可见Qi等（2014）。C-GEM将全球划分为19个区域，中国是其中的一个区域。主要的发达经济体（美国、欧盟、日本、加拿大和澳大利亚）和主要的发展中经济体（中国、印度、俄罗斯、巴西、南非）在模型中均有单独刻画。对于每一个区域，C-GEM包含了21个生产部门（5个能源部门、4个高耗能部门、3个服务业部门和9个其他部门）。

---

① 网址：https://www.gtap.agecon.purdue.edu/databases/v9/default.asp

C-GEM 的基本结构源自 Walrasian 一般均衡理论，并由 Arrow 和 Debreu（1954）给出证明。作为一个可计算一般均衡模型，C-GEM 能够捕捉经济内部相互联系的各个部门之间的政策影响，包括商品、要素市场和区域之间双边贸易的互动关系。由于 Qi 等（2014）已经对 C-GEM 细节进行了非常详细的描述，这里仅简要介绍 C-GEM 的主要结构。C-GEM 核心静态模块包括 4 个部分：生产和消费、国际贸易、排放以及闭合机制。C-GEM 动态模块主要由劳动增长率、资本积累、资源衰减和 AEEI 因子等决定。

C-GEM 中每个生产部门的核心是嵌套的不变替代弹性（constant elasticity of substitution，CES）函数。不同部门的生产函数包含不同的嵌套结构和弹性取值，以反映每个部门的生产特点（图 2）。当引入某一气候政策或排放约束时，生产者通过投入品之间的替代关系，趋向减少高碳燃料的使用，或者以资本和劳动替代能源投入来减少能源消耗。

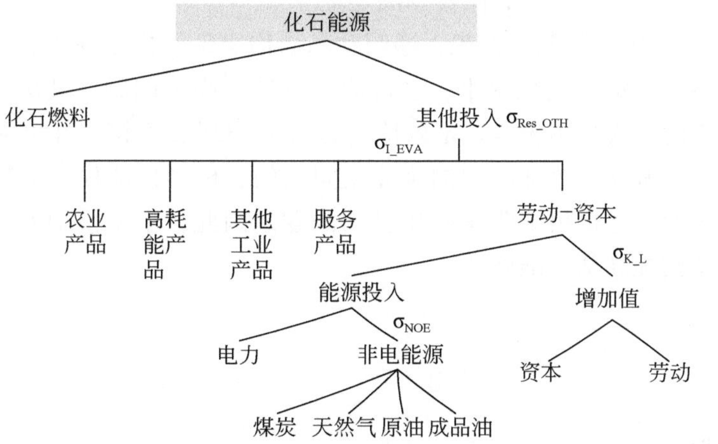

图 2　C-GEM 中化石能源生产部门的嵌套结构

在 C-GEM 静态模块中，除原油外，其他商品都遵循 Armington（1969）假设。这个假设表示，消费者视国内产品和进口产品为不同的产品，在模型中它们被表示为不完全替代关系，如图 3 所示。二氧化碳排放通过采用煤、油、气等化石能源排放因子进行计算，排放因子数据来自气候变化政府间专门委员会（Intergovernmental Panel on Climate Change，IPCC）《2006 IPCC 国家温室气体清单指南》。能源相关的二氧化碳排放以 Leontief 函数结构与化石能源形成嵌套关系，表示生产部门的减排只能通过减少化石燃料使用来实现。C-GEM 采用新古典主义宏观闭合假设，将投资作为内生变量假设，政府支出假设是最终消费的一部分。税收收入来自生产和消费过程。

在 C-GEM 动态模块中，劳动力供给由各地区人口和劳动生产率随时间的变化而驱动［式（1）］。资本随时间的变动主要包括来自前期的旧有资本和投资转换而来的新增资本［式（2）］。化石能源资源的衰竭，均遵循 Hotelling（1931）假设，即随着资源的消耗，资源的单位生产成本将会增加。与其他能源经济模型类似，本文中 AEEI 因子代表了能源效率的提升趋势。

$$L_{r,t}=L_{r,t-1}\times(1+n_{r,t})^{n}\times(1+g_{r,t})^{n} \tag{1}$$

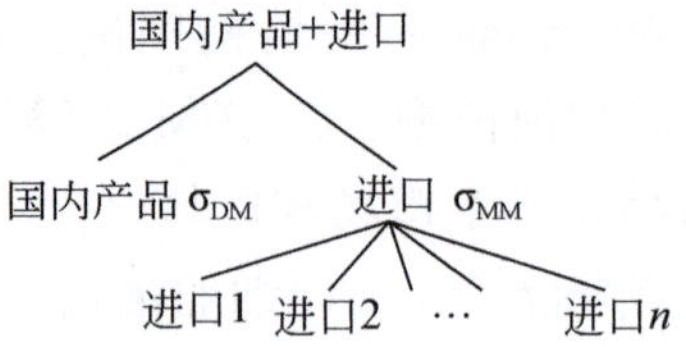

图 3 C-GEM 中进口产品的 Armington 结构

式中，$L_{r,t}$为区域 r 在 t 年的劳动力供给；$L_{r,t-1}$为区域 r 在 $t-1$ 年的劳动力供给；$n_{r,t}$为区域 r 在 t 年的人口增长率；$g_{r,t}$为区域 r 在 t 年的劳动生产率增长率；n 为模型步长 5。

$$K_{r,t}=(1-\delta_{r,t})^{\text{ti}}\times K_{r,t-1}+I_{r,t-1} \tag{2}$$

式中，$K_{r,t}$为区域 r 在 t 年的资本供给；$K_{r,t-1}$为区域 r 在 $t-1$ 年的资本供给；$\delta_{r,t}$为区域 r 在 t 年的折旧率；ti 为时间间隔（C-GEM 中是 5 年）；$I_{r,t-1}$为区域 r 在 $t-1$ 年新增投资，由储蓄转化，并且由全体收入和储蓄率决定。

C-GEM 也有一定的限制。首先，递归动态结构决定了模型缺乏长期视角，因此每一期的投资并不反映跨期优化水平，这可能导致碳价高估问题。其次，模型并没有包含沉积资本，因此，模型不包含锁定效应，这可能与现实不符，并可能导致碳价低估问题。最后，本文假设一个部门内的企业是同质的，模型仅能模拟碳排放交易体系覆盖部门的全部企业，这也可能带来碳价低估问题。因此，未来模型实践中可以考虑改进这些限制，从而提高估计准确性。

5 结果

5.1 主要结果

本节主要展示 27 种情景的模拟结果，主要包括 CO_2 排放和碳价路径。图 4 展示了

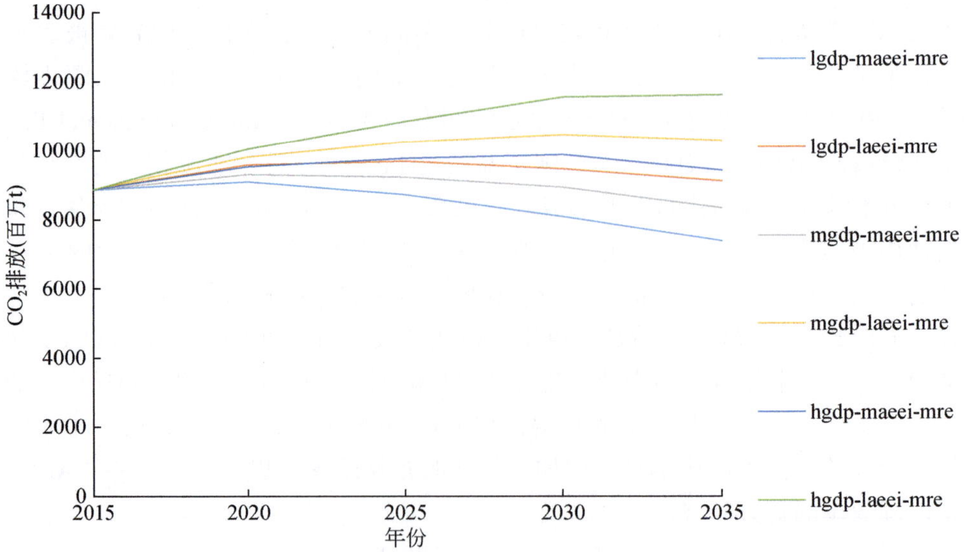

图 4 27 种情景下 CO_2 排放路径（许多情景的排放差异较小，重叠显示）

所有能够实现国内外碳减排目标的情景下的 CO_2 排放路径。由于多种排放路径结果相似，所有结果可以归纳为图 4 中的 6 条路径。从图中可以看出，GDP 增长率和 AEEI 因子对于未来排放的影响更大，可再生能源政策的影响相对较小。

图 5 展示了 2020 ~ 2035 年碳价分布，图中不同颜色的方块表示不同年份 27 种情景下的碳价分布，虚线表示所有碳价从低到高排列时的 90 分位点，并将该值作为碳价的下限值，得到碳的下限价格，其中 2020 年前约为 4.0 美元/t，2021 ~ 2025 年约为 7.6 美元/t，2026 ~ 2030 年约为 11.7 美元/t（均为 2011 年不变价）。该价格下，中国将有 90% 的机会实现国内节能降碳约束性目标和国际应对气候变化减排承诺目标。同时，与其他研究相比，本文研究结果也在其他研究结果的范围内，具体见表 1。

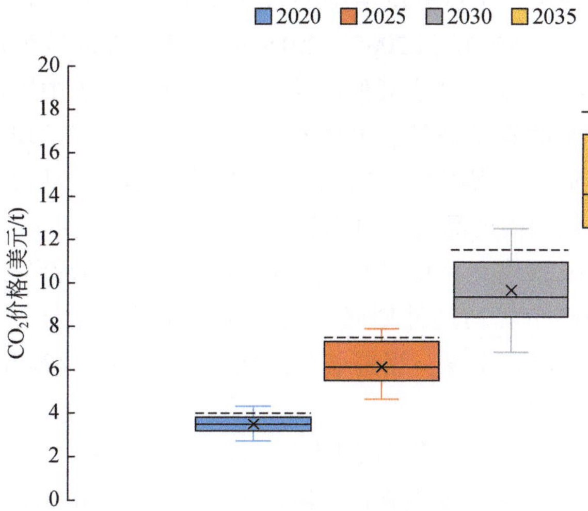

图 5　2020 ~ 2035 年碳价分布

均为 2011 年不变价

表 1　其他研究的碳价模拟结果　（单位：元/t）

来源	碳价		
	2020 年	2025 年	2030 年
Li 和 Lu（2015）	30 ~ 50		
Tang 等（2016）	39.61		
Li 和 Jia（2016）	28.00	40.00	48.14
Cao 等（2016）		60% 情景：18	60% 情景：26
		65% 情景：108	65% 情景：157
China Carbon Forum（2017）	74	108	—
Qi 等（2016）	14.1	19.0	25.7 美元/t

5.2　敏感性分析

本文针对其他国家的减排政策、碳排放交易体系覆盖行业范围和替代弹性这 3 个因素，对模型结果进行敏感性分析。

在上述讨论的 27 种情景中，模型已经包含了美国、欧盟、日本、韩国、加拿大、澳大利亚、墨西哥、印度、巴西、俄罗斯和南非等国家或组织到 2030 年的国家自主贡献减排承诺目标（United Nations Framework Convention on Climate Change，2015）。除印度外，其他国家或组织的承诺目标是绝对减排目标。本文采用欧盟委员会联合研究中心（European Union Joint Research Center）全球大气研究排放数据库（Emissions Database for Global Atmospheric Research，EDGAR）的数据获取各国历史温室气体和 CO_2 排放量（European Union Joint Research Centre，2017），然后依据各国家或组织的减排目标计算得到 2020 ~ 2030 年的 CO_2 排放量，其他年份的目标排放量采用线性插值计算。对于印度，利用其国家自主贡献承诺中的碳强度下降率目标（2030 年单位 GDP 碳排放比 2005 年下降 33% ~ 35%）和 2005 ~ 2015 年已经实现的碳强度下降率来计算剩余年份的碳强度下降目标。为了讨论其他国家的减排政策对于中国碳价的影响，本文在模型中剔除了其他国家的碳价政策，并进行模型模拟。研究发现，当不包含其他国家减排政策时，中国的碳价下限降低了约 10%，原因可能在于进口产品的价格相对降低，使得用进口产品替代国内产品变得更为容易。

同时，本文也讨论了碳排放交易体系覆盖行业范围对中国碳价的影响。在敏感性分析中，本文只考虑中国碳市场初期计划涵盖的石化、化工、建材、钢铁、有色、造纸、电力、航空 8 个行业。研究发现，当覆盖范围从全经济部门缩减至这 8 个行业时，碳市场价格将会提高 15% ~25%。

此外，本文也分析了能源与资本劳动之间的替代弹性的敏感性，将该弹性在现有基础上分别提高一倍和降低 50%，发现碳价下限的变动范围在 20% 左右。

以上敏感性分析的主要结果见表 2。从表中可以看出，无论是其他国家的减排政策，还是碳排放交易体系覆盖行业范围，或能源与资本劳动的替代弹性，基础碳价下限相对这些因素的变动均较为稳健。

表 2　其他国家的减排政策、碳排放交易体系覆盖行业范围和替代弹性的敏感性分析

项目	CO_2 价格［美元（2011 年不变价）/t］				与基础碳价下限的比较（%）			
	2020 年	2025 年	2030 年	2035 年	2020 年	2025 年	2030 年	2035 年
不包含其他国家减排政策	3.6	6.9	10.8	16.6	-10	-9	-8	-7
8 个行业覆盖范围	4.6	9	14.2	22.5	15	19	21	26
能源与资本劳动的替代弹性加倍	3.2	6	9.4	14.2	-21	-21	-20	-20
能源与资本劳动的替代弹性减半	4.8	9	13.4	20.4	20	19	14	14

6　结论

中国碳排放交易体系一旦全面实施，将会成为全球最大的碳交易市场。作为中国主要的气候政策，碳市场将在实现碳减排承诺目标和促进绿色低碳转型中发挥重要作用。本文对多种不确定性条件下实现政策目标所需的碳价路径进行了综合分析，研究认为，中国碳市场配额价格下限，2016～2020 年为 4 美元/t，2021～2025 年为 8 美元/t，2026～2030 年为 12 美元/t，在该价格下中国将有 90% 的机会实现国内外碳减排目标。若选择不同的实现概率和不同的模型假设，碳价下限的估计将有所不同。通过设定合理的碳价下限，中国排放交易体系能够更有效地支撑国内节能降碳约束性目标和国际应对气候变化减排承诺目标的实现，并在不确定性的环境下提高碳减排效率。

参考文献

国家统计局 . 2016. 中国能源统计年鉴 2016. 北京：中国统计出版社 .

Angel A, Narayanan B, McDougall R. 2016. An overview of the GTAP 9 Data Base. Journal of Global Economic Analysis, 1: 181-208.

Armington P S. 1969. A theory of demand for products distinguished by place of production. IMF Staff Papers, 16: 159-176.

Arrow K J, Debreu G. 1954. Existence of an equilibrium for a competitive economy. Econometrica, 22(3): 265-290.

Asian Development Bank. 2015. Asian Development Outlook 2015 Update. Manila: Asian Development Bank.

Brauneis A, Mestel R, Palan S. 2013. Inducing low-carbon investment in the electric power industry through a price floor for emissions trading. Energy Policy, 53: 190-204.

Brink C, Vollebergh H, Werf E. 2016. Carbon pricing in the EU: Evaluation of different EU ETS reform options. Energy Policy, 97: 603-617.

Burtraw D, Palmer K, Kahn D. 2010. A symmetric safety valve. Energy Policy, 38: 4921-4932.

Cao J, Ho M, Timilsina G R. 2016. Impacts of carbon pricing in reducing the carbon intensity of China's GDP. http://documents.worldbank.org/curated/en/784211467205076302/pdf/WPS7735.pdf[2017-12-20].

China Carbon Forum. 2017. 2017 China Carbon Pricing Survey. http://www.chinacarbon.info[2018-01-20].

Dai H C, Xie Y, Liu J Y, et al. 2018. Aligning renewable energy targets with carbon emissions trading to achieve China's INDCs: A general equilibrium assessment. Renewable and Sustainable Energy Reviews, 82: 4121-4131.

Economist Intelligence Unit. 2015. Economic and Commodity Forecast. https://knoema.com/EIUEF2015Feb/eiu-economic-and-commodity-forecast-february-2015? regionId=CN[2018-01-05].

Egli P, Lecuyer O. 2017. Quantifying the net cost of a carbon price floor in Germany. Energy Policy, 109: 685-693.

Energy Information Administration. 2014. International Energy Outlook 2014. Washington, DC. https://www.eia.gov/outlooks/archive/ieo14/[2018-01-20].

Environmental Defense Fund, International Emissions Trading Association. 2016. Doubling down on carbon pricing: Laying the foundation for greater ambition. http://www.ieta.org/resources/Resources/Reports/Doubling_Down_Carbon_Pricing_EDF-IETA.pdf [2017-12-20].

European Commission. 2012. Report from the Commission to the European Parliament and the Council: The state of the European carbon market in 2012. https://ec.europa.eu/clima/sites/clima/files/ets/reform/

docs/com_2012_652_en. pdf[2017-12-20].

European Commission. 2013. Options for structural measures to strengthen the EU emissions trading system: Main outcomes of the public consultation. https://ec. europa. eu/clima/consultations/articles/0017 _ en [2017-12-20].

European Union Joint Research Centre. 2017. Emissions Database for Global Atmospheric Research. http://edgar. jrc. ec. europa. eu/overview. php? v=CO_2andGHG1970-2016[2017-11-20].

European Union,2015. China:Economic Outlook. Belgium:European Union.

Grubb M,Neuhoff K. 2006. Allocation and competitiveness in the EU emissions trading scheme:policy overview. Climate Policy,6:7-30.

Hepburn C. 2006. Regulation by prices,quantities,or both:a review of instrument choice. Oxford Review of Economic Policy,22(2):226-247.

Hepburn C,Grubb M,Neuhoff K,et al. 2006. Auctioning of EU ETS phase II allowances: how and why? Climate Policy,6:137-160.

Hirst D. 2018. Carbon Price Floor (CPF) and the price support mechanism. http://researchbriefings. parliament. uk/ResearchBriefing/Summary/SN05927[2017-12-20].

HM Revenue Customs. 2014. Carbon price floor: reform and other technical amendments. https://www. gov. uk/government/uploads/system/uploads/attachment _ data/file/293849/TIIN _ 6002 _ 7047 _ carbon_price_floor_and_other_technical_amendments. pdf[2017-12-20].

HM Treasury. 2011. Budget 2011,HC 836,para 1. 111. https://www. gov. uk/government/uploads/system/uploads/attachment_data/file/247483/0836. pdf[2017-12-20].

HM Treasury. 2014. Budget 2014, HC 1104, para 1. 106. https://www. gov. uk/government/uploads/system/uploads/attachment_data/file/293759/37630_Budget_2014_Web_Accessible. pdf[2017-12-20].

Hotelling H. 1931. The economics of exhaustible resources. Journal of Political Economy,39:137-175.

Huo M L,2012. Cost reduction potential of photovoltaic power generation in China. Energy Technology and Economics,24:7-11.

Intergovernmental Panel on Climate Change. 2006. 2006 IPCC Guidelines for National Greenhouse Gas Inventories. Japan. https://www. ipcc-nggip. iges. or. jp/public/2006gl/index. html[2017-12-20].

International Carbon Action Partnership. 2017. International Carbon Action Partnership(ICAP) Status Report 2017. Berlin:ICAP. https://icapcarbonaction. com/en/? option = com _ attach&task = download&id = 447 [2018-01-15].

International Energy Agency. 2016. World Energy Outlook 2016. Paris:International Energy Agency.

International Monetary Fund. 2015. World Economic Outlook Update. Washington D. C. : International Monetary Fund.

Li W,Jia Z. 2016. The impact of emission trading scheme and the ratio of free quota:A dynamic recursive CGE model in China. Applied Energy,174:1-14.

Li W,Lu C. 2015. The research on setting a unified interval of carbon price benchmark in the national carbon trading market of China. Applied Energy,155:728-739.

McKibbin W J, Wilcoxen P J. 2002. The role of economics in climate change policy. The Journal of Economic Perspectives,16:107-129.

Nordhaus W D. 2017. Revisiting the social cost of carbon. Proceedings of the National Academy of Sciences, 114:1518-1523.

Organization for Economic Co-operation and Development. 2014. Economic Outlook No 95-Long-term baseline projections. http://stats. oecd. org/Index. aspx? DataSetCode=EO95_LTB[2017-12-20].

Organization for Economic Co-operation and Development. 2015. Economic Outlook for Southeast Asia, China and India 2015. www. oecd. org/dev/asia-pacific/Supplement% 20Outlook% 20Asia% 202015. pdf [2017-12-20].

Organization for Economic Co-operation and Development. 2016a. China-Economic forecast summary. http://www. oecd. org/economy/china-economic-forecast-summary. htm[2017-12-20].

Organization for Economic Co-operation and Development. 2016b. Global Economic Outlook. http://www. oecd. org/eco/outlook/economicoutlook. htm[2017-12-20].

Paltsev S, Reilly J M, Jacoby H D. 2005. The MIT Emissions Prediction and Policy Analysis(EPPA) Model: Version 4. Cambridge, MA: MIT Joint Program on the Science and Policy of Global Change.

Perino G, Willner M. 2017. EU-ETS Phase IV: Allowance prices, design choices and the market stability reserve. Climate Policy, 17: 936-946.

Qi T Y, Weng Y Y. 2016. Economic impacts of an international carbon market in achieving the INDC targets. Energy, 109: 886-893.

Qi T Y, Winchester N, Karplus V J. et al. 2016. An analysis of China's climate policy using the China-in-Global Energy Model. Economic Modelling, 52: 650-660.

Qi T Y, Winchester N, Zhang D, et al. 2014. The China-in-Global Energy Model. Cambridge, Massachusetts: MIT Joint Program on the Science and Policy of Global Change.

Roberts M J, Spence M. 1976. Effluent charges and licenses under uncertainty. Journal of Public Economics, 5: 193-208.

Sandbag. 2013. The UK Carbon Floor Price. https://sandbag. org. uk/wp-content/uploads/2016/11/Sandbag_Carbon_Floor_Price_2013_final. pdf[2017-12-20].

Tang L, Shi J, Bao Q. 2016. Designing an emissions trading scheme for China with a dynamic computable general equilibrium model. Energy Policy, 97: 507-520.

United Nations Framework Convention on Climate Change. 2015. Intended Nationally Determined Contributions (INDCs). http://www4. unfccc. int/submissions/indc/Submission% 20Pages/submissions. aspx[2017-12-20].

United Nations. 2015. World Economic Situation and Prospects 2015. New York: United Nations.

Weber T A, Neuhoff K. 2010. Carbon markets and technological innovation. Journal of Environmental Economics and Management, 60: 115-132.

Weyant J P. 2000. An Introduction to the Economics of Climate Change Policy. https://www. c2es. org/document/an-introduction-to-the-economics-of-climate-change-policy/[2017-12-20].

Wood P J, Jotzo F. 2011. Price floors for emissions trading. Energy Policy, 39: 1746-1753.

World Bank. 2015. Global Economic Prospects: The Global Economy in Transition. Washington: World Bank.

World Bank. 2017. State and Trends of the Carbon Pricing. Washington: World Bank.

Wu J, Fan Y, Xia Y. 2016. The economic effects of initial quota allocations on carbon emissions trading in China. Energy Journal, 37: 129-151.

Zhang D, Karplus V, Cassisa C. 2014. Emissions trading in China: Progress and prospects. Energy Policy, 75: 9-16.

Zhang X L, Karplus V J, Qi T Y, et al. 2016. Carbon emissions in China: How far can new efforts bend the curve? Energy Economics, 54: 388-395.

Zhou D. 2017. Trend analysis on future cost of photovoltaic power generation construction. Sino-Global Energy, 22: 14.

A General Equilibrium Analysis of Floor Prices for China's National Carbon Emissions Trading System

Weng Yuyan, Zhang Da, Lu Lanlan, Zhang Xiliang

Abstract: China announced the official start of its national emissions trading system (ETS) construction programme in December 2017, making ETS the primary policy to achieve China's domestic decarbonization targets and global climate change pledges. Unlike ETS designs in other regions, China's ETS features a flexible cap that is linked to both reduced carbon intensity and activity levels. Therefore, total CO_2 emissions are allowed to increase if economic growth is strong-an important design feature for developing countries that demand an increase in CO_2 emissions at least in the near term. Therefore, to guarantee that the carbon price signal emerging from the ETS is strong enough to support the achievement of China's climate change targets given uncertainties in economic growth, technology improvement and renewable energy development, China's ETS needs a carbon price floor. In this study, we simulate carbon price paths in different scenarios representing different uncertainty realizations using the China-in-Global Energy Model (C-GEM) and find that a price path of \$4 before 2020, \$8 between 2021 and 2025 and \$12 between 2026 and 2030 (2011 constant price) is able to support the achievement of China's climate pledges with a 90% chance. Therefore, this price path could be adopted as a feasible carbon price floor for China's ETS.

Keywords: Emissions trading system; floor price; CGE model; China

中国碳排放：新努力能够在多大程度上扭转排放曲线？*

张希良，Valerie J. Karplus，齐天宇，张　达，何建坤

摘要：尽管中国正在按照2020年全球气候承诺的轨道前进，但中国2020年后的碳排放轨迹具有高度不确定性，各项研究的预测存在很大差异。过去一年，中国政府宣布了新的政策指令，以深化经济改革、保护环境，并限制中国化石能源的使用。为了评估新的政策指令如何影响能源和气候变化成果，本文模拟了两个层面的政策行动来研究中国在未来几十年的能源与经济体系的演变：一个是2020年后仍延续现有政策的持续努力情景，另一个是使用新的政策指令的加速努力情景。同时使用中国–全球能源经济模型（China-in-Global Energy Model，C-GEM）——一个定制的递归动态可计算一般均衡模型来进行模拟。C-GEM覆盖全球，并详细标定了中国经济和未来趋势。重要的是，本文发现持续努力情景和加速努力情景这两个层面的政策努力都会在2050年之前降低碳排放轨迹，同时不会破坏经济发展。具体而言，在加速努力情景中，本文发现，煤炭使用量在2020年左右达到峰值，碳排放水平在2030年前后将达到100亿t，且经济增长将与中国在2050年达到全面小康社会的目标相统一。

关键词：中国；经济改革；能源；气候政策；能源经济模式

1　引言

2013年以来，中国政策制定者大力推动国家能源体系低碳转型，这将促使能源相关碳排放和空气污染减排速度比之前预期的更快。2013年11月，在北京召开的中国共产党第十八届中央委员会第三次全体会议（简称十八届三中全会）确立了中国经济和政治制度改革的重要方向。决策者接受放缓较慢但更可持续的经济增长速度、基于市场的污染控制方法以及促进“生态文明”建设的新努力（China Daily，2013a），环境保护成为社会焦点。为了实现这些目标，十八届三中全会宣布的具体行动包括放开能源价格管制，对高耗能和高污染行业征税，以及通过税收或配额来控制二氧化碳和地方性污染物排放。除了用于减少大气污染物排放的尾气管制措施外，2013年环境保护部公布的《大气污染防治行动计划》旨在通过实施更高的资源税或煤炭使用上限，到2017年将一次能源中煤炭的份额减少到65%以下。基于前所未有的紧迫感和重要性，亟须对中国政府自2013年起发布的能源和环境政策进行分析，以了解它们对中国能源系统和碳排放轨迹的影响。

---

* 原文来源：Zhang X L，Karplus V J，Qi T Y，et al. Carbon emissions in China：How far can new efforts bend the curve？. Energy Economics，2016，54：388-395，中文出版略有改动。

在国内采取更积极的行动，将有助于中国实现在国内和国际做出的减缓气候变化承诺。在 2009 年哥本哈根气候变化大会中，中国承诺在 2020 年，相对于 2005 年的水平，将碳强度下降 40% ~45%，并且至少有 15% 的一次能源来自非化石能源（一次能源当量，即非化石能源能量除以中国燃煤电厂的平均效率）。在“十一五”期间，中国碳强度下降了 21%①（Zhen et al.，2013），并在“十二五”期间进一步减少 17%。如果中国在“十五”期间可以实现每年 3% 的碳强度下降，那么 2005 ~ 2020 年，中国的碳强度约减少 44%，这在碳减排承诺范围之内。尽管中国有望实现其在哥本哈根气候变化大会上承诺的目标（China Daily，2013b），但中国在 2020 年之后的碳排放轨迹是高度不确定的。碳排放的模型预测差异很大，对未来经济增长、技术成本和气候政策的假设很敏感（Calvin et al.，2012；Paltsev et al.，2012）。这项分析的目的是评估政策公告对中国能源系统和碳排放的影响。

在 2014 年 11 月举行的亚洲太平洋经济合作组织峰会上，中国和美国联合宣布 2020 年后气候变化行动承诺。中国的目标包括在 2030 年之前扭转与能源有关的碳排放量上升的趋势，并在 2030 年之前将非化石能源的一次能源比例提高到 20%（2015 年，这一比例仅为 11%）。2015 年 6 月，中国正式向联合国政府间气候变化专门委员会提交了气候变化框架公约国家自主贡献文件，承诺在 2030 年之前，相对于 2005 年的水平，将碳强度降低 60% ~65%，以达到早期承诺的碳排放峰值，并提高非化石燃料在一次能源消费中的份额，使之达到 20%。美国承诺在 2025 年将碳强度降低 26% ~28%（相比于 2005 年）。鉴于中国和美国在 2010 年的碳强度占全球约 41%，这些承诺为全球减排努力提供了实质性贡献。特别是中国的承诺可能会为其他大型新兴国家或地区在 2015 年年底巴黎气候变化大会之前制定自己的减排目标开创先例。本文旨在量化新的政策指令对中国未来碳排放轨迹的影响，以及几个不确定因素的作用。

2　中国的能源和气候政策模拟

在此分析中，本文采用了全球能源和经济系统的多区域模拟模型——C-GEM。C-GEM 是一种经验校准的全球能源经济模拟模型，它能够通过影响能源和其他商品的相对价格来捕捉政策的影响，进而影响能源和技术选择，国内经济活动构成，以及全球贸易动态。作为中国能源与气候项目的一部分，清华大学和麻省理工学院（Massachusetts Institute of Technology，MIT）的研究人员共同开发了 C-GEM，C-GEM 是利用能源系统和经济建模文献中的方法构建的。

C-GEM 的基本结构反映了经济的循环流动，即家庭向生产部门提供要素投入（劳动力和资本），这些生产部门与能源和中间投入相结合，生产家庭购买的最终产品和服务。C-GEM 在数学规划系统（MPSGE）（Rutherford，1999）和广义代数建模系统（GAMS）建模语言（Rosenthal，2012）中被描述为混合补偿问题（MCP）（Mathiesen，1985；

① 我们使用 Zhen 等（2013）的排放数据，其原始能源数据源自国家统计局，并在发布日期之前提供。

Rutherford，1995）。C-GEM 利用 PATH 求解器（Dirkse and Ferris，1995）求解方程组，以确定所有生产要素（劳动力、资本、资源）的价格和数量，以及由代表性经济部门生产的商品和服务（表 1）。

表 1　C-GEM 中的生产部门

类型	部门		说明
农业	CROP	作物	有管理的农田生产的粮食和非粮食作物
	FORS	森林	管理林地和伐木活动
	LIVE	家畜	畜牧业和动物产品
能源	COAL	煤炭	硬煤、褐煤和泥煤的开采和结块
	OIL	油	石油提炼
	GAS	天然气	天然气提炼
	ROIL	石油	精炼石油和石油化学产品
	ELEC	电力	电力和热力的生产、传输和分配
能源密集型产业	NMM	非金属矿物产品	水泥、石膏、石灰、砾石和混凝土
	I&S	钢铁	钢铁的制造和铸造
	NFM	有色金属产品	生产和铸造铜、铝、锌、铅
	CRP	化学橡胶制品	黄金和白银
	FMP	金属制品	基础化学品，及其他化工产品，如橡胶和塑料
其他产品	FOOD	食品和烟草	食品和烟草的制造
	MINE	矿业	金属矿石、铀矿、宝石和其他采矿/采石业的开采
	CNS	施工	建造房屋、工厂、办公室和道路
	EQUT	设备	机械和设备，包括电子设备
	OTHR	其他行业	其他行业
服务业	TRAN	运输服务	管道运输，以及水、空气和陆地运输（客运和货运）
	SERV	其他服务	通信、金融、公共服务、住宅和其他服务

在 C-GEM 中，政策主要通过对商品相对价格的变化进行调整，以反映一种新的均衡，该均衡符合所有政策约束，其中包括成本约束。可以在 CGE 模型中进行表达的能源政策，包括基于市场的政策（如碳价格或燃料税）、直接限制能源使用的指令控制型政策（如控制数量或效率），或要求应用特定能源技术的政策。采用与 C-GEM 结构相似的 CGE 模型——在综合评估研究中独立使用或与自然系统模型结合使用——进行政策建模的例子很多（Babiker et al.，2003，2004；Böhringer and Löschel，2006；Melillo et al.，2009；Böhringer et al.，2012）。

C-GEM 的结构类似于其他详细描述能源系统的递归动态全局可计算一般均衡模型，如全球经济的应用动态分析（ADAGE）模型（Ross，2009），基于可计算均衡的政策分析（PACE）模型（Böhringer et al.，2004），全球贸易与环境模型（GTEM）（Jakeman and Fisher，2006），GAMS 中的 GTAP 模型（Rutherford，2005），麻省理工学院排放预测与政策分析（MIT emissions prediction and policy analysis，MIT EPPA）模型（Paltsev et al., 2005）。在这些模型中，C-GEM 最接近 MIT EPPA 模型，排放预测与政策分析模型常被用来分析全球能源和经济系统的演变以及能源和气候政策的影响。尽管有少量研究集中在中国（Paltsev et al., 2012；Nam et al., 2013），但 MIT EPPA 模型主要被用于美国和欧洲的能源问题研究。

C-GEM 包含几个特性，可以将其与以前开发的递归动态模型区分开。与 MIT EPPA 模型（Paltsev et al., 2005）类似，C-GEM 结合了基于 Hotelling 的资源表示和区域特定的先进技术表示。与将能源密集型行业视为单一集聚部门的模式不同，C-GEM 将能源密集型行业分为五个部门，以更详细地反映中国和其他新兴市场在能源使用和温室气体排放中占比较大的部门。C-GEM 利用最新的国内能源和经济数据进一步校准历史模型年份（2010 年和 2015 年），捕捉 2005 ~ 2015 年中国经济、能源增长率和行业结构的变化。C-GEM 采用 GTAP 8 数据库①（Narayanan et al., 2012）的数据（截至原文提交日期的最新版本）②。其中，中国的数据被中国正式公布的国家投入产出表取代。本文尽可能对 2007 ~ 2010 年的数据进行动态校准，以匹配 2010 年的观测数据。在预测中，C-GEM 通过外部降低储蓄率，模拟了中国经济中预期的结构性变化，即从投资转向消费，其中在 2050 年，消费因素将成为中国主要经济增长动力，储蓄率将降至经济合作与发展组织（Organization for Economic Co-operation and Development, OECD）国家所观察到的水平（Qi et al., 2014a）。中国特定的成本被用来代表低碳技术的选择，随着成本条件在模型中内生地改变，在政策的响应中，这些选择变得可行。以上特征的含义将在本文第 3 节讨论。C-GEM 已经应用于很多的研究中，如 Qi 等（2014b）和 Qi 等（2014c）。

3 情景分析

本文的情景分析始于构建一个基准情景，反映出中国经济增长和经济结构在 2050 年的预期趋势。基于中国专家预测和全球历史经验来描述这些趋势，然后，以无政策情景为基础，评估两种代表不同级别努力的政策情景的影响（持续努力情景和加速努力情景）。

3.1 无政策情景

为了制定一个无政策的基准情景，本文校准了一个由劳动生产增长率和资本积累过程所驱动的经济增长路径。除中国以外的其他国家，折旧率假设为 5%；中国折旧率则假设为从 2010 年的约 12% 线性收敛至 2050 年的 6%（Bai et al., 2006）。图 1 显示了无政策情景下的经济增长路径。假设导致经济增长率从 2020 年的略高于 7% 下降到

---

① GTAP 8 数据库包括生产和消费的一致国民账户（投入产出表）以及 2007 年 57 个部门和 129 个地区的双边贸易流量。

② 中国的统计数据偶尔会有所修订。国家统计局 2014 年修订了 2013 年 GDP 数据，2015 年底将对之前的历史能源总量进行修订。我们采用截至 2014 年中期的 2007 年和 2010 年的数据。

2050 年的 3% 左右，而经济总规模 2010～2050 年增长了约 6 倍。

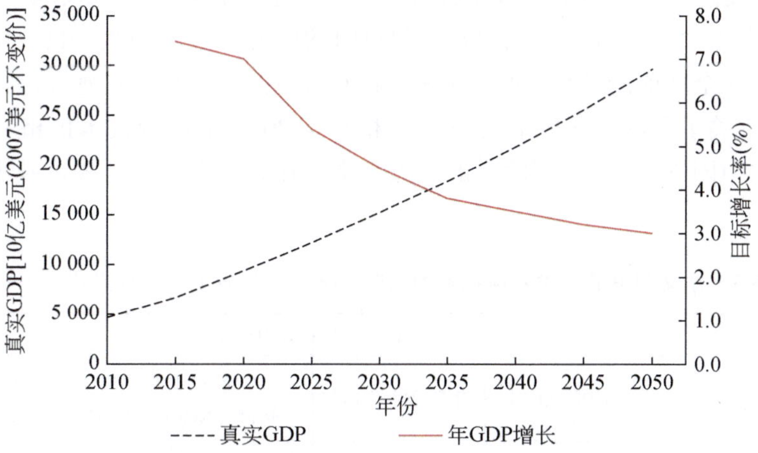

图 1　无政策情景下的中国 GDP 轨迹和相应 GDP 年增长率

储蓄率收敛路径遵循 OECD（2012）分析，即中国储蓄率（目前高）将随时间的推移而下降，且消费在国民总收入中所占份额将增加，见表 2。模型中储蓄等于当期投资，所以随着时间的推移，较低的储蓄率会降低投资，而目前中国的投资主要流向了拥有高出口份额的能源密集型行业。因此，相对于“无转变”情景（消费和投资份额保持在 2010 年水平），在模型中，消费和投资份额会逐年改变，且这一转变降低了排放轨迹，到 2050 年，全国的排放量将减少 8.5%（220 亿美元）。若无此结构变化，在 2050 年，GDP 将增长 13%，一次能源使用将增长 10%。相对于 2030 年的“无转变”情景，能源密集型行业的产量显著下降，高耗能行业、重型制造业和建筑业产出分别下降 12.5%、12.8% 和 25%。

表 2　消费和投资占国民总收入的相对份额

年份	消费	投资
2010	0.520	0.480
2015	0.535	0.465
2020	0.570	0.430
2025	0.610	0.390
2030	0.640	0.360
2035	0.670	0.330
2040	0.700	0.300
2045	0.700	0.300
2050	0.700	0.300

在所有情景中，本文假设能源价格由未来时期的市场决定，代表着对能源价格的剩余控制，特别是天然气、汽油、柴油和电力的价格的回落。

模型的一个核心假设是长期效率提升由技术变化和资本周转量决定。本文假设中国每年的能源效率提升率为1.7%，这对所有生产部门和家庭最终需求都是一种外生趋势。为避免重复计算，不将能源效率提升率应用于电力行业；这也反映了这样的事实：到2010年，由于“十一五”期间多数低效过时的电力设备被淘汰，目前电力行业的主要设备皆运行在全球前沿效率水平。3.3节将对这些假设结果的敏感性进行分析。

C-GEM中关于先进技术成本的假设（相对于2010年煤粉技术价格）反映了最新数据和基于在中国进行的专家启发①的观点。本文在表3中对每种先进技术的相对成本进行了假设。

表3 本文假设的先进发电技术的相对价格（煤粉发电成本标准化为1.0）

时间	相对于煤粉发电的加价[1]				
	风能[2]	太阳能光伏[3]	生物质能发电[4]	天然气/碳捕获和储存（NGCC-CCS）[5]	整体煤气化联合循环（IGCC-CCS）[6]
2010年	1.3	2.5	1.8	2.35	1.55
2015年	1.3	2.0	1.8	2.35	1.55
2020～2050年	1.3	1.5	1.8	2.35	1.55

[1]常规发电基本成本假设为0.4元/（kW·h），即2010年全国燃煤发电平均成本。

[2]风电成本根据专家启发，并参考平均风电生产成本［0.5～0.55元/（kW·h）］。

[3]2010年太阳能光伏成本［1.0～1.15元/（kW·h）］根据国家发展和改革委员会的估算，这些成本在2015年下降至0.8元/（kW·h），2020年再次下降至0.6元/（kW·h）。这些削减根据工业和信息化部2012年发布的成本削减目标启发。

[4]生物质能发电成本［0.7元/（kW·h）］根据专家启发。

[5]NGCC-CCS成本［0.94元/（kW·h）］根据文献估算（Rubin and De Coninck，2005）和专家启发。

[6]IGCC-CCS成本［0.65元/（kW·h）］是根据文献估算（Rubin and De Coninck，2005）和专家启发

3.2 政策情景

为了解上述新措施对中国经济、能源系统和二氧化碳排放的持续影响，本文使用C-GEM模拟了两种代表不同政策努力水平的情景（即持续努力情景和加速努力情景）（Qi et al.，2014a），并与反事实（无政策）情景进行了对比，见表4。首先，本文对持续努力情景进行建模，其中中国现有二氧化碳强度降低目标中所设定的速度将维持至2050年。其次，本文发现当前的减排速度无法通过提高效率来维持，这是由无政策情景中的资本设备周转率和技术进步的基准率所引起的。为了保持每年约3%的二氧化碳强度削减率（与2016～2020年“十三五”规划的目标减排速度相对应），必须引入碳税。持续努力情景中还包括现有资源税（原油和天然气的税率为基准价的5%，煤炭税为每吨4元）。

① 为了制定技术成本假设，清华大学合作者采访了电力公司和行业协会的专家，以获取最新的具体预测成本估算。NGCC/IGCC的发电成本采自中国华能集团有限公司的专家。风电场成本是根据中国华能集团有限公司实际项目中使用的描述风电场成本指标的技术手册而获得。

表 4 每种情景下的政策假设

措施	无政策情景	持续努力情景	加速努力情景
碳价格	无碳价格	实现碳减排所需的碳价格（每年约 3%，2030 年为 26 美元/t，2050 年为 58 美元/t）	碳价格上涨以实现碳减排（每年约为 4%，2030 年为 38 美元/t，2050 年为 115 美元/t）
化石资源税	没有化石资源税	原油/天然气：价格的 10%；煤炭：4 元/t（约 0.6 美元/t）	原油/天然气：价格的 8%；煤炭：价格的 10%
风能、太阳能和生物质能电力的上网电价	没有上网电价	附加费用于电价，以为上网电价提供融资	作为电价附加费用，以为上网电价提供融资；缩放成本低于持续努力情景
水资源开发	只有经济上可行的水资源才能部署，不受政策限制	到 2020 年实现 350GW 的现有目标，并在 2050 年之前缓慢增加至 400GW	与持续努力情景相同
核电发展政策	没有促进核能发展的目标或措施	到 2020 年达到 58GW，到 2050 年达到 350GW	与 2020 年的持续努力情景相同，到 2050 年将增加到 450GW

加速努力情景包括与政府 2013 年年底至 2014 年年初公布的政策相一致的其他政策，包括国家空气污染行动计划、继续经济改革承诺、加速部署太阳能和核电以及发展环境污染市场。在加速努力情景中，除了较高的资源税（对原油和天然气征收 8% 的燃油税，煤炭税征收 10%），本文建立了与更激进的二氧化碳减排情景（每年 4%）相一致的碳税模型（Natural Gas Daily，2013）。

这两种情况都包括现有政策的变体，以促进低碳能源。根据现有的可再生能源电力政策，持续努力和加速努力情景都包括风电、太阳能和生物质能电力的上网电价，这些电价由电价附加费支付。附加费设置与当前的上网电价水平相匹配。在持续努力和加速努力情景下，到 2015 年核电目标达到 40GW，到 2020 年达到 58GW。相对于持续努力情景，加速努力情景反映了有关 2020 年以后部署的更积极的假设。本文认为，核电的建设受政府计划限制，而非技术成本的约束，因为批准和扩展预计将严格遵守国家指令，且目前核电发电成本与现有传统（煤）相比是具有一定竞争力的。

本文将持续努力和加速努力情景与无政策（基准）情景进行比较，假设 2010 年以后没有实施能源或气候政策。随着经济发展，所有情景都假定中国的储蓄率逐渐下降，这与发达经济体的历史观察轨迹和中国政府政策的既定目标相一致。情景还假定随着时间的推移，人员流动和设备升级将导致能效水平持续地提高。

图 2 显示了这三种情景的一次能源轨迹和加速努力情景下的能源类型的组合。图 3 显示了相应的二氧化碳排放轨迹。在无政策情景下，本文发现，虽然二氧化碳排放强度继续以适中的速度下降，但到 2050 年，总排放量将上升。二氧化碳排放量的增加主要是由于继续依赖中国国内煤炭资源。虽然我们没有明确地评估污染或气候变化造成的经济损失，但这一水平的煤炭使用在中国政策界被广泛认为是不成立的，因为没有积极部署碳捕集与封存以及污染清除技术。表 5 总结了无政策情景的详细指标。

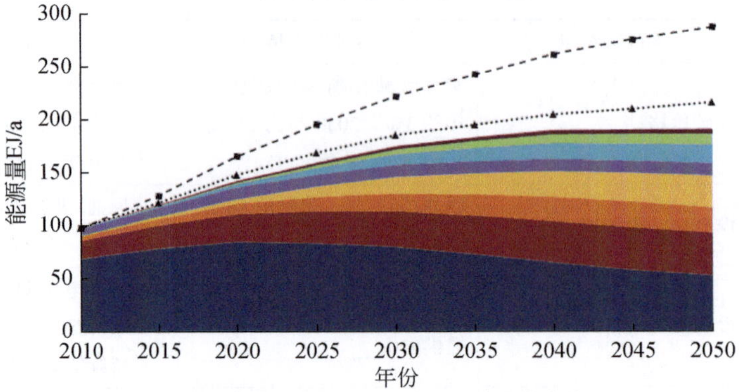

图 2　无政策、持续努力和加速努力情景下的能源需求情况以及加速努力情景中主要能源组合情况

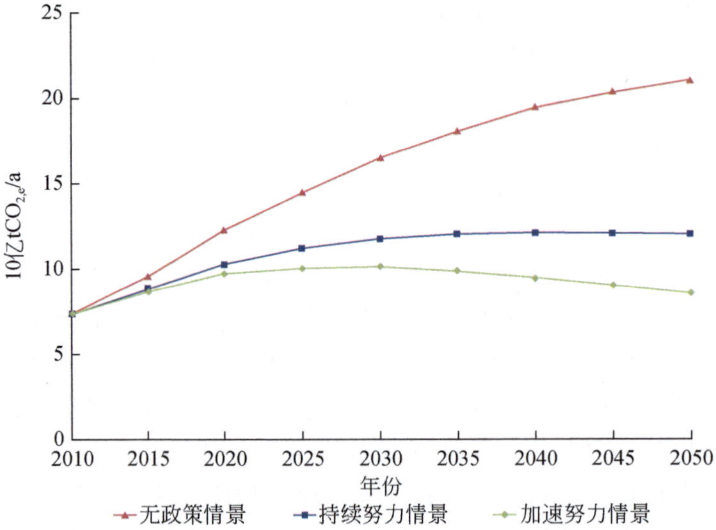

图 3　无政策、持续努力和加速努力情景下中国的二氧化碳排放总量

表 5　无政策情景下的主要产出和指标

整体经济指标	2010 年	2015 年	2020 年	2025 年	2030 年	2035 年	2040 年	2045 年	2050 年
人口（10^6人）	1 336	1 369	1 391	1 402	1 409	1 414	1 403	1 387	1 373
GDP（10 亿美元）(2007 年美元不变价)	4 690	6 699	9 395	12 198	15 227	18 350	21 819	25 553	29 651
GDP 增长速度（%/a）		7.4	7.0	5.4	4.5	3.8	3.5	3.2	3.0
消费（10 亿美元）(2007 年美元不变价)	2 066	3 149	4 788	6 679	8 779	11 090	13 807	16 175	18 782

续表

整体经济指标	2010 年	2015 年	2020 年	2025 年	2030 年	2035 年	2040 年	2045 年	2050 年
CO_2 价格（美元/吨）(2007 年美元不变价)	N. A.	N. A.	N. A.	N. A.	N. A.	N. A.	N. A.	N. A.	N. A.
CO_2 强度（mmt CO_2/10 亿美元）(2007 年美元不变价)	1.57	1.43	1.30	1.19	1.08	0.98	0.89	0.80	0.71
CO_2 强度变化率（%/a）		−1.9	−1.9	−1.8	−1.9	−1.9	−1.9	−2.1	−2.4
一次能源的使用（EJ）									
煤炭	68.3	88.5	113.4	134.2	152.5	165.8	177.4	185.0	189.0
石油	17.1	22.2	28.4	33.4	37.6	41.1	44.6	47.3	49.9
天然气	3.5	4.7	6.5	8.4	10.4	12.5	15.0	17.8	21.2
核能	0.8	2.9	4.2	5.7	7.1	8.3	8.9	9.4	10.2
水电	6.3	8.2	11.0	11.0	11.2	11.2	11.4	11.3	11.6
风电	1.1	1.3	1.6	2.0	2.4	2.8	3.4	3.8	4.3
太阳能	0.0	0.0	0.0	0.0	0.1	0.1	0.1	0.1	0.1
生物质发电	0.2	0.3	0.2	0.3	0.3	0.4	0.4	0.5	0.5
生物质油	0.1	0.1	0.1	0.2	0.2	0.2	0.2	0.3	0.3
总共	97.4	128.2	165.4	195.2	221.8	242.4	261.4	275.5	287.1
中国排放量									
CO_2（mmt）	7 382	9 561	12 249	14 511	16 491	18 000	19 370	20 359	21 057
价格（标准化至 2007 年价格水平）									
煤炭	1.02	1.09	1.16	1.22	1.29	1.36	1.44	1.53	1.64
石油	1.00	1.16	1.32	1.48	1.64	1.78	1.91	2.03	2.14
天然气	1.03	1.10	1.15	1.19	1.22	1.26	1.29	1.34	1.38

注：N. A. 表示不适用（如无碳价）；mmt 表示 10^6 t

谈到持续努力情景，本文发现，如果中国的决策者在 2020 年后将二氧化碳排放强度降低到 3% 的水平，并激励非化石燃料在一次能源中的份额上升，则在 2035 ~ 2045 年，二氧化碳排放量约为 12 亿 t。支持这一目标的二氧化碳排放量价格在 2030 年达到每吨二氧化碳 26 美元，2050 年达到每吨二氧化碳 58 美元。非化石能源的部署非常重要，非化石能源的比例从 2020 年的 15% 上升到 2050 年的 26%。石油在一次能源需求总量中所占份额从 2010 年的 18% 上升到 2050 年的 21%（17 ~ 45 EJ），而煤炭仍占主要能源需求的显著份额（2050 年为 39%，或 85 EJ）。2050 年天然气占能源需求总量的 14%（30 EJ）。到 2050 年，核能将显著到一次能源需求总量的 11%（24 EJ）。表 6 总结了持续努力方案的详细指标。

表 6　持续努力情景下的主要产出和指标

整体经济指标	2010 年	2015 年	2020 年	2025 年	2030 年	2035 年	2040 年	2045 年	2050 年
人口（10^6 人）	1 336	1 369	1 391	1 402	1 409	1 414	1 403	1 387	1 373

续表

整体经济指标	2010 年	2015 年	2020 年	2025 年	2030 年	2035 年	2040 年	2045 年	2050 年
GDP（10 亿美元）(2007 年美元不变价)	4 690	6 739	9 359	12 115	15 095	18 137	21 522	25 158	29 157
GDP 增长速度（%/a）		7.5	6.8	5.3	4.5	3.7	3.5	3.2	3.0
消费（10 亿美元）(2007 年美元不变价)	2 066	3 172	4 774	6 650	8 730	11 000	13 672	15 991	18 549
CO_2 价格（美元/t）(2007 年美元不变价)		7	14	19	26	33	41	50	58
CO_2 强度（mmt CO_2/10 亿美元）(2007 年美元不变价)	1.57	1.31	1.10	0.93	0.78	0.66	0.56	0.48	0.41
CO_2 强度变化率（%/a）		-3.6	-3.4	-3.3	-3.5	-3.3	-3.2	-3.0	-3.1
一次能源的使用（EJ）									
煤炭	68.3	79.6	90.4	96.2	97.8	96.0	92.5	88.6	84.7
石油	17.1	21.7	27.1	31.5	35.1	38.1	40.9	43.0	45.0
天然气	3.5	5.7	8.8	11.6	15.0	18.6	22.9	26.5	29.9
核能	0.8	2.9	4.2	8.5	12.8	16.0	18.7	21.0	23.5
水电	6.3	8.2	11.0	11.0	11.2	11.2	11.4	11.3	11.6
风电	1.1	1.8	3.7	6.0	7.5	8.6	9.9	10.7	11.4
太阳能	0.0	0.3	1.1	2.0	3.0	4.1	5.2	5.9	6.6
生物质发电	0.2	0.7	1.4	1.7	2.1	2.3	2.4	2.5	2.7
生物质油	0.1	0.1	0.1	0.2	0.2	0.2	0.3	0.3	0.3
总共	97.4	121.0	147.8	168.7	184.7	195.1	204.2	209.8	215.7
中国排放量									
CO_2（mmt）	7 382	8 803	10 269	11 216	11 774	12 000	12 102	12 084	12 046
价格（标准化至 2007 年价格水平）									
煤炭	1.02	1.07	1.10	1.11	1.12	1.12	1.11	1.11	1.11
石油	1.00	1.16	1.31	1.46	1.61	1.75	1.87	1.99	2.10
天然气	1.03	1.14	1.21	1.27	1.33	1.39	1.45	1.51	1.57

加速努力情景模拟了相对于持续努力情景采用更积极措施的影响，包括更高的二氧化碳排放量和更高的煤炭资源税。根据这些假设，本文发现 2025～2035 年的二氧化碳碳排放水平在 10 亿 t 左右。碳税从 2030 年的 38 美元/t CO_2 上涨到 2050 年的 115 美元/t CO_2，因为低成本的二氧化碳减排机会已经用尽，深度减排的成本变得更加高。

在加速努力情景下，政策会导致非化石能源的大量部署（到 2050 年，这占到主要能源组合的 39%），而相对于持续努力情景，天然气的作用在 2050 年的能源结构中所起的作用相对较小，仅占能源组合的 12%。天然气的增长速度最终会下降，因为其含有碳，会受到碳价的惩罚。石油占主要能源的比例从 2010 年的 18% 上升到 2050 年的 21%，到 2050 年，需求增长将达 40EJ 左右。石油需求预测反映出，在所有运输模式中，技术效率不断提高，私家车拥有量和旅行需求增加，以及随着消费超过固定资产投资，成为经济增长更重要的驱动力，商业运输需求得到稳定。相比之下，煤炭比例大幅度下降，从2010年的70%下降到2050年的28%左右。2050年，煤炭需求比2010年降低了23%，在2020年达到峰值（84 EJ）。一方面，考虑各种用途的替代品——包括电力行业的风能、太阳能、核能和电力部门的水力发电，区域供热系统中的天然气，以及直接工业用途中的天然气或生物质，煤炭是最廉价的替代燃料。另一方面，在运输中使用石油基液体燃料的替代品（如生物基燃料和电动车辆）较少。在持续努力和加速努力两种政策情景下，风能、太阳能和生物质能的电力在2050年都会持续增长（图4），在加速努力情景中，2030年一次能源总量的比例达到10%，2050年的比例为17%，而在持续努力情景中，这一比例为7%（2030年）和的10%（2050年）。表7总结了加速努力情景的详细指标。

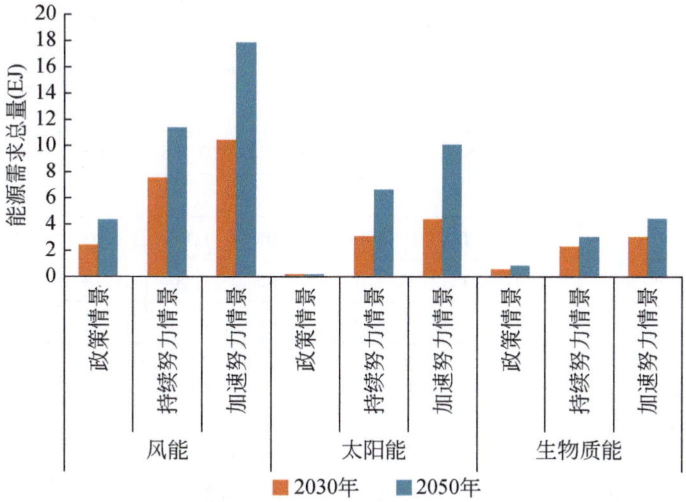

图4 根据无政策、持续努力和加速努力情景，2030年和2050年可再生能源的部署情况

表7 加速努力情景下的主要产出和指标

整体经济指标	2010年	2015年	2020年	2025年	2030年	2035年	2040年	2045年	2050年
人口（10^6人）	1 336	1 369	1 391	1 402	1 409	1 414	1 403	1 387	1 373
GDP（10亿美元）(2007年不变价)	4 690	6 766	9 349	12 069	15 028	18 055	21 377	24 899	28 726
GDP增长速度（%/a）		7.6	6.7	5.2	4.5	3.7	3.4	3.1	2.9
消费（10亿美元）(2007年不变价)	2 066	3 187	4 771	6 632	8 702	10 963	13 594	15 844	18 299
CO_2价格（美元/t）(2007年不变价)		9	20	29	38	49	64	85	115
CO_2强度（mmt CO_2/10亿美元）(2007年不变价)	1.57	1.28	1.04	0.84	0.68	0.55	0.44	0.36	0.30

续表

整体经济指标	2010 年	2015 年	2020 年	2025 年	2030 年	2035 年	2040 年	2045 年	2050 年
CO_2强度变化率（%/a）		-4.0	-4.1	-4.2	-4.1	-4.2	-4.4	-3.9	-3.6
一次能源的使用（EJ）									
煤炭	68.3	78.1	84.2	82.9	79.4	72.3	64.4	57.4	52.3
石油	17.1	21.6	26.6	30.6	34.0	36.6	38.8	39.9	40.1
天然气	3.5	5.8	9.6	13.2	16.5	19.8	23.1	24.8	23.7
核能	0.8	2.9	4.2	10.0	15.6	20.1	24.3	27.1	30.3
水电	6.3	8.2	11.0	11.0	11.2	11.2	11.4	11.3	11.6
风电	1.1	1.8	3.7	6.8	10.4	12.9	15.2	16.3	17.8
太阳能	0.0	0.3	1.1	2.3	4.3	6.4	8.2	9.1	10.0
生物质发电	0.2	0.7	1.4	2.2	2.8	3.2	3.6	3.8	4.0
生物质油	0.1	0.1	0.1	0.2	0.2	0.2	0.3	0.3	0.4
总共	97.4	119.5	141.9	159.2	174.4	182.7	189.3	190.0	190.2
中国排放量									
CO_2（mmt）	7 382	8 674	9 738	10 072	10 158	9 875	9 497	9 049	8 565
价格（标准化至2007 年价格水平）									
煤炭	1.02	1.04	1.06	1.05	1.04	1.02	0.99	0.98	0.98
石油	1.00	1.15	1.30	1.45	1.60	1.74	1.85	1.97	2.07
天然气	1.03	1.14	1.24	1.30	1.36	1.42	1.49	1.56	1.63

3.3 敏感性分析

这项预测受不确定性的影响较大。本文在几个敏感案例中量化了一些具有代表性的不确定性。本文考虑了在每种政策情景下对可获得的低碳技术、碳捕集与封存技术的潜在转型影响。随着碳价格的上涨，碳捕集与封存为传统电力提供了一个重要且具有成本效益的替代品，在2040 年（持续努力情景）和2035 年（加速努力情景）中分别成为经济上可行的替代品。随着碳价格的上涨，碳捕集与封存对减排做出的贡献越来越大，预计2050 年加速努力情景下通过碳捕集与封存技术减少二氧化碳 17.93 亿 t，相当于年总减排量的14%（相对于无政策情景中的预期二氧化碳排放量）。

本文还研究了假设能源效率提高缓慢的影响，并以无政策情景为例。如果家庭能源效率在一段时间内保持稳定，而不是每年提高 1.7%，那么到 2050 年中国的二氧化碳总排放量将增加约 12%。同时，如果工业能源效率每年提高 1%，而不是每年提高 1.7%，到 2050 年中国的二氧化碳排放总量将增加约 20%。假设住宅和工业部门能源效率提高率较低，这将导致中国二氧化碳排放总量在 2050 年增加约 31%。

本文强调，以上只是本文分析所涉及的相关不确定性的一个子集。最重要的不确定因素之一是GDP 增长速度，这直接推动了能源需求。更快速的GDP 增长将给资源有限的化石燃料价格带来上行压力，加速转向替代能源，总能源需求的增加将导致总排放量的增加。GDP 增长放缓产生了相反的效果——事实上，如果中国的经济增长速度不能像本文所假设的那样快，那么排放量可能在 2030 年之前达到峰值。从这个意义上说，中国的排放达峰承诺在一定程度上对未来的经济增长轨迹是稳健的——如果 GDP 增长放缓，排放将更快地达到峰值，而如果 GDP 增长加快，将有更多的资源需要脱碳。如果替代能源直接威胁现有的发电，而非促进，那么在 GDP 增长放缓的情况下，20% 的非化石能源目标可能难以实现。相对于本文情景预测，劳动力、资本、燃料和技术的价格变化可能会进一步改变能源结构。在 Qi 等（2014a）中可以找到对 GDP、燃料价格和其他参数的额外敏感性分析。

4 结论

根据 2013 年以来的发展情况，包括 2013 年以来在碳排放交易试点和中国气候承诺方面取得的进展，中国似乎正在进入加速努力情景。这一情景将导致中国 2030 年左右的碳排放高峰达到 100 亿 t，比 2010 年高出 15% ~20%，随后在 2050 年逐渐下降到 86 亿 t，比 2010 年水平高出约 16%。进入这种情景将标志着中国能源结构的重大转变（与过去中国由煤炭主导不同），需要大规模增加核能和可再生能源，这将是一件困难的事情。与大幅度降低中国对煤炭的依赖相关的挑战将是巨大的。为了管理从煤炭主导型向低碳能源系统的过渡，需要全面实施新的政策指令的持续改革和制度变革。

这种转变的直接代价不会对中国的经济增长产生损害作用，特别是在考虑到潜在的共同利益时。如果不采取进一步的政策行动，中国的碳排放量预计将达到威胁全球稳定气候变化努力的水平。相反，中国如果立即启动并最终实现长期目标，将最小化国家经济发展转型的成本。到 2050 年，受额外措施影响，相对于无政策情景，在持续努力情景下的政策成本将上升到经济消费值的 1.2%（这是 GDP 的一个组成部分，用于估算国内消费者福利的影响），而在加速努力情景下则上升到 2.6%。这些损失相对较小，并将被中国煤炭密集型能源系统的环境和健康成本下降所抵消。

本文发现，可以以适度的成本减少二氧化碳的大量排放，且这取决于二氧化碳价格的选择，其中，二氧化碳价格在两种政策情景下起着很大的作用。二氧化碳价格作为降低二氧化碳排放强度的政策工具，可以覆盖所有碳排放部门，其作用与全国排放交易体系相一致。尽管在两种政策情景下所需的二氧化碳价格都达到了相当高的水平，但随着时间的推移，它在中国能源系统中的化石能源份额越来越小，并将在创造低碳技术市场和鼓励节能行为方面发挥重要作用。中国的碳排放交易试点体系是一项重要的工作，它将为国家碳排放交易体系的设计提供信息，而全国碳市场将在“十三五”期间启动。

本文还强调了定价或限制周边地区排放的重要性。在两种政策情景下，除中国以外的其他地区的二氧化碳排放量都出现了一定程度的“泄露”，中国的化石燃料使用量减少，给全球价格带来下行压力，导致其他国家的二氧化碳密集燃料需求和相关排放量适度增加。这主要是由于除中国以外的亚洲其他地区的煤炭使用量增加，尤其是在新兴东南亚地区。

中国大规模能源转型的前景既是挑战，也是机遇，面临的挑战是如何使中国经济向较慢增长路径过渡（预计在三种情景中），并创造激励措施，以减少中国经济中资源配置方面的系统效率低下问题，同时合理有效地为能源使用的社会成本定价——以上目标皆在中共十八届三中全会上被重申。然而，中国也面临着一个独特的机遇，把握机遇可以引导经济升级改革，提升管理，改善环境并协同减少二氧化碳排放。如果中国成功实施加速努力情景中所体现的措施，中国将拥有强大的国内政策基础，以巩固其在 2020 年后减缓全球气候变化的承诺。

致谢

本文研究得到了 Eni S. p. A. 、法国开发署（AFD）、ICF 国际和壳牌国际有限公司的支持，他们是麻省理工学院-清华大学中国能源与气候项目的赞助商。同时本文也非常感谢国家自然科学基金委员会、科学技术部、国家社会科学基金会和力拓中国的支持；感谢麻省理工学院全球变化科学与政策联合项目通过一个工业赞助商联盟和美国联邦政府赠款所提供的支持。

参考文献

国家统计局 . 2014. 关于修订 2013 年国内生产总值数据的公告 . http://www. stats. gov. cn/tjsj/zxfb/201412/t 20141219_655915. html[2014-12-19].

Babiker M, Criqui P, Ellerman AD, et al. 2003. Assessing the impact of carbon tax differentiation in the European Union. Environmental Modeling and Assessment, 8: 187-197.

Babiker M, Reilly J, Viguier L. 2004. Is international emissions trading always beneficial? Energy Journal, 25: 33-56.

Bai C, Hsieh C, Qian Y. 2006. The return to capital in china. Social Science Electronic Publishing, (2), 61-88.

Böhringer C, Bye B, Fæhn T, et al. 2012. Alternative designs for tariffs on embodied carbon: a global cost-effectiveness analysis. Energy Economics, 34(Supplement 2): 143-153.

Böhringer C, Eckermann F, Löschel A. 2004. PACE. Forum für Energiemodelle und Energiewirtschaftliche Systemanalysen in Deutschland: Energiemodelle zum Klimaschutz in liberalisierten Energiemärkten-Die Rolle erneuerbarer Energieträger, Münster, Germany.

Böhringer C, Löschel A. 2006. Computable general equilibrium models for sustainability impact assessment: status quo and prospects. Ecological Economics, 60: 49-64.

Calvin K L, Clarke V, Krey G, et al. 2012. The role of Asia in mitigating climate change: results from the Asia modeling exercise. Energy Economics, 34: 251-260.

China Daily. 2013a. The decision on major issues concerning comprehensively deepening reforms. http://www. china. org. cn/china/third_plenary_session/2013-11/16/content_30620736. htm[2013-11-20].

China Daily. 2013b. China on track to hit eco-targets early. http://usa. chinadaily. com. cn/world/2013-11/18/content_17111195. htm[2013-11-18].

Dirkse S P, Ferris M C. 1995. The PATH solver: a non-monontone stabilization scheme for mixed complementarity problems. Optimization Methods and Software,5:123-156.

Jakeman G,Fisher B S. 2006. Benefits of Multi-Gas Mitigation:An Application of the Global Trade and Environment Model (GTEM). The Energy Journal, Multi-Greenhouse Gas Mitigation and Climate Policy (Special Issue #3):323-342.

Mathiesen L. 1985. Computation of economic equilibria by a sequence of linear complementarity problems. Mathematical Programming Study,23:144-162.

Melillo J M, Reilly J M, Kicklighter D W, et al. 2009. Indirect emissions from biofuels: how important? Science,326:1397-1399.

Ministry of Industry and Information Technology (MIIT). 2012. The 12th Five-Year-Plan of solar PV industry. The Ministry of Industry and Information Technology, Beijing. http://www.miit.gov.cn/n1146285/n1146352/n3054355/n3057643/n3057649/c3624754/content.html[2012-02-24].

Nam K M,Waugh C J,Paltsev S,et al. 2013. Carbon co-benefits of tighter SO_2 and NO_x regulations in China. Global Environmental Change,23(6):1648-1661.

Narayanan B, Aguiar A, McDougall R. 2012. Global trade, assistance, and production: the GTAP 8 data base. Center for Global Trade Analysis, Purdue University. http://www.gtap.agecon.purdue.edu/databases/v8/v8_doco.asp[2015-04-29].

Natural Gas Daily. 2013. China to extend resource tax reforms to cover coal. http://interfaxenergy.com/article/2900/china-to-extend-resource-tax-reforms-to-cover-coal[2014-12-19].

OECD. 2012. Long-term growth scenarios. OECD Economics Working Paper No. 1000, Paris. http://www.oecd-ilibrary.org/economics/long-term-growth-scenarios_5k4ddxpr2fmr-en[2014-12-19].

Paltsev S,John R,Henry J,et al. 2005. The MIT Emissions Prediction and Policy Analysis(EPPA) model: version 4. https://core.ac.uk/display/22576935[2014-12-19].

Paltsev S,Morris J,Cai Y,et al. 2012. The role of China in mitigating climate change. Energy Economics,34: S444-S450.

Qi T,Winchester N,Karplus V,et al. 2014a. An analysis of China's climate policy using the China-in-Global Energy Model. Economic Modelling 52:650-660.

Qi T,Winchester N, Karplus VJ, et al. 2014b. Will economic restructuring in China reduce trade-embodied CO_2 emissions? Energy Economics,42:204-212.

Qi T,Zhang X,Karplus V. 2014c. The energy and CO_2 emissions impact of renewable energy development in China. Energy Policy,68:60-69.

Rosenthal E R. 2012. GAMS-A user's guide. Washington:GAMS Development Corporation.

Ross M T,2009. Documentation of the Applied Dynamic Analysis of the Global Economy(ADAGE) model. Research Triangle Institute. http://ledsgp.org/wp-content/uploads/2015/09/Documentation-of-ADAGE-model.pdf[2015-09-12].

Rubin E, DeConinck H. 2005. IPCC special report on carbon dioxide capture and storage. Cambridge: Working group III of the IPCC.

Rutherford T F. 1995. Extension of GAMS for complementarity problems arising in applied economic analysis. Journal of Economic Dynamics and Control,19:1299-1324.

Rutherford T F. 1999. Applied general equilibrium modeling with MPSGE as a GAMS subsystem: an overview of the modeling framework and syntax. Computational Economics,14:1-46.

Rutherford T F. 2005. GTAP6inGAMS: The dataset and static model. Ann Arbor, MI. http://www. mpsge. org/gtap6/gtap6gams. pdf[2014-04-15].

WDI. 2014. World Bank WDI Database. http://data. worldbank. org/indicator/EN. ATM. CO2E. KT/countries. html[2014-04-15].

Zhen J, Kuramochi T, Asuka J. 2013. Energy and CO_2 intensity reduction policies in china: targets and implementation. Global Environmental Research, 17: 19-28.

Carbon Emissions in China: How Far Can New Efforts Bend the Curve?

Zhang Xiliang, Valerie J. Karplus, Qi Tianyu, Zhang Da, He Jiankun

Abstract: While China is on track to meet its global climate commitments through 2020, China's post-2020 CO_2 emissions trajectory is highly uncertain, with projections varying widely across studies. Over the past year, the Chinese government has announced new policy directives to deepen economic reform, protect the environment, and limit fossil energy use in China. To evaluate how new policy directives could affect energy and climate change outcomes, we simulate two levels of policy effort—a Continued Effort scenario that extends current policies beyond 2020 and an Accelerated Effort scenario that reflects newly announced policies—on the evolution of China's energy and economic system over the next several decades. We perform simulations using the China-in-Global Energy Model, C-GEM, a bespoke recursive-dynamic computable general equilibrium model with global coverage and detailed calibration of China's economy and future trends. Importantly, we find that both levels of policy effort would bend down the CO_2 emissions trajectory before 2050 without undermining economic development. Specifically, in the Accelerated Effort scenario, we find that coal use peaks around 2020, and CO_2 emissions level off around 2030 at 10 bmt, without undermining continued economic growth consistent with China reaching the status of a "well-off society" by 2050.

Keywords: China; economic reform; energy; climate policy; energy-economic model

中国省际人口迁徙与能源政策的严格性*

罗小虎，Justin Caron，Valerie J. Karplus，张　达，张希良

摘要：省际人口迁徙流动涉及大量的人员及生产活动的重新安置，同时对区域能源使用和温室气体排放产生影响。在中国，设定各省能源和环境目标时并没有考虑到这些迁徙人口的流动，忽略了它们对政策有效性的潜在影响。本文分析了在现行两项政策：能源强度目标和能源总量控制下人口迁徙的影响。虽然两项政策都是国家“十二五”规划的一部分，并在省级层面实施，但现阶段只有能源强度目标具有约束力。本文建立了一个人口迁徙模型，并将其整合到一个中国分省的一般均衡模型中，来模拟人口迁徙对能源使用和经济活动的影响。研究发现尽管两项政策都受到不确定的迁徙流动的影响，能源强度目标（能源使用相对于经济产出的指数）比绝对的能源总量控制目标更为稳健和经济（激励相容且成本更低），减轻了相对清洁的人口迁入省的负担。考虑到减缓政策的选择将内生地调整劳动力布局，研究结果还强调了从省级目标转向综合性全国碳排放权交易体系的价值。

关键词：人口迁徙；劳动力流动性；中国；能源需求；气候政策；能源政策

1　引言

近几十年来中国快速的经济增长了带来巨大的利益和严峻的环境挑战。为了应对中国快速增长的能源使用和二氧化碳排放问题，作为“十二五”规划的一部分，中国政府已经实施了约束性能源和碳强度下降目标以及非约束性能源总量控制目标。目前的政策措施是建立在近期控制能源强度的努力的基础上的，强化了中国能源部门的环境足迹是不可持续的这一意识。尽管从“六五年”规划（1980～1985 年）起节能减排就已经在中国的年度报告中被提及，但直到“十一五”规划（2006～2010 年）才引入约束性能源强度下降目标。中国在 2009 年哥本哈根气候变化大会中承诺，到 2020 年碳强度要比 2005 年下降 40%～45%，这一约束性碳强度下降目标被写入“十二五”规划。作为一种限制能源使用的机制，能源总量控制直到最近才被广泛地讨论。尽管最近决策者表达了利用全国性的碳排放交易体系连接各省能源和碳市场的意向，但以往包括能源强度、碳强度、能源消费总量在内的所有目标都是被分解到各个独立的省级层面的。

本文考察了这些省级政策设计与中国经济发展进程主体——省际人口迁徙之间的

---

* 原文来源：Luo X H，Caron J，Karplus V J，et al. Interprovincial migration and the stringency of energy policy in China. Energy Economics. 2016. 58，164-173，中文出版略有改动。

相互作用。有学者提出利用各省（自治区、直辖市）GDP、人均收入、人口、能源消费、能源生产、工业产出份额等一系列指标将全国目标分解到省级层面，但据统计，人口迁徙尚未被考虑到。在为国家发展和改革委员会提供目标设定政策建议的研究团队中，已发表的研究皆未纳入人口迁徙这一因素（Yi，2011；Wei，2012）。尽管如此，2001～2010 年跨省（自治区、直辖市）人口迁徙流动量高达 1 亿人次，庞大的人口迁徙数量表明省际移民可能产生非常大的影响迁徙。中国户籍制度对人口迁徙的长期限制导致各省（自治区、直辖市）的工资和居民生活水平（包括医疗和教育水平）存在巨大差距（Whalley and Zhang，2007）。近些年来户口限制已经逐渐放宽，使得通过就业实现迁徙的人口比例不断提升。同时，快速扩张的交通基础设施（如高速公路），使得城市间交通变得更加便利。得益于这些有利条件，过去 5～10 年短期或永久性迁入相对富裕地区（主要为一线城市和发达地区，如北京、上海、广东、江苏、浙江）的人口数增长迅速（Shen，2013）。以北京为例，国家统计局 2012 年的数据显示，北京市人口从 1990 年的 1086 万人增长到 2010 年的 1962 万人，年复合增长率高达 3.2%，远高于全国的自然人口增长率 0.8%。此外，过去几年人口迁徙的步伐也在加快，2010 年北京新增移民 100 万人，新增移民数占城市总人口的比例超过 5%。

潜在迁入地区的资源耗竭和逐步缩小的省际工资差距必将减慢未来的人口迁徙步伐。尽管如此，中国领导人仍多次强调城市化是中国未来国家发展战略的关键部分，这也意味着任何时候省内和省际的人口迁徙率都不会快速降低。虽然中国国内人口迁徙的重要性不言而喻，但令人惊讶的是，只有很少的研究提及了人口迁徙对于能源使用和能源政策的影响。例如，Auffhammer 和 Carson（2008）提供了省际人口迁徙影响省级能源使用和碳排放的证据。据统计，尚没有研究明确地探究人口迁徙与能源或气候政策之间的联系。本文的目标是通过分析省际人口迁徙与能源替代政策设计的预测结果之间的关系来填补文献中的这一空白。

人口迁徙通过多种渠道影响能源使用。人口变化不仅影响经济活动的规模，还影响经济的结构。劳动和其他主要生产要素的相对可用性和成本的变化将对生产部门产生不均衡的影响。更确切地说，劳动供给的增加将会按照各行业的劳动力强度成比例地造福于各行业。移民还可能会加剧区域间经济发展和能源生产的不平衡。在中国，沿海地区经济较为繁荣，但资源相对匮乏，而中西部地区资源相对丰富，但经济发展滞后。随着能源和资源总需求的增加，从西向东的人口迁徙可能会令东部已经稀缺的能源和资源供给更为紧张，人口流动和能源流动的方向相反，加剧了能源和电力传输的瓶颈。未能考虑到这些动态因素的能源政策可能会对一些省（自治区、直辖市）的经济带来高昂的政策成本。

为了量化人口迁徙对能源系统的影响及其与能源政策间的相互作用，本文建立了一个内生决定人口迁徙流动的模型，并将其嵌入分省的一般均衡模型中。这一方法允许动态地追踪人口迁徙、经济产出和能源使用之间的相互作用。这一人口迁徙模型可用于预测 2020 年的人口迁徙流动，使本文能够模拟其对于能源生产和能源使用模式，以及各省（自治区、直辖市）相对能源强度变化的影响。

本文的工作为中国能源和气候政策方面的研究提供新的思路和理念，有助于面向不确定因素的政策设计稳健性研究（O'Neill et al., 2012）。通过此项研究，本文得出了一些结论。

首先，随着越来越多的人迁入生产力更高的省份，人口迁徙增加了 GDP，并且随着越来越多的人迁入能源密集程度较低的省份，人口迁徙降低了总能源强度①。

其次，人口迁徙进一步扩大了（能源密集程度较高的）迁出省和（能源密集程度较低的）迁入省之间的能源强度差距。人口迁出省的服务业比较优势有所降低，资源密集型产品生产部门的比较优势有所提高，而迁入省的情况则相反。因此，能源强度目标给人口迁出省带来了更大的负担。相比之下，能源总量控制不适应经济生产率的变化，因此给人口迁入省带来了更大的负担（由于经济增长速度过快，相对于无迁徙情景，迁入省的绝对能源使用量更大）。因此，能源强度目标相比能源总量控制而言对人口迁徙流动更为稳健②。由于人口迁徙同时也影响能源强度，能源强度目标对人口迁徙而言并非是完全稳健的，但相对而言，它们在面对意料之外的人口迁徙流动时表现优于不太灵活的能源总量控制。能源总量控制不太稳健，这是因为它们无法反映潜在因素和结构条件变化导致的经济活动的变化。

最后，高能源密集型人口迁出省的减排成本相比更加清洁的迁入省要更便宜。因此，倾向于给迁出省带来更大负担的能源强度目标可能会以较低的成本降低能源消耗。所以，就经济效率而言，能源强度目标也是更优的选择，在相关社会福利损失更少的情况下带来更大的能源使用下降。

2 背景及方法学

为了量化人口迁徙对能源系统的影响及其与能源政策间的相互作用，本文建立了一个内生决定人口迁徙流动的模型，并将其嵌入分省的一般均衡模型中。这一方法允许我们动态地追踪人口迁徙、经济产出和能源使用之间的相互作用。这一人口迁徙模型可用于预测 2020 年的人口迁徙流动，使我们能够模拟人口迁徙对于能源生产和能源使用模式，以及各省相对能源强度变化的影响。

2.1 人口迁徙模型构建

2.1.1 以往研究综述

经济学家长久以来研究了劳动力的迁徙与经济活动模式之间的关系。从 Ravenstein（1885）开始，学者们就将移民与收入、语言、距离、年龄、性别、教育程度等其他因

---

① 这一结果在很大程度上取决于移民在迁徙前的原籍省和迁徙后的目的地省的假定能源使用情况。在本文中，我们假设移民采取目的地省普通居民的消费行为（生产率和消费模式）。

② 我们将稳健性定义为相比无人口迁徙情景而言，各省政策导致的经济损失的相对大小的变化。

素相关联。这些因素已被纳入用于预测未来人口迁徙模式的广泛模型中（Kau and Sirmans，1979；Ma and Wang，2012；Simini et al.，2012）。引力模型已被广泛用于描述人口迁徙流动，其依赖于起始地和目的地地区的特征以及它们之间的距离（Hua and Porell，1979）。式（1）是由 Zipf（1946）提出的引力模型的一般表达式：

$$M_{i,o}=\frac{P_i^{\alpha}P_o^{\beta}}{D_{i,o}} \tag{1}$$

式中，$M_{i,o}$为从 o 省到 i 省的移民人数；P_i 为目的地（迁入）省的人口；P_o为原籍（迁出）省的人口；$D_{i,o}$为两地之间的距离；α 和 β 为与每个因子相关的估计系数。引力模型已被广泛应用和扩展，同时一些研究也引入收入、医疗保健、教育和交通基础设施等因素（Lipton，1980；Dustmann，2003；Michael，2003）。一般来说，这些模型在模拟人口迁徙模式的研究上表现很好。这当中，几乎所有的研究都认为人均收入或工资与移民决策密切相关。同样，针对中国的研究也发现，收入是最重要的移民驱动因素（Zhao and Meng，1999；Hu，2002；Zhu，2002）。

2.1.2　人口迁徙模型

据此，我们将省际的人口流动建模为人口、人均收入和历史人口迁徙数字的函数。根据式（1）中所示的引力模型的广义形式，我们使用类似于 Westerlund 和 Wilhelmsson（2011）的历史面板数据估计对数–对数关系模型。

式（2）表示了广义估计模型：

$$\ln M_{i,o,t}=a_1\ln \mathrm{Pop}_{i,t-1}+a_2\ln \mathrm{Pop}_{o,t-1}+a_3\ln \mathrm{GDPpcap}_{i,t-1}+a_4\ln \mathrm{GDPpcap}_{o,t-1}+a_5\ln M_{i,o,t-1} \tag{2}$$

式中，时期 t 之内从 o 省到 i 省的人口迁徙数量（$M_{i,o,t}$）是两个省的上一期人口（$\mathrm{Pop}_{i,t-1}$，$\mathrm{Pop}_{o,t-1}$）、人均 GDP（$\mathrm{GDPpcap}_{i,t-1}$，$\mathrm{GDPpcap}_{o,t-1}$）以及上一期两省之间人口迁徙数量（$M_{i,o,t-1}$）的函数。区别于传统引力模型，本模型将上一期人口迁徙数量加入模型，使得模型能够涵盖影响人口迁徙速度的一些结构性因素，如两地距离、文化关系和交通联系（这些因素并不能直接观察到，但它们随时间变化较小）。同时，将上一期人口迁徙数量纳入模型并作为一个自变量也可以防止移民数量非常低的两个省份之间，会出现异常的系数估计。

2.1.3　研究数据

研究数据包括 30 个省（自治区、直辖市）（不包括西藏、香港、澳门和台湾）在 3 个时期内（1995 ~ 2000 年、2000 ~ 2005 年和 2005 ~ 2010 年）的人口迁徙流量，每个时期共有 870 个数据点。数据来源于国家统计局 2000 年和 2010 年进行的全国人口普查。我们利用 1995 年和 2005 年涵盖了总人口 10% 的人口抽样调查对这些数据进行补充。人口普查参与者中有 10% 被要求填写一份包括家庭迁徙模式数据在内的表格调查问卷。该表格调查问卷要求个人在提交时说明当下以及五年之前的居留身份（因为迁徙的定义是指在每五年期间改变其永久居住省的个人）。重新调整调查总数以获得省际总人口迁徙流量的估计值。

我们发现人口迁徙集中在少数省份对（迁入省和迁出省的组合称为一个省份对）中，90%迁徙发生在870个省份对中的50个左右。我们也发现迁徙人口集中在18~60岁的劳动年龄人口中。如2000~2005年，大多数移民的年龄为15~40岁，儿童和老人几乎没有流动性。目前，中国的人口迁徙数量还很大，而且呈上升趋势。2005~2010年，省际的人口迁徙总数达到了6100万人，相当于2014年意大利的总人口数。2005~2010年净人口流入集中在北京和包括上海、江苏、浙江和广东等在内的东南沿海地区，净人口流出集中在中部和东北地区。描述省（自治区、直辖市）人口和人均GDP的数据也来自国家统计局。由于数据所限，在我们的模型中，我们使用地方人均GDP代替人均收入①。

2.1.4 模型估计结果

考虑到人口迁徙流动是正向的并且是离散的，与人口引力模型文献（Flowerdew and Aitkin，1982）中提到的标准方法一致，我们使用泊松最大似然法估计［式（2）］中描述的迁徙模型。首先对模型加以限制来定义上一期人口、上一期人均GDP、当期人口、当期人均GDP以及上一期人口迁徙数量（见表1的前4列）。我们发现两省（自治区、直辖市）之间上一期人口迁徙可以解释95%的迁徙模式的变化量，使其成为当前迁徙的最重要决定因素。人口和人均GDP也是重要的决定因素，R^2分别为0.23和0.26。在完整模型中（见表1的最后一列），我们发现上一期（t-1）迁入省人口平均增长1%可导致迁入人口增加0.09%，而迁出省人口增加1%可导致迁出人口增加0.14%。人均GDP的影响幅度较大，且具有统计显著性——上一期迁入省人均GDP增长1%可导致移民的预期数量上升0.346%，而迁出省人均GDP则具有负向但统计上并不显著的影响。完整模型的赤池信息量准则（Akaike information criterion，AIC）是最低的，表明包含所有自变量是恰当的。

表1　人口迁徙模型——泊松最大似然估计回归结果

Dep. Var.：$M_{i,o,t}$	仅人口模型	仅GDP模型	人口＋GDP模型	仅上期移民量	完整模型
$Population_{i,t-1}$	0.741（0.000）*		1.178（0.119）*		0.091（0.026）*
$Population_{o,t-1}$	1.177（0.000）*		1.259（0.080）*		0.142（0.034）*
$GDPpcap_{i,t-1}$		1.430（0.070）*	2.118（0.121）*		0.346（0.039）*
$GDPpcap_{o,t-1}$		−0.711（0.117）*	−0.838（0.122）*		−0.047（0.039）
$M_{i,o,t-1}$				0.936（0.010）*	0.866（0.012）*
常值	−22.705（0.005）*	3.772（1.231）*	−44.588（3.414）*	1.096（0.113）*	−5.176（1.012）*
样本量/个	1740	1740	1740	1740	1740

① 人均GDP与平均收入之间的相关系数为0.87（根据国家统计局2012年数据计算而得）。我们选择使用人均GDP是因为其来源是国民账户，比源自家庭调查的收入数据更为可靠。

续表

Dep. Var. : $M_{i,o,t}$	仅人口模型	仅 GDP 模型	人口 + GDP 模型	仅上期移民量	完整模型
R^2	0.227	0.266	0.589	0.950	0.958
AIC	24.8	23.7	13.2	1.58	1.37

注：括号中的值表示标准误；* 表示在 1% 水平上显著；AIC 代表赤池信息量准则

这些估计值意味着虽然基于本文模型的人口迁徙预测将主要反映上一期人口迁徙的影响，但两地人口和人均 GDP 的影响也同样显著。特别是当一些省份之间人口迁徙数量偏离历史趋势，人口和人均 GDP 对于刻画人口迁徙偏离历史模式将非常有价值。

2.2 中国分区经济与能源使用建模

2.2.1 以往研究综述

预测能源使用和经济活动的方法在技术细节和宏观经济反馈水平方面有所不同（Böhringer and Rutherford，2009）。为研究人口迁徙及其与能源政策的相互作用，所建模型需要解决人口迁徙的主要驱动因素和由此造成的人口流动，以及人口迁徙如何改变当地要素禀赋和价格。为此，本文采用包含区域经济和能源系统细节的可计算一般均衡模型。可计算一般均衡模型已被广泛用于通过模拟对相对价格的影响来研究能源政策对经济的影响（Laitner and Hanson，2006；Rausch et al.，2011）。可计算一般均衡模型也被用于研究能源政策，包括能源税（Dai et al.，2011）、排放总量限额、排放税（Cao，2007；Wang et al.，2011；Liang and Wei，2012）、排放强度目标（Wang et al.，2009）以及能源补贴和相关改革（Lin and Jiang，2011）。

研究中国内部人口迁徙的影响及其与能源政策的相互作用需要一个具有分区细节的模型。虽然上述研究中使用的模型将中国作为一个单一的地区，但越来越多的研究包括省级层面的细节（Tang and Wu，2013；Zhang et al.，2013；Cui et al.，2014）。

本文的工作有助于在可计算一般均衡框架内研究人口迁徙问题（包括劳动力禀赋的变化）（Rutherford，2001；Flaig et al.，2013）的学术研究。在这些模型中，工资差异推动了部门和区域间的人口转移。这种方法无法刻画迁徙模式的历史结构（以及其中隐含的驱动因素），如收入、人口、受教育程度和交通方式等因素随时间而变化，而其他一些因素是永久性的（如区域间的距离、文化差异和语言）。因此，本文采用一种创新的方法，在可计算一般均衡框架下嵌入使用历史数据校准的人口迁徙模型，并递归求解经济活动、能源使用和人口迁徙流动。

2.2.2 中国分区能源模型

本文将人口迁徙模型耦合到中国分区能源经济模型（China regional energy-economic model，C-REM）中，C-REM 是一个多区域、多部门、递归动态的全局一般均衡模型，涵盖中国 30 个省（自治区、直辖市）（不含西藏、香港、澳门和台湾）。使用中国 2007 年省级投入产出表和省级能源平衡表对中国的分区细节进行参数化。世界其他地区被划分为 4 个区域（美国、欧洲、其他发展中国家和其他发达国家），利用 GTAP 8（全球贸易分析项目数据库）数据对其经济和能源数据以及所有地方间贸易流动进行参数化①。C-REM 的区域和部门汇总见表 2。

表 2 C-REM 区域和行业划分

区域				行业	
中国各省（自治区、直辖市）				行业部门	描述
北京	BJ	河南	HA	COL	煤炭开采和洗选
天津	TJ	湖北	HB	CRU	原油生产
河北	HE	湖南	HN	GAS	天然气生产
山西	SX	广东	GD	OIL	石油、炼焦及核燃料加工
内蒙古	NM	广西	GX	EIS	高耗能工业
辽宁	LN	海南	HI	MAN	其他制造业
吉林	JL	重庆	CQ	ELE	电力和热力
黑龙江	HL	四川	SC	WTR	水的生产和供应
上海	SH	贵州	GZ	CON	建筑业
江苏	JS	云南	YN	TRN	交通和邮政业
浙江	ZJ	陕西	SN	SER	服务业
安徽	AH	甘肃	GS	OMN	金属、非金属矿物及其他采矿业
福建	FJ	青海	QH	AGR	农、林、畜牧业
江西	JX	宁夏	NX		
山东	SD	新疆	XJ		
其他区域					
其他发达国家*			ODC		
美国			USA		
欧洲**			EUR		
世界其他地区			ROW		

*其他发达国家包括澳大利亚、加拿大、日本、新西兰和韩国。

**欧洲包括欧盟（European Union，EU）、欧洲自由贸易联盟（European Free Trade Association，EFTA）、欧盟关税同盟国家和巴尔干地区国家

本文扩展了 Zhang 等（2013）的静态 C-REM 版本，将其纳入对 2010 年、2015 年和 2020 年能源总量的动态预测。2010 年预测结果根据历史观测值进行了校准，而 2015 年和 2020 年预测值反映了参考区域的经济增长规划［基于“十二五”规划和各省（自治区、直辖市）的近期预测］。本文根据省校准模型的可观测经济增长率，外生地校准调整能源效率以匹配公布的能源总量。价格在 C-REM 中总是内生决定的。人口迁徙和

① 中国国家和省级能源统计数据之间的差异已有详尽的说明（Guanet al，2012）。我们根据省级数据按比例调整总能源使用，以匹配国家报告的总量，并维持分品种能源占比不变。

能源政策情景影响资本和劳动力的相对可用性以及可用能源类型的相对成本。储蓄率根据基年数据进行校准［如麻省理工学院排放预测与政策分析（MIT EPPA）模型（Paltsev et al.，2005）］。劳动生产率以逐年下降的速率增长。

每个区域 r 的劳动力供给$L_{r,t}$根据以下公式生成：

$$L_{r,t}=N_{r,t}\times S_r\times \Omega_{r,t} \tag{3}$$

式中，$N_{r,t}$为人口总数（由人口迁徙模型决定）；S_r为劳动力参与率；$\Omega_{r,t}$为每个工人的劳动力生产率。人口迁徙机械地影响$N_{r,t}$，但其对S_r和$\Omega_{r,t}$的影响不太明显①。由于没有人口迁徙对S_r和$\Omega_{r,t}$影响的确凿数据，本文假设它们是不受影响的。考虑到本文的预测是在相对较短的时间范围内（到 2020 年），进一步假设 S 在 10 年的时间范围内是保持不变的②，而$\Omega_{r,t}$的增长率$g_{r,t}$按如下方法校准。通过调整 2007 年和 2010 年的可用资本存量，利用可观测到的经济增长率校准初始的劳动生产率的增长率$g_{r,0}$。然后本文假设其按照式（4）所示的数学关系逐年下降。

$$g_{r,t}=(g_{r,0}-g_{r,t})\frac{1+\alpha}{1+\alpha^{\beta t}}+g_{r,t} \tag{4}$$

式中，$g_{r,t}$为劳动生产率的长期（100 年）增长率，假设每年 2%。本文采用前人的研究结果，假设形态参数 α 和 β 的值分别设为 0.1 和 0.07（Paltsev et al.，2005）。因此，劳动生产率从初始增长率（$g_{r,0}$）到最终的长期数值服从 S 形曲线模型。按照联合国人口司（United Nations，2011）的预测，在没有人口迁徙的情况下，中国每个省的人口预计每年增长 0.48%，这一增长率正是中国整体的自然人口增长率。

本文还假设各个时期各省的资本存量按照各省增加值增长率$g_{r,t}$增长。假设一部分资本存量在每个时期都具有可塑性，可以跨部门重新利用，而剩余的资本只能由其现有用途确定。这可以防止部门间资本的大量重新配置，限制了每个时期内经济结构和能源生产技术配比变化的范围。

土地、风能、水电和化石燃料资源在 MIT EPPA 模型中被表示为固定资源，Zhang 等（2013）将其分解到各省。C-REM 中的每个区域都包含一个关于能源使用效率随时间提高的假设，与相对价格的变化无关。对美国而言，这一长期能效自动提升率假设为每年 1%（Paltsev et al.，2005），而中国各省的这一长期能效自动提升率约为 2%（Cao and Ho，2010）。商品和服务贸易则是根据阿明顿（Armington）对原产国差异化商品的假设来确定的。正如 Caron 等（2015）提出的，对弹性进行校准使得进入一个省的国内商品比产于中国之外的商品更容易进行本地商品的替代。

2.3 模型耦合

为了刻画人口迁徙如何影响中国经济和能源系统的发展，本文把人口迁徙模型和

① 例如，来自贫困地区的移民相比目的地省的劳动力而言，可能缺乏教育或专业节能，从而降低了该省 Ω 值的整体水平；比本地工人生产率更高的工作年龄的移民寻求就业可能会提高目的地省的 S 值。

② 这一假设不太可能持续更长的时间。计划生育政策始于 1980 年，导致退休人口的比例随着时间的推移不断变大，这种影响将在 2020 年后越来越明显。

C-REM 进行耦合（图 1）。在每个时间步骤中，本文以人口迁徙模型得到的各省预测人口作为 C-REM 的输入，而以 C-REM 计算得到的人均 GDP 变化作为人口迁徙模型的输入。假设移民在搬迁后在目的地省会获得新的均衡平均工资，其在其他条件相同的情况下往往会随着劳动力供给的增加而下降。本文假设各省的资本存量在每个时间段内是固定的，移民采用目的地省的居民消费模式①。那么，人口迁出省的消费和劳动力供给都会因人口迁徙有所下降。

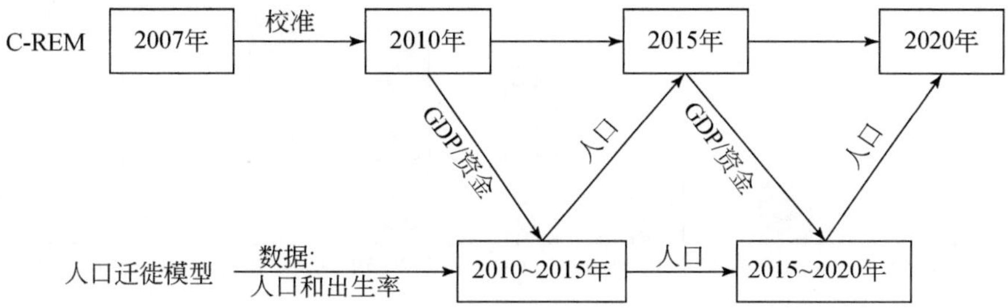

图 1　一般均衡模型（C-REM）和人口迁徙模型的耦合

3　研究结果

3.1　人口迁徙预测

图 2 展示了基于耦合的 C-REM 和人口迁徙模型模拟得到的预测迁徙人数。有趣的是，尽管历史上观察到迁徙人数快速增长，但该模型模拟结果显示，2010～2015 年全国迁徙人口总数接近 9000 万人的峰值，2015～2020 年回落到 6500 万人左右。这一峰值很大程度上是由移民迁出省和迁入省之间的工资差距缩小所致的。无论是历史数据还是在模型预测中，移民迁入省的 GDP 增长率都较低且在下降，而迁出省的 GDP 增长速度则更快。由于工资差距缩小，迁徙量也在下降。在本文的其余部分，人口迁徙情景包括除自然人口增长外的人口迁徙预测，而没有人口迁徙的情景只包括自然增长。

根据耦合模型的模拟结果，2010～2020 年累计迁入人口占 2010 年当地人口的比例最高的 3 个省（直辖市）为上海（39%）、北京（38%）和浙江（33%），而迁出比例最高的 3 个省为湖南（22%）、江西（22%）和安徽（20%）。广东接收了最多的净迁入人口（3395 万人），而迁出人口最多的是河南（1368 万人）。

3.2　GDP 和能源使用基准情景预测

为了探究人口迁徙对经济和能源使用的影响，本文建立了两种基准（无政策）情

① 尚无数据来描述移民与当地消费者之间消费模式的差异。虽然移民的消费模式可能会偏离各省的平均水平，但我们预计我们的假设可能会高估消费的影响，特别是如果移民整体上获得低薪的工作，并且相对于各省平均水平消费较少。

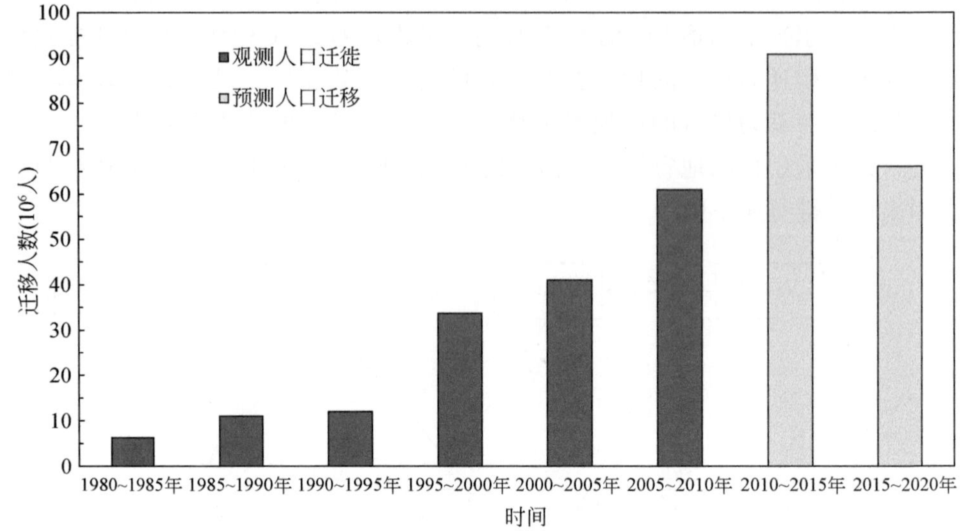

图 2 历史和预测全国迁徙人数

景预测——人口迁徙（WM）和无人口迁徙（NM）。本文将能源使用定义为终端需求（家庭和政府）二次能源（电力、成品油、天然气和煤炭）的直接使用，并将其作为工业投入。表 3 反映了省际人口迁徙的一些影响。移民往往是迁往平均生产力更高的省，人口迁徙使得全国 GDP 年均增长率提高了 0.1% 左右。然而我们注意到，这一数字取决于迁入人口将立即达到迁入省份平均收入水平这一前提假设。本文预计如果移民在原籍处于失业或半失业状态，而在迁徙后实现完全就业，这一影响会更大。如果移民对目的地省劳动力的贡献低于原籍劳力（且消费更少），则人口迁徙对 GDP 的影响会更小（并可能会消失）。人口迁徙带来的 GDP 增长导致收入增加，因而提高了整体能源使用。最后，随着移民迁入能源密集程度更低的省，全国能源强度会略有下降。

表 3 人口迁徙（WM）和无人口迁徙（NM）下基准情景的经济和能源系统输出结果

指标	迁徙与否	2010 年数据	2020 年预测值	2010～2020 年均增长率
GDP（10 亿美元）（2007 年不变价）	无人口迁徙	5148	9680	6.52%
	人口迁徙	5148	9761	6.61%
能源使用（10^6 tce）	无人口迁徙	3296	5800	5.81%
	人口迁徙	3296	5845	5.90%
能源强度（10^6 tce/10 亿美元）(2007 年不变价)	无人口迁徙	0.6402	0.5992	−0.66%
	人口迁徙	0.6402	0.5989	−0.67%

国家层面的适度变化掩盖了各省的异质性。例如，从表 4 可以看出，对于北京和上海等移民迁入地而言，GDP 比无人口迁徙情况高出 17% 以上，能源使用高出 14% 以上。对于安徽和江西等移民迁出省而言，GDP 和能源使用分别比无人口迁徙情况低 13% 以上和 4.5% 以上。尽管移民对 GDP 和能源使用的影响是相关的，但其对 GDP 的影响要大于能源使用，对此可以解释为大多数能源资源位于迁出省。化石燃料开采的

位置是固定的，且模型中采用了省间贸易摩擦系数限制了能源贸易模式的快速变化，因此迁出省的能源供给价格弹性相对较低。这意味着能源的可获性并不直接随移民流动而变化，因此对劳动力可获性的影响大于其对能源可获性的影响。

大量的劳动力集中于劳动密集型行业，而这些行业的能源密集程度往往较低。移民迁入省将提高其劳动密集型行业的专业化程度，而迁出省的能源密集型行业的专业化程度将有所提高。

表 4　人口迁徙情况下 2020 年 GDP、能源使用和能源强度相对于无人口迁徙情况的变化

（单位：%）

省（自治区、直辖市）	GDP 变化	能源使用变化	能源强度变化
贵州	-13.7	-0.8	14.9
江西	-13.3	-4.6	10.0
安徽	-13.2	-4.8	9.7
湖南	-12.6	-5.2	8.5
重庆	-11.2	-2.1	10.2
四川	-10.9	-4.0	7.7
河南	-10.8	-4.4	7.2
湖北	-10.3	-6.5	4.2
广西	-8.3	-2.8	6.0
甘肃	-6.9	-2.9	4.3
黑龙江	-6.9	-5.0	2.0
吉林	-4.3	-0.8	3.7
河北	-3.0	0.3	3.4
陕西	-2.9	0.1	3.1
山西	-2.6	-1.6	1.0
云南	-2.6	-1.2	1.4
山东	-2.3	-0.7	1.6
青海	0.4	0.5	0.1
辽宁	1.4	1.4	0.0
内蒙古	2.4	1.3	-1.1
宁夏	3.1	2.6	-0.5
新疆	3.1	5.0	1.8
海南	3.6	1.0	-2.5
江苏	5.4	3.4	-1.9
福建	6.1	4.1	-1.9

续表

省（自治区、直辖市）	GDP 变化	能源使用变化	能源强度变化
广东	13.3	8.9	-3.9
浙江	15.2	13.0	-1.9
上海	17.3	14.3	-2.6
天津	18.3	8.0	-8.7
北京	18.6	15.1	-3.0

图 3 展示了研究数据中各省净迁入人口比例和能源强度之间的负相关关系，并且观察到净迁入省平均能源强度更低。图 4 展示了人口迁徙情况下（相对于无人口迁徙情况）迁入省（自治区、直辖市）和迁出省的各部门产出的差异①。以上结果表明相对于能源生产和高耗能工业产出的增加而言，移民迁入省的服务业不呈比例地大幅度增长。移民迁出省的高耗能工业产出并没有大量减少，而其化石燃料能源的生产实际上有所增加。同样，迁出省的家庭将会提高他们的能源消费。总体而言，人口迁徙倾向于提高迁出省的能源强度，降低迁入省的能源强度。图 5 展示了预测的人口迁徙与能源强度变化的关系。

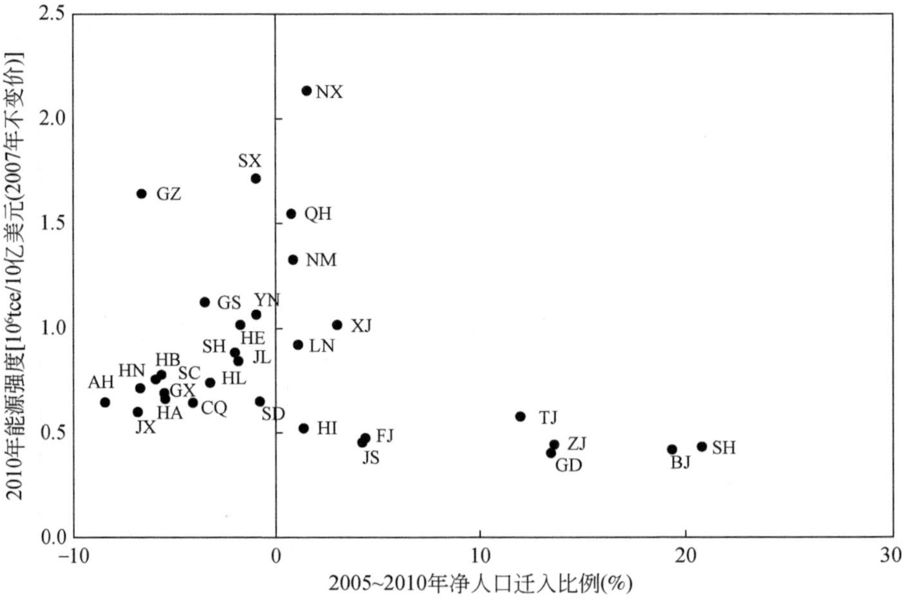

图 3 各省（自治区、直辖市）2005～2010 年净迁入人口比例与 2010 年能源强度之间的关系

本文以上海和安徽两省为例，进一步阐述人口迁徙的影响。2006～2010 年，上海和安徽之间的迁徙流量约为 170 万人，是最大的，许多移民离开安徽这个相对贫困的

① 根据净迁入和净迁出进行分组。FTP 对应于初级化石生产，是 COL、OIL、CRU 和 GAS 的总和。

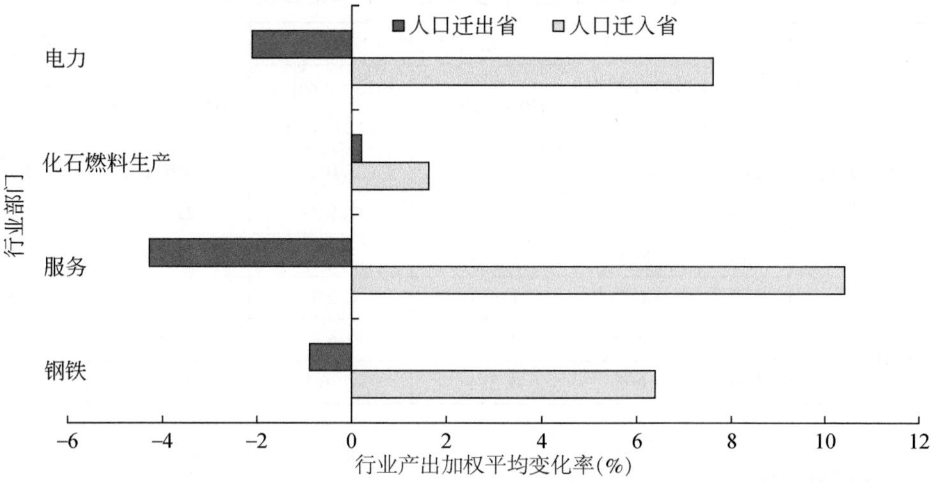

图4　移民迁入省和迁出省由人口迁徙导致的行业产出加权平均变化

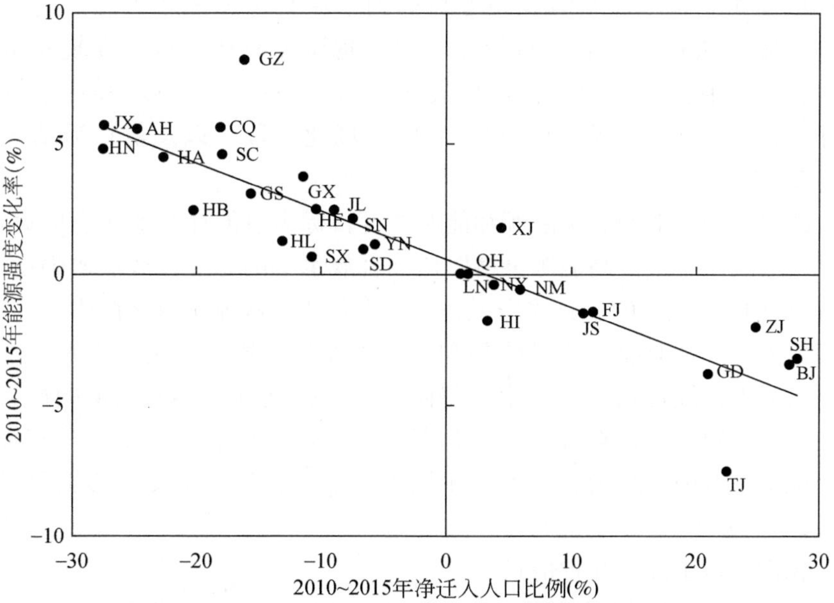

图5　预测的2010～2015年净迁入人口比例与能源强度变化

地区，前往上海这个相对富裕的地区。正如表5的模拟结果所示，人口迁徙为2010～2020年上海4.6%的年均GDP增长率贡献了1.6个百分点。更高的增长率也导致了能源使用的增加，尽管能源增长率的比例低于GDP的预计增长率。这一例子表明，如果不考虑人口迁徙，政策制定者将会低估上海的能源使用增长量。如果在不考虑人口迁徙的情况下设定能源总量限额，上海的负担会大于预期。相反，如果不考虑人口迁徙，将会导致政策制定者对预期能源强度下降的低估，因此能源强度目标将会降低对诸如上海等移民迁入省的负担。

表 5　基准情景下上海和安徽的 GDP 和能源使用情况

指标	地区	2010 年数据	无人口迁徙（NM）		人口迁徙（WM）	
			2020 年预测值	2010～2020 年年均增长率	2020 年预测值	2010～2020 年年均增长率
GDP（10 亿美元 2007 年不变价）	上海	213.7	288.2	3.0%	336.1	4.6%
	安徽	140.0	300.6	7.9%	274.6	7.0%
能源使用（10^6t 标煤）	上海	95.9	138.2	3.7%	156.0	5.0%
	安徽	84.7	154.7	6.2%	149.2	5.8%
能源强度	上海	0.449	0.479	0.6%	0.464	0.3%
	安徽	0.605	0.514	−1.6%	0.543	−1.1%

3.3　政策模拟

本节的分析重点是理解中国未来移民流动将会如何影响能源政策的成果。本节比较了中国的能源总量限额和能源强度目标两个正在考虑的较为流行的政策设计方案，这两个方案都从省级层面进行设定，以实现国家总体目标。在现实世界中，省级层面目标执行机制是多重政策措施的复杂组合，包括小型电厂和低效钢铁产能退出的行政干预政策、节能补贴和奖励机制的市场化手段，以及信息活动等其他辅助措施（Qi，2013）。

在本文的模型中，能源总量限额和能源强度目标为总能耗和能源强度设定了限制，而这些目标是通过内生地提高能源价格以达到合规水平的总能耗或能源强度来实现的，如 Zhang 等（2013）提出的。具体来说，本文聚焦于二次能源直接使用。

为了对比人口迁徙对能源总量限额和能源强度目标遵守情况的影响，本文设计了两种政策下的无人口迁徙情景。其中，将两个无人口迁徙下不同政策的情景，政策的实施效果设定为一致，从而合并为一个情景，这样本文就有了三个情景模拟。在有人口迁徙的情况下，这两种政策将会产生不同的影响。这使得本文能够聚焦于引入人口迁徙所造成的偏差。

因此，我们模拟了以下几种情景。

1）无人口迁徙下的能源总量限额/能源强度目标（ENM）情景。本文设定了能够达到中国“十二五”规划能源强度降低水平的能源强度目标，并将其按照“十三五”规划的同等严格程度进行拓展。能源强度目标$i_r^{\text{targ}}=X_r/\text{GDP}_r$对应于 r 省的二次能源使用比例X_r和省级增加值GDP_r。附录表 A2 展示了能源强度的目标下降率 $100\times(i_r-i_r^{\text{targ}})/i_r$。平均能源强度目标下降率为 15.7%，省际标准差为 2.1%。在全国层面，这一目标相当于能源强度下降 16%。这一政策也可被解释为能源需求的总量限额目标，利用能源强度目标和隐含的经济活动水平来构建总量能源限额$X_r^{\text{targ}}=i_r^{\text{targ}}\times\text{GDP}_r$。因此，这样的设计使得两种政策在没有人口迁徙或经济增长假设的情况下产生完全相同的结果。

2）人口迁徙下的能源总量限额政策（ECM）情景。ENM 情景中描述的能源总量限额将被实施，唯一的区别在于模拟了人口迁徙。

3）人口迁徙下的能源强度目标政策（EIM）情景。ENM 情景中描述的能源强度目标将被实施，唯一的区别在于模拟了人口迁徙。

与关注政策稳健性的研究（Anderies et al.，2013）相一致，本文通过衡量 30 个省（自治区、直辖市）负担的有效分配（用福利损失来表示）与政策制定者意图的匹配程度来考虑能源总量限额政策和能源强度目标政策这两种政策的稳健性，进而比较了它们以最小成本降低能源使用而言的相对效率。

为了研究政策稳健性，本文将 ECM 情景和 EIM 情景的福利影响与 ENM 情景进行了比较，ENM 情景提供了一个合适的基准线，并且代表了政策制定者对“十二五”规划中政策负担分配的共识。为此，我们定义了一个福利影响指标$K_{S,r}$，来量化 S 情景（S 为 ECM 或 EIM）中福利损失相比于政策制定者期望值的比例变化：

$$K_{S,r}=\left(\frac{|\Delta W_{S,r}|}{|\Delta W_{\mathrm{ENM},r}|}-1\right)=\left(\frac{|W_{S,r}/W_{\mathrm{WM},r}-1|}{|W_{\mathrm{ENM},r}/W_{\mathrm{NM},r}-1|}-1\right) \tag{5}$$

式中，$W_{S,r}$为 S 情景中 r 省份所隐含的福利。因此，$\Delta W_{S,r}=W_{S,r}/W_{\mathrm{WM},r}-1$ 和$\Delta W_{\mathrm{ENM},r}=W_{\mathrm{ENM},r}/W_{\mathrm{NM},r}-1$ 分别为 S 情景和 ENM 情景下 r 省份的福利变化。因此，指标 K 对应于相对无人口迁徙下已经发生的福利变化而言，本文所预测的（有人口迁徙下）将要发生的福利变化的比率。

接着，本文构建了一个稳健性指标R_S来量化一个省份福利变化与 ENM 情景相比的整体偏差。指标R_S对应于福利变化的加权平均绝对偏差，计算公式如下：

$$R_S=\sum_r \frac{c_r}{\sum_r c_r}|K_{S,r}| \tag{6}$$

式中，c_r为 ENM 情景下 r 省的消费水平。R_S量化了相比 ENM 情景，S 情景下福利变化的加权平均偏差。R_S越小，政策越稳健。本文估计 R_{ECM} 为 24.5%，显著高于数值为 15.8% 的 R_{EIM}。能源强度目标更为稳健，能够更好地反映政策制定者意图负担的分配，但这仍不够好。

图 6 展示了人口迁徙对各省（自治区、直辖市）福利变化指标$K_{S,r}$的影响。例如，广西（GX）在 ECM 情景下的 K 值为 180%。这意味着广西的能源总量限额带来的福利变化将比忽略人口迁徙时的福利变化高出 180%。总体而言 ECM 情景会产生更大的偏差，尤其是对于北京、上海等主要移民迁入省而言。除了程度上的差异，ECM 情景和 EIM 情景的偏差模式也几乎相反。由于低估了人口迁徙对总 GDP 和能源使用的正面影响，能源总量限额政策给迁入省带来了更大的负担；由于低估了能源强度的增长，能源强度目标政策对迁出省施加了更大的负担。

每项政策都将减少不同省的能源使用负担，它们将导致不同的总体成本和总能源使用量。由于更高效的生产工艺已经被广泛应用于东部较发达、能源强度较低的迁入省（图 5），在迁出省减少能源使用成本更低。通过比较迁出省能源使用减少的平均影子价格与迁入省的平均影子价格，可以明显看出这一点。在能源管理方案中，迁出省能源政策的平均影子价格为 50 美元/tce，而迁入省为 190 美元/tce。能源上限政策给迁入省带来了更多负担，其中能源减排成本高，因此导致 GDP 和福利损失高于能源强度

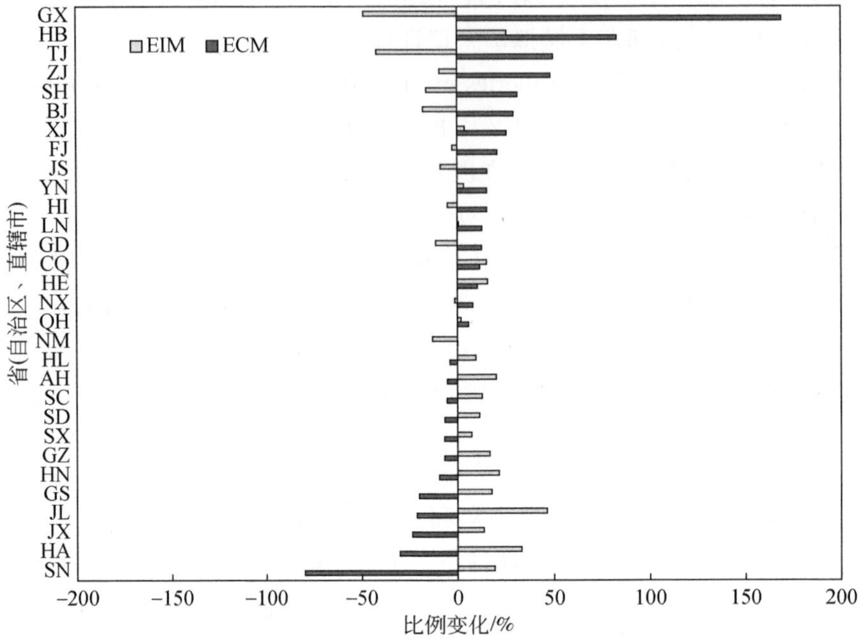

图6　相比无人口迁徙情景（ENM），人口迁徙对各省（自治区、直辖市）福利影响（$K_{S,r}$）的比例变化

正值表示相比 ENM 情景，能源政策会提高福利

政策。表 6 中总结了 3 种情景下国家的 GDP、能源使用、福利和能源强度变化结果。表中的所有变化都是相对于相应的无政策情景表示的（即 ENM 情景是相对于 NM 基准情景表示的，而 ECM 情景和 EIM 情景是相对于 WM 基准线情景表示的）。在没有移民（ENM）的情况下，到 2020 年全国福利损失达到消费的 1.69%（以等值变化衡量）。随着移民的消耗，能源总量限额（ECM）下的消费损失比 ENM 高出 20%，而比能源强度政策（EIM）低 5%。

表 6　不同政策情景下国家的 GDP、能源使用、福利和能源强度变化（单位：%）

指标	2015 年			2020 年		
	ENM 情景	ECM 情景	EIM 情景	ENM 情景	ECM 情景	EIM 情景
GDP	−0.58	−0.66	−0.65	−2.35	−2.62	−2.47
能源使用	−12.28	−13.20	−13.27	−24.91	−25.49	−26.12
福利	−0.42	−0.55	−0.44	−1.69	−2.02	−1.78
能源强度	−11.76	−12.61	−12.71	−23.09	−23.48	−24.24

这些政策对国家能源使用总量也有不同的影响。对于 ECM 情景而言，人口迁入省更严格的能源使用下降目标导致了高耗能产业向人口迁出省的转移。对于 EIM 情景而言，由于能源资源主要位于人口迁出省，当人口迁出省的预期能耗下降得更大时，高耗能产业向人口迁出省转移的潜力将大幅度减小。总体而言，表 6 显示，EIM 情景导

致的能源使用总量的降低大于能源总量限额政策。事实上，在ECM情景下，从人口迁出省流向迁入省①的国内贸易所蕴含的净排放量明显较高（图7）。综上，这些结果表明，在考虑人口迁徙的情况下，能源强度目标政策能够以更低的成本（更低的GDP和福利损失）实现更高的能源使用量降低，因此整体上效率高于分省能源总量限额政策。

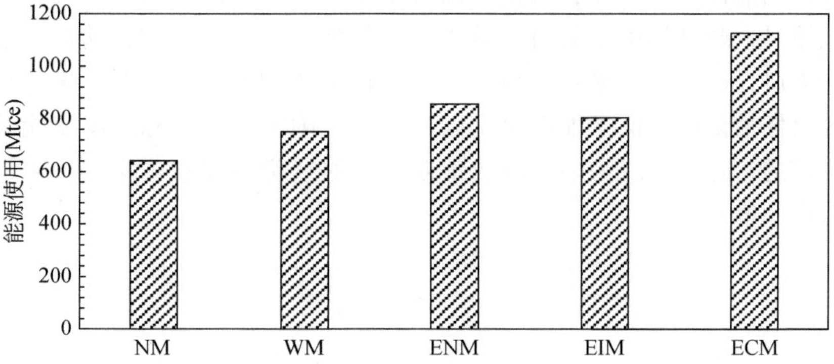

图7 从人口迁出省流向迁入省的商品中所蕴含的能源使用

4 研究结论

本文使用新开发的耦合建模方法来表示可计算一般均衡模型框架内人口迁徙的宏观经济和能源影响，研究表明，如果要在省级层面制定政策，对于不确定的人口迁徙水平而言，能源强度政策目标比能源总量限额政策更高效且更稳健。尽管中国的省际移民数量很大且该势头将保持多年，但本文的模型预计，由于省际的工资差异会减少，省际移民数量将在2020年以前达峰。虽然在全国层面人口迁徙对GDP和能源使用增速的影响很小，但各省的变化是显著的。例如，由于劳动力供给的增加，主要的东部迁入省（如北京和上海）的产值将有所增加。然而，迁入省的能源使用将不会同GDP一样迅速增加，同样，迁出省的能源使用也将不会同GDP一样迅速降低。因此，人口迁徙将进一步提高移民迁出省相对迁入省的相对能源强度。

通过改变各省的相对要素禀赋及消费状况，本文的分析表明了人口迁徙如何影响能源政策的实施。如果能源政策是设定在省级层面的，且没有内置的机制来根据经济生产力和能源强度等不确定性因素相应地调整目标，由于福利损失的影响，会发现一些省比其他省更容易实现整体目标。此外，由于约束更紧的人口迁入省为了达到省级限制目标，会有越来越强烈的动机将生产外包给迁出省，能源政策还可能会进一步加剧地区差异。

本文的工作还指出了一系列可能影响省级能源政策成本效益的不确定因素。在这里，我们只关注省际的“净迁出”，并没有明确考虑可能发生在省内部的城市化，而这

① 使用Böhringer等（2012）的多区域输入-输出分解模型计算而得。

一因素可能对能源使用的效率和结构具有重要意义（O'Neill et al., 2012）。城市化和省级能源目标之间的相互作用是未来研究的一个重要领域。

考虑到中国的政治制度环境，以省级政府为政策主要执行区域仍为首选，所以能源强度目标相比能源总量限额而言是更为高效和稳健的措施。然而，这一结论只有在逐省设定目标的前提下才成立，从模型而言就是无法均衡跨区域的边际成本。从国家层面制定政策时，政策约束工具将会减少成本最低省的能源使用，这样会改变人口迁徙模型中的人口迁徙成本与效益，所以会有不同的表现结果。因此，虽然在省级模式下能源强度目标被证明是优于能源总量限额的，但国家强度目标或国家能源总量限额都是更为优越的。这一发现为中国的政策制定者继续努力建立国家碳排放权交易体系提供了强有力的推动力。

致谢

非常感谢中国国家社会科学基金（09&ZD029）的支持。这项研究还得到了 Eni S. p. A. 、法国开发署（AFD）、ICF 国际和壳牌国际有限公司的支持，他们是“麻省理工学院-清华”中国能源和气候变化研究项目的赞助商。非常感谢麻省理工学院“全球变化科学与政策联合项目”通过由企业赞助商和美国联邦拨款组成联盟提供的支持。

参考文献

Anderies J M, Folke C, Walker B, et al. 2013. Aligning key concepts for global change policy: Robustness, resilience, and sustainability. Ecology and Society, 18(2): 8.

Auffhammer M, Carson R T. 2008. Forecasting the path of China's CO_2 emissions using province-level information. Journal of Environmental Economics and Management, 55(3): 229-247.

Böhringer C, Bye B, Fæhn T, et al. 2012. Alternative designs for tariffs on embodied carbon: A global cost-effectiveness analysis. Energy Economics, 34: 143-153.

Böhringer C, Rutherford T F. 2009. Integrated assessment of energy policies: Decomposing top-down and bottom-up. Journal of Economic Dynamics and Control, 33(9): 1648-1661.

Cao J. 2007. Essays on environmental tax policy analyses: Dynamic computable general equilibrium approaches applied to China, Harvard University. http://gradworks.umi.com/32/64/3264920.html [2019-09-04].

Cao J, Ho M S. 2010. Changes in China's energy intensity: Origins and implications for long-term carbon emissions and climate policies. http://ideas.repec.org/p/eep/report/rr2010126.html [2019-09-04].

Caron J, Rausch S, Winchester N. 2015. Leakage from sub-national climate policy: The case of California's cap-and-trade program. Energy Journal, 36(2): 8.

Cui L B, Fan Y, Zhu L, et al. 2014. How will the emissions trading scheme save cost for achieving China's 2020 carbon intensity reduction target? Applied Energy, 136: 1043-1052.

Dai H, Masui T, Matsuoka Y, et al. 2011. Assessment of China's climate commitment and non-fossil energy plan towards 2020 using hybrid AIM/CGE model. Energy Policy, 39(5): 2875-2887.

Dustmann C. 2003. Return migration, wage differentials, and the optimal migration duration. European

Economic Review,47:353-369.

Flaig D,Grethe H,Mcdonald S. 2013. Imperfect Labour Mobility in a CGE Model:Does Factor Specific Productivity Matter? https://www. gtap. agecon. purdue. edu/resources/download/6565. pdf[2013-12-30].

Flowerdew R, Aitkin M. 1982. A method of fitting the gravity model based on the poisson distribution. Journal of Regional Science,22(2):191-202.

Guan D,Liu Z,Geng Y,et al. 2012. The gigatonne gap in China's carbondioxide inventories. Nature Climate Change,2:672-675.

Hu D. 2002. Trade, rural-urban migration, and regional income disparity in developing countries: A spatial general equilibrium model inspired by the case of China. Regional Science and Urban Economics,32(3): 311-38.

Hua C, Porell F. 1979. A critical review of the development of thegravity model. International Regional Science Review,4(2):97-126.

Kau J B, Sirmans C F. 1979. A recursive model of the spatial allocation of migrants. Journal of Regional Science,19(1):47-56.

Laitner J,Hanson D. 2006. Modeling detailed energy-efficiency technologies and technology policies within a CGE framework. The Energy Journal,SP2:151-170.

Liang Q, Wei Y. 2012. Distributional impacts of taxing carbon in China: Results from the CEEPA model. Applied Energy,92:545-551.

Lin B,Jiang Z. 2011. Estimates of energy subsidies in China and impact of energy subsidy reform. Energy Economics,33(2):273-283.

Lipton M. 1980. Migration from rural areas of poor countries:The impact on rural productivity and income distribution. World Development,8(1):1-24.

Ma W,Wang Y. 2012. Transportation infrastructure and population migration in China:An analysis based on gravity model. China Soft Science,3(9):69-78.

Michael M S. 2003. International migration, income taxes and transfers: A welfare analysis. Journal of Development Economics,72(1):401-411.

O'Neill B C,Ren X,Jiang L,et al. 2012. The effect of urbanization on energy use in India and China in the iPETS model. Energy Economics,34:339-345.

Paltsev S,Reilly J M,Jacoby H D,et al. 2005. The MIT emissions prediction and policy analysis(EPPA) model: Version 4, MITJPSPGC Report 125. http://globalchange. mit. edu/files/document/MITJPSPGC_Rpt125. pdf[2013-12-30].

Qi Y. 2013. Annual Review of Low-carbon Development in China:2013. Beijing:Social Sciences Academic Press.

Rausch S,Metcalf G E,Reilly J M. 2011. Distributional impacts of carbon pricing: A general equilibrium approach with micro-data for households. Energy Economics,33(6):20-33.

Ravenstein E G. 1885. The laws of migration. Journal of the Statistical Society of London,48(2):167-235.

Rutherford T F. 2001. A general equilibrium model for tax policy analysis in Colombia. http://www. mpsge. org/dnp2001. pdf[2013-12-30].

Shen J. 2013. Increasing internal migration in China from 1985 to 2005: Institutional versus economic drivers. Habitat International,39:1-7.

Simini F, Gonzúlez M C, Maritan A, et al. 2012. A universal model for mobility and migration patterns. Nature,484(7392):96-100.

Tang W,Wu L. 2013. Efficiency or Equity? Simulating the Carbon Emission Permits Trading Schemes in China Based on an Inter-Regional CGE Model. Shanghai: The 16th Annual Conference on Global Economic Analysis.

United Nations. 2011. World Population Prospects:The 2010 Revision. http://esa. un. org/wpp/documentation/pdf/WPP2010_Volume-I_Comprehensive-Tables. pdf[2013-12-30].

Wang K,Wang C,Chen J. 2009. Analysis of the economic impact of different Chinese climate policy options based on a CGE Model incorporating endogenous technological change. Energy Policy,37(8):2930-2940.

Wang X,LiJ F,Zhang Y X. 2011. An analysis on the short-term sectoral competitiveness impact of carbon tax in China. Energy Policy,39(7):4144-4452.

Wei C. 2012. Regional allocation of carbon dioxide abatement in China. China Economic Review,23(3):552-565.

Westerlund J,Wilhelmsson F. 2011. Estimating the gravity model without gravity using panel data. Applied Economics,43(6):641-649.

Whalley J, Zhang S. 2007. A uumerical simulation analysis of (Hukou) labour mobility restrictions in China. Journal of Development Economics,83(2):392-410.

Yi W. 2011. How can China reach Its CO_2 intensity reduction targets by 2020? A regional allocation based on equity and development. Energy Policy,39(5):2407-2415.

Zhang D,Rausch S,Karplus V J,et al. 2013. Quantifying regional economic impacts of CO_2 intensity targets in China. Energy Economics,40:687-701.

Zhao S, Meng X. 1999. Leaving the countryside: Rural-to-urban migration decisions in China. American Economic Review,89(2):281-296.

Zhu N. 2002. The impacts of income gaps on migration decisions in China. China Economic Review,13(2-3):213-230.

Zipf G K. 1946. The P1 P2/D hypothesis: On the intercity movement of persons. American Sociological Review,11(6):677-686.

附表 A1 各省(自治区、直辖市)人口预测结果 (单位:10^6人)

省(自治区、直辖市)	人口数	净人口迁徙量					
	历史数据	预测数据		有人口迁徙		无人口迁徙	
	2010 年	2010~2015 年	2015~2020 年	2015 年	2020 年	2015 年	2020 年
北京	19.62	5.04	3.70	24.66	28.36	20.08	20.57
天津	12.99	2.71	1.81	15.70	17.51	13.25	13.57
河北	71.94	-2.84	-0.86	69.10	68.24	73.59	75.37
山西	35.74	-1.58	-0.34	34.16	33.82	36.58	37.46
内蒙古	24.72	1.98	0.82	26.70	27.52	25.30	25.92
辽宁	43.75	2.32	0.65	46.07	46.72	44.80	45.89
吉林	27.47	-0.61	-0.45	26.86	26.41	28.12	28.80
黑龙江	38.33	-1.77	-1.03	36.56	35.53	39.24	40.19
上海	23.03	7.82	2.76	30.85	33.61	23.57	24.14
江苏	78.69	10.42	3.51	89.11	92.62	80.56	82.51

续表

省（自治区、直辖市）	人口数	净人口迁徙量					
	历史数据	预测数据		有人口迁徙		无人口迁徙	
	2010 年	2010～2015 年	2015～2020 年	2015 年	2020 年	2015 年	2020 年
浙江	54.47	15.8	5.66	70.27	75.93	55.74	57.09
安徽	59.57	-6.71	-2.84	52.86	50.02	60.94	62.41
福建	36.93	4.95	1.96	41.88	43.84	37.78	38.70
江西	44.62	-6.09	-1.85	38.53	36.68	45.64	46.75
山东	95.88	-0.48	-0.39	95.40	95.01	98.11	100.48
河南	94.05	-9.72	-3.96	84.33	80.37	96.3	98.63
湖北	57.28	-5.35	-2.00	51.93	49.93	58.62	60.04
湖南	65.70	-9.18	-2.45	56.52	54.07	67.29	68.92
广东	104.41	25.25	8.70	129.66	138.36	106.84	109.42
广西	46.10	-1.63	-1.15	44.47	43.32	47.14	48.28
海南	8.69	0.52	0.20	9.21	9.41	8.88	9.10
重庆	28.85	-2.43	-0.80	26.42	25.62	29.54	30.26
四川	80.45	-6.05	-2.93	74.4	71.47	82.35	84.34
贵州	34.79	-1.97	-1.45	32.82	31.37	35.59	36.45
云南	46.02	-0.44	-0.35	45.58	45.23	47.08	48.21
陕西	37.35	-0.42	-0.49	36.93	36.44	38.22	39.15
甘肃	25.60	-1.64	-0.77	23.96	23.19	26.19	26.82
青海	5.63	0.28	0.06	5.91	5.97	5.76	5.90
宁夏	6.33	0.41	0.13	6.74	6.87	6.45	6.61
新疆	21.85	1.43	0.65	23.28	23.93	22.34	22.88

注：人口预测也是基于经济模型，因此每种情景下的人口预测将会有所不同。这里为基准线预测。

附表 A2 “十一五”“十二五”“十三五”期间的各省（自治区、直辖市）能源强度下降目标

（单位：%）

省（自治区、直辖市）	“十一五”	“十二五”	“十三五”
北京	26.59	17	17
天津	21	18	18
河北	20.11	17	17
山西	22.66	16	16
内蒙古	22.62	15	15
辽宁	20.01	17	17
吉林	22.04	16	16
黑龙江	20.79	16	16
上海	20	18	18
江苏	20.45	18	18
浙江	20.01	18	18
安徽	20.36	16	16
福建	16.45	16	16
江西	20.04	16	16
山东	22.09	17	17

续表

省（自治区、直辖市）	“十一五”	“十二五”	“十三五”
河南	20.12	16	16
湖北	21.67	16	16
湖南	20.43	16	16
广东	16.42	18	18
广西	15.22	15	15
海南	12.14	10	10
重庆	20.95	16	16
四川	20.31	16	16
贵州	20.06	15	15
云南	17.41	15	15
陕西	20.25	16	16
甘肃	20.26	15	15
青海	17.04	10	10
宁夏	20.09	15	15
新疆	08.91	10	10

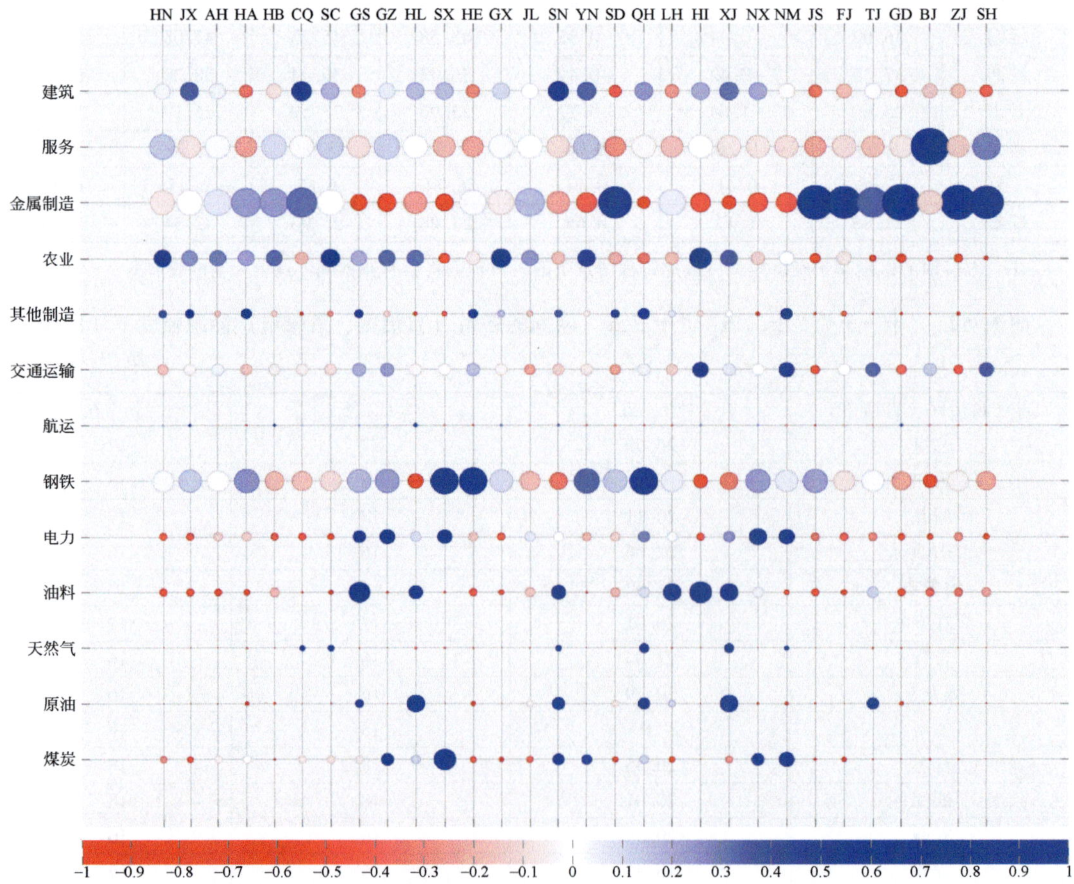

附图 A1　2007 年各省（自治区、直辖市）工业结构示意

气泡大小表示各行业产值的占比

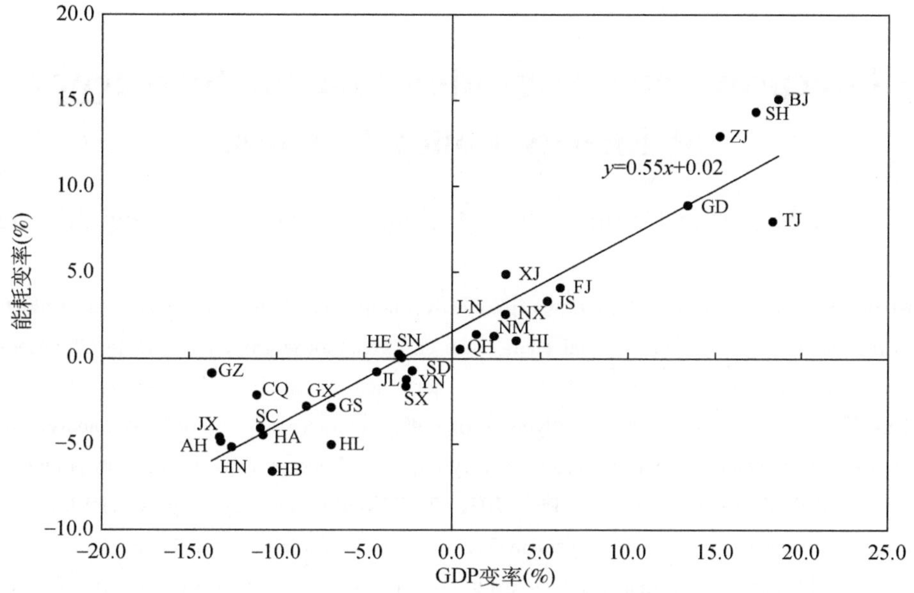

附图 A2　2020 年人口迁徙情景下各省的 GDP 比例变化与能源使用比例变化

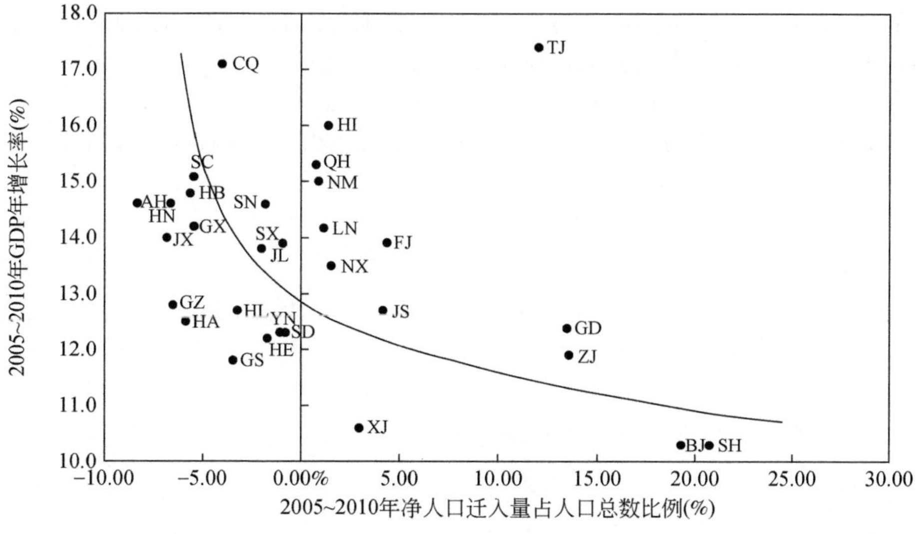

附图 A3　2005～2010 年各省（自治区、直辖市）的净人口迁入量占总人口比例与年均 GDP 增速

Interprovincial Migration and the Stringency of Energy Policy in China

Luo Xiaohu, Justin Caron, Valerie J. Karplus, Zhang Da, Zhang Xiliang

Abstract: Interprovincial migration flows involve substantial relocation of people and productive activity, with implications for regional energy use and greenhouse gas emissions. In China, these flows are not explicitly considered when setting energy and environmental targets for provinces, and their potential impact on the effectiveness of policy alternatives is ignored. We analyze how migration affects outcomes under energy intensity targets and energy caps. While both policies are part of the nation's Twelfth Five Year Plan (2011–2015) and imposed at the provincial level, only the intensity targets are binding at present. We estimate a migration model, integrate it into a general equilibrium model that resolves each province in China, and simulate the effect of migration on energy use and economic activity. We find that although both types of policies are affected by uncertain migration flows, energy intensity targets (energy use indexed to economic output) are more robust than absolute caps. They are also more cost-effective, placing less burden on the relatively clean in-migration provinces. Our findings also underscore the value of moving from provincial targets to an integrated national emissions trading system, given that the choice of abatement strategies will adjust endogenously to labor relocation.

Keywords: Migration; Labor mobility; China; Energy demand; Climate policy; Energy policy

中国空气污染带来的社会经济负担量化评估：基于分省能源经济模型*

张　旭，欧训民，杨　玺，齐天宇，Kyung-Min Nam，张　达，张希良

摘要：本文采用综合评估模型 REACH（Regional Emission Air-Quality Climate Health）中的中国分区能源经济模型 C-REM（China Regional Energy-Economic Model）对 $PM_{2.5}$（细颗粒物）带来的健康影响进行了评估。结果显示，2015 年，$PM_{2.5}$ 污染给全国带来了 2480 亿美元的社会福利损失（约占社会福利水平的 3.6%），其中慢性暴露带来的间接损失占比超过一半，间接经济损失和急性暴露直接损失占比分别为 38% 和 9%。同时，由于省际空气质量、人口密度和收入水平的差异性，空气污染负担也呈现显著差异（各省空气污染损失相对社会福利水平占比为 0.5% ~5.8%）。在山东、江苏、浙江和广东等人口稠密的沿海地区，$PM_{2.5}$ 污染的绝对量损失较大；如果考虑各地区的经济规模，则京津冀和中部地区的相对量损失更加显著。

关键词：空气污染；社会经济负担；中国；可计算一般均衡模型

1　引言

众所周知，中国的空气污染形势较为严峻。2014 年，中国 31 个主要城市（4 个省级直辖市和 27 个省会、首府城市）的 $PM_{2.5}$ 年均浓度为 23 ~ 124μg/m³，平均值达到 65μg/m³，是世界卫生组织（World Health Organization，WHO）指导标准线（10μg/m³）的 6 倍以上（Nam，2016）。大量流行病学研究已经证明，$PM_{2.5}$ 等传统空气污染物会显著增加人类健康风险（Dockery et al.，1989，1992；Dockery and Pope，1994）。中国空气污染显著超标对城市居民的健康造成了巨大威胁。

许多有影响力的研究主要通过流行病学的研究方法来评估空气污染带来的社会经济负担，从而提高公众意识。传统方法首先跟踪在过量污染暴露水平下而产生的发病率和死亡率情况，并应用流行病学中不同污染浓度对应的浓度-响应函数。其次根据市场或调查数据，对每种健康结局进行货币化评估。以中国为重点的大量研究采用了这种方法，并认为中国的空气污染所带来的健康损失占全国 GDP 的 3.5% ~5.9%。

已有研究中存在的一个潜在问题是在经济评估中缺乏动态描述。多数关于中国的评估研究都是基于传统方法的静态应用，仅关注单个时间节点。然而，空气污染对经济系统具有长期影响（Nam et al.，2010）。例如，一个时期的劳动力损失会减少收入和

---

* 原文来源：Zhang X，Ou X M，Yang X，et al. Socioeconomic burden of air pollution in China：province-level analysis based on energy economic model. Energy Economics. 2017. 68：478-489，中文出版略有改动。

储蓄，从而导致未来的投资和资产减少。此外，空气污染还将引起居民对医疗服务需求的增加，这将导致要素资源在不同生产部门之间重新分配。外部冲击（即空气污染）导致的资源分配失效，将会随着时间推移逐渐降低整个国民经济的效率。忽视这些动态描述将可能显著低估空气污染所带来的社会经济损失。

其他可以改进的研究方向包括更精细的分析以及采用本地化的流行病学研究结果。由于数据缺乏，中国污染的动态影响分析通常关注国家整体。然而，鉴于空气质量和社会经济条件方面的区域差异性，将中国视为一个整体来进行研究存在诸多弊端。此外，许多研究只是将西方流行病学的研究结果直接应用于中国，然而空气质量环境的巨大差异很可能导致两个地区暴露-响应关系的显著不同。因此，将本地化的流行病学研究结果代替发达国家的评估体系十分必要。

本文跟随前研究学者 Matus 等（2012）的脚步，通过应用动态评估模型填补了已有研究的空白。本文开发的方法与其他方法不同，它可以捕获在其他研究中经常被忽略的空气污染累积影响，而且能够精确刻画到省级层面。此外，因为 $PM_{2.5}$ 与人类健康具有更强的关联性，故我们主要关注的是 $PM_{2.5}$，而不是 PM_{10}，同时我们应用了本地化的流行病学研究结果来提高评估的准确性。

2 文献综述

迄今为止，大量研究都在试图评估中国空气污染所带来的健康影响。最早的研究包括世界银行 1997 年的一项评估研究，该研究估计，1995 年，中国即使不考虑累积影响，与 PM_{10} 污染相关的社会经济负担，也将占中国 GDP 的 4.6%（World Bank，1997）。世界银行的一项后续研究得出的结论是，2003 年，PM_{10} 污染造成的经济损失约占中国 GDP 的 3.8%（World Bank and State Environmental Protection Administration，2007），进一步证实了其早期的发现，也反映了中国空气质量的改善趋势。对于研究方法，这两项研究都采用静态方法进行影响评估，并采用条件价值评估法（cotingent valuation methods，CVM）对统计意义的寿命进行估值。许多其他研究采用类似的静态方法，如人力资本法（human capital，HC）、疾病成本法（cost of illness，COI），以及条件价值评估法（阚海东等，2004；Cai et al.，2009；黄德生等，2012；穆泉和张世秋，2013；Organization for Economic Co-operation and Development，2014；Xie et al.，2011，2016；Gao et al.，2015；曾贤刚等，2015；Hammitt and Zhou，2006；Zhou et al.，2014；Xu et al.，2015；Xu et al.，2016）。一般而言，因为人力资本法和疾病成本法关注经济损失的范围比较局限，所以基于人力资本法或疾病成本法的评估结果往往小于条件价值评估法。

采用静态方法的研究往往忽略经济损失的长期累积影响（Matus et al.，2012）。例如，一个时期内空气污染造成的工资损失意味着今后可用于经济发展的资本投入的减少，这种对于经济系统的影响具有长期性（Nam et al.，2010）。此外，污染暴露水平的提升将增加居民对于医疗服务的需求，这就要求经济体将更多中间投入或要素投入分配给医疗服务部门，但会造成其他部门产出的减少（Matus et al.，2008）。由污染引起的资源分配扭曲将会降低整个经济系统效率，并且这种影响会长期累积存在。如果不考虑这些影响，就会导致对空气污染社会经济损失的大幅度低估（Reilly et al.，2013）。

最近更多研究采用动态方法开展评估研究，最普遍的是采用可计算一般均衡模型（Matus et al.，2012；Nielsen and Ho，2013；Bollena and Brink，2014；Saari et al.，2015；Xie et al.，2016；Wu et al.，2017）。通过在可计算一般均衡框架内明确描述与空气污染相关的生产函数，我们可以追踪跨行业的相互作用和空气污染成本。模型的动态功能有助于我们捕捉累积经济损失，从而能够更全面地评估空气污染带来的综合影响（Yang et al.，2005；Boehringer and Rutherford，2008；Clarke et al.，2009；Dai et al.，2016；Karplus et al.，2016；Li et al.，2012；Qi et al.，2014；Van Ruijven et al.，2012；Zhang et al.，2013；Zhu et al.，2017；Wang et al，.2016a）。基于动态方法的评估结果往往大于静态评估，因为静态评估忽视了长期累积影响。例如，Matus 等（2012）研究结果显示，2005 年与 PM_{10} 相关的健康损失达到了中国 GDP 的 5.9%，超过世界银行 2003 年的静态估计（3.8%）2.1 个百分点。尽管两个研究因范围和方法不同很难进行对比分析，但造成结果不同的原因在于前者更完整地涵盖了成本的时间维度。

最值得注意的是，由于缺乏可靠的本地化数据，以中国为重点的动态分析通常将整个中国视为单一区域。鉴于中国在空气质量和社会经济条件等方面存在显著的区域差异性，这种将整个中国视为单一区域的方法或许并不合理（Nam，2016）。最近，一些研究已经开始转向更细化的分区可计算一般均衡模型，但它们仍然倾向于将西方流行病学研究结果直接应用于中国评估研究中（Xie et al.，2016）。这就忽略了中国和发达国家本身空气质量的巨大差异，会导致暴露-响应函数大不相同（Burnett et al.，2014）。鉴于这些问题，本文在分省层面开展了空气污染-健康影响动态评估，并采用了中国本地化的流行病学最新研究结果。

3 研究框架与方法学

本文基于扩展后应用于健康效益分析的中国分区能源经济模型健康效应评价模块（China regional energy model extended for health-effects analysis，CREM-HE），该模块为区域综合评估框架 REACH（Regional Emission Air-Quality Climate Health）的组成部分。具体方法学如下。

3.1 REACH 综合评估框架

REACH 综合评估框架是一个自恰的模型，能够捕捉政策冲击下的能源、环境和经济的综合动态响应。该评估框架是中国能源与气候项目（China Energy and Climate Project）的重要成果，由清华大学与麻省理工学院共同开发（Zhang，2016；Kishimoto et al.，2017）。如图 1 所示，REACH 综合评估框架主要包括四个部分：中国分区能源经济模型、空气污染物排放清单、大气化学传输模型以及健康效应评价模块。图中，细线箭头表示不同组块之间的流动变量。该评估框架能够针对多层级的各种政策进行成本效益评价。同时，通过纳入能源系统和经济系统的分省细节以及排放和人口等其他空间分布信息，能够提高模型的空间分辨率。

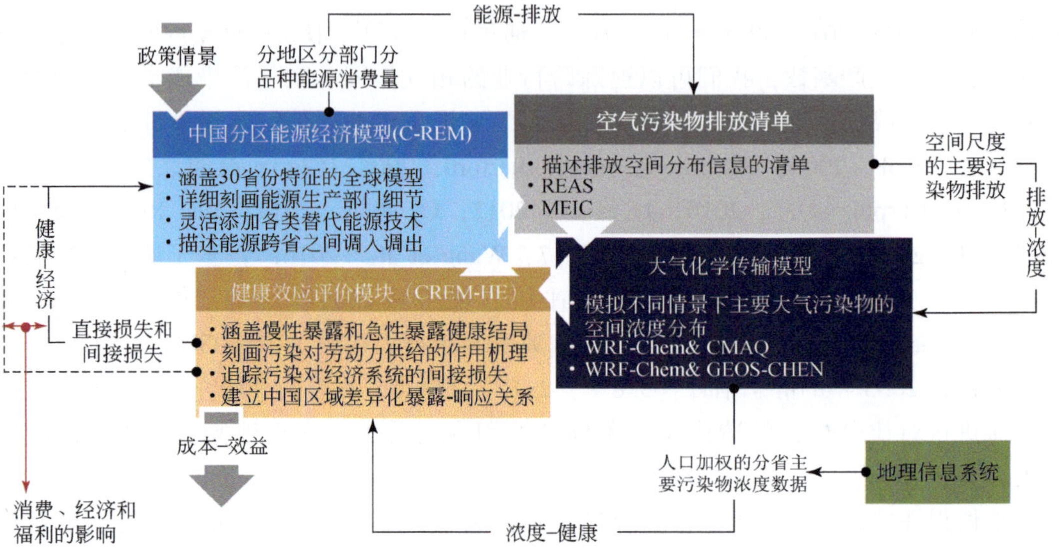

图 1 REACH 综合评估框架

REAS（Regional Emission Inventory in Asia）指亚洲区域排放清单；MEIC（Multi-resolution Emission Inventory for China）指中国多尺度排放清单；WRF-Chem & CMAQ（Weather Research and Forecasting-Chemistry & Community Multi-scale Air Quality Model）指离线气象研究和预测模型 & 区域多尺度空气质量模型；WRF-Chem & GEOS-CHEM（Weather Research and Forecasting-Chemistry & Goddard Earth Observing System-Chemistry）指离线气象研究和预测模型 & 地球观测系统模型。

资料来源：Kishimoto et al.，2017.

在政策冲击下，首先，C-REM 模拟 30 个省（自治区、直辖市）的经济增长、能源消费和排放路径。其次，由空气污染物排放清单和大气化学传输模型组成的空气质量模型系统使用 C-REM 的模拟结果生成空气质量数据。空气污染物排放清单，如 MEIC、REAS，可以生成分部门、分品种的详细排放数据清单，因此能够支持多种空间分辨率和不同时间尺度下的气候和空气质量模拟研究。大气化学传输模型，如 CMAQ，在考虑非线性因素的前提下，将排放数据转化为浓度数据。最后，空气质量数据进入 CREM-HE 进行健康效应评估。按此顺序运行这四个部分，我们可以模拟人类和地球系统之间复杂的双向作用，并在各种政策情景下进行真实的污染–健康影响评估。

在应用 REACH 综合评估框架进行完整研究时，我们需要进行多次迭代，进而得到最优解。然而，在这项研究中，我们对过去时间段（2007～2015 年）进行了反事实分析，其中，空气质量数据为历史实际观察数据，因此我们不需要运行上述前三个部分。也就是说，我们直接模拟历史 $PM_{2.5}$ 水平和空气质量浓度标准政策下的 CREM-HE，而非将排放数据转化为浓度数据。

3.2 CREM-HE

C-REM 是一个多部门、多区域、递归动态的可计算一般均衡模型，其中每个省（自治区、直辖市）代表一个单独的区域（表 1）。C-REM 与中国-全球能源模型（C-GEM）经常用于进行与中国国家和地方能源和气候政策相关的综合影响评估（Zhang et al.，2013；Karplus et al.，2016；Luo et al.，2016；Zhang et al.，2016）。C-REM 共设有 35 个地区，包括 30 个中国省（自治区、直辖市）和 5 个国际地区。C-REM 共有 15 个部门（13 个生产部门和 2 个消费部门），其核心经济数据来自中国 2007 年的分省投入产出表。13 个生产部门包括 6 个能源生产部门（煤炭、原油、天然气、炼油厂、电力和热力生产），这些部门在中国的工业化和城市化进程中具有至关重要的作用。Zhang 等（2013）已经详细介绍了该模型的技术细节。

表 1　C-REM 模型中各区域代码

东部地区		中部地区		西部地区	
符号	省（自治区、直辖市）	符号	省（自治区、直辖市）	符号	省（自治区、直辖市）
LN	辽宁	HL	黑龙江	XJ	新疆
BJ	北京	JL	吉林	QH	青海
TJ	天津	NM	内蒙古	GS	甘肃
HE	河北	SX	山西	NX	宁夏
SD	山东	HA	河南	SN	陕西
JS	江苏	AH	安徽	SC	四川
SH	上海	HB	湖北	CQ	重庆
ZJ	浙江	HN	湖南	GZ	贵州
FJ	福建	JX	江西	YN	云南
GD	广东			GX	广西
HI	海南				

在本文研究中，我们扩展了 C-REM 的标准版本以评估污染-健康影响，并称之为 CREM-HE 健康效应评价模块。正如 Matus 等（2008，2012）、Nam 等（2010）所做的研究，空气污染在模型中被刻画为经济冲击，同时传统社会核算矩阵新增居民健康服务部门，该部门生产用于消除空气污染健康影响的医疗服务（图 2）。暴露于过量的空气污染中会增加发病率和死亡率，进而造成劳动力的减少，并引起医疗服务成本以及市场需求的增加。居民健康服务部门的劳动力和服务投入来自于其他部门，这就会引起其他生产部门产出的减少。除了直接损失（误工费和医疗服务成本）以外，资源配置的扭曲将导致经济系统效率下降。与死亡相关的劳动力损失可以直接从可用劳动力资源中扣除。

发病率和死亡率也会导致休闲时间的损失，但休闲并不作为生产要素直接进入经

		中间投入						居民服务		最终使用				总产出
		1	2	…	j	…	n	应对空气污染健康服务	劳动休闲选择	居民	投资	政府	出口	
国内生产部门	1													
	2													
	⋮													
	i													
	⋮													
	污染引起的医疗服务							医疗服务			健康服务			
	m													
进口	1													
	2													
	⋮													
	i													
	⋮													
	r													
	休闲时间								休闲时间	休闲时间				
增加值	劳动力							劳动力	劳动力					
	资本 资源													
	⋮													
总投入														

图 2　扩展后用于分析健康效益的社会核算矩阵

资料来源：Nam et al.，2010.

济系统（图 3）。相反，休闲被视为潜在的劳动投入，因为其中的一部分可以转换为劳动力。按照传统经济理论，假设工人认为单位休闲时间与单位工作时间价值对等，并且他们可以在两者之间做出选择。综上所述，过量污染给经济带来直接损失（即劳动力和休闲损失以及医疗费用支出）和间接损失（资源分配扭曲造成的效率损失）。

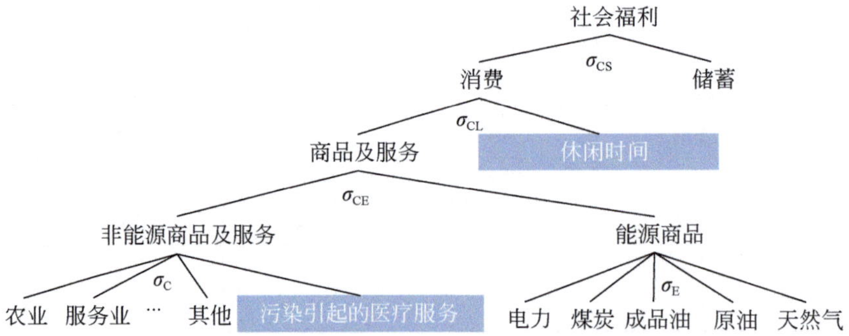

图 3　改进后的消费函数嵌套式结构

σ_{CS} 为社会福利替代弹性系数；σ_{CL} 为消费替代弹性系数；σ_{CE} 为商品及服务替代弹性系数；
σ_C 为非能源商品及服务替代弹性系数；σ_E 为能源商品替代弹性系数

3.3　空气质量输入、健康结局和相对风险系数

在污染物方面，我们重点关注 $PM_{2.5}$，因为它对公众健康产生了巨大影响，并且相关研究已经获取了充分的流行病学关联证据（World Bank and Institute for Health Metrics and Evaluation，2016）。我们基准情景下的 $PM_{2.5}$ 浓度是基于 2015 年中国 367 个城市的实际监测数据测得的。我们首先利用克里金插值方法将原始数据转换为 0.25°×0.25°的网格数据，然后将该 $PM_{2.5}$ 网格数据与 0.25°×0.25°的人口网格数据进行加权叠加，从

而得到分省人口加权 $PM_{2.5}$浓度数据。

CREM-HE 的模拟还需要基准情景下 2007 年和 2010 年 $PM_{2.5}$浓度数据，但由于全国从 2012 年才开始实施 $PM_{2.5}$浓度检测，尚无 2007 年和 2010 年的官方反演数据；因而，我们根据世界银行 2017 年的报告，基于 2007 年和 2010 年的全国 $PM_{2.5}$浓度数据，按照 2015 年的分省 $PM_{2.5}$浓度分布进行调整，进而得到 2007 年和 2010 年分省 $PM_{2.5}$浓度数据。

在健康结局方面，本文重点关注与空气污染密切相关的 9 种健康结局。其中，4 种与长期暴露密切相关的健康结局分别为慢性阻塞性肺疾病（chronic obstructive pulmonary disease，COPD）、缺血性心脏病（ischemic heart disease，IHD）、肺癌（lung cancer，LC）和中风（stroke）。这些疾病发生在长期暴露中，在相对较长的时间内潜伏并最终导致人类过早死亡（Matus et al.，2008，2012；Nam et al.，2010）。在颗粒物污染引起的健康成本中，绝大多数来自慢性暴露疾病相关的死亡，这超过任何急性暴露效应。鉴于此，我们刻画了上述 4 种慢性暴露健康结局，从而更详细地捕捉慢性暴露的影响（Pope and Kanner，1993；Pope et al.，1996，2004；Pope，1996，2000；Mccubbin et al.，2004；Park and Bae，2006；Davidson et al.，2007；Kassebaum et al.，2014；Stanaway et al.，2016）。其他 5 个健康结局是指在急性暴露条件下的疾病或死亡，包括急性暴露死亡（acute mortality，AM）、呼吸系统疾病住院（respiratory hospital admission，RHA）、心脑血管系统疾病住院（cardiovascular hospital admission，CHA）、急诊（emergency visit，ERV）和支气管炎（chronic bronchitis，CB）。

在计算每个健康结局因空气污染而引起的发病率增加概率时，我们选用了相对风险系数（RR）。值得注意的是，本文的一项重要改进是应用了中国本地化的流行病学研究证据。经过对大量关注中国的流行病学研究的详尽调研，本文识别出了 5 种急性暴露健康结局的 RR 估值区间。由于研究方法、样本容量、研究区域以及研究时段的不同，针对每一种健康结局的 RR 估值都会存在一定的取值范围（Xie et al.，2011；Li et al.，2013；Qiu et al.，2013；Wang et al.，2016b）。因此，在对每个健康结局的 RR 进行取值时，我们选取了估值区间中心附近的点，以避免极值问题的出现。本文研究选择的 RR 列于表 2 中。对于 4 种慢性暴露健康结局，我们采用 Burnett 等（2014）对中国的研究结果，如图 4 所示。

表 2　CREM-HE 急性暴露健康结局的相对风险值

健康结局	污染物	来源	RR（95%置信区间）	研究区域
急性暴露死亡	$PM_{2.5}$	Xie 等（2011）	1.0042 （1.0003，1.0081）	珠江 三角洲
呼吸系统疾病住院	$PM_{2.5}$	Li 等（2013）	1.022 （1.013，1.032）	北京
心脑血管系统疾病住院	$PM_{2.5}$	Qiu 等（2013）	1.013 （1.007，1.019）	香港
急诊	$PM_{2.5}$	Wang 等（2016）	1.015 （1.011，1.019）	北京
支气管炎	$PM_{2.5}$	Li 等（2013）	1.029 （1.014，1.044）	北京

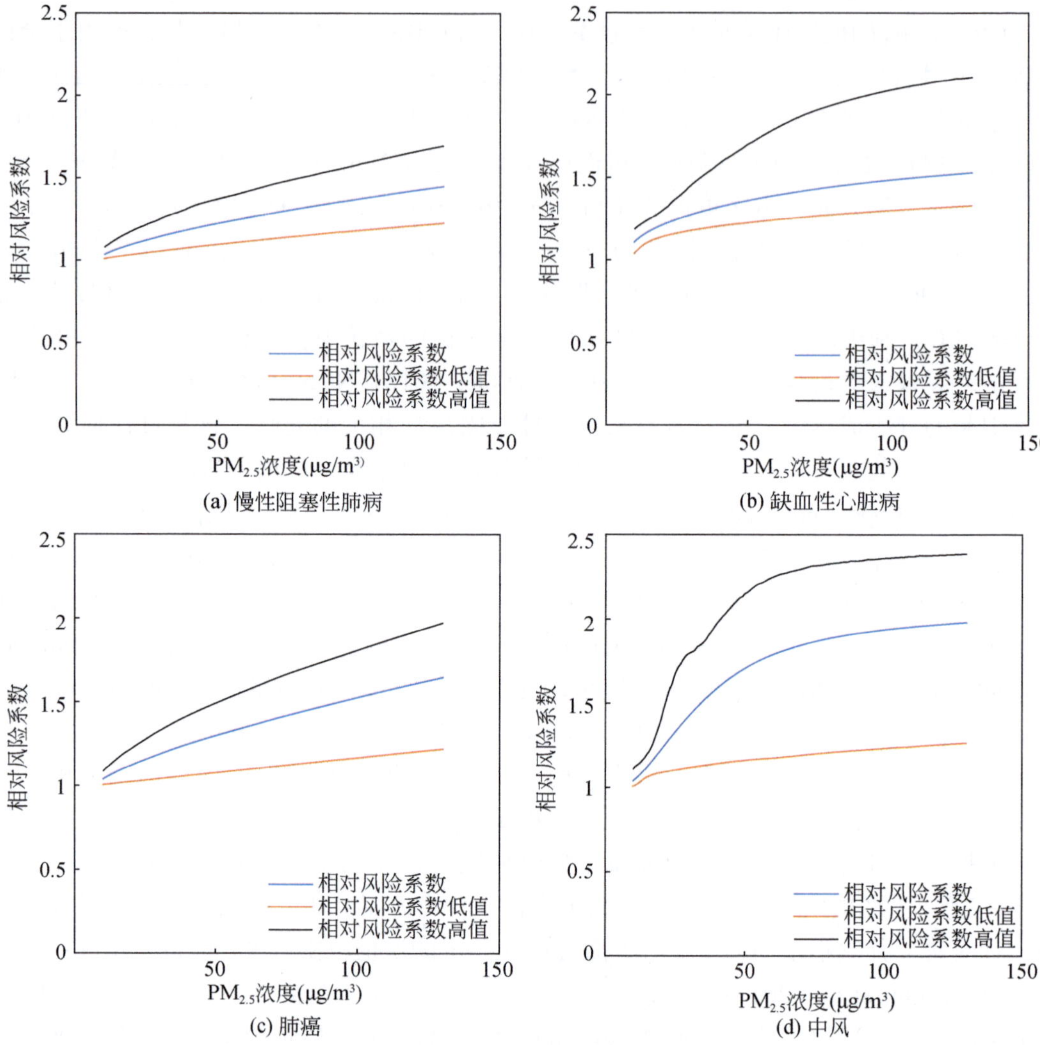

(a) 慢性阻塞性肺病　(b) 缺血性心脏病　(c) 肺癌　(d) 中风

图 4　CREM-HE 4 种慢性暴露健康结局相对风险值

资料来源：Burnett et al.，2014.

3.4　案例数计算与估值

CREM-HE 中的案例数计算基于相对风险系数（RR）。相对风险系数是指暴露组发病率或死亡率较参照组的风险提高幅度，反映暴露与发病率或死亡率关联强度。对于急性暴露健康结局（AE），我们使用式（1）来计算在 t 时间 r 区域健康结局 i 的案例数（$\mathrm{Cases}_{irt}^{\mathrm{AE}}$），其中$F_{irt}$和$P_{rt}$分别代表基准发生率与暴露人口的数量。

$$\mathrm{Cases}_{irt}^{\mathrm{AE}} = [1-1/\mathrm{RR}_i] \cdot F_{irt} \cdot P_{rt} \tag{1}$$

式中，$[1-1/\mathrm{RR}_i]$ 定义为人群归因危险度，用来说明因某种暴露因素导致的具体危害程度，或者消除该因素后该人群中发病率或死亡率的潜在降低程度。

对于慢性暴露健康结局（CR），我们考虑了不同年龄人群在空气污染中的暴露死亡风险差异。慢性暴露导致的过早死亡是在空气污染的长期累积作用下产生的，因此，慢性暴露健康结局的案例数计算需要考虑年龄因素。在本文中，与已有文献一致，我们假设慢性暴露导致的过早死亡仅发生在 30 岁以上的人群中（Pope et al.，2004；Bickel and Friedrich，2005；Matus et al.，2012）。对于年龄组 j，其慢性暴露的案例数 $\text{Cases}_{ijrt}^{\text{CE}}$ 计算如式（2）所示，其中 C_{rt} 和 D_{jrt} 分别为污染物浓度和暴露人群中 j 年龄组的份额，其他变量的定义如先前所述。在式（2）中，需要注意的是 RR_i 不是常数而是关于 C_{rt} 的函数。

$$\text{Cases}_{ijrt}^{\text{CE}} = [1-1/\text{RR}_i(C_{rt})] \cdot F_{ijrt} \cdot P_{rt} \cdot D_{jrt} \tag{2}$$

CREM-HE 刻画了慢性暴露死亡在时间段内造成的经济累积损失。假设一个期望寿命在 75 岁的健康劳动力因长期暴露在空气污染中，在 50 岁时就死亡，那么这种慢性暴露导致的过早死亡将会对之后 25 年的经济系统持续产生影响。死亡当年的薪酬和休闲时间损失将会对之后 25 年的投资和资产产生累积影响。

本文采用条件价值评估法和疾病成本法分别对五种急性健康结局进行了货币化评估（表 3）。首先，我们基于可获得的市场数据和支付意愿调查结果构建了国家层面健康结局估值表，然后，基于分省消费指数得到分省差异化的健康结局估值表。此外，慢性暴露健康结局的估值是按照分省劳动力薪酬水平进行估算的，这些劳动力薪酬水平由 CREM-HE 内生决定，并根据每个年龄组进行了差异化调整。

表 3　2007 年 CREM-HE 分省健康结局估值表　（单位：美元）

省（自治区、直辖市）	急性暴露死亡	呼吸系统疾病住院	心脑血管系统疾病住院	急诊	支气管炎
北京	11 123.9	1 888.4	2 872.1	76.4	4 449.6
天津	6 245.2	1 454.8	2 212.6	48.5	2 498.1
河北	2 730.6	641.6	975.8	33.5	1 092.2
山西	2 591.9	696.2	1 058.9	35.5	1 036.7
内蒙古	3 783.8	731.8	1 113.0	29.8	1 513.5
辽宁	4 338.7	826.4	1 256.9	39.6	1 735.5
吉林	3 477.1	765.5	1 164.3	33.1	1 390.8
黑龙江	3 253.4	754.0	1 146.7	38.8	1 301.3
上海	14 490.8	1 520.7	2 312.9	57.8	5 796.3
江苏	5 088.2	988.3	1 503.1	39.8	2 035.3
浙江	6 976.6	1 109.1	1 686.8	42.2	2 790.6
安徽	2 752.3	649.4	987.7	32.5	1 100.9
福建	4 444.7	740.4	1 126.1	31.9	1 777.9
江西	2 186.0	584.4	888.8	30.0	874.4
山东	4 349.2	707.9	1 076.7	37.8	1 739.7
河南	2 401.0	590.8	898.6	25.8	960.4
湖北	3 317.7	712.0	1 082.9	34.7	1 327.1
湖南	3 127.0	656.7	998.8	39.9	1 250.8

续表

省（自治区、直辖市）	急性暴露死亡	呼吸系统疾病住院	心脑血管系统疾病住院	急诊	支气管炎
广东	5 824.0	935.3	1 422.5	34.5	2 329.6
广西	2 203.8	625.5	951.3	25.0	881.5
海南	2 283.3	792.8	1 205.7	33.5	913.3
重庆	3 573.6	717.7	1 091.6	35.8	1 429.4
四川	2 758.7	632.5	961.9	27.7	1 103.5
贵州	1 819.6	513.9	781.6	35.6	727.8
云南	1 977.2	561.1	853.4	26.5	790.9
陕西	2 595.6	587.7	893.8	32.2	1 038.2
甘肃	1 838.9	512.2	779.0	19.0	735.5
青海	2 165.1	687.9	1 046.3	22.8	866.1
宁夏	2 534.6	616.5	937.6	29.5	1 013.9
新疆	2 195.2	585.5	890.5	29.9	878.1

资料来源：Gao et al.，2015；Hammitt and Zhou，2006；黄德生等，2012；Xu et al.，2015，2016；曾贤刚等，2015；Zhou et al.，2014.

4 结果与讨论

4.1 情景设定

本文设置了4种情景——历史情景、清洁情景、政策情景Ⅰ、政策情景Ⅱ开展空气污染负担评估研究（表4）。其中，历史情景为参考情景，该情景下中国的$PM_{2.5}$水平为历史实际水平。CREM-HE经过校核后能够在该情景下重现每个地区的GDP历史水平。其余三个情景为反事实情景，分别为无空气污染（清洁情景）、WHO标准水平（政策情景Ⅰ）和国家二级标准水平（政策情景Ⅱ）。我们选取历史情景与清洁情景、政策情景Ⅰ和政策情景Ⅱ进行比较分析，并重点关注历史情景与清洁情景的对比结果，从而识别中国国家和区域层面因空气污染所造成的影响。

表4 CREM-HE模拟情景设定 （单位：$\mu g/m^3$）

情景名称	$PM_{2.5}$	情景描述
历史情景	实际数据	模拟经济系统在受到空气污染冲击下的实际发展轨迹
清洁情景	0.1	反事实情景，该情景下无空气污染，用来与历史情景进行对比
政策情景Ⅰ	10	反事实情景，该情景下，各区域浓度数据设为WHO标准值
政策情景Ⅱ	35	反事实情景，该情景下，各区域浓度数据设为国家二级标准值

4.2 国家层面分析

在国家层面，2015年，中国因$PM_{2.5}$污染造成的社会福利损失达到了2480亿美元

（图 5）。在本文中，我们遵循 Matus 等（2012）的研究定义，将社会福利定义为消费和休闲的总和。在政策情景Ⅰ和政策情景Ⅱ两个政策情景下，社会福利损失分别减少到 1970 亿美元和 1030 亿美元，但数量仍然巨大。在三种政策情景下，尽管 $PM_{2.5}$ 的浓度水平相对稳定，但社会福利损失的绝对值却随时间推移而显著增加。这主要是由于单位劳动力损失的价值量显著增加（如劳动生产率的增加）和劳动力损失的累积影响。然而，从相对量来看，社会福利损失占比能够稳定在 3.6% 左右。

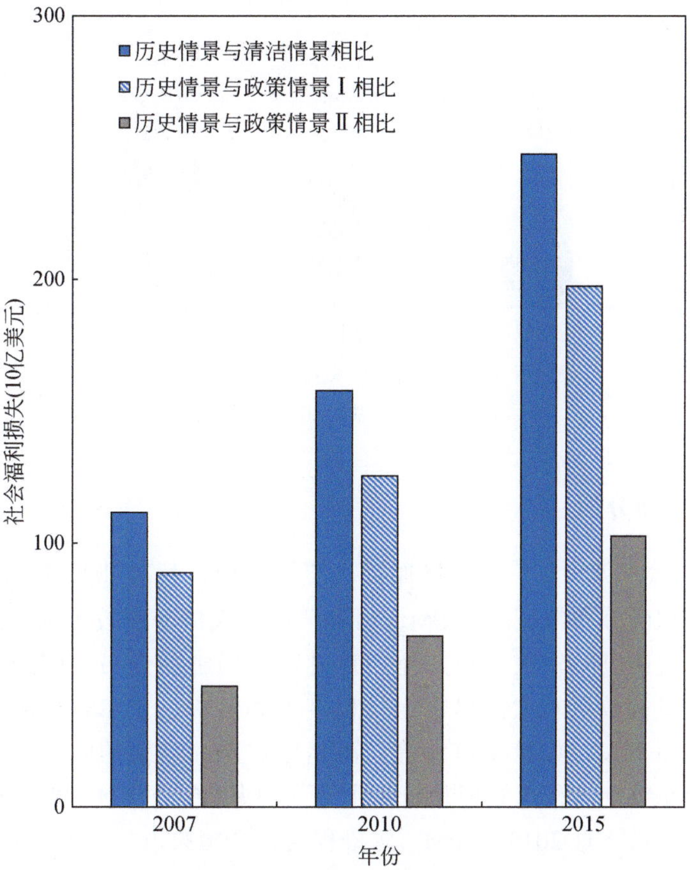

图 5　不同情景下空气污染对中国造成的社会福利损失

研究基于模型基年 2007 年不变价

从社会福利损失的构成来看，大部分来自于与慢性暴露产生的直接损失，即由慢性暴露导致的过早死亡而产生的劳动力和休闲损失（图 6）。慢性暴露产生的直接损失占总损失量的一半以上（52.6% ~65.5%），同时，占比随时间推移呈下降趋势。急性暴露产生的直接损失，包括医疗支出以及劳动力和休闲损失，占总损失量的 9.1% ~ 9.6%。间接损失占总损失量的 24.9% ~38.4%。与直接损失相比，间接损失的占比随着时间推移而逐渐增加，这是由于在一个时间节点的经济效率损失会长期以累积的方式影响经济。这一占比的快速增长反映了中国经济的快速发展，同时也意味着忽视这一方面很可能导致大幅度低估空气污染对经济带来的影响。

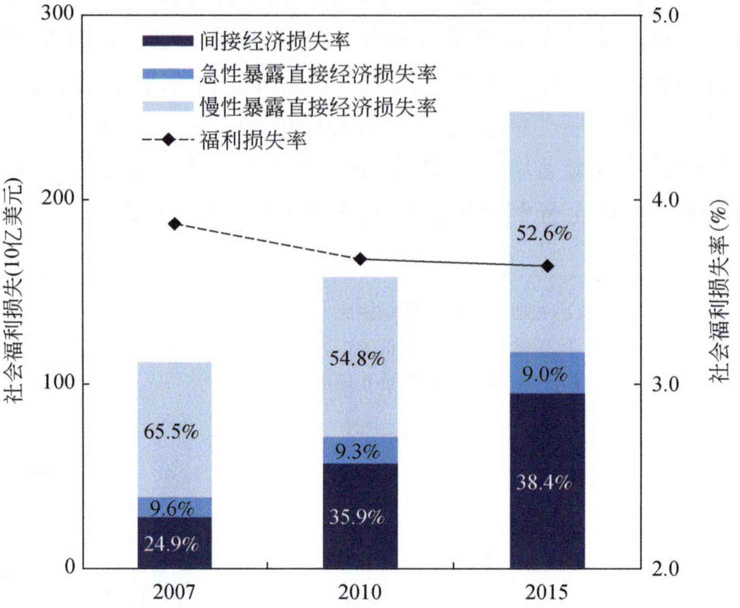

图 6 社会福利损失组成及变化趋势

研究基于模型基年 2007 年不变价

4.3 省级层面分析

$PM_{2.5}$带来的公众健康损失因地区而异。总的来说，与急性暴露相关的五种健康结局影响显示出相似的分布特征：在 $PM_{2.5}$污染严重且人口密度较大的地区，如河南、京津冀地区，公众健康风险较大。与其他四种健康结局影响分布不同的是急诊案例：江苏和广东的急诊案例数量较大，尽管污染程度不如河南、京津冀地区，但这些地区的基准急诊发病率高、人口数量规模大等，都是导致这一结果的原因。慢性暴露相关的死亡案例数在山东特别多，这主要是由于山东人口基数大、$PM_{2.5}$浓度水平高（山东是中国人口第二大省份，且 2015 年 $PM_{2.5}$污染程度排全国第五）。对于河南、江苏、四川等具有相似特征的地区，其慢性暴露导致的死亡案例数也明显较高。

在对空气污染健康影响进行货币化评估时，本文发现，对于人口稠密以及经济发达的沿海地区，空气污染带来的社会福利损失绝对量较大。2015 年，江苏、广东、山东和浙江等地区的社会福利损失达到了 130 亿～210 亿美元。河南、河北属于中国人口较多且污染最严重的地区，2015 年，这两个地区的社会福利损失达到 80 亿～90 亿美元。由于单位劳动生产率的差距，这一损失小于上述沿海地区。

从相对量来说，各省（自治区、直辖市）的社会福利损失差异更加显著。从总体来说，2015 年各省（自治区、直辖市）承受的空气污染社会福利损失占各自总福利的比例为 0.5%～5.8%。大部分地区的相对损失都超过了 2%，包括贵州、广西等 $PM_{2.5}$浓度水平相对较低的地区。在长江以北的部分内陆或沿海地区，相对损失较大，超过了 4%。可以看出，相对损失的空间分布特征与 $PM_{2.5}$浓度的空间分布特征基本一致，如图 7 所示，区域 $PM_{2.5}$ 的浓度水平与空气污染社会福利损失相对量呈现出较强的正相关性。

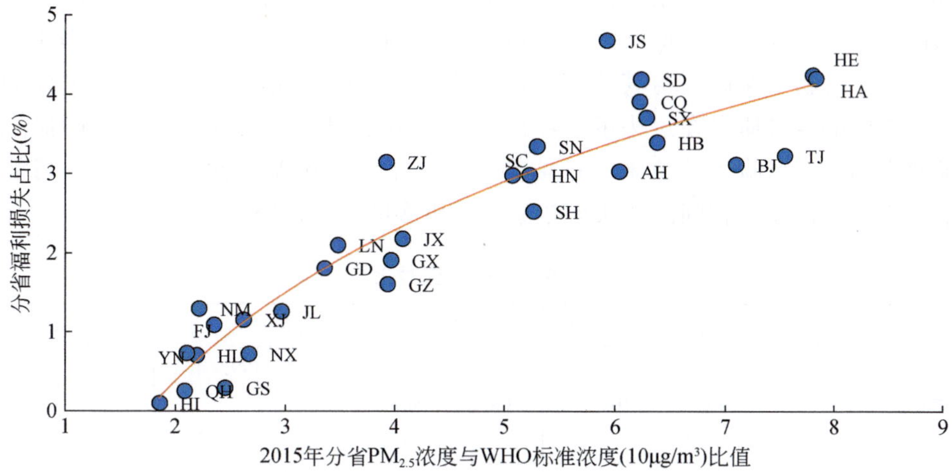

图 7 2015 年分省污染物浓度及社会福利损失分布

从部门角度来看，空气污染造成的经济影响范围较广，尤其对制造业和服务业造成的减产冲击较大（图 8）。例如，清洁情景下，2015 年，东部地区的服务业、其他制造业和能源密集型行业的产出将分别增加 1450 亿美元、1750 亿美元和 970 亿美元（基准情景的 4.5%、3.3% 和 3.8%）。这一结果反映了这些部门的生产活动对劳动力和服务投入具有相对较高的依赖性。如前所述，过量的空气污染将导致发病率和死亡率的增加，进而减少可用于生产传统商品或服务的劳动力与服务投入。这种减少来源于直接劳动力损失和经济资源重置对应的间接经济损失。由于东中部地区的第二产业、第三产业比重明显高于西部，这种效应更加明显。

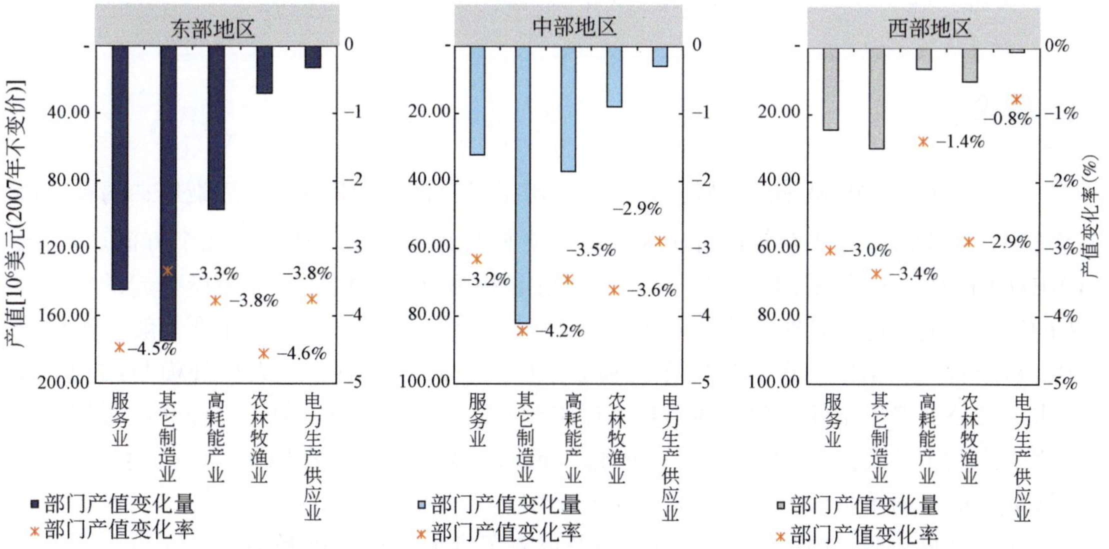

图 8 2015 年区域主要部门产值变化

与其他研究相比，本文结果（空气污染损失占 GDP 的 3.1%）位于其他相关研究（占 GDP 的 3.5% ~5.9%）的下限值附近。由于方法、时间等不同，平行比较各研究非常困难，但为了能够进行比较，我们重新计算了 $PM_{2.5}$ 污染所造成的健康经济损失，在剔除休闲影响的前提下，重点关注了 GDP 组成部分（投资、政府采购、净出口和消费）（表 5）。分析本文研究与其他研究的结果差异，原因可能与本文研究关注的时间段有关，中国的空气质量在过去的 5 ~20 年已经有明显改善。同时，早期的研究很多采用了西方的相对风险系数值来进行估算，或者是对区域差异性不够重视，可能会导致高估。因此，需要在相同的方法框架下进行更多的科学研究。

表 5 相关研究对比

研究来源	年份	研究区域	污染物	经济损失	备注
World Bank（1997）	1995	中国	PM_{10}	33.910 亿美元，1997 年不变价（4.6% GDP）	支付意愿 忽略休闲损失
World Bank 和 State Environmental Protection Administration（2007）	2003	中国	PM_{10}	54.6 亿美元，1997 年不变价（3.8% GDP）	支付意愿 忽略休闲损失
Matus 等（2012）	2005	中国	PM_{10}、O_3	103.9 亿美元，1997 年不变价（5.9% GDP）	将 TSP 转化为 PM_{10}
环境保护部环境规划院	2010	中国	PM_{10}	3.5% GDP	
绿色和平组织	2012	北京、上海、西安、广州	$PM_{2.5}$	3.8% GDP	城市尺度 支付意愿
World Bank（2016）	2013	东亚地区	$PM_{2.5}$	4.5% GDP	支付意愿
本文	2015	中国分省	$PM_{2.5}$	0.5% ~5.8% GDP	

5 结论

本文开发了 CREM-HE 模型，并将其应用于量化评估中国 $PM_{2.5}$ 污染带来的社会经济负担。本文研究方法在较现有研究进行了明显改进，具体包括以下几个方面。首先，CREM-HE 是一个动态评估工具，我们能够在该模型框架下捕捉空气污染引起的经济损失的累积影响，这一点在许多现有研究中经常被忽视。同时，在可计算一般均衡模型中，每个省（自治区、直辖市）作为独立地区，省际空气质量、人口规模与结构、收入水平及公共卫生条件的差异性得到了详细刻画。其次，由于 $PM_{2.5}$ 与公众健康相关性更强，本文主要关注了 $PM_{2.5}$，而非 PM_{10}。最后，本文采用了本地化的流行病学最新研究成果，而非简单将西方研究结果应用于中国。

研究结果表明，$PM_{2.5}$ 污染给中国经济带来了巨大的社会福利损失，这与很多现有研究结果一致。2015 年，全国因 $PM_{2.5}$ 污染造成的社会福利损失达到 2480 亿美元，其中包括医疗服务支出和劳动力/休闲损失在内的两种直接经济损失占比达到62%；慢性暴露引起的过早死亡损失占总成本的52.6%，是急性暴露损失（9.1%）的5倍左右。此外，经济效率损失和健康效应累积效应对应的间接经济损失占比为38.4%。应该看到，空气污染所带来的间接经济损失占比超过1/3，如果忽视这种间接影响，将会低估空气污染对中国造成的经济损失。

在人口密度大且经济水平发达的沿海地区，空气污染造成的经济损失绝对量较大。例如，2015年，江苏、广东、山东和浙江的社会福利损失为130亿~210亿美元，超过其他省份。在河南、河北等$PM_{2.5}$水平较高的省份，空气污染造成的损失也很高，但这些地区劳动生产率较低，因此经济损失绝对量会低于上述沿海地区。从相对量来看，各省份的相对损失会呈现出与区域$PM_{2.5}$水平正相关的趋势。2015年，各省份社会福利损失占各自总社会福利的0.5%~5.8%，该数值在长江以北的中部地区和沿海地区更大。

对比来看，本文中2015年全国因$PM_{2.5}$污染造成的经济损失占总GDP的比例为3.1%，这一水平位于其他相关研究（1995~2013年空气污染造成的经济损失占GDP的3.5%~5.9%）的下限值附近。尽管方法不同、口径不同等对不同研究进行平行对比十分困难，但我们的研究结果能够反映中国的空气质量在近年来得到了明显改善。虽然中国空气质量在持续好转，但是中国的$PM_{2.5}$浓度水平仍然远超世界合理标准，如WHO标准，而且本文证实了空气污染造成的经济损失体量巨大。因此，中国的空气污染治理在未来仍需要从多个层面继续加大力度。

参考文献

高婷，李国星，胥美美，等. 2015. 基于支付意愿的大气PM2.5健康经济学损失评价. 环境与健康杂志，32(8)：697-700.

黄德生，谢旭轩，穆泉，等. 2012. 环境健康价值评估中的年龄效应研究. 中国人口资源与环境，22(8)：63-70.

阚海东，陈秉衡，汪宏. 2004. 上海市城区大气颗粒物污染对居民健康危害的经济学评价. 中国卫生经济，23(2)：8-11.

穆泉，张世秋. 2013. 2013年1月中国大面积雾霾事件直接社会经济损失评估. 中国环境科学，33(11)：2087-2094.

曾贤刚，谢芳，宗佺. 2015. 降低PM2.5健康风险的行为选择及支付意愿——以北京市居民为例. 中国人口·资源与环境，(1)：127-133.

Bickel P, Friedrich R. 2005. ExternE—Externalities of Energy: Methodology 2005 Update. Luxembourg: European Commission.

Boehringer C, Rutherford T F. 2008. Combining bottom-up and top-down. Energy Economics, 30 (2): 574-596.

Bollena J, Brink C. 2014. Air pollution policy in Europe: Quantifying the interaction with greenhouse gases and climate change policies. Energy Economics, 46: 202-215.

Burnett R T, Pope C A, Ezzati M, et al. 2014. An integrated risk function for estimating the global burden of disease attributable to ambient fine particulate matter exposure. Environmental Health Perspectives, 122

(4):397-403.

Cai C. 2009. Comparative study on contingent valuation and human capital evaluation of air pollution health loss. Journal of Environment and Health, 11:960-961.

Center for International Earth Science Information Network (CIESIN), Columbia University. 2016. Gridded Population of the World, Version 4 (GPWv4): Population Count. Palisades: NASA Socioeconomic Data and Applications Center (SEDAC). http://sedac.ciesin.columbia.edu/data/set/gpw-v3-population-count-future-estimates[2017-12-30]

Clarke L, Edmonds J, Krey V, et al. 2009. International climate policy architectures: Overview of the EMF 22 International Scenarios. Energy Economics, 31: S64-S81.

Dai H, Shinichiro F, Diego S. et al. 2016. The impacts on climate mitigation costs of considering curtailment and storage of variable renewable energy in a general equilibrium model. Energy Economics. 64:627-637.

Davidson K, Hallberg A, McCubbin D, et al. 2007. Analysis of $PM_{2.5}$ using the environmental benefits mapping and analysis program (BenMAP). Journal of Toxicology and Environmental Health, 70 (3-4): 332-346.

Dockery D W, Pope C A. 1994. Acute respiratory effects of particulate air pollution. Annual review of public health, 15(1):107-132.

Dockery D W, Schwartz J, Spengler J D. 1992. Air pollution and daily mortality: associations with particulates and acid aerosols. Environmental research, 59(2):362-373.

Dockery D W, Speizer F E, Stram D O, et al. 1989. Effects of inhalable particles on respiratory health of children. American Review of Respiratory Disease, 139(3):587-594.

Gao T, Li G, Xu, M. , et al. 2015. Evaluation of atmospheric $PM_{2.5}$ health economics loss based on willingness to pay. Journal of Environment and Health, 8:697-700.

Hammitt J K, Zhou Y. 2006. The economic value of air-pollution-related health risks in China: A contingent valuation study. Environmental & Resource Economics. 33(3), 399-423.

Karplus V J, Rausch S, Zhang D. 2016. Energy caps: Alternative climate policy instruments for China? Energy Economics. 56:422-431.

Kassebaum N J, Bertozzi-Villa A, Coggeshall M S, et al. 2014. Global, regional, and national levels and causes of maternal mortality during 1990-2013: a systematic analysis for the Global Burden of Disease Study 2013. Lancet, 384(9947):980-1004.

Kishimoto P N, Karplus V J, Zhong M, et al. 2017. The impact of coordinated policies on air pollution emissions from road transportation in China. Transportation Research Part D: Transport and Environment, 54:30-49.

Li J, Wang X, Zhang Y. 2012. Is it in China's interest to implement an export carbon tax? Energy Economics, 34:2072-2080.

Li P, Xin J, Wang Y, et al. 2013. The acute effects of fine particles on respiratory mortality and morbidity in Beijing, 2004–2009. Environmental Science and Pollution Research, 20(9):6433-6444.

Luo X, Caron J, Karplus V K, et al. 2016. Interprovincial migration and the stringency of energy policy in China. Energy Economics, 58:164-173.

MAPS Working Group: GBD. 2016. Coal and other major air pollution sources caused by the burden of disease in China. Boston: Health Impact institute.

Matus K, Yang T, Paltsev S, et al. 2008. Toward integrated assessment of environmental change: air pollution health effects in the USA. Climatic Change,88:59-92.

Matus K, Nam K M, Selin N E, et al. 2012. Health damages from air pollution in China. Global Environmental Change—Human and Policy Dimensions,22(1):55-66.

Mccubbin D,Hallberg A,Davison K. 2004. Assessment of urban air pollution impacts using the environmental Benefits Mapping and Analysis Program(BenMAP). Epidemiology,15(4):209.

Nam K M. 2016. Environmental Challenges in Chinese Mega-city Regions:Focusing on Air Quality Management// Yeh A G O,Lin G C S,Yang F F. Mega-city Region Development in China. London:Routledge.

Nam K M,Selin N E,Reilly J M,et al. 2010. Measuring welfare loss caused by air pollution in Europe:A CGE analysis. Energy Policy,38(9):5059-5071.

Nielsen C P,Ho M S. 2013. Atmospheric Environment in China:Introduction and Research Review//Nielsen C P, Ho M S. 2013. Clearing Skies over China: Reconciling Air Quality, Climate, and Economic Goals. Cambridge:MIT Press.

Organization for Economic Co-operation and Development. 2014. The Cost of Air Pollution:Health Impacts of Road Transport. OECD Publishing.

Park J I,Bae H J. 2006. Assessing the gealth benefits of the seoul air quality management plan using Ben-MAP. Korean Journal of Environmental Health,32(6):571-577.

Pope C A, Burnett R T, Thurston G D, et al. 2004. Cardiovascular mortality and long-term exposure to particulate air pollution-Epidemiological evidence of general pathophysiological pathways of disease. Circulation,109(1):71-77.

Pope C A, Dockery D W, Schwartz J. 1995. Review of epidemiological evidence of health effects of particulate air pollution. Inhalation toxicology,7(1):1-18.

Pope C A,Kanner R E. 1993. Acute effects of PM_{10} pollution on pulmonary function of smokers with mild to moderate chronic obstructive pulmonary disease. The American Review of Respiratory Disease,147(6 Pt 1):1336-1340.

Pope C A. 1996. Adverse health effects of air pollutants in a nonsmoking population. Toxicology,111(1-3): 149-155.

Pope C A. 2000. Invited commentary: Particulate matter-mortality exposure-response relations and threshold. American Journal of Epidemiology,152(5):407-412.

Qi T,Winchester N,Karplus V J,et al. 2014. Will economic restructuring in China reduce trade-embodied CO_2 emissions? Energy Economics,42:204-212.

Qiu H,Yu I T,Wang X,et al. 2013. Differential effects of fine and coarse particles on daily emergency cardiovascular hospitalizations in Hong Kong. Atmospheric Environment. 64:296-302.

Reilly J M,Paltsev S,Strzepek K,et al. 2013. Valuing climate impacts in integrated assessment models:The MIT IGSM. Climatic Change,117:561-573.

Saari R K,Selin N E,Rausch S,et al. 2015. A self-consistent method to assess air quality co-benefits from U. S. climate policies. Journal of the Air and Waste Management Association,65:74-89.

Stanaway J D,Shepard D S,Undurraga E A,et al. 2016. The global burden of dengue:an analysis from the Global Burden of Disease Study 2013. The Lancet Infectious Disease,16(6):712-723.

Van Ruijven B J, Van Vuuren D P, Van Vliet J, et al. 2012. Implications of greenhouse gas emission mitigation scenarios for the main Asian regions. Energy economics,34:S459-S469.

Viscusi W K,Harrington J,Joseph E,et al. 2005. Economics of regulation and antitrust,4th ed. Cambridge:

MIT Press.

Wang X, Li G, Jin X, et al. 2016. Study of relationship between atmospheric fine particulate matter concentration and one grade a tertiary hospital emergency room visits during 2012 and 2013 in Beijing. Chinese journal of preventive medicine,50(1):73-78.

Wang G, Gu S, Chen J, et al. 2016a. Assessment of health and economic effects by $PM_{2.5}$ pollution in Beijing:a combined exposure—response and computable general equilibrium analysis. Environmental Technology,37:3131-3138.

Wang X, Li G, Jin X, et al. 2016b. Study on the correlation between $PM_{2.5}$ concentration and emergency number of hospital in Beijing in 2012-2013. Chinese Journal of Preventive Medicine,50(1):73-78.

World Bank. 2017. World development indicators online. Washington:World Bank.

World Bank. 1997. Clear water, blue skies:China's environment in the new century, China 2020. Washington: World Bank.

World Bank, Institute for Health Metrics and Evaluation. 2016. The Cost of Air Pollution:Strengthening the Economic Case for Action. Washington:World Bank,2016.

World Bank, State Environmental Protection Administration, 2007. Cost of Pollution in China: Economic Estimates of Physical Damages. Washington:World Bank.

Wu R, Dai H, Geng Y, et al. 2017. Economic impacts from $PM_{2.5}$ pollution-related health effect:A case study in Shanghai. Environmental Science and Technology,51(9):5035-5042.

Xie P, Liu X Y, Liu Z R, et al. 2011. Human health impact of exposure to airborne particulate matter in Pearl river delta, China. Water, Air and Soil Pollution,215(1-4):349-363.

Xie Y, Dai H, Dong H, et al. 2016. Economic impacts from $PM_{2.5}$ pollution-related health effects in China:A provincial-level analysis. Environmental Science and Technology,50:4836-4843.

Xu Y, Ye X, Zheng X, et al. 2015. Residents' behavior choice and its willingness to pay for reducing $PM_{2.5}$ health risk—A case study of Wuhan city. Beijing:2015(the fourth) National University Students Statistics Modeling Competition.

Xu Z, Zheng R, Zeng X, et al. 2016. Study on the willingness to pay and the influencing factors of $PM_{2.5}$ health risk reduction. Soft Science,10:66-69.

Yang T, Reilly J M, Paltsev S. 2005. Air pollution health effects: Toward an integrated assessment. The Coupling of Climate and Economic Dynamics,22:267-293.

Zhang D, Rausch S, Karplus V J, et al. 2013. Quantifying regional economic impacts of CO_2 intensity targets in China. Energy Economics,40:687-701.

Zhang X, Karplus V J, Qi T, et al. 2016. Carbon emissions in China:How far can new efforts bend the curve? Energy Economics,54:388-395.

Zhang X. 2016. Development and application of regional energy emission Air-quality Climate Health Model (REACH). Tsinghua University.

Zhou Y, Hammitt J, Fu J S, et al. 2014. Major factors influencing the health impacts from controlling air pollutants with nonlinear chemistry:An application to China. Risk Analysis,34(4):683-697.

Zhu L, Zhang B, Li Y, et al. 2017. Can an emission trading scheme promote the withdrawal of outdated capacity in energy-intensive sectors? A case study on China's iron and steel industry. Energy Economics, 63:332-347.

Socioeconomic Burden of Air Pollution in China: Province-Level Analysis Based on Energy Economic Model

Zhang Xu, Ou Xunmin, Yang Xi, Qi Tianyu, Nam Kyung-Min, Zhang Da, Zhang Xiliang

Abstract: In this study, we apply to China the China Regional Energy Model, developed as part of the Regional Emission Air-Quality Climate Health (REACH) assessment framework, and estimate $PM_{2.5}$-associated health costs. We estimate that, in 2015, exposure to $PM_{2.5}$ caused a nationwide welfare loss of US $248 billion (3.6% of the baseline welfare level). Over half the cost is from mortalities associated with chronic exposure, followed by broader economic loss (38%) and direct loss from short-term exposure (9%). The cost varies among provinces (0.5% – 5.8% of the baseline welfare level), due to subnational heterogeneity in air quality, population density, and income levels. The cost in absolute terms is large in populous, coastal provinces, such as Shangdong, Jiangsu, Zhejiang, and Guangdong, but when the local economy size is controlled for, the Greater Beijing area and central inland provinces also suffer large welfare losses in relative terms.

Keywords: Air pollution; Socioeconomic burden; China; Computable general equilibrium

多区域碳市场作用：可计算一般均衡分析*

张　旭，齐天宇，欧训民，张希良

摘要：在全球范围内，碳市场作为一种成本有效的减排方法，越来越受到关注。同时，为了在减缓气候变化方面达成全球一致，建立多区域碳市场已成为一项重要的国际合作选择。本文开展了不同的情景分析，利用可计算一般均衡模型，模拟了可能建立的多区域碳市场（包括中国、美国、欧盟、澳大利亚-新西兰、日本和韩国）。特别地，本文明确研究了多区域碳市场对于中国经济和能源系统的影响。结果表明，多区域碳市场将优化碳排放权的分配，并增加碳排放权进口国家的经济收益。减排成本较高的国家，如美国、日本和韩国将分别减少0.16%、1.33%和1.42%的GDP损失。同时，多区域碳市场还将导致清洁能源发展规模在参与国之间的重新分布。对中国来说，加入多区域碳市场将促进清洁能源的发展：与参考情景（BAU）方案相比，中国在多区域（MR）情景中清洁能源的比例将上升33.7%。此外，值得注意的是，多区域碳市场将对每个地区在国际贸易中所扮演的角色产生重大影响：与独立区域（SR）情景相比，中国在多区域情景中的净出口将下降11%。

关键词：碳市场；多区域；可计算一般均衡模型

1　引言

全球气候变化已严重威胁人类的可持续发展。因此，大多数国家都采取了减排措施。在过去的几年中，碳市场作为一种成本有效的减排措施，已经在不同的国家和区域出现。截至2015年，全世界正在运行的碳市场数量已经超过15个，覆盖了欧盟、美国加利福尼亚州、新西兰和中国的7个试点项目。自英国第一个碳市场建立以来，碳市场在过去几年得到了快速发展和大规模应用。

作为欧盟应对气候变化和实现2020年减排目标的一系列政策的核心，欧盟碳市场已经经过调整和重新设计，进而保持碳价格的稳定性（European Commission，2009）。自2012年7月1日起，澳大利亚对部分行业实行了每吨二氧化碳当量23美元的固定碳价政策。固定碳价政策原计划从2015年开始转为碳市场，然而2013年，澳大利亚保守党执政的新变化让这个计划存在较大不确定性。截至2015年年底，美国的全国碳市场还没有生效，但是包括美国东部地区区域温室气体减排倡议（RGGI）在内的几个区域碳市场已经开始运行。自2011年以来，中国一直在积极推进全国碳市场的建设；具体来说，在“十二五”规划中，中国政府明确宣布“逐步建立碳排放权交易体系”。国家发展和改革委员会在北京、天津、上海、重庆、湖北、广东6个省（直辖市）及深

* 原文来源：Zhang X，Qi T Y，Ou X M，et al. 2017. The role of multi-region integrated emissions trading scheme：a computable general equilibrium analysis. Applied enery，15：1860-1868，中文出版略有改动。

圳开展了碳市场建设的试点工作，为国家碳市场总体设计和建设提供了非常宝贵的经验（Duan et al.，2014；Zhang et al.，2014）。作为亚洲的第一个碳市场，东京的“总量限制与交易”计划（东京碳市场）于2010年启动；随后日本国会对强制建立国家碳市场进行了充分的讨论。自2015年1月1日以来，亚洲第一个国家碳排放交易计划——韩国碳市场已经开始运行，这是韩国通过使用国际市场机制的碳排放额度来实现部分减排目标的第一步。此外，巴西等新兴经济体都在考虑将碳市场作为实现减缓气候变化目标的政策选择（International Carbon Action Partnership，2015）。

随着越来越多的国家和区域建立碳市场，关于碳市场连接和全球化的讨论热度不断增加（Meckling，2014）。多区域碳市场具有一定的优势，因此，在国际应对气候变化合作中引起更多的关注。例如，经济福利收益及减排成本降低、市场规模扩大及流动性增加，以及潜在的碳泄漏减少（Hawkins and Jegou，2014）。很显然，多区域碳市场在整个参与地区创造了更多的减排机会。多区域碳市场将减排从成本较高的地区转移到成本较低的地区，从而降低了减排的总成本。此外，由于排放限额的增加，多区域碳市场的流动性将会增加。一些学者还认为，参与多区域碳市场也将有助于减少碳泄漏（Tuerk et al.，2009）。

本文包括以下内容。第2节总结相关研究，并介绍了多区域碳市场的发展现状。第3节描述了本分析所使用的模型方法和细节。第4节和第5节分别介绍研究情景和模拟结果。最后，结论将在第6节中给出。

2 背景

2.1 文献综述

相关的研究主要集中在两个方面：关于碳市场连接的制度和政治障碍的讨论，以及对参与地区的宏观经济影响评估。通过研究现有和新兴碳市场的潜在连接，有研究识别出了碳市场连接的主要制度和政治障碍。一些学者指出，要实现连接，各区域碳市场必须具备一定程度的协调性。Hawkins和Jegou（2014）得出的结论是，包括分配方法，登记系统和监测、报告和核实在内的碳市场要素的不同，对碳市场的连接影响有限。然而，其他研究发现，尽管碳市场连接在技术上是可行的，但不同的连接方法会导致效率、竞争力和公平性问题（Tiche et al.，2014）。Tuerk等（2009）指出，由于不同地区的政策重点不同，在短期内只有少数的直接双边碳市场是可行的。这反映在碳市场的关键要素上，如成本控制措施。此外，烦琐的实施过程也被认为是主要的制度障碍之一（Mehling and Haites，2009）。而且有学者建议，如果由多区域碳市场的参与者基于当前现状设计各自的减排目标，各区域间的排放权交易甚至会使减排情况更糟糕（Helm，2003；Rehdanz and Tol，2005；Carbone et al.，2009）。

以评估宏观经济影响为重点的研究总是针对现有或新兴碳市场之间的连接进行假设模拟。一些学者专注于评估碳市场连接的宏观经济影响。例如，一项评估澳大利亚国内碳市场与国际碳市场连接的研究表明，澳大利亚可以从这种连接中获益（Jotzo and Betz，2009）。此外，Flachsland 等（2009）研究表明，由于存在市场扭曲，多区域碳市场可能不会对所有参与者都有利。与此同时，其他学者也在研究多区域碳市场对行业竞争力和能源消耗的影响。Alexeeva 和 Anger（2016）基于可计算一般均衡模型，评估了欧盟碳市场连接对贸易竞争力的影响。他们发现，欧盟成员国在碳市场连接中将会提高贸易竞争力，而非欧盟成员国则因碳市场连接而面临竞争力下降的风险。Liu 和 Wei（2016）利用多区域一般均衡模型，评估了欧盟和中国碳市场连接的影响。他们的结论是，欧-中碳市场连接将有助于中国实现可再生能源目标，但不利于可再生能源在欧盟的发展。同时，一些学者对中国不同省份碳市场连接进行了前瞻性模拟。研究发现，碳市场连接可以降低总减排成本，但对不同省份将会产生不同的影响（Zhou et al.，2013；Cui et al.，2014）。

综上所述，多区域可计算一般均衡能够反映经济和能源影响（Marschinski et al.，2012）。因此，本文中利用多区域可计算一般均衡模型进行分析，以更好地捕捉区域间能源与经济系统之间的相互作用关系。

2.2　集成的现状

除了日益增长的学术关注以外，多区域碳市场已经在部分地区付诸实施。第一次碳市场连接已经发生，2007 年 7 月，挪威温室气体排放权交易体系进行了调整，从而与欧盟碳市场第二阶段保持一致。当然，外界认为欧盟与挪威、冰岛和列支敦士登之间的碳市场连接仅仅是欧盟碳市场的简单扩展。自 2008 年以来，瑞士已开始推进加入欧盟碳市场第二阶段，目前谈判已进入最后阶段（Crossland et al，2013）。2014 年，北美成功建立了一个稳定的多区域碳市场。美国加利福尼亚州和加拿大魁北克省联合行动，建立了第一个双边区域碳市场，并且其中的碳排放权具有完全可交易性（International Carbon Action Partnership，2015）。加利福尼亚州和魁北克省在“西部气候倡议”（WCI）框架下的合作为其他区域合作提供了强有力的示范效应，因为它在经济和环境上对双方都有利。目前，关于将加利福尼亚州碳市场与欧盟碳市场连接的讨论也逐渐升温（Zetterberg，2012）。

2012 年，一个多区域碳市场项目最终中止，该项目曾计划在 2018 年 7 月 1 日之前将欧盟和澳大利亚的两大碳市场进行连接，并且采用绝对限额方式，具备完全可交易功能。然而，2013 年，澳大利亚保守党的执政让该项目面临极大的不确定性。此外，越来越多的研究开始关注韩国、日本与欧盟碳市场或其他碳市场的连接。有研究提出，韩国可以效仿挪威的方式，先与欧盟碳市场进行单方面连接，然后再进行全面的双边融合（Hawkins and Jegou，2014）。更值得注意的是，中国已经处于建立国家碳市场的最后阶段，这将是世界上最大的碳排放权交易体系（Li and Lu，2015），而且中国政府已经表现出了加入多区域碳市场的兴趣。一旦国家碳交易市场有效建立起来，这种连接就会被提上日程。

3 模型描述

我们采用了多区域、多部门、递归动态的可计算一般均衡模型——具有中国详细信息的中国-全球能源经济模型（C-GEM）（Qi et al.，2014a，2014b）。C-GEM 是一个能够评估能源和气候政策对国内和全球影响的全新模型，其描述了 19 个地区和 20 个行业。C-GEM 描绘了能源密集型行业的细节，包括铁钢、有色金属、非金属矿物、化学橡胶和其他黑色产品，且其可以很好地捕捉到能源和气候政策对化石燃料生产和消费，以及排放的影响。

所有的生产部门都采用一种嵌套的常数替代弹性（CES）函数来表示。图 1 显示了能源密集型工业生产过程的典型嵌套结构，其中 σ 表示所有输入之间的替代弹性。表 1 基于麻省理工学院的排放预测与政策分析（EPPA）模型（Paltsev et al.，2005）的研究结果，显示了生产函数中采用的替代弹性。嵌套结构的一个重要特征是，生产者或消费者能够根据成本竞争力来灵活替代除电力以外的能源商品，以及能源总输入和增加值（资本和劳动力），所以能源和气候政策的影响可以被捕捉到。因此，生产者可以对碳价等政策做出反应，如选择更加低碳的能源，并通过增加对资本和劳动力的投入，更有效地利用能源。此外，作为大多数生产函数，资本-劳动力-能源束与其他中间输入一起进入一个列昂惕夫结构，以生产能源密集型商品。

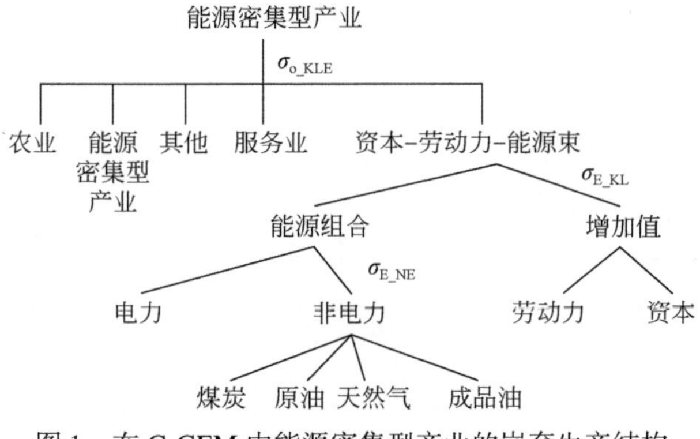

图 1 在 C-GEM 中能源密集型产业的嵌套生产结构

表 1 在 C-GEM 生产函数中使用的弹性

弹性	类别	值	描述
σ_{RES_OTH}	资源和其他投入	0.6	用于石油、煤炭和天然气生产部门
σ_{I_EVA}	中间投入和能源-资本-劳动力组合	0	用于所有部门
σ_{E_KL}	能源投入和增加值	0.1～0.5	电力 0.1，农业 0.3，能源部门 0.4，其他部门 0.5
σ_{E_NE}	电力和非电力投入	0.5	用于所有部门
σ_{NOE}	非电力能源投入	1	用于所有部门

续表

弹性	类别	值	描述
σ_{K_L}	资本和劳动力	1	用于所有部门
σ_{RE}	风能、太阳能和其他发电技术	1	用于电力行业
σ_{O_VA}	增值税和其他投入	0.7	用于农业

C-GEM 刻画了 11 种先进技术，见表 2。从油页岩中提取和生产原油、将生物质转化为精炼石油和将煤炭转化为天然气的完美替代品，以上三种先进技术都被作为传统化石燃料的完美替代品。剩下的 8 种先进技术均是发电技术，如将间歇的风能转化为电能、将间歇的太阳能转化为电能和将生物质转化为电能等，这些技术由于存在间歇性，被当作其他电力来源的不完美替代品。对于综合煤气化联合循环发电（IGCC）、附带碳捕获与碳封存的综合煤气化联合循环发电（IGCC-CCS）、天然气联合循环发电（NGCC）、附带碳捕获与碳封存的天然气联合循环发电（NGCC-CCS）和先进核电，它们都能完美地替代电力输出。模型采用“差价因子”来反映先进技术与传统技术之间的成本差异。C-GEM 技术成本校核基于全球变化评估模型（GCAM）的技术数据库，该数据库提供了新技术的详细成本数据。先进的技术能否替代传统技术取决于它们的成本竞争力。

表 2　在 C-GEM 中描述的 11 种先进技术

技术	描述	相对于煤粉发电的利润	地区
生物质燃料（biofuels）	将生物质转化为精炼石油	1.04	所有地区
页岩油（shale oil）	从油页岩中提取和生产原油	2.8	所有地区
煤气化（coal gasification）	将煤炭转化为天然气的完美替代品	3.5	所有地区
风能（wind）	将间歇的风能转化为电能	1.1	美国/欧盟
		1.3	中国
		1.5	其他地区
太阳能（solar）	将间歇的太阳能转化为电能	1.8	美国/欧盟
		2	其他地区
生物质发电（biomass electricity）	将生物质转化为电能	1.8	所有地区
综合煤气化联合循环发电（IGCC）	综合气化联合循环（煤）发电	1.02	美国/欧盟
		1.2	其他地区
附带碳捕获与碳封存的综合煤气化联合循环发电（IGCC-CCS）	综合气化联合循环（煤）与碳捕获和储存以发电	1.5	美国/欧盟
		1.55	其他地区
天然气联合循环发电（NGCC）	天然气联合循环发电	1.02	美国/欧盟
		1.2	其他地区
附带碳捕获与碳封存的天然气联合循环发电（NGCC-CCS）	天然气的联合循环与碳捕获和储存以产生电能	2.35	所有地区

续表

技术	描述	相对于煤粉发电的利润	地区
先进核电（advanced nuclear）	现有核电站以外的核电	1.5	美国/欧盟
		2.5	其他地区

先进发电技术，如风能、太阳能和生物质能等，具有与图 2 中所示的相似生产函数。为了控制每一种技术的渗透速度，我们在 CES 嵌套的顶层引入了固定要素因子（McFarland et al.，2004）。其他投入，如劳动力、资本和中间投入，都是根据工程数据进行参数化（Qi et al.，2014a，2014b）。作为全球多区域模型，C-GEM 不仅充分考虑了不同地区各种技术的投入产出和成本差异，而且基于数据的可用性进行了适当简化。

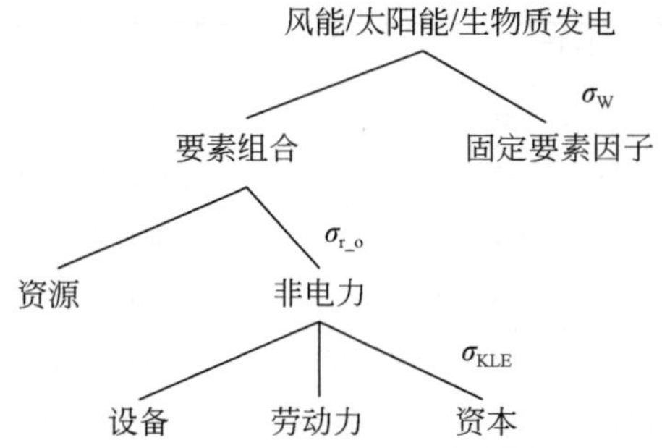

图 2　CES 的生产结构：风能/太阳能/生物质发电技术

C-GEM 根据自建的全球能源经济数据库进行校核，包括主要国家的生产消费账户（投入产出表），以及双边贸易数据。全球能源经济数据库以全球贸易分析项目（GTAP 8）的全球数据库和中国官方统计出版物为基础，并将这些数据汇总为 19 个地区的社会核算矩阵和双边贸易流动（Narayanan et al.，2012）。此外，C-GEM 采用中国官方来源的数据替代了 GTAP 8 的中国观测数据，包括 2007 年的国家投入产出表和能源平衡表（国家统计局能源统计司和国家能源局综合司，2008）。国家投入产出表提供了增加值、中间投入和最终消费数据。C-GEM 从 2010 年开始，以 5 年为间隔进行递归动态求解。C-GEM 用通用代数建模系统（general algebraic modeling system，GAMS）软件系统进行编写，并使用一般均衡分析的数学编程系统（MPSGE）建模语言进行求解（Rutherford，2005）。

4　情景模拟

当前，尽管建立一个涵盖所有国家的全球碳市场存在不确定性，但几个国家或区域碳市场之间的连接已经引起了更多的关注。本文选择中国、美国、欧盟、澳大利亚、新西兰、日本和韩国作为对象，在一个假想的多区域碳市场中，研究碳排放交易规模、碳价格和国际贸易。此外，本文还识别了多区域碳市场对参与国家和地区的能源与经济系统的影响。

4.1 减排目标

为应对全球气候变化，1992 年，通过的《联合国气候变化框架公约》提出了应对气候变化挑战的目标和原则。1997 年，《京都议定书》规定和量化了发达国家在 2008 ~ 2010 年的减排义务，在此之后，更多的国家和地区提出了各自减排目标，见表 3。在 2009 年哥本哈根气候变化大会上，中国做出了自愿减排承诺，即 2020 年将单位 GDP 二氧化碳排放量（碳排放强度）较 2005 年降低 40% ~45%。国家“十二五”规划也宣布了将单位 GDP 能耗降低 16%、单位 GDP 二氧化碳排放量减少 17%、非化石能源比例提高到 11.4% 的发展目标。

表 3 主要国家和地区的减排目标

国家和地区	目标	政策
欧盟	2020 年温室气体排放量比 1990 年减少 20%	2020 年气候和能源一揽子计划等
美国	2020 年温室气体排放量比 2005 年减少 17%	国家能源政策等
澳大利亚	2020 年温室气体排放量较 2000 年减少 5%	《碳污染减排计划：澳大利亚的低污染未来》
新西兰	2020 年温室气体排放量比 1990 年水平减少 5%	“2008 年气候变化应对法案（修正案）”
中国	2020 年碳排放强度比 2005 年降低 40% ~45%	《国家应对气候变化规划（2014—2020 年）》
日本	2020 年温室气体排放量比 1990 年减少 25%	实现低碳社会的行动计划，福田愿景等
韩国	2020 年温室气体排放量较正常水平减少 30%	国家排放交易计划等

4.2 排放权交易限额设计

排放权交易限额是根据上述国家和地区提出的 2020 年减排目标而设定的。主要国家和地区的减排目标可以分为两类：绝对减排目标（特别是在欧盟和美国）和相对减排目标（中国和韩国）。对于绝对减排目标，我们根据历史统计排放数据计算 2020 年的排放额度。与此同时，为了量化中国和韩国的相对减排目标，我们将 C-GEM 的基准情景设置为参考情景。表 4 列出了 2020 年的排放限额。

表 4 主要国家和地区 2020 年的排放限额

指标	欧盟	美国	澳大利亚-新西兰	中国	日本	韩国
2020 年基线排放量（mmt）	1 860	5 509	344	10 170	1 088	553
2020 年排放限额（mmt）	1 743	4 790	260	9 413	846	397
排放减少量（mmt）	117	719	84	757	242	156
减少量（%）	6	13	24	7	22	28

在设计每个碳市场的行业覆盖范围时，考虑到欧盟碳市场覆盖了包括能源行业、黑色金属生产和加工行业、矿产部门等在内的能源密集型行业（Zhang and Wei, 2010），我们假设澳大利亚和新西兰的碳市场和欧盟的碳市场一样，覆盖相同的行业。

相反地，中国、美国、日本和韩国还没有最终确定碳市场的架构，我们假设所有行业都被纳入碳市场。

4.3 情景描述

首先，我们设计了三种情景来评估欧盟、美国、中国、日本、韩国、澳大利亚和新西兰多区域碳市场的影响，见表5。根据先前的预期，澳大利亚计划将其碳市场与新西兰碳市场连接在一起，因此，我们描述了一个完全连接的澳大利亚–新西兰（ANZ）碳市场。为了分析多区域碳市场的影响，我们设计了参考情景（BAU），并以此为基准与碳市场政策情景相比较，参考情景情景模拟了主要国家和地区的经济发展与碳排放轨迹。其次，我们建立了两个碳排放政策情景：①独立区域（SR）情景，该情景模拟了每个碳市场的独立运行，而不进行任何区域间的连接；②多区域（MR）情景，该情景下，每个碳市场成功连接，成为一个多区域碳市场。

表5 情景描述

情景	国家和地区	
	分离碳市场	整合碳市场
BAU	无	无
SR	欧盟、美国、澳大利亚和新西兰、中国、日本、韩国	无
MR	无	欧盟、美国、澳大利亚和新西兰、中国、日本、韩国

5 模拟与结果

5.1 碳排放减少量及排放权交易

独立区域情景的结果表明，主要国家和地区的碳排放量都有不同程度的减少。此外，由于碳减排成本的不同，主要国家和地区的碳价格差异较大，见表6。韩国和日本的碳价格分别攀升至126美元/t和138美元/t。在某种程度上讲，减排目标将敦促韩国和日本为实现减排目标做出更多努力；此外，韩国和日本的减排成本相对较不发达的国家和地区来说要更高一些。相比之下，中国2020年的碳价格最低，这意味着在中国经济结构调整期间，减排将会有更多的可行性和灵活性。

在多区域情景中，美国、澳大利亚、新西兰、日本和韩国需要进口碳排放权，以实现其具有约束力的碳减排目标，而欧盟和中国则可以通过出口碳排放权获得经济收入。在多区域情景中，碳排放权交易规模能够达到7.63亿t和145亿美元，同时，碳价格下降到19美元/t的合理水平，这对日本、韩国和澳大利亚至关重要。值得注意的是，多区域碳市场可以降低碳市场政策对国家和地区经济的不利影响，如日本和韩国，其GDP损失分别从1.44%和1.56%下降到0.11%和0.13%。

表 6 2020 年 SR 和 MR 情景中的减排量和许可交易

指标	情景	欧盟	美国	澳大利亚–新西兰	中国	日本	韩国
二氧化碳减排（mmt）	SR	117	719	84	757	242	156
	MR	127	341	23	1510	32	43
碳价格（美元/t）	SR	19	48	87	10	138	126
	MR	19					
二氧化碳排放权交易（mmt）	SR	—	—	—	—	—	—
	MR	10	-378	-61	753	-199	-124
二氧化碳排放权交易（10 亿美元）	SR	—	—	—	—	—	—
	MR	0.19	-7.2	-1.16	14.3	-3.8	-2.35
GDP 变化（%）	SR	-0.03	-0.27	-0.68	-0.31	-1.44	-1.55
	MR	-0.06	-0.11	-0.24	-0.47	-0.11	-0.13

5.2 碳市场连接的能源和经济影响

在多区域情景中，多区域碳市场的成立引起减排压力的转移，因此，主要国家和地区的能源结构都会受到重大影响，如图 3 所示。与参考情景相比，在独立区域情景中，美国、澳大利亚–新西兰、日本和韩国的化石能源消费将大幅度减少，分别下降 13.5%、11.0%、27.6% 和 28.6%。因为在多区域碳市场中，这些国家和地区能够通过购买碳排放权来降低优化能源结构的高成本。特别是对于中国，石油和天然气的消费量在三种情景下大致相同，而煤炭消费量则在独立区域情景和多区域情景下分别下降了 9.0% 和 17.6%。这表明参与多区域碳市场可以显著减少中国煤炭消费量。因此，参与多区域碳市场能够促进中国包括核能和可再生能源在内的清洁能源的发展。在多区域情景中中国可再生能源的比例与参考情景相比上升了 33.7%。相反地，对于像美国、日本和韩国这样的排放权进口国家和地区而言，多区域情景下的清洁能源消费量要低于独立区域情景。这表明，多区域碳市场为这些国家和地区大幅度降低减排成本提供了另外一种选择。

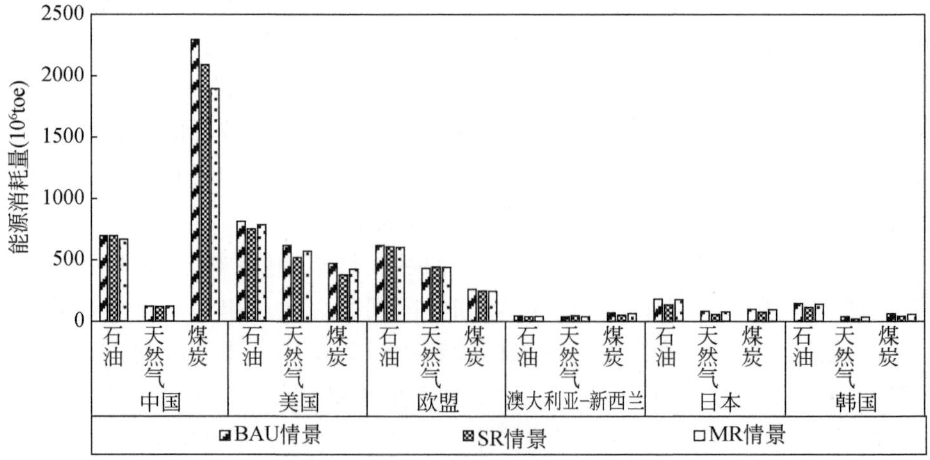

(a) 化石能源

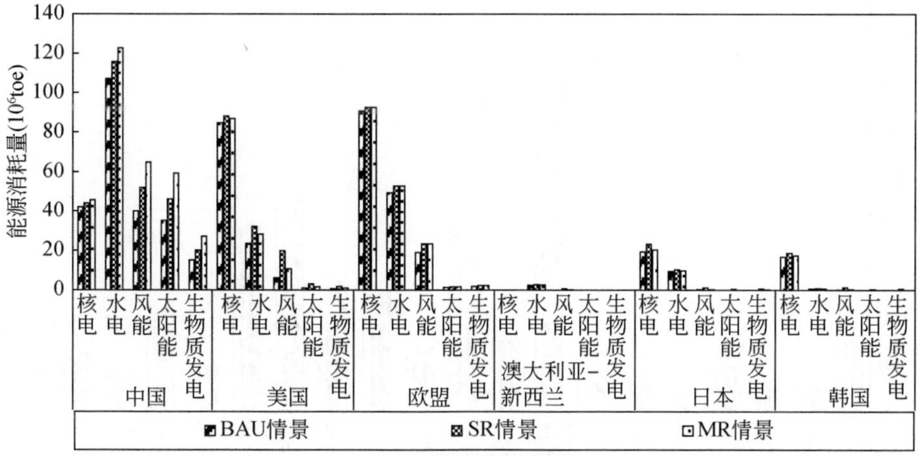

(b) 非化石能源

图3 2020年不同国家和地区的能源消耗

多区域碳市场同样对工业产出有影响。在多区域情景中，美国、澳大利亚-新西兰、日本和韩国等排放权进口区域的减排成本更高，因此，更多减排压力转移到中国，导致中国能源密集型产业的产出下降，如图4所示。在多区域情景中，中国钢铁部门（i_s）和石油焦炭部门（ROIL）的产出比在独立区域情景中减少了约4%。相反地，排放权进口国家和地区通过购买中国和欧盟的碳排放权，缓解了能源密集型产业的巨大减排压力。与独立区域情景相比，这些国家和地区的电力部门和石油焦炭部门的产出都不同程度的大幅度增加。

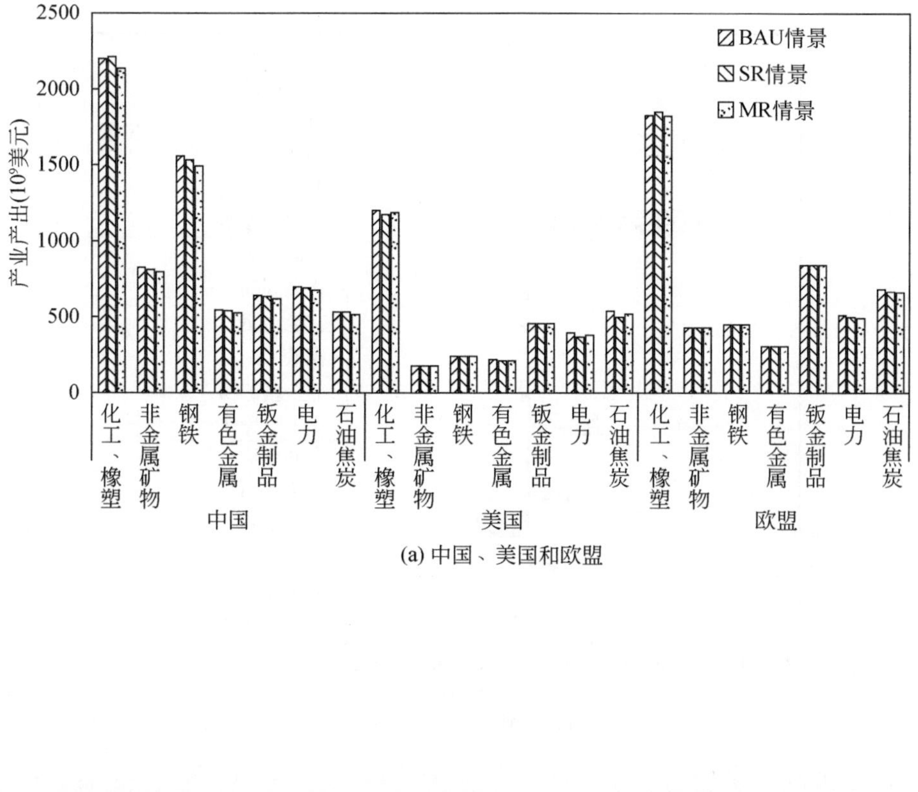

(a) 中国、美国和欧盟

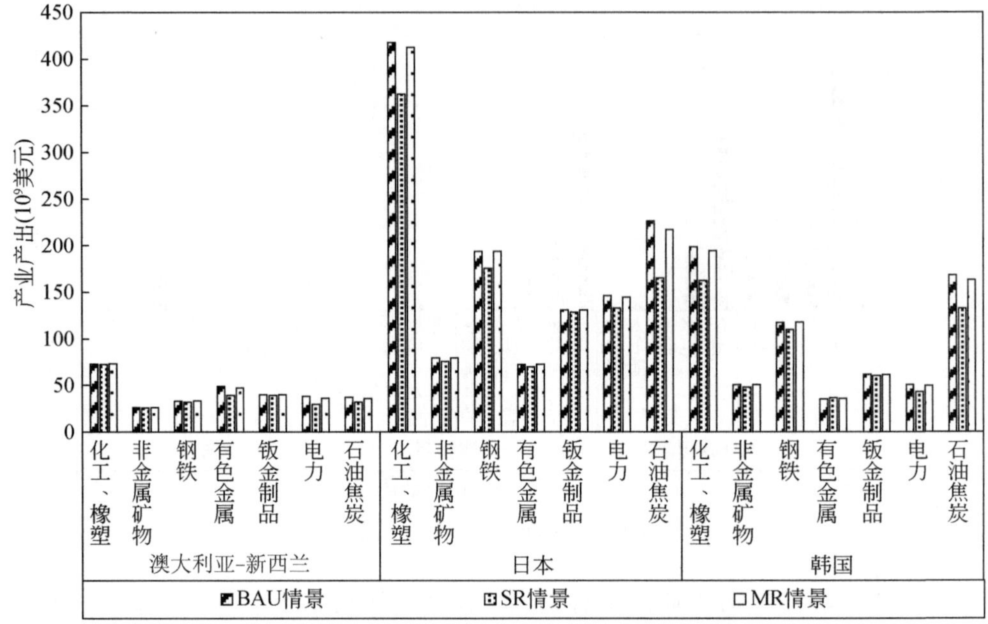

图 4　2020 年能源密集型产业的产业产出

参与国际多区域碳市场将对中国的国际贸易产生重大影响，多区域情景下的净出口额比独立区域情景低 11%。具体而言，随着能源成本的上升，化学品和有色金属的净进口额分别增长了 60.1% 和 11.7%，而钢铁的净出口额则下降了 35.8%。对于像美国、日本和韩国这样的排放权进口区域来说，与独立区域情景相比，随着出口的增加，这些国家和地区的国际竞争力得到了增强，如图 5 所示。

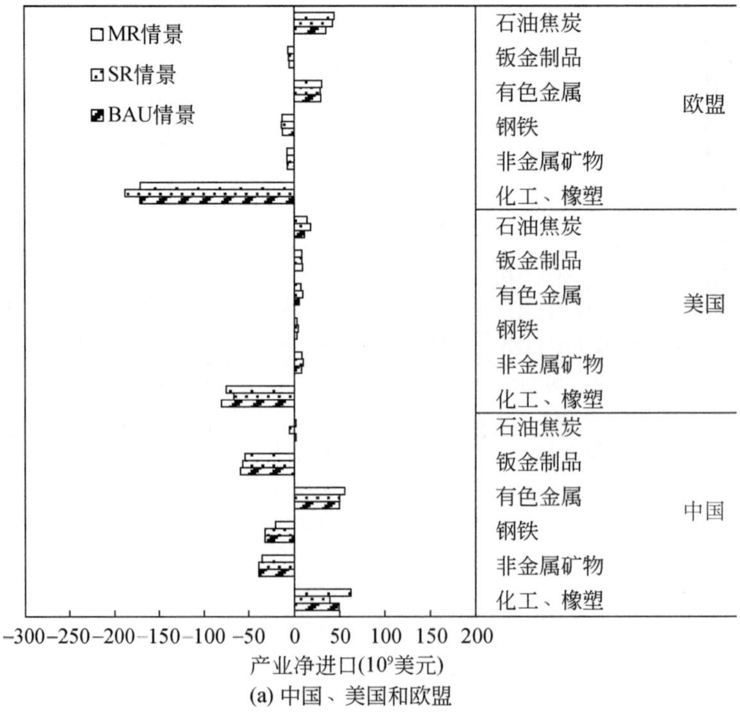

(a) 中国、美国和欧盟

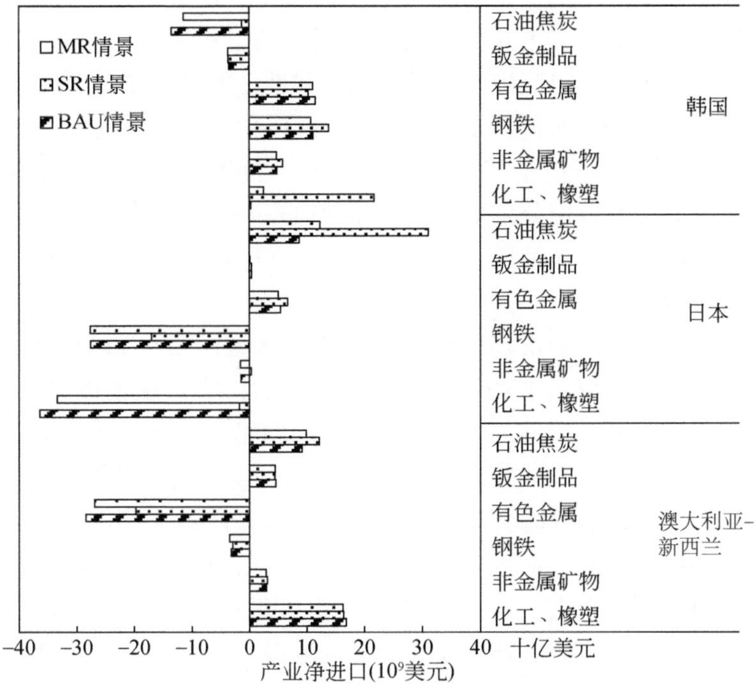

(b) 澳大利亚、新西兰、日本和韩国

图5　2020年能源密集型产业的净进口

6　结论

首先，多区域碳市场是促进减排的一个成本有效的方式，并且将会在全球减缓气候变化的国际合作中发挥更大的作用。在本文研究中，我们以中国、美国、欧盟、澳大利亚-新西兰、日本和韩国作为代表，在一个假想的多区域碳市场中，对碳排放权的交易规模、碳价格进行研究。此外，我们还识别了多区域碳市场对主要国家和地区的工业产出、能源系统和国际贸易的影响。研究发现，在多区域碳市场中，中国是一个碳排放权出口大国，这将有助于降低发达国家和地区的减排负担。相比之下，美国、日本和韩国是碳排放权主要进口国。碳排放权的交易规模达到7.63亿t和14.5亿美元，并且碳价格下降到19美元/t的合理水平，这对日本、韩国和澳大利亚-新西兰来讲至关重要。多区域碳市场可以减少碳市场政策对碳减排成本较高的国家和地区经济的不利影响，如日本和韩国的GDP损失量分别从1.44%和1.56%下降到0.11%和0.13%。

其次，多区域碳市场的建立将会重新分配减排压力，这就导致所有参与国家和地区的清洁能源发展规模发生重新调整。在独立区域情景中，美国、澳大利亚-新西兰、日本和韩国的化石能源消耗与参考情景相比大幅度下降，降幅分别达到13.5%、11.0%、27.6%和28.6%；具体而言，因为在多区域碳市场中，这些国家和地区能够通过购买碳排放权来降低优化能源结构的高成本。特别是对于中国，在独立区域情景和多区域情景下，煤炭消费量分别下降了9.0%和17.6%，这表明参与多区域碳市场可以减少中国煤炭消费量。因此，参与多区域碳市场能够促进中国清洁能源（包括核能和可再生能源）的发展。与参考情景相比，多区域情景中中国可再生能源比例上升了33.7%，而美国、日本和韩国等排放权进口国家和地区的清洁能源发展情况则相反。

最后，多区域碳市场将对国际贸易格局产生了重大影响。例如，多区域情景下，中国的净出口额与独立区域情景相比下降了11%。具体而言，随着能源成本的上升，化学品和有色金属的净进口额分别增长60.1%和11.7%，而钢铁的净出口额则下降了35.8%。对于像美国、日本和韩国这样的排放权进口国家和地区来说，这些国家和地区国际竞争力将得到增强。

随着更多的国家和区域碳市场的建立，关于多区域碳市场和全球碳市场的讨论热情将会进一步增高，多区域碳市场将可能出现。然而，除了在碳市场连接前对制度和政治障碍进行充分讨论之外，另一个不可忽视的问题是对多区域碳市场进行全面评估。通过优化排放权的分配，多区域碳市场将会对不同的参与国产生复杂的经济和能源影响。对一些国家来说，它们可能会获得经济福利，但其清洁能源产业的发展将会放缓。相反地，多区域碳市场可能会促进其他国家清洁能源的发展，但同时对其国际竞争力产生不利影响。值得注意的是，参与国需要在多区域碳市场中充分认识各自的作用，并取得各个维度的平衡。除此之外，在参与多区域碳市场之前，还需要解决政治障碍、制度障碍和技术障碍。

参考文献

国家统计局能源统计司，国家能源局综合司. 2008. 中国能源统计年鉴2008. 北京：中国统计出版社.

Alexeeva V, Anger N. 2016. The globalization of the carbon market: Welfare and competitiveness effects of linking emissions trading schemes. Mitigation and Adaptation Strategies for Global Change, 21(6): 905-930.

Carbone J C, Helm C, Rutherford T F. 2009. The case for international emission trade in the absence of cooperative climate policy. Journal of Environmental Economics and Management, 58(3): 266-280.

Crossland J, Li B, Roca E. 2013. Is the European Union Emissions Trading Scheme (EU ETS) informationally efficient? Evidence from momentum-based trading strategies. Applied Energy, 109: 10-23.

Cui L B, Fan Y, Zhu L, et al. 2014. How will the emissions trading scheme save cost for achieving China's 2020 carbon intensity reduction target? Applied Energy, 136: 1043-1052.

Duan M S, Pang T, Zhang X. 2014. Review of carbon emissions trading pilots in China. Energy and Environment, 25(3-4): 527-549.

European Commission. 2009. Towards a comprehensive climate change agreement in Copenhagen: Communication from the commission to the European parliament, the council, the European economic and social committee and the committee of the regions, (No. COM(2009) 39/9). Brussels: EU Commission.

Flachsland C, Marschinski R, Edenhofer O. 2009. To link or not to link: Benefits and disadvantages of linking cap-and-trade systems. Climate Policy, 9(4): 358-372.

Hawkins S, Jegou I. 2014. Linking Emissions Trading Schemes-Considerations and Recommendations for a Joint EU-Korean Carbon Market. https://www.ictsd.org/sites/default/files/research/linking-emissions-trading-schemes-considerations-and-recommendations-for-a-joint-eu-korean-carbon-market.pdf[2014-12-30].

Helm C. 2003. International emissions trading with endogenous allowance choices. Journal of Public Economics,87(12):2737-2747.

International Carbon Action Partnership. 2015. Emissions Trading Worldwide: ICAP Status Report 2015. https://icapcarbonaction. com/status-report-2015[2015-12-30].

Jotzo F, Betz R. 2009. Australia's emissions trading scheme: opportunities and obstacles for linking. Climate Policy,9(4):402-414.

Li W, Lu C. 2015. The research on setting a unified interval of carbon price benchmark in the national carbon trading market of China. Applied Energy,155:728-739.

Liu Y, Wei T Y. 2016. Linking the emissions trading schemes of Europe and China-Combining climate and energy policy instruments. Mitigation and Adaptation Strategies for Global Change,21(2):135-151.

Marschinski R, Flachsland C, Jakob M. 2012. Sectoral linking of carbon markets: A trade-theory analysis. Resource and Energy Economics,34(4):585-606.

McFarland J R, Reilly J M, Herzog H J. 2004. Representing energy technologies in top-down economic models using bottom-up information. Energy Econ. ,26:685-707.

Meckling J. 2014. The future of emissions trading. Wiley Interdisciplinary Reviews: Climate Change,5(5): 569-576.

Mehling M, Haites E. 2009. Mechanisms for linking emissions trading schemes, Climate Policy, 9(2): 169-184.

Narayanan B. 2012. GTAP 8 data base documentation-chapter 3: What's new in GTAP 8? West Lafayette: Center for Global Trade Analysis.

Paltsev S, Reilly J M, Jacoby H D, et al. 2005. The MIT Emissions Prediction and Policy Analysis (EPPA) model: version 4. https://globalchange. mit. edu/sites/default/files/MITJPSPGC_Rpt125. pdf[2005-12-30].

Qi T Y, Winchester N, Karplus V J, et al. 2014a. Will economic restructuring in China reduce trade-embodied CO_2 emissions? Energy Economics,42:204-212.

Qi T Y, Zhang X L, Karplus V J. 2014b. The energy and CO_2 emissions impact of renewable energy development in China. Energy Policy,68:60-69

Ranson M, Stavins R N. 2016. Linkage of greenhouse gas emissions trading systems: Learning from experience. Climate Policy,16(3):284-300.

Ranson M, Stavins R. 2015. Linkage of greenhouse gas emissions trading systems: learning from experience. Climate Policy,16(3):284-300.

Rehdanz K, Tol R. 2005. Unilateral regulation of bilateral trade in greenhouse gas emission permits. Ecological Economics,54(4):397-416.

Rutherford T F. 2005. GTAP6 in GAMS: The Data set and Static Mode. http://www. mpsge. org/gtap6/gtap6gams. pdf[2005-12-30].

Tiche F G, Weishaar S E, Couwenberg O. 2014. Carbon leakage, free allocation and linking emissions trading schemes. Carbon and Climate Law Review,8(2):97-112.

Tokyo Metropolitan Government. 2007. Tokyo Cap-and-Trade Program. http://www. kankyo. metro. tokyo. jp/en/climate/cap_and_trade/index. html[2007-12-30].

Tuerk A, Mehling M, Flachsland C, et al. 2009. Linking carbon markets: Concepts, case studies and pathways. Climate Policy,9(4):341-357.

Zetterberg L. 2012. Linking the Emissions Trading Systems in EU and California. Available at http://

www. ivl. se/download/18. 50367b6c13a6fda0152376/1350970297329/B2061. pdf[2012-12-30].

Zhang D, Karplus V J, Cassisa C, et al. 2014. Emissions trading in China: Progress and prospects. Energy Policy, 75: 9-16.

Zhang Y J, Wei Y M. 2010. An overview of current research on EU ETS: Evidence from its operating mechanism and economic effect. Applied Energy, 87(6): 1804-1814.

Zhou P, Zhang L, Zhou D Q, et al. 2013. Modeling economic performance of interprovincial CO_2 emission reduction quota trading in China. Applied Energy, 112: 1518-1528.

The Role of Multi-region Integrated Emissions Trading Scheme: A Computable General Equilibrium Analysis

Zhang Xu　Qi Tianyu　Ou Xunmin　Zhang Xiliang

Abstract: Globally, emissions trading scheme (ETS) as a cost-effective method to facilitate emissions abatement is raising more and more concerns. Moreover, according to the prevailing goal to reach a global agreement for climate mitigation, integrating emissions trading schemes has emerged as a prominent international cooperation option. This paper implements different scenario analysis and simulates the establishing of a conceivable multi-region integrated emissions trading scheme with China, U. S., Europe, Australia, Japan and South Korea included by utilizing a computable general equilibrium model; specifically, the economic and energy impacts on China in context of multi-region integrated ETS are explicitly investigated. Results indicate that the integration of emissions trading schemes would optimize the allocation of emissions permit and yield economic welfare gains for permits importing countries. Countries with higher abatement cost like U. S., Japan and South Korea would reduce the national GDP loss by 0.16%, 1.33% and 1.42%, respectively. Furthermore, the integration of emissions trading scheme also results in the redistribution of clean energy in participating countries. For China, joining the multi-region integrated ETS would facilitate the development of clean energy, the proportion of which climbs up by 33.7% in MR scenario compared with BAU scenario. In addition, it is worth noting that the multi-region integrated ETS would have significant impacts on the role each region plays in international trade, leading to 11% decline of net export for China in MR scenario compared with SR scenario.

Keywords: Emissions trading scheme (ETS); Multi-region integration; CGE model

量化中国 CO_2 强度目标的区域经济影响*

张　达，Sebastian Rausch，Valerie J. Karplus，张希良

摘要：为了应对不断增长的能源使用需求和碳排放，中国政府根据“十二五”规划制定了国家层面和省级层面的能源和 CO_2 强度目标。本文通过开发一个覆盖全球、可分解中国 30 个省（自治区、直辖市）（不包括西藏、香港、澳门和台湾）并包含能源系统细节的可计算一般均衡模型，用来评估“十二五”规划约束性分省 CO_2 排放强度目标的影响。比较分省目标方法和国家单一目标的影响，得出在单一目标下全国层面都将实现相同的 CO_2 排放强度下降。国家目标假设各省（自治区、直辖市）之间可以进行排放配额交易，使得全国范围内以最小成本实现减排。本文发现，与分省目标方法相比，实现国家目标导致中国福利损失减少约 20%。鉴于政策影响的区域分布是目标制定过程中的一个重要考虑因素，本文关注省级层面 CO_2 排放强度、CO_2 排放、能源消耗和经济福利的变化，同时发现各省（自治区、直辖市）在能源系统响应和福利影响程度上具有显著的差异性。本文还进一步对中国固定终端用电价格的现行政策进行了模拟，并发现国家福利损失有所增加。资本流动性对国家福利损失也会产生重大影响，而改变对未来国内天然气资源可用性则对国家福利损失没有太大的影响。

关键词：碳强度；气候政策；可计算一般均衡；中国

1　引言

中国近期的政策进展表明了对进一步降低国内不断增长的能源需求和 CO_2 排放的决心。过去 30 年中国持续快速的经济增长带来了巨大的社会发展，但也加剧了对能源安全、空气质量和全球气候变化的担忧。中国每五年都会列出政府的重要工作和计划，其中针对碳减排的行动越来越多。中国的“十二五”规划首次提出了国家 CO_2 减排目标，即在 2011 ~ 2015 年实现 CO_2 排放强度降低 17%，符合中国在 2009 年哥本哈根气候变化大会上提出的 2005 ~ 2020 年实现 CO_2 排放强度降低 40% ~ 45% 的国家承诺。这一国家碳强度目标被分解到省级层面（各省、自治区、直辖市）。

“十二五”规划中，CO_2 排放强度目标的省级分配是政治谈判的成果，反映了诸多因素，而减少 CO_2 排放的成本仅仅是其中一个因素①。由于现行体制下尚未设立碳排放配额交易，省级目标将导致各省（自治区、直辖市）的满足差异化政策约束的边际成

* 原文来源：Zhang D，Rausch S，Karplus V J，et al. Quantifying regional economic impacts of CO_2 intensity targets in China. Energy Economics. 2013. 40：687-701，中文出版略有改动。

① 在本文的整个分析过程中，减排成本是指减少单位 CO_2 排放增量的边际成本。然而，政策限制是基于排放强度的，它综合考虑了 CO_2 排放的数量以及相关的 GDP 调整。

本会有较大的不同。作为较之经济手段更为有效的政策手段（允许各省、自治区、直辖市进行排放权交易，使得最终边际成本一致），一个关键问题是现行基于政治协商的分省目标政策的增量成本有多大。

虽然实现这些目标是强制性的，但它们本身并不能激励中国的企业和家庭用户降低 CO_2排放强度。为了实现这些短期和中期政策目标，中国的政策制定者宣布了一系列支持目标实现的计划，其中包括工业能效强制标准、可再生能源和核能发电部署目标，以及降低对高耗能出口导向型部门的补贴。从 2013 年起，碳排放权交易体系试点相继在中国部分省市实施。煤炭或化石能源使用的绝对总量控制目标目前也在讨论研究中。

除了经济增长和保护环境外，促进跨区公平仍是中国政策制定者的首要任务，确定总福利损失的分布需要一个能够在省级层面评估政策影响的建模框架。这里，我们首先描述了一个全新的可计算一般均衡模型的开发工作，该模型可以详细刻画中国 30 个省（自治区、直辖市）的经济和能源系统，包括跨省贸易，并通过纳入一个全球区域和国际贸易流的代表集合来反映中国各省（自治区、直辖市）与世界其他地区的互动。一般均衡模型以实物量单位描述经济流量和能源数量。我们应用该模型来研究中国 CO_2排放目标的政策影响。

本文的结构如下：第 2 节总结了以往的研究与贡献，同时介绍了中国 CO_2排放目标政策和各省（自治区、直辖市）减排目标分配的背景。第 3 节主要介绍了研究所用模型，包括模型结构、数据准备、跨省贸易和全球数据集的表示、GTAP 8 数据库。第 4 节描述了不同政策情景的结果，并探究了研究结果对电力定价政策、资本流动性假设和天然气这一潜在低碳替代燃料的可用性的敏感度。第 5 节讨论了一些初步结论和未来研究的重点。

2 研究背景和文献综述

2.1 以往研究综述

能源经济模型方法已经被广泛应用于许多国家的内部或部门层面的减排前景研究。许多研究采用了可计算一般均衡模型，通常通过对能源的详细实物量核算来刻画政策对供给、需求和相对价格的整体经济影响（Paltsev et al.，2009；Rausch et al.，2011；Alton et al.，2012；Caron et al.，2012；Ferreira-Filho and Horridge，2012；Lanz and Rausch，2011，2012），其中一些研究重点分析了中国能源政策的影响。Zhang（2000）对国家层面中国排放总量限额的影响进行了经济和政策分析。一些其他的研究也关注中国碳减排和相关能源政策对整体经济的影响，包括碳税（Cao，2007；Liang and Wei，2012）、国家绝对碳强度限制目标（Dai et al.，2011；Wang et al.，2009）、能源补贴和相关改革（Lin and Jiang，2011），以及边界碳调节（BCAs）（Bao et al.，2013）。

以上提及的关于可计算一般均衡模型的研究将中国视为一个单一的区域。近来，随着中国分省能源强度（现在也是 CO_2 排放强度）控制力度的增大，能够刻画中国分区细节的研究有所增加。Yi 等（2011）基于与公平、经济发展和能源强度相关的若干目标评估了省级目标分配方法，并提出了一个综合指数的概念来指导未来的分配。Ohshita 等（2012）将“自上而下”的国家目标预测与“自下而上”的省级和部门预测相结合，提出一套“十二五”期间在 20% 国家能源强度改善目标下的中国各省（自治区、直辖市）建议分配方案。Wei 等（2011）运用距离函数法估算了各省（自治区、直辖市）的 CO_2 排放下降潜力和边际减排成本。这些针对中国的研究均建立在对中国和世界其他国家的分区层面政策影响建模的基础上（Li and He，2005；Wang et al.，2006；Horridge and Wittwer，2008；Xu and Li，2008；Li et al.，2009；Lu et al.，2010）。

2.2 “十二五”规划 CO_2 强度目标描述

中国主要的节能和 CO_2 减排政策方法采取强度目标的形式，具体定义为单位 GDP 的可允许能源消费或碳排放。在“十二五”规划之前，政策侧重于能源强度。全国范围内能源强度下降 20% 的节能目标被纳入“十一五”规划。尽管各省（自治区、直辖市）在政策开始时做出了不具约束力的能源强度下降承诺，但这一全国目标并未正式分配到各省（自治区、直辖市）（World Bank，2009）。在“十一五”规划结束时，中国领导层正式宣布五年规划期内能源强度降低了 19.1%（Industrial Efficiency Policy Database，2012）。“十一五”期间所实现的减排主要归功于工业能效的提升（其中大部分是通过一项名为“千家企业节能行动”的计划实现的）以及关闭小型、低效工业和发电设施（He et al.，2010；Price et al.，2010，2011）。

“十二五”规划中，CO_2 强度目标首次被正式引入，减排目标为 17%。预计这一时期内的 CO_2 排放强度降低主要源于能源强度的降低（通过进一步提升工业能源效率以及经济结构从高耗能产业向其他产业转移）和进一步提升中国电力发电结构中低碳电力来源的占比。约束性 CO_2 排放强度目标首次被分配到了省级层面。

表 1 列出了省级 CO_2 排放强度目标。各省（自治区、直辖市）受到 9 种不同严格程度的 CO_2 排放强度目标的影响。许多研究人员已经研究了如何使用各种指标来帮助实现高效或公平的省级目标分配（Meng et al.，2011；Ohshita et al.，2011；Wei et al.，2011；Yi et al.，2011；Wang et al.，2012），但实际的目标分配是政治协商的结果，而非一个或多个明确的指导标准的直接应用。分配背后的一个驱动因素是根据各省（自治区、直辖市）的经济情况来分配减排负担，以减轻对相对贫穷区域或高速发展区域的发展压力。目前，中国各省（自治区、直辖市）在 GDP、总排放量和排放强度方面有着显著的差异。一般来说，与中国的西部地区相比，东部地区具有更高的 GDP 和总排放量，但排放强度相对较低，被分配了更高的排放强度下降目标。省级目标的一个备选方案是制定单一的全国减排目标，通过允许配额交易在全国范围内以最低成本实现减排。我们的模型框架允许我们对国家单一目标和省级目标分配两种方法进行比较，并深入了解这两种方法是如何影响各省（自治区、直辖市）不同

的能源、排放和经济结果。

表 1　中国 30 个省（自治区、直辖市）的 CO_2 强度下降目标

碳强度下降目标（%）	省（自治区、直辖市）
19.5	广东
19	天津、上海、江苏、浙江
18	北京、河北、辽宁、山东
17.5	福建、四川
17	山西、吉林、安徽、江西、河南、湖北、湖南、重庆、陕西
16.5	云南
16	内蒙古、黑龙江、广西、贵州、甘肃、宁夏
11	海南、新疆
10	青海

3　模型框架

3.1　研究数据

在本文中，我们建立了一个综合能源–经济数据库，其中包括 2007 年对能源市场以实物量单位刻画的描述和地区生产与双边贸易的详细数据。该数据库以中国详细的省级数据以及用于构建各地区社会核算矩阵（SAM）的全球经济和能源数据为基础。除中国以外的每个地区的社会核算矩阵皆是基于 GTAP 8 数据库（GTAP，2012），而中国的数据则是基于中国公布的 2007 年省级投入产出表和国家投入产出表①。能源使用和排放数据则是基于 GTAP 8 数据库和《中国能源统计年鉴 2007》。GTAP 8 数据库提供了关于 2007 年全球生产、消费、双边贸易以及实物量能源流动、能源价格、CO_2 排放的核算，并确定了 129 个国家和地区以及 57 种商品（GTAP，2012）。

中国的省级投入产出数据库提供了中国 30 个省（自治区、直辖市）的基准经济核算。该数据库由各个省（自治区、直辖市）的投入产出表构成。每一张表都定义了与 42 种商品以及现有税收相关的前向和后向联系。基于这些投入产出表，我们为达到平衡进行了一些微调和更新②，在此基础上建立了各省（自治区、直辖市）的社会核算矩阵表。我们应用下述最小二乘优化问题来获得每个省（自治区、直辖市）的平衡社会

① 在数据准备阶段，我们注意到省级数据中经济流量加总和全国总量存在较大差异。为了与用于编制 GTAP 8 数据库的全国总量保持一致，我们依据全国总量对省级数据进行了缩放，保持各省和各部门产出占比固定不变。

② 我们将投入产出表中的所有负值项都设置为零。负值项的个数相对于总项目数非常小（约占 0.001%）。为了完善对能源市场的刻画，我们将投入产出数据与《中国能源统计年鉴 2007》中全国和各省（自治区、直辖市）能源平衡表中的能源实物量数据，以及国家发展和改革委员会能源研究所提供的能源价格数据相整合。

核算矩阵表（表2）：

$$\min_{\{x_{pij}\}} \sum_{i,j} (x_{pij} - \bar{X}_{pij})^2 + \text{PEN} \sum_{i \in E \text{ or } j \in E} (x_{pij} - \bar{X}_{pij})^2 \quad (1)$$

$$\text{s. t.} \sum_j x_{pij} = \sum_j x_{pji} \text{ 对于所有 } i \quad (2)$$

$$\text{VXM}_{pi} \leqslant \text{VOM}_{pi} \text{对于所有 } i \quad (3)$$

式中，i 和 j 为社会核算矩阵表的行和列序号；x_{pij}为省份 p 的社会核算矩阵表行 i 列 j 处的元素值；E 为与能源部门（能源生产、使用和贸易）相关的行或列；PEN 为与变更能源部门相关元素有关的惩罚项。VOM_{pi}和VXM_{pi}为省份 p 中部门 i 的产出和总流出（国内流出和国际出口）。

表2　中国各省（自治区、直辖市）的社会核算矩阵表结构

	A	C	F	H	G1	G2	T	DX	X	I1	I2	M
A		AC					SA					
C	CA			CH		G2D		DER	ER	CS1	CS2	VDST
F	FA											
H			HF			HG2		DHR	HR			
G1						G1G2				CG1S		
G2					G2G1		TR					
T	TA											
DX		DRC		DRH								
X		RC		RH								
I1			DP	PSV1	GASV							
I2		IC		PSV2								
M		MG										

注：AC 表示部门产出；SA 表示部门补贴；CA 表示中间使用；CH 表示家庭消费；G2D 表示地方政府；DER 表示国内流出；ER 表示出口；CS1 表示投资；CS2 表示库存增量；VDST 表示国内运输服务使用；FA 表示要素投入；HF 表示要素收益；HG2 表示中央政府向家庭用户的转移；DHR 表示国内贸易赤字；HR 表示国际贸易赤字；G1G2 表示地方政府向中央政府的转移；CG1S 表示中央政府的平衡项；G2G1 表示中央政府向地方政府的转移；TR 表示地方政府税收收入；TA 表示生产税；DRC 表示国内流入；DRH 表示国内贸易顺差；RC 表示进口；RH 表示国际贸易顺差；DP 表示资本折旧；PSV1 表示投资的平衡项；GASV 表示投资的平衡项；IC 表示库存删除；PSV2 表示库存的平衡项；MG 表示国内贸易边界。

目标函数最小化了社会核算矩阵表中元素可以改变的程度，尤其是能源部门相关元素的改变程度，因为我们已经调整了能源数据，提升了数据质量。优化问题中的约束使社会核算矩阵表中的所有总量均衡，并要求每个部门的产出大于每个省（自治区、直辖市）的总流出以满足 Armington（1969）假设。

然后，我们构建了另一个最小二乘化问题，同时平衡所有省（自治区、直辖市）的社会核算矩阵表，以确保中国每个部门的国内贸易流量是均衡的。在此优化之前，我们将 GTAP 8 数据库中国双边国际贸易数据按照各省（自治区、直辖市）在中国的进口/出口流量中所占的价值比例分部门地分解到各个省（自治区、直辖市），以此估算双边的省—国的贸易流量。这些贸易流量在优化过程中是固定的。

$$\min_{\{x_{pij}\}} \sum_{p,\ i,\ j} (x_{pij} - \bar{X}_{pij})^2 + \text{PEN} \sum_{i \in E \ or \ j \in E} (x_{pij} - \bar{X}_{pij})^2 \tag{4}$$

$$\text{s. t.} \sum_{j} x_{pij} = \sum_{j} x_{pji} \text{ 对于所有 } p,\ i \tag{5}$$

$$\text{VXM}_{pi} \leqslant \text{VOM}_{pi} \text{对于所有 } p,\ i \tag{6}$$

$$\sum_{p} \text{VDXM}_{pi} = \sum_{p} \text{VDIM}_{pi} \text{ 对于所有 } i \tag{7}$$

平衡贸易流量的优化问题与前一个类似。VDXM_{pi}和 VDIM_{pi}为省份 p 部门 i 的国内调出和调入。利用均衡的省级社会核算矩阵数据，假设每个部门的调入构成与每个省（自治区、直辖市）的总进口资源构成相同，双边的省际贸易数据可以通过最小二乘法估计得到。

在本文中，数据库总计包括中国的 30 个省（自治区、直辖市）和世界其他的三个地区（美国、欧盟和其他欧洲国家、世界其他地区），以及 26 个商品类别（表 3）。我们保持了地区和产业聚合的灵活性以便其他研究的需要。我们的商品集合为 6 个能源部门和 20 种非能源产品。表 3 为研究集合与 GTAP 8 商品和部门的对应关系。数据库中的主要要素包括劳动力、资本和自然资源。劳动力、资本收入和自然资源租金构成了以 2007 年美元计价的总收入。

表 3　模型中的区域和商品类别的对应表

区域	缩写	GTAP 8 中的商品类别	模型中聚合商品类别的缩写
北京	BEJ	水稻	AGR
天津	TAJ	小麦	AGR
河北	HEB	谷物	AGR
山西	SHX	蔬菜、水果、坚果	AGR
内蒙古	NMG	油籽	AGR
辽宁	LIN	甘蔗、甜菜	AGR
吉林	JIL	植物纤维	AGR
黑龙江	HEL	农作物	AGR
上海	SHH	牛、羊、马	AGR
江苏	JSU	动物制品	AGR
浙江	ZHJ	生牛奶	AGR
安徽	ANH	羊毛、蚕茧	AGR
福建	FUJ	林业	AGR
江西	JXI	渔业	AGR
山东	SHD	煤	COL
河南	HEN	油	CRU
湖北	HUB	气	GAS

续表

区域	缩写	GTAP 8 中的商品类别	模型中聚合商品类别的缩写
湖南	HUN	矿产	OMN
广东	GUD	牛肉制品	AGR
广西	GUX	肉制品	AGR
海南	HAI	植物油脂	AGR
重庆	CHQ	乳制品	AGR
四川	SIC	加工大米	AGR
贵州	GZH	糖	AGR
云南	YUN	食物产品	AGR
陕西	SHA	饮料和烟草制品	B_T
甘肃	GAN	纺织品	TEX
青海	QIH	服装	CLO
宁夏	NIX	皮革制品	CLO
新疆	XIN	木材制品	LUM
美国	U. S.	纸制品和出版物	PPP
欧洲	EUR	石油和煤产品	OIL
世界其他地区	ROW	化学制品、橡胶制品和塑料制品	CRP
		矿产品	NMM
		黑色金属	MSP
		金属	MSP
		金属制品	FMP
		机动车辆及零部件	TME
		运输设备	TME
		电子设备	ELQ
		机械设备	OME
		其他制造业	OMF
		电力	ELE
		天然气生产和分配	GDT
		水	WTR
		建筑业	CON
		贸易	TRD
		交通	TRP
		水运	TRP
		空运	TRP

续表

区域	缩写	GTAP 8 中的商品类别	模型中聚合商品类别的缩写
		通信	OTH
		金融服务	OTH
		保险	OTH
		商业服务	OTH
		娱乐和其他服务	OTH
		公共管理、国防、教育和健康	OTH
		住房服务	OTH

注：AGR 表示农产品；COL 表示煤炭；CRU 表示原油；GAS 表示天然气；OMN 表示采矿业；B_T 表示饮料和烟草制品；CLO 表示服装和皮革制品；LUM 表示木材制品；PPP 表示纸制品和出版物；OIL 表示石油和煤产品；CRP 表示化学、橡胶和塑料制品；TME 表示运输零件和设备；ELQ 表示电子设备；OME 表示机械设备；ELE 表示电力；GDT 表示天然气生产和分配；WTR 表示水；CON 表示建筑业；TRD 表示贸易；TRP 表示交通；OTH 表示其他服务行业；TEX 表示纺织品；NMM 表示矿产品；MSP 表示黑色金属；FMP 表示金属制品；OMF 表示其他制造业。

3.2 数值模型

我们的模型框架是一个多商品、多区域的静态可计算一般均衡模型，具有中国经济的分区细节。模型的主要特征概述如下。

3.2.1 生产和家庭消费活动建模

对每个地区（$r=1, \cdots, R$）的每个行业（$i=1, \cdots, I, i=j$）而言，生产投入了劳动力（L_{ir}）、资本（K_{ir}）以及包括煤炭、天然气、原油和土地在内的自然资源（R_{ir}）和中间投入（X_{jir}）[①]，得到总产出（Y_{ir}）：

$$Y_{ir}=F_{ir}(L_{ir},K_{ir},R_{ir};X_{1ir},\cdots,X_{jir}) \tag{8}$$

我们采用常替代弹性（CES）函数来表征生产技术。所有行业都具有规模报酬不变的特征，并可在完全竞争的市场中进行交易。除化石燃料、石油和煤产品（OIL）、天然气生产和分配（GDT）、电力（ELE）外，所有行业的生产系统的嵌套结构如图 1 所示。

结合特定燃料资源、资本、劳动力和中间投入，根据嵌套的 CES 函数产出化石燃料 f（煤炭、原油和天然气）：

$$Y_{fr}=[\alpha_{fr}R_{fr}^{\rho_{fr}^R}+\nu_{fr}\min(X_{1fr}, \cdots, X_{ifr}, V_{fr})^{\rho_{fr}^R}]^{1/\rho_{fr}^R} \tag{9}$$

式中，α 和 ν 为 CES 函数中的比例系数；$\sigma_{fr}^R=1/(1-\rho_{fr}^R)$ 为特定燃料资源和包括原始要素、能源和材料在内的复合产品之间的替代弹性，σ_{fr}^R 由资源投入占比和供给 η_{fr} 的价格弹性决定。原始要素是劳动力和资本的科布–道格拉斯（Cobb-Douglas）生产函数：

① 为简单起见，我们对模型中使用的各种税率不在公式中表达。模型包括从价销项税和进口关税。

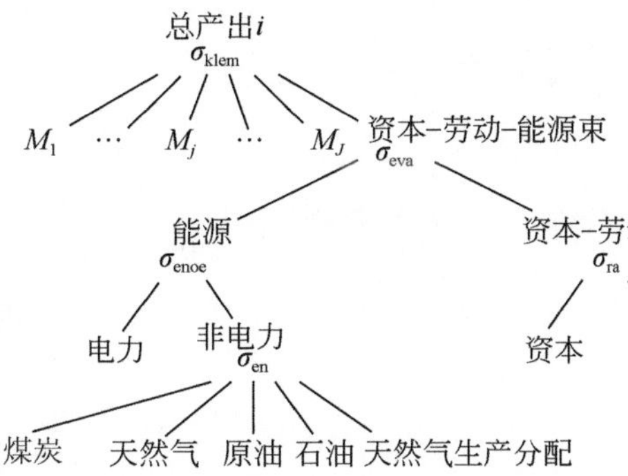

图 1　除化石燃料、石油和煤产品、GDT 和 ELE 外的所有行业的生产结构

$$V_{fr} = L_{fr}^{\beta_{fr}} K_{fr}^{1-\beta_{fr}} \tag{10}$$

式中，β_{fr}和$1-\beta_{fr}$为劳动力和资本投入的占比。图 2 展示了炼油以及天然气生产和分配部门的生产结构。

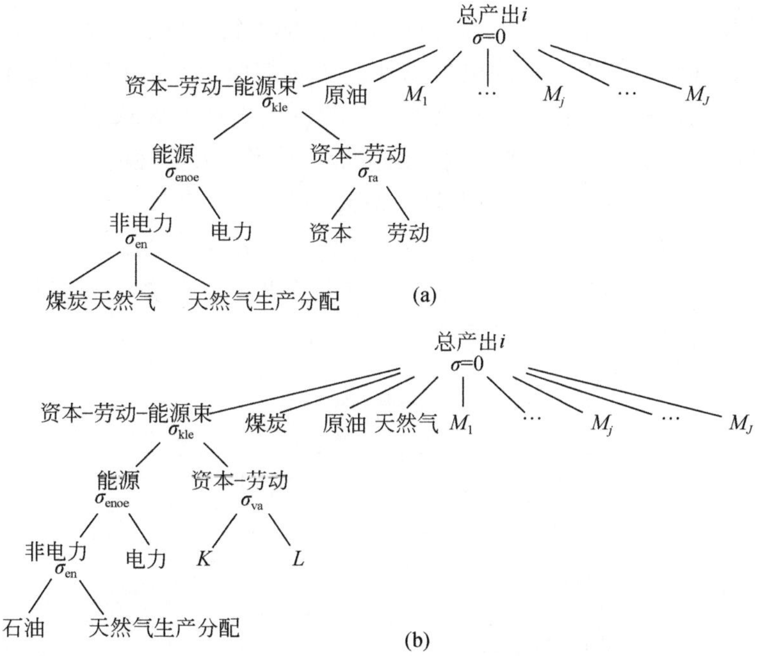

图 2　炼油 $i \in$ {OIL}（a）和天然气生产和分配 $i \in$ {GDT}（b）部门的生产结构

电力生产结构如图 3 所示。我们区分了几种发电技术，包括传统的化石燃料发电、水电、核电和风电。发电数据来自《2008 中国电力年鉴》，其中包含了 2007 年中国分省的年度发电数据。在模型中，对于 2007 年没有相应发电类别的地区而言，水力、核能和风能的初始资源禀赋设定为 0，而资源投入占比则使用基准数据进行校准。由于我们缺少对中国分省的核能、水力和风能供给的价格弹性估计，我们采用 EPPA 模型中所对应的弹性（Paltsev et al.，2005）。

对每个部门而言，资本流动性特征采用油泥–黏土模型来表示。先前投入的部分资

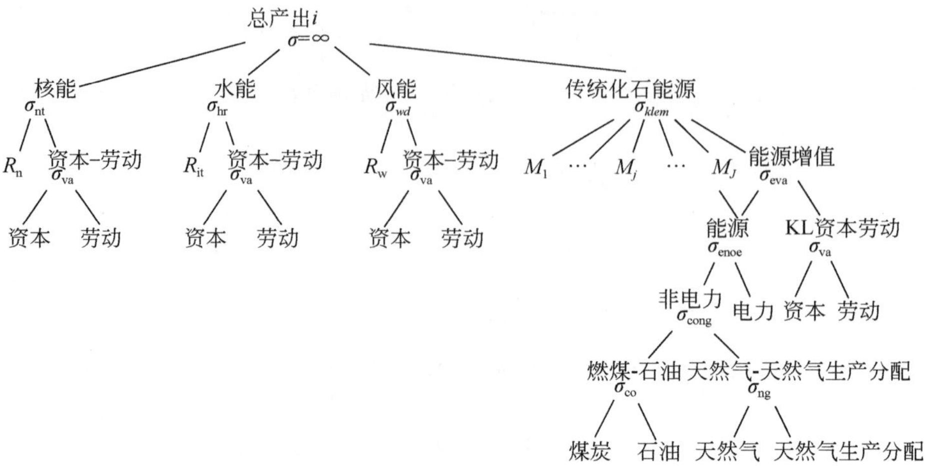

图 3 发电 $i\in$ {ELE} 部门的生产结构

本 φ 在每个部门中是不可转移的，并且该部门的已有生产以固定比例（与基准年所投入比例相同）使用这些资本。另一部分资本 $1-\varphi$ 是可转移的，并且根据投入价格的变化做出反应而转移到其他部门。除电力以外的所有部门都具有相同的 φ 值，资本在用于发电投入时流动性往往更低，故而电力行业的 φ 值更高（Wing，2006）。

在每个地区 r，代表性消费者的偏好由包括消费品（C_i）和投资（I）的 CES 函数（使用具有固定投入比例的 Liontief 特例）表示：

$$U_r=\min\left[g\left(C_{1r},\cdots,C_{Ir}\right),\ g\left(I_{1r},\cdots,I_{Ir}\right)\right] \tag{11}$$

式中，$g(\cdot)$为所有商品的 CES 复合函数。在每个地区，模型通过模拟一个政府的行为近似中央和地方政府在该地区的活动①（图 4）。

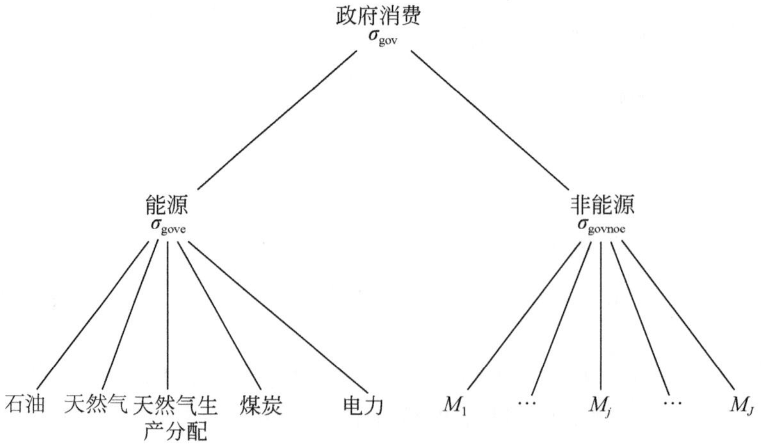

图 4 政府消费函数的结构

① 政府消费函数的结构也是如图 4 所示的 CES 复合函数。

3.2.2 最终产品供应以及对国内和国际贸易的处理

所有的中间和最终消费品都根据 Armington 假设进行区分。对每个需求类而言，商品 i 的总供给是国内生产的产品和进口产品的 CES 复合函数，如下式所示：

$$Z_{ir}=[\psi^{Z}\mathrm{ZD}_{ir}^{\rho_i^D}+\xi^{Z}\mathrm{ZM}_{ir}^{\rho_i^D}]^{1/\rho_i^D} \tag{12}$$

$$C_{ir}=[\psi^{c}\mathrm{CD}_{ir}^{\rho_i^D}+\xi^{c}\mathrm{CM}_{ir}^{\rho_i^D}]^{1/\rho_i^D} \tag{13}$$

$$I_{ir}=[\psi^{i}\mathrm{ID}_{ir}^{\rho_i^D}+\xi^{i}\mathrm{IM}_{ir}^{\rho_i^D}]^{1/\rho_i^D} \tag{14}$$

$$G_{ir}=[\psi^{g}\mathrm{GD}_{ir}^{\rho_i^D}+\xi^{g}\mathrm{GM}_{ir}^{\rho_i^D}]^{1/\rho_i^D} \tag{15}$$

式中，Z、C、I 和 G 分别为商品 i 的行业内需求、消费者需求、投资需求和政府需求；ZD、ZM、CD、CM、ID、IM、GD、DM 分别为每个需求类的国内和进口部分；ψ 和 ξ 为 CES 函数的比例系数。在这些复合函数中，国内产品和进口产品之间的 Armington 替代弹性由 $\sigma_i^D=1/(1-\rho_i^D)$ 给定。

国内产品和进口产品品种由嵌套的 CES 函数表示。我们假设在中国境内生产的商品相比国外产品更接近替代品，从而在模拟 Armington 进口近似表达了边界效应。对中国各省（自治区、直辖市）（用 $p=1,\cdots,P$ 标记）和国际区域（用 $t=1,\cdots,T$ 标记）。我们对各省（自治区、直辖市）的进口/调入进行了单独描述。Armington 复合函数的嵌套结构如图 5 和图 6 所示。

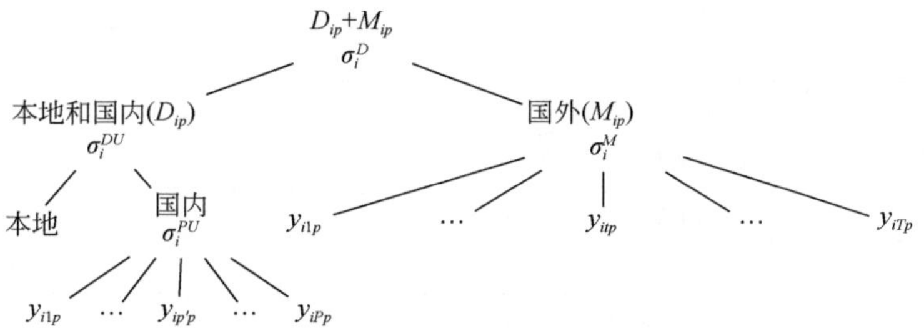

图 5 中国 p 省的商品 i 的本地、国内及国外品种汇总

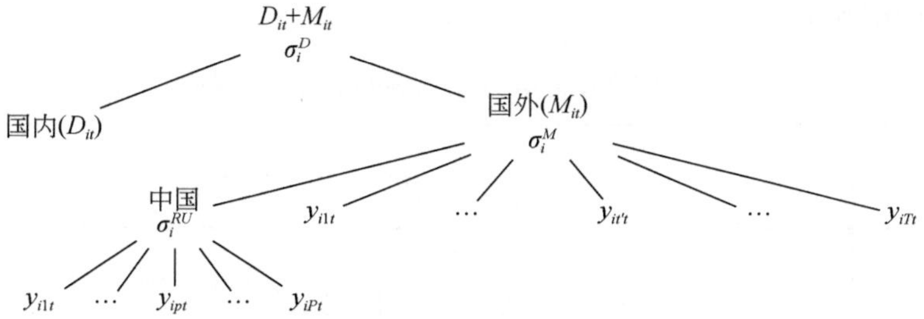

图 6 国际区域 t 的商品 i 的国内及国外品种汇总

3.2.3 弹性

正如应用一般均衡分析的惯例，我们使用外生的弹性作为刻画生产技术和消费者

偏好的函数的自由参数。生产和消费 CES 函数中的弹性借鉴了麻省理工学院排放预测与政策分析（MIT EPPA）模型（Paltsev et al.，2005）（表 4），Armington 弹性的值采纳了 Caron 等（2012）（表 5）的研究结果。我们承认一个稳健的研究需要在结构相似的框架中对这些弹性进行经验估计，但这样的工作已经超出了本文研究的范围，有待将来进一步研究。我们在 4.4 节中对一些关键参数进行敏感性分析。

表 4　生产和消费中替代弹性的参考值

参数	替代边界	数值
σ_{en}	能源（包括电力）	1.0
σ_{enoe}	能源-电力	0.5
σ_{eva}	能源/电力增加值	0.5
σ_{va}	资本-劳动力	1.0
σ_{klem}	资本/劳动力/能源-原材料	0
σ_{cog}	电力部门的煤/油-天然气	校准值
σ_{co}	电力部门的煤-油	0.3
σ_{hnw}	水/核/风电部门的资源-资本/劳动力/能源/原材料	1.0
σ_{rklm}	一次能源中的资本/劳动力/原材料-资源	0
σ_{gr}	资本/劳动力/原材料-资源	0.5
σ_{gov}	政府需求中的原材料-能源	0.5
σ_{gov}	政府需求中的能源	1.0
σ_{govnoe}	政府需求中的原材料	1.0
σ_{ct}	私人消费中的交通-非交通	1.0
σ_{ec}	私人消费中的能源-非能源	0.25
σ_{c}	私人消费中的非能源	0.25
σ_{ef}	私人消费中的能源	0.4

注：化石燃料资源要素的替代弹性可用 MIT EPPA 模型（Paltsev et al.，2005）所建议的煤和天然气为 1 和原油为 0.5 的供应价格弹性来进行校准。我们缺乏省级层面特定的供应弹性，因此对所有地区都分配了相同的值，并在 4.4 节进行了敏感性分析。

表 5　贸易集合中的 Armington 弹性参考值

参数	替代边界	来源/数值
σ_i^D	国外-国内	GTAP 8
σ_i^M	各国外来源	GTAP 8
σ_i^{RU}	对国际地区而言的各中国来源	$2\sigma_i^M$
σ_i^{DU}	对中国省份而言的本地-国内	$2\sigma_i^D$

3.2.4　均衡和模型求解

消费、劳动力供应和储蓄取决于每个模型区域内代表性家庭的决策，家庭在受制于消费等于收入（包括工资、资本收益、政府转移和排放配额转移的价值）的预算约束下最大化其效用。考虑包含税收的投入价格，公司在满足技术约束的条件下最大化其利润。假设公司在完全竞争的市场中运营（在特定应用下可以放松该假设），并以等于边际生产成本的价格销售商品来获取最大化的利润。在数值上，均衡被表述为混合补偿问题（MCP）（Mathiesen，1985；Rutherford，1995）。模型求解方案必须满足零利润和市场出清条件，前者决定了活动水平向量，后者决定了市场出清价格向量。该问题在 GAMS 中可以用公式表示，并运用数学编程系统 MPSGE（Rutherford，1999）和 PATH 求解器求解，以获得非负的价格和数量。

3.2.5 情景设定

为了比较中国不同 CO_2 排放强度目标方法的影响，我们设计了两种情景。在第一种情景省级目标（PT）中，我们模拟了与中国“十二五”规划（表 1）① 所规定的当前目标相一致的省级 CO_2 排放强度约束政策。每个省（自治区、直辖市）内部的减排量必须与分配目标一致，不允许各省（自治区、直辖市）之间进行排放权交易。情景 PT 的模拟结果显示，全国层面碳排放强度将下降 17.4%，这与对外宣称的 17% 的国家目标十分接近。为了将情景 PT 与允许跨省交易的一致国家目标方法相比较，我们模拟了一个国家目标情景（情景 NT），该情景所实现的全国 CO_2 排放强度下降程度与情景 PT 相同。在情景 NT 中，减排不受省级限制，而是反映了在全国范围内实现 CO_2 排放下降的最有效的情况。

在情景 NT 下，我们根据各省（自治区、直辖市）的基准排放分配排放配额，并建立一个全国范围的配额交易市场②。我们假设所有配额在我们的模型中都是通过拍卖发放的，然后采用一次性转让的方式与基准排放成比例地将配额收入分配给各省（自治区、直辖市）的代表性家庭。这种收入回收的方法目前正反映在欧盟碳排放权交易体系第三阶段的设计中。两种政策方法都是通过对经济活动中能源使用所蕴含的 CO_2 排放施加内生税来实现的。调整税收直到达到（省级或国家级）CO_2 强度目标。

我们预计国家和省级目标分配情景将会产生不同的福利结果。情景 PT 受限在省级层面，各省（自治区、直辖市）的减排任务有所不同，而在单一国家目标下则可以在整个经济体中选择成本最低的机会。虽然国家目标与省级目标情景下全国层面取得的 CO_2 排放下降程度是相同的，但我们的模型模拟了排放及排放强度、能源消费和相关政策成本如何“因省而异”。理解每项政策设计如何引发各省（自治区、直辖市）能源消费、排放和经济福利的变化将有助于深入了解经济有效的政策设计（允许配额交易

---

① 值得注意的是，我们的工作并不是为了模拟“十二五”规划对未来的影响，特别是考虑到我们使用的是基于 2007 年数据的静态框架。然而，这个框架使我们能够深入理解备选政策及其相对优点，并对各省特征和政策导致的地方福利变化之间的关系有直观的判断。

② 在信息完全的竞争环境中，创建碳排放配额交易市场将使得各个来源的边际减排成本相等，从而使最小化总的履约成本最小化（Montgomery，1972）。排放交易市场的效率属性取决于排放价格，因此初始配额分配可特定用于指定的分配结果或者促进对政策的政治支持（Stavins，2008）。

下的单一国家总量限额）与明确设定省级目标的区域约束政策之间的权衡。

4 研究结果

如上所述，中国的人均收入、能源需求、CO_2排放量和CO_2排放强度具有显著的区域差异。我们发现在两种政策方法模型下各省（自治区、直辖市）的影响存在显著差异，这一结果并不意外。下面我们首先讨论每种政策方法（省级或者国家目标）在全国层面的影响，然后再考虑在省级层面的结果。我们注意到模型能够在省级层面刻画燃料价格、贸易渠道和收入变化之间的复杂交互作用，这为指导我们探究国家和省级层面能源使用与福利变化①提供了视角。

4.1 比较国家层面的政策影响

根据设计，两种情景都将实现17.4%的CO_2排放强度下降，但国家福利损失②有所不同。在两种情景下，情景PT国家层面福利损失为1.5%，情景NT国家层面福利损失为1.2%（图7）。相比于情景NT，情景PT的国家层面福利损失约高出20%，这与减排灵活性及均衡分配更受省级目标限制的事实相一致。情景NT和情景PT中CO_2排放强度的下降是通过减少约25%的煤炭使用来实现的，而化石能源的总消费量则下降了18%。与此同时，非化石能源（水电、核电和风电）发电量从120 Mtce增长到情景PT中的160Mtce和情景NT中的150Mtce③。两种情景间存在很小的差异，情景PT中非化石能源发电量略多一些，而情景NT中煤炭使用则下降得更多。有趣的是，尽管在省级目标下，减少煤炭的选择受到区域限制，但结果是相似的。例如，减少煤炭使用成本较少的省份可能面临较低的减排目标，而面临更激进减排目标的省份提升能源效率的机会可能较少，从而更需要依赖于非化石能源。

两种情景下，在国家层面CO_2排放下降率略高于CO_2排放强度下降率（图8）。我们在静态模型框架中观察到CO_2排放减少，这是因为强度目标降低了中国的GDP，因此与新水平GDP相一致的CO_2排放强度下降导致了CO_2排放更大幅度的下降。如果政策是在一个能够刻画同时期GDP增长的动态框架下建模的，那么我们将会观察到相反的效应，即如果经济在强度目标所设定的时期内是增长的，则总排放量可能下降得更少或者排放量增加。本分析旨在理解政策设计与影响分布之间的关系，我们采用静态方法来建立直观判断，但我们承认实际排放结果是强度目标严格程度与GDP增长率的函数。

---

① 我们遵循已有的经济建模研究的惯例，其中福利被定义为刻画对家庭消费影响的经济指标（相对变化）（Paltsevet al., 2005; Weyantet al., 2006）。因此，我们的分析仅关注气候政策的经济成本，并未考虑减少CO_2排放的潜在收益。

② 福利损失可以用无政策基准情景家庭收入的相对变化来衡量。

③ 1 Mtce相当于0.03 EJ。

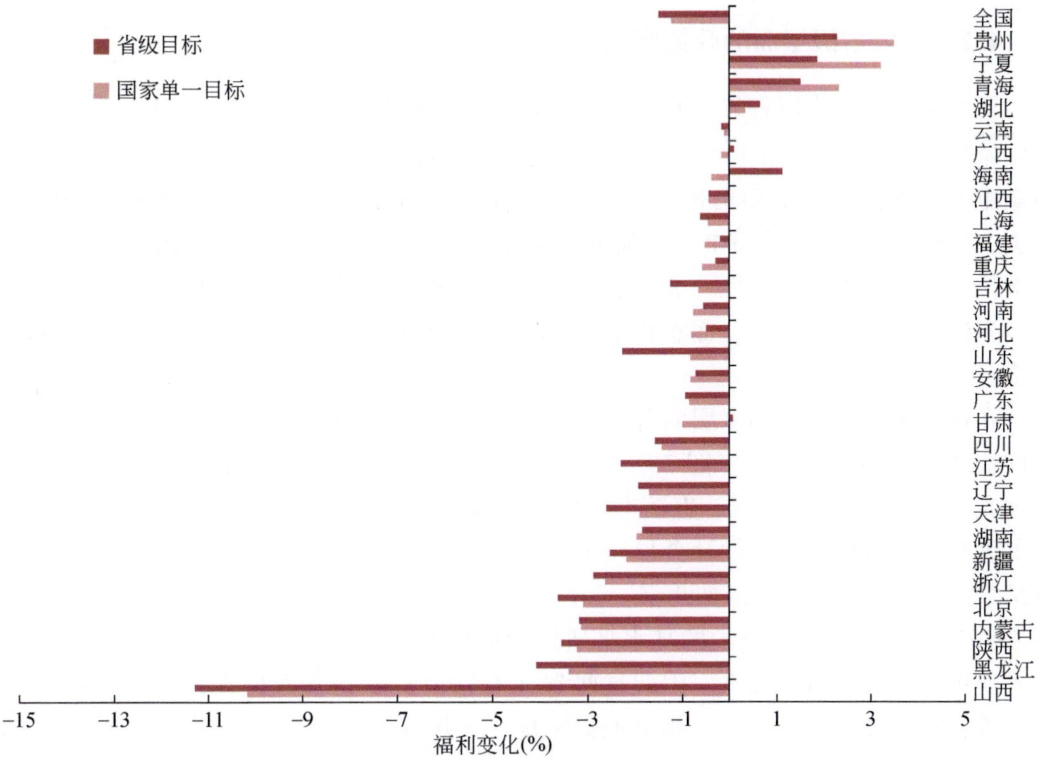

图 7 全国及各省的福利变化

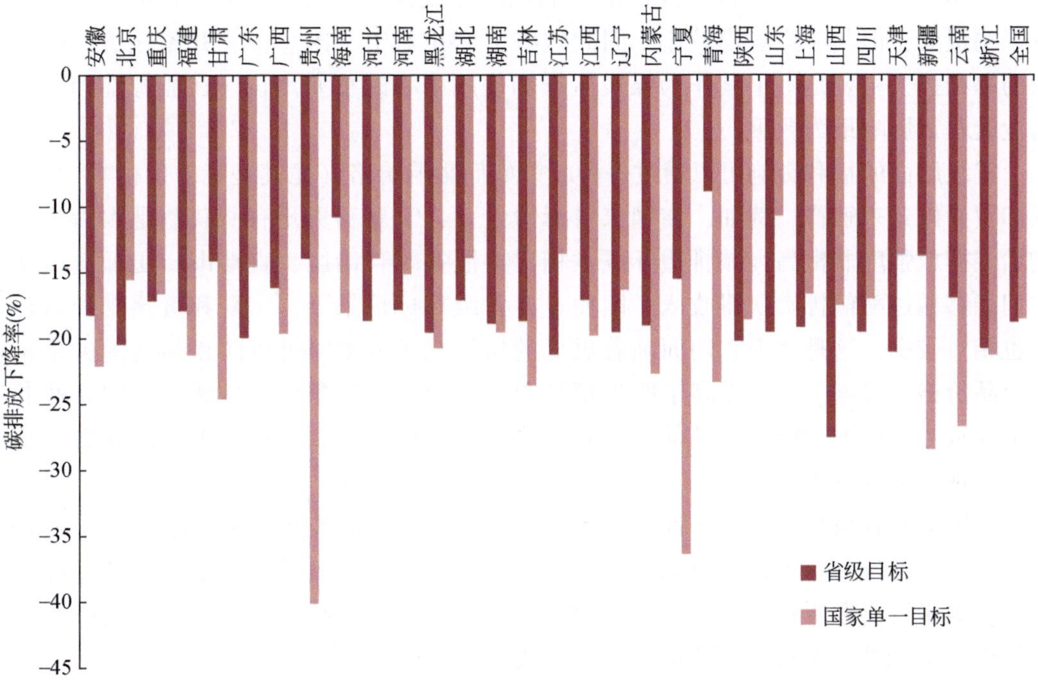

图 8 全国及各省的碳排放下降率

4.2　比较省级层面的政策影响

两种情景下的中国各省（自治区、直辖市）CO_2排放下降情况显示出显著的差异。在国家目标下，在情景 PT 中具有相对较低目标的若干省（自治区）最终对整体减排的贡献更大（尤其是宁夏和贵州），因为这些省（自治区）能够以更低的成本提供减排机会。相比之下，在情景 PT 中面临更严格省级目标的省（直辖市）在国家目标下对整体减排的贡献较少（如山西、北京和江苏）。这一结果表明，情景 PT 要求减排成本较高的省份进行更多的减排，而忽视了减排成本相对低的省（自治区、直辖市）的减排机会。

在这两种情景下，国家层面并不显著的福利损失掩盖了各省（自治区、直辖市）之间福利影响的巨大差异（图 7）。一些省（自治区）的社会福利大幅度增加（宁夏、贵州），而一些省（自治区、直辖市）的社会福利却大幅度减少，如山西，作为国内主要的煤炭出口省份，山西的社会福利在情景 PT 和情景 NT 下分别损失约 11% 和 10%。在情景 NT 下，我们发现诸如北京、天津、浙江、江苏等已经实现了较低 CO_2强度的省（直辖市）（归因于高效技术的高水平研发和应用）福利损失严重。这些省（直辖市）面临着更高的边际减排成本。因此这些省（直辖市）在情景 NT 下不会出现显著的额外减排，将继续依赖于煤炭。相反地，宁夏、贵州等省（自治区）减少了对煤炭的依赖，因此为实现全国减排做出了更大贡献。在解释省级层面结果时，我们需要注意到影响是相对于各省（自治区、直辖市）的经济体规模而言的——宁夏和贵州所受的福利影响最大，但其经济规模较小，因此这些影响相对于全国总福利并不显著。山西巨大的福利损失主要是由于其作为煤炭生产和使用中心的重要地位。在能源部门，煤炭行业受政策影响最为严重。

省级层面的福利影响可以通过每种政策如何影响价格（尤其是能源价格）、分省收入和贸易模式来解释。例如，在国家目标情景下，宁夏和贵州有所获益是因为它们的初始碳排放强度非常高，减排边际成本相比其他省（自治区、直辖市）更低，这使得它们能够通过配额售卖获得收入。即使是在省级目标情景下，宁夏和贵州受到目标约束也相对较少，这是因为它们面临着更低的边际减排成本，可以防止与能源关系密切的商品价格大幅度上涨，提高了跨省贸易中这些商品的竞争力。虽然这些因素并非先验地导致福利增加，但相比其他省（自治区、直辖市）而言，这些因素意味着宁夏和贵州实现目标的负担更小。

在国家和省级目标下，各省（自治区、直辖市）的能源使用结果也存在显著差异。图 9 展示了各省（自治区、直辖市）在参考情景以及两种政策情景下的终端能源消费结构。煤炭行业在所有能源部门中受政策影响最为严重。减碳的边际成本受燃料替代可能性（如天然气替代）和提高煤炭利用效率的成本等因素的影响。

比较每个情景下各省（自治区、直辖市）的碳价（图 10）为分析各省（自治区、直辖市）达到减排目标的相对困难程度提供了一些线索。在情景 NT 下，为实现 CO_2排放强度下降目标，单一的全国碳价需要达到 235 元/tCO_2（每吨 30 美元，2007 年不变

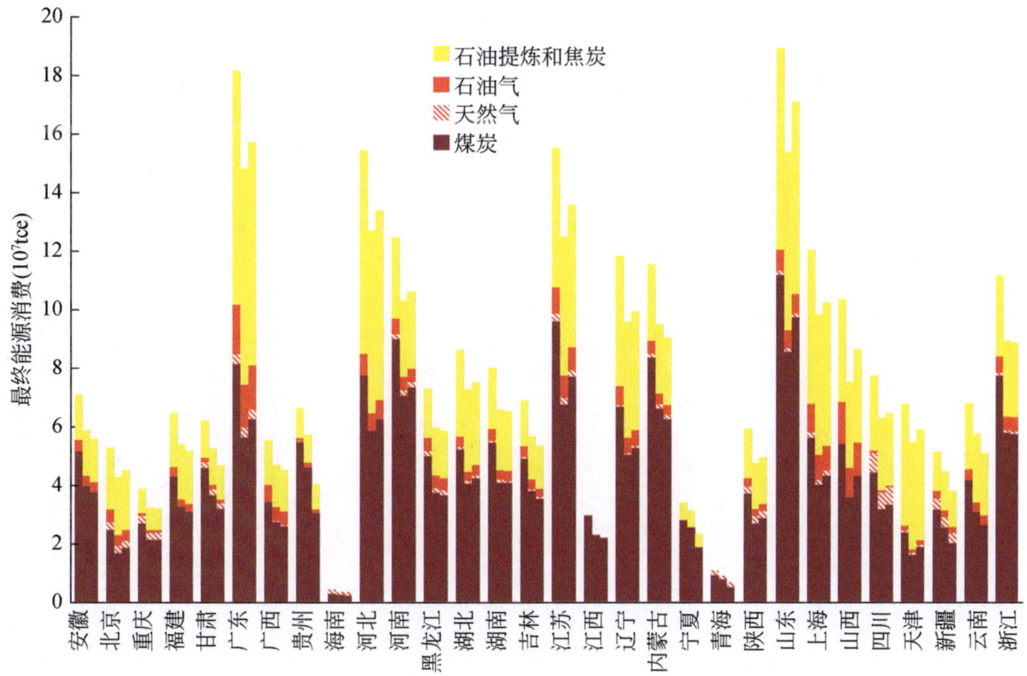

图9　各省（自治区、直辖市）的能源消费结构

每个省（自治区、直辖市）内从左至右依次为：参考情景、情景PT、情景NT

价）。在情景PT下，各省（自治区、直辖市）的碳价存在显著差异，为119～450元/t CO_2（每吨16～60美元，2007年不变价）。比较情景NT和情景PT下每个省（自治区、直辖市）的碳价对于理解在省级目标下各省（自治区、直辖市）的边际减排成本是否有显著的差异有很大的帮助。我们发现，情景PT下碳价高于全国碳价的省（自治区、直辖市）相比情景NT一般实现了更大的减排，然而对情景PT下那些碳价低于情景NT下全国碳价的省（自治区、直辖市）而言情况则相反。例如，青海通过减少煤炭使用，拥有更多的降低CO_2排放强度的机会，但由于青海所要求的CO_2强度下降率仅为10%，是要求最低的省份之一，这些机会大多被忽视了。正如上文所谈论的，情景NT下青海的福利收益在一定程度上与它能够以更廉价的成本代替其他地区实现减排这一情况有关。

我们的模型还能够刻画中国政策的国际影响。鉴于我们所模拟的政策的减排强度，相比全球气候稳定下长期深度减排目标并非十分严格，国际影响并不显著。我们发现，美国、欧洲和世界其他地区的CO_2排放总量与CO_2排放强度变化相对较小。情景PT和情景NT的主要区别在于，情景PT下美国和欧洲的CO_2排放总量略有增加。中国以外的福利变化在两种情景下都可以忽略不计（表6）。然而，如果中国选择在未来采取更加严格的政策，考虑到中国在全球市场中作为能源消费者的规模及其所扮演的角色，中国政策对非目标区域的影响可能会很大。

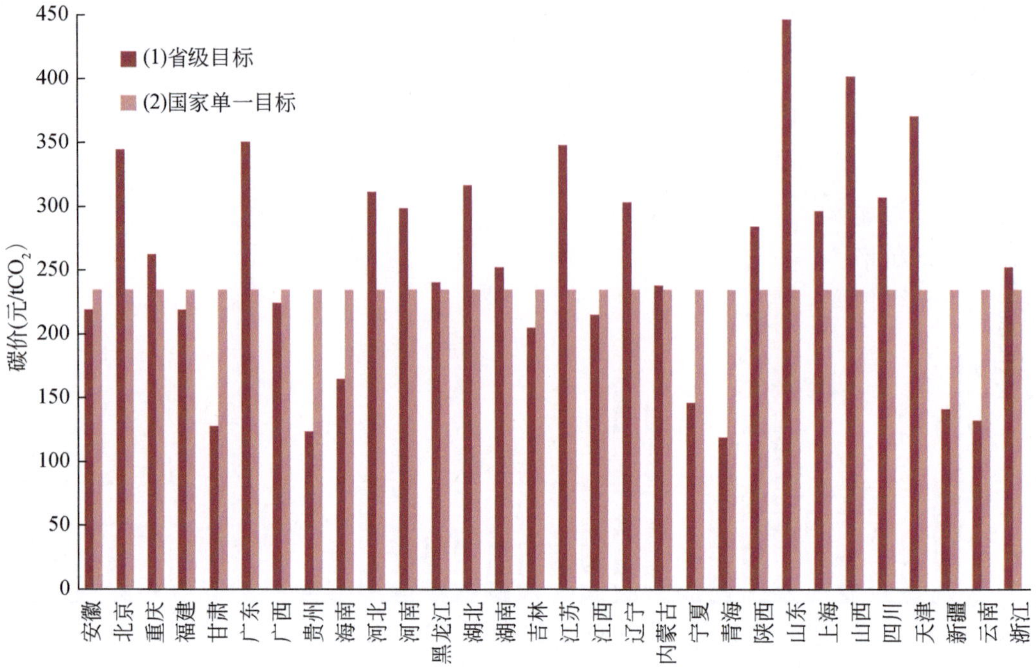

图 10　各省（自治区、直辖市）的碳价

表 6　两种情景下中国、美国、欧洲和世界其他地区的主要结果　（单位:%）

区域	碳强度变化	碳排放变化	福利变化
中国（情景 PT）	−17.4	−18.8	−1.5
美国（情景 PT）	0.2	0.3	0.0
欧洲（情景 PT）	0.2	0.3	0.0
世界其他地区（情景 PT）	0.5	0.5	0.0
中国（情景 NT）	−17.4	−18.6	−1.2
美国（情景 NT）	0.2	0.2	0.0
欧洲（情景 NT）	0.2	0.2	0.0
世界其他地区（情景 NT）	0.5	0.5	0.0

4.3　固定电价的作用

目前，中国的电价管控能够保证电力消费是可负担的，并且为家庭用户和工业用户设定了不同的电价水平。为了反映中国目前的电力政策，我们模拟了仅家庭用户电价固定和家庭及工业用户电价都固定这两种情况。我们通过一种将电价维持在固定水平的内生性补贴来模拟这种类型的电价管控。在第一种情景“全部门电力补贴”（情景 PT_ELEALL）下，将为所有部门的电力消费者提供补贴，补贴率由模型内生决定，以保证电价维持在参考年份的水平（不调整电价以反映发电成本的增加）。我们假设地方政策通过家庭转移来支付补贴。在“交叉电力补贴”情景（情景 PT_ELERES）下，我们仅对住宅用户施以补贴，以保证居民电价维持在参考水平，而补贴由对所有其他电力消费者征收的税收来提供，税率由模型内生决定，以确保家庭电价保持固定，税收等于对家庭用户的补贴。

表7列出了上述情景下中国整体的 CO_2 排放强度、排放量和福利变化。在这两种情景下，拥有固定电价的家庭用户的福利损失略高于未施以电力补贴的省级目标情景（-1.6%相比-1.5%，全国水平）。额外的福利损失是由补贴产生的经济扭曲造成的。由于固定的价格，消费者的电力需求未能反映对碳密集型能源品种施以的惩罚，因此相对于价格可传递的情况，需求也更高。有趣的是，情景PT_ ELERES相比情景PT而言 CO_2 排放强度和排放下降得更多，而情景PT_ELEALL则具有更低的强度和排放下降，但福利损失却更大。这些差异反映了即使在施加补贴以维持固定电价时经济活动也会有所变化这一事实。

表7 省级 CO_2 强度目标下其他电力政策情景中国的 CO_2 排放强度、排放量和福利变化

（单位：%）

指标	PT	PT_ELEALL	PT_ELERES
CO_2 排放强度	-17.4	-17.4	-17.5
CO_2 排放量	-18.8	-18.7	-19.2
福利变化	-1.46	-1.62	-1.56

4.4 敏感性分析

我们的研究聚焦于“十二五”规划所覆盖的一个相对较短的时期（5年），因此，资本存量的转移有限的特点预期将在经济如何响应 CO_2 强度目标中发挥重要作用。我们通过在模型中设置更高的不可转移资本占比，模拟了一种相比参考情景而言资本可转移性更低的情况。在高不可转移资本占比的情景下，我们将每个部门的资本不可转移比例 φ 设定为比基准情景高50%。

我们还考虑了对天然气供应弹性假设的敏感性。近年来，亚洲区域天然气价格居高不下，且供应相对有限。关于中国（非常规）天然气资源增加对全国碳减排的影响，有很多猜测。虽然很难预测中国扩大廉价天然气供应的影响，但我们可以将之前的关注天然气价格弹性预期变化的文献研究作为参考（Brown et al.，2010），同时将高天然气供应情境下天然气的供应弹性 η_{ng} 设为比基准情景高4倍。Brown等（2010）的研究假设美国页岩气资源扩大，那么天然气供应弹性将增加约3倍。我们意识到中国和美国天然气情况之间的差异，两个市场不一定会遵循相似的发展路径①，所以我们的中国天然气的供应弹性增加4倍的假设比Brown的假设更为激进，并选择它来估计潜在影响的上限。

① 美国的情况与中国截然不同，有研究讨论了地质、钻井技术需求和能力、资源产权、终端定价和基础设施可用性方面的根本差异（Wanget al.，2012；Gao，2012）。

表 8 列出了在情景 PT 和情景 NT 下改变资本可转移性和天然气可用性假设对 CO_2 强度、排放量和福利变化的影响。在两种情景下，高比例的非可转移资本都将导致更大的福利损失，尤其是在能够反映短期内调整生产投入结构困难的情景 NT 下。提高天然气的供应弹性对模型结果几乎没有影响，这是因为在中国的一次能源结构中天然气的占比仍然很小，其生产及使用相对于其他替代品而言仍然是碳密集型的，而我们模拟的是短期内天然气在中国发电或工业部门中的有限替代潜力。

表 8 不可转移资本占比、天然气供应弹性（PT 和 NT 两种情景）和其他 Armington 弹性、化石能源供应弹性和原材料–能源消费弹性（仅 NT 情景）下中国的 CO_2 强度、排放量和福利变化

（单位：%）

情景	基准情况	高比例不可转移资本	高天然气供应
情景 PT：			
CO_2 排放强度	−17.4	−17.5	−17.4
CO_2 排放	−18.8	−19.7	−18.8
福利变化	−1.5	−2.4	−1.5
情景	基准情况	高比例不可转移资本	高天然气供应
情景 NT：			
CO_2 排放强度	−17.4	−17.5	−17.4
CO_2 排放	−18.6	−19.0	−18.6
福利变化	−1.2	−1.7	−1.2
情景	基准情况	高 Armington 弹性	低 Armington 弹性
情景 NT：			
CO_2 排放强度	−17.4	−17.4	−17.4
CO_2 排放	−18.6	−18.6	−18.5
福利变化	−1.2	−1.1	−1.2
情景	基准情况	高化石能源供应弹性	低化石能源供应弹性
情景 NT：			
CO_2 排放强度	−17.4	−17.4	−17.4
CO_2 排放	−18.6	−18.6	−18.7
福利变化	−1.2	−1.2	−1.2
情景	基准情况	高原材料–能源消费弹性	低原材料–能源消费弹性
情景 NT：			
CO_2 排放强度	−17.4	−17.4	−17.4
CO_2 排放	−18.6	−18.7	−18.6
福利变化	−1.2	−1.1	−1.2

我们进一步检验了主要研究结果对几个关键弹性值变化的稳健性。在敏感性情况下，我们将所有的 Armington 弹性、化石能源供应弹性和原材料–能源消费弹性值都加倍或减半，并比较情景 NT 中基准情况主要输出的变化。正如表 8 所示，结果与基础情

况相比并没有显著差异。

关于各省（自治区、直辖市）劳动力流动的假设也会影响政策下福利成本的规模和分布。在基准情景中，我们假设劳动力在一个地区的不同部门间是完全可流动的，但不可以跨区流动。这可能无法准确地反映中国现状，因为在实际情况中的确会产生一些省级人口迁移。为了检验我们的研究结果对于跨省劳动力迁移的稳健性，我们设计了额外的一组假设跨区流动是零成本的情景。这避免了在模型中依赖于劳动力迁移分辨率匹配（和参数化）的需要，并在完全整合的全国劳动力市场的限制情况下测试模型行为。我们发现，研究结果对劳动力流动假设并不是非常敏感。在国家层面，我们发现福利损失在情景 PT 和情景 NT 下分别为 1.4% 和 1.2%（劳动力流动导致了更小的福利损失），这也表明碳交易市场仍然可以显著减少福利损失。不同地区福利影响的分布模式并未因改变劳动力流动程度而受到显著影响。

5 研究结论

本文的分析证明了从省级 CO_2 排放强度控制目标向完全整合的国家碳排放交易体系转变的优点。我们发现单一的国家碳强度降低目标所导致的全国福利损失（1.2%）低于目前实施的省级分解目标（1.5%），同时我们也发现各省（自治区、直辖市）之间影响的分布存在巨大差异。鉴于区域间公平是制定国家能源和气候政策时重要的考虑因素，理解政策影响如何分布并且估算省级约束相对单一国家约束的减排增量成本十分重要。

本文的结果清晰地表明了将经济效率与其他考虑因素（如公平）分开的优点，正如一个统一的国家市场将促成符合经济理论的最成本有效的减排（Coase，1960）。将目标履约限制在省级层面可能会错过低约束省（自治区、直辖市）成本有效的减排机会，同时要求高约束省（自治区、直辖市）进行更高成本的减排。为每个省（自治区、直辖市）分配适当的强度目标水平也是一项艰巨的任务。同时，对各个省（自治区、直辖市）的减排成本进行详尽的评估也是非常具有挑战性的（如果可能的话），主要是因为这需要了解一些通常很难估计或者不可获取的成本。国家目标可以激励政策在最成本有效的地区产生减排。

然而，我们注意到实施国家强度目标的挑战可能性也是巨大的。目前，省级政府对目标实施负责，但在国家目标下如何分配（和验证成果）这一责任仍不够清晰。为此，中国的政策制定者考虑设计一个整合几个或所有省（自治区、直辖市）的碳交易市场，如本文研究工作所开发的模型能够应用于估计备选设计方案的影响，为政策制定过程提供建议。正如我们在固定电价的情景中阐述的那样，结合中国经济的特定特征来确定它们如何影响所模拟政策结果的规模和方向是可行的。

我们的模型可以作为评估目标分配备选策略的平台，以此来帮助权衡公平和效率，还可以用来评估在国家碳排放交易体系下分配许可的备选策略。我们的模型结果为静态区域能源–经济模型框架下降低中国能源强度的影响提供了一些初步见解。需要说明的是，我们在模型中假设中国经济的一个特征是完全竞争的市场，这可能对福利损失的估计具有重要影响。我们模拟了中国电力市场的终端价格补贴情景，发现当成本无法传递时，福利损失有所增加。这与缺乏价格信号是一致的，否则有效的价格信号将会鼓励节约电力或者刺激更高效技术和实践的应用。我们还进一步发现，福利变化的程度对我们关于资本流动性的假设很敏感，但我们也发现它不会改变我们的主要结论，即单一的国家目标相比省级目标分配对国家经济造成的福利负担更小。最后，我们承认在制定国家气候政策目标时，考虑政策的协同效益（如空气污染影响）是十分重要的。本文的分析侧重于“十二五”规划的主要目标，即 CO_2 强度，并清楚地展示了改用允许交易的国家层面政策的优势，为未来研究替代政策设计和更详细的协同效益的研究奠定基础。

致谢

我们感谢科学技术部通过清华大学能源环境经济研究所给予的支持，以及清华大学研究生院和力拓集团的支持，他们也支持了张达作为麻省理工学院访问学者所开展的博士研究工作。我们进一步感谢法国开发署、埃尼、ICF 国际和壳牌的支持，他们是中国能源和气候项目的创始赞助方。我们还感谢国家社会科学基金重大专项（No. 09&ZD029）下社会科学重要研究计划的支持。我们感谢麻省理工学院全球变化科学与政策联合项目的贡献，它受政府、行业和基金会的资金支持。这项工作也得到了美国能源部综合评估专项基金（DE-FG02-94ER61937）的支持。我们还要感谢麻省理工学院全球变化科学与政策联合项目的 John Reilly、Sergey Paltsev、Kyung-min Nam、Henry Chen 和 Paul Kishimoto，以及中国能源与气候项目和经济模型会议 2012 年年会上参与者们所提供的有助评论和讨论建议。

参考文献

Alton T, Arndt C, Davies R, et al. 2012. The economic implications of introducing carbon taxes in south africa. Cheminform, 36(35): 1859-1864.

Armington P. 1969. A theory of demand for products distinguished by place of production. International Monetary Fund Staff Papers 16. Washington: International Monetary Fund.

Bao Q, Tang L, Zhang Z X, et al. 2013. Impacts of border carbon adjustments on China's sectoral emissions: Simulations with a dynamic computable general equilibrium model. China Economic Review, 24: 77-94.

Brown S P, Gabriel S A, Egging R. 2010. Abundant Shale Gas Resources: Some Implications for Energy Policy. Washington: Resources for the Future.

Cao J. 2007. Essays on Environmental Tax Policy Analysis: Dynamic Computable General Equilibrium Approaches Applied to China. Cambridge: Harvard University.

Caron J, Rausch S, Winchester N. 2012. Leakage from sub-national climate initiatives: the case of California. MIT Joint Program on the Science and Policy of Global Change Report 220. https://globalchange. mit. edu/sites/default/files/MITJPSPGC_Rpt220. pdf[2012-12-30].

Coase R. 1960. The problem of social cost. J. Law Econ. 3: 1-30.

Dai H, Masui T, Matsuoka Y, et al. 2011. Assessment of China's climate commitment and non-fossil energy plan towards 2020 using hybrid AIM/CGE model. Energy Policy, 39: 2875-2887.

Dirkse S P, Ferris M C. 1995. The PATH Solver: a non-monotone stabilization scheme for mixed complementarity problems. Optim. Methods Softw. 5: 123-156.

Ferreira-Filho J B, Horridge M. 2012. Endogenous land use and supply, and food security in Brazil. 15th Annual Conference on Global Economic Analysis.

Gao F. 2012. Will There Be A Shale Gas Revolution in China By 2020? The Oxford Institute for Energy Studies. Oxford: University of Oxford.

GTAP. 2012. Global Trade, Assistance, and Production: The GTAP 8 Data Base. Center for Global Trade Analysis. West Lafayette: Purdue University.

He J, Deng J, Su M. 2010. CO_2 emission from China's energy sector and strategy for its control. Energy, 35: 4494-4498.

Horridge M, Wittwer G. 2008. SinoTERM, a multi-regional CGE model of China. China Econ. Rev., 19: 628-634.

Industrial Efficiency Policy Database (IEPD). 2012. Intensity target of the 11th Five-Year Plan. http://iepd.iipnetwork.org/country/china [2012-12-1].

Lanz B, Rausch S. 2011. General equilibrium, electricity generation technologies and the cost of carbon abatement: a structural sensitivity analysis. Energy Econ., 33: 1035-1047.

Lanz B, Rausch S. 2012. Cap-and-trade climate policies with price-regulated industries: how costly are free allowances? MIT Joint Program on the Science and Policy of Global Change Report 224. https://globalchange.mit.edu/sites/default/files/MITJPSPGC_Rpt224.pdf [2012-12-1].

Li N, Shi M, Wang F. 2009. Roles of regional differences and linkages on Chinese regional policy effect in CGE analysis. Syst. Eng. Theory Pract., 29: 35-44.

Li S, He J. 2005. A three-regional computable general equilibrium (CGE) model for China. Beijing: The 15th International Input-output Conference.

Liang Q, Wei Y. 2012. Distributional impacts of taxing carbon in China: results from the CEEPA model. Appl. Energy, 92: 545-551.

Lin B, Jiang Z. 2011. Estimates of energy subsidies in China and impact of energy subsidy reform. Energy Econ., 33: 273-283.

Lu C, Zhang X, He J. 2010. A CGE analysis to study the impacts of energy investment on economic growth and carbon dioxide emission: a case of Shaanxi Province in western China. Energy, 35: 4319-4327.

Mathiesen L. 1985. Computation of economic equilibria by a sequence of linear complementarity problems. Math. Program. Study, 23: 144-162.

Meng L, Guo J, Chai J, et al. 2011. China's regional CO_2 emissions: characteristics, inter-regional transfer and emission reduction policies. Energy Policy, 39: 6136-6144.

Montgomery D. 1972. Markets in licenses and efficient pollution control programs. J Econ. Theory, 5(3): 395-418.

Ohshita S, Price L, Tian Z. 2011. Target allocation methodology for China's provinces: energy intensity in the 12th Five-Year Plan: Lawrence Berkeley National Laboratory.

Paltsev S, Reilly J M, Jacoby H D, et al. 2009. The cost of climate policy in the United States. Energy Econ., 31(2): 235-243.

Paltsev S, Reilly J, Jacoby H, et al. 2005. The MIT Emissions Prediction and Policy Analysis(EPPA) Model: Version 4. MIT Joint Program on the Science and Policy of Global Change Report. 125. https://globalchange.mit.edu/sites/default/files/MITJPSPGC_Rpt125.pdf[2012-12-1].

Price L, Levine M D, Zhou N, et al. 2011. Assessment of China's energy-saving and emission-reduction accomplishments and opportunities during the 11th Five-Year Plan. Energy Policy, 39: 2165-2178.

Price L, Wang X, Yun J. 2010. The challenge of reducing energy consumption of the top 1000 largest industrial enterprises in China. Energy Policy, 38: 6485-6498.

Rausch S, Metcalf G E, Reilly J M. 2011. Distributional impacts of carbon pricing: a general equilibrium approach with micro-data for households. Energy Econ., 33(Supplement 1): 20-33.

Rutherford T F. 1995. Extension of GAMS for complementarity problems arising in applied economics. J. Econ. Dyn. Control., 19: 1299-1324.

Rutherford T F. 1999. Applied general equilibrium modeling with MPSGE as a GAMS subsystem: an overview of the modeling framework and syntax. Comput. Econ., 14: 1-46.

Stavins R N. 2008. A meaningful U. S. cap-and-trade system to address climate change. J. Econ. Theory, 32: 293-371.

Wang F, Guo S, Ezaki M. 2006. Labor migration and regional development in China: a regional CGE analysis. China Econ. Q., 4: 1067-1090.

Wang K, Wang C, Chen J. 2009. Analysis of the economic impact of different Chinese climate policy options based on a CGE model incorporating endogenous technological change. Energy Policy, 37: 2930-2940.

Wang P, Jiang R, Wang S. 2012. Lessons learned from North America and current status of unconventional gas exploration and exploitation in China. Qingdao: China University of Petroleum(East China).

Wei C, Ni J, Wei Y, et al. 2011. Regional allocation of carbon dioxide abatement in China. China Econ. Rev., 23: 552-565.

Weyant J P, De la Chesnaye F C, Blanford G J. 2006. Overview of EMF-21: multigas mitigation and climate policy. Energy J., 26(Multi-Greenhouse Gas Mitigation and Climate Policy Special Issue): 1-32.

Wing S. 2006. The synthesis of bottom-up and top-down approaches to climate policy modeling: electric power technologies and the cost of limiting US CO_2 emissions. Energy Policy, 34: 3847-3869.

World Bank. 2009. Mid-term evaluation of China's 11th Five-Year Plan. http://documents.worldbank.org/curated/en/777321468022743338/pdf/566560WP01ADD01ear1Plan1overview1en.pdf [2012-12-1].

Xu Z, Li S. 2008. The effect of inter-regional migration on economic growth and regional disparity. J. Quant. Tech. Econ., 2: 38-52.

Yi W J, Zou L L, Guo J, et al. 2011. How can China reach its CO_2 intensity reduction targets by 2020? A regional allocation based on equity and development. Energy Policy 39, 2407-2415.

Zhang Z. 2000. Can China afford to commit itself an emissions cap? An economic and political analysis. Energy Econ., 22: 587-614.

Quantifying Regional Economic Impacts of CO_2 Intensity Targets in China

Zhang Da, Sebastian Rausch, Valerie J. Karplus, Zhang Xiliang

Abstract: To address rising energy use and CO_2 emissions, China's leadership has enacted energy and CO_2 intensity targets under the Twelfth Five-Year Plan (2011–2015), which are defined at both the national and provincial levels. We develop a computable general equilibrium (CGE) model with global coverage that disaggregates China's 30 provinces and includes energy system detail, and apply it to assess the impact of the current binding provincial CO_2 emissions intensity targets. We compare the impact of the provincial targets approach to a single target for China that achieves the same reduction in CO_2 emissions intensity at the national level. The national target assumes trading of emissions allowances across provinces, resulting in the least-cost reductions nationwide. We find that the national target results in about 20% lower welfare loss in China relative to the provincial targets approach. Given that the regional distribution of impacts has been an important consideration in the target-setting process, we focus on the changes in provincial-level CO_2 emissions intensity, CO_2 emissions, energy consumption, and economic welfare. We observe significant heterogeneity across provinces in terms of the energy system response as well as the magnitude of welfare impacts. We further model the current policy of fixed end-use electricity prices in China and find that national welfare losses increase. Assumptions about capital mobility have a substantial impact on national welfare loss, while changing assumptions about the future availability of domestic natural gas resources does not have a large effect.

Keywords: CO_2 intensity; Climate policy; Computable general equilibrium (CGE); China

基于中国–全球能源模型的中国气候政策分析*

齐天宇，Niven Winchester，Valerie J. Karplus，张达，张希良

摘要：中国应对气候变化的主要途径是将二氧化碳排放强度目标与低碳能源配置目标相结合。我们使用中国–全球能源经济模型（C-GEM）评估将类似目标延长至2050年对中国能源使用情况和二氧化碳排放轨迹的影响。C-GEM是一个全球可计算的均衡模型，其能源经济数据源自中国国家统计局，利用适合中国发展阶段的储蓄率、劳动生产率和资本生产率进行动态校准，模型区域可以有效代表中国的主要贸易伙伴。我们分析了到2050年，通过"总量管制与排放交易"（cap-and-trade）和发展低碳能源的政策（关于核能扩张的指令以及风能、太阳能和生物质能的上网电价）对延续二氧化碳排放强度目标的综合影响。虽然有了"总量管制与排放交易"和发展低碳能源的政策，所模拟的二氧化碳排放量在2050年相对于参考情景（无政策）降低了约43%，但中国的二氧化碳排放量在2010～2050年仍然增长了60%以上。要遏制中国二氧化碳排放量的增长，就需要全面实施碳定价。要实现中国提出的到2030年二氧化碳排放达到峰值的目标，二氧化碳价格必须升至每吨25美元以上。

关键词：二氧化碳排放强度；气候政策；中国；低碳能源

1 引言

中国已成为世界上最大的能源消费国和温室气体（GHG）排放国（IEA，2013）。鉴于中国经济和能源体系的规模，其能源趋势和气候政策将对全球气候变化的缓解产生重大影响。自"十一五"规划以来，中国决策者越来越重视控制本国不断增长的能源使用和二氧化碳排放。在"十二五"规划期间，实现能源强度、非化石能源使用和二氧化碳排放强度的控制目标成为中国气候政策的核心。在认识到激励措施对实现目标的重要性后，中国在2013～2015年相继建立了7个二氧化碳排放试点（Zhang et al.，2014）。

C-GEM是分析中国气候和能源政策的新工具，是由清华大学能源环境经济研究所的中国能源与气候项目与美国麻省理工学院的全球变化科学与政策项目联合开发。该模型的主要目标是模拟中国现有的和建议的能源与气候政策，以便分析能源与气候政策在全球范围内对技术、燃料间竞争、环境和经济的影响。

C-GEM是一个递归动态全球可计算一般均衡模型，它将二氧化碳排放与经济活动联系起来，选择了最适合中国的行业和地区集合，基础数据融合了中国官方数据与全球数据，技术方面采用中国特有的先进发电技术成本估算方法，最终有效实现经济与气候政策目标。此外，C-GEM是在其他能源经济模型的基础上建立起来的，如专门用于评估中

---

* 原文来源：Qi T，Winchester N，Karplus V J，et al. An analysis of China's climate policy using the China-in-Global Energy Model [J]. Economic Modelling，2016，52：650-660，中文出版略有改动。

国产出的麻省理工学院排放预测与政策分析（MIT EPPA）模型（Paltsev et al., 2005）。

在 C-GEM 中，政策的作用主要通过经济活动调整后的货物相对价格变化来反映新的均衡，新的均衡是满足所有政策约束下的商品最低成本。其中，可以在可计算一般均衡框架中表示的能源政策，从基于市场的政策（如碳排放税或燃料税）到指挥-控制政策（直接限制能源使用的数量或效率，或要求应用特定能源技术）皆有囊括。目前，有大量使用与 C-GEM 结构相似的可计算一般均衡模型（综合评估研究中独立使用或与自然系统模型结合使用）进行政策建模的研究（Babiker et al., 2003, 2004; Böhringer and Löschel, 2006; Melillo et al., 2009; Böhringer et al., 2012）。至于 C-GEM，已应用于包括 Qi 等（2014a, 2014b）在内的同行评议研究。

在接下来的四节中，我们将对 C-GEM 进行描述，并利用 C-GEM 来评估中国颁布的促进二氧化碳减排的核心机制对中国能源使用情况和二氧化碳排放轨迹的影响。第 2 节描述了 C-GEM 的建模框架；第 3 节介绍了 C-GEM 所模拟的情景；第 4 节展示了研究结果；第 5 节提供了结论。

2 建模框架

我们的分析涉及开发可计算一般均衡模型 C-GEM，并使用它来评估全球环境下中国的能源和气候政策。C-GEM 是一个全球递归动态的多区域可计算一般均衡模型，可以捕捉经济活动和相关能源流动。在 Qi（2014c）的研究中，详细描述了 C-GEM。

2.1 模型区域和部门

如表 1 所示，C-GEM 划分了 19 个地理区域。区域集合的一个重要特征是中国及周边的主要经济体（如日本、韩国、亚洲发达地区、发展中东南亚和亚洲其他国家）的表示方法。此外，C-GEM 还将主要发达和发展中的经济体（如美国、欧盟、印度、俄罗斯和巴西）确定为独立区域，而其他经济体则包括在复合区域（如澳大利亚-新西兰、中东、非洲和拉丁美洲）。

表 1 CGEM 中的地区定义

CGEM 中的地区	所包含的国家与地区详细信息
发达经济体	
美国（USA）	美国
加拿大（CAN）	加拿大
日本（JPN）	日本
韩国（KOR）	韩国
亚洲发达地区（DEA）	中国香港，中国台湾，新加坡
欧盟（EUR）	包括欧盟 27 国，以及欧洲自由贸易区国家（瑞典、挪威、冰岛）
澳大利亚-新西兰（ANZ）	澳大利亚，新西兰，以及世界其他地区（南极洲，布韦岛，英国印度洋属地，法国南部国地）

续表

CGEM 中的地区	所包含的国家与地区详细信息
发展中经济体以及欠发达经济体	
中国（CHN）	中国，除港澳台地区外
印度（IND）	印度
发展中亚太地区（SEA）	印度尼西亚，马来西亚，菲律宾，泰国，越南，柬埔寨，老挝，东南亚其他地区
其他亚洲地区（ROA）	其他亚洲地区
墨西哥（MEX）	墨西哥
中东（MES）	伊朗，阿联酋，巴林，以色列，科威特，阿曼，卡塔尔，沙特阿拉伯
南非（ZAF）	南非
其他非洲国家（AFR）	其他非洲国家
俄罗斯（RUS）	俄罗斯
欧洲其他地区（ROE）	阿尔巴尼亚，克罗地亚，白俄罗斯，乌克兰，亚美尼亚，阿塞拜疆，格鲁吉亚，土耳其，哈萨克斯坦，吉尔吉斯斯坦，欧洲其他地区
巴西（BRA）	巴西
拉丁美洲（LAM）	其他拉丁美洲国家

如表 2 所示，每个地区的产量均源自 20 个工业部门。气候和能源政策分析的重要行业包括能源部门（煤炭；石油；天然气；石油与焦炭；电力）以及能源密集型部门（非金属矿物产品；钢铁；有色金属制品；化学、橡胶和塑料制品化工橡胶产品；金属制品）。C-GEM 中代表的其他部门包括 3 个农业部门、2 个服务部门和 5 个其他生产部门（没有被列为能源密集型和非化石燃料开采型的制造活动）。

表 2　CGEM 对 20 个部门的描述

类型	部门	描述
农业	农作物（CROP）	农作物
	森林（FORS）	森林
	家畜（LIVE）	家畜
能源部门	煤炭（COAL）	硬煤、褐煤与泥煤的开采与聚结
	石油（OIL）	石油开采
	天然气（GAS）	天然气开采
	石油与焦炭（ROIL）	石油精炼与石油化工产品，焦炭生产
	电力（ELEC）	电力的生产、采集与输送
能源密集型部门	非金属矿物产品（NMM）	水泥、石膏、石灰、砾石、混凝土
	钢铁（I&S）	基本钢铁的制造与铸造
	有色金属产品（NFM）	铜、铝、锌、铅、金和银的生产与铸造
	化工橡胶产品（CRP）	基本化工产品，其他化工产品，橡胶与塑料制品
	金属制品（FMP）	金属板材（机械与设备除外）

续表

类型	部门	描述
其他产业	食品与烟草（FOOD）	食品与烟草制造
	采矿（MINE）	采掘矿石等
	建筑（CNS）	建房子、工厂等
	设备（EQUT）	电子设备，其他机械与设备
	其他产业（OTHR）	其他产业
服务	交通服务（TRAN）	水运、空运与陆运，管道运输
	其他服务（SERV）	通信，金融，公共服务，住宅与其他服务

2.2 数据

作为多区域可计算一般均衡模型，C-GEM 的数据是基于每个地区的均衡社会核算矩阵（SAM）。社会核算矩阵基于投入产出表建立，代表家庭和生产部门之间、使用中间投入品的生产部门内部的经济交易流量。C-GEM 还包括以下数据：①区域间双边贸易数据；②各部门生产或使用的碳基燃料数量；③化石燃料燃烧产生的二氧化碳排放量（非二氧化碳温室气体目前没有被模型描述）。

我们从 GTAP 8 数据库（Narayanan et al.，2012）中获取全球双边贸易数据，以及除中国以外的所有地区的社会核算矩阵数据。GTAP 8 数据库提供了 2007 年的全球经济数据。中国以外的所有地区的能源数据也来自 GTAP 8 数据库，并借鉴了 IEA（2007）扩展能源平衡数据集。GTAP 8 数据库包含 129 个地区和 52 个行业部门，我们将其映射到表 1 和表 2 中列出的 19 个地区和 20 个行业。

为了使中国的生产参数化，我们使用了由国家统计局制作的《中国 2007 年投入产出表》。这个投入产出表显示了 135 个行业的生产结构。除在中国国家统计数据中归入同一部门的石油和天然气部门之外，这 135 个行业可以映射到 C-GEM 所代表的 20 个部门。由于石油和天然气对能源政策评估具有重要影响，我们根据其在 GTAP 8 数据库中的价值份额将石油和天然气生产分为两个部门。虽然中国的数据在 GTAP 8 数据库和国家统计局数据库中的词目差异很小，但本文使用国家统计局的数据，因为它包含了 2010 年中国经济普查对 2007 年数据所做的调整，而 GTAP 8 数据集则仍使用开发时的早期数据。在将国家统计局的数据映射到 GTAP 8 部门结构并验证不存在大的偏差之后，两个数据集直接合并。

能源生产消费数据来源于《中国 2007 年能源平衡表》和《中国 2007 年工业能源消耗表》。这些表提供了 2007 年 39 个工业部门和家庭使用的中间与最终能源消耗的信息。在中国的官方数据中被归为“仓储、邮政和电信服务”的能源数据很容易映射到 C-GEM 中除运输以外的部门。为了分解这些数据，我们根据 GTAP 8 数据库中的能源份额分摊行业的总能源。为保持能源价格和数量与中国官方统计数据保持一致，我们使用《2008 中国价格统计年鉴》的能源价格信息对能源价格和数量进行了校准。将

GTAP 8 的数据和国家统计局的数据合并后，我们使用 Rutherford（2010）描述的最小二乘法重新平衡全球数据库。

2.3 静态模型

C-GEM 中的核心静态模型通过贸易捕捉生产者、消费者、政府和地区相互作用之间的关系。这些关系如本文 2.4 节所述，在每个时间段都会更新。在 C-GEM 中，每个时间段的平衡都会作为混合互补问题被建立和解决，其中平衡条件由弱不等系统和互补松弛条件（平衡变量和平衡条件之间）组成。

C-GEM 中的核心静态模型的结构来源于 Arrow 和 Debreu（1954）所形式化的瓦尔拉斯一般均衡理论。C-GEM 涉及可以根据价格和可用技术实现利润最大化的生产者，拥有生产要素的在预算约束下追求福利最大化的消费者，以及收取税款并将收入用于消费和转移至家庭的政府。在这个框架下，三个条件定义了一个完全竞争的均衡：①产出价格等于所有投入成本，所以利润为零；②每种商品和要素的供应量等于需求量，以使市场出清；③每个代理人的收入等于其支出（收入平衡）①。这些条件的详细公式可以在 Rutherford（2010）的研究中找到。

2.3.1 生产和消费

各部门的生产由 C-GEM 中的一系列嵌套常替代弹性（CES）函数表示，其中为了反映每个行业的特征，嵌套结构、投入成本份额和弹性值在不同行业（或行业组别）之间有所不同。在生产图中，σ 被用来表示在一个给定的嵌套结构中输入的替代弹性。对于主要化石燃料和采矿而言，自然资源与非资源投入相结合，使得每个部门的生产都可以按照 Rutherford（2002）的要求进行校准以达到所需的供应弹性。

图 1 中所示和所有生产函数共有的重要特征包括能源投入的替代可能性，如非电力部门和能源总量嵌套的替代可能性，以及能源总量和增值（资本和劳动力）之间的替代可能性。这些特点使生产者可以选择低碳密集型燃料替代或通过更多地投入资本和劳动力更有效地利用能源以应对碳价等政策。

对于大多数生产函数来说，将资本–劳动–能源束代入具有非能量输入的里昂惕夫嵌套结构中是很常见的。类似于图 1 所示，精炼油的生产结构是一个例外，因为它将原油与其他中间投入品而不是能源总量代入里昂惕夫嵌套结构。

如图 2 所示，农业部门的生产结构包括土地投入。这种结构允许生产者交易土地、能源和中间投入，以及土地中间产品的资本和劳动。这些土地和其他投入的替代可能性遵循 Paltsev 等（2005）使用的方法，通过增加更多的投入（如机械和化肥）来增加产量以应对土地价格的上涨。

---

① 在某些情况下，零利润和市场出清条件不会成立。具体而言，由于该模型被指定为混合互补问题，如果单位成本大于价格，则不会生产相关商品；如果供应量大于需求量，则相关商品或因素的价格将为零。

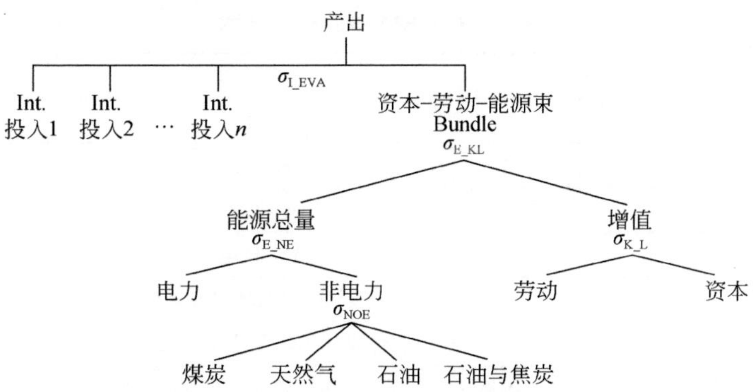

图 1　除农业、成品油和电力部门以外的所有其他部门的生产结构

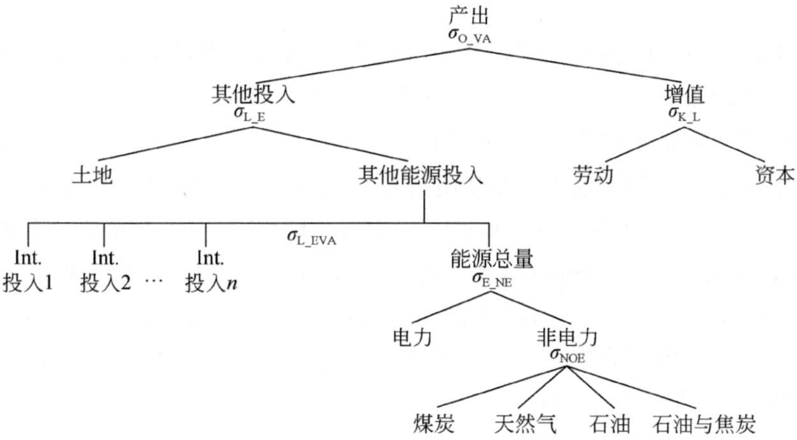

图 2　农业部门生产结构

电力部门的结构如图 3 所示。前两个嵌套允许在 C-GEM 的 13 种发电技术中进行替代。如表 3 所列，这些技术是基准年大规模运行的传统技术和基准年不存在或不大规模运行的先进技术的混合。

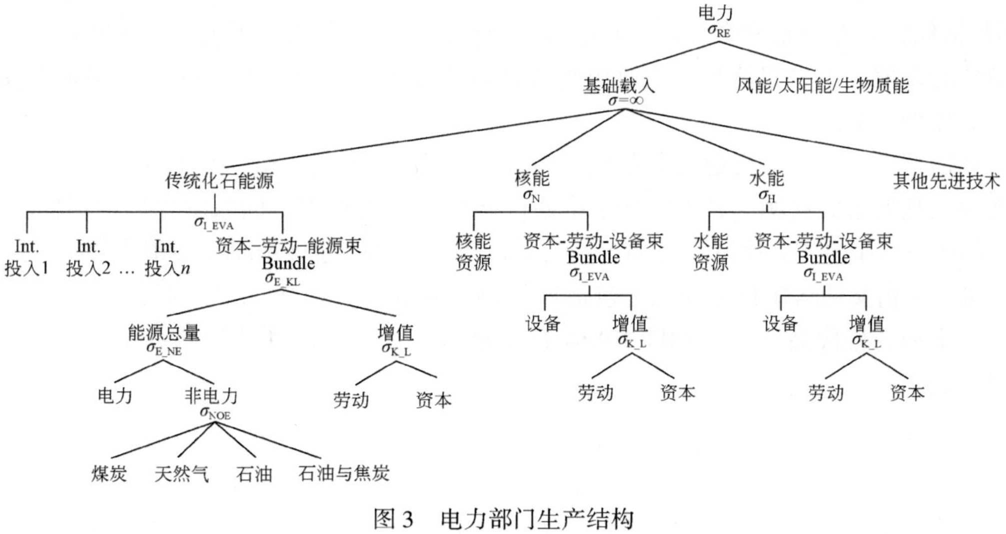

图 3　电力部门生产结构

表 3 C-GEM 中的电力技术

现有技术	先进技术
煤炭	风能
精炼石油	太阳能
天然气	生物能
核电	先进核电
水电	天然气联合循环（NGCC）
	整体煤气化联合循环（IGCC）
	天然气联合循环，包括碳捕捉与存储（NGCC-CCS）
	整体煤气化联合循环，包括碳捕捉与存储（IGCC-CCS）

传统的化石燃料发电技术由里昂惕夫非能源中间投入和能源资本劳动束组合组成，如煤炭、石油和天然气等化石燃料作为彼此不完全替代品进入市场，以避免一旦一种燃料的相对成本低于竞争对手时全面接管市场。

我们使用补充信息来描述 C-GEM 电力部门结构内的水电和核电选项，并利用国际原子能机构（International Atomic Energy Agency，IAEA）、经济合作与发展组织（Organization for Economic Cooperation and Development，OECD）和国际能源署（International Energy Agency，IEA）的核能机构报告中提供的信息，对这些技术进行参数化。为了重点关注将作为生产投入的燃料资源、资本、劳动力和设备，本文对核电和水电的 CES 函数结构进行简化。

模型描述了将于未来应用的先进发电技术，该技术将在其相对成本低于现行发电类型的平均成本时开始生产。除风能、太阳能和生物质能外，我们将先进发电技术视为生产嵌套第二层所示的现有技术的完美替代品。考虑到风能、太阳能和生物质能的变化性，这些来源的电力被视为其他电力的不完全替代品。本文 2.4 节详细介绍了先进技术的结构。

如图 4 所示，C-GEM 中的家庭消费为每个地区的单一消费者所代表。我们将消费（不包括储蓄）作为福利会计的一致指标。至于储蓄，将其代入当期效用函数以表示未来消费的现值。由于储蓄和其他效用函数之间的替代弹性等于 1（表 4），储蓄占家庭收入的比例不变。

在消费束中，私人交通与其他商品和服务是分开的，因为它在许多地区占家庭直接能源消耗的很大比例。私人交通是指通过购买和运营乘用车向家庭提供的运输服务，此部门的投入来自于其他行业（如车辆购买）、服务（如维护和修理）和成品油行业。购买运输——由交通运输行业提供，包括短程和长途道路、空中、铁路和海运模式——都是私人交通的替代品。基于 MIT EPPA 模型进行估算，生产和效用函数中所使用的弹性可见表 4。

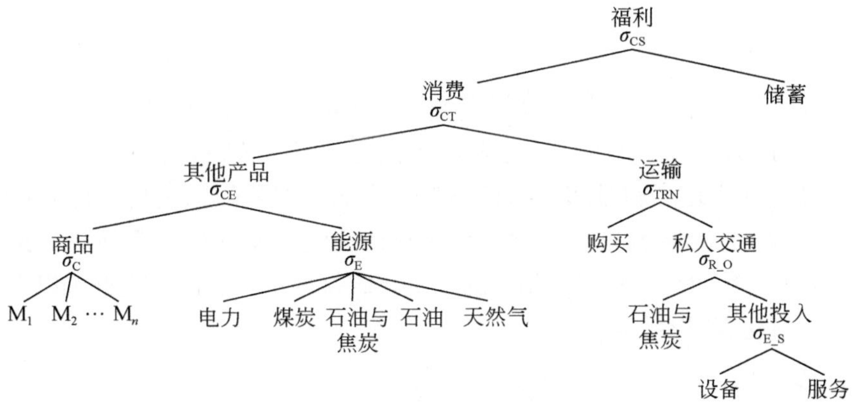

图4 消费部门结构

表4 生产与消费 CES 函数弹性

	描述	价值	评论
生产部门			
σ_{Res_OTH}	资源与其他输入	0.6～0.7	适用于石油、煤炭与天然气
σ_{I_EVA}	中间输入与能源-资本-劳动力集束	0	适用于所有部门
σ_{E_KL}	能源与增值集束	0.1～0.5	0.1 用于电力，0.3 用于农业，0.4 用于能源产业，0.5 用于其他产业
σ_{E_NE}	电力与非电力输入集束	0.5	所有部门
σ_{NOE}	非电力能源输入	0.1～0.5	除电力部门之外的所有部门
σ_{K_L}	资本与劳动力	1	所有部门
σ_{RE}	风能与太阳能，以及其他电力技术	1	电力部门
σ_{L_E}	土地和能源-其他投入	0.6	农业
σ_{O_VA}	增值与其他输入	0.7	农业
消费灵活性			
σ_{CS}	消费与储蓄	1	适用于所有地区
σ_{CE}	商品与能源消费	0.25～0.5	适用于所有地区，随时间变化
σ_{CT}	交通与其他产品	0.5	适用于所有地区，随时间变化
σ_c	非能源产品	0.3～0.6	因地区和时期而有所不同
σ_E	能源产品	0.5	适用于所有地区，随时间变化
σ_{TRN}	公共交通和私人交通	0.5	适用于所有地区
σ_{R_O}	燃料投入和其他投入	1	适用于所有地区
σ_{E_S}	设备和服务投入	1	适用于所有地区
贸易			
σ_{DM}	国内与进口产品之间的 Armington 灵活性	1～3	适用于所有地区
σ_{MM}	各地区进口产品之间的 Armington 灵活性	0.5～6	电力是0.5，工业与服务是6

2.3.2 排放

在 C-GEM 中，对进入生产和最终需求环节的煤炭、成品油和天然气等化石燃料能量流应用不变排放因子，计算二氧化碳排放量。特定燃料的排放因子源自 IPCC (2006)，并假设在各地区和时间上保持不变。将能源相关的二氧化碳排放量与燃料纳入里昂惕夫结构，这意味着只有通过减少燃料使用量才能减少生产部门的排放。目前的 C-GEM 版本只预测与化石燃料相关的二氧化碳排放量；然而，模型可以很容易扩展预测其他非二氧化碳温室气体。

2.3.3 国际贸易、政府和投资

对于除原油以外的所有商品，C-GEM 的国际贸易遵循 Armington 假设 (Armington，1969)。其中，国内生产和总进口被模拟为使用 CES 函数的不完全替代品，而总进口是从每个地区进口的进一步 CES 嵌套。Armington 规范的弹性参数来源于 GTAP 8 数据库。C-GEM 中的原油被模拟为单一全球价格的同质产品，在 MIT EPPA 模型中进行处理。

C-GEM 中的政府被模拟为一个被动的实体，政府收集中间投入、产出和消费支出过程的税收，并将其作为一次性支付转移给家庭。政府支出被认为是最终消费的一部分，C-GEM 中的政府消费采用与家庭消费相同的嵌套 CES 结构，且政府最大限度地利用其收入。

C-GEM 中的投资由来自不同部门的投入产生总体良好的投资部门表示，其投入总和为总投资水平。在每个时期，投资等于储蓄，投资在下一个时期成为新资本。

2.4 动态模型

在 C-GEM 的静态模型的基础上，我们开发了一个递归动态模型，它可以评估到 2050 年的能源市场和政策影响。递归动态模型假设经济主体仅基于当期可用信息做出决策（Dellink，2005），通过在每个时期顺序求解模型，而后更新下一时期的参数值，可以反映动态趋势。C-GEM 的动态过程主要由劳动力供应增长、资本积累、化石燃料资源枯竭、自主提高能源效率和新能源技术推动。

2.4.1 劳动力供应、资本积累和资源枯竭

C-GEM 中有效的劳动力供应受各地区不同时间人口与劳动生产率的变化驱动。根据联合国 2012 年的估计，C-GEM 中每个地区的人口被定义为一种外生的长期趋势。除中国以外的所有地区，劳动生产增长率利用人口数量、国际货币基金组织 (International Monetary Fund，IMF) 的历史 GDP 增长率和预测的未来 GDP 来进行估算。对于中国的劳动生产率增长率，我们根据历史人均 GDP 增长率，将 2010 年的值调整为 11%。在 2010 年之后，在 Chansomphou 和 Ichihashi（2013）的指导下，我们假设中国的劳动生产率增长率以不变的比例收敛至 2050 年的 2.5%。

C-GEM 中的资本随时间的演变，既包括前一期结转的旧资本，也包括来自投资的新资本。在除中国以外的所有地区，我们假设每年的资本折旧率为5%。在中国，我们假设资本折旧率从12%（Bai et al.，2006）线性地收敛至2050年的6%。每个时期的资本存量增加值取决于在前一段时间分配给储蓄的收入份额。对中国而言，根据OECD（2013）的建议，我们实施的储蓄率从2010年的48%降至2020年的43%，2030年的36%，2040年的30%，然后在2050年保持不变。

C-GEM 中的所有化石燃料资源，被模拟为受 Hotelling（1931）估值影响的稀缺资源，其中单位生产成本随着资源耗尽而增加。如本文2.3节所述，自然资源进入生产结构的最顶层，并与资本-劳动力资源束进行折中。这种替代反映出需要更多的资本和其他投入来收回额外的化石燃料资源，因为库存已经枯竭。在每个地区和时期，可用能源资源取决于前期资源的初始存量和枯竭情况。

2.4.2 自主能源效率改进

即使在能源价格不变或下降的情况下（Schmalensee et al.，1998；Webster et al.，2008），通过观察工业化经济体的历史能源消费、能源价格和收入增长，可以发现能源效率改善的趋势。遵循能源经济模型中常用的方法，我们使用自主能源效率改进（AEEI）参数来捕捉这些趋势。在发达地区，在 Wing 和 Eckaus（2007）的指导下，我们假设 AEEI 每年的增长率为1%。Cao 和 Ho（2009）指出发展中地区的相应参数，中国每年为1.7%，其他地区每年为1.5%。

2.4.3 新技术

为了分析未来能源供应如何变化，C-GEM 囊括了11种先进的后备技术，当它们与传统技术相比具有成本竞争力时即可进入模拟过程。C-GEM 中的后备技术包括2.3节（风能、太阳能、生物质能、先进核能、有无 CCS 的 NGCC、有无 CCS 的 IGCC）中描述的8种先进电力技术和3种先进燃料技术，可以完美替代化石燃料。先进的燃料包括：①页岩油技术，从页岩油资源生产原油；②生物燃料生产，将生物质转化为成品油；③煤气化，将煤转化为天然气的完美替代品。

与其他商品的生产一样，先进技术由嵌套的 CES 函数代表。某些先进技术的生产函数的主要特征包括资源投入和为扩大生产而表示的转换成本。需要技术特定资源的先进技术包括页岩油、生物燃料以及来自生物质能、太阳能和风能的电力。在每个时期，每种先进技术的普及程度取决于前面时期扩大产出和产量的假设范围，并采用 McFarland 等（2004）描述的方法进行建模。

除中国以外的所有地区的先进技术在基期内的生产成本来自 PNNL（2012a，2012b）和 Paltsev 等（2005）。中国的成本基于 Huo 和 Zhang（2012）、Qiu 和 Anadon（2012）、Wu 等（2010）的估算。Qi 等（2014a，2014b，2014c）总结了 C-GEM 中先进技术的基础生产成本。在模拟练习中，每种新技术的成本取决于所有投入的均衡价格，这些投入在 C-GEM 内部确定。

C-GEM 利用 Rutherford（1995）描述的一般均衡分析的数学编程系统（MPSGE）和利用 PATH 求解器（Dirkse and Ferris，1995）的广义代数建模系统（GAMS）数学建模语言（Rosenthal，2012）作为混合互补问题，来表达和求解模型。

3　情景

为了说明 C-GEM 在气候和能源政策分析方面的能力，本文展示了不包括任何气候政策的参考情景（无政策）和捕获核心机制以减少中国二氧化碳排放量的政策情景两个情景的结果。截至 2016 年，中国正在 7 个省（市）试行碳排放交易体系，并宣布建立全国碳市场。这种基于市场的碳市场机制将通过提高许多行业的二氧化碳密集型活动的成本，来支撑二氧化碳强度目标的实现。这些政策包括延伸至 2050 年的国内措施，特别是二氧化碳强度目标，但中国减排力度将保持在 2020 年减排二氧化碳强度承诺的范围内，并且旨在支持低碳能源技术。

根据 2009 年在哥本哈根气候变化大会上的承诺，中国承诺到 2020 年将其二氧化碳强度相对于 2005 年的水平降低 40% ~45%。我们假设中国在 2010 ~ 2020 年每年将二氧化碳强度降低 3.5%，将使 2020 年的二氧化碳强度比 2005 年减少 44%。2020 年以后，我们假设中国承诺每年逐步减少二氧化碳浓度，2020 ~ 2050 年二氧化碳浓度每年平均降低 3%。根据这些假设，中国的二氧化碳强度在 2005 ~ 2050 年将下降 77.8%。为此在总量控制与交易系统的模型中强制实施这些二氧化碳强度目标，其中将排放许可的数量设置（外生）为目标排放强度，许可证的价格则是在模型中内生的。为了表示上网电价，我们对每种发电类型实施内生补贴，直到模拟的发电成本与实际成本（包括上网电价）相匹配。

我们模拟了两种低碳电力的支持机制。首先，我们强制实施国家能源局 2020 年的核电容量达到 58GW，2050 年 3.5 亿 kW 的目标，这些目标在政策情景中通过内生地调整核电特定生产要素的禀赋来实现。其次，我们使用国家发展和改革委员会发布的风能、太阳能和生物质能的上网电价。政策情景中模拟的上网电价，风电为 0.55 元/(kW · h)，太阳能在 2015 年和 2020 年分别为 0.8 元/(kW · h) 和 0.6 元/(kW · h)，生物质能为 0.75 元/(kW · h)。输入上网电价，通过在模型中设置每种发电技术的内生补贴，可以将其产出价格固定在指导水平。

对于 C-GEM 的其他地区，我们采用了与 IEA（2012）新政策情景中所述相同的政策假设，模拟了 2012 年中期颁布或采用的政府政策和措施，以及 2010 年“坎昆协议”中包含的可再生能源、能源效率和国家温室气体减排目标。

4　结果

表 5 列出了相对于参考案例的二氧化碳排放量、二氧化碳排放强度、碳价格和福利变化情况。在参考情景中，中国的二氧化碳排放强度从 2010 年的每十亿美元 157 万 t

降至71万t，下降54.8%。随着自然资源的耗尽，能源效率的自主提高和由能源向资本和劳动力转变的价格诱导替代推动了这种减少。尽管二氧化碳强度下降，但由于经济增长，中国的排放量在2010～2050年增加了185%（从7382万t增加到21057万t），并且在初级用途中化石能源的比例没有显著变化。

表5　相对于参考案例的二氧化碳排放量、二氧化碳排放强度、碳价格和福利变化情况

	2010年	2015年	2020年	2025年	2030年	2035年	2040年	2045年	2050年
中国 CO_2 排放（万t）									
参考案例	7 382	9 561	12 249	14 511	16 491	18 000	19 370	20 359	21 057
政策情景	7 382	8 803	10 269	11 216	11 774	12 000	12 102	12 084	12 046
世界其他地区 CO_2 排放（万t）									
参考案例	22 118	23 538	24 963	26 946	29 132	31 323	33 361	35 421	37 350
政策情景	22 118	23 565	25 020	27 042	29 269	31 502	33 586	35 684	37 651
中国 CO_2 排放强度（万t/10亿美元）									
参考案例	1.57	1.43	1.30	1.19	1.08	0.98	0.89	0.80	0.71
政策情景	1.57	1.31	1.10	0.93	0.78	0.66	0.56	0.48	0.41
CO_2 许可价格（美元/t）2007年不变价									
政策情景	—	7.4	14.1	19.0	25.7	32.9	41.2	49.6	58.4
中国福利变化（相对于参考情景的等效变率）									
政策情景	—	-0.0%	-0.6%	-0.8%	-0.9%	-1.2%	-1.4%	-1.5%	-1.6%

在政策情景中，低碳电力鼓励措施促使排放量减少，而碳价格为了满足强度目标的要求，从2015年的每吨二氧化碳7.4美元涨至2050年的58.4美元。根据这些政策，虽然中国2050年的排放量比参考案例低42.8%，二氧化碳强度大幅度下降，但2010～2050年的排放量仍增长了63.2%。

中国的碳价通过对贸易流量和化石燃料价格的影响也影响其他地区的排放。具体而言，中国能源密集型行业和其他行业价格的上涨提高了其他地区这些商品的净出口，中国对化石燃料的需求减少使其他地区的使用量增加。尽管C-GEM计算了除中国以外的18个地区的排放变化，但我们对这些估算进行了总结，并在表5中汇总了世界其他地区的情况。2050年，除中国以外的其他地区排放量增加了300万t，这导致了3.3%的碳泄漏率（其他地区的排放增加量除以中国的排放减少量）。

图5展示了两种情景下的一次能源使用情况，其中使用直接等价方法计算非可燃烧的一次能源，如1百万吨油当量（1Mtoe）风电发电量被认为是1Mtoe一次能源。在参考情景中，中国的一次能源增长迅速，到2050年达到6488Mtoe。大部分增长来自煤炭使用，其中煤炭从2010年的1632Mtoe增加到2050年的4515Mtoe。其他主要能源包括石油和天然气，到2050年分别达到1192Mtoe和506Mtoe。

谈到政策情景中的一次能源，相对于参考情景，总能源（2050年达到4378Mtoe）和煤炭使用（2050年达到2027Mtoe）大幅度减少。随着生产商从煤炭中生产天然气，天然气的能源适度增加（到2050年达到710Mtoe）。由于替代运输燃料的高成本，石油使用量仅小幅度下降。在其他地方，受碳价格和政策激励的驱动，一些非化石能源的比例大幅度增加，但到2050年，非化石能源的总量不到总能源的13%。

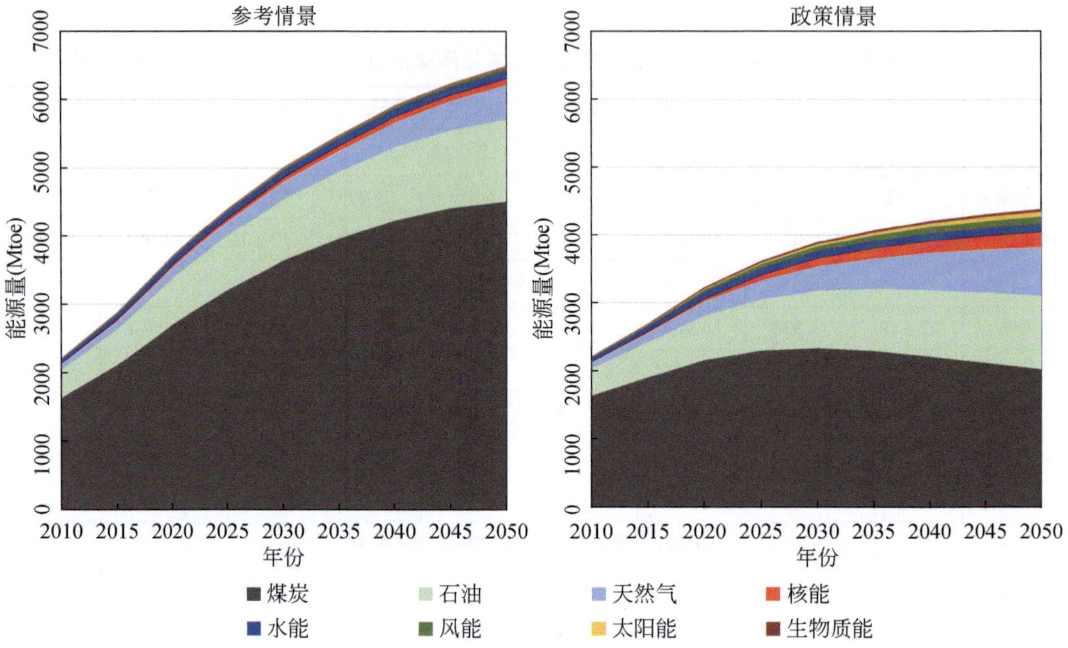

图5　中国一次能源使用情况（生物能一次能源包括生物燃油和生物质电能）

表6显示政策情景相对于参考情景，部门产出成比例变。煤炭和电力部门的产量下降幅度最大，石油产品和能源密集型行业的产量下降幅度较小。天然气是产量增加的唯一部门，这反映了上面强调的燃料替代。其他部门的产出下降幅度在1.3%~4.2%。

表6　相对于参考案例的政策情景输出变化　　（单位：%）

部门	2015年	2020年	2025年	2030年	2035年	2040年	2045年	2050年
煤炭	-9.7	-19.8	-27.6	-34.8	-40.7	-46.2	-50.2	-53.0
石油	-0.5	-1.5	-1.7	-1.7	-1.8	-1.8	-1.8	-1.8
天然气	18.9	31.5	34.8	40.8	44.9	47.6	44.5	36.8
汽油	-2.1	-4.4	-5.7	-6.5	-7.3	-8.1	-8.9	-9.8
电力	-2.5	-6.2	-9.1	-12.2	-14.9	-17.3	-19.5	-21.3
农业	0.1	-0.5	-0.8	-0.9	-1.0	-1.1	-1.2	-1.3
工业用地	-1.6	-3.9	-4.9	-5.7	-6.5	-7.2	-7.6	-7.8
其他生产	-0.4	-1.8	-2.4	-2.8	-3.3	-3.7	-4.0	-4.2
服务行业	0.0	-1.1	-1.7	-1.9	-2.3	-2.5	-2.7	-2.7

可计算一般均衡模型的结果可能对弹性值敏感，因此我们通过考虑用能源和劳动

资本束之间的弹性值（σ_{E_KL}）和中国所有部门的AEEI参数的高和低值来研究。在低的情况下，$\sigma_{E\_KL}=0.375$，而在高的情况下，$\sigma_{E\_KL}=0.625$（与上小节使用的基本情况中的$\sigma_{E_KL}=0.5$相比）。根据设计，基准方案的结果与表5中的结果相匹配①。由于σ_{E_KL}控制了价格诱导能源效率提升的范围，高方案（50.4美元/tCO_2）比起低方案（68.3美元/tCO_2）需要较低的二氧化碳价格来执行强度目标。因此，福利与σ_{E_KL}正相关。在AEEI敏感性案例中，我们认为年增长率分别为1.4%和2%（基准方案为1.7%）。在较低的AEEI增长的情况下，排放价格更高，政策的福利成本几乎是基本情况的两倍。相反，在较高的AEEI增长的情况下，排放价格和福利成本会降低。这些结果显示了在气候政策分析中考虑关键参数值的替代值的重要性。

5 结论

由于中国经济的规模和国内高二氧化碳排放强度，中国的政策决策将对气候变化的结果产生重大影响。我们已经开发并应用C-GEM来长期调查中国气候和能源政策的影响。C-GEM为全球范围内的中国气候和能源政策分析提供了新的工具。

本文通过评估在中国现有政策承诺的基础上，核心政策对减少二氧化碳排放的未来影响，阐述了C-GEM的功能。中国现有政策承诺包括中国在2009年哥本哈根气候变化大会上承诺减少二氧化碳排放强度，并鼓励采用低碳电力技术。通过本文研究，我们发现碳排放交易体系确实是中国长期减排的有效工具，因为二氧化碳排放带来的高成本可以很好地控制煤炭消费。我们发现，延长类似措施将使中国2050年的二氧化碳排放量比无政策基准情景减少43%左右。与此同时，中国的碳价格会通过其对国际贸易的影响而导致其他地区的排放量增加。由于其规模和二氧化碳密集型燃料组合，中国低碳转型将对全球能源市场产生重要影响，同时C-GEM能够捕捉到这些影响，并为评估中国和其他地区的政策行动如何在2020年后促进减缓全球气候变化打下了基础。

参考文献

Armington P S. 1969. A theory of demand for products distinguished by place of production. IMF Staff Papers,16:159-176.

Arrow K J, Debreu G. 1954. Existence of an equilibrium for a competitive economy. Econometrica, 22: 265-290.

Babiker M H,Criqui P,Ellerman A D,et al. 2003. Assessing the impact of carbon tax differentiation in the European Union. Environmental Modeling and Assessment,8:187-197.

Babiker M,Reilly J,Viguier L. 2004. Is international emissions trading always beneficial? Energy Journal,25: 33-56.

Bai C,Hsieh C,Qian Y. 2006. The return to capital in China:national bureau of economic research. Working

① 我们不报告排放量的变化，因为在政策情景中二氧化碳强度已经确定。

Paper 12755. https://www. nber. org/papers/w12755. pdf[2015-12-1].

Böehringer C, Bye B, Fæhn T et al. 2012. Alternative designs for tariffs on embodied carbon: A global cost-effectiveness analysis. Energy Economics, 34(2): 143-153.

Böehringer C, Löschel A. 2006. Computable general equilibrium models for sustainability impact assessment: Status quo and prospects. Ecological economics, 60: 49-64.

Cao J, Ho M. 2009. Changes in China's energy intensity: Origins and implications for long-run carbon emissions and climate policies. EEPSEA research reports. Singapore. http://www. eepsea. net/pub/rr/2010-RR12-Jing%20Cao%20and%20Mun%20S%20HO. pdf[2015-12-1].

Chansomphou V, Ichihashi M. 2013. Structural change, labor productivity growth, and convergence of BRIC countries. Hiroshima University, Graduate School for International Development and Cooperation(IDEC). Discussion Paper Series 3(5).

Dellink R. 2005. Modelling the costs of environmental policy: a dynamic applied general equilibrium assessment. Northampton: Edward Elgar Publishing.

Dirkse S P, Ferris M C. 1995. The PATH Solver: a non-monontone stabilization scheme for mixed complementarity problems. Optimization Methods and Software, 5: 123-156.

Electric Power Research Institute. 2011. Program on technology innovation: Integrated generation technology options. Palo Alto: Electric Power Research Institute.

Hotelling H. 1931. The economics of exhaustible resources. The Journal of Political Economy, 39: 137-175.

Huo M, Zhang D. 2012. Lessons from photovoltaic policies in China for future development. Energy Policy, 51: 38-45.

IAEA. 2008. Energy, electricity and nuclear power estimates for the period up to 2030. Vienna: International Atomic Energy Agency.

IEA. 2007. IEA World Energy Statistics and Balances. Paris: OECD.

IEA. 2012. World energy outlook 2012. Paris: OECD/IEA.

IEA. 2013. CO_2 emissions from fuel combustion 2013[Data set]. IEA CO_2 emission statistics. Paris: OECD.

IMF. 2012. World economic outlook. Washington: International Monetary Fund.

IPCC. 2006. IPCC guidelines for national greenhouse gas inventories. Hayama: Institute for Global Environmental Strategies(IGES).

Jones N. 2007. China tops CO_2 emissions. https://www. nature. com/news/2007/070618/full/news070618-9. html[2015-12-1].

McFarland J R, Reilly J M, Herzog H J. 2004. Representing energy technologies in top-down economic models using bottom-up information. Energy Economics, 26: 685-707.

Melillo J M, Reilly J M, Kicklighter D W, et al. 2009. Indirect emissions from biofuels: how important? Science, 326: 1397-1399.

Narayanan B, Aguiar A, McDougall R. 2012. Global trade, assistance, and production: The GTAP 8 data base. Center for Global Trade Analysis. http://www. gtap. agecon. purdue. edu/databases/v8/v8_doco. asp[2015-12-1].

OECD. 2013. Long-term growth scenarios//Johansson Y Å, Guillemette F. Murtin D, et al., Economic department working papers.

OECD/NEA. 2010. Projected costs of generating electricity. Paris: OECD.

Paltsev S, Reilly J M, Jacoby H D, et al. 2005. The MIT Emissions Prediction and Policy Analysis(EPPA) model: version 4. MIT JPSPGC Report 125, August, 72 p. http://globalchange. mit. edu/files/document/MITJPSPGC_Rpt125. pdf[2015-12-1].

PNNL. 2012a. Document of the global climate assessment model: Electricity. http://wiki. umd. edu/gcam/index. php/The_Energy_System[2015-12-1].

PNNL. 2012b. Document of the global climate assessment model: Energy system. http://wiki. umd. edu/gcam/index. php/The_Energy_System[2015-12-1].

Qi T, Winchester N, Karplus V J, et al. 2014a. Will economic restructuring in China reduce trade-embodied CO_2 emissions? Energy Economics, 42: 204-212.

Qi, T, Winchester N, Zhang D, et al. 2014b. The China-in-global energy model. MIT JPSPGC Report 262, May, 32 p. http://globalchange. mit. edu/files/document/MITJPSPGC_Rpt262. pdf[2015-12-1].

Qi T, Zhang X, Karplus V. 2014c. The Energy and CO_2 emissions impact of renewable energy development in China. Energy Policy, 68: 60-69.

Qiu Y M, Anadon L D. 2012. The price of wind power in China during its expansion: Technology adoption, learning-by-doing, economies of scale, and manufacturing localization. Energy Economics, 34: 772-785.

Rosenthal E R. 2012. GAMS-A user's guide. Washington: GAMS Development Corporation.

Rutherford T F. 1995. Extension of GAMS for complementarity problems arising in applied economic analysis. Journal of Economic Dynamics and Control, 19: 1299-1324.

Rutherford T F. 2002. Lecture notes on constant elasticity functions. Unpublished manuscript. University of Colorado. http://www. gamsworld. eu/mpsge/debreu/ces. pdf[2015-12-1].

Rutherford T F. 2010. GTAP7inGAMS. Zurich: Center for Energy Policy and Economics, Department of Management, Technology and Economics.

Schmalensee R, Stoker T M, Judson R A. 1998. World carbon dioxide emissions: 1950-2050. Review of Economics and Statistics, 80(1): 15-27.

United Nations. 2012. World population prospects, the 2012 revision. New York: Population Division, Department of Economic and Social Affairs.

Webster M D, Paltsev S, Parsons J E, et al. 2008. Uncertainty in greenhouse emissions and costs of atmospheric stabilization. MIT JPSPGC Report 165, https://globalchange. mit. edu/sites/default/files/MITJPSPGC_Rpt165. pdf[2015-12-1].

Wing I S, Eckaus R S. 2007. The implications of the historical decline in US energy intensity for long-run CO_2 emission projections. Energy Policy, 35: 5267-5286.

Wu C Z, Yin X L, Yuan Z H, et al. 2010. The development of bioenergy technology in China. Energy, 35: 4445-4450.

Zhang D, Karplus V J, Cassisa C, et al. 2014. Emissions trading in China: progress and prospects. Energy Policy, 75(12): 9-16.

An Analysis of China's Climate Policy Using the China-in-Global Energy Model

Qi Tianyu, Niven Winchester, Valerie J. Karplus, Zhang Da, Zhang Xiliang

Abstract: The primary approach to address climate change in China has been the use of CO_2 intensity targets coupled with targets for low carbon energy deployment. We evaluate the impact of extending similar targets through 2050 on China's energy use profile and CO_2 emissions trajectory using the China-in-Global Energy Model (C-GEM). The C-GEM is a global computable equilibrium model that includes energy and economic data provided by China's statistical agencies, calibration of savings, labor productivity, and capital productivity dynamics specific to China's stage of development, and regional aggregation that resolves China's major trading partners. We analyze the combined impact of extending CO_2 intensity targets, implemented via a cap-and-trade program, and low carbon energy policies (directives for nuclear power expansion and feed-in tariffs for wind, solar, and biomass energy) through 2050. Although with the policy, simulated CO_2 emissions are around 43% lower in 2050 relative to a reference (No Policy) counterfactual, China's CO_2 emissions still increase by over 60% between 2010 and 2050. Curbing the rise in China's CO_2 emissions will require fully implementing a CO_2 price, which will need to rise to levels higher than \$25/ton in order to achieve China's stated goal of peaking CO_2 emissions by 2030.

Keywords: CO_2 intensity; Climate policy; China; Low carbon energy

中国的经济结构调整是否会减少二氧化碳排放量？*

齐天宇，Niven Winchester，Valerie J. Karplus，张希良

摘要：我们使用多区域投入产出数据库计算中国净出口中蕴含的二氧化碳排放量。我们发现中国出口产品蕴含的大部分二氧化碳，与机械设备有关，而非钢铁和铝等能源密集型产品。2007 年，中国最大的二氧化碳排放净受体主要是欧盟（3.6 亿 t）、美国（3.37 亿 t）和日本（1.09 亿 t）。总体而言，2007 年中国净出口的二氧化碳排放总量为 11.77 亿 t，相当于中国二氧化碳排放总量的 22%。此外，我们制定了一个全球一般均衡模型，并对能源和二氧化碳排放进行了详细处理。我们用这个模型来分析，在中国贸易顺差减少与不减少的情况下，能源密集型产品出口税对中国经济是否存在从工业主导转型为服务业主导的影响，其中出口税的设置遵循中国“十二五”规划的宗旨。我们发现，如果贸易顺差没有减少，那么这两项政策对中国含碳产品的净出口影响有限。这些政策对全球排放的影响更小，因为中国的减产被其他地区的产量增加部分抵消。

关键词：二氧化碳排放量；多区域投入产出分析；可计算一般均衡分析

1 引言

中国过去 30 多年的快速增长带来了巨大的收益，但其代价是大幅度增加能源使用并对环境造成了破坏。随着中国经济和国际贸易的迅速增长，中国已成为世界第一大出口国、第二大进口国和第二大经济体（World Bank，2012）。2010 年，中国能源需求占全球的 20%（BP，2012），已超过美国，成为世界上最大的二氧化碳排放源（International Energy Agency，2011）。中国的二氧化碳排放主要蕴藏在出口产品中。

近几十年来，中国的发展很大程度上得益于发达国家将劳动密集型制造业转移到发展中国家的全球趋势。鉴于发展中国家通常生产技术水平较低，环境限制较少，制造业的转移往往被认为相当于化石燃料消费和环境影响的转移（Copeland and Taylor，1994，1995；Muradian et al.，2002；Tang，2012）①。

大量二氧化碳的排放和出口损害了环境，并使中国成为海外重点实施碳关税政策的目标。具有严格气候政策的发达国家已在探讨对贸易中蕴含的碳征收关税，以避免碳泄漏并增强国内生产者的竞争力（Bednar-Friedl et al.，2012）。由于经济合作与发展

---

* 原文来源：Qi T，Winchester N，Karplus V J，et al. Will economic restructuring in China reduce trade-embodied CO_2 emissions?［J］. Energy Economics，2014，42：204-212，中文出版略有改动。

① 全球范围内的许多研究对贸易中所包含的环境成本进行了定量评估（Skelton et al.，2011；Peters and Hertwich，2008；Davis and Caldeira，2010）；在区域层面，包括美国（Weber and Matthews，2007）、奥地利（Munoz and Steininger，2010）、荷兰（Edens et al.，2011）、印度（Goldar et al.，2011）、中国（Liu and Ma，2011）和爱沙尼亚（Gavrilova and Vilu，2012）。

组织（OECD）国家对碳密集型出口商施加碳关税惩罚，包括中国在内的非 OECD 国家可能遭受重大福利损失（Böhringer et al.，2012）。分析表明，由于征收关税，中国将遭受 4% 的 GDP 损失（Böhringeret et al.，2011）。中国越发意识到出口高能耗和高排放强度产品的不足之处，并已实施促进出口产品蕴含排放减少的政策。

在本文中，我们详细分析了中国贸易产品中蕴含的二氧化碳排放量，并将其与其他主要排放地区进行比较。同时，我们评估影响政策可能对这些排放量的影响程度。第 2 节我们将在相关文献的背景下进行分析。第 3 节总结了推动这项研究的中国能源和气候政策。第 4 节详细介绍了我们的数据和方法。第 5 节介绍了中国 2007 年贸易蕴含排放的结果，并评估了拟议政策如何改变这些排放。第 6 节总结并提出了结论。

2 本文的文献综述与动机

与中国贸易相关的二氧化碳排放量已被广泛研究。先前研究在很大程度上反映了三种不同的探究路线。第一个重点研究，研究人员利用具有时间序列的单一区域投入产出方法（SRIO），量化了与中国贸易相关的排放趋势。Weber 等（2008）通过这种方法探明，1987 ~ 2005 年，中国与出口有关的排放量迅速增长，主要是由于发达国家的消费量增加。Yan 和 Yang（2010）、Xu 等（2011）和 Minx 等（2011）也使用单一区域投入产出方法来评估 1992 ~ 1997 年中国贸易中的蕴含碳排放，并采用结构分解分析来调查其驱动因素。第二个重点研究，分析中国与其一或多个贸易伙伴之间的排放转移，包括日本（Dong et al.，2010；Liu et al.，2010），美国（Du et al.，2011；Shui and Harriss，2006），英国（Li and Hewitt，2008）和其他亚洲经济体（Su and Ang，2011）。第三个重点研究，利用地区投入产出数据（无论是单独的还是与国际数据相关的）来研究中国各地区与贸易相关的排放规模。例如，Guo 等（2012）、Feng 等（2013）将中国省级投入产出数据与国际数据相结合，以解决中国各省级国内和国际排放转移问题。Su 和 Ang（2010，2014）通过贸易中体现的混合排放（HEET）方法分析了中国跨区域贸易和国际贸易对国内排放的影响。

从方法学的角度来看，体现排放的文献可以分为两类。一类是单一区域投入产出分析，它使用一个区域的投入表，假定进口与国内生产采用相同的技术进行生产，以分析贸易流程中的近似排放（Shui and Harriss，2006；Li and Hewitt，2008；Weber et al.，2008；Dong et al.，2010；Liu et al.，2010；Yan and Yang，2010；Du et al.，2011；Minx et al.，2011；Xu et al.，2011；Su and Ang，2013；Su et al.，2010，2013）。例如，Su 和 Ang（2011，2013）、Su 等（2013）所述，单一区域投入产出估计值可能存在偏差，因为它们既没有区分进口产品和国内产品之间的技术差异，也没有捕获在交易具有不同二氧化碳强度的中间投入时产生的反馈效应。

另一类是多区域投入产出（MRIO）分析，通过使用全球经济数据库来解决这一缺陷，该数据集区分各个国家，刻画双边贸易，分别跟踪进口产品和国内生产的中间投入产品（Wiedmann et al.，2007；Wiedmann，2009）。多区域投入产出方法在全球范围的分析中被采用，如 Lenzen 等（2004）、Peters 和 Hertwich（2008）、Davis 和 Caldeira（2010）以及 Peters 等（2011a）。然而，多区域投入产出方法存在数据要求大的缺点。在一些次国家分析中，HEET 方法综合了区域层面的多区域投入产出方法和国家层面的单一区域投入产出方法，目前被用于处理区域层面的空间聚合偏差（Su and Ang，2010，2014）。除投入产出方法外，研究还采用了可计算一般均衡模型来分析政策对贸易中蕴含碳排放的影响，如 Babiker 和 Rutherford（2005）、Böhringer 等（2010）、Hübler（2012，2011）。

本文研究的贡献是双重的。首先，我们采用 Peters 等（2011b）的方法，根据 GTAP 8 数据库生成多区域投入产出表。这一分析使我们能够在一致的基础上比较中国与其他地区及全球平均的直接和间接排放。其次，为了更好地理解不同地区排放差异的具体来源，我们开发并使用了一个多地区、多部门的静态经济模型，并使用了相同的数据库。我们利用这个模型来评估中国两种具有代表性的二氧化碳控制手段的影响，这些手段旨在通过改变中国经济或出口的部门结构（“经济再平衡”）来减少二氧化碳排放。我们的代表性政策是基于中国“十二五”规划的目标，具体来说，我们模拟的政策，一是增加中国经济产出的服务部门份额，不减少中国的贸易顺差；二是增加中国能源密集型行业的出口税（相当于减少出口退税）。

3 政策背景

中国在“十一五”规划中实施了一系列政策，以促进节能减排。政策制定者已经为能源使用、二氧化碳排放和其他污染物设定了短期和中期目标。中国的“十二五”规划包含了能源、二氧化碳和污染目标，同时中国在 2009 年哥本哈根气候变化大会承诺将二氧化碳排放强度降低 40% ~45% 的目标也已被纳入其中期能源计划（2005 ~2020 年）。决策者声称，政策方法旨在激励技术进步和实现通常所说的结构性变化或经济再平衡，这些方向有利于提高能源效率和节约能源。有研究人员估计，在“十一五”期间，中国超过 70% 的能源节约是通过技术手段来实现的，包括对能效措施的投资和关闭效率较低的企业。中国政府呼吁出台一系列补贴和政府投资举措，以提振服务业，2015 年服务业 GDP 占比达到 47% 。工业生产的减少将对中国的贸易格局和规模产生巨大影响，也会对贸易商品和服务中包含的二氧化碳排放产生影响。

中国已采取措施控制能源密集型、污染密集型和资源消耗型产品的出口，这在一定程度上是为了解决以贸易为载体的碳排放问题。2004 年以来，对能源密集型产品的退税和出口关税的提高进行了逐步实施。2004 年，中国取消了焦炭出口退税，限制了焦炭商品的出口。2005 年和 2006 年，中国降低了煤炭、钢铁和化工产品等能源密集型行业的出口退税。2007 年，中国削减了约 1/3 的贸易产品的出口退税，其中包括多种能源密集型产品。由于全球经济危机的影响，中国在 2009 年恢复了一些能源密集型行业的退税，但在 2010 年再次取消了退税。除退税外，中国还利用出口税限制高耗能行业的出口，这在中国“十二五”综合节能减排计划中被列入了补充措施。2008 年，中国的钢铁出口关税从 5% 上调至 10%，有色金属从 10% 上调至 15%。

4 方法和数据

4.1 隐含碳的多区域投入产出计算

正如本文第 2 节所讨论的那样，多区域投入产出方法比单一区域投入产出方法更受欢迎，因为其明确表示了用于生产进口和国内中间投入的技术的异质性，最终获得了 Su 和 Ang（2011）所讨论的反馈效应，并避免了 Su 等（2013）确定的与进出口排放假设相关的问题。

多区域投入产出模型的发展在 Lenzen 等（2004）、Peters 和 Hertwich（2008）、Su 和 Ang（2011）以及 Böhringer 等（2012）的一系列文献中得到了很好的描述。我们采用类似的多区域投入产出结构来计算生产和最终贸易流中蕴含的全生命周期碳含量。投入产出蕴含排放分析包括化石燃料燃烧产生的直接二氧化碳排放和与中间非化石投入需求相关的间接二氧化碳排放，最简单的形式可以用式（1）来总结：

$$\boldsymbol{X}=(\boldsymbol{I}-\boldsymbol{A})^{-1}\boldsymbol{E} \tag{1}$$

式中，$\boldsymbol{X}$ 为每种商品（i）生产中体现的总排放量矢量；$\boldsymbol{I}$ 为单位矩阵；$\boldsymbol{A}$ 为工业 i 中工业 j 使用的 $\boldsymbol{A}_{i\times j}$ 矩阵；$\boldsymbol{E}$ 为与每个行业相关的直接二氧化碳排放矢量。

在 Böhringer 等（2011）之后，我们将这种方法扩展到使用 GTAP 8 数据库参数化的多区域框架。具体而言，我们计算与 r 区域内 i 货物生产量相关的生命周期碳含量，即生产每美元的碳含量——$Ay_{i,r,}$ 乘以生产价值 $y_{i,r}$。这个产品等于直接排放 $\mathrm{Ed}_{i,r}$ 和与中间非化石投入需求相关的间接排放之和，其中有来自国内的间接排放 $\mathrm{Eid}_{i,r}$ 和进口来源的间接排放 $\mathrm{Eim}_{i,r}$。详细表述见式（2）：

$$Ay_{i,r}\times y_{i,r}=\mathrm{Ed}_{i,r}+\mathrm{Eid}_{i,r}+\mathrm{Eim}_{i,r} \tag{2}$$

GTAP 8 数据库中包含与部门生产中的能源消耗相关的直接排放。为计算间接排放量，我们利用数据库中的投入产出系数。国内中间投入品的间接排放量计算如下：

$$\mathrm{Eid}_{i,r}=\sum_{j}Ay_{j,r}\times y_{j,i,r} \tag{3}$$

式中，j 指标用作生产商品 i 的中间投入品。

进口中间投入品的间接排放量是与生产这些中间产品和国际运输排放量相关的排放量的总和：

$$\mathrm{Eim}_{i,r}=\sum_{j,s}(Ay_{j,s}\times y_{j,i,s,r}+At_{j,r}\times y_{j,i,s,r}) \tag{4}$$

式中，$y_{j,i,s,r}$ 为从区域 s 进口产品 i 至区域 r 所需的进口投入 j；$At_{j,r}$ 为运输商品 j 至区域 r 的每美元碳含量，由式（5）和（6）计算：

$$At_{j,r}=(\sum_{t,s}vtwr_{t,j,s,r}\times Atr)/\sum_{t,s}vtwr_{t,j,s,r} \tag{5}$$

$$ATr=(\sum_{r}vst_{t,r}\times Ay_{t,r})/\sum_{r}vst_{t,r} \tag{6}$$

在式（5）中，$vtwr_{t,j,s,r}$为通过服务 t（t 包括空运、水运和陆运）从区域 s 运输到区域 r 的商品 j 的价值；ATr_t为运输服务 t 的平均碳含量。在式（6）中，$vst_{t,r}$和 $Ay_{t,r}$分别为区域 r 提供的运输服务 t 的数量和运输服务 t 的每美元碳含量。

将式（3）~式（6）代入式（2）得到一个 $i×r$ 联立方程组，其中每个商品的生命周期每美元碳含量（$Ay_{i,r}$）是一个内生变量，其他变量（$Ed_{i,r}$、$Eid_{i,r}$、$Eim_{i,r}$、$At_{j,r}$、ATr、$vtwr_{t,j,s,r}$、$vst_{t,r}$、$y_{i,r}$、$y_{j,i,r}$、$y_{j,i,s,r}$）都是源于 GTAP 8 数据库的外生变量。双边贸易蕴含排放量是通过将 $Ay_{i,r}$乘以贸易流量值计算出来的。

几项研究表明，应用多区域投入产出分析时，部门和区域汇总选择很重要。从文献得出的一般结论是，细集合优于粗集合（Lenzen，2011；Su and Ang，2012，2010；Bouwmeester and Oosterhaven，2013），尽管可能存在极限收益分解超过一定水平（Andrew et al.，2009；Su et al.，2010）。为了提供关键能源交易部门的详细描述，我们维持除了农业和服务部门以外的所有行业的 GTAP 8 分类，这些部门占中国贸易的一小部分。具体而言，我们的集合确定了 3 个主要能源部门（煤炭、原油和天然气）、电力部门和 6 个能源密集型行业（造纸和纸制品；化工，橡胶和塑料制品；非金属矿物；钢铁；制造业金属制品；有色金属）。按照与部门选择相同的逻辑，区域集合列出了在中国贸易总额中占很大比例的政治实体，包括美国、日本、韩国和欧盟，而其他地区则统称为复合区域。我们的聚合程序遵循 Rutherford（2005）开发的技术。表 1 列出了详细的部门和区域集合。

表 1　部门和区域集合

部门	缩写	区域	缩写
农业	agr	中国（除中国台湾外）	chn
煤炭	col	日本	jpn
原油	oil	韩国	kor
天然气	gas	中国台湾	twn
精炼油	roil	印度	ina
电力	ely	美国	usa
纸及纸制品	ppp	俄罗斯	rus
化工、橡胶及塑料制品	crp	澳大利亚及新西兰	anz
非金属矿物	nmm	欧盟	eur
钢铁	i_s	欧洲其他国家	roe
金属制品	fmp	非洲	afr
有色金属	nfm	中东	mes
食品生产	fod	拉丁美洲	lam
金属矿	omn	亚洲其他国家	roa
纺织业	tex	南亚	sea
服装业	wap	加拿大及墨西哥	rna
皮革制品	lea		

续表

部门	缩写	区域	缩写
木材制品	lum		
电子设备	ele		
机械设备及其他	ome		
制造业及其他	omf		
运输设备	tre		
传输业	trs		
服务业	ser		

注：nec 的缩写代表“未分类”；chn 为中国（除中国台湾）。

4.2 建立可计算一般均衡模型以进行政策评估

为了评估当前政策对减少中国贸易碳排放的影响，我们采用了全球经济的多部门多区域静态可计算一般均衡模型，此模型建立在与计算贸易二氧化碳排放量相同的数据基础上，但通过授权使生产者和消费者响应相对价格的变化，扩展了我们的多区域投入产出分析。也就是说，随着政策工具（如出口税）的变化，生产者可以改变输入选择，消费者可以改变消费束。在我们的可计算一般均衡分析中，蕴含二氧化碳排放是内生的，并且每次模拟重新计算。

可计算一般均衡模型的结构与 Rutherford 和 Paltsev（2000）描述的 GTAP-EG 模型以及麻省理工学院排放预测与政策分析（MIT EPPA 模型）(Paltsev et al.，2005）的静态部分相似。在可计算一般均衡模型中，有三种类型的生产过程：提取初级燃料（原油、煤和天然气）、电力生产以及其他生产活动（包括精炼油、制造业和服务业）。每种生产技术都由嵌套的恒定替代弹性（CES）函数捕获。图 1 描绘了三种生产活动的详细嵌套结构，其中 σ 用于表示替代弹性。嵌套结构的一个重要特征是公司能够在化石燃料之间以及总能量和附加值之间进行替代。化石燃料的稀缺性通过在每个化石燃料生产嵌套的顶层包括燃料专用资源来体现。可计算一般均衡模型的弹性值遵循 MIT EPPA 模型中使用的值。假定公司处于完全竞争市场。生产函数还包括在基准数据库中观察到的产出、投入和贸易商品税。

需求方面，每个地区的代表性家庭通过分配当前消费、投资和政府支出的收入来最大化效用。每个地区的电力消耗由表 1 中所列商品的一系列嵌套 CES 函数决定。为了在能源和非能源商品之间提供替代的可能性，嵌套结构将能源消费分解为能源组合和其他商品及服务。为以后各期提供资本存量的投资，和为代表性家庭提供商品和服务的政府开支都假定为总收入的恒定比例。消费者选择他们的需求概况，在预算限制下最大化他们的福利，并从资本、劳动力和燃料资源（要素收入）以及税收收入中获得收入。

双边贸易是用 Armington（1969）的假设来规定的，即国内和进口货物是不完全替代品，并且按原产地区分。也就是说，每一种进入最终需求并由企业购买的商品都是国内产品和进口产品的 CES 合成物，其中进口产品是不同地区产品的 CES 合成物。

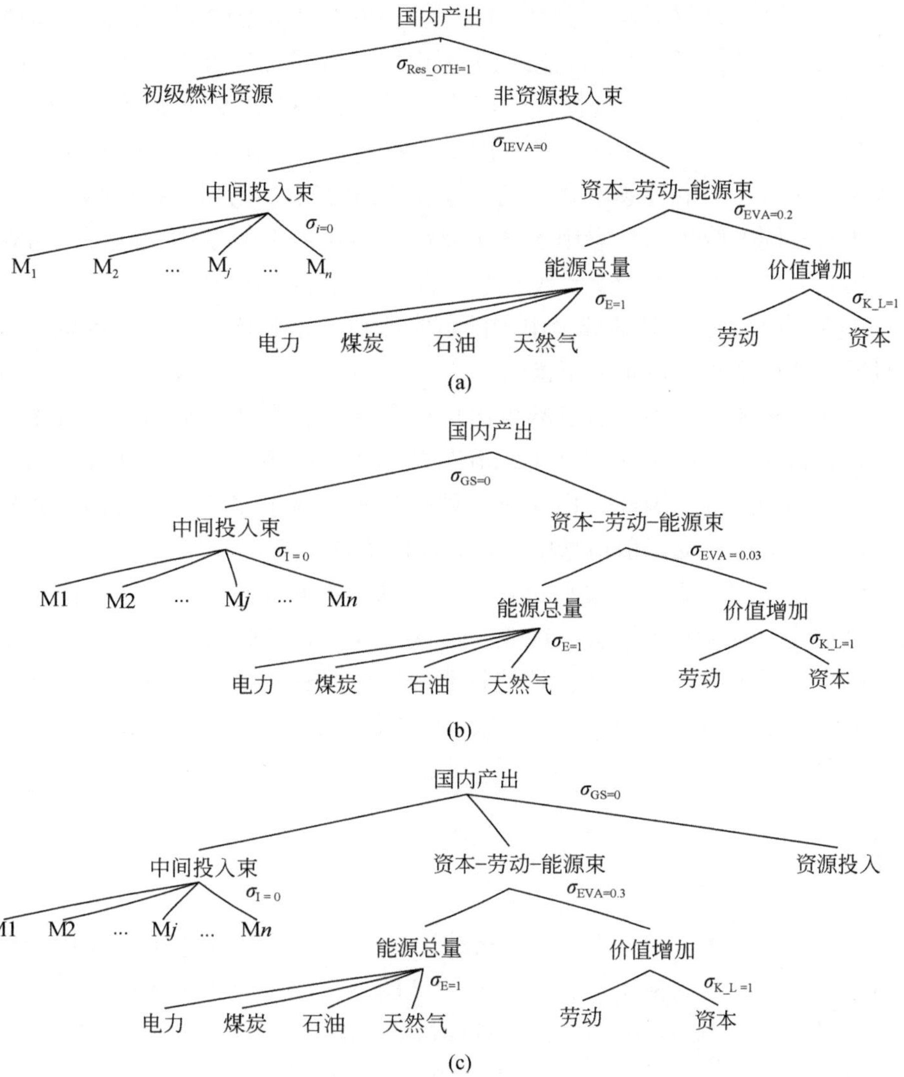

图 1 （a）初级燃料（煤、原油和天然气），（b）电力和（c）其他部门的生产部门嵌套结构弹性值来源于 MIT EPPA 模型

资料来源：Paltsev et al. 2005

可计算一般均衡模型使用用于分析具体碳排放量的多区域投入产出数据库（GTAP 8）进行校准。该模型［通用代数建模系统（GAMS）的子系统］利用一般均衡分析的数学编程系统（MPSGE）语言将模型表示为混合互补问题，并且使用 PATH 求解器求解，以导出市场出清的价格矢量和各部门需求（Mathiesen，1985；Rutherford，1995，1999）。

4.3 政策情景

我们评估了两种政策情景对中国净出口二氧化碳净排放量的影响。在“十二五”规划下，中国决策者的目标是鼓励国家经济结构调整，以减少对重工业的依赖，增加服务业对 GDP 的贡献，同时鼓励国内消费。我们概括了两个描述这些策略的关键特征的情景。第一个情景是再平衡，它对中国“十二五”规定的 2015 年部门 GDP 贡献进行了规定。第二个情景是需求，它模拟了国内需求的增加以及部门 GDP 贡献的变化。根据国务院发展研究中心的数据，中国 2015 年农业对 GDP 贡献率为 8%，工业为 45%，服务业为 47%。在 GTAP 8 数据库中，农业、工业和服务对 GDP 的贡献分别为 12%、48% 和 40%。在再平衡和需求情景中，我们使用内生产出税或补贴模拟 2015 年目标，其中将相同的内生工具应用于各主要部门。在需求情景中，除部门目标外，我们还将中国贸易顺差值从 GTAP 8 数据库中的 2700 亿美元减少到了 1350 亿美元，降幅达 50%。这种冲击是通过外部减少中国的资本账户赤字和增加其他地区资本账户的比例来实现的，从而实现全球贸易平衡①。

如前所述，近年来，中国通过减少出口退税和提高生产活动出口关税来控制高能耗产品出口，这些政策已包含在“十二五”规划中。减少出口退税和征收出口税的运作基本采用相同的机制，因此我们在第三种情景下增加了出口税，我们将其称为出口税情景。出口税情景不受以前情景中实施的任何政策冲击。

在我们的模型中，能源密集型行业包括造纸和纸制品行业、化学制品行业、橡胶和塑料制品行业、非金属矿物制品行业、钢铁行业、有色金属和金属制品行业。目前这些产品的出口关税为 4% ~6%。这些行业的出口关税并未在中国“十二五”规划或其他地方明确规定，因此我们在情景中做了简单假设，即出口税情景②下的税率比其他情景增加一倍。

5 结果

在本节中，基于多区域投入产出分析结果，首先，我们描述 2007 年中国贸易蕴含的碳排放量。然后，我们使用可计算一般均衡模型来模拟上述三种政策冲击，并评估对经济、总排放量和中国贸易二氧化碳排放量的影响。

5.1 中国贸易蕴含的二氧化碳排放量

为了从我们的基准数据集中得出贸易体现的碳排放，我们将特定行业和来源的碳强度（$Ay_{i,r}$）乘以中国的出口和进口价值。图 2 显示了聚合部门和地区的二氧化碳排放强度。结果显示，中国的部门碳强度远高于欧洲、日本和美国，也高于全球平均水平。结果进一步表明，生命周期蕴含排放的最大贡献者是国内中间投入排放（主要由直接和间接使用电力而产生），而非直接排放。

图 3 显示了中国在各地区进出口的二氧化碳排放量。计算结果表明，除中国台湾外，中国是所有地区实际排放量的净出口国。Su 和 Ang（2011）使用不同年份的数据集获得了类似的结果，该数据集具有不同的覆盖范围或世界区域。导致这一结果的原

① 减少贸易顺差的另一种方法是内生贸易平衡，并引入政策工具，如 Li 和 Whalley（2012）。

② 我们旨在为潜在政策工具提供绩效基准，而非为了指明税率选择，因此确定精确的税率并不是必要的。

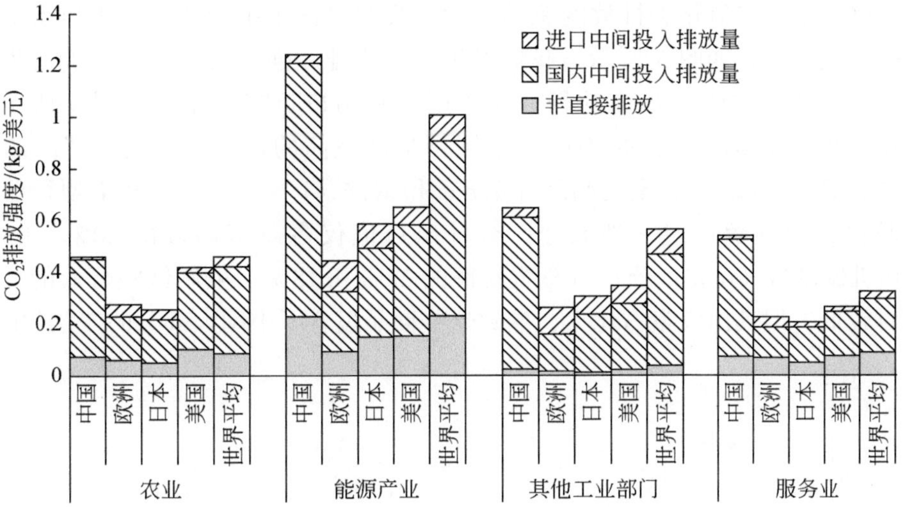

图 2　2007 年按部门和国别分类的二氧化碳排放强度

因是中国与大多数国家或地区存在贸易顺差，且中国的生产相对于其他地区属于二氧化碳密集型生产。欧洲、美国和日本是中国最大的贸易伙伴，三者合计占中国二氧化碳净出口总量的一半以上。中国累计出口 17.22 亿 t 二氧化碳和进口 5.45 亿 t 二氧化碳，净出口 11.77 亿 t 二氧化碳。而 2007 年中国的二氧化碳排放量为 52.69 亿 t，因此出口量占总排放量的 32.7%，净出口量占总排放量的 22.3%。这些结果与以前的研究结果一致。据估计，2002 年出口的排放量占总排放量的 24%，2005 年为 33%（Weber et al.，2008），2007 年为 27%～33%（Yan and Yang，2010）①。Lin 和 Sun（2010）发现，二氧化碳净排放量占 2005 年总排放量的 18.8%。

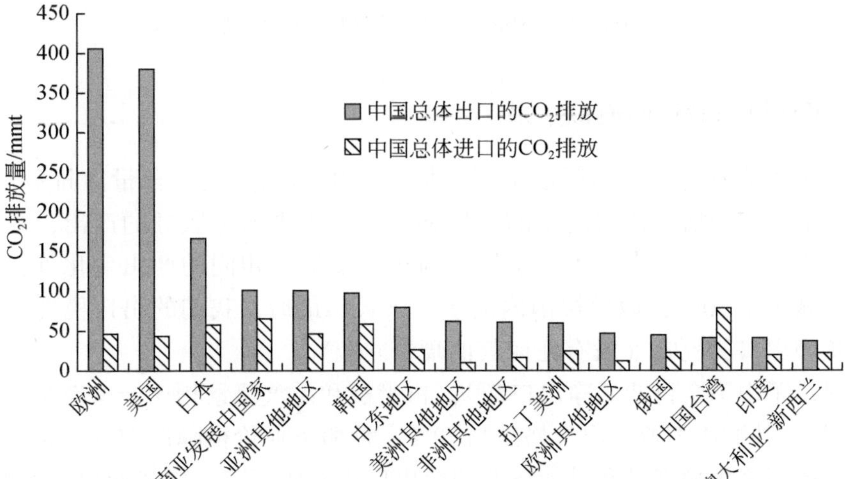

图 3　2007 年中国与各地区进出口产品蕴含二氧化碳排放情况

① 与我们的分析相关，但没有直接可比性，Chen 和 Zhang（2010）发现出口体现的排放占中国温室气体排放的 41%。

为了确定部门二氧化碳排放的驱动因素，我们对比了中国的部门出口份额与部门二氧化碳排放强度，如图5所示。我们发现，一些排放强度最低的行业拥有很高的价值份额，而一些排放强度最高的行业对中国的总出口贡献较小。如图4所示，电力（ely）和天然气（gas）生产是中国两个碳密集度最高的行业，但这些产品的出口很少。非金属矿物（nmm）、金属制品（fmp）和钢铁（i_s）等能源密集型行业的碳强度相对较高，但其贸易量一般较小，合计出口值仅占总贸易额的20%。电子设备（ele）和机械设备（ome）分别占总贸易额的22%和18%。虽然这些行业的二氧化碳浓度相对较低，但其出口量占比大，导致这些商品蕴含了中国大部分的二氧化碳。

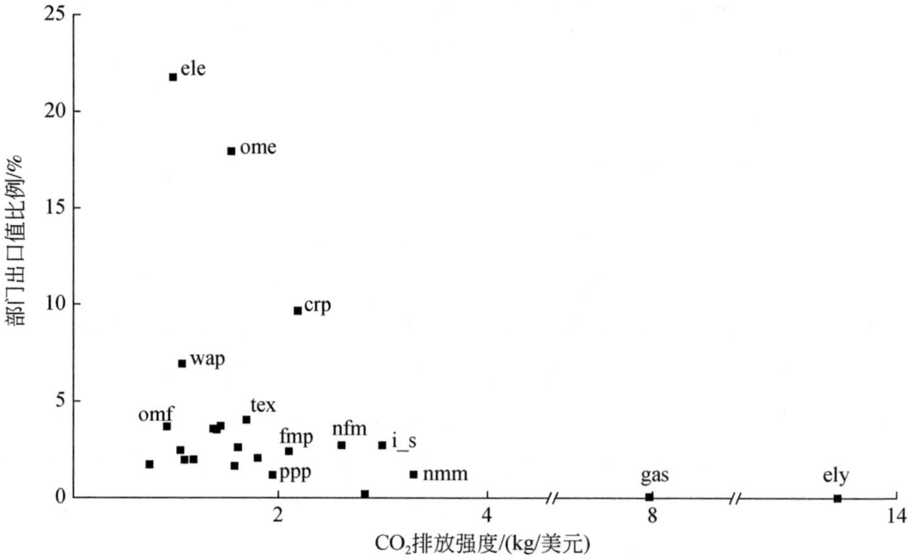

图4　2007年中国的部门出口值和二氧化碳排放强度

5.2　可计算一般均衡模拟结果

如本文第3节所述，我们评估了三种情景对中国二氧化碳含量净排放量的影响。首先，我们的再平衡情景使用内生的产出补贴和税收来增加服务的产出，并减少农业和工业的产出。其次，需求情景除了针对与再平衡情景相同的产出变化外，还使中国的贸易顺差减少了50%，以模拟国内需求的增长。最后，我们的出口税情景增加了中国能源密集型出口的税收（没有任何其他政策冲击）。

图5显示了中国全行业的净出口额①。再平衡和需求情景相比于参考情景，实现部门目标的税收/补贴使工业产出价格提高20%，使服务业价格降低25%。因此，在这两种情况下，能源密集型产品和其他行业的净出口均有所下降，服务业出口大幅度增加，这使中国从服务业的净进口国转变为净出口国。两种情景的结果对比表明，正如预期

① 我们希望重点关注能源密集型产业的变化，我们将分别报告能源密集型行业和其他行业的结果，尽管同样的税率适用于所有工业部门的再平衡和需求情况。

的那样，国内需求增加促成了所有部门净出口的减少。

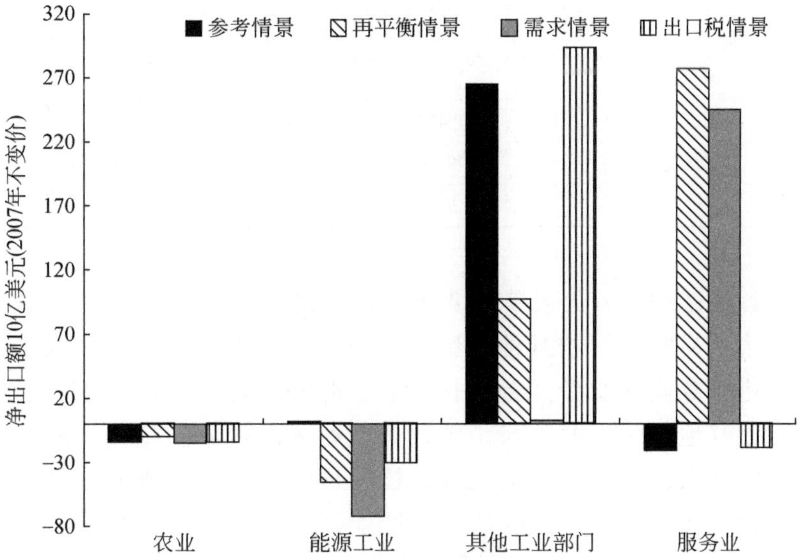

图 5　中国在参考和三种政策情景中的净出口额

政策冲击造成的相对价格变化会导致投入选择的变化，我们使用可计算一般均衡模型在每种政策情景下预测的产量系数，重新估算多区域投入产出计算的实物排放量。表 2 说明了中国各地区总体部门二氧化碳排放量和各地区排放净出口情况。在再平衡情景中，在政策导致的服务业产出大幅度增加的推动下，工业的排放净出口减少，服务业的排放增加。总而言之，在再平衡情景下，中国净出口的排放量仅有小幅度下降（4.2%）。需求情景中具体排放变化的部门模式与再平衡情景中类似，但净出口的减少导致净出口总量大幅度下降（22.1%）。

表 2　中国净出口蕴含二氧化碳排放量和分地区排放量　（单位：mmt）

项目		参考情景	再平衡情景	需求情景	出口税情景
中国的净排放量	农业	−2	0	−3	−2
	能源密集型产业	312	214	158	226
	其他产业	827	588	472	867
	服务业	40	325	290	42
	总计	1 177	1 127	917	1 133
分地区排放	中国（除中国台湾外）	5 268	4 986	5 011	5 239
	美国	5 583	5 585	5 582	5 584
	欧洲	4 150	4 157	4 155	4 152
	日本	1 067	1 073	1 072	1 068

续表

项目		参考情景	再平衡情景	需求情景	出口税情景
分地区排放	韩国	424	430	429	425
	中国台湾	258	262	261	259
	亚洲其他国家	474	482	482	475
	世界其他国家	9 299	9 327	9 304	9 306
	全球	26 523	26 302	26 296	26 508

通过检查各地区的二氧化碳排放量（在表 2 的第二板块中显示），我们发现中国的政策通过双边贸易联系影响其他地区的排放。在再平衡和需求情景中，以牺牲制造业为代价促进服务业的发展，会使中国国内排放量减少约 5%。然而，中国制造业出口的减少促使其他地区扩大生产，导致其他地区的排放量增加。欧洲、日本和韩国的排放量增幅最大，约占其他地区排放量增长的 30%。亚洲新兴经济体与发达国家之间的贸易也大幅度增加，这增加了这些亚洲新兴经济体的排放。具体而言，东亚其他国家（roa，包括越南、柬埔寨和老挝）向欧洲、日本和美国的出口增长了 8% 左右。总体而言，中国二氧化碳排放量的减少转化为其他地方排放量增加（即存在碳泄露），部分原因是发达经济体增加了原本从中国购买的工业品的生产，部分原因是其他新兴经济体生产更多的工业产品出口到发达市场。净效应只是全球二氧化碳排放量的少量减少（再平衡和需求情景均为 2. 25 亿 t），因为发达国家拥有清洁技术，而发展中国家替代中国生产的总体排放强度较低（如与中国的 1. 77kg CO_2/美元相比，东亚其他国家的排放强度为 1. 27kg CO_2/美元，差异主要是因为东亚其他国家对电力生产的依赖程度较低）。

在出口税情景中，增加对能源密集型产品的出口税将使这些商品的出口额从 2110 亿美元降至1730 亿美元。能源密集型生产的减少降低了能源和要素价格。这些价格的下降降低了其他部门的生产成本，从而使这些部门在全球市场上变得相对更具竞争力，并导致非目标部门的出口增加（农业除外）。

在出口税情景下，贸易和生产导致能源密集型行业的排放量减少 8600 万 t。然而，其他行业的出口净排放增加4200 万 t，因此净出口的排放总量仅减少4400 万 t，下降了 3. 7%。中国排放量的减少也部分被其他地区排放量的增加（2900 万 t）所抵消。这是因为来自中国的能源密集型产品出口减少，导致这些产品在其他地区的产量增加，但能源密集型产品的总消费量小幅度下降。欧洲、美国和日本的排放量增幅最大，发展中国家对中国的高耗能商品进口量增加。与再平衡情景一样，中国能源密集型产品向发达国家的供应减少，部分减少的供应得到发达经济体和其他向发达经济体出口的地区的生产补偿。除了贸易模式的变化之外，中国以外的一小部分碳泄漏是受化石燃料价格影响。在施加出口税的机制下，中国对化石燃料的需求下降导致全球化石燃料价格降低，并增加了其在其他地区的使用。加上中国非目标行业的排放量增加，以及出口税情景中其他地方的排放量增加，全球排放量仅略有减少。

6 结果和讨论

基于 GTAP 8 数据库，我们对 2007 年中国贸易中碳排放量进行多区域投入产出分析。来自多区域投入产出分析的视野有助于指导我们调查两个代表性政策的影响，这些政策旨在通过使用多区域、多部门静态全球一般均衡模型的中国经济结构变化，来减少二氧化碳排放。作为世界上最大的出口国，中国隐含碳量的净出口量大于其他地区。中国碳排放量的大量出口既威胁国内环境，也使中国成为海外实施碳关税政策的主要目标。中国已意识到其脆弱性，并已采取一系列政策手段解决其贸易中体现的能源和碳排放问题。本文对影响中国贸易蕴含排放的因素进行深入探究，试图评估两个代表中国“十二五”规划的政策效果——一个侧重于经济再平衡，并没有强调刺激国内消费，另一个侧重于减少中国出口能源密集型产品的激励。

在多区域投入产出分析中，我们发现中国净出口中的二氧化碳排放量为 11.76 亿 t，相当于总排放量的 22%。这一总数与其他研究的结果一致，如 Yan 和 Yang（2010）、Weber 等（2008）对中国进出口排放量的估计。机械和电子设备产品是二氧化碳净出口的主要来源（34%），而不是能源密集型行业（30%）。净出口至欧洲、日本和美国的商品所蕴含的二氧化碳占中国二氧化碳净出口总额的一半以上。中国所生产产品的二氧化碳强度远高于欧洲、日本和美国。相对二氧化碳密集型的生产，尤其是电力生产和贸易顺差被发现是推动中国大量净出口二氧化碳的主要因素。

尽管这两项政策都被宣传为二氧化碳减排政策，但我们调查的两项政策都没有对全球二氧化碳排放总量产生重大影响，旨在重新平衡中国经济结构的政策改变了中国的贸易格局，从以工业为基础到以服务业为基础，并没有显著影响中国以贸易形式存在的二氧化碳排放，除非中国贸易顺差减少（在这种情况下，国内排放增加，抵消了 90% 的以贸易形式存在的二氧化碳碳排放）。能源密集型产品的关税使中国的能源密集型出口减少了 300 亿美元，但其他生产活动增加所带来的抵消效应，中国出口的二氧化碳排放量仅有少量减少。据观察，针对扩大内需的政策在降低中国出口二氧化碳排放量方面更为有效，尽管它没有明确考虑随着家庭收入增加而出现的消费模式的变化。在这两种情况下，我们发现，中国减少的排放量中，约 90% 通过将生产转移到消费产品的发达经济体，以及其他贸易伙伴增加生产来抵消。因此，中国实施的气候政策将间接导致其他地区的排放泄漏，并且环境效益甚微。在全球范围内，二氧化碳排放量略有下降，因为二氧化碳密集型技术较少的地区将生产先前在中国生产的高能耗产品。

蕴含碳排放的估计受贸易价值和模式的影响较大。鉴于未发布的全球投入产出数据集可用性有限且交付周期长，我们根据 2007 年的数据开展研究。然而，受 2008 年全球经济放缓的影响，中国贸易顺差已从 2007 年的 2668 亿美元缩减至 2011 年的 1551 亿美元。同时，如果中国目前的内需持续扩张，预计中国可能会在几年内成为全球最大的进口国。如果发生这种情况，比起目前模型所使用的数据库，中国的贸易顺差将进一步减少。贸易体现的碳排放量的担忧可能会被缓解，或者被对中国国内消费的能源和二氧化碳强度的担忧取代。此外，本文讨论的政策对二氧化碳排放的影响有限，部分原因是这些政策没有解决将目标行业的排放转移至其他行业是否具备的可能性的问题。

致谢

我们感谢科学技术部对清华大学能源环境与经济研究所的支持，以及清华大学研究生院和力拓对齐天宇在博士期间前往麻省理工学院担任访问学者的支持；感谢中国能源和气候项目的创始赞助商——法国开发署（AFD）、Eni S. p. A. 、ICF 国际和壳牌公司的支持；感谢中国社会科学基金会社会科学重大研究项目（09&ZD029）的支持；感谢麻省理工学院联合计划对全球变化科学与政策的贡献，以及计划所涉及的政府、企业和基金会的资助。本文工作也得到了美国能源部综合评估基金（DE-FG02-94ER61937）的支持。

参考文献

Andrew R M, Peters G P, Lennox J. 2009. Approximation and regional aggregation in multi-regional input-output analysis for national carbon footprint accounting. Economic Systems Research, 21: 311-335.

Armington P S. 1969. A theory of demand for products distinguished by place of production. IMF Staff Papers, 16: 159-176.

Babiker M H, Rutherford T F. 2005. The economic effects of border measures in subglobal climate agreements. Energy Journal, 26(4): 99-125.

Bednar-Friedl B, Schinko T, Steininger K W. 2012. The relevance of process emissions for carbon leakage: A comparison of unilateral climate policy options with and without border carbon adjustment. Energy Economics, 34: S168-S180.

Bouwmeester M, Oosterhaven J. 2013. Specification and aggregation errors in environmentally extended input output models. Environmental and Resource Economics, 56(3): 307-335.

BP. 2012. Statistical Review of World Energy 2011. https://www.bakerinstitute.org/media/files/Research/75ce34bc/BP_SR_2011_-US-_secured.pdf[2013-12-1].

Böhringer C, Bye B, Fahn T, et al. 2012. Alternative designs for tariffs on embodied carbon: A global cost-effectiveness analysis. Energy Economics, 34(Supplement 2): S143-S153.

Böhringer C, Carbone J C, Rutherford T F. 2011. Embodied carbon tariffs. National Bureau of Economic Research Working Paper 17376. http://www.nber.org/papers/w17376[2013-12-1].

Böhringer C, Fischer C, Rosendahl K. 2010. The Global Effects of Subglobal Climate Policies. The B. E. Journal of Economic Analysis and Policy, 10(2): 10-48.

Chen G Q, Zhang B. 2010. Greenhouse gas emissions in China 2007: Inventory and input-output analysis. Energy Policy, 38: 6180-6193.

Copeland B R, Taylor M S. 1994. North-South trade and the environment. Quarterly Journal of Economics, 109: 755-787.

Copeland B R, Taylor M S. 1995. Trade and transboundary pollution. American Economic Review, 85: 716-737.

Davis S J, Caldeira K. 2010. Consumption-based accounting of CO_2 emissions. Proceedings of the National Academy of Sciences of the United States of America, 107:5687-5692.

Dong Y, Ishikawa M, Liu X, et al. 2010. An analysis of the driving forces of CO_2 emissions embodied in Japan-China trade. Energy Policy, 38:6784-6792.

Du H, Guo J, Mao G, et al. 2011. CO_2 emissions embodied in China-US trade: Input-output analysis based on the emergy/dollar ratio. Energy Policy, 39:5980-5987.

Edens B, Delahaye R, Van Rossum, et al. 2011. Analysis of changes in Dutch emission trade balances between 1996 and 2007. Ecological Economics, 70:2334-2340.

Feng K, Davis S J, Sun L, et al. 2013. Outsourcing CO_2 within China. Proceedings of the National Academy of Sciences of the United States of America, 110(28):11654-11659.

Gavrilova O, Vilu R. 2012. Production-based and consumption-based national greenhouse gas inventories: An implication for Estonia. Ecological Economics, 75:161-173.

Goldar A, Bhanot J, Shimpo K. 2011. Prioritizing towards a green export portfolio for India: An environmental input-output approach. Energy Policy, 39:7036-7048.

Guo J, Zhang Z, Meng L. 2012. China's provincial CO_2 emissions embodied in international and interprovincial trade. Energy Policy, 42:486-497.

Hübler M. 2011. Technology Diffusion under Contraction and Convergence: A CGE Analysis of China, Energy Economics, 33(1):131-142.

Hübler M. 2012. Carbon tariffs on Chinese exports: Emissions reduction, threat, or farce? Energy Policy, 50: 315-327.

Industrial Energy Efficiency Database. 2012. CN-2: Energy and Carbon Intensity Targets of the 12th Five Year Plan. http://iepd.iipnetwork.org/policy/energy-and-carbon-intensity-targets-12th-five-year-plan [2013-12-1].

International Energy Agency. 2011. CO_2 Emissions from Fuel Combustion 2011. Paris: Organisation for Economic Co-operation and Development.

Lenzen M, Pade L, Munksgaard J. 2004. CO_2 Multipliers in Multi-region Input-Output Models. Economic Systems Research, 16:391-412.

Lenzen M. 2011. Aggregation versus disaggregation in input-output analysis of the environment. Economic Systems Research, 23:73-89.

Li C, Whalley J. 2012. Rebalancing and the Chinese VAT: Some numerical simulation results. China Economic Review, 23:316-324.

Li Y, Hewitt C N. 2008. The effect of trade between China and the UK on national and global carbon dioxide emissions. Energy Policy, 36:1907-1914.

Lin B, Sun C. 2010. Evaluating carbon dioxide emissions in international trade of China. Energy Policy, 38: 613-621.

Liu L, Ma X. 2011. CO_2 embodied in China's foreign trade 2007 with discussion for global climate policy. Procedia Environmental Sciences, 5:105-113.

Liu X, Ishikawa M, Wang C, et al. 2010. Analyses of CO_2 emissions embodied in Japan-China trade. Energy Policy, 38:1510-1518.

Mathiesen L. 1985. Computation of economic equilibria by a sequence of linear complementarity problems. Mathematical Programming Study, 23:144-162.

Minx J C, Baiocchi G, Peters G P, et al. 2011. A carbonizing dragon: China's fast growing CO_2 emissions revisited. Environmental science and technology, 45: 9144-9153.

Munoz P, Steininger K W. 2010. Austria's CO_2 responsibility and the carbon content of its international trade. Ecological Economics, 69: 2003-2019.

Muradian R, O'Connor M, Martinez-Alier J. 2002. Embodied pollution in trade: estimating the "environmental load displacement" of industrialised countries. Ecological Economics, 41: 51-67.

Paltsev S, Reilly J, Jacoby H D, et al. 2005. The MIT Emissions Prediction and Policy Analysis (EPPA) model: Version 4. Joint Program on the Science and Policy of Global Change, Report No. 125. Cambridge: Massachusetts Institute of Technology.

Peters G P, Andrew R, Lennox J. 2011b. Constructing an environmentally extended multi-regional input-output table using the GTAP database. Economic Systems Research, 23: 131-152.

Peters G P, Hertwich E G. 2008. CO_2 embodied in international trade with implications for global climate policy. Environmental science & technology, 42: 1401-1407.

Peters G P, Minx J C, Weber C L, et al. 2011a. Growth in emission transfers via international trade from 1990 to 2008. Proceedings of the National Academy of Sciences, 108: 8903-8908.

Reuters. 2012. The history of China's tax rebate policy adjustment. http://cn.reuters.com/article/chinaNews/idCNCHINA-2515620100622 in Chinese[2013-12-1].

Rutherford T F, Paltsev S V. 2000. GTAP-Energy in GAMS: The dataset and static model. Economics Discussion Paper 00-02. Boulder: University of Colorado.

Rutherford T F. 1995. Extension of GAMS for complementarity problems arising in applied economic analysis. Journal of Economic Dynamics and Control, 19: 1299-1324.

Rutherford T F. 1999. Applied general equilibrium modeling with MPSGE as a GAMS subsystem: An overview of the modeling framework and syntax. Computational Economics, 14: 1-46.

Rutherford T F. 2005. GTAP6inGAMS: The Dataset and Static Model. Ann Arbor, MI. http://www.mpsge.org/gtap6/gtap6gams.pdf[2013-12-1].

Schmidt J. 2012. The Copenhagen Accord: Foundations for International Action on Climate Change. http://www.nrdc.org/international/copenhagenaccords[2013-12-1].

Shui B, Harriss R C. 2006. The role of CO_2 embodiment in US-China trade. Energy Policy, 34: 4063-4068.

Skelton A, Guan D, Peters G P, et al. 2011. Mapping Flows of Embodied Emissions in the Global Production System. Environmental science & technology, 45: 10516-10523.

Su B, Ang B W, Low M. 2013. Input-output analysis of CO_2 emissions embodied in trade and the driving forces: Processing and normal exports. Ecological Economics, 88: 119-125.

Su B, Ang B W. 2010. Input-output analysis of CO_2 emissions embodied in trade: The effects of spatial aggregation. Ecological Economics, 70: 10-18.

Su B, Ang B W. 2011. Multi-region input-output analysis of CO_2 emissions embodied in trade: The feedback effects. Ecological Economics, 71: 42-53.

Su B, Ang B W. 2012. Structural decomposition analysis applied to energy and emissions: aggregation issues. Economic Systems Research, 24: 299-317.

Su B, Ang B W. 2013. Input-output analysis of CO_2 emissions embodied in trade: Competitive versus non-competitive imports. Energy Policy, 56: 83-87.

Su B, Ang B W. 2014. Input-output analysis of CO_2 emissions embodied in trade: A multi-region model for

China. Applied Energy, 114:377-384.

Su B, Huang H C, Ang B W, et al. 2010. Input-output analysis of CO_2 emissions embodied in trade: The effects of sector aggregation. Energy Economics, 32:166-175.

Tang X, Zhang B, Feng L, et al. 2012. Net oil exports embodied in China's international trade: An input-output analysis. Energy, 48:464.

Weber C L, Matthews H S. 2007. Embodied environmental emissions in US international trade, 1997-2004. Environmental science & technology, 41:4875-4881.

Weber C L, Peters G P, Guan D, et al. 2008. The contribution of Chinese exports to climate change. Energy Policy, 36:3572-3577.

Wiedmann T, Lenzen M, Turner K, et al. 2007. Examining the global environmental impact of regional consumption activities — Part 2: Review of input-output models for the assessment of environmental impacts embodied in trade. Ecological Economics, 61:15-26.

Wiedmann T. 2009. A review of recent multi-region input-output models used for consumption-based emission and resource accounting. Ecological Economics, 69:211-222.

World Bank. 2012. China 2030: Building a Modern, Harmonious, and Creative High-Income Society. http://www.worldbank.org/content/dam/Worldbank/document/China-2030-complete.pdfhttp://www.worldbank.org/content/dam/Worldbank/document/China-2030-complete.pdf[2013-12-1].

Xu M, Li R, Crittenden J C, et al. 2011. CO_2 emissions embodied in China's exports from 2002 to 2008: A structural decomposition analysis. Energy Policy, 39:7381-7388.

Yan Y F, Yang L K. 2010. China's foreign trade and climate change: A case study of CO_2 emissions. Energy Policy, 38:350-356.

附表 1　C-GEM 中的区域

C-GEM 中的区域	各地区主要经济体
发达经济体	
United States(USA)	美国
Canada(CAN)	加拿大
Japan(JPN)	日本
South Korea(KOR)	韩国
Developed Asia(DEA)	中国香港、中国台湾、新加坡
Europe Union(EUR)	欧盟 27 国以及欧洲自由贸易区的国家
Australia-New Zealand(ANZ)	澳大利亚、新西兰和其他南太平洋地区
发展中经济体	
China(CHN)	中国(不含香港、澳门、台湾数据)
Developing South-East Asia(SEA)	印度尼西亚、马来西亚、菲律宾、泰国、越南、柬埔寨、老挝
Rest of Asia(ROA)	孟加拉国、斯里兰卡、巴基斯坦、蒙古国
Mexico(MEX)	墨西哥
India(IND)	印度
Middle East(MES)	伊朗、巴林、以色列、科威特、阿曼、卡塔尔、沙特阿拉伯
South Africa(ZAF)	南非

续表

C-GEM 中的区域	各地区主要经济体
Rest of Africa(AFR)	不在其他类别中的非洲国家
Russia(RUS)	俄国
Rest of Eurasia(ROE)	克罗地亚、白俄罗斯、乌克兰、亚美尼亚、阿塞拜疆、格鲁吉亚、土耳其、哈萨克斯坦
Brazil(BRA)	巴西
Latin America(LAM)	不在其他类别中的拉美国家

附表 2　C-GEM 中 20 个行业部门的描述

类型	部门	描述
农业部门	Crops(CROP)	有管理的农田生产的粮食和非粮食作物
	Forest(FORS)	管理林地和伐木活动
	Livestock(LIVE)	畜牧业和动物产品
能源部门	Coal(COAL)	硬煤、褐煤和泥煤的开采和结块
	Oil(OIL)	石油提炼
	Gas(GAS)	天然气提炼
	Petroleum(ROIL)	精炼石油和石油化学产品
	Electricity(ELEC)	电力和热力的生产、传输和分配
能源密集型产业	Non-Metallic Minerals Products(NMM)	水泥、石膏、石灰、砾石和混凝土
	Iron & Steel(I&S)	钢铁的制造和铸造
	Non-Ferrous Metals Products(NFM)	生产和铸造铜、铝、锌、铅、
	Chemicals, Rubbers and Plastics(CRP)	黄金和白银
	Fabricated Metal Products(FMP)	基础化学品、其他化工产品、橡胶和塑料
其他产品	Food & Tobacco(FOOD)	食品和烟草的制造
	Mining(MINE)	金属矿石、铀矿、宝石和采石
	Construction(CNS)	建造房屋、工厂、办公室和道路
	Equipment(EQUT)	机械和设备、包括电子产品
	Other Industries(OTHR)	未归类于别处的行业
服务业	Transportation Services(TRAN)	管道运输，以及水、空气和陆地运输
	Other Services(SERV)	通讯、金融、公共服务、住宅

附表 3　C-GEM 中的电力技术

现有技术	先进技术
煤炭	风
精炼油	太阳能
天然气	生物质能

续表

现有技术	先进技术
核	先进的核
水电	天然气联合循环(NGCC)
	整体煤气化联合循环(IGCC)
	具有碳捕集与封存技术的天然气联合循环(NGCC-CCS)
	具有碳捕集与封存技术的整体煤气化联合循环(IGCC-CCS)

附表 4　C-GEM 中使用的弹性

项目		说明	值	备注
生产	σ_{Res_OTH}	资源和其他投入	0.6~0.7	石油和天然气0.6、煤炭0.7
	σ_{I_EVA}	中间投入和能源-资本-劳动束	0	应用于所有行业
	σ_{E_KL}	能源和增值束	0.1~0.5	电力0.1、农业0.3、能源工业0.4、其他工业0.5
	σ_{E_NE}	电力和非电力输入束	0.5	应用于所有行业
	σ_{NOE}	非电力能源投入	0.1~0.5	不同部门应用不同的值
	σ_{K_L}	资本和劳动	1	应用于所有行业
	σ_{RE}	风能和太阳能等电力技术	1	应用于电力行业
	σ_{O_VA}	增值和其他投入	0.7	应用于农业领域
消费	σ_{CS}	消费和储蓄	1	适用于所有地区
	σ_{CE}	商品和能源消耗	0.25~0.5	不同时间段应用不同的值
	σ_{CT}	运输和其他货物	0.5	适用于所有地区
	σ_{c}	非能源商品	0.3~0.6	不同区域和时间段应用不同的值
	σ_{E}	能源商品	0.5	适用于所有地区
	σ_{TRN}	公共和私人交通	0.5	适用于所有地区
	σ_{R_O}	燃料和其他投入	1	适用于所有地区
	σ_{E_S}	设备和服务投入	1	适用于所有地区
贸易	σ_{DM}	国内和进口商品之间的阿明顿弹性	1~3	电力1、其他商品3
	σ_{MM}	各地区进口货物的阿明顿弹性	0.5~6	电力0.5、其他商品6

资料来源：基于麻省理工学院 EPPA 模型中使用的估计（Paltsev et al.，2005）

附表 5　二氧化碳排放量、二氧化碳强度、许可证价格和福利

项目	情景	2010 年	2015 年	2020 年	2025 年	2030 年	2035 年	2040 年	2045 年	2050 年
中国 CO_2 排放量（mmt）	参考情景	7 382	9 561	12 249	14 511	16 491	18 000	19 370	20 359	21 057
	政策情景	7 382	8 803	10 269	11 216	11 774	12 000	12 102	12 084	12 046
除中国外世界 CO_2 排放（mmt）	参考情景	22 118	23 538	24 963	26 946	29 132	31 323	33 361	35 421	37 350
	政策情景	22 118	23 565	25 020	27 042	29 269	31 502	33 586	35 684	37 651
中国 CO_2 强度（mmt per billion USD）	参考情景	1.57	1.43	1.30	1.19	1.08	0.98	0.89	0.80	0.71
	政策情景	1.57	1.31	1.10	0.93	0.78	0.66	0.56	0.48	0.41

续表

项目	情景	2010 年	2015 年	2020 年	2025 年	2030 年	2035 年	2040 年	2045 年	2050 年
CO_2 许可证价格（美元/t）	政策情景	—	7.4	14.1	19.0	25.7	32.9	41.2	49.6	58.4
中国福利（等同参考情景变化的变化）（%）	政策情景	—	-0.0	-0.6	-0.8	-0.9	-1.2	-1.4	-1.5	-1.6

附表 6　政策情景中的输出相对于参考情景的变化　　（单位:%）

部门	2015 年	2020 年	2025 年	2030 年	2035 年	2040 年	2045 年	2050 年
煤炭	-9.7	-19.8	-27.6	-34.8	-40.7	-46.2	-50.2	-53.0
油	-0.5	-1.5	-1.7	-1.7	-1.8	-1.8	-1.8	-1.8
天然气	18.9	31.5	34.8	40.8	44.9	47.6	44.5	36.8
石油	-2.1	-4.4	-5.7	-6.5	-7.3	-8.1	-8.9	-9.8
电力	-2.5	-6.2	-9.1	-12.2	-14.9	-17.3	-19.5	-21.3
农业	0.1	-0.5	-0.8	-0.9	-1.0	-1.1	-1.2	-1.3
能源密集型行业	-1.6	-3.9	-4.9	-5.7	-6.5	-7.2	-7.6	-7.8
其他生产	-0.4	-1.8	-2.4	-2.8	-3.3	-3.7	-4.0	-4.2
服务	0.0	-1.1	-1.7	-1.9	-2.3	-2.5	-2.7	-2.7

附表 7　2050 年政策情景下不同替代 σ_{E_KL} 值和 AEEI 增长率下的 CO_2 价格和福利变化

项目	σ_{E_KL}			AEEI 年增长率		
	0.375	0.5	0.625	1.4%	1.7%	2%
CO_2 价格（美元/t）	$68.3	$58.4	$50.4	$79.6	$58.4	$40.4
福利变化（%）	-2.4%	-1.6%	-1.0%	-3.0%	-1.6%	-0.2%

Will Economic Restructuring in China Reduce Trade-Embodied CO_2 Emissions?

Qi Tianyu, Niven Winchester, Valerie J. Karplus, Zhang Xiliang

Abstract: We calculate carbon dioxide (CO_2) emissions embodied in China's net exports using a multi-regional input-output database. We find that the majority of China's export-embodied CO_2 is associated with production of machinery and equipment rather than energy-intensive products, such as steel and aluminum. In 2007, the largest net recipients of embodied CO_2 emissions from China include the EU (360 million metric tons, mmt), the US (337 mmt) and Japan (109 mmt).

Overall, annual CO_2 emissions embodied in China's net exports totaled 1,177 mmt, equal to 22% of China's total CO_2 emissions. We also develop a global general equilibrium model with a detailed treatment of energy and CO_2 emissions. We use the model to analyze the impact of a sectoral shift in the Chinese economy away from industry and towards services, both without and with a decrease in China's trade surplus, and a tax on energy-intensive exports, which reflect policy objectives in China's Twelfth Five-Year Plan(2011-2015). We find that without a decrease in the trade surplus, both policies will have a limited impact on China's net exports of embodied CO_2 emissions. The policies have an even smaller effect on global emissions, as reduced production in China is partially offset by increased production elsewhere.

Keywords: Embodied CO_2 emissions; Multi-regional input-output analysis; Computable general equilibrium(CGE) analysis

2005~2013 年中国能源相关的二氧化碳减排驱动因素分析*

齐天宇，翁玉艳，张希良，何建坤

摘要：识别中国近年来能源相关排放的驱动因素对于中国未来减排政策设计至关重要。本文的特点是以中国近期能源经济转型为前提，从生产层面和消费层面总体估算减排因素。研究采用中国 2005~2013 年修订的能源经济数据，借助对数平均迪维西亚指数（logarithmic mean Divisia index，LMDI）模型进行分析。我们发现工业领域能源生产力提高是减排的主要因素，占总减排贡献的 72%；居民部分占 8.3%。2013 年经济转型仍处于早期阶段，经济结构对减排的影响还不明显。未来中国需要通过实施节能措施和促进产业升级来进一步提高生产领域能源生产力。经济结构调整将在未来的减排中发挥更重要的作用。

关键词：对数平均迪维西亚指数（LMDI）模型；能源相关二氧化碳排放；指数分解分析；二氧化碳减排

1 引言

巴黎气候变化大会上，国际社会就全球减排目标和行动计划达成一致共识，即将全球平均气温较工业化前水平升高幅度控制在 2℃以内。作为全球最大的温室气体排放国，中国未来的减排能力在国际社会备受关注。同时，中国是第一个在巴黎气候变化大会之前就宣布国家自主贡献目标的发展中国家，并承诺以 2005 年为基准年，二氧化碳排放强度在 2030 年下降 60%~65%，二氧化碳排放在 2030 年左右达峰。2005 年中国开始设定节能减排目标，2014 年中国二氧化碳排放强度与 2005 年相比下降了 33.7%。为了实现国家自主贡献的承诺，中国仍然需要在 2014 年的基础上，将二氧化碳排放强度进一步降低 40%~47%，这将是一个巨大的挑战。所以，确定过去 10 年内不同因素对中国二氧化碳减排的贡献，对于未来减排政策的设计是至关重要的。

近年来，指数分解分析方法越来越多地被用来研究结构改变和部门能源强度变化对未来能源消费趋势的影响（Ang，2015；Xu and Ang，2013；Zhang et al.，2013）。运用指数分解分析方法首先需要定义一个主导函数，该主导函数可以集合若干个将被分解的、研究者感兴趣的预定义因素。在定义了主导函数后，就可以制定各种分解方法来量化这些因素对总体的影响。研究者常用的分解方法可以分为两类：拉氏

---

* 原文来源：Tianyu Qi T Y，Weng Y Y，Zhang X L，et al. An analysis of the driving factors of energy-related CO_2 emission reduction in China from 2005 to 2013. Energy Economics. 2016. 60：15-22，中文出版略有改动。

（Laspeyres）指数方法（Sun，1998）和迪氏（Divisia）指数方法（Ang and Pandiyan，1997；Choi and Ang，2001）。拉氏指数是基于常见的百分比变化概念，而迪氏指数是基于对数变化的概念（Ang，2004）。

在 1990 年之前，分解分析主要是基于拉氏指数的概念进行的。在 20 世纪 90 年代，分解分析逐渐转移到迪氏指数概念上，或者更确切地说，是转移到算术平均迪氏指数（AMDI）方法。自 2000 年以来，最常用的指数分解分析方法是对数平均迪氏指数（LMDI）方法（Ang，2004）。AMDI 方法和 LMDI 方法都受到迪氏指数方法的影响。但目前采用哪种方法进行分解分析存在争论，尚未达成统一和一致。Ang（2004）提出了评价分解分析方法可取性的四个标准：①理论基础，②适用性，③易用性，④便于结果解释；他将 LMDI 作为推荐的方法。LMDI 方法和拉氏指数方法之间最主要的区别在于，LMDI 方法的公式在研究多因素的问题和双因素的问题时形式完全相同；但对于拉氏指数方法，当研究因素超过 3 个时，公式将变得非常复杂。AMDI 方法的缺点是，当两个国家之间的数据变化很大时，它可能有较大的残差项，并且当数据集包含零值时，AMDI 不能收敛。LMDI 方法的优点是，结果中不包含任何无法解释的剩余项，分解公式采用一种相当简单的形式，结果之间由一种简单而有用的关系联系在一起（Ang，2004，2015）。LMDI 方法是目前排放方面应用最广泛的分解分析方法。在 2010～2014 年，在 254 篇分解分析期刊论文中有 2/3 的论文采用了 LMDI 方法。每年使用 LMDI 方法的论文份额一直在上升，从 2010 年的 50% 上升到 2014 年的 76%。

分解分析方法常用于研究二氧化碳排放量变化的驱动因素（Xu and Ang，2013；Zhang et al.，2013；Ang，2015）。此外，分解分析方法可以分为迪氏指数方法（Ang and Pandiyan，1997；Choi and Ang，2001）和拉氏指数方法（Sun，1998），每个指数方法都有各自的分解方法。根据 Ang（2004）的研究，在确定具体的分解方法时，应考虑理论基础，适用性，易用性，易于理解和结果表述四个方面。Ang（2004）证明了在综合考虑四个因素之后，LMDI 方法是最优的分解方法。LMDI 方法也是目前应用最广泛的排放分解分析方法（Chen and Yang，2014；Xu and Ang，2013；Xu et al.，2014a，2014b，2014c；Ang，2015；Shahiduzzaman et al.，2015）。

随着中国能源消耗和二氧化碳排放问题的日益严重，已有许多研究对中国与能源相关二氧化碳排放进行了分解分析。我们在本文第 2 节对已有研究进行了详细的比较。且本文分解分析研究改进创新的地方包括：①本文采用了截至 2016 年修订的能源和经济数据进行分解分析；②本文首次对包含生产侧和消费侧在内的能源相关二氧化碳排放总量进行全面分解分析；③本文分析的时间跨度是 2005～2013 年，涵盖了 2012 年年底启动的经济改革行动。因此，本文是中国经济与能源转型背景下关于中国能源二氧化碳减排影响因素分析的最新研究。

本文安排如下：第 2 节为文献综述，第 3 节为研究方法与数据，第 4 节为结果，第 5 节为结论。

2 文献综述

指数分解分析已广泛应用于全球、国家、地区和部门层面的二氧化碳排放研究；Xu 和 Ang（2013）对 1991 ~ 2012 年采用分解分析方法分析二氧化碳排放量的 80 多篇论文进行了深入的文献回顾。Ang（2015）也详细介绍了 LMDI 方法在分解分析方法中的应用。在这两篇综述文献的基础上，本文仅对采用 LMDI 方法分析中国二氧化碳排放量的研究进行回顾，但不包括关注中国区域、省级和行业尺度的二氧化碳排放论文。本文在模型方法、聚合指标、分解指标和排放范围等方面对 12 篇论文进行了回顾与比较，见表 1。

表 1 中国排放总量分解分析文献比较

文献	指标类型	LMDI 方法	分解方法	LMDI 模型	分解指标							最终消费的排放量	时间跨度
					act	str	int	fmx	emi	oth	total		
Li 等（2015）	数量	LMDI-I	add	model 1	√	√	√	√	√	√	6	是	1996 ~ 2012 年
Wang（2015）	数量	LMDI-I	add	model 1	√	√	√	√	√	√	6	是	1996 ~ 2012 年
Zhang 和 Da（2015）	数量和强度	LMDI-I	add	model 1 和 model 5	√	√	√	√			4	是	1996 ~ 2010 年
Li 等（2015a）	数量	LMDI-I	add	Model 1	√	√	√	√	√	√	6	是	1997 ~ 2012 年
Chen 和 Yang（2015）	数量	LMDI-II	mul	Model 4	√	√	√	√	√	√	6	是	2007 ~ 2011 年
Lin 等（2014）	强度	LMDI-I	add	model 5		√	√	√			3	是	1996 ~ 2010 年
Xu 等（2014c）	数量	LMDI-I	add	model 1	√	√	√	√	√		5	是	1996 ~ 2011 年
Xu 等（2014a）	数量	LMDI-I	add	model 1	√	√	√	√	√	√	6	是	2005 ~ 2010 年
Xu 等（2014b）	强度	LMDI-I	add	model 5	√	√	√	√	√	√	6	是	1995 ~ 2011 年
Li 和 Ou（2013）	强度	LMDI-I	add	model 5		√	√	√	√		4	是	1995 ~ 2010 年
Tan 等（2011）	强度	LMDI-II	add	model 7		√	√	√		√	4	否	1999 ~ 2009 年
Wang 等（2005）	数量	LMDI-I	add	model 1	√		√	√	√	√	5	是	1957 ~ 2000 年

正如 Xu 和 Ang（2013）以及 Ang（2015）所表明的，LMDI 方法越来越多地应用在二氧化碳排放分析中。在 2014 年和 2015 年，就有大量的用 LMDI 方法的论文来分析中国的二氧化碳排放。LMDI-I 方法和加法分解方法是分解分析中最常用的方法。同时二氧化碳排放的数量指标比强度指标使用次数更多。大多数论文只采用一种 LMDI 方法进行分解分析，但在某些情况下，也有论文用两种方法分解数量和强度指标，如 Zhang 和 Da（2015）。能源结构（fmx）、每单位经济产出的能源强度（int）和经济结构（str）是几乎所有的分解研究中都会使用的三个基本指标。活动指标（act）也被大多数数量指标模型广泛应用。在二氧化碳排放的覆盖范围方面，超过半数的研究仅涵盖生产方面的排放，但有 2015 年发表的文章将居民消费的排放纳入其中。还有大多数论文的时间跨度超过 10 年，以揭示指标影响的长期趋势。

基于表 1 所列的结果，我们进一步计算了 act、str、int 和 fmx 等指标对二氧化碳减排量的贡献，如图 1 所示。大部分论文认为单位经济产出能源消费的下降是减排的主导因素，减排贡献为 75% ～124%。在大多数研究中，经济结构和化石能源结构对减排有负面影响，减排贡献分别为−12% ～8% （str）、−12% ～38% （estr）。经济活动的扩张对减排的贡献为−328% ～−182%，抵消了之前因素带来的减排贡献，是导致排放量增加的主要因素。

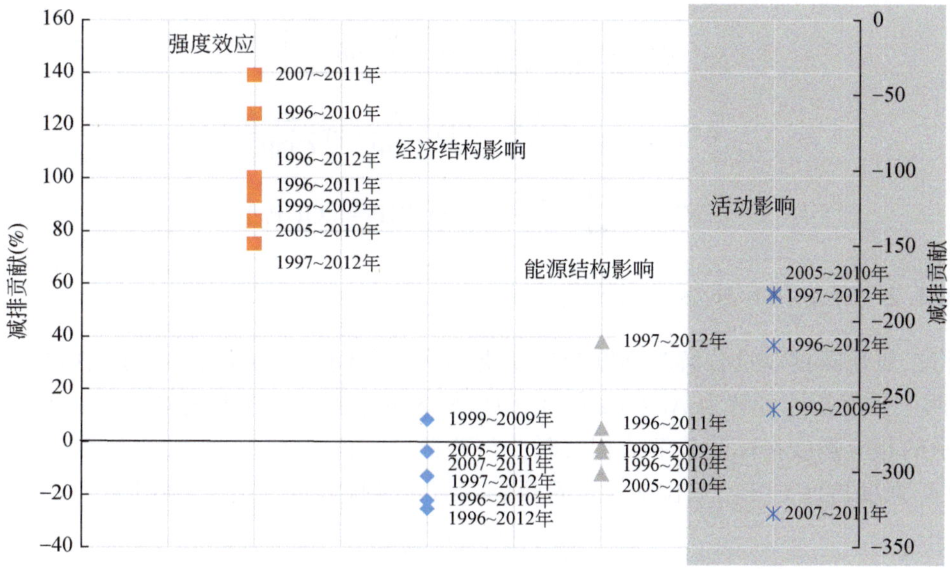

图 1　中国排放分解分析文献中分解指标对减排贡献的比较

3　研究方法与数据

3.1　研究方法

Ang（2015）将现有的 LMDI 方法从方法的维度（LMDI-I 或 LMDI-II）、分解过程（相加或乘法）、聚合指标（数量指标或强度指标）中归纳出 8 个模型。在这一分类的基础上，本文采用了 LMDI-I 和加法分解方法。此外，在 Ang（2015）的研究中，模型 1 和模型 5 都用于分解数量和强度指标。接下来将讨论这些方法的具体细节。

3.1.1　数量指标的分解（与能源有关的二氧化碳排放）

与能源有关的二氧化碳排放①被分解为单位能源消费的二氧化碳排放（C/E）、单位 GDP 能源消费（E/GDP）和 GDP，如式（1）所示：

① 本文中出现的二氧化碳一词都是指与能源有关的二氧化碳排放，除非另有说明。

$$C=\frac{C}{E}\times\frac{E}{\mathrm{GDP}}\times\mathrm{GDP} \tag{1}$$

式中，C 为与能源有关的二氧化碳排放（10^6t）；E 为全部一次能源消费总量（10^6tce）；GDP 为国内生产总值（10 亿元）（2005 年不变价）。

基于 Ang（2015）的模型 1，0 ~ t 期间的二氧化碳排放变化如下：

$$\Delta C=C_t-C_0=\Delta C_{C/E}+\Delta C_{E/\mathrm{GDP}}+\Delta C_{\mathrm{GDP}} \tag{2}$$

式中，$\Delta C_{C/E}$和 $\Delta C_{E/\mathrm{GDP}}$为强度影响；$\Delta C_{\mathrm{GDP}}$为经济活动影响。

$$\Delta C_{C/E}=\frac{C_t-C_0}{\ln C_t-\ln C_0}\times\left(\ln\frac{C_t}{E_t}-\ln\frac{C_0}{E_0}\right)$$

$$\Delta C_{E/\mathrm{GDP}}=\frac{C_t-C_0}{\ln C_t-\ln C_0}\times\left(\ln\frac{E_t}{\mathrm{GDP}_t}-\ln\frac{E_0}{\mathrm{GDP}_0}\right)$$

$$\Delta C_{\mathrm{GDP}}=\frac{C_t-C_0}{\ln C_t-\ln C_0}\times(\ln\mathrm{GDP}_t-\ln\mathrm{GDP}_0)$$

3.1.2 强度指标分解（强度指数）

将二氧化碳排放量分解为强度和活动指标后，我们进一步将式（1）中 C/E 和 E/GDP 两个强度指标分解为 Ang（2015）中模型 5 的子指标。子指标通过加权与式（2）中所示的相应强度指标的分解值相关联，与数量指标相关联。

1）强度指标 C/E：单位能源消费量的二氧化碳排放量（I_{cint}）可分解为

$$I_{\mathrm{cint}}=\frac{C}{E}=\frac{C}{F}\times\frac{F}{E} \tag{3}$$

式中，F 为化石能源消费总量（10^6t 标准煤）。因此，C/F 表示每单位化石能源消费量的二氧化碳排放量，F/E 表示化石能源消费总量在一次能源消费总量中所占的份额。根据 Ang（2015）中的模型 5，C/E 的变化如式（4）所示：

$$\Delta I_{\mathrm{cint}}=I_{\mathrm{cint}}^T-I_{\mathrm{cint}}^0=(\Delta I_{\mathrm{cint}})_{C/F}+(\Delta I_{\mathrm{cint}})_{F/E} \tag{4}$$

式中，$(\Delta I_{\mathrm{cint}})_{C/F}$为二氧化碳强度的影响，$(\Delta I_{\mathrm{cint}})_{F/E}$为能源结构的影响。

$$(\Delta I_{\mathrm{cint}})_{C/F}=\frac{I_{\mathrm{cint}}^T-I_{\mathrm{cint}}^0}{\ln I_{\mathrm{cint}}^T-\ln I_{\mathrm{cint}}^0}\times\left(\ln\frac{C_t}{F_t}-\ln\frac{C_0}{F_0}\right)$$

$$(\Delta I_{\mathrm{cint}})_{F/E}=\frac{I_{\mathrm{cint}}^T-I_{\mathrm{cint}}^0}{\ln I_{\mathrm{cint}}^T-\ln I_{\mathrm{cint}}^0}\times\left(\ln\frac{F_t}{E_t}-\ln\frac{F_0}{E_0}\right)$$

为了连接到二氧化碳排放的贡献，形式转换为

$$(\Delta C_{\mathrm{cint}})_{C/F}=\Delta C_{C/E}\times\frac{(\Delta I_{\mathrm{cint}})_{C/F}}{(\Delta I_{\mathrm{cint}})_{F/E}+(\Delta I_{\mathrm{cint}})_{C/F}}$$

$$(\Delta C_{\mathrm{cint}})_{F/E}=\Delta C_{C/E}\times\frac{(\Delta I_{\mathrm{cint}})_{F/E}}{(\Delta I_{\mathrm{cint}})_{F/E}+(\Delta I_{\mathrm{cint}})_{C/F}}$$

2）强度指标 E/GDP：单位 GDP 能源消费（I_{eint}）是生产侧能源强度（$I_{\mathrm{eint\_}p}$）和消费侧能源强度之和（$I_{\mathrm{eint\_}h}$）：

$$I_{\mathrm{eint}}=\frac{E}{\mathrm{GDP}}=\frac{E_p}{\mathrm{GDP}}+\frac{E_h}{\mathrm{GDP}}=I_{\mathrm{eint\_}p}+I_{\mathrm{eint\_}h} \tag{5}$$

$$\Delta I_{\text{eint}} = \Delta I_{\text{eint\_}p} + \Delta I_{\text{eint\_}h} \tag{6}$$

总能源消费量 E 是生产侧能源消费量 E_p 和消费侧能源消费量 E_h 之和。生产侧能源消费强度（$I_{\text{eint\_}p}$）。中国统计数据库为43个具体行业提供行业增加值和行业能源消费量数据，其中包括农业、3个服务业和39个具体行业。因此，根据数据规范，生产侧 $I_{\text{eint\_}p}$ 的能量强度可分为43个行业，如式（7）所示：

$$I_{\text{eint\_}p} = \frac{E_p}{\text{GDP}} = \sum_i \frac{E_{p,i}}{S_i} \times \frac{S_i}{\text{GDP}} \tag{7}$$

式中，$E_{p,i}$ 为 i 行业的能源消费量，其中 i 指的是43个行业；S_i 为 i 行业的行业增加值；S_i/GDP 为中国的行业结构；E_i/S_i 为行业能源强度。根据 Ang（2015）的模型5，$I_{\text{eint\_}p}$ 的变化可以如式（8）所示：

$$\Delta I_{\text{eint\_}p} = I^T_{\text{eint\_}p} - I^0_{\text{eint\_}p} = (\Delta I_{\text{eint\_}p})_{\text{int}} + (\Delta I_{\text{eint\_}p})_{\text{str}} \tag{8}$$

其中，$(\Delta I_{\text{eint\_}p})_{\text{int}}$ 为行业能源强度影响；$(\Delta I_{\text{eint\_}p})_{\text{str}}$ 为行业结构影响。

$$(\Delta I_{\text{eint\_}p})_{\text{int}} = \sum_i \frac{I^T_{\text{eint\_}p,i} - I^0_{\text{eint\_}p,i}}{\ln I^T_{\text{eint\_}p,i} - \ln I^0_{\text{eint\_}p,i}} \times \left(\ln \frac{E^T_{p,i}}{S^T_i} - \ln \frac{E^0_{p,i}}{S^0_i}\right)$$

$$(\Delta I_{\text{eint\_}p})_{\text{str}} = \sum_i \frac{I^T_{\text{eint\_}p,i} - I^0_{\text{eint\_}p,i}}{\ln I^T_{\text{eint\_}p,i} - \ln I^0_{\text{eint\_}p,i}} \times \left(\ln \frac{S^T_i}{\text{GDP}^T} - \ln \frac{S^0_i}{\text{GDP}^0}\right)$$

为了连接到二氧化碳排放的贡献，形式转换为

$$(\Delta C_{\text{eint\_}p})_{\text{int}} = \Delta C_{E/\text{GDP}} \times \frac{\Delta I_{\text{eint\_}p}}{\Delta I_{\text{eint}}} \times \frac{(\Delta I_{\text{eint\_}p})_{\text{int}}}{(\Delta I_{\text{eint\_}p})_{\text{int}} + (\Delta I_{\text{eint\_}p})_{\text{str}}}$$

$$(\Delta C_{\text{eint\_}p})_{\text{str}} = \Delta C_{E/\text{GDP}} \times \frac{\Delta I_{\text{eint\_}p}}{\Delta I_{\text{eint}}} \times \frac{(\Delta I_{\text{eint\_}p})_{\text{str}}}{(\Delta I_{\text{eint\_}p})_{\text{int}} + (\Delta I_{\text{eint\_}p})_{\text{str}}}$$

单位GDP居民能源消费量（$I_{\text{eint\_}h}$）。单位GDP居民能源消费量 $I_{\text{eint\_}h}$ 可以被分解成单位居民消费支出的能源消费 $\frac{E_h}{D}$ 和单位GDP的居民消费支出 $\frac{D}{\text{GDP}}$（D 是以2005年不变价计算的居民消费支出），具体表示如下：

$$I_{\text{eint\_}h} = \frac{E_h}{\text{GDP}} = \frac{E_h}{D} \times \frac{D}{\text{GDP}} \tag{9}$$

根据 Ang（2015）中的模型5，$I_{\text{eint\_}h}$ 的变化如式（10）所示：

$$\Delta I_{\text{eint\_}h} = I^T_{\text{eint\_}h} - I^0_{\text{eint\_}h} = (\Delta I_{\text{eint\_}h})_{\text{int}} + (\Delta I_{\text{eint\_}h})_{\text{str}} \tag{10}$$

其中，$(\Delta I_{\text{eint\_}h})_{\text{int}}$ 为消费侧能源强度的影响；$(\Delta I_{\text{eint\_}h})_{\text{str}}$ 为需求结构的影响。

$$(\Delta I_{\text{eint\_}h})_{\text{int}} = \sum_i \frac{I^T_{\text{eint\_}h,i} - I^0_{\text{eint\_}h,i}}{\ln I^T_{\text{eint\_}h,i} - \ln I^0_{\text{eint\_}h,i}} \times \left(\ln \frac{E^T_{h,i}}{S^T_i} - \ln \frac{E^0_{h,i}}{S^0_i}\right)$$

$$(\Delta I_{\text{eint\_}h})_{\text{str}} = \sum_i \frac{I^T_{\text{eint\_}h,i} - I^0_{\text{eint\_}h,i}}{\ln I^T_{\text{eint\_}h,i} - \ln I^0_{\text{eint\_}h,i}} \times \left(\ln \frac{S^T_i}{\text{GDP}^T} - \ln \frac{S^0_i}{\text{GDP}^0}\right)$$

为了连接到二氧化碳排放的贡献，形式转换为，

$$(\Delta C_{\text{eint\_}h})_{\text{int}} = \Delta C_{E/\text{GDP}} \times \frac{\Delta I_{\text{eint\_}h}}{\Delta I_{\text{eint}}} \times \frac{(\Delta I_{\text{eint\_}h})_{\text{int}}}{(\Delta I_{\text{eint\_}h})_{\text{int}} + (\Delta I_{\text{eint\_}h})_{\text{str}}}$$

$$(\Delta C_{\mathrm{eint}\_h})_{\mathrm{str}} = \Delta C_{E/\mathrm{GDP}} \times \frac{\Delta I_{\mathrm{eint}\_h}}{\Delta I_{\mathrm{eint}}} \times \frac{(\Delta I_{\mathrm{eint}\_h})_{\mathrm{str}}}{(\Delta I_{\mathrm{eint}\_h})_{\mathrm{int}} + (\Delta I_{\mathrm{eint}\_h})_{\mathrm{str}}}$$

3.2 数据说明

根据式（1）～式（8），本文研究中需要的数据包括生产和终端消费部门按能源品种划分的详细能源消耗数据以及各行业 2005～2013 年的行业增加值。GDP 数据和分品种能源消费量来自《中国统计年鉴 2015》和《中国能源统计年鉴 2014》（含 2013 年数据），其中经济和能源数据均为人口普查后修订的数据①。2005～2013 年的增加值数据都换算为 2005 年不变价。相关行业的二氧化碳排放量是通过将每种化石燃料的排放系数乘以每个行业的终端能源消费量来计算的。加工转化过程的消费化石燃料带来的排放已在终端消费中计入，但电力除外。电力和热力的排放在火力发电行业进行核算。排放系数来自于中国国家碳排放报告②。式（9）和式（10）中出现的家庭支出按居民消费水平与人口的乘积计算，两者均来自《中国统计年鉴 2015》。居民能源消费来自《中国能源统计年鉴 2014》。详细的行业增加值来自国家统计局数据库，该数据库详细记录了 2007 年之前 43 个行业增加值的增长情况，2007 年之后增值被“增值指数”（以不变价格）取代。我们根据这些价值指数计算了具体行业的增加值。

4 结果

根据式（1），能源相关的二氧化碳排放首先可分解为单位能源碳含量 C/E、能源强度 E/GDP 和 GDP 三个因素。同时计算出 2005～2013 年这三个因素对二氧化碳排放变化量的贡献，见表 2。2005～2013 年，二氧化碳排放量增加了 31.96 亿 t，GDP 增长是最主要的驱动因素（驱动了 58.46 亿 t），而 C/E 和 E/GDP 的减少导致碳排放量减少了 26.50 亿 t。

表 2　对二氧化碳排放的 C、E 和 GDP 三因素分解

年份	C	E	GDP	C/E	E/GDP	$\Delta C_{C/E}$	$\Delta C_{E/\mathrm{GDP}}$	ΔC_{GDP}
2005	6 066	2 614	18 590	2.32	0.14			
2006	6 644	2 865	20 948	2.32	0.14	−4	−176	758
2007	7 215	3 114	23 922	2.32	0.13	−9	−341	920
2008	7 343	3 206	26 224	2.29	0.12	−83	−457	669
2009	7 692	3 361	28 646	2.29	0.12	−6	−309	664
2010	8 129	3 606	31 690	2.25	0.11	−120	−242	799
2011	8 816	3 870	34 724	2.28	0.11	89	−176	774

① 根据 2012 年的经济普查数据对经济和能源数据进行了修订（Tan，2015）。

② 煤炭的排放系数为 2.64tCO_2/t 标煤（tce），石油为 2.08tCO_2/tce，天然气为 1.63tCO_2/tce。

续表

年份	C	E	GDP	C/E	E/GDP	$\Delta C_{C/E}$	$\Delta C_{E/\mathrm{GDP}}$	ΔC_{GDP}
2012	9 009	4 021	37 430	2. 24	0. 11	-148	-328	669
2013	9 261	4 169	40 320	2. 22	0. 10	-77	-350	679
对二氧化碳排放的贡献量（10^6t）						-330	-2 320	5 846
对二氧化碳减排的贡献率（%）						12	88	-221

4.1 能源的脱碳化影响

根据式（3），能源系统的脱碳效果可以追溯到单位化石能源的二氧化碳含量 C/F 和化石能源在全部能源消费中的比例 F/E。过去几年，中国实施了强有力的政策去鼓励天然气替代工业和家庭部门的煤炭消费（Yang et al.，2014），并利用大量补贴政策刺激非化石能源的使用（Shen and Luo，2015）。2005～2013年，天然气在能源消费中的占比从2.4%上升到5.3%，煤炭占比从72.4%下降到67.4%，如图2所示。非化石能源消费从7.4%增加到10.2%。

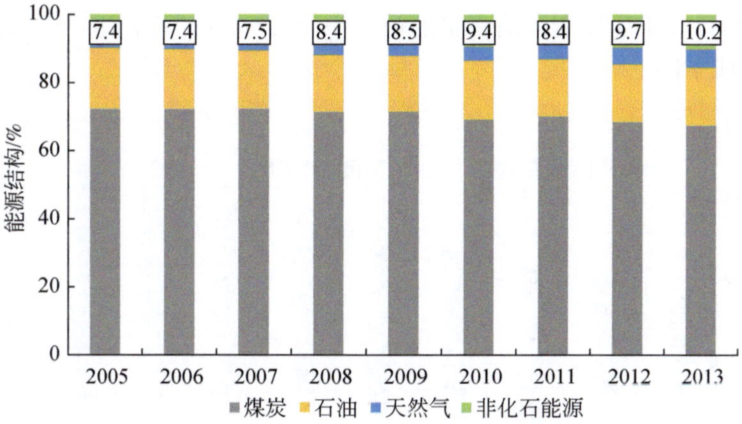

图2 2005～2013年中国的能源消费结构

这些因素对能源脱碳的贡献见表3。

表3 对 C/E 的影响因素（C/F 和 F/E）分解

年份	F	C/F	F/E	$(\Delta I_{\mathrm{cint}})_{C/F}$	$(\Delta I_{\mathrm{cint}})_{F/E}$
2005	2420	2. 51	0. 93		
2006	2653	2. 50	0. 93	-0. 0014	0. 0000
2007	2881	2. 50	0. 93	-0. 0004	-0. 0025
2008	2937	2. 50	0. 92	-0. 0036	-0. 0225
2009	3076	2. 50	0. 92	0. 0005	-0. 0025
2010	3267	2. 49	0. 91	-0. 0120	-0. 0224

续表

年份	F	C/F	F/E	$(\Delta I_{cint})_{C/F}$	$(\Delta I_{cint})_{F/E}$
2011	3545	2.49	0.92	-0.0012	0.0249
2012	3631	2.48	0.90	-0.0052	-0.0323
2013	3744	2.47	0.90	-0.0064	-0.0124
2005～2013 年减少量				-0.0296	-0.0697
对二氧化碳排放的贡献量（10^6t）				-98	-232
对二氧化碳减排的贡献率（%）				8.7	3.7

4.2　居民能源消费

如式（5）所示，单位 GDP 能源消费的减少包括生产侧和消费侧消费的减少。对于居民消费，单位 GDP 的居民能源消费 I_{eint_h} 可以追溯到单位居民消费支出的居民能源消费量 $\frac{E_h}{D}$ 和居民消费支出占 GDP 的份额 $\frac{D}{GDP}$，如式（9）所示。

过去几年的居民能源消费量和居民消费支出如图 3 所示。显然，居民消费支出的增长率（9.5%）高于居民能源消费量的增长率（6.5%），这表明单位居民消费支出的能源消费量有所下降。

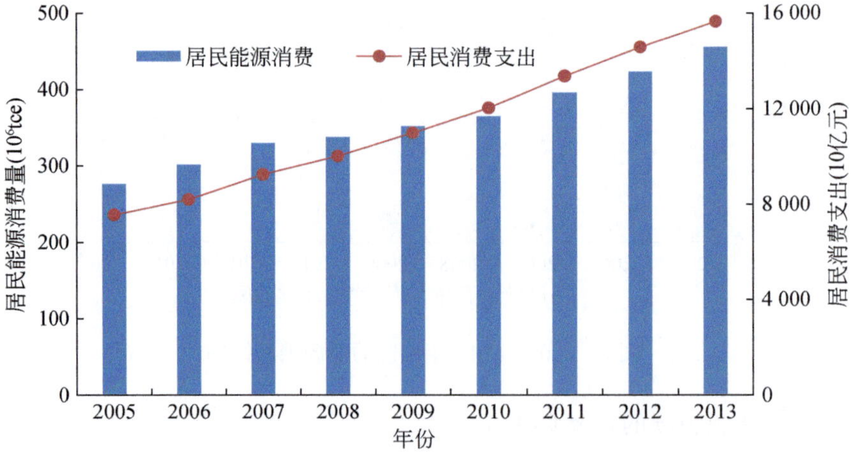

图 3　2005～2013 年居民能源消费量和居民消费支出

如表 4 所示，单位居民消费支出的能源消费量的减少对居民能源节约的贡献最大。这一结果与 Dai 等（2012）的结论一致，即生活必需品（包括能源）的支出随着收入的增长而减少。

表 4　对 E_h/GDP 的影响因素（E_h/D 和 D/GDP）分解

年份	E_h（10^6tce）	D（10 亿元）	E_h/D	D/GDP	$(\Delta I_{eint\_h})_{int}$	$(\Delta I_{eint\_h})_{str}$
2005	276	7 545 399	0.000 037	406		

续表

年份	E_h（10^6tce）	D（10 亿元）	E_h/D	D/GDP	$(\Delta I_{eint\_h})_{int}$	$(\Delta I_{eint\_h})_{str}$
2006	301	8 182 910	0. 000 037	391	0. 000 1	−0. 000 6
2007	329	9 226 886	0. 000 036	386	−0. 000 4	−0. 000 2
2008	337	9 993 086	0. 000 034	381	−0. 000 7	−0. 000 2
2009	352	10 975 606	0. 000 032	383	−0. 000 6	0. 000 1
2010	365	12 027 838	0. 000 030	380	−0. 000 7	−0. 000 1
2011	396	13 355 471	0. 000 030	385	−0. 000 3	0. 000 2
2012	423	14 567 480	0. 000 029	389	−0. 000 2	0. 000 1
2013	455	15 637 315	0. 000 029	388	0. 000 0	0. 000 0
2005～2013 年减少量					−0. 002 9	−0. 000 6
对二氧化碳排放的贡献量（10^6t）					−183	−37
对二氧化碳减排的贡献率（%） 1. 4						6. 9

4. 3 生产侧的能源强度影响

根据式（8），表 5 显示生产侧能源强度降低的驱动因素来自行业能源强度下降 $(\Delta I_{eint\_p})_{int}$ 和经济结构转变 $(\Delta I_{eint\_p})_{str}$ 的影响。结果表明 $(\Delta I_{eint\_p})_{int}$ 是减排的主要因素，预期的经济结构变化只对减排产生中等影响，这是一个非常重要的发现。近年来，中国正在努力完成从工业驱动型经济向服务驱动型经济的再平衡。统计数据还显示，按现价计算，第二产业对 GDP 的贡献已从 2005 年的 46. 9% 下降至 2013 年的 43. 7%，其中包括核算中的价格效应。但是，如果我们将价值份额换算为 2005 年的不变价格，我们发现中国的第二产业占比实际上从 2005 年的 46. 9% 增加到 2013 年的 49. 5%（图 4）。第二产业对经济的贡献在过去几年仍在上升，但增长率在下降。因此，工业和服务部门之间的重新平衡并没有为过去几年的减排做出贡献。表 5 列出了 $(\Delta I_{eint\_p})_{int}$ 和 $(\Delta I_{eint\_p})_{str}$ 的贡献。

表 5 生产侧能源强度的影响因素分解

序号	行业	2005 年		2013 年		2005～2013 年	
		$E_{p,i}$	S_i	$E_{p,i}$	S_i	$(\Delta I_{eint\_p})_{int}$	$(\Delta I_{eint\_p})_{str}$
1	农业	68. 6	2180. 4	80. 5	3045. 7	−0. 0005	−0. 0012
2	煤炭开采和洗选业	56. 3	304. 8	141. 8	701. 7	0. 0003	0. 0002
3	石油和天然气开采业	37. 4	508. 1	40. 9	580. 1	−0. 0001	−0. 0009
4	黑色金属矿采选业	11. 4	45. 0	22. 2	208. 0	−0. 0005	0. 0004
5	有色金属矿采选业	8. 1	45. 1	12. 8	157. 8	−0. 0003	0. 0002
6	非金属矿采选业	10. 0	29. 6	13. 8	105. 7	−0. 0004	0. 0002
7	其他采矿业	1. 1	0. 3	3. 7	0. 8	0. 0000	0. 0000
8	农副食品加工业	31. 0	289. 8	39. 0	736. 9	−0. 0009	0. 0002

续表

序号	行业	2005 年		2013 年		2005 ~ 2013 年	
		$E_{p,i}$	S_i	$E_{p,i}$	S_i	$(\Delta I_{eint\_p})_{int}$	$(\Delta I_{eint\_p})_{str}$
9	食品制造业	16. 2	123. 3	18. 9	299. 6	−0. 0005	0. 0001
10	酒、饮料和精制茶制造业	15. 2	122. 9	16. 1	309. 2	−0. 0005	0. 0001
11	烟草制造业	2. 8	217. 4	2. 6	383. 4	−0. 0001	0. 0000
12	纺织业	61. 5	342. 0	73. 7	634. 3	−0. 0011	−0. 0004
13	纺织服装、服饰业	6. 7	149. 9	9. 7	312. 5	−0. 0001	0. 0000
14	皮革、皮毛、羽毛及其制品和制鞋业	3. 8	99. 7	6. 5	203. 8	0. 0000	0. 0000
15	木材加工和木、竹、藤、棕、草制品业	9. 3	53. 9	15. 2	200. 1	−0. 0004	0. 0002
16	家具制造业	1. 4	40. 6	2. 5	98. 6	0. 0000	0. 0000
17	造纸和纸制品业	40. 8	121. 0	41. 5	248. 3	−0. 0011	−0. 0001
18	印刷和记录媒介复制业	3. 0	48. 9	4. 5	99. 6	0. 0000	0. 0000
19	文教、工美、体育和娱乐用品制造业	2. 1	40. 1	3. 7	82. 5	0. 0000	0. 0000
20	石油加工、炼焦和核燃料加工业	124. 8	209. 1	192. 6	330. 1	−0. 0001	−0. 0018
21	化学原料和化学制品制造业	286. 3	463. 5	440. 8	1121. 1	−0. 0059	0. 0014
22	医药制造业	15. 2	161. 5	21. 8	396. 3	−0. 0004	0. 0001
23	化学纤维制造业	17. 9	51. 2	19. 1	102. 4	−0. 0004	−0. 0001
24	橡胶和塑料制品业	28. 9	197. 1	43. 5	466. 5	−0. 0006	0. 0001
25	非金属矿物制品业	262. 2	296. 3	365. 6	838. 6	−0. 0081	0. 0030
26	黑色金属冶炼和压延加工业	447. 2	609. 7	688. 4	1152. 4	−0. 0042	−0. 0028
27	有色金属冶炼和压延加工业	79. 7	203. 7	166. 2	691. 1	−0. 0020	0. 0019
28	金属制品业	23. 8	178. 7	47. 0	491. 7	−0. 0004	0. 0003
29	通用设备制造业	25. 0	313. 1	35. 7	818. 6	−0. 0007	0. 0002
30	专用设备制造业	13. 0	177. 5	19. 1	520. 7	−0. 0004	0. 0002
31	运输设备制造业	20. 6	404. 3	41. 1	1145. 7	−0. 0004	0. 0003
32	电气机械和器材制造业	14. 1	377. 2	26. 1	967. 0	−0. 0002	0. 0001
33	计算机、通信和其他电子设备制造业	15. 2	603. 9	28. 0	1153. 8	0. 0000	−0. 0001
34	仪器仪表制造业	2. 2	77. 4	3. 3	170. 7	0. 0000	0. 0000
35	艺术品制造及其他制造业	12. 4	60. 2	16. 0	118. 8	−0. 0002	0. 0000
36	废弃资源综合利用业	0. 4	6. 3	1. 7	38. 0	0. 0000	0. 0000
37	电力、热力生产和供应业	158. 5	603. 7	262. 9	1011. 6	−0. 0001	−0. 0019
38	燃气生产和供应业	6. 9	14. 2	7. 0	56. 9	−0. 0004	0. 0002
39	水的生产和供应业	7. 1	27. 6	11. 6	37. 2	0. 0001	−0. 0002
40	建筑业	34. 9	1094. 2	70. 2	2980. 3	−0. 0005	0. 0004
41	交通运输、仓储和邮政业	191. 4	1066. 6	348. 2	1632. 8	0. 0016	−0. 0033
42	批发、零售业和住宿、餐饮业	59. 2	1816. 2	106. 0	4171. 1	−0. 0007	0. 0002
43	其他行业	104. 8	4813. 7	197. 6	11497. 4	−0. 0012	0. 0005

续表

序号	行业	2005年		2013年		2005～2013年	
		$E_{p,i}$	S_i	$E_{p,i}$	S_i	$(\Delta I_{eint\_p})_{int}$	$(\Delta I_{eint\_p})_{str}$
2005～2013年减少量						-0.031	-0.002
对二氧化碳排放的贡献量（10^6t）						-1955	-145
对二氧化碳减排的贡献率（%）						73.8	5.5

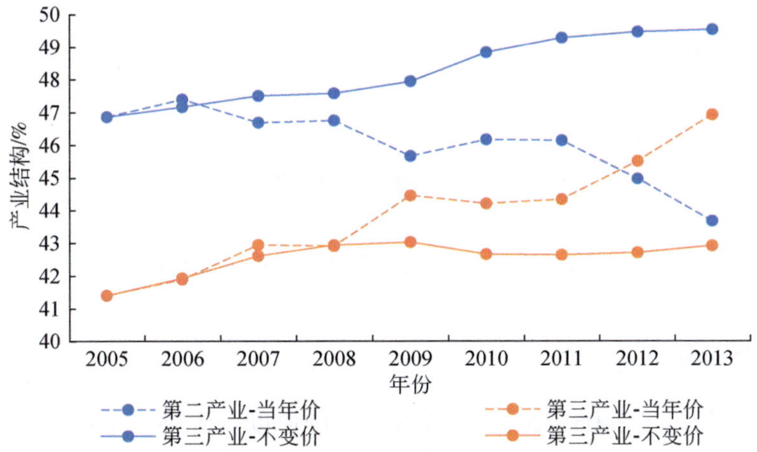

图4 2005～2013年不变价和当年价的产业结构

2005～2013年，生产侧能源强度降低的详细年度分解结果见表6。2005～2006年和2006～2007年，由于能源密集型产业的迅速扩张，生产部门的结构再平衡对减排产生了负面影响，如图5所示。

表6 $(\Delta I_{eint_p})_{int}$和$(\Delta I_{eint_p})_{str}$的分解

年份	$(\Delta I_{eint\_p})_{int}$	$(\Delta I_{eint\_p})_{str}$
2005		
2006	-0.0037	0.0003
2007	-0.0086	0.0026
2008	-0.0046	-0.0025
2009	-0.0033	-0.0011
2010	-0.0026	-0.0002
2011	-0.0015	-0.0008
2012	-0.0038	-0.0003
2013	-0.0037	-0.0002
2005～2013年减少量	-0.0029	-0.0006
对二氧化碳排放的贡献量（10^6t）	-183	-37
对二氧化碳减排的贡献率（%）	6.9	1.4

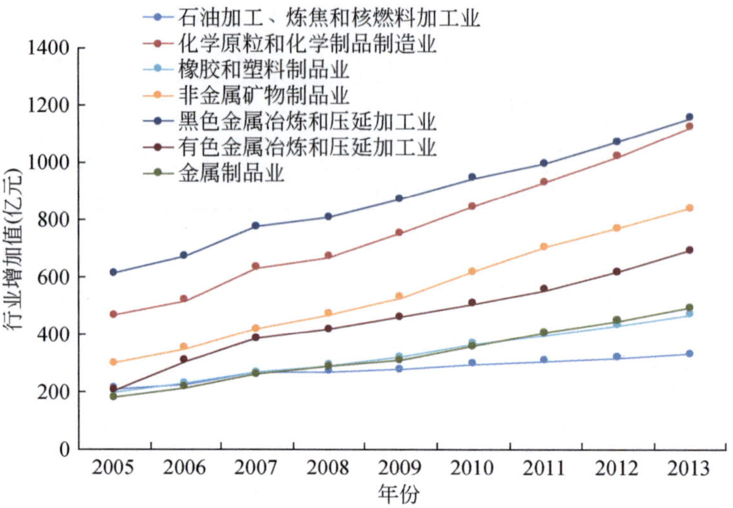

图 5　2005～2013 年能源密集型行业增加值

4.4　综合影响

表 7 和图 6 给出了 2005～2013 年的总体减排量以及各种因素的贡献。如本文第 1 节所述，我们从生产侧和消费侧对减排的驱动因素进行了整体的评价。从生产侧来看，我们可以很容易地从图 6 中观察到，过去工业部门能源强度的降低（E_i/S_i）是减排的主要驱动因素（贡献为 73.8%）。这一发现与其他分析的结果一致，如图 1 所示。经济结构调整（S_i/GDP）对减排的作用为 5.5%。从消费侧来看，居民消费能源强度（E_h/D 和 D/GDP）的减少也是减排的重要因素，贡献达 8.3% 左右。单位居民消费支出的能源消耗减少是居民生活减排的重要因素，对整体减排的贡献为 6.9%，而居民消费支出占 GDP 的比例降低，对减排的贡献为 1.4%。能源系统的脱碳作用贡献了剩余的 12% 的减少量，其中非化石能源的增长（F/E）贡献了 8.7%，化石能源替代（C/F）贡献了 3.7%。将我们的结果与图 1 所示的其他论文的结果进行比较，我们的结果在这个范围内，但 2012～2013 年的经济结构变化指标并没有显示出越来越大的影响。我们预计结构变化的影响对于显示经济转型的影响可能更为重要，但是如表 7 所示，2013 年的转型只是一个开始，其效果还不是很明显。如果未来涉及 2014 年和 2015 年的情况，经济结构指标应该会有更大的影响。

表 7　2005～2013 年不同因素对中国能源相关二氧化碳减排的贡献　（单位：%）

时段	C/F	F/E	E_i/S_i	S_i/GDP	E_h/D	D/GDP
2005～2006 年	2.1	0.0	93.7	-7.5	-2.5	14.2
2006～2007 年	0.3	2.1	127.3	-39.0	6.6	2.7
2007～2008 年	2.1	13.2	48.8	26.3	7.9	1.7
2008～2009 年	-0.6	2.6	65.5	21.1	12.7	-1.4

续表

时段	C/F	F/E	E_i/S_i	S_i/GDP	E_h/D	D/GDP
2009～2010年	11.5	21.6	48.6	3.7	12.4	2.1
2010～2011年	5.0	-106.1	124.5	67.3	22.4	-13.0
2011～2012年	4.3	26.8	62.0	5.3	3.8	-2.2
2012～2013年	6.2	11.9	76.7	5.1	-0.6	0.8
2005～2013年减少量	3.7	8.7	73.8	5.5	6.9	1.4

注：负值意味着对减排有负面影响

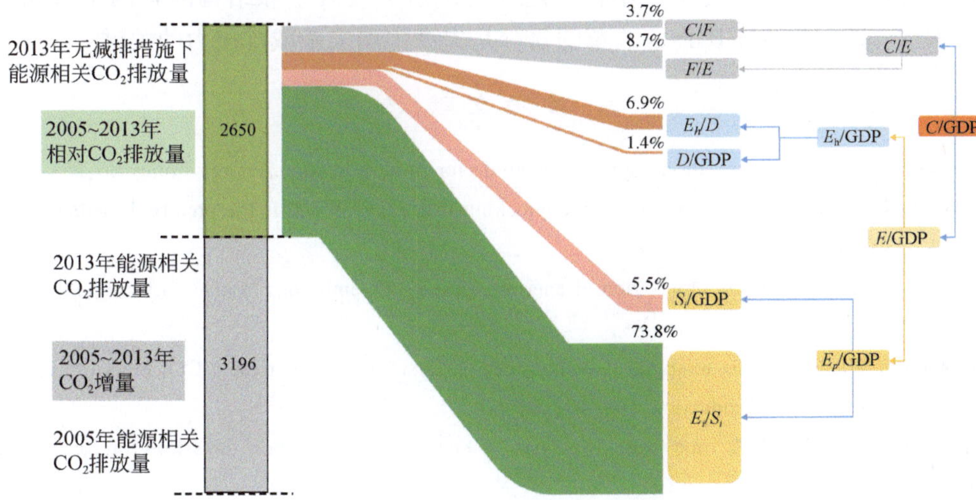

图6 2005～2013年分解因素对减排的综合贡献

5 结论

本文采用LMDI方法，详细考察了2005～2013年不同因素对中国二氧化碳减排的贡献。学界关于减排因素的分解已经进行了广泛的讨论，但本文的分析不是对以往研究的重复分析，也不是对新的统计数据集的更新计算。本文全面评估了经济结构对减排的贡献，包括农业、服务业和细分产业部门；不仅从供给侧，还从消费侧角度考虑了能源消费的影响因素；同时评估了近期经济改革的影响。

通过分析，我们可以发现，过去几年减排的主要贡献主要来自于工业部门单位产出能源消费的降低。这一结论与其他研究结果一致，进一步证实了工业部门能源生产率的提高在减排中起着主导作用。从消费侧来看，单位GDP居民能源消费量的减少为减排贡献了8.3%（单位居民支出能源消费的减少贡献了6.9%，居民消费占GDP份额的减少贡献了1.4%）。我们还观察到，随着2005～2013年工业的发展，经济结构调整带来的贡献较为温和。虽然2012年末新一届政府开始履职时已经开启了经济转型，但2013年仍处于转型初期，预期的经济结构效应对减排的影响仍不是很明显。未来，随着经济体制改革的深入，经济结构调整的影响可能会比以往更大。能源体系的脱碳作用贡献了12.4%的减排，其中3.7%的贡献来自化石能源的净化，8.7%的贡献来自非化石能源的快速发展。

为了实现国家自主贡献的目标，中国需要在未来进一步努力减少排放。以往的经验表明，工业部门单位产出能源消费的降低是主要的减排力量。因此，中国需要努力确保生产部门能源生产率的进一步提高。这种提高不仅来自技术创新带来的节能，也可以被经济再平衡驱动。中国目前正在推动需求侧和供给侧的经济改革。需求侧改革的重点是减少投资、扩大消费、调整需求结构，而供给侧的改革主要是提高全要素生产率，促进产品升级，优化生产结构，这样可以从强度因素和结构因素两个方面促进减排。因此，确保实现中国经济改革的目标是提高中国未来减排能力的关键。

参考文献

Ang B W. 2015. LMDI decomposition approach: A guide for implementation. Energy Policy 86: 233-238.

Ang B W. 2004. Decomposition analysis for policymaking in energy: Which is the preferred method? Energy policy, 32: 1131-1139.

Ang B W, Pandiyan G. 1997. Decomposition of energy-induced CO_2 emissions in manufacturing. Energy Economics, 19: 363-374.

Chen L, Yang Z. 2014. A spatio-temporal decomposition analysis of energy-related CO_2 emission growth in China. Journal of Cleaner Production, 103(15): 49-60.

Choi K H, Ang B W. 2001. A time-series analysis of energy-related carbon emissions in Korea. Energy Policy, 29: 1155-1161.

Dai H, Masui T, Matsuoka Y, et al. 2012. The impacts of China's household consumption expenditure patterns on energy demand and carbon emissions towards 2050. Energy Policy, 50: 736-750.

Li W, Ou Q X. 2013. Decomposition of China's carbon emissions intensity from 1995 to 2010: an extended kaya identity. Mathematical Problems in Engineering, (3): 1-7.

Li W, Shen Y B, Zhang H X. 2015. A factor decomposition on China's carbon emission from 1997 to 2012 based on IPAT-LMDI model. Mathematical Problems in Engineering, 1-14.

Li W, Sun S, Li H. 2015. Decomposing the decoupling relationship between energy-related CO_2 emissions and economic growth in China. Natural Hazards, 79: 977-997.

Lin J, Liu Y, Hu Y. 2014. Factor decomposition of Chinese GHG emission intensity based on the Logarithmic Mean Divisia Index method. Carbon Management, 5: 579-586.

Shahiduzzaman M, Layton A, Alam K. 2015. Decomposition of energy-related CO_2 emissions in Australia: Challenges and policy implications. Economic Analysis and Policy, 45: 100-111.

Shen J, Luo C. 2015. Overall review of renewable energy subsidy policies in China-Contradictions of intentions and effects. Renewable and Sustainable Energy Reviews, 41: 1478-1488.

Sun J. 1998. Changes in energy consumption and energy intensity: a complete decomposition model. Energy economics, 20: 85-100.

Tan Z, Li L, Wang J, et al. 2011. Examining the driving forces for improving China's CO_2 emission intensity using the decomposing method. Applied Energy, 88: 4496-4504.

Wang C, Chen J, Zou J. 2005. Decomposition of energy-related CO_2 emission in China: 1957-2000. Energy,

30:73-83.

Wang G, Chen X, Zhang Z, et al. 2015. Influencing factors of energy related CO_2 emissions in China: A decomposition analysis. Sustainability 7:14408-14426.

Xu J H, Fan Y, Yu S M. 2014a. Energy conservation and CO_2 emission reduction in China's 11th Five-Year Plan: A performance evaluation. Energy Economics. 46:348-359.

Xu S C, He Z X, Long R Y. 2014b. Factors that influence carbon emissions due to energy consumption in China: Decomposition analysis using LMDI. Applied Energy, 127:182-193.

Xu X, Ang B W. 2013. Index decomposition analysis applied to CO_2 emission studies. Ecological Economics, 93:313-329.

Xu X, Zhao T, Liu N, et al. 2014c. Changes of energy-related GHG emissions in China: An empirical analysis from sectoral perspective. Applied Energy, 132:298-307.

Yang C J, Zhou Y, Jackson R B. 2014. China's fuel gas sector: History, current status, and future prospects. Utilities Policy, 28:12-21.

Zhang M, Liu X, Wang W, et al. 2013. Decomposition analysis of CO_2 emissions from electricity generation in China. Energy policy, 52:159-165.

Zhang Y J, Da Y B. 2015. The decomposition of energy-related carbon emission and its decoupling with economic growth in China. Renewable and Sustainable Energy Reviews, 41:1255-1266.

An Analysis of the Driving Factors of Energy-Related CO_2 Emission Reduction in China from 2005 to 2013

Qi Tianyu, Weng Yuyan, Zhang Xiliang, He Jiankun

Abstract: The identification of the driving factors of China's energy related emissions in the past years is very important to inform the policy design for China's future emission mitigations. Though this topic has been widely discussed in literatures, this paper is featured in providing the latest overall estimation of the emission mitigation factors from both the production side and the consumption side with the consideration of China's recent energy and economic transformation. This study adopts China's latest revised energy and economic data from 2005 to 2013, and analyzes with a Logarithmic Mean Divisia Index (LMDI) decomposition model. We find that the primary emission mitigation contributor is the improvement of energy productivity in industry sectors, which contributes 72% of the total reduction; household contributes 8.3%. The economic transitions in 2013 is still in an early stage and the expected economic structure effect is moderately on the emission reduction. In future, China needs to further improve the energy productivity in production sectors by both enforcing energy conservation and promoting industry upgrading. Economic restructure will play a more important role in future emission reduction.

Keywords: Logarithmic Mean Divisia Index (LMDI) model; Energy related CO_2 emission; Index decomposition analysis; CO_2 reduction.

高比例煤电约束下中国风电电网接入潜力建模*

Michael R. Davidson，张　达，熊威明，张希良，Valerie J. Karplus

摘要：发展风力发电是解决中国空气质量下降和气候变化问题的重要途径。然而，由于风能的波动性和电网系统的不灵活性，中国将风能并入以煤电为主的电力系统面临着巨大的挑战。本文开发了一个可以预测生产和并网风电电量的模型，并得出在2030年可能生产约2.6拍瓦时（PW·h）风电的结果。尽管这一结果占到预计电力需求总量的26%，但仅占预计国内风能资源潜力的10%。增强煤电爬坡的运行灵活性可以使风能在2030年实现非化石能源消费量占一次能源消费量的比例达到20%这一目标的近3/4。

中国是世界上最大的能源消费和温室气体排放国。中国已经将风力发电作为减缓气候变化、空气污染和其他能源相关环境影响的长期计划的支柱。随着近年来风电的快速扩张，特别是在偏远、人口稀少地区，由于风电与常规能源在运行上存在根本差异，其在接入以煤电为主的电网时面临严峻挑战。本文对中国风能潜力及其区域分布进行了评估，结合电网运行模式，并对关键不确定性进行了系统研究。

1　引言

2005～2015年，中国的发电量增长了152%，煤电为这一增长贡献约3/4。展望未来，发展风力发电是解决本地空气质量下降和全球气候变化的国家政策重点。据国家能源局的统计数据显示，到2015年年底，中国的风力发电累计并网装机容量达到129 GW，位居全球首位；风力发电量为186太瓦时（TW·h），占发电总量的3.3%。到2020年，风力发电的目标是并网装机容量达到200GW，年发电量达到390TW·h。对风电的长期容量预测存在很大的不确定性，2030年为400～1200GW，2050年为1000～2000GW，并可能满足预计电力需求总量的30%。风能的迅速扩张为中国在2015年巴黎气候变化大会上的"2030年非化石能源消费量在一次能源消费中占比达到20%"的承诺奠定了基础。我们从风资源物理潜力的评估开始，采用最新的数据、预测、政策以及经验性的参数敏感性，评估系统复杂性对风电潜力的影响。我们得到风电的物理潜力（假设最大调度的总发电量）、经济潜力（给定上网电价，不考虑并网约束和成本的总经济发电量）和并网潜力（考虑上网约束和成本的总经济发电量）。

在本文研究中，我们发现边际成本等于或低于0.6元/(kW·h)（包括全系统综合

---

* 原文来源：Davidson M R，Zhang D，Xiong W M，et al. Modelling the potential for wind energy integration on China's coal-heavy electricity grid. Nature Energy. 2016. 86：16086，中文出版略有改动。

成本）的风力发电可以在2030年满足中国预计的一次能源需求的11.9%，从而减少中国北方地区的具有严重污染的煤电。随着煤电灵活性的增加，我们发现这一比例可以增加到14.0%，接近中国2030年非化石能源目标的3/4。此外，中国的并网风电潜力最大化作为非化石能源发展的一部分，可以使中国超额完成2030年的非化石能源目标，非化石能源消费总量占能源消费总量可以达到28%。重要的是，我们发现，一旦考虑了并网成本和弃风，更高比例的风电将由临近负荷中心的地区提供，而不是通过长距离高压传输由远处的风力丰富区域提供。

2 现有文献对中国风电潜力的评估

中国风能资源的主要评估方法在风能资料数据选择、技术约束、预期税率和未来成本预测方面存在差异（McElroy et al., 2009；Hong and Möller, 2011；Lu et al., 2013）。从选择适当的上网电价（FIT）水平到电网和发电扩建计划，这些评估在政策和规划决策中发挥着核心作用。然而，到目前为止，许多评估都没有考虑并网的挑战：电力系统的运行规则如何处理风电与现有的发电装机和输电网络限制。一旦考虑到风电并网的挑战，风电政策和由此产生的仅考虑资源质量的选址决策可能并不高效。例如，中国的9个“10GW风电基地”大多位于风资源最好但远离负荷中心的偏远地区的基地，个别风电基地存在40%的弃风率，并且大多数基地需要跨区域输送大量电力。

风资源物理潜力代表在全面上网情况下每年风力发电量的上限。中国风力资源潜力的主要的评估结果为6～25PW·h/a（陆上）和1.4～11PW·h/a（海上）（McElroy et al., 2009；Hong and Möller, 2011；Lu et al., 2013）。这些差异由风速数据和分析方法、风电厂布局、涡轮机技术以及可用的陆上和海上风电建设地点的技术限制导致。经济性风力资源评估仅考虑具有正的经济回报、建设上可能的风电建设地点，并且受到风电部门特有的不确定性影响，包括风机成本下降和依赖政府支持的收入（如上网电价补贴政策）。已有研究对中国风电经济潜力的估计为1.8～7PW·h/a（陆上）和0.4～5PW·h/a（海上）（McElroy et al., 2009；Hong and Möller, 2011；Lu et al., 2013）。

3 并网风电潜力估算

我们发现，由于风机技术改进和成本降低，陆上风电潜力显著增加，达到或超过了已有研究的估计值。排除不适合风电厂建设的区域后，中国风电物理潜力为13.1～39.5 PW·h/a，是中国2030年预计电力需求总量9.9 PW·h/a的1.3～4倍，潜力主要源于风机机间距假设。在补贴为0.5～0.7元/(kW·h）和其他假设下，经济潜力为12.6～21.6PW·h/a，是中国2030年预计电力需求的1.3～2.2倍。然而，我们发现并网经济的陆上风电潜力明显较低，为1.9～2.6 PW·h/a，是中国2030年预计电力需求总量的19%～26%。

海上风电物理潜力估计为1.5～5.6 PW·h/a，在已有研究的评估范围之内，其中最大水深是影响最大的不确定参数。根据 2015 年左右的海上风电固定上网电价 0.6 ~ 0.7 元/(kW · h)，本文分析估计的经济海上风电潜力为 1.0 ~ 2.0PW · h/a，与其他经济评估一致（Hong and Möller，2011；Lu et al.，2013）。尽管海上风电有丰富的物理潜力，但是与陆上风电相比，更高的投资成本限制了其经济性扩张。如果考虑海上风电和陆上风电的并网成本，本文分析发现即使海上风电具有负相关性和稳定性（Lu et al.，2013），海上风电经济潜力也非常有限，为 0.1 ~ 0.5PW · h/a。据估计，陆上风电和海上风电潜力为 2.1 ~ 3.1 PW · h/a，这表明仅风力发电可占一次能源的 9.6% ~ 14.2%，对中国非化石能源达到 20% 的承诺有巨大贡献（表 1 和图 1）。

表 1　本文中主要的风电潜力的敏感性（保持其他参数不变的情景结果）（单位：PW · h/a）

敏感性	总潜力		
	参考	低	高
物理潜力	26.4	–	–
陆上：间距	22.5	13.1	39.5
海上：间距	3.9	3.5	4.3
海上：水深	–	1.5	5.6
经济性潜力	17.8	–	–
资本成本	–	14.4	21.7
运维成本	–	15.2	19.9
并网潜力	2.59	–	–
间距	–	2.51	2.65
资本成本	–	2.24	2.87
运维成本	–	2.29	2.82
备用及爬坡成本	–	2.59	2.61
特高压输电成本	–	2.51	2.62
煤电灵活性	–	2.07	3.05

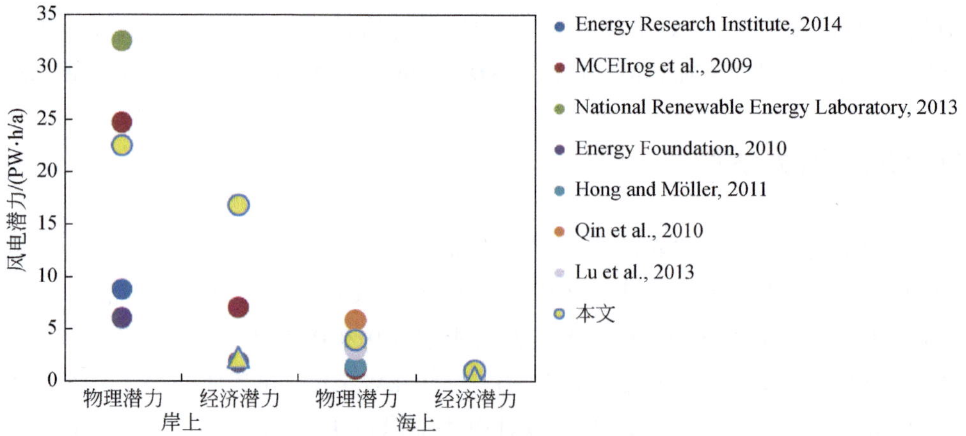

图 1　本文参考情景风电潜力与文献评估结果比较

Energy Research Institute（2004）；Energy Foundation（2010）；Qin 等（2010）的评估给出的分风力等级的装机被通过 National Renewable Energy Laboratory（2013）给出的容量因子折合成发电量。风力等级包括 2 级（200 ~ 299W/m²）20%，3 级（300 ~ 399W/ m²）24%，4 级（400 ~ 499W/ m²）28%，5 级（500 ~ 599W/ m²）32%。

4 物理、经济和并网敏感性

参数灵敏度对风电物理、经济和并网潜力的影响不同。风机间距参数对经济并网潜力的影响要小得多，因为在考虑并网约束之前，每个电网区域都有相当可观的风资源。实际上，可以通过扩大风电厂的发展范围以避免在风力资源较好的地区耗尽之前产生尾流效应。在考虑并网时，经济假设（如资本成本以及运营和维护成本）的敏感性也会降低，但与技术参数相比仍然更重要。

边际上网风电的建设位置将取决于发电、输电和并网成本的相互作用。我们分别对中国西北（NW）、东北（NE）、南方（S）和“三华”（SH）四个主要电网区域的风力发电成本进行了模拟，“三华”电网聚集了三个位于人口众多的中部地区的电网区域。根据截至2015年已建设和规划的特高压（UHV）输电项目，我们进一步考虑两个主要的区域间输电通道（西北到“三华”和东北到“三华”）。当按照每千瓦时总平均成本从小到大排序时，所有地区都会发展风力发电，整个系统的并网成本显著增加，并且远距离特高压输电在西北和东北部的大部分风力发电区域使用（图2）。

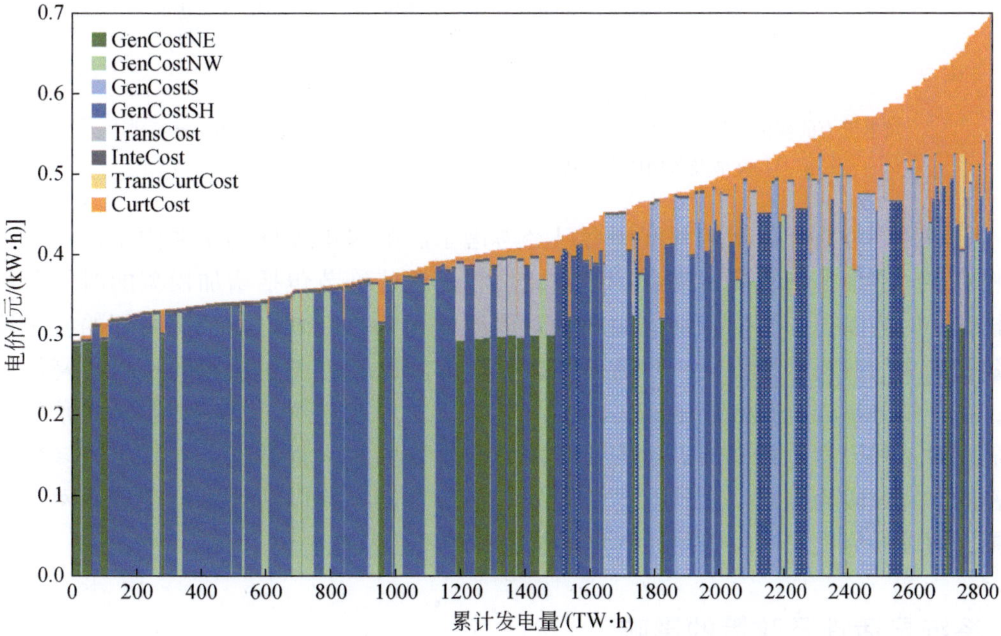

图2 参考情景风电并网供给曲线

GenCost 代表发电成本；TransCost 代表特高压输电成本；InteCost 代表备用和爬坡成本；TransCurtCost 代表由于传输限制带来的弃风成本；CurtCost 代表由于并网约束带来的弃风成本。格点阴影部分是海上风电。

集中负荷中心（“三华”）与风力资源丰富的地区（西北和东北）之间的电力需求不均衡，其中2030年“三华”是西北和东北需求量的5～8倍，需要进行大规模的输电线路建设才能输入更多的风电。在参考情景下，全国总风力发电量的21%和14%分别来自西北和北方，其中 37% 和 58% 传输到“三华”地区。

我们测试了以上结果对几个影响并网的不确定因素的敏感性（图 3）。在多数情况下，提高灵活性（如通过采用储能和需求响应）可以使总风电潜力增加 8% ~10% 。与电网公司的发电调度规则和煤电机组灵活性相关的不确定性因素影响最大，可能产生 ±20% 的估计潜力差异。

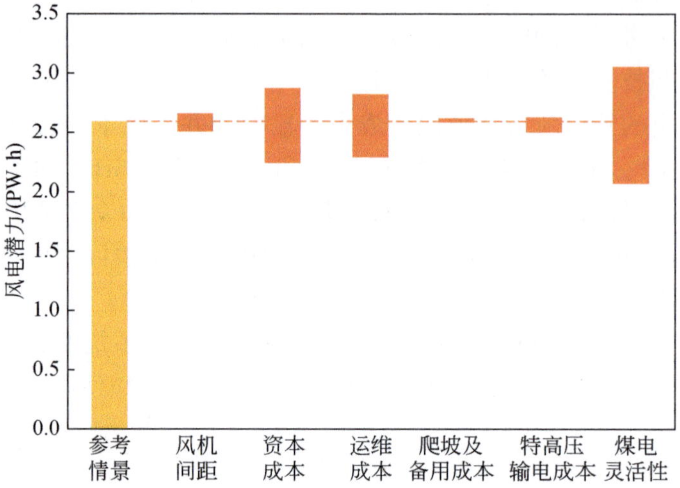

图 3　风电经济并网潜力对多种假设的敏感性

风电潜力的变化是与参考情景相比，参考情景由假定风机间距、资本成本、运维成本、爬坡及备用成本、特高压输电成本和煤电灵活性定义。

虽然我们分析中使用的调度模型已经考虑了影响风电上网的主要因素，但可以通过将更多时空细节纳入模型来进一步细化估算。这些细节包括增加模型的时间分辨率以捕捉小时内动态，模拟特别电网规则对调度的影响，刻画电网区域内部的省际传输瓶颈和未来的装机容量变化，明确模拟多种形式间歇性可再生能源的相对上网优先顺序，并详细分析煤电爬坡产生相关的二氧化碳排放以改进对二氧化碳影响的估计。如果需要对这些因素进行详细表达需要从国家和地方收集大量数据，而其中许多数据是保密的，完成较为困难。此外，尽管增加的细节将影响我们估计风电经济并网潜力的范围，但涉及煤电灵活性重要性的定性结论预计不会改变。

5　系统灵活性及政策的影响

我们对 2030 年可用并网风电潜力参考情景的估计（2. 6PW · h/a）转化为装机容量是 930GW，明显大于中国目前的非正式目标 400GW（张运洲等，2013）。如果中国能够将这种潜力变为现实，作为国家气候变化战略的核心部分并致力于缓解全球气候变化的非化石能源目标（2030 年为 20%），大于 3/4 可以由风能提供。

如果将弃风和相应的费用约束考虑在内，我们的研究结果表明，与目前的规划目标相反，风电建设在中国风力资源丰富的地区（西北和东北）并不是最具成本效益的，而是应在靠近负荷中心建设风电。来自电网公司的初步规划目标是西北和东北风电装机分别达25%，但我们使用最低成本阈值［0.5元/(kW·h)］得到的结果分别仅为14%和17%。我们发现，风电在“三华”（靠近负荷中心）的经济潜力为装机的58%和发电量的56%，这一比例随着我们在偏远地区开发相对昂贵的风力资源而下降：参考情景成本［0.6元/(kW·h)］下为装机的50%和发电量的51%，最高成本［0.7元/(kW·h)］下为装机的48%和发电量的50%。我们的研究结果强调，在制定未来电力装机空间分布的国家规划时，如果未考虑并网成本，特别是可用风力资源与不同发电技术和各地区需求情况的相互影响，可能会产生截然不同的规划建议。因此，并网成本在规划中不能忽视。

煤电灵活运行特性，包括最小发电出力要求以及日内启动、关闭和爬坡能力，为评估风电并网潜力带来了巨大的不确定性。通过“热启动”、更频繁的调度计划和设定更低的最小出力来减少循环次数是增加灵活性的可能选择。风电与满足区域供热的热电联产技术之间的相互影响将更具挑战性，在东北地区尤为突出，同时储热系统和电锅炉是灵活性的潜在来源。在灵活煤电情景中，风电并网潜力达到3.1PW·h/a，比参考情景多18%，进一步提高风电对实现中国非化石能源目标的贡献。

由于火力发电厂的效率和排放强度并不稳定，很难准确评估提高灵活性带来的二氧化碳和其他排放的减排量。二氧化碳和其他排放的降低取决于运行情况，特别是循环深度（出力和启动/关闭的变化）和稳态负载（出力较低时效率通常较低）。在本文分析中考虑高风电比例（约30%）的情况下，之前研究表明可实现的二氧化碳减排量可能只是忽视这些影响的减排量的80%，对本地污染物减排量影响可能更大。

我们沿用既有研究方法，模拟一个在特定地区可以使用抽水蓄能的情景，评估储能的潜在价值（张运洲等，2013）。我们允许储能设备在有多余风电时进行充电，并允许储能设备在净负荷超过最小基本负荷时向系统输送电力，直到存储的能量耗尽。我们发现，在参考情景的基础上增加储能可以增加2%～8%的风电经济并网潜力，这一潜力增加的下限反映了一个风电开发选址固定的情况，上限考虑风电开发选址根据储能可用性完全内生。我们还测试了对通过转移负荷以增加高峰时段系统灵活性的需求响应计划的影响。我们发现，降低高峰负荷5%的负荷曲线可以将风电潜力增加7%左右，尽管其中很大部分通过更频繁和灵活的煤电机组调度来获得。我们进一步探索了风电上网潜力对煤电循环成本、热电联产系统和特高压输电成本的敏感性，并发现这些因素对风电并网潜力估计有一定影响。

虽然我们的预测与包含规划和允许的新建煤电装机量估计一致（表2），但我们注意到，未来中国电力需求预测存在很大的不确定性。我们的风电并网潜力结果大致与需求成比例，但结果对煤电潜在的产能过剩并不高度敏感。中国政府的目标是在未来几年中减少一次能源和电力部门的煤炭比例，预计这一目标对电力需求预测的任何调整都是有力的。我们的预测反映的是2015年已有的天然气发电扩张计划。近年来，扩张的速度比预计的要慢。如果这种情况持续下去，相比本文给出的估计，将进一步降低中国未来电力系统的灵活性和风电并网潜力。

表 2　本文假定的四个区域 2030 年传统能源发电装机容量　　（单位：GW）

项目	煤电	水电	核电	气电
西北	295	50	0	8
东北	152	18	14	5
“三华”	737	302	92	138
南方	176	161	45	49

资料来源：张运洲等，2013。

我们关于风电对中国 2030 年非化石能源目标可能的贡献估算取决于政府预测和相关模型研究给出的需求增长和经济活动引起的能源需求。如果高耗能型行业对总需求的贡献下降，第三产业和住宅部门需求总体较大的变化可能会加剧风电并网的挑战，从而提高引入全系统灵活性的重要性。虽然电力需求预测对于风电上网比例的影响大致不变，但总需求的下降将减少风电对并网电力和非化石能源目标的贡献。另一个重要的不确定性是决策者在设置上网电价时对并网风电的支付意愿，这在我们的参考情景下与目前的固定上网电价相当（忽略了全系统的平衡成本）。如果政府减少或退出政策支持，风电发展可能会大幅度放缓。

重要的是，2030 年大规模利用风力不仅需要发展目前受到直接激励的风力发电装机，还需要调整电力部门的调度以减少弃风和增加煤电灵活性。一个可取的措施是取消煤电最低运行配额，或将其降低到不具强约束力的水平。这一措施必须与对电力系统管理的调度规则和规范进行大规模改造时同时进行，以确保所有电源可以受益于灵活性增加。电力储存技术、更灵活的发电选择，如天然气发电技术和需求侧调整、更大的地区间传输可能有助于最大限度地促进风电并网。最终实现估计的风电潜力需要解决包括省际互联和电力传输的并网瓶颈问题。

更复杂的系统级挑战将涉及调整多个利益相关者（发电公司、电网管理者和政府官员）的激励措施，以确保风电调度决策基于并网约束和成本，并考虑资源量、经济和其他因素。我们认识到，成本因素远不是能源基础设施选址的唯一决定因素（Lipscomb et al.，2013）。我们对成本最优布局进行的分析可以揭示出于政治或其他因素考虑选择成本次优的地点布局带来的额外成本。重要的是，我们的研究结果强调，增加风电对中国发电结构的贡献需要的不只是促进风力资源丰富地区风电厂建设和上网电价政策，更根本的是，需要改变系统设计和运行规则以提高整体灵活性，发挥风电最大的潜力。这是一项更具挑战性的任务，需要参与规划、调度和传输的利益相关者之间的协调以识别和减少并网成本。

6　方法

物理资源评估。本文研究的风资源物理评估采用美国航空航天局（NASA）用于研究开发的现代回溯再分析数据（MERRA）边界层通量数据，一个时间跨度 37 年（1979～2015 年）、高时间分辨率（1h）、空间分辨率为 0.5°（纬度）×0.67°（经度）

（约 56km×61km）的数据集。MEARRA 利用边界层相似理论和戈达德地球观测系统（GEOS-5）大气资料同化系统构建，包括 GEOS-5 模型和插值分析方法（Rienecker et al.，2011）。所有风电密度的计算均采用华锐 80m 轮毂高 1.5MW 风机（陆上）和华锐 120m 轮毂高 5MW 风机（海上）涡轮功率曲线。

在已有的研究中（McElroy et al.，2009；Lu et al.，2009），森林、水体、高海拔地区、陡坡地区（>10%）和城市地区等特定地理特征被认为无法用于风电选址。自然保护区也被排除在外。我们在 ArcGIS 平台使用美国国家航空航天局航天飞机雷达地形测量任务的 30″高程数据、一种使用卫星遥感的中国土地覆盖划分（Liu et al.，2003）和联合国环境规划署划分的自然保护区数据，构建了无法用于风电选址的地点排除图。由于遥感的土地覆盖可能在土地类型分类方面存在一些误差，我们通过与美国国家航空航天局中等分辨率成像光谱仪（MODIS）的全球植被分类结果进行比较，检验了我们的森林覆盖地图结果的稳健性。使用 MODIS 数据总物理潜力约增加了 5%，但并网潜力没有变化。我们基于可获得的中国项目数据和风机间距最大为 10 个叶片直径的实验观察到的功率减少量（Hirth and Schroeder，2013）来确定风机间隔参数，参考情景下允许每个风机占地面积为 0.58km^2。过密的风机间距可能导致顺风涡轮机产生湍流尾流效应，并影响对总风力发电量的估计。

经济资源评估。我们采用平准化度电力成本（LCOE）的方法为每个电网单元计算收支平衡电价，该电价下风电厂的净现值（NPV），即未来现金流贴现与前期成本之差为零。尽管平准化度电力成本被广泛使用，有研究认为对间歇性资源它是一个不完美的度量标准，更好的方法是通过在每个时间段计算市场价格乘以发电量来比较基于经济价值的发电选择（Joskow，2011）。由于中国缺乏竞争性的电力市场，此处采用系统成本估计来分析中国的情况。与 McElroy 等（2009）中应用的方法类似，我们构建了一个风电供给曲线，区别在于我们计算了经济并网潜力，其中考虑了备用、爬坡以及弃风成本。我们的方法增加了关于成本组成部分的细节以及给定成本结构的可用资源范围（由柱状图中的每个柱的宽度表示）。图 2 所示的供给曲线确定了在各平准化度电力成本阈值下布局风电的电网单元的顺序。

本文假设目前中国风电项目的财务规定保持不变。项目的净现值总额包括所有成本和收入，以及股权投资和贷款债务的预先规定的回报率。我们使用每个网格的容量因子来定义 0.5°×0.67°网格单元的平准化度电力成本（风机在经济上可行的阈值价格）。

资本成本由股权投资和金融机构债务构成。为了减少内部资本的贡献，开发商通常会尽量减少自己的股权投资的份额，我们设置的最低要求是 20%。我们假设风电项目的内部收益率为 10%。

目前中国陆上风电项目的上网电价分为四档，0.47～0.60 元/(kW·h)［0.072～0.092 美元/(kW·h)］。本文假设风电项目的上网价格在其寿命周期中保持不变，这是投资决策中使用的典型假设。对于海上风电项目，电价目前由特许权招标过程确定。中国的第一个海上试点——上海东海大桥，以 0.978 元/(kW·h) 的特许权价格结算，这一价格明显高于后续的拍卖，因此在目前的评估中不用于海上风电上网电价范围假设。

电力调度模型。风电并网挑战源于高波动性和不准确的风力预报与电力传输限制和传统发电技术的限制，如爬坡能力、启动和关闭以及最小稳定输出阈值等的相互影响（Porter et al.，2007）。例如，风电出力波动在几个小时的时间范围内出现较大波动，短于典型的600MW燃煤电厂或核电站的启动或关闭时间。目前中国对电严重依赖。煤电中很大一部分是北方冬季必须运行的热电联产机组，加之诸如不灵活电价和电网运行规范和程序等体制因素，增加了风电上网的挑战（Zhao et al.，2013）。

本文研究中，我们开发了一个经济调度模型，该模型可以计算传统发电机组每小时必须满足的净负荷（负荷减去并网风电）的情况以及必须运行基荷电源所需要的弃风。假设集中调度，确定发电厂的小时发电量通常被称为机组组合和经济调度的混合整数线性规划（MILP）优化问题，其考虑了一系列技术经济标准。为了简化计算，装机规划模型可以放宽整数约束，优化连续调度决策。尽管在一定程度上，这会高估发电机组的灵活性而引入近似误差。然而，中国保守估计有3000个煤电厂，每个煤电厂内有多个机组，对于中国国家级别的系统，建立发电机组级别的细节将需要一个有数百万变量的线性规划，使用这些技术细节来寻找最佳风力供应曲线的计算成本很高，并且往往需要非公开电厂级运行数据。

为了解决这些困难，我们开发了一个小时调度模型，该调度模型通过基于多个“发电技术层”的可能排序搜索满足需求的方案来简化最优调度的计算。搜索法考虑了基荷电源的最小出力限制，确保有足够的备用满足峰值负荷（加上5%的备用裕度），计算爬坡和备用成本，并且可以在计算机上迭代数千次。我们加总四个地区的负荷和发电量：西北电网地区（NW），东北电网地区（NE），“三华”地区（SH）（包括华东电网、华中电网和华北电网）以及中国南方电网地区（S）。模型假定了两个主要的区域间传输路径（西北—“三华”和东北—“三华”），成本基于当前的特高压（UHV）传输项目设定。

我们对传统规划模型采用的“筛选曲线”方法进行了改进。我们允许模型内生选择不可调度的风力发电量、考虑不同发电类型的季节性差异和最低出力，并计算每小时的爬坡和相关约束。

除风电外，目前中国广泛使用的四种发电技术，按基荷电源至调峰电源的顺序为核电、水电、煤电/生物质发电（以下简化为煤电）和天然气发电。因为风电出力在几个小时的时间内可能会出现大波动，所以一部分煤电和全部核电都被指定为必须运行的基荷电源。在我们的正文分析中，我们没有模拟并网多种间歇性可再生能源发电的相互影响。我们进行的一个敏感性分析是假设太阳能发电装机到2030年达到较高的装机水平（350GW），以分析对于结果的影响。假设太阳能发电优先并网，我们发现弃风增加了16%～53%，实际上抵消了太阳能发电量的70%。

间歇性能源的并网取决于发电时刻和地区与需求时刻和地区之间的相关性，且这因地区和时间而异。我们使用典型季节、典型小时负荷曲线，按照2012～2013年的日消费量进行缩放，并根据需求增长预测推算至2030年，获得年度负荷曲线。通过对典型冬季和夏季省级负荷曲线进行加权平均，我们得到东北、西北和“三华”电网区域小时负荷曲线。对于南方电网，我们使用广东电力消费情况来生成冬季和夏季典型日负荷曲线，再对2012～2013年省级日电力消费量按区域加和，并与小时波动相结合，形成连续的8760h负荷曲线。最后，我们从国家电网获得2030年区域电力消费增长情景，应用其对2013年总量进行缩放得到未来各年各区域的小时负荷曲线。

在MATLAB中开发的调度运行过程如下，需求数组每小时分成四个层次，按照以下顺序从0到最大层容量进行：①核电+必须运行的煤电，②水电，③剩余煤电，④燃气发电。核电、煤电、天然气和水电的容量分别缩放为100%、90%、90%和40%，代表平均综合可用率和容量系数。水电的季节性表现为，在参考情景下，将月发电量按比例缩小到历史平均水平并保持40%的年容量因子。煤电的必须运行出力是电力调度模型的关键输入，是必须运行的热电联产和核电装机的比例的某种函数关系，在给定电力生产结构下满足最高负荷的最低必须运行的煤电机组量。如果需求小于其累计装机容量，那么任一种电源的发电量为零。每种电源小时与小时之间的发电量差异等于它的爬坡。表2展示了国家电网总部规划人员对2030年每个电网区域的预测装机容量。

当每个单元中产生的风电被添加到系统中时，净负荷（负荷和风电之间的差值，相当于传统单位必须满足的负荷）每小时会有不均匀的减少，导致电力生产和爬坡情况在每一层发生变化。所有使得净负荷低于必须运行的基本负荷容量的风电都被假定为弃风。这是由该单元的输出相应比例减少表示的，从而增加了来自单元的风电的平均成本（按平准化的方式）。我们在模型中采用风资源在特定年份（2009年）的情况，代表包含中国在内的矩形区域的年平均容量因子的平均情况，来估算风资源的小时变化。2007年的风资源曲线是该矩形区域1979～2015年容量因子最低的，如果使用这条曲线，会减少5%的风电潜力。

我们加入备用电源以满足风电预测误差，其成本取决于发电类型。在参考情景下，要求总风电比例的15%作为备用。给定风力曲线的并网总成本与直接并网成本（爬坡和备用成本）和弃风量相关。

与实际运行系统相比，我们的方法忽略了基础层面以外的启动约束，与低负荷相关的成本和排放约束以及层内发电机组的不均一性，可能会引入近似误差。调度模型无法解决对火电机组的个体决策，导致其低估了更高层面中的不灵活性和并网成本。相反，为了供热、可靠性和其他服务所需的估计最低出力可能高估了基荷的不灵活性，这个层面“热启动”和更好的调度计划可能产生巨大影响。

增加煤电的灵活性是可行的，可以通过“热启动”和更好的调度计划以及降低煤电机组的最小出力来减少循环次数。为了说明这些改进措施可以提高风电并网的潜力，我们测试了被称为CoalRigid（更不灵活的煤电）和CoalFlex（更灵活的煤电）的一系列情景。在后者中，我们放松了目前要求煤电机组至少运行一周的运行规则，并要求所有备用足以满足8h的高峰负荷。

煤电灵活性情景范围通过模型预测的弃风与2013年东北两个区域观测到的弃风情

况验证得到。由于不灵活的规划和运行机制将限制风电并网和区域内的输电，预计我们的模型预测到的弃风比实际少，在多个地区尤其如此。根据目前的电力系统改革计划和电网扩张目标，我们的分析假设到2030年上述制约因素将大大缓解，我们所展示的这些足以通过聚合三个不同的电网区域缓解“三华”的区域内电力阻塞。我们的结果提示如果目前的计划没有实现，区域内的风电并网可能会进一步受到限制。

参考文献

张运洲，白建华，程路. 2013. 中国非化石能源发展目标及其实现路径. 北京：中国电力出版社.

Energy Foundation. 2010. Energy Research Institute China Wind Power Development Towards 2030-Feasibility Study on Wind Power Contribution to 10% of Power Demand in China.

National Renewable Energy Laboratory. 2013. Global CFDDA-Based Onshore and Offshore Wind Potential SupplyCurves. http://en.openei.org/datasets/dataset/global-cfdda-based-onshore-and-offshore-wind-potential-supply-curves-by-country-class-and-depth-q[2014-12-20].

Hirth B D, Schroeder J L. 2013. Documenting Wind Speed and Power Deficits behind a Utility-Scale Wind Turbine. Journal of Applied Meteorology and Climatology, 52(1): 39-46.

Hong L, Möller B. 2011. Offshore wind energy potential in China: under technical, spatial and economic constraints. Energy, 36: 4482-4491. http://www.protectedplanet.net/[2014-12-20].

IEA. 2012. China Wind Energy Development Roadmap 2050, IEA Technology Roadmaps, OECD Publishing, Paris, https://doi.org/10.1787/9789264166752-en. [2014-12-20].

Joskow P L. 2011. Comparing the Costs of Intermittent and Dispatchable Electricity Generating Technologies. American Economic Review, 101(3): 238-241.

Kahrl F, Williams J H, Hu J. 2013. The political economy of electricity dispatch reform in China. Energy Policy, 53(none): 361-369.

Katzenstein W, Apt J. 2009. Air Emissions Due To Wind And Solar Power. Environmental Science and Technology, 43(2): 253-258.

Lipscomb M, Mobarak A M, Barham T. 2013. Development Effects of Electrification: Evidence from the Topographic Placement of Hydropower Plants in Brazil. American Economic Journal: Applied Economics, 5(2): 200-231..

Liu J Y, Zhuang D F, Luo D, et al. 2003. Land-cover classification of China: Integrated analysis of AVHRR imagery and geophysical data. International Journal of Remote Sensing, 2003, 24(12): 2485-2500.

Lu X, Mcelroy M B, Kiviluoma J. 2009. Global potential for wind-generated electricity. Proceedings of the National Academy of Sciences, 106(27): 10933-10938.

Lu X, McElroy M, Nielson C, et al. 2013. Optimal integration of offshore wind power for a steadier, environmentally friendlier, supply of electricity in China. Energy Policy, 62: 131-138.

McElroy M B, Lu X, Nielsen C P. et al. 2009. Potential for wind-generated electricity in China. Science, 325: 1378-1380.

NASA. 2010. NASA Land Processes Distributed Active Archive Center MCD12Q1: Land Cover Type Yearly L3 Global 500 m SIN Grid.

Porter K, Yen-Nakafuji D, Morgenstern B. 2007. A Review of the International Experience with Integrating Wind Energy Generation. Electricity Journal, 20(8): 48-59.

Qin H, et al. 2010. China: An Emerging Offshore Wind Development Hotspot- with a New Assessment of China's Offshore Wind Potential (Chinese Wind Energy Association, 2010). http://www.doc88.com/p-400908717166.html[2014-12-20].

Rienecker M M, et al. 2011. MERRA: NASA's Modern-Era Retrospective Analysis for Research and Applications. Journal of Climate. 24: 3624-3648.

IUCN, UNEP-WCMC. 2013. The World Database on Protected Areas.

Zhang D, Davidson M R, Gunturu B, et al. 2014. An Integrated Assessment of China's Wind Energy Potential. (MIT Joint Program on the Science and Policy of Global Change, 2014). https://dspace.mit.edu/handle/1721.1/88605[2014-12-20].

Zhao X, Zhang S, Zou Y, et al. 2013. To what extent does wind power deployment affect vested interests? A case study of the Northeast China Grid. Energy Policy, 63: 814-822.

Modelling the Potential for Wind Energy Integration on China's Coal-Heavy Electricity Grid

Michael R. Davidson, Zhang Da, Xiong Weiming,
Zhang Xiliang, Valerie J. Karplus

Abstract: Expanding the use of wind energy for electricity generation forms an integral part of China's eforts to address degraded air quality and climate change. However, the integration of wind energy into China's coal-heavy electricity system presents significant challenges owing to wind's variability and the grid's system-wide inflexibilities. Here we develop a model to predict how much wind energy can be generated and integrated into China's electricity mix, and estimate a potential production of 2.6 petawatt-hours (PW · h) per year in 2030. Although this represents 26% of total projected electricity demand, it is only 10% of the total estimated physical potential of wind resources in the country. Increasing the operational flexibility of China's coal fleet would allow wind to deliver nearly three-quarters of China's target of producing 20% of primary energy from non-fossil sources by 2030.

中国大规模光伏发电的经济评估*

张　达，柴麒敏，张希良，何建坤，岳　立，董秀芬，吴　抒

摘要：光伏发电资源丰富、用途广泛、对环境影响小，被认为是未来中国能源供应结构的重要组成部分。中国的光伏发电仍处于起步阶段，与燃煤发电相比成本较高，需要政策扶持。近年来中国出台了一系列政策激励光伏发电的发展，但由于用在光伏市电同价上的追加投资总额尚不确定，这些政策都不是长久之计。本文先概述了中国光伏发电的发展现状，随后应用学习曲线理论对大规模光伏（LS-PV）发电设备的主要组成部分——多晶硅光伏电池的成本下降趋势进行研究，并在不同情景下预估了光伏市电同价所需的时间和总学习成本。此外，还用MESSAGE模型对中国未来的光伏装机进行了可比估算。结果表明，随着燃煤电力成本的上涨，光伏发电的长期补贴政策是可行的，但激进的补贴政策效果不佳。

关键词：光伏；中国；学习成本

1　引言

发展可再生能源已成为中国应对可持续能源供应和环境保护的一个重要问题。中国政府已经明确指出，实现减排目标的关键途径是到2020年将非化石能源占一次能源消费总量的比例提高到15%，2050年可再生能源占一次能源供应总量的比例有望达到21%左右（Zhang et al.，2010）。太阳能资源的开发潜力巨大，并且，由于光伏产业的产能迅速扩张，中国对太阳能的大规模利用也越来越重视。利用大规模制造能力优势，中国已成为全球最大的太阳能电池供应商，其中多数是多晶硅电池（Li and Wang，2007）。然而，光伏产业快速发展的同时也出现了一些争议。由于多晶硅电池的生产过程是高耗能的，常常有人质疑光伏是否有利于中国降低能源消耗。2008年，中国年生产的光伏产品中仅有1%安装在国内市场，密集的生产导致了国内的高能耗与污染，却为国外节省了能源，这使得对光伏产业的质疑再度甚嚣尘上。

为提高国内光伏发电的装机容量，2009年起中国政府出台了一系列政策措施，包括2009~2011年对“金太阳示范工程”和“光伏建筑一体化项目”进行补贴，以及2009年和2010年发布的两批特许权项目。近年来受政策扶持的光伏发电装机容量不超过800MW，仅占中国2010年光伏电池产量的10%左右。扶持较为有限的主要原因是大规模光伏发电（large scale photovoltaic，LS-PV）的成本虽然低于光伏建筑一体化（building integrated photovoltaics，BIPV），却仍然远高于燃煤发电。此外，中国在大规

---

* 原文来源：Zhang D，Chai Q M，Zhang X L，et al. Economical assessment of large-scale photovoltaic power development in China. Energy，2012，40（1）：478-489. 中文出版略有改动。

模光伏发电成本下降趋势和光伏市电同价总学习成本方面缺乏清晰的经济评估，而这对未来中国光伏发电的扶持政策来说至关重要。

为评估成本下降趋势和相应的总学习成本，本文展开了全面研究。如果中国调整光伏产业的发展速度，总学习成本也会变化，因此研究还设定了不同的发展情景，计算使光伏发电具备成本竞争力的总学习成本和所需时间。此外，还采用 MESSAGE 模型对中国未来的光伏装机容量进行了可比估算。本文结构如下：第 2 节概述了中国光伏产业的发展现状，重点介绍了大规模光伏电站的主要部件——多晶硅太阳能电池；第 3 节中通过建立多晶硅价格不变的学习曲线模型，对多晶硅太阳能电池的成本降低趋势进行了估算；在此基础上，第 4 节评估了在不同发展情景下，中国光伏发电具备成本竞争力的总学习成本及所需时间。第 5 节在 MESSAGE 模型中将光伏发电纳入中国的整体能源供应体系，根据模型输出对中国未来的光伏装机容量进行了可比估算。第 6 节对全文做出总结。

2 中国光伏产业的发展现状

2.1 产量与安装量间的差距矛盾

中国的光伏产业始于 20 世纪 70 年代，并在 21 世纪得到蓬勃发展。截至 2007 年底，太阳能电池生产企业已经超过 50 家，总生产能力为 2900MW，年产量达 1188MW。这意味着中国已经超过日本，成为全球最大的太阳能电池供应商（Li and Wang，2011）。中国的产能仍在大幅扩张，年产量逐年翻番。由表 1 可知，中国在全球太阳能电池产量中的份额也在稳步增长。

表 1 2008～2010 年中国的光伏电池产量

年份	2008	2009	2010
全球光伏出货量（MW）	7 911	10 659	16 200
中国光伏出货量（MW）	2 000	40 11	8 000
份额（%）	25. 28	37. 63	49. 38
世界排名	1	1	1

中国的太阳能资源较为丰富，2/3 以上的地区年日照时数超过 2000h，每年的太阳能理论总量达 4900 万 PJ（$1PJ = 10^{15}J$）。但与太阳能电池生产方面的主导地位不同，中国在太阳能发电装机方面仍然滞后。2009 年以前，光伏装机仅仅依靠几个政府财政项目，如“西藏未通电县电气化工程”、“光明工程”、“西藏阿里光电计划”、“中国农村电气化工程”和“未通电区域电气化工程”等，累计装机容量小。为了解决太阳能电池生产和装机间差距的矛盾，中国政府在 2009 年之后出台了一系列扶持太阳能电池装机的政策，为多项工程及项目提供资金补贴，其中有面向大规模光伏发电的“金太阳示范工程”、面向 50kW 以上光伏建筑的“光伏建筑一体化项目”和面向大规模光伏发

电的两批特许权项目。这些政策激励了光伏发电装机进一步发展：2009 年底，中国累计光伏装机容量为 351MW，2010 年底即上升到 910MW，一年内增加了一倍有余[8]。表 2 给出了 1990 ~ 2010 年中国光伏装机的增长情况。然而，生产和装机之间仍然存在巨大差距，未来还需采取更强有力的激励措施。

表 2　1990 ~ 2010 年中国光伏电池装机量　(单位：MW)

年份	1990	1995	2000	2002	2004	2006	2007	2008	2009	2010
年装机量	0.5	1.55	3	18.5	10	10	20	40	210	559
累计装机量	1.78	6.63	19	42	62	80	100	140	351	910

2.2　聚焦大规模光伏发电

目前，扶持政策主要集中在大规模光伏发电。特许权项目被公认是一种得到新型发电技术真实成本的有效方法，可通过在示范项目中借鉴中国风能发展的成功经验来降低成本。经过五批特许权项目的发布实施，每兆瓦风力发电的投资成本逐渐收敛，并接近于传统发电技术。这为上网电价监管取代并行的两套监管体系（特许权流程和逐项目“政府审批”）创造了条件（Wang，2010）。风电的成功经验表明，好的能源政策可以有效降低发电成本。因此，太阳能特许权项目被视为降低光伏成本和提高光伏装机容量的良好解决方案（Wang，2010）。紧接着，2009 年和 2010 年发布了两批总容量为 290MW 的特许权项目。由于大规模光伏发电更易于监督管理，这些特许权项目都是大规模光伏发电项目。

“金太阳示范工程”也聚焦于大规模光伏发电。2009 年，财政部、科学技术部和国家能源局联合发布了 2009 ~ 2011 年合格示范光伏项目的前期补贴计划。该补贴计划覆盖了上网发电系统总成本的 50% 和离网发电系统总成本的 70%。与第一个国家补贴计划“光伏建筑一体化项目”相比，该计划将发电系统最低容量限制从 50kW 提高到了 300kW。

同时，尽管小规模光伏发电具有占地少、无需额外传输、风险相对较低等优势，却仍面临巨大挑战，如缺少负责太阳能发电系统并网的机构（Rigter and Vidican，2010）。因此，光伏产业的扩张大部分来自电力公司规模的光伏电站，而这种趋势在不久的将来很可能会继续（Hirshman and He，2009）。正因如此，本文做出合理简化，仅仅考虑中国未来光伏产业发展中的大规模光伏发电。

3　中国光伏电池的学习率

如前所述，由于太阳能电池在光伏系统总成本中保持着相对稳定的比例，估算光伏电池的成本下降趋势是对未来扶持政策进行经济评估的关键因素。2008 年是唯一一个非晶光伏电池年产量低于 40MW 的年份，相比之下，晶体硅光伏电池的产量超过 2500MW，占据着主导地位。在晶体硅光伏电池中，多晶硅光伏电池的产量比单晶硅高两倍，而两者之间的成本差异较小（Zheng and Liu，2005）。因此，本文选取多晶硅光伏电池为代表，研究成本下降趋势。

学习曲线理论被广泛用于估算技术未来的进步速度。在光伏电池的学习率方面，已经存在大量研究。例如，McDonald 和 Schrattenholzer（2001）、Der Zwaan（2004）、Cody 和 Tiedje（1996）及 Hamon（2000）用单因子学习曲线理论对太阳能电池模块进行了深入的研究，并指出太阳能电池组件的学习率（累计产量翻倍时新技术单位成本的下降速率）位于0.1～0.25。多因子学习曲线理论也被用于研究太阳能电池组件的成本下降趋势（Watanabe et al.，2000；Isoard and Soria，2001；Kobos et al.，2006；Kahouli-Brahmi，2009；Yu et al.，2011）。然而，这些研究主要基于2000年以前的全球数据。21世纪，尤其在中国，光伏产业取得了长足的进步。中国在技术转让受限的前提下，2000～2007年，累计产量从10MW扩张到1000MW，这表明中国的光伏产业具有独特的特征。因此，笔者决定收集数据计算中国多晶硅电池的学习率。为了便于估算未来的学习成本，本文选取了单因子学习曲线理论。

2005～2010年，中国光伏电池的累计产量从212MW增加到15 709MW。然而根据无锡尚德太阳能电力有限公司的数据，光伏电池的价格并未出现符合规律的下降，如图1所示。

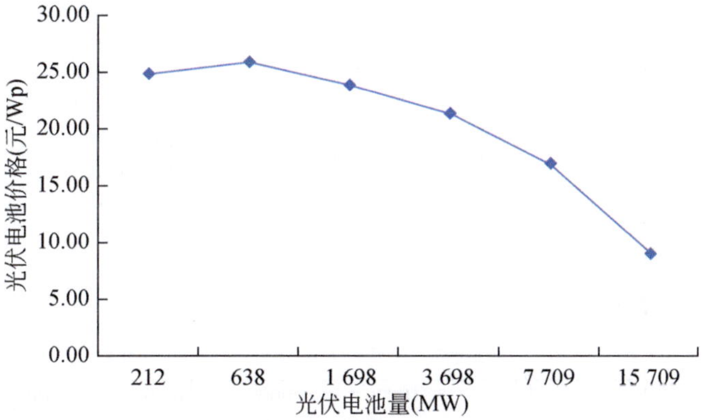

图1　2005～2010年多晶硅光伏电池价格（元/Wp）与中国光伏电池累计产量之间的关系（基于2005年的不变价）

资料来源：Wene，2000.

造成这一现象的原因不是生产技术水平的波动，而是多晶硅光伏电池的重要原材料——多晶硅的价格变动。图2给出了2005～2010年尚德公司多晶硅平均采购价格的波动情况。

事实上，即便不考虑转换效率的提高，在硅消耗量方面，2005～2010年生产技术也有相当显著的进步。

因此，为得到光伏电池的实际学习率，应当排除硅价格变化的影响。实现这一点有几种方法（Yu et al.，2011；Nemet G F，2006），本文设定多晶硅价格为100美元/kg不变，并对光伏电池的价格进行修正，将修正后的价格作为实际成本。假定光伏电池的实际价格为 c_0（元/W_p），硅消耗量为 m（g/W_p），硅价格为 c_s（元/g），调整后的价

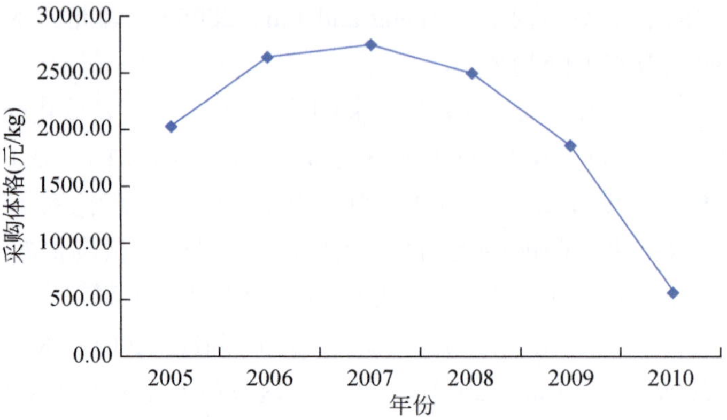

图 2　2005 ~ 2010 年尚德公司多晶硅平均采购价格的波动情况（基于 2005 年的不变价）

资料来源：Wene，2000.

格为 c（元/W_p），则有：

$$c = c_0 - c_s \times m + 0.1m$$

图 3 显示了调整后的价格 c（元/W_p）和累积产量 Q（MW）之间的关系，可以看出，数据的线性回归结果良好。

$$Q = 64.1c^{-0.21}$$

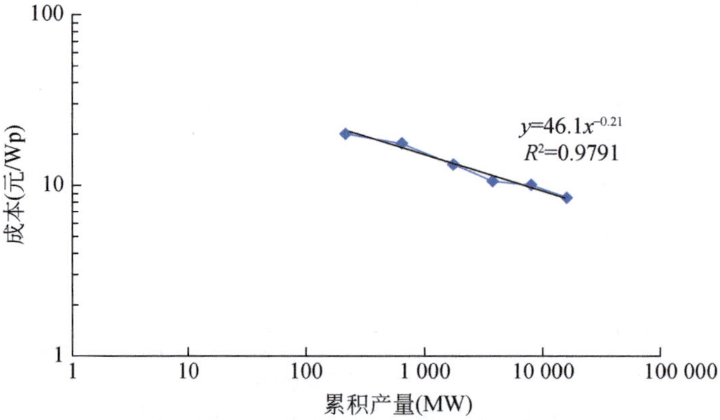

图 3　中国光伏电池的实际成本与累计产量之间的关系（基于 2005 年的不变价）

由此可以计算出中国光伏电池技术的学习率为 0.14［与其他一些研究采用的学习率接近，如（Lund，2010）］，当累计产量为 1MW 的时候，光伏电池的成本约为 64 元。与历史数据（基于 2005 年的不变价，1990 年中国光伏电池累计产量达到 1MW 时成本约为 56 元）相比，学习率的拟合结果是合理的。

4　不同情景下中国光伏电池市电同价的学习成本

在估算中国光伏电池的学习率时，也可以计算出光伏电池市电同价的学习成本。学习成本可以解释为新技术的成本与传统技术的参考成本间的差额。以往估算光伏电池学习成本的大部分研究中，传统技术的参考成本保持不变。但实际上，由于中国煤炭价格的上涨，煤电成本也持续上涨。本研究借鉴 ERI 的估算，假定 2007 年的煤电成本为 0.36 元/kW 时，此后每年上涨 5%（Gao，2010）。

本研究设定了中国光伏产业发展的不同情景，研究了光伏电池累计产量和时间的关系。以下分析中采用的光伏电池一次性补贴代表了中国政府在当前“金太阳示范工程”中的扶持政策。与上网电价相比，一次性补贴更灵活，是光伏电池成本不断下降时的主流扶持政策。《2009 美国复苏与再投资法案》（ARRA）中也有类似的政策。ARRA 提出商业能源投资税收抵免（ITC），可覆盖商业可再生能源发电项目 30% 的初始投资。

4.1 对恒定增长的年产量进行补贴的情景

在这一系列的情景中，本研究设定了光伏电池年产量的不同增长速率，并假定年产量以此恒定速率持续增加。研究选取 2010 年作为起始年，该年年产量为 8000MW，累计产量为 15 709MW。根据不同的增长率可以计算出 2010 年后每年的光伏电池年产量和累计产量，并由前面选定的学习曲线得到光伏电池的学习成本。

光伏电池年产量乘以光伏电池价格与市电同价所需价格之差，也可以得到学习成本。光伏电池市电同价所需价格可根据当年煤电成本及中国典型大规模发电项目的基本参数设置得到（表 3）。

表 3 中国典型大规模发电项目的基本参数设置

基本参数	负债比率（%）	利率（%）	净资产收益率（%）	年平均发电小时数（h）	系统中光伏电池的占比（%）
典型数值	80	6	8	1320	45

随着煤电价格的不断上涨，光伏电池市电平价所需价格也相应上升。本研究设定了三种不同的情景，即年生产量以三种不同的恒定速率持续增加（s11：20%、s12：50%、s13：100%）。由图 4 可计算得出学习成本。

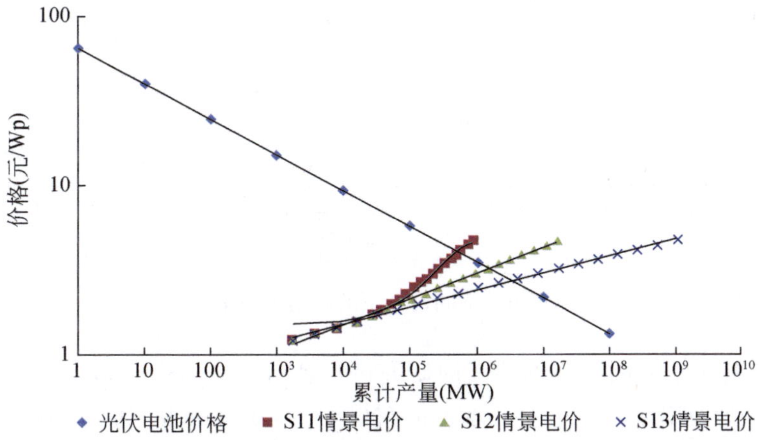

图 4 光伏电池价格、不同情景下市电同价价格和累计产量间的关系（基于 2005 年的不变价）

光伏电池的价格变化如图 5 所示，总学习成本、累计产量和市电平价年见表 4。

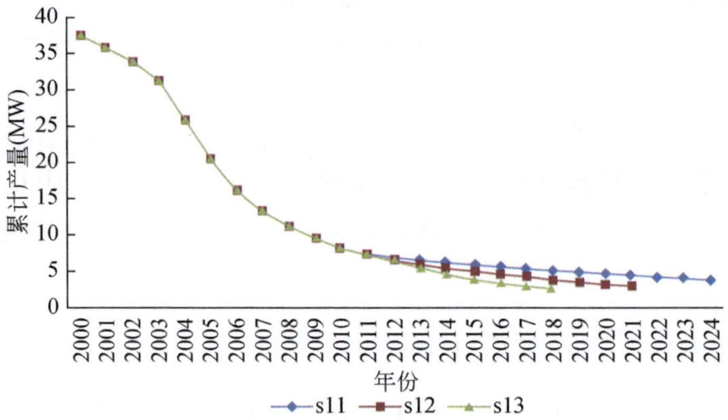

图 5　光伏电池的价格变化（基于 2005 年的不变价）

表 4　总学习成本、累计产量和市电平价年

情景	总学习成本（亿元）	累计产量（十亿峰值功率）	市电平价年
s11	10 430	584	2024
s12	22 150	2068	2021
s13	43 930	4096	2018

s13 的总学习成本比 s11 高出约 4 倍，而市电平价年只提前了 6 年，这意味着激进的发展战略的效率并不高。从图 6 可以看出，激进的发展战略会使学习成本逐年急剧增长，而总投资无法同步快速增长。

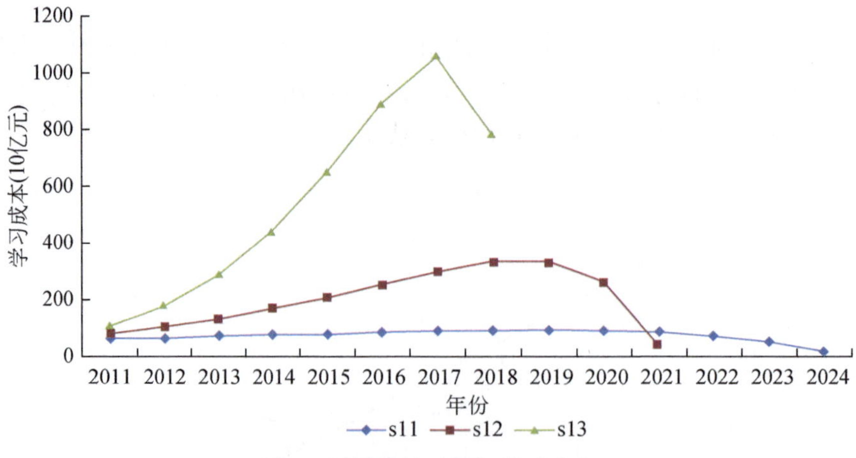

图 6　不同情景下的年学习成本

此外，与基于学习曲线理论的其他研究进行比较。Wene（2000）算得学习成本为 2880 亿美元，学习率为 0. 15；Der Zwaan（2004）根据 Grübler 等（1999）的学习曲线计算出学习成本约为 12 400 亿美元。两项结果都与本研究的结果相当。关于市电平价年，中国科学院电工研究所、Hoffmann（2006）、Poponi（2003）和 EPIA 分别给出了 2015 年、2016 年、2018 年和 2020 年的不同预测结果。这些也与本研究的结果一致。

4.2 补贴占 GDP 份额恒定的情景

显然，政府用占 GDP 份额恒定的资金补贴光伏电池是一种更可行的策略，类比于 4.1 节，可创造出一系列情景。第一资本（First Capital）组织梳理美国、德国、西班牙、日本和中国对光伏发电的补贴发现，补贴占 GDP 的比例为 0.05% ~0.15%。因此，本研究设定了三种不同的情景，不同情景中政府补贴占 GDP 比例 r 不同（s21：0.05%、s22：0.10%、s23：0.15%）。

社会支付的总学习费用包括政府直接补贴、政府补贴带动的国内间接投资（2010 年中国政府直接补贴约为 100 亿元，仅足以扶持 145MW 的光伏装机，而总装机容量达到 559MW，约是政府直接扶持容量的 4 倍）（Li and Wang，2011）和由光伏电池的国际需求驱动的“补贴”。本研究假定 2010 年之后中国的 GDP 每年继续增长 8%，政府补贴占 GDP 的比例 r 不变。此外，还假定国内补贴总额是政府补贴的 4 倍，且未来光伏电池的出口保持不变（8000MW）。因此，第 a 年光伏电池产量 Q_a（MW）可用以下公式估算：

$$Q_a = 4 \times \frac{\mathrm{GDP}_a^* r}{c_{a-1} - c'_{a-1}} + 80000$$

式中，c_{a-1}表示第 $a-1$ 年光伏电池的价格；c'_{a-1}表示第 $a-1$ 年光伏电池市电平价所需的价格。

由此可以得到光伏电池逐年的累计产量和价格。类比于 4.1 节的分析，图 7 给出了三种情景下的光伏发电与燃煤发电的价格差异。

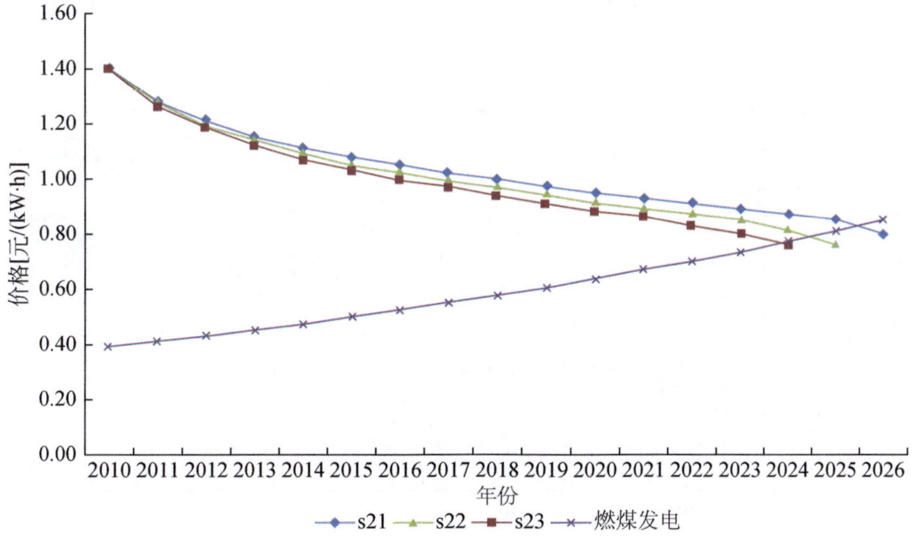

图 7 三种情景下的光伏发电与燃煤发电的价格差异

值得注意的是，s23 的投资比 s21 多 3 倍，但市电平价年只提前了两年。这与 4. 1 节中的结论一致，激进补贴策略的效率并没有很高。图 8 给出了 2010 ~ 2020 年中国光伏电池的累计装机容量，其中 2010 年为 910MW（Li and Wang，2011）。这些情景，尤其是 s21 和 s22 的结果，与中国最近调整的目标相吻合。该目标提出到 2020 年光伏装机容量达 50 000MW，并将取代原先在《可再生能源中长期发展规划》中设定的目标。

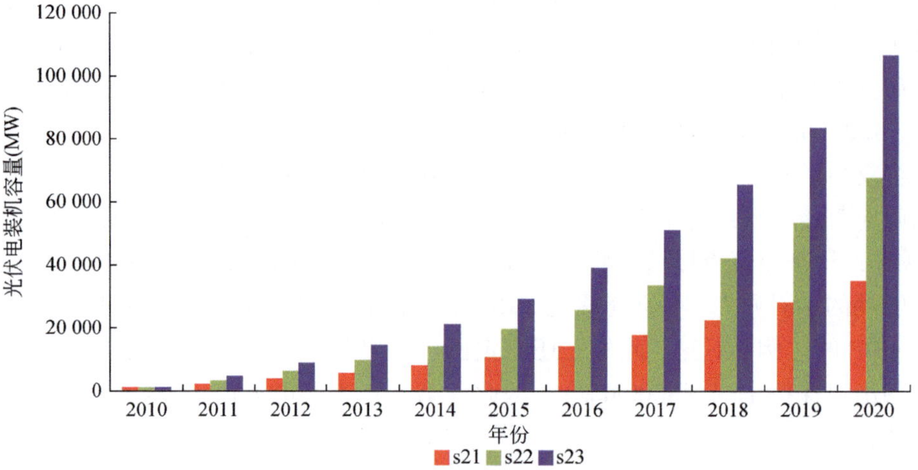

图 8　2010 ~ 2020 年三种情景下的光伏电池累计装机容量估算值

5　电力供应结构中补贴对光伏发电的影响

本文使用能源系统优化模型 MESSAGE，综合考虑了电力供应结构、研究补贴对光伏发电的影响。研究采用了清华大学的中国能源系统基本情景，参考的电力供应结构如图 9 所示。

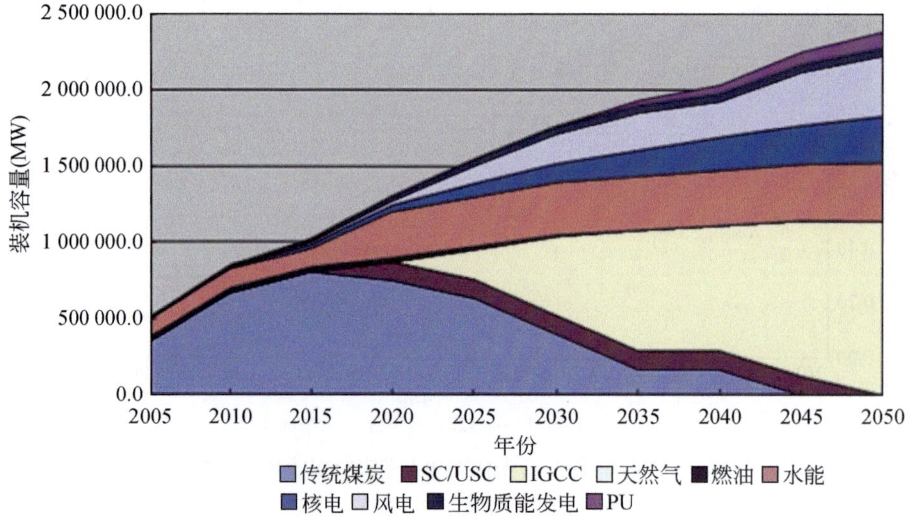

图 9　中国电力供应结构的基本情景

MESSAGE 模型用每个时间段的初始成本和年度成本变化情况描述某种能源技术及其技术变化。本研究设定了三种不同的情景，2010 年光伏系统的初始投资成本为 17 000元/kW，其后每 5 年以三种不同的恒定速率下降（s31：90%、s32：85% 和 s33：80%），这实际上接近于上文设定的情景（即 s21、s22、s23）。该模型设定光伏系统初始投资成本的下限为 10 000 元/kW，设定光伏系统的年度成本为初始投资的 1.5%。由此可估算出 2010～2050 年光伏电池的累计装机容量，如图 10 所示。

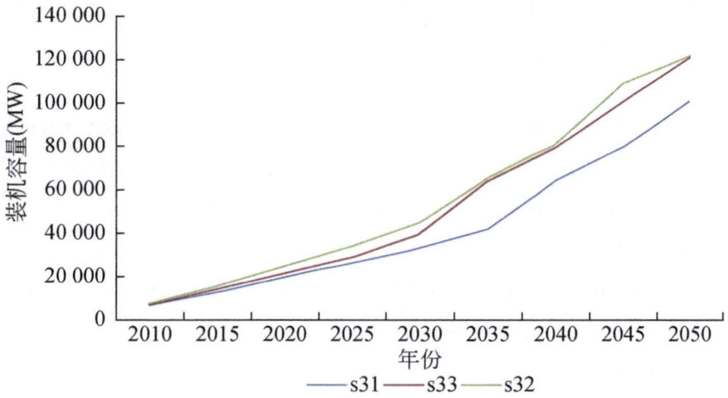

图 10 2010～2050 年三种情景下中国光伏电池累计装机容量的预测值

值得注意的是，估算得出 2020 年的累计装机容量为 21 500～26 500MW，与 4.2 节中的结果相比偏低，但并没有低太多。

6 结论

本文研究表明，光伏电池的学习率明确时，随着煤电成本的上涨，2022～2027 年，与传统能源相比光伏发电将具有成本竞争力。如果年投资达 GDP 的 0.1%，光伏发电将在 2025 年之前就具备竞争力。光伏发电系统的成本相对稳定后，一次性补贴和特许权项目将成为未来大规模光伏发电项目的主要投资渠道。研究结果证实，激进补贴策略的效率并不高，因此中国应当慎重考虑补贴政策的成本效益。

参考文献

Cody G, Tiedje T, 1996. A learning curve approach to projecting cost and performance in thin film photovoltaics. // Washington: IEEE: Photovoltaic Specialists Conference, Conference Record of the Twenty Fifth IEEE: 1521-1524.

Der Zwaan B. 2004. Ari rabl: the learning potential of photovoltaics: implications for energy policy. Energy Policy, 32: 1545-1554.

Gao H. 2010. Economics and Economival Production of China's Renewable Energy Production. Beijing: China Environmental Science Press.

Grübler A, Naki N, Victor D G. 1999. Dynamics of energy technologies and global change. Energy Policy, 27(12):737-742.

Harmon C, Schrattenholzer L. 2000. Experience Curves of Photovoltaic Technology. Working Papers, 16 (4):255-256.

Hirshman W, He C. 2009. PV's fortune cookie? PhotonInternational. The Photovoltaic Magazine, 28-34.

Hoffmann W, 2006. PV solar electricity: status and future. Proceedings of SPIE-The International Society for Optical Engineering, 6182:618201-618208.

Isoard S, Soria A. 2001. Technical change dynamics: evidence from the emerging renewable energy technologies. Energy Economics, 23(6):619-636.

Kahouli-Brahmi S. 2009. Testing for the presence of some features of increasing returns to adoption factors in energy system dynamics: an analysis via the learning curve approach. Ecological Economics, 68(4): 1195-1212.

Kobos P H, Erickson J D, Drennen T E. 2006. Technological learning and renewable energy costs: implications for US renewable energy policy. Energy Policy, 34(13):1645-1658.

Kypreos S. 2005. Modeling experience curves in MERGE (model for evalu- ating regional and global effects). Energy, 30:2721-2737.

LI J F, Wang S C, 2007. China Solar PV Report 2007. Beijing: China Environmental Science Press.

Lund P D. 2010. Exploring past energy changes and their implications for the pace of penetration of new energy technologies. Energy, 35:647-656.

McDonald A, Schrattenholzer L. 2001. Learning rates for energy technologies. Energy Policy 29:255-261.

Mekhilef S, Saidur R, Safari A. 2011. A review on solar energy use in industries. Renewable and Sustainable Energy Reviews, 15(4): 1777-1790.

Mondal M A H, Denich M, Vlek P L G. 2010. The future choice of technologies and co-benefits of CO_2 emission reduction in Bangladesh power sector. Energy, 35:4902-4909.

Nnmet G F,2006. Beyond the learning curve: factors influencing cost reduc- tions in photovoltaics. Energy Policy, 34:3218-3232.

Poponi D,2003. Analysis of diffusion paths for photovoltaic technology based on experience curves. Solar Energy, 74:331-340.

Rigter J, Vidican G, 2010. Cost and optimal feed-in tariff for small scale photovoltaic systems in China. Energy Policy, 38:6989-7000.

Wang Q, 2010. Effective policies for renewable energydthe example of China's wind power e lessons for China's photovoltaic power. Renewable and Sustainable Energy Reviews,14:702-712.

Watanabe C, Wakabayashi K, Miyazawa T. 2000. Industrial dynamism and the creation of a virtuous cycle between R&D, market growth and price reduction- the case of photovoltaic power generation (PV) development in Japan. Technovation, 20(6):299-312.

Wene C. 2000. Stimulating learning investments for renewable energy technology. Stanford: EMF/IEA/IEW Workshop.

Yu C F, Van Sark W, Alsema E A. 2011. Unraveling the photovoltaic technology learning curve by incorporation of input price changes and scale effects. Renewable and Sustainable Energy Reviews, 15 (1):324-337.

Zhang X L, Wang R S, Huo M L, et al., 2010. A study of the role played by renewable energies in China's

sustainable energy supply. Energy, 35(11):4392-4399.
Zheng Z N, Liu D S, 2005. Learning curve model of solar PV modules and policy implication for China. Acta Energiae Solaris Sinica, (1):93-98.

Economical Assessment of Large-Scale Photovoltaic Power Development in China

Zhang Da, Chai Qimin, Zhang Xiliang, He, Jiankun
Yue Li, Dong Xiufen, Wu Shu

Abstract: Photovoltaic (PV) power has a huge resource of supply, wide range of usage, and low impact on environment and it is considered as a key factor of the supply mix in the future for China. PV power is still in its infancy in China. It has higher cost than coal-fired power, and needs policy support. In recent years, China has launched a series of policies to stimulate PV power. These policies, however, are temporal, mainly because the total additional investment to make PV power grid parity is uncertain. After a brief review on current status of PV power development in China, this paper applies learning curve theory to study the cost reduction trends of polycrystalline silicon PV cells-main components of large-scale PV (LS-PV) power generation, then sets different scenarios to estimate time and the total learning cost of PV power's grid parity. MESSAGE model is also applied to make a comparable estimation of the future PV installation in China. The results show that long-term subsidy policy for PV power is feasible in China with the rising cost of coal-fired power, but aggressive subsidy policy is not very efficient.
Keywords: Photovoltaic (PV); China; Learning cost

中国大规模光伏发电的协同效益*

张　达，唐松林，林　宝，刘　贞，张希良，张丹玮

摘要：光伏发电是中国未来电力供应结构中不可或缺的部分，近年来得到了迅速发展。与传统燃煤发电相比，光伏发电的成本较高，因此财政补贴对其发展至关重要。虽然中国已经实施了一系列政策来补贴光伏发电，但仍急需采取强有力且稳定的政策激励光伏发电装机量的增长。此类政策尚未成形的重要原因之一是光伏发电产生的利益能否覆盖补贴成本仍不确定。在本文中我们进行了详细的研究，以量化中国由多晶硅电池组成的大规模光伏发电（large scale photovoltaic，LS-PV）在替代传统燃煤发电过程中的协同效益。生命周期分析（life cycle assessment，LCA）表明，多晶硅大规模光伏发电的协同效益估算值为0.167 元/(kW·h)；若将协同效益内部化，市电平价时间将提前约4年。

关键词：协同效益；生命周期分析；光伏；中国

1　背景

中国经济的高速增长导致了电力需求的持续增加，而电力消费的增长速度高于经济增速。1999~2007年，电力消费弹性参数（电力消费增长量与GDP增长量的比值）一直大于1。尽管“十一五”期间严格的节能减排政策已导致增速放缓，但在工业化和城市化的影响下，中国的电力消费仍有巨大的增长潜力。

电力供应结构中燃煤发电约占80%。煤炭消费量的快速增长导致了巨量的温室气体排放及严重的空气污染问题。能源消费过程中大量的二氧化硫（SO_2）、氮氧化物（NO_x）和颗粒物（PM）等大气污染物的排放会导致有害酸雨和多种疾病的产生（He et al.，2010）。意识到这一问题后，中国越来越重视可持续、可再生能源技术的使用，以改善电力供应结构。可再生能源技术是满足社会电力需求的解决方案，同时可以减少化石燃料的使用对人类造成的不利影响。但一般来说，可再生能源技术的成本比传统能源技术高。得益于太阳能资源的巨大开发潜力和中国光伏产业的蓬勃发展，光伏发电已被视为极具前景的可再生能源技术，并自2009年以来享受中央政府的一系列激励政策。这些促进光伏发电发展的政策措施有：2009~2011年补贴“金太阳示范工程”和“光伏建筑一体化项目”；2009年和2010年的两批特许权项目及2011年发布的上网电价政策。然而，受到激励项目和特许权项目扶持的光伏装机量不超过800MW，仅为2010年中国年产量的10%左右。以目前光伏发电建设的成本来看，在太阳能资源丰富的中国西部区域，上网电价也只能保证大规模光伏发电项目的内部收益率在8%左右。

---

* 原文来源：Zhang D，Tang S L，Lin B，et al. Co-benefit of polycrystalline large-scale photovoltaic power in China. Energy，2017，41（1）：436-442. 中文出版略有改动。

因此，仍有必要采取激励措施促进光伏发电装机量的增长。

事实上，对燃煤发电的补贴远高于对光伏发电的补贴。2007 年的电力补贴估计约为 763.9 亿元（Lin and Jiang，2011），其中占消费总量 80% 的燃煤发电的补贴约为 611.1 亿元。光伏发电在“十二五”期间的年装机量约为 1.7GW（$1GW = 10^9W$），假设年均可利用小时数为 1500h，则每年的补贴额仅为 12 亿元。

对燃煤发电进行巨额补贴的原因在于，政府认为维持低电价有助于中国经济快速增长、有助于提高中国产品在对外贸易中的竞争力、有助于实现其他社会经济目标。然而，燃煤发电的支付价格中忽略了相关空气污染导致的健康系统成本、恢复受损生态系统的成本、生物多样性和生态系统服务的受损利益及由空气污染引起的疾病和早期死亡造成的生产力下降所带来的经济损失（Taylor et al.，2005）。与燃煤发电相比，减少温室气体排放、改善公共健康社区、创造就业机会等与光伏发电相关的多项辅助效益（在许多研究中通常被表示为协同效益）（Mohammad and Adel，2011），往往没有被充分考虑。这并不是因为中国政府不了解光伏发电的协同效益，而是因为缺乏可供决策者参考的货币化价值。其他国家的经验教训使得政府担心可再生能源技术的补贴效率。例如，澳大利亚 2000 年的光伏发电补贴计划被认为效率不高，这是因为与环境和社会经济利益相比，该政策的成本太高（Macintosh and Wilkinson，2011）。如果诸如健康影响等协同效益能被准确合理地量化，就可以与投资的货币成本、二氧化碳减排和节能技术成本进行比较，为决策者选择适当的补贴政策提供一个通用标准。而要实现准确合理的量化，需要考虑所有成本和效益的参数（Aunan et al.，2004）。

在衡量协同效益时，特别是与环境相关时，《环境管理 · 生命周期评估 · 原则和框架》（ISO 14040—2006）中描述的生命周期分析（LCA）法是量化某一产品全生命周期（从原材料的提取和加工到生产制造、运输、使用及维护，直到最终的回收或废物管理）的环境影响的最全面有效的工具之一。随着现代能量转换系统的环境操作标准越来越多，对生产的上游和下游环节（如燃料供应或发电厂、基础实施生产等）的 LCA 评估也越来越重要（Pehnt，2006）。

因此，为了得到中国光伏发电与燃煤发电相比的协同效益，本文对光伏发电和燃煤发电进行了生命周期分析。对光伏发电，出于对补贴的公平性及市场份额的考虑，选取了大规模多晶硅光伏发电作为代表性技术；对燃煤发电，选取中国典型的 600MW 燃煤机组进行研究。根据生命周期分析的结果，可以估算出协同效益的货币化价值，以及协同效益内部化下光伏发电的市电同价时间。

本文结构如下：第 2 节概述了相关的研究并介绍了本文的研究方法。第 3 节用生命周期分析法详细研究了中国的多晶硅大规模光伏发电和 600MW 燃煤电厂用能及排放。基于以上分析，第 4 节评估了光伏发电的协同效益及其对市电同价时间的影响。第 5 节对全文做出总结。

2　研究方法

2.1　生命周期分析

如图 1 所示，生命周期分析分四个阶段进行。阶段间往往是相互依赖的，因为一个阶段的结果将影响其他阶段的完成情况（ISO 14040，2006）。

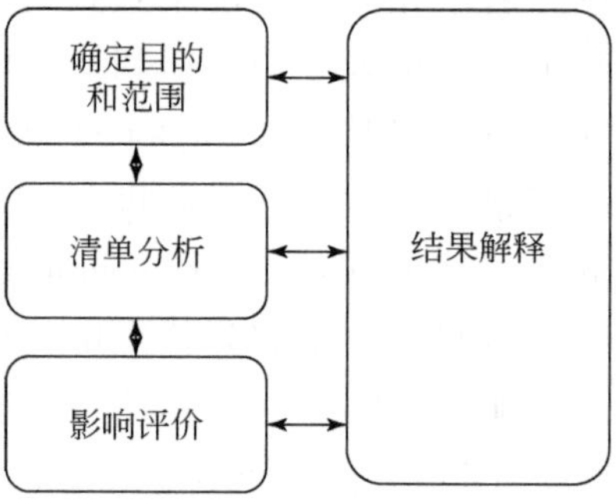

图 1　生命周期分析的四个阶段

在第一阶段（确定目的和范围），必须根据结果的用途来确定研究的目的和范围。在第二阶段（清单分析），应收集产品系统所有构成过程的输入和输出数据。在第三阶段（影响评价），输入和输出被转化为评估环境影响的指标。在第四阶段（结果解释），根据研究目的对第二、第三阶段的结果进行解释（Bayod-Rújula et al.，2011）。

对可再生能源系统进行生命周期分析的研究已有很多，一些研究分析了光伏发电的环境可持续性（Kaldellis et al.，2010）。但在中国，以燃煤发电技术现状为参考，综合考虑中国光伏发电技术和太阳能资源的研究还很少。本文中，我们按照以上四个阶段来估量燃煤发电和光伏发电的相关温室气体和污染物排放。

2.2　估算光伏发电的协同效益

光伏发电可以为环境保护、能源安全和社会福利带来多重协同效益。由于能源安全和社会福利的协同效益估量存在困难和不确定性，本研究只保守地量化了环境协同效益。

光伏发电的环境效益来自温室气体和污染物减排而避免的污染成本。对温室气体，主要考虑了 CO_2、CH_4、N_2O，使用联合国政府间气候变化专门委员会（Intergovernmental Panel on Climate Change，IPCC）提供的排放因子计算其 CO_2 当量（IPCC，2006），并估算总的避免成本。对污染物，主要考虑了 SO_2、NO_x、总悬浮颗粒物（TSP），分别估算每种污染物的避免成本，并将其加和得到总的避免成本。

通常有两种方法来估量温室气体和污染物的成本。一种是找出温室气体/污染物的减排成本，另一种是量化其对环境和健康系统的损害成本。以往的研究多采用减排成本法，估算出的成本为 0.02 ~ 0.08 元/(kW · h)（不含温室气体的成本）（Li and

Wang，2009）。很少有研究使用电厂运行排放成本以外的损害成本法研究整个生命周期。本研究借鉴了前人用损害成本法估算生命周期成本的相关研究结果。不同研究的结果差异很大。国家发展和改革委员会能源研究所分别根据世界银行和欧盟的成果进行了成本估算研究，该研究结果显示出数量级的巨大差异，以 SO_2 为例，其成本为 1000～100 000 元/t（Gao，2010）。因此，本文选择了国家环境保护总局与国家统计局发布的一个更为可靠、数值相对较低的成本估算作为政策研究的参考。表 1 列出了中国典型污染物的平均损害成本。

表 1 中国典型污染物的平均损害成本 （单位：元/t）

污染物	环境损害成本
SO_2	6320
NO_x	6320
总悬浮颗粒物（TSP）	2750

本研究中，我们将 CO_2 当量的损害成本设定为 168 元/t。

2.3 估算光伏发电的市电平价时间

在之前的研究中（Zhang et al.，2012）我们设计了一种方法来估算光伏发电达到市电平价的时间。采用单因子学习曲线理论，构建出给定累计产量下的光伏电池成本函数，并估算每年的燃煤发电成本，以计算光伏电池的市电平价成本。光伏电池的市电平价成本，即光伏发电成本等于燃煤发电成本时的光伏电池成本，可根据当年燃煤发电成本及中国典型的大规模光伏发电项目的基本参数设置进行计算。这些基本参数设置详见表 2。

表 2 中国典型大规模发电项目的基本参数设置

基本参数	负债比率（%）	利率（%）	净资产收益率（%）	年平均发电小时数（h）	系统中光伏电池的占比（%）
典型数值	80	6	8	1320	45

因此，如果可以计算每年光伏电池的累计产量，那么通过成本函数可以了解到光伏电池成本等于市电平价成本的年份。假设未来中国的光伏电池出口量保持不变，并且每年光伏电池所获补贴占 GDP 的份额恒定为 0.01%（假定中国的 GDP 在 2008 年后以每年 8% 的速率增长），每年光伏电池的补贴总额等于国内补贴与国外需求补贴之和。根据 2008 年光伏电池成本及其市电平价成本，可计算出 2008 年的光伏电池年产量（年补贴总额除以两成本之差）。2008 年的累计产量可通过将 2008 年前的历史累计产量与 2008 年的年产量相加得到。以此类推，可迭代计算此后每年的光伏电池年产量、累计产量和成本。当光伏电池成本小于或等于当年的市电同价成本时，即可获得光伏电池的市电同价时间。

如果将光伏电池的协同效益内部化，其市电同价成本将下降，可直观推断出市电同价的时间将会提前。

3　燃煤发电和光伏发电的生命周期分析

3.1　燃煤发电的生命周期分析

如图2所示，我们定义了燃煤发电的系统边界。根据温室气体排放和污染物排放的清单分析，对煤炭生产、煤炭运输、设备制造、设备运输、电厂建设和电厂运营进行了研究。由于数据有限且占总排放量的比例较小，我们忽略了退役过程中的排放。

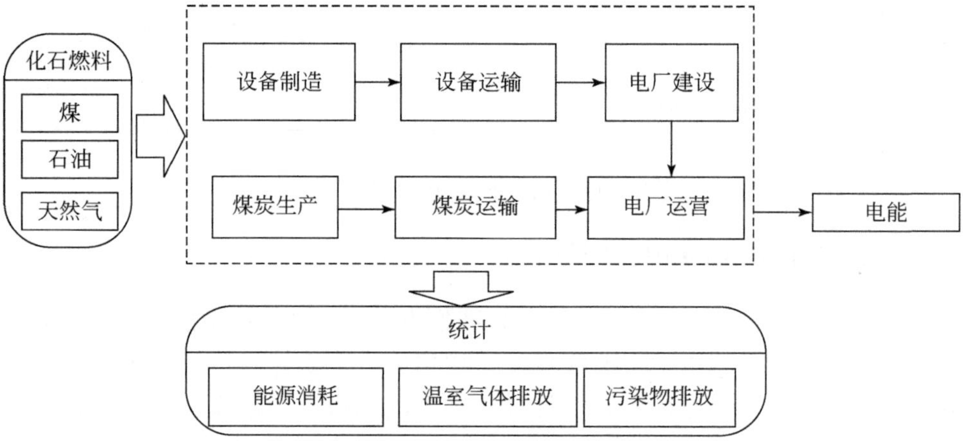

图2　燃煤发电的系统边界

在之前的论文中（Zhang，2010），我们选取了中国典型的600MW带脱硫脱硝装置的燃煤电厂进行研究，并对燃煤发电的六个主要生产工艺进行了清单分析。根据生态环境部、交通运输部及其他研究文献的具体数据可得到600MW燃煤电厂（煤炭使用效率为3.125kW·h/kg）生命周期内每个过程的排放数据。本文假设发电厂每年运行5000h，其生命周期为30年，则可计算得到生产1kW·h电力的生命周期排放，结果详见表3。

表3　600MW燃煤电厂生产1kW·h电力的生命周期排放

过程	温室气体（CO_2，e）	SO_2	NO_x	TSP
煤炭生产	9.888×10^{-2}	2.688×10^{-5}	1.613×10^{-5}	2.285×10^{-5}
煤炭运输	1.890×10^{-2}	6.310×10^{-5}	1.771×10^{-4}	1.217×10^{-5}
设备制造	4.136×10^{-4}	1.093×10^{-6}	5.636×10^{-7}	4.884×10^{-7}
设备运输	1.537×10^{-5}	5.132×10^{-8}	1.440×10^{-7}	9.897×10^{-9}
电厂建设	9.143×10^{-4}	1.335×10^{-6}	2.413×10^{-6}	4.801×10^{-6}
电厂运营	9.049×10^{-1}	5.000×10^{-4}	6.000×10^{-4}	1.500×10^{-4}
总计	1.024	5.295×10^{-4}	7.963×10^{-4}	1.903×10^{-4}

3.2 光伏发电的生命周期分析

如图3所示，我们定义了多晶硅光伏发电的系统边界。光伏系统的生产全过程、从工业硅生产到并网连接都有排放，并网部分包括了电路、控制器、逆变器、EVA（ethylene vinyl acetate）等平衡系统及太阳能电池的生产。由于数据有限且占总排放量的比例较小，我们忽略了退役过程中的排放。

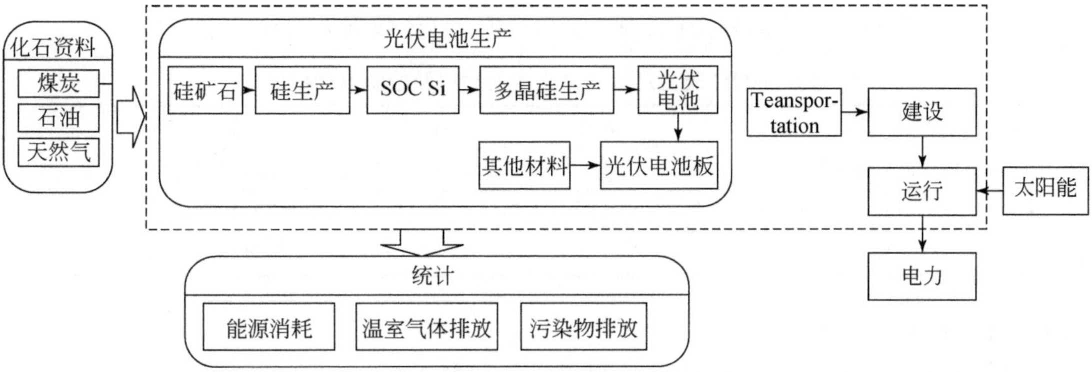

图3 多晶硅光伏发电的系统边界

3.2.1 组件生产

光伏组件的生产包括工业硅、太阳能级多晶硅（SOG）、多晶硅锭及硅片、光伏电池、其他光伏材料的生产。对没有可靠数据源的生产过程，我们参考了 Hu（2009）先前的研究。

3.2.1.1 工业硅生产

工业硅，也被称为冶金级硅，指纯度为99%的硅材料。中国是工业硅最丰富的国家之一，拥有世界工业硅产量的1/3。2007年工业硅的出口量为70万t。工业硅生产的排放数据见表4。

表4 硅矿石生产工业硅过程中的排放数据 （单位：kg/kg）

统计	CO_2	CH_4	N_2O	SO_2	NO_x	TSP
数值	0.9037	0	4.310×10^{-6}	5.000×10^{-4}	6.000×10^{-4}	1.500×10^{-4}

资料来源：Ye，2008

3.2.1.2 SOG 硅生产

SOG 硅指太阳能电池生产中纯度为6以上的硅，是工业硅纯化后的产物。中国生产 SOG 硅基本上采用了改良西门子法。改良西门子法是闭路循环系统，只消耗少量材料，如工业硅、氢和氯。而能量消耗相对较大，包括用于加热和制冷的蒸汽（来自天然气和煤炭）。表5列出了生产1kg SOG 硅的主要材料和能耗。

表5 工业硅生产 SOG 硅过程中的材料及能源消耗数据

材料	数值	备注
工业硅（kg/kg）	1.3	
电力（kW · h/kg）	120	
蒸汽（MW/kg）	200	1MJ = 0.2778kW · h

3.2.1.3 硅片生产

生产多晶硅锭和硅片需要消耗 SOG 硅和能源。具体数据见表6。

表6 SOG 硅生产硅片过程中的材料及能源消耗数据

材料	数值	备注
SOG 硅（kg/kW 峰值功率）	11.5	11～13kg/kW 峰值功率
电力（铸锭）（kW · h/kg）	55	50～60kW · h/kg（Chen，2008）
电力（切片）（kW · h/kg）	15	10～20kW · h/kg

3.2.1.4 光伏电池生产

光伏电池生产过程中消耗的材料很复杂，包括电极打印带、氮气、氧气、氩气、氟化物、氢氧化钠及清洁剂等，但消耗量都很少，因此本文予以忽略。关于多晶硅的消耗量已经分析过，故不赘述。生产过程中消耗的能源有电力和天然气，等效消耗量为 200kW · h/kW。

3.2.1.5 光伏电池封装

封装中所需的材料包括低铁玻璃、EVA、单元框架（大多数为铝合金）、塑料、底板、青铜、镍、锡和包装纸。本文只考虑电力和一些主要材料的消耗（表7）。

表7 光伏电池封装过程中的材料及能源消耗数据

材料	数值	备注
铝合金单元框架（kg/kW 峰值功率）	21	每 200W 的组件消耗 4.2kg
EVA（kg/kW 峰值功率）	8	相当于 50～60kW · h/kW 峰值功率
低铁玻璃（kg/kW 峰值功率）	82	相当于 10～20kW · h/kW 峰值功率

注：光伏电池封装过程中的等效电力总量为 150kW · h/kW 峰值功率

资料来源：Chen，2008

3.2.1.6 其他部件生产

其他部件包括控制器、逆变器和电池，其能耗约为 150kW · h/kW。

3.2.2 设备运输

与燃煤电厂相同，平均运输距离为 1000km，其中铁路 600km、水路 300km、公路 100km。

3.2.3 设备安装

光伏系统安装所需的材料很少，可忽略不计。

3.2.4 电站运行

中国西部地区资源条件有利于大规模光伏电站的建设，根据其平均水平，我们取光伏电站的生命周期为 20 年，年运行小时数为 1500h。

3.2.5 总结

基于以上分析，我们可以得到大规模多晶硅光伏发电生命周期内的排放数据（表 8）。

表 8 大规模多晶硅光伏发电生命周期内的排放数据 [单位：kg/(kW · h)]

过程	温室气体（CO_2，e）	SO_2	NO_x	TSP
组件生产	5.600×10^{-2}	2.755×10^{-4}	1.479×10^{-4}	7.595×10^{-5}
设备运输	4.151×10^{-3}	2.142×10^{-5}	1.176×10^{-5}	6.174×10^{-6}
设备安装	4.151×10^{-3}	2.142×10^{-5}	1.176×10^{-5}	6.174×10^{-6}
电站运行	4.985×10^{-5}	1.665×10^{-7}	1.344×10^{-7}	3.210×10^{-8}
总计	6.435×10^{-2}	3.185×10^{-4}	1.716×10^{-4}	8.833×10^{-5}

Pehnt（2006）对光伏发电排放的研究结果是：二氧化碳当量为 104g/(kW · h)，SO_2为 288mg/(kW · h)，NO_x为 119mg/(kW · h)；Bernal-Agustın 和 Dufo-Lopez（2006）对光伏发电排放的研究结果是：二氧化碳当量为 97.4g/(kW · h)，SO_2 为 533mg/(kW · h)，NO_x为 267mg/(kW · h)；Battisti 和 Corrado（2005）对光伏发电排放的研究结果是：CO_2，e 为 154.5g/(kW · h)；Azzopardi 和 Mutale（2010）对光伏发电排放的研究结果是：二氧化碳当量为 32.5 ~ 189g/(kW · h)。与上述相关研究成果进行比较，可以发现，相比于大部分研究数值，本文的分析结果略低。这表明了技术的进步及中国在光伏组件生产上的良好能力。

4 光伏发电的协同效益估算值及其对市电同价的影响

4.1 估算光伏发电的协同效益

根据上一节的结果，可以计算出用光伏发电替代燃煤发电后的减排量（表 9）。

表 9 光伏发电替代燃煤发电后的减排量 [单位：kg/(kW · h)]

项目	温室气体（CO_2，e）	SO_2	NO_x	TSP
燃煤发电	1.024	5.925×10^{-4}	7.963×10^{-4}	1.903×10^{-4}
光伏发电	6.435×10^{-2}	3.185×10^{-4}	1.716×10^{-4}	8.833×10^{-5}
减排量	9.597×10^{-1}	2.740×10^{-4}	6.247×10^{-4}	1.020×10^{-4}
2010 年中国电力结构（燃煤发电占 83%）的减排量	7.856×10^{-1}	1.733×10^{-4}	4.893×10^{-4}	6.962×10^{-5}

表 10 列出了已有研究对不同国家、不同电力结构下每千瓦时光伏电力的温室气体减排量的研究结果，与之相比可以得出以下结论：由于燃煤发电在中国当前的电力结构中占主导地位，中国每千瓦时新发光伏电力的温室气体减排量比其他多数国家都要高。

表 10　不同国家用光伏发电替代的温室气体减排量　［单位：kg/(kW·h)］

地区	温室气体（CO_2，e）
中国（西北地区）	0.79
挪威（奥斯陆）	0.02
奥地利（维也纳）	0.19
英国（伦敦）	0.42
德国（柏林）	0.48
马来西亚（吉隆坡）	0.53
意大利（罗马）	0.57
澳大利亚（悉尼）	0.84

资料来源：Seng et al.，2008.

根据 2.2 节中提供的平均损害成本，可以计算得到光伏发电替代燃煤发电的避免成本：0.167 元/(kW·h)，这也可以作为中国光伏发电的协同效益估算值。

4.2　对光伏发电市电同价的影响

本文研究了光伏发电协同效益内部化为中国实现光伏发电市电同价节省的时间。根据 2.3 节中描述的方法，我们描绘了光伏发电协同效益内部化与否的情况下，光伏发电和燃煤发电成本间的不同差异。

可以发现，如果光伏发电协同效益内部化，则中国实现光伏发电市电同价的时间将会提前 4 年（图 4）。

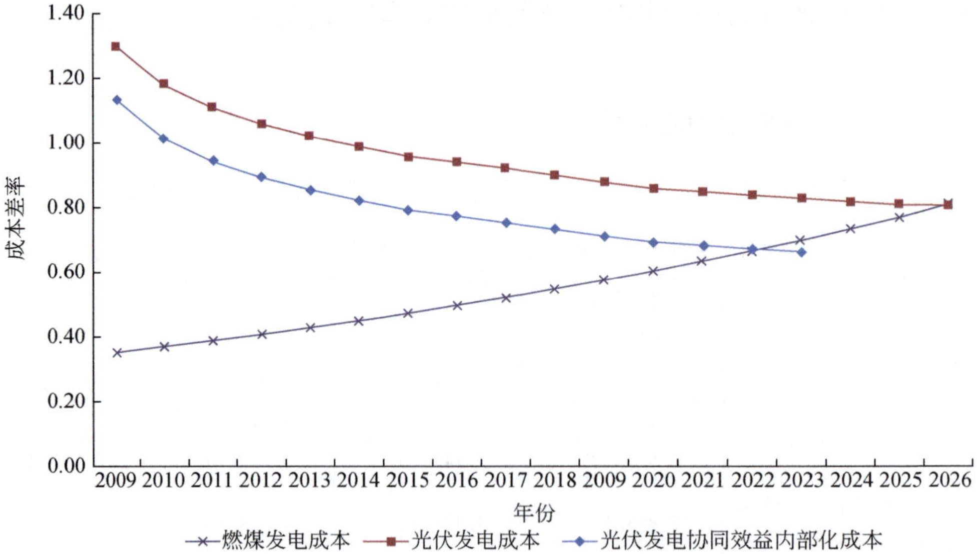

图 4　光伏发电协同效益是否内部化对光伏发电与燃煤发电成本差的影响

4.3 敏感性分析

本节对光伏发电协同效益值及其对光伏发电市电同价时间的影响进行敏感性分析。

由于光伏发电的排放量只占其减排量的很小一部分，而且燃煤发电技术已经相当成熟，其排放量很难轻易减少，因此影响结果的主要不确定因素是污染物的损害成本估算值。图5显示了每种污染物的损害成本为原始值的50% ~200%时，光伏发电协同效益的变化情况。

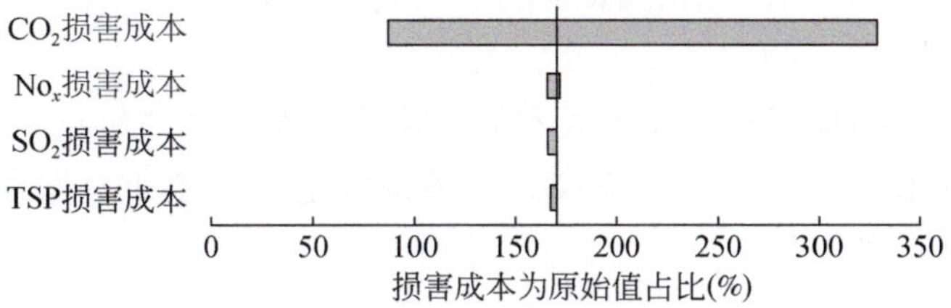

图5　光伏发电协同效益的龙卷风图

显然，CO_2损害成本的估算值对结果有着显著影响，可以使得光伏发电协同效益从0.087元/(kW·h) 变为0.328元/(kW·h)。其对光伏发电市电同价时间的影响如下所示。

因此，CO_2损害成本的估算对光伏发电协同效益的估算值至关重要，这突出了决策者制定碳价的重要性。此外，从图6可以看出，如果将光伏发电协同效益内部化，市电同价时间也仅提前了3年左右。这意味着，高额碳税未必十分有益于某些高成本的后备技术。

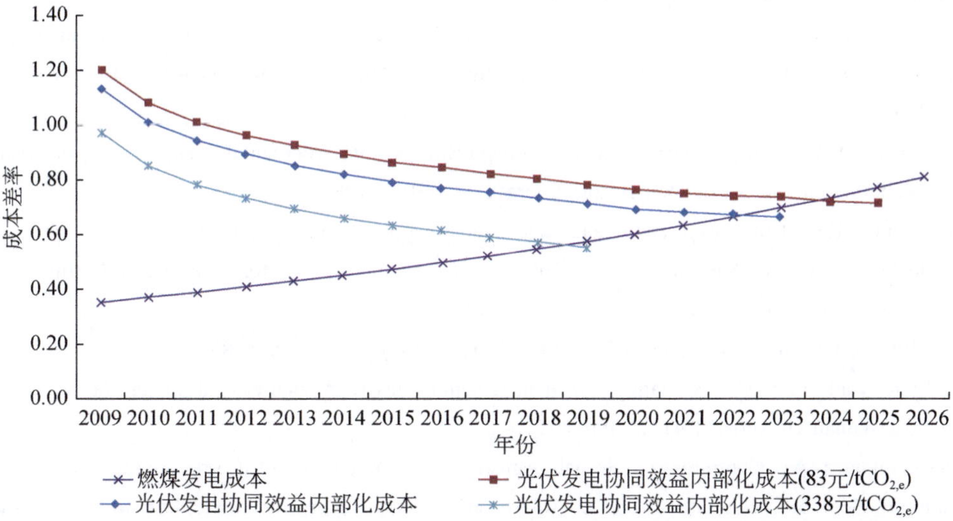

图6　不同的CO_2损害成本估算值下将协同效益内部化后燃煤发电和光伏发电的成本差

5 结论

根据生命周期分析可以看出，光伏发电替代燃煤发电的减排量为：0.9597kg CO_2，e/(kW·h)、2.740×10^{-4}kg SO_2/(kW·h)、6.247×10^{-4}kg NO_x/(kW·h) 及 1.020×10^{-4}kg TSP/(kW·h)。由于我国当前电力结构中燃煤发电所占比例较大，光伏发电新发电力的每千瓦时减排量相对较高。通过对每种污染物的损害成本进行估算，我们估算得到光伏发电的协同效益为0.167元/(kW·h)。若将协同效益内部化，光伏发电具备竞争力的时间将提前约4年。

根据敏感性分析可以发现，损害成本的估算值，尤其是二氧化碳损害成本的估算，在协同效益估算中起决定性作用。决策者在碳价设定上应慎重，选择合适的碳价以有效促进清洁后备技术的发展。

参考文献

国家统计局. 2009. 中国统计年鉴. 北京:中国统计出版社.

环境保护部. 2009. 中国环境统计年鉴2008. 北京:中国环境出版社.

中华人民共和国交通运输部. 2007. 中国交通运输统计年鉴2006. 北京:人民交通出版社.

Aunan K, Fang J, Vennemo H, et al. 2004. Cobenefits of climate policy—lessons learned from a study in Shanxi, China. Energy Policy, 32(4):567-581.

Azzopardi B, Mutale J. 2010. Life cycle analysis for future photovoltaic systems using hybrid solar cells. Renewable and Sustainable Energy Reviews, 14: 1130-1134.

Battisti R, Corrado A. 2005. Evaluation of technical improvements of photovoltaic systems through life cycle assessment methodology. Energy, 30:952-967.

Bayod-Rújula Á A, Lorente-Lafuente A M, Cirez-Oto F, 2011. Environmental assessment of grid connected photovoltaic plants with 2-axis tracking versus fixed modules systems. Energy, 36(5): 3148-3158.

Bernal-Agustın J L, Dufo-Lopez R. 2006. Economical and environmental analysis of grid connected photovoltaic systems in Spain. Renewable Energy, 31:1107-1128.

Chen X S. 2008. Report of current status and suggestions of polycrystalline industry.

Diakoulaki D, Zervos A, Sarafidis J, et al. 2001. Cost benefit analysis for solar water heating systems. Energy Conservation and Management, 42: 1727-1739.

Dincer I. 1999. Environmental impacts of energy. Energy Policy, 27(4):845-854.

Fan Z, Li X, Gang L. 2008. Estimation and management of environmental cost of power plants. Engineering Journal of Wuhan University, 41(2):99-102.

Fernandez-Infantes A, Contreras J, Bernal-Agustın J L. 2006. Design of grid connected PV systems considering electrical, economical and environmental aspects: a practical case. Renewable Energy, 31: 2042-2062.

Gao H. 2010. Economics and Economical Production of China's Renewable Energy Production. Beijing: China Environmental Science Press.

He K, Lei Y, Pan X, et al. 2010. Co-benefits from energy policies in China. Energy, 35:4265-4272.

Hu R Q. 2009. Energy payback time of grid-connected polycrystalline PV power in China. Solar Energy, 1: 9-14.

IEA. 2008. Energy Technology Perspectives 2008: Scenarios and Strategies to 2050. Sourceoecd Energy, 10 (2006): 1-650.

IPCC. 2006. IPCC guidelines for National greenhouse gas Inventories. IPCC.

ISO 14040. 2006. Environmental management-Life cycle assessment-principles and framework. Geneve: International Organisation for Standardisation (ISO).

ISO 14044. 2006. Environmental management-Life cycle assessment-requirements and guidelines. Geneve: International Organisation for Standardisation (ISO).

Kaldellis J K, Zafirakis D, Kondili E. 2010. Energy pay-back period analysis of stand-alone photovoltaic systems. Renewable Energy, 35: 1444-1454.

Kato K, Hibino T, Komoto K, et al. 2001. A life-cycle analysis on thin-film CdS/CdTe PV modules. Solar Energy Materials and Solar Cells, 67: 279-287.

Kopp R, Krupnick A, Toman M. 1997. Costâbenefit analysis and regulatory reform. Human and Ecological Risk Assessment, 3(5): 787-852.

Li S Z, Wang Y M. 2009. Analysis and calculation of environment cost in operation for coal-fired power plant. Environmental Science and Technology, 32(9): 129-131.

Li X D. 2009. Factors of Energy Consumption of Freighy Transportation by Railway and Highway. North China Transportation University.

Lin B Q, Jiang Z J. 2011. Estimates of energy subsidies in China and impact of energy subsidy reform. Energy Economics March, 33: 273-283.

Liu J J, Jiang S H, Gu Y J. 2005. Analysis and calculation of environment cost for coal fired plant. Electric Power Technologic Economics, 17(6): 60-62.

Macintosh A, Wilkinson D. 2011. Searching for public benefits in solar subsidies: a case study on the Australian government's residential photovoltaic rebate program. Energy Policy, 39: 3199-3209.

Mao Y S, ShengH, Yang F Q. 2009. The True Cost of Coal. Beijing: China Coal Industry Press.

Mohammad R, Adel N. 2011. The cost benefit analysis of imple- menting photovoltaic solar system in the state of Kuwait. Renewable Energy, 36: 1272-1276.

Nawaz I, Tiwari G N. 2006. Embodied energy analysis of photovoltaic (PV) system based on macro- and micro-level. Energy Policy, 34: 3144-3152.

Pehnt M. 2006. Dynamic life cycle assessment (LCA) of renewable energy technologies. Renewable Energy, 31: 55-71.

Raugei M, Bargigli S, Ulgiati S. 2007. Life cycle assessment and energy pay-back time of advanced photovoltaic modules: CdTe and CIS compared to poly-Si. Energy, 32: 1310-1318.

Seng L Y, Lalchand G, Lin G M S. 2008. Economical, environmental and technical analysis of building integrated photovoltaic systems in Malaysia. Energy Policy, 36: 2130-3142.

Sims R E H, Rogner H, Gregory K. 2003. Carbon emission and mitigation cost comparisons between fossil fuel, nuclear and renewable energy resources for electricity generation. Energy Policy, 31: 1315-1326.

Stoppato A. 2008. Life cycle assessment of photovoltaic electricity generation. Energy, 33: 224-232.

Taylor A, Bramley M, Winfield M. 2005. Government spending on Canada's oil and gas industry, undermining Canada's Kyoto commitment. Pembina Institute for Appropriate Development.

The 12th Five year Plan of solar power. 2011. National Energy Administration. http://www.nea.gov.cn/2013-01/28/c_132132808.htm [2014-10-12]。

Tol Richard S J. 2005. The marginal damage costs of carbon dioxide emissions: an assessment of the uncertainties. Energy Policy, 35:2064-2074.

Ye H L. 2008. LCA analysis on industrial silicon production. Kunming: Kunming University of Techonology.

Zhang D, Chai Q, Zhang X, et al. 2012. Economical assessment of large-scale photovoltaic power development in China. Energy, 40(1):370-375.

Zhang X L. 2010. Co-benefit of Renewable Energy in China. Bingjing: Tsinghua University.

Zhao W Z. 2005. China's coal transportation pattern analysis. Integrated Transportation, 4:73-76.

Co-Benefit of Polycrystalline Large-Scale Photovoltaic Power in China

Zhang Da, Tang Songlin, Lin Bao, Liu Zhen,
Xiliang Zhang, Danwei Zhang

Abstract: Recognized as an indispensable player in the future electricity supply mix of China, photovoltaic (PV) power has experienced a fast expansion in recent years. Owing to the higher cost compared with traditional coal-fired power, financial subsidy is crucial for the development of PV power. Although a series of policies have been implemented to subsidize PV power, strong and steady policies to stimulate China's PV power installation is still in need. One important reason for the lack of such policies is that whether the benefits associated with PV power cover the cost of subsidy is unclear. In this paper, we carry out a detailed study to quantify the co-benefit from the replacement of traditional coal-fired power by the large-scale photovoltaic power (LS-PV) comprised of polycrystalline cells in China. Our life cycle analysis (LCA) shows that the estimated co-benefit of polycrystalline LS-PV is 0.167 yuan/(kW · h), and the year of grid parity will come about 4 years earlier in China if the co-benefit is internalized.

Keywords: Co-benefit; LCA; Photovoltaic power; China

中国海上风电发展现状与展望*

张　达，张希良，何建坤，柴麒敏

摘要：2010年，中国海上风电发展迅猛。首个国家级海上风电项目的顺利并网和首轮特许权项目的落地体现了中央政府对发展海上风电的大力支持。可以预见，中国的海上风电装机容量将迅速扩张，海上风电也将在中国向可持续能源系统的转型中发挥显著作用。对中国海上风电的理解对分析中国整体风电市场和全球海上风电市场至关重要。本文首先概述了全球海上风电发展状况，进而从历史安装容量、资源潜力、示范和特许权项目、发展目标等方面对中国海上风电进行介绍。此外，还对中国开发海上风电的优势及挑战进行了综合性概述。在此基础上，本文还分析了海上风电的现有相关政策及实施情况，现有的风电场开发商、风机制造商及中国海上风电产业的技术转让与发展情况。基于以上分析，全面评估中国海上风电的发展现状和未来远景，并据此提出海上风电可持续发展的政策建议。

关键词：海上风电；中国；政策

1　引言

2003年，首轮特许权项目的顺利实施推动了陆上风电大幅增长，此后，在2010年，中国启动了首轮国家级海上风电场特许权项目。特许权项目实施后，陆上风电装机容量从2003年的567MW增加到2009年的近13 803MW（Li et al.，2010），以此为基准可以预见到，中国的海上风电开发也将在未来大幅增长。为了应对日益突出的能源安全和气候变化问题，中国政府强有力地支持风电产业发展，这正是海上风电项目启动的基础。

中国已经成为世界第二大能源消费国。据International Energy Agency（2007）预测，2005～2030年中国的一次能源需求量将翻番，而人均能源消耗却远低于世界平均水平（Bao，2008），因此，能源的进口依存度持续增加。原油方面，进口所占比例从2005年的42.9%上升到2008年的48.3%（国家统计局，2008），严重影响了中国经济的可持续增长。

同时，中国作出了强有力的减排承诺，到2020年碳排放强度与2005年相比下降40%～45%。激励非化石能源发展，到2020年将其占一次能源消费总量的比例提高15%是实现减排目标的关键途径。

风力发电是最成熟、最经济的可再生能源技术之一，将在中国向可持续能源系统转型的过程中发挥重要作用。据估计，在经济、社会和环境的可持续性与多边支持机制相平衡的情景下，2020年风电将占中国一次能源消费总量的2%左右，2030年将上升到约6%（Chai and Zhang，2010）；发电装机总量方面，2020年风电将占2.5%，

---

* 原文来源：Zhang D，Zhang X L*，He J K，et al．Offshore wind energy development in China：Current status and future perspective. Renewable and Sustainable Energy Reviews，2011，15（9）：4673-4684. 中文出版略有改动。

2030 年将上升到约 15%（Zhang et al., 2010）。

近年来，中国在激励陆上风电开发方面取得了成功。考虑到陆上风机的优质安装空间越来越稀缺，可部署面积大、风速高且稳定、靠近负荷中心的海上风力发电变得越来越有吸引力。与此同时，近年来随着陆上风电的发展，中国风电制造商的能力得到迅速提升，显著缩小了与国际领先供应商之间的差距，为中国实现海上风电发展的飞跃奠定了基础。

本文对中国海上风电进行全面研究，在一定程度上可以填补这一领域的研究空白。第 2 节简要介绍了全球海上风电的发展情况；第 3 节从海上风电开发潜力、现有项目、海上风电开发的优势与挑战等角度着手，概述了当前中国的海上风电现状；第 4 节详细介绍了中国海上风电的规划及政策；第 5 节重点介绍了中国风电产业的制造商、技术转让和发展状况；第 6 节展望了中国海上风电发展的趋势，并对海上风机的规模和质量、海上风电并网、中央与地方政府的协调、成本和经济性分析、特许权项目中的低投标价格和国企参与，以及国际支持等问题进行了探讨；第 7 节对全文做出总结。

2　全球海上风电概况

1990 年，瑞典 Nogersund 安装了世界首台海上风机。此后的 20 年里，丹麦、瑞典、荷兰、英国在政府和研究机构的资助下陆续建设了多个海上风电示范项目。2002 年，丹麦 160MW 海上风电项目 HornsRev 的竣工标志着海上风电的发展进入新阶段。该项目大幅扩大了海上风电项目规模，在此之前海上风电项目的最大规模仅为 40MW。随后，丹麦、英国和其他欧洲国家继续开发了一些项目。截至 2006 年底，欧洲正在运行的海上风电场分布在丹麦（398MW）、英国（304MW）、爱尔兰（25MW）、瑞典（23.3MW）和荷兰（136MW），占风电总装机的 1.8%，占风电发电量的 3.3%（European Wind Energy Association, 2007）。过去几年中，全球海上风电装机容量以 150MW/a 的速度增长，2000～2007 年的平均增长率为 58%（Lemming, 2007）。截至 2009 年 1 月，全球海上风电装机总量为 1470MW，全部分布在欧洲。图 1 显示了 21 世

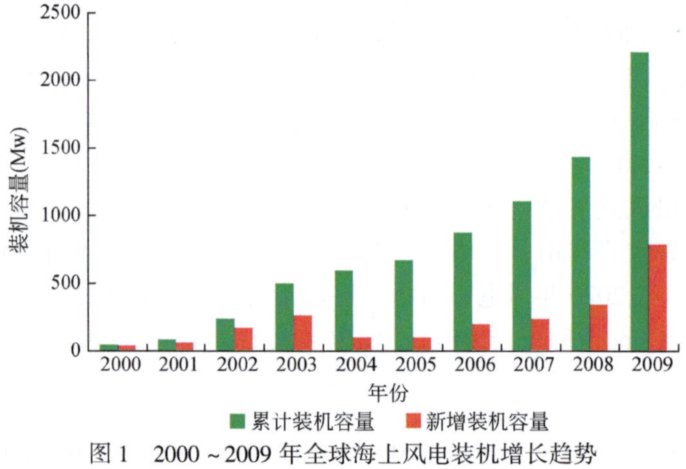

图 1　2000～2009 年全球海上风电装机增长趋势

资料来源：Li et al., 2010.

纪以来全球海上风电装机容量的增长趋势。

2007 年 2 月，欧盟成员国承诺到 2020 年将可再生能源在一次能源消费中的占比提高到 20%。据估计，截至 2011 年年底海上风电的累计装机容量将达到 4000MW（Sharick et al.，2008）。然而，由于海上风电的成本没有显著下降，海上风电在欧洲维持在稳定发展水平。

除欧洲外，北美的海上风电在 50n mile（1n mile = 1.852km）范围内有 907GW（$1GW=10^9W$）的巨大开发潜力，但截至 2008 年仍处于规划阶段。

3 中国海上风电概述

3.1 海上风电潜力

中国位于季风区，风电资源相对丰富，海岸线长而曲折，东南沿海及附近岛屿（包括上海、山东、江苏、浙江、福建、广东、广西和海南等地区）具有发展海上风电的巨大潜力。距海岸 10km 的地区，年平均风力密度达到 $200W/m^2$ 以上；毗邻岛屿如泰山、平潭岛、东山岛、南麂岛、大陈岛、嵊泗列岛、南澳岛、马祖岛、澎湖岛和东沙群岛，年平均风力密度超过 $500W/m^2$（Xia and Song，2009）。对中国海上风电的开发潜力，已有多个评估分析。21 世纪初，中国气象局进行的一项长期的“初步”评估表明，海上风电（水深小于 20m）的开发潜力为 750GW，相当于陆上风电（250GW）的 3 倍（Li et al.，2007）。而 2009 年底，中国气象局发布了一项基于 50m 高度测量的新的风力评估数据，表明中国有开发 2380GW 3 级风电（平均风电密度 $> 300W/m^2$）和 1130GW 4 级风电（平均风电密度 $> 400W/m^2$）的潜力，近海风电（水深 5 ~ 25m）的 3 级风电开发潜力达 200GW（Rajgor，2010）。联合国环境规划署（United Nations Environment Programme，UNEP）与美国国家可再生能源实验室（National Renewable Energy Laboratory，NREL）合作开展的一项研究计算出中国陆上风电的可开发资源有 1400GW（50m 高度），海上风电有 600GW（Han et al.，2009）。世界自然基金会（World Wide Fund For Nature，WWF）、中国风电协会和中山大学的估算显示，自辽宁至海南中国全海岸的技术开发潜力为 $11\ 580\times10^9kW \cdot h/a$。

尽管对海上风电市场的预期不一、陆上风电的成本也相对更低，但对中国来说，采用海上风机为沿海地区供电仍是一个重要机遇。正如美国超导公司（ASMC）的观点，这是一个“巨大的机会”——我们看到了中国对海上风电市场的强烈需求，不论海上风电的开发潜力是 750GW、600GW 还是 200GW，它都将成为未来中国风电市场的重要组成部分（Rajgor，2010）。

3.2 现有的海上风电项目

中国的首个海上风电试点项目是在渤海湾绥中 36 - 1 油田夹套上安装的一台 1.5MW 风力发电机组，于 2007 年 11 月并网。然而，中国的首个海上风电商业项目是

102MW 的上海东海大桥风电场，由 34 台华锐风电风机（3MW）组成，直至 2010 年才开始运行。该项目专为 2010 年上海世博会设计，政治目的性强，所有风机均于当年 6 月并网。三个月后，世界上首个潮间风电场如期完工。该项目由龙源电力集团股份有限公司负责，是潮间风机的一次重要试验。龙源电力集团股份有限公司成功安装了国内 9 家制造商的 16 台风机，总容量为 32MW，其中包括 6 台 1.5MW 的风机，2 台 2.5MW 的风机和 2 台 3.0MW 的风机，所有风机均在 2010 年 9 月底前并网。

更重要的是，2010 年 5 月，中国启动了首轮海上风电特许权项目。本轮共有 4 个项目，总装机容量为 1GW，均分布在江苏省，分别是滨海、射阳两个 300MW 的近海风电项目和大丰、东台两个 200MW 的潮间风电项目。10 月，特许权项目揭晓，值得注意的是，所有的开发商及制造商均来自国内。此外，所有项目的中标价格约 0.7 元，远低于中国水电工程顾问集团有限公司估算的至少 0.9 元的预期。

3.3 海上风电的优势及挑战

3.3.1 普遍关注

总体来说，与陆上风电相比，海上风电优势与挑战并存。

海上风电的优势在于：更强更稳定的海上风力会带来更高的生产效率；不存在视觉冲击和噪声问题，因而不存在由道路限制带来的风机尺寸限制问题，为高效率涡轮机的使用和大型风电机组的安装带来可能（Breton and Moe，2009）。

面临的挑战有以下几点：固定资产支出比陆上风电高 1.5 ~ 2 倍（来自塔台、基础和海底电缆）（Massachussets Technology Collaborative，2005）；规划期较长，需要对环境、工程、可行性和定点进行研究；海上维修时需使用昂贵的起重船，导致费用比陆上风电高出 5 ~ 10 倍（Van Bussel and Zaaijer，2001）；等待合适天气进行维护所需的周期较长（Lonker，2005）；环境恶劣地区，风机的可用性较低（Van Bussel et al.，2001）；随着离岸距离的增加，需要可靠性更高的风机零部件，造成额外成本（Echvarria，2010）；建造和维修中存在船只短缺的风险（Lonker，2010）；更为严峻的环境条件，如波浪、洋流负荷、可能存在的冰负荷，以及盐水和近海空气的腐蚀。这些挑战使得开发商承担着较高的成本及风险，因而在融资过程中也面临着较大的困难（Hartley，2010）。

3.3.2 中国特色

中国在开发海上风电方面具有独特的优势和挑战。

优势体现在以下几个方面：①在东部和东南沿海地区，海上风电与电力负荷中心的距离更短，降低了输电成本；②不存在像欧洲国家一样的深海海域；③近年来基础设施的完善和大型项目的集中施行丰富了施工经验、降低了劳动力成本。

挑战体现在以下几个方面：①缺乏经验，包括开发和安装 5MW 及以上风机的经验、开展海上建设的经验、运营维护海上风机的经验及大容量风机并网经验。②气候条件更恶劣，平均风速较低、台风频繁且浮冰多。与欧洲国家不同，中国的沿海平均风速总体低于欧洲 9m/s 的典型强劲风速（Rajgor，2010），频繁的台风也为中国发展海上风电带来更多挑战。2006 年，台风“桑美”直袭苍南风电场，造成 28 台风机中 20 台坠落。在中国北部地区，冬季的浮冰也是风机的一大威胁。③潮间区域的淤泥地基也是不利因素之一。为了克服潮汐淤泥地基带来的困难，中国在如东潮间发电示范项目的风机安装中采用了独特的施工模式及设备，如自升式起重驳船和各种传感器等。

与其他海洋用途间的竞争越来越激烈。除了航运、渔业等传统海洋用途外，中国的海上风电发展还应当考虑军事因素。

4 中国海上风电发展的规划与政策

4.1 规划

中国有 10 个沿海省（自治区、直辖市）（这里未包含香港、澳门和台湾地区）。2009 年 4 月，国家能源局要求各沿海省制定省级海上风电发展规划，规划中需明确标出具有开发潜能且规模在 1000MW 左右的海上风电场。国家能源局还根据水深将中国具有海上风电开发潜能的地区划分为三类：水深小于 5m 的“潮间”区域、水深为 5 ~ 50m 的“近海”区域和深度超过 50m 的“深海”地带。省级政府需拟定到 2020 年“潮间”和“近海”区海上风电的发展计划。2009 年之前，有些省份已经制定出海上风电场规划（表 1）。

表 1 2009 年之前中国沿海省市的海上风电规划 （单位：MW）

风电场		在建或已建成	规划中
河北	沧州	50	1000
山东	威海		1100
	青岛		1500
江苏	响水		1000
	连云港		2000
	如东		2500
上海	东海大桥	100	
	奉贤		400
	南汇		400
	横沙		200
浙江	慈溪		1500
	岱山		500
	临海		200
福建	六鳌		200
	南澳		300

续表

风电场		在建或已建成	规划中
广东	陆丰建华湾		1250
	东山海		<680
海南	浮动风电场	20	100
总计		170	17600

根据2009年的规划，2015年上海、江苏、浙江、山东和福建几省的联合海上风电累计装机容量计划达到10.1GW，2020年达到30GW。

然而，风电的增长往往超出预期，迫使中国政府对风电总装机容量的中期目标进行了一系列修订。2010年初，甚至有研究怀疑是否能实现2020年100GW的目标（Liao et al.，2010），但之后在各种预测中，最保守的结果也是到2020年中国风电总装机容量将超过150GW。因此，未来海上风电的装机量也很有可能超过规划的装机容量。

4.2　政策

4.2.1　风电的总体政策

2005年的《中华人民共和国可再生能源法》是中国第一部国家级可再生能源法案。它为可再生能源的发展注入了巨大动力，法案实施后风电发展迅猛。2007年，《中华人民共和国可再生能源法》首部实施细则出台，进一步推动了风电的发展。

2009年，中国对《中华人民共和国可再生能源法》进行了修订，重申了之前未落实的风电优先并网规定。2009年11月，该修正案将可再生能源补贴提高至0.004元/度，并成立“可再生能源基金”以支付可再生能源并网过程中的额外成本。此外，在上网电价的监管上采取了两种并行机制，一种是特许权，另一种是政府对项目逐个审批。根据地区风力资源的不同，风电上网电价分为四类，介于0.51~0.61元/(kW·h)，这使投资者对该行业的长期框架有了更清晰的认识。

2006年，国家发展和改革委员会发布的《可再生能源发电有关管理规定》明确了中央及省级政府的审批权。50MW以上的风电项目由特许权程序授权，受国家发展和改革委员会管理；而小型项目由省级发展和改革委员会管理。在预先选定的地区，通常分配25年的特许权。省级电网公司需要与竞标成功者签署购电协议（PPA）。在初始阶段（通常约10年），电力并网价格固定，其价格水平一般在初始投标过程中设定。初始阶段过后，电力并网价格将调整为电网服务区域内电力市场的普遍价格。

投资可再生能源可以享受增值税（value added tax，VAT）和企业所得税（enterprise income tax，EIT）方面的优惠。2009年之前，为推动中国的风电项目，风电增值税从17%降至8.5%，所得税由33%降至15%（Zhang，2008）。2009年1月，增值税规则再次发生变化，免除了开发商购买设备的进项税。这一变化给风机制造业带来了一些外部性，具体将在第6节中讨论。

4.2.2 海上风电政策

2010年2月，国家能源局和国家海洋局发布《海上风电开发建设管理暂行办法》，成为海上风电开发的准则。该办法明确了海上风电整体规划和特定风电项目建设的规则。各沿海省市应在国家能源局和国家海洋局的指导下制定海上风电开发计划，对特定的风电项目，省政府负责拟定申请材料，经国家能源局和国家海洋局批准后，启动特许权程序选择企业。本地企业或由国家控股的合资企业有权投资开发特许权项目。此外，项目的建设和运营也应在这两个机构的指导下进行。

为了提高风电设备制造业的有效竞争力，工业和信息化部起草了《风电设备制造行业准入标准》以整合行业。该草案于2010年3月发布，对制造商做出如下主要规定：

对初始投资，该标准要求风电项目初始投资的自有资金比例不得低于30%，这是为了解决风电投资“产能过剩”的问题；对厂址，该标准要求制造商在“风力基地”和上游供应商的附近建造工厂，以降低物流成本；就生产能力而言，该标准要求制造商必须具备独立生产单机容量2.5MW及以上、年产量100万kW以上的生产能力。对研发，该标准要求制造商应优先开发单机容量2.5MW及以上风机的自主知识产权，优先开发海上风电设备。

5 制造商及中国风电产业的技术转让、发展

5.1 制造商

海上风电设备的要求较严格，目前拥有成熟产品的公司不多。世界市场上，维斯塔斯（Vestas）和西门子（Siemens）是领先企业，占据了海上风电设备市场的主要份额，如图2所示。

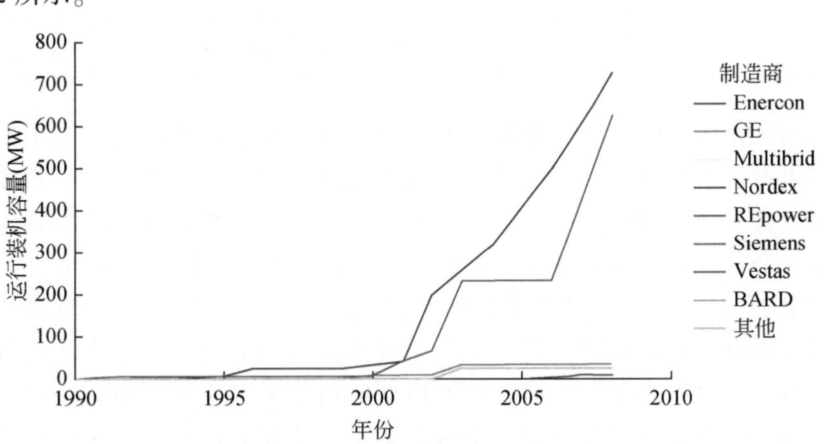

图2 海上风电的全球市场份额

部分制造商市场份额较小，图中重叠显示

鉴于中国的海上风电市场刚刚启动，我们根据工业和信息化部起草的《风电设备制造行业准入标准》对中国制造商和未来的合格参与者进行简要概述。

近年来，中国的制造商发展迅速。2007 年中国制造商的市场份额为当年新增装机容量的56%。截至 2009 年年底，中国有 80 家风机制造商，其中 30 家有实际的风机销售业务，其中，国内最大的三家制造商（华锐风电科技（集团）股份有限公司、金风科技和中国东方电气集团有限公司）的总产能为 8.2GW，年销售量为 13.8GW。表 2 列出了中国十大制造商的主要风机类型和生产能力（截至 2009 年年底）。

表 2　中国十大制造商的主要型号和生产能力　（单位：MW）

制造商	风机型号	年产量	备注
华锐风电科技（集团）股份有限公司	1.5/3/5	3000	生产单机容量为 1.5MW：引自 Fuhrlander 生产单机容量为 3.0/5.0MW：引自 Windtec
金风科技	0.6/0.75/1.5/2.5	2200	生产单机容量为 0.6MW：引自 REPower 生产单机容量为 0.75MW：引自 Jacobs 生产单机容量为 1.5/2.5MW：引自 Vensys
湘电集团有限公司	1.5/2/5	2100	生产单机容量为 1.5/2MW：引自 TMPA 生产单机容量为 5MW：引自 Darwind
中国东方电气集团有限公司	1.5/2.5/3	2000	生产单机容量为 3MW：引自 Moventas
中国国电集团公司	1.5/3	1000	生产单机容量为 1.5MW：与 Aerodyn 联合设计
中川电气科技有限公司	0.85/2	1000	生产单机容量为 0.85MW：引自 Frisia 生产单机容量为 2MW：与 Aerodyn 联合设计
明阳智慧能源集团股份公司	1.5/3	1000	生产单机容量为 1.5MW：与 Aerodyn 联合设计
苏司兰能源有限公司	1.25/1.5	900	自主研发
维斯塔斯风力技术（中国）有限公司	0.85/2.0	800	自主研发
华仪集团	0.75/1.5	800	生产单机容量为 0.75MW：自主研发 生产单机容量为 1.5MW：与 Aerodyn 联合设计

工业和信息化部起草的《风电设备制造行业准入标准》要求海上风电制造商具备独立生产单机容量 2.5MW 及以上、年产量 100 万 kW 以上的生产能力。根据此进入标准，在中国仅有不到 10 家制造商获得了资格认证。该标准将减少小型制造商进入海上风电市场的机会，合格制造商将从上述十大制造商中选出。截至 2009 年年底，中国能生产单机容量 2MW 及以上的风机制造商有金风科技、华锐风电科技（集团）股份有限公司、中国东方电气集团有限公司、上海电气集团股份有限公司、中川电气科技有限公司、明阳智慧能源集团股份公司和维斯塔斯风力技术（中国）有限公司。神华集团有限责任公司、湘电集团有限公司、中国船舶重工集团有限公司、国电联合动力技术有限公司和广西银河艾万迪斯风力发电有限公司等其他制造商也在积极研发大型风机的样机。可以预见，尽管海上风电设备市场的参与者远少于陆上风电，但其竞争却非

常激烈。

5.2 技术转让和发展

中国风电行业起步较晚。2005 年之前，中国几乎没有风电设备制造商。如今，虽然中国尚未掌握海上风机的所有核心技术，但所用的海上风机已接近世界最先进水平。这是因为中国的制造商通过技术转让（如技术许可、建立合资企业、研发合作）和自主开发将世界上最先进的技术进行了有效的整合。

第一种技术转让的重要机制是技术许可。许可指发明专利所有人允许其他人或法人于专利权期限内在某个国家执行一项或多项受专利权保护的行为。许可对中国风机行业十分重要，约 80% 的制造商采用了这一途径。和汽车、高铁等多数大型制造业一样，通过许可，中国制造商与外商分享国内的巨大市场并向其学习技术。许可大大提升了中国风电行业的制造能力。

第二种技术转让是建立合资企业，创建一个包含两家或两家以上企业的实体，汇集各自的部分资源，创建独立的共同所有组织。在这些合资企业中，中国的资本主要来自私营部门，而不是国有企业。合资企业在中国风机行业并不是非常成功，特别在技术转让方面。瑞能北方风电设备有限公司由德国 Repower、英国 Honiton Energy 和中国北方重工集团有限公司共同创立，是少有的几个成功的合资公司之一。但其成功也是由于北方重工集团没有提出技术转让方面的要求。

第三种，也是最受制造商欢迎的技术转让是合作研发，因为在研发过程中可以共享知识产权和技术知识。一些中国制造商逐渐掌握了风机设计技术。他们往往选择与有许可技术的制造商或其他制造商展开合作研究。由于研发过程中存在密集的技术交换，这种机制在技术转让上更为有效并逐渐成为趋势。越来越多的主要制造商借此提升技术能力，例如，华锐风电科技（集团）股份有限公司与 Windtec 共同为上海东海大桥海上项目设计了 3MW 海上风机，明阳智慧能源集团股份公司与 Aerodyn 合作设计了超紧凑型 3MW 风机。金风科技的石磊接受采访表示，风电行业在中国几乎没有知识产权冲突，大部分技术合作进展顺利。如今，收购外企进行研发部门整合也是合作研发的重要途径，如苏司兰收购了 Repower，金风科技收购了 Vensys，湘电集团有限公司也收购了 Darwind 进行合作研发。

除了技术转让外，越来越多的中国制造商逐渐转向自主研发，开发更适合海上风电的风机，其财政支持主要来自中央政府的“863 计划”和科学技术部的其他基金项目。例如，金风科技正在开发所需维护较少的直驱式涡轮机，对维护困难的海上风机来说可能更为适用。明阳智慧能源集团股份公司与 Aerodyn 合作也取得了卓越的创新成果，成功开发了超紧凑型 3MW 风机，彻底改变了传统涡轮机的设计。

然而，叶片、变速箱、变频器、主轴轴承等关键零部件在中国尚未完全实现本土化，其最重要的原因不在于设计能力，而在于材料加工能力。中国的加工技术尚不能满足风机某些重要部件的要求。

6 中国海上风电发展的问题与趋势

6.1 更大的风机

鉴于海上风电安装成本较高且对景观影响较小，大多数中国制造商倾向于开发更大型的海上风机。金风科技正在开发6MW直驱式海上风机，华锐风电科技（集团）股份有限公司和中国东方电气集团有限公司也正致力于设计5MW海上风机组件，并计划推出更大型的风机。

然而，更大的风机未必更好。正如Moe（2007）所说，从涡轮机的角度来看，涡轮机质量的提升、变速箱成本的增加及学习效应等其他因素将使得大型涡轮机的效率低于设计值；从并网角度看，由于缺乏对海上电力的管理，较大尺寸的风机可能会增加并网难度（Li et al.，2007）。

6.2 风机质量

与陆上风机相比，海上风机应具有更好的质量和可靠性，以减少维修与养护，这也是欧洲国家非常谨慎开发海上风电的原因。此外，近年来海上风机的成本并未下降。中国的装机容量增长极快，大规模安装陆上风电后不久即开始开发海上风电。速度过快的同时风险也并存。2010年，风机引起的多起事故已经对快速发展的产业发出了警告，而中国的大部分风机运行时间尚不长，未来不确定性较明显。对此，有专家建议放缓海上风电开发速度，确保风机质量。

6.3 并网

截至2009年年底，超过一半的陆上风电未并网，使得陆上风电的并网成为热点问题。众所周知，这是由电网建设滞后、电网管理能力不足造成的（Zhao et al.，2009）。尽管特高压输电系统建设已经取得了成效（Liao et al.，2010），但并网仍是个大问题，问题的根源在于电网缺乏消纳风电的动力。因此，有必要实施可再生能源配额制（the renewable portfolios standards，RPS）政策，强制电网以一定的义务比例消纳风电。《中华人民共和国可再生能源法修正案》要求电网公司提高电网消纳全部可再生电力的能力，有关可再生能源配额制更详细的规定——《关于建立健全可再生能源电力消纳保障机制的通知》目前已经出台。

6.4 中央与地方政府的协调

中央与地方政府间协调对风电的健康发展至关重要。对陆上风电，以往的法规授权省级发展和改革委员会对50MW以下的项目进行批准，当地政府为了增加当地税收，在风电项目批准方面往往非常积极，因此造成了出现大批49.5MW风电场的现象。尽管很难评价这样的授权机制，但同陆上风电一样，海上风电的基准不应设为50MW，因为规模大的海上风电场经济效益往往更为明显。因此，有必要改善中央与地方政府在项目批准方面的协调机制。

此外，增值税的税收同样需要协调。如第 4 节所述，增值税政策的变化使得地方政府在风电场前 7 年（有时甚至 13 年）几乎没有税收收入，严重影响了当地政府发展风电场的积极性。由于当地政府仍可向制造业征税，增值税政策的变化反而鼓励了当地制造商扩大生产能力，或迫使当地风电场购买当地制造商生产的风机，导致产能过剩和地方保护主义。这一冲突也应在未来加以解决，具体可采取允许地方政府提高资源税的方式。

6.5 成本与经济性分析

成本是制约未来海上风电规模的关键因素。虽然与传统煤炭能源相比，海上电力目前要贵得多，但它有两个主要竞争优势。一方面，近年来煤炭价格持续走高，在远离煤炭生产区的中国沿海省份尤其昂贵；另一方面，当计入煤炭的外部性成本后，海上电力将更具竞争力。按污染治理成本法估算，中国燃煤电厂排放污染物（不包括 CO_2）的平均外部成本为 0.05 元/kW，如果计入 CO_2，成本将增加到 0.39 元/kW；按污染损失法估算，成本为 0.30 元/kW。图 3 对这些成本进行了比较，可以看出，如果将所有燃煤电力的外部成本内部化，海上风电将更具竞争力，尤其在中国沿海省份（假设海上风电成本范围为 0.7～0.9 元/kW）。

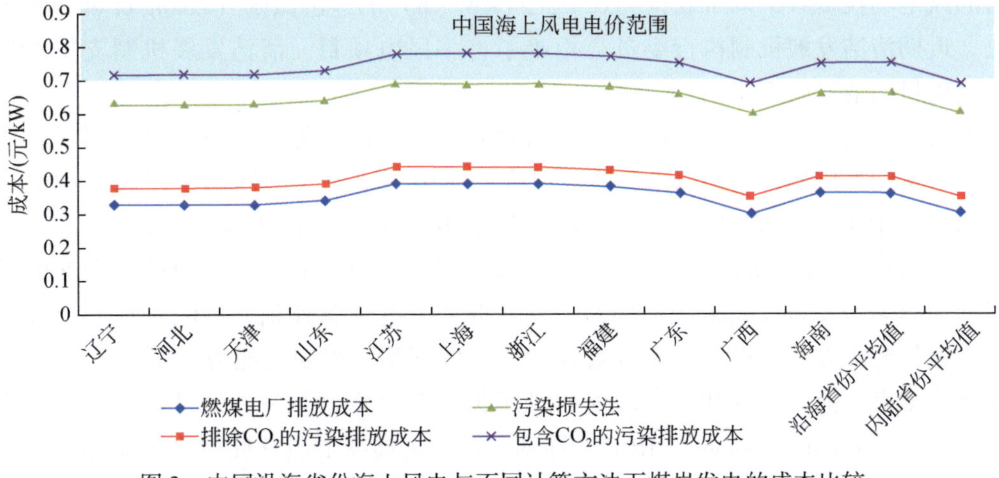

图 3 中国沿海省份海上风电与不同计算方法下煤炭发电的成本比较

6.6 特许权中的低投标价格与国企参与者

首轮海上风电特许权项目中，四个项目的竞标成功者都是国有企业，这引发了关于特许权制度效率和国企参与风电发展的讨论。

类似讨论也曾发生在陆上风电开发过程中。2003 年，中央政府出台大型风电项目的特许权机制——“电价改革方案”，该方案受国家发展和改革委员会管控。在特许权体系中，由国家发展和改革委员会公布投资计划并邀请投资者提交投标报价，明确说明其预备向电网供电的最低价格。但这一投标机制使国有企业占据了优势。Wang (2010)、Liu 和 Kokko (2010) 都指出，国企的预算约束较少、利润动机（如本地就业、生产、税收及增长率）较小，往往愿意提供很低的价格。这导致几个特许权项目均因成本超支而被严重推迟。类似的案例也在英国的特许权项目中出现过。此外，国有企业的低价策略将私营和外资部门的投资排挤出风电行业，在压低成本的压力下风机质量问题也时有发生。为了防止出价过低，2007 年国家发展和改革委员会将特许权的中标条件从最低标价改为平均标价，并以上网电价政策取代了特许权机制。

由此我们可以得出结论，特许权是探索发电真实成本的必由之路，前几轮特许权中的低投标价格是合理的。当价格趋于稳定时，特许权会因为效率问题被取代。我们预计，中国政府将更好地利用特许权机制激励海上风电的发展，并为风电制造业创造出自由竞争的市场环境。

6.7 国际支持

国际支持极大地促进了中国陆上风电的发展。除了前文提及的技术转让外，清洁发展机制（clean development mechanism，CDM）在提高风电经济性方面也发挥着重要作用。截至 2009 年 4 月，中国政府共批准 1766 个清洁发展机制项目，其中 337 个为风电项目。此外，在非特许权的风电项目中约 95% 为清洁发展机制项目。清洁发展机制项目的风电场投资者平均可获得约 0.1 元/(kW·h) 的经济激励（Zhang et al., 2009）。但是，近期清洁发展机制执行委员会拒绝了许多风电项目，清洁发展机制支持下的海上风电项目的情形尚不明朗。

除清洁发展机制外，一些侧重于中国政府开发可再生能源能力建设的国际合作项目也很有帮助。例如，长期以来，能源研究所、中国水电工程顾问集团和其他决策支持机构在"中美能源战略合作"框架下分享美国国家可再生能源实验室（National Renewable Energy Laboratory，NREL）的方法与经验。丹麦和中国政府联合发起的风电发展（wind energy development，WED）计划也从风电资源评估、风电场规划、并网到培训、宣传等多方面改进了中国有效开发风电的框架、规划及能力。2010 年风电发展计划成功结束之前，丹麦和中国政府启动了另一个合作计划——中丹可再生能源发展（renewable energy development，RED）计划，目的是提高中国发展可再生能源的能力并促进两国机构合作、加强商业伙伴关系。此外，大学与非政府组织之间还有大量的国际合作项目，也将有力地推动海上风电的发展。

7 结论

世界各地的海上风电在稳步增长，与此同时中国的海上风电正蓬勃发展。欧洲国家几乎已经完成陆上风电的开发并不得不加快开发海上风电。与此情形不同，中国仍有陆上风电开发的巨大潜力，并在海上风电开发方面拥有着独特的优势、面临着与众不同的挑战。因此，在探讨中国的海上风电开发时需更为谨慎。

海上风电开发尚处于起步阶段。在中国，风电尚不是能源结构的重要支柱，未来几年是其发展的决胜时期。当前市场仍缺乏商业化空间，中国需谨慎制定规划，总结示范项目的经验，根据四个试点项目的走向来决定下一阶段的特许权项目。

随着海上风电的发展，中国风电产业的装机容量将得到大幅提升。中国制造商采用多种技术转让、发展机制，初步掌握了海上风电技术。但要缩小与最先进风机间的距离，仍需提升材料加工能力。此外，中国在风机尺寸与质量、并网、可再生能源配额制（RPS）、中央与地方政府的协调、优化特许权与国企参与机制、燃煤发电的外部成本内部化及国际合作等方面仍有待加强。

总之，在陆上风电的经验基础上，中国海上风电的发展应采取更为权宜的模式，为迅速开启对国内现有海上风电资源的开发铺平道路。

参考文献

国家统计局. 2008. 中国统计年鉴 2007. 北京：中国统计出版社.

Bao X H. 2008. Energy science and technology: the Chinese perspective. http://www.iea.org[2005-11-15].

Breton S P, Moe G. 2009. Status, plans and technologies for off- shore wind turbines in Europe and North America. Renewable Energy,34:646-654.

Chai Q M, Zhang X L. 2010. Technologies and policies for the transition to a sustainable energy. Energy, 35:3995-4002.

Echvarria E. 2010. Reliability, maintainability and serviceability (RAMS) for off-shore wind turbines. 2008. http://www.tudelft.nl.

European Wind Energy Association. 2007. EWEA's response to the European Commission's Green Paper towards a Future Maritime Policy for the Union: A European Vision for the Oceans and Seas. Brussels: EWEA.

Han J Y, Mol A P J, Lu Y L, et al. 2009. Onshore wind power development in China: challenges behind a successful story. Energy Policy, 37:2941-2951.

Hartley K. 2010. The winds of change - EPC contracts for offshore wind farms. May 24, 2006. http://www.mondaq.com

International Energy Agency. 2007. World energy outlook 2007: fact sheet-China.

Jacobsson S, Bergek A, Finon D, et al. ,2009. EU renewable energy support policy: faith or facts? Energy Policy, 37: 2143-2146.

Lema A, Ruby K. 2007. Between fragmented authoritarianism and policy coordination: creating a Chinese market for wind energy. Energy Policy,35(7):3879-3890.

Lemming J K. 2007. Presentation on offshore wind power experiences, potentials and key issues for deployment. Berlin:IEA and Danish ministry of foreign affairs workshop.

Li J F, Shi P F, Gao H. 2010. China wind power outlook.

Li J, Gao H, Shi P, et al. 2007. China wind power report 2007. Beijing: People's Post Press.

Liao C P, Jochem E, Zhang Y, et al., 2010. Wind power develop- ment and policies in China. Renewable Energy,35:1879-1886.

Liu Y Q, Kokko A. 2010. Wind power in China. Policy and Development Challenges Energy Policy,38:

5520-5529.

Lonker O. 2005. Operation offshore. New Energy, 1:46.

Massachussets Technology Collaborative. 2005. A framework for offshore wind energy development in the United States. Washington: U. S. Department of Energy, General Electric.

Moe G. 2007. What is the optimum size of a wind turbine? Proceedings of the 26th international OMAE conference.

Rajgor G. 2010. China gets serious on offshore wind. Renewable Energy Focus, 11(5):16-19.

Sharick A, Langniss O, Wiser R. 2008. Offshore wind power development in EU. http://www.efchina.org/Attachments/Report/reports-efchina-20080728-en/EU%20Offshore%20Wind%20Memo%20Final.pdf [2009-12-17].

Stenzel T, Frenzel. 2008. Regulating technological change - the strategic reactions of utility companies toward subsidy policies in the German, Spanish and UK electricity markets. Energy Policy, 36: 2645-2657.

Van Bussel G J W, Henderson A R, Morgen C A, et al. 2001. State of the art technology trends for offshore wind energy: operation and maintenance issues. Proceedings of offshore wind energy special topic conference.

Van Bussel G J W, Zaaijer M B. 2001. Reliability, availability and maintenance aspects of large-scale offshore wind farms, a concepts study. MAREC 2001 Marine Renewable Energies Conference, Newcastle .

Wang Q. 2010. Effective policies for renewable energy-the example of China's wind power - lessons for China's photovoltaic power. Renewable and Sustain-able Energy Reviews, 14:702-712.

Xia C L, Song Z F. 2009. Wind energy in China: current scenario and future perspectives. Renewable and Sustainable Energy Reviews, 13:1966-1974.

Zhang X L, Chang S Y, Huo M L, et al., 2009. China's wind indus-try: policy lessons for domestic government interventions and international support. Climate Policy, 9:553-564.

Zhang X L, Wang R S, Huo M L, et al. 2010. A study of the role played by renewable energies in China's sustainable energy supply. Energy, 35:4392-4399.

Zhang X L. 2008. North-South cooperation and private-public partnership: a case study of China's wind power industry. Climate Strategies. http://www.climatestrategies.org/reportfiles/zhang251108 final.pdf. [2010-11-1].

Zhao Z Y, Hu J, Zuo J. 2009. Performance of wind power industry development in China: a Diamond Model study. Renewable Energy, 34: 2883-2891.

Offshore Wind Energy Development in China: Current Status and Future Perspective

Zhang Da, Zhang Xiliang, He Jiankun, Chai Qimin

Abstract: 2010 is the significant year of offshore wind power development in China. The first national offshore wind power project is connected to the grid, and the first round of concession projects marks the strong support from central government. It is foreseeable that offshore wind power capacity in China will expand rapidly, and play a notable role in the transition to a sustainable energy system, therefore, the understanding pattern of it is crucial for analyzing the overall wind market in China and global offshore wind power development. This paper firstly provides an overview of global offshore wind power development, then in China, including historical installation, potential of resources, demonstration and concession projects, and target of development. Furthermore, a comprehensive overview of advantages and challenges for developing offshore wind in China is presented. Based on this, analysis on current policies related to offshore wind power and their implementation, current wind farm developers and turbine manufacturers as well as technology transfer and development of China's offshore wind industry is done. All the previous analysis generates complete evaluation of current status and future perspectives of China offshore wind power development, based on which some policy recommendations for sustainable development of offshore wind power are made.

Keywords: Offshore wind power; China; Policy

中国热力路线图：降低到2030年的能源消费的供热新策略*

熊威明，王　宇，Brian Vad Mathiesen，Henrik Lund，张希良

摘要：区域供热被认为是中国国家能源战略中节能的关键要素，而中国的供暖目前仍然以燃煤锅炉为主。但是，目前尚无分析中国未来供热战略的定量研究。因此制定降低能源消耗和碳排放的发展战略至关重要。本文采用EnergyPLAN模型模拟以下三种热量策略：当前的供热策略、分散供热策略和新区域供热策略。从全国能源系统的角度相互比较。这三种策略的比较结果表明，引入工业和发电厂余热的新区域供热策略在经济和技术上都优于分散供热策略和当前的供热策略。结果显示，与当前的供热策略相比，区域供热可使建筑供热能耗降低约60%，供热成本降低15%。

关键词：中国；区域供热；EnergyPLAN模型

1　引言

2010年，中国一次能源消费量超过32亿tce，这使中国成为世界上最大的能源消费国（Fan and Xia，2012）。2010年中国煤炭占能源供应总量的68%，以煤炭为主的能源供应结构也推动中国取代美国成为全球最大的二氧化碳排放国（Zhang et al.，2012）。近年来，煤炭消费所带来的能源安全、碳排放和环境污染问题使得中国能源部门减排的压力不断增加。根据能源平衡表绘制的能流图如图1所示，煤炭在一次能源消费量中占70%以上（国家统计局，2011）。初步估计2009年区域供热的碳排放量占全部碳排放量的4.4%，而在过去的十年间其碳排放量迅速增加，年增长率为10.3%（Chen et al.，2013）。另外，如图2所示，由于中国城市化和生活水平的提高，住宅的热需求也从2001年的800万tce增长到2010年的2300万tce（不含热水需求）。中国大约90%的领土位于北纬25°~50°，这对冬季供暖提出了稳定的需求。目前，只有淮河以北地区实行冬季集中供暖，涵盖北方15个省（内治区、直辖市），占中国内陆总面积的70%以上。根据淮河规定，淮河为中国南北方市政集中供热的边界，中国政府已经建立了供应北方大部分城市的区域供热网系统，但南方没有区域供热（Greenstone et al.，2013）。

区域供热作为一项重要的节能技术受到了中央政府的高度重视。由于区域供热的

* 原文来源：Xiong W M，Wang Y，Mathiesen B V，et al. Heat Roadmap China：New heat strategy to reduce energy consumption towards 2030. Energy，2015，81：274-285. 中文出版略有改动。

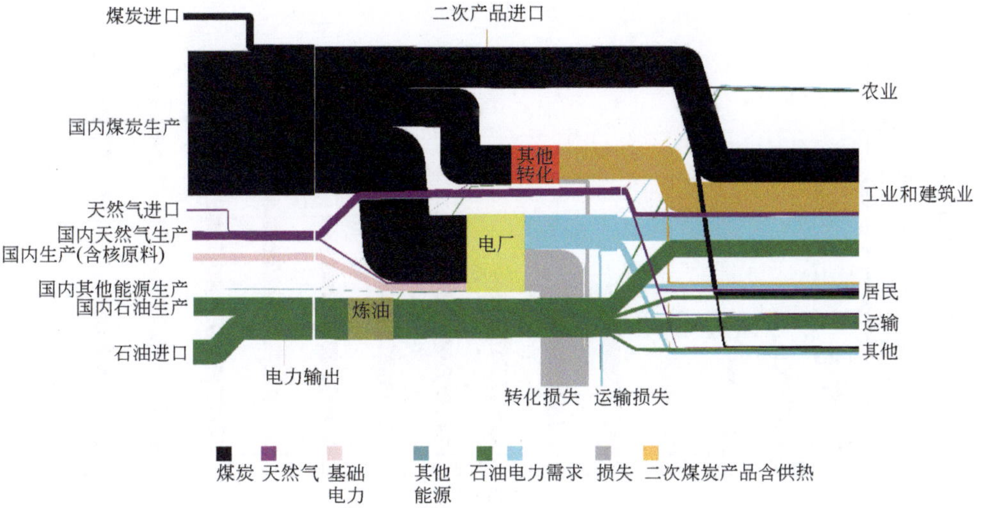

图1 中国2010年能流图（单位：亿tce）

其他转化代表包括燃煤供热、洗煤和炊事在内的煤转换过程

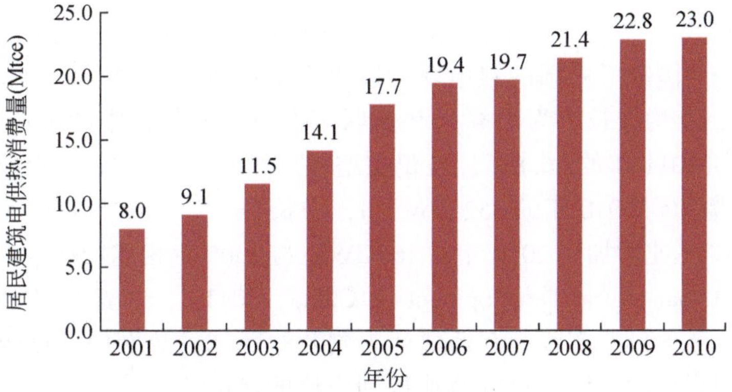

图2 居民建筑年供暖消费量

资料来源：国家统计局，2011。

推进和快速的城市化，中国区域供热建筑面积从1991年的2.77亿m^2增加到2010年的43.57亿m^2，年均增长率为16%，如图3所示。到2010年，中国北方城市建筑面积的80%以上实行区域供暖，几乎涵盖了中国北方所有的城市（Building Energy Conservation Research Center，Tsinghua University，2011）。另外，在夏季炎热、冬季寒冷的中国南方，冬季有短时间的供暖需求，分散供热装置如空调和电动换气扇得到广泛应用。在农村地区，供暖仍然依靠使用型煤和秸秆的散烧炉灶，推广现代供热方式具有巨大的潜力。

由于天然气季节性短缺且价格昂贵，区域供热系统仍然以燃煤锅炉和燃煤热电联产（combined heat and power，CHP）为主。由于热效率低及缺乏先进的环保系统，燃煤锅炉被认为是北京等中国北方大城市冬季采暖期$PM_{2.5}$污染的主要来源之一（Lin et

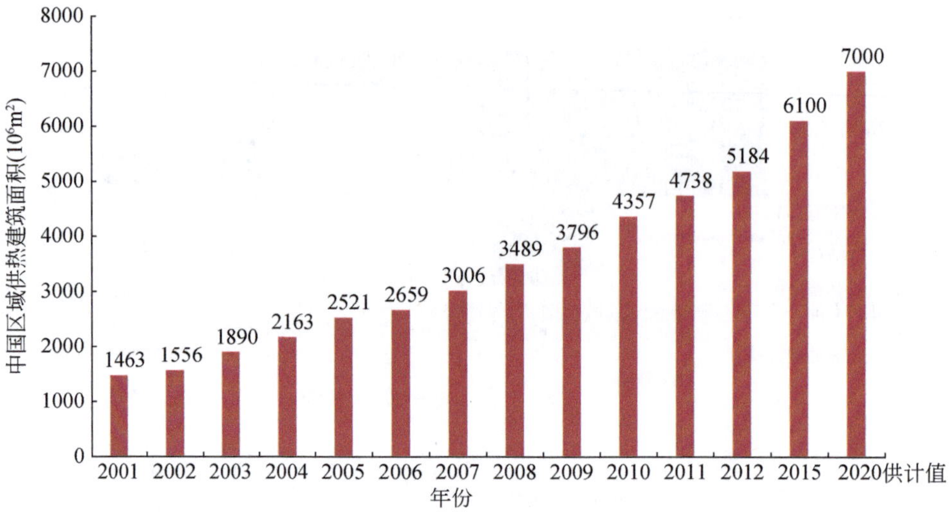

图 3　中国区域供热建筑面积

1991～2001 年中国区域供热建筑面积数据未查见，故未在图 3 中体现。

资料来源：Ministry of Housing and Urban-Rural Development of China，2011.

al.，2011）。相比之下，近十年来，热电联产装机迅速增加，中国成为全球热电联产装机容量排名第一的国家。中国的热电联产装机容量从 2001 年的 32GW 增长到 2012 年的超过 220GW，年均增长率为 19%。热电联产在总火电装机中的渗透率已从 2001 年的 15.7% 增加到 2011 年的 26.8%，且仍在增加。然而，热电联产的产热量从 2005 年的 275 TW · h 增加到 2010 年的 352 TW · h，增长 28%。同时，热电联产装机容量从 2005 年的 70GW 迅速增加到 2010 年的 167GW，与 2005 年相比增加了 139%（Ministry of Housing and Urban-Rural Development of China，2011）。这表明热电联产在逐年降低。根据现有示范项目的实践，有评估认为剩余的区域供热网中的燃煤锅炉所覆盖的热量需求可以用附加的区域供热管道连接到当地的热电联产或火电厂上，这是技术可行和经济的（Building Energy Conservation Research Center，Tsinghua University，2013）。这表明区域供热有潜力提高其在供热领域中的渗透率，即用中国能源系统中的热电联产和其他可再生能源替代燃煤锅炉。

尽管以燃煤锅炉为主的供热系统不可持续也不节能，但中国建筑供热部门并未对未来发展战略进行明确调整。通常，一些研究侧重于从欧洲能源系统的角度讨论供热策略（Lund et al.，2010），而就我们所知，关于中国的国家供热策略的类似研究非常有限。为了评估中国热力部门未来对减碳和可持续发展的潜在贡献，我们对关于中国能源系统路线图的现有研究进行了综述（表 1）。建筑热需求在大部分的能源规划相关研究中只是被简单地描述。区域供热和热电联产被认为是重要的节能选择，但是，现有研究未能量化区域供热或分散供热在全国能源系统中的作用。对供热策略讨论的缺失可能导致忽视降低中国能源消耗解决方案的重要手段。因此，应该为中国提出不同的供热策略，并对其能源消耗、系统成本和排放进行详细的定量比较。与此相应，可以讨论供热发展的潜在可持续的、节能的途径，这正是本文的目的。

表1 综述的报告列表，发布机构及与热力的关系

报告名称	机构	是否包含热需求定量分析	是否考虑热电联产	是否包含区域供热定量分析
世界能源展望2012（International Energy Agency，2014）	国际能源署	是	是	否
中国能源中长期发展战略研究（Chinese Academy of Engineering，2010）	中国科学院	是	是	是
中国能源和碳排放报告（Energy Research Insititute，2009）	能源研究所	否	否	否
中国能源和碳排放展望2050（Zhou et al.，2011）	劳伦斯伯克利国家实验室	是	是	否
中国能源转型（China 2050 Pathways Development Group，2014）	中国科学院	是，但包含冷量需求	否	是
中国与可持续的未来：走向一个低碳经济与社会（UNDP，2009）	联合国开发计划署	否	否	否
中国绿色革命（McKinsey Company，2014）	McKinney	否	是	否

第2节描述了从全国能源系统的角度创建包括热能部门在内的情景的方法。第3节创建了复现当前热能战略的参考情景。第4节描述了如何设计分散供热策略和新区域供热策略。第5节将这两种策略情景与参考情景从一次能源消费量、系统成本和排放量方面进行比较。第6节和第7节为讨论和结论。

2 方法

本研究基于2010年现有能源系统和能源系统仿真工具——EnergyPLAN模型展开。首先，收集2010年现有能源系统的数据以反映火电发电能力、可再生能源及区域供热系统的现状。基于此，设计了参考情景2010年、2020年和2030年的能源系统，并与第4节讨论的新区域供热策略进行比较。其次，通过EnergyPLAN模型对展现不同供热策略的情景进行小时级别的仿真，给出小时级别的热力和电力平衡（图4）。

选择EnergyPLAN模型的重要原因是它可以模拟热力部门和电力部门之间的相互作用，而大多数其他相关模型通常是为电力部门或整体能源系统设计的，不能详细描述热力部门尤其是热电联产（Connolly et al.，2010），而热力部门在中国能源系统中不应被忽视。在EnergyPLAN模型中，一般输入参数包括电力和热力需求量、水电和风电等可再生能源的生产量、一些可选的调度策略及进出口电力传输量。该模型可以模拟出技术可行系统并整合相关的经济成本，如运营成本和投资成本。基于此，可以通过每小时标幺曲线模拟每小时电力和热力的生产量和消耗量。

本研究通过能源系统的模拟可以定量比较参考情景与新区域供热策略情景在一次能源消费量、碳排放和总成本方面的差异。丹麦热计划（Lund et al.，2010）和欧洲供热路线图（Connolly et al.，2014）已经采用了相同的方法从全国能源系统的角度讨论区

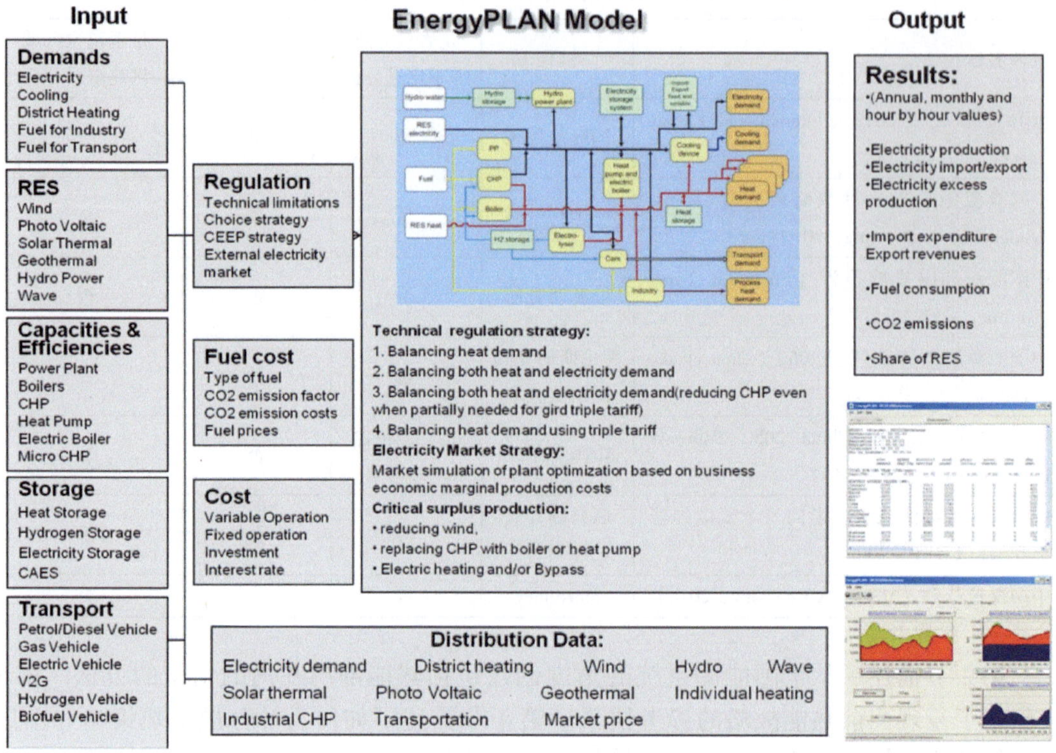

图 4 EnergyPLAN 模型界面

资料来源：Aalborg University，2014.

域供热的不同发展策略。作为反映可再生能源资源波动性的计算工具，EnergyPLAN 模型在以往的研究中得到了广泛应用，这些研究包括在现有能源系统中大规模、高渗透率的可再生能源并网（Le and Bhattacharyya，2011），确定各种可再生能源的最优路径（Lund，2006），分析促进风电并网的含区域供热和热电联产在内的不同替代技术方案选择（Mathiesen and Lund，2009），以及未来实现全国 100% 可再生能源系统的路径（Connolly et al.，2011）。此外，EnergyPLAN 模型还可用于分析中国能源系统中与电力传输和热电联产合作对大规模风电并网的影响（Liu et al.，2011），并评估可再生能源对整合海水淡化的贡献（Østergaard et al.，2014）。

3 参考情景模拟

为了分析新区域供暖策略对整个能源系统的影响，本文将全国能源系统参考情景作为下一节提出的新区域供暖策略的基准。2012 年，国际能源署发布了《2012 年世界能源展望》，该报告为中国能源系统提供了三种不同的预测情景，包括当前政策情景、新政策情景（新能效和可再生能源情景）及 IEA 方法描述中提到的 WEM 模型的 450 情景（碳排放控制情景）（International Energy Agency，2011）。新政策情景考虑了当前已经公布或实施的政策目标，因此本文将其作为本研究参考情景的起点。总体上，这种情景假设到2020年碳排放强度将比2005年下降40%，中国一次能源消费量的15%将来自非化石燃料。以下列出了供暖的一些关键假设：①到2020年，节能建筑将占新建筑的30%。②民用建筑节能设计标准。与1980~1981年水平相比，寒冷地区现有建筑单位面积热耗降低65%，夏热冬寒地区现有建筑单位面积热耗降低50%；所有地区的新建筑单位面积热耗降低65%。③大城市所有新建大型住宅实行强制性规范。④中国南方不进行区域供热。

本文设置的所有情景（即分散供热策略情景、新区域供热策略情景和参考情景）假定化石燃料价格在2010~2030年保持不变。

参考情景还将CHP和区域供热作为提高整体能效的重要技术选择。首先，会得到基于现有数据（国家统计局，2011）2010年的参考情景的详细描述（表2）。在EnergyPLAN模型中复现2010年的原始数据时，必须确保仿真工具能够准确模拟中国的能源系统。2010年的实际数据与EnergyPLAN模型的模拟数据之间的差异非常小（<2%），主要是由以下两点引起的：第一，热电厂和锅炉小时级的模拟无法完美按照实际情况运行；第二，由于缺乏数据，本文忽略了国际电力交易。图5中的REF2010（2010年参考情景）的总体结果描述了建筑供热从最初的一次能源消费量到终端用能的能源流动情况。结果表明，超过60%的一次能源之间能量转换损失的部分来自燃煤锅炉的燃烧过程。

表2 2010年实际数据和EnergyPLAN模型模拟的电力和热力生产量比较

技术		生产量（TW·h）		差异（%）
		2010年实际数据	EnergyPLAN模型模拟结果	
电力	火电	3416.6	3433	0.48
	水电	686.78	685.78	-0.15
	核电	74.70	74.70	0.00
	风电	49.40	49.41	0.02
热力	热电联产	352.7167	354.04	0.37
	锅炉	399.16	391.66	-1.88
	分散供热	165.89	165.89	0.00

图5中，最终消费表示在热水和蒸汽转化损失后的能源流主要是煤燃烧。终端用能表示减去了网损（即热传输过程中在热网传输中的损失）的消费侧热需求。能源流包括了区域供热和分散供热的总供热。对燃煤热电联产，一次能源供应和最终消费之间的差异是供热消耗的一次能源，由在供电燃料消耗基础上供热的增量燃料消耗计算而得。对户用电加热器，基于2010年每种技术的效率和相关技术发电结构的全国总发电效率计算一次能源消费量。

对REF2020和REF2030（2020年和2030年的参考情景），假设供暖的具体技术供应组合与2010年的构成相同，而能源系统的其余部分采用国际能源署新政策情景的数据。图6显示了2010年、2020年和2030年参考情景下的能源消耗和碳排放量。2020

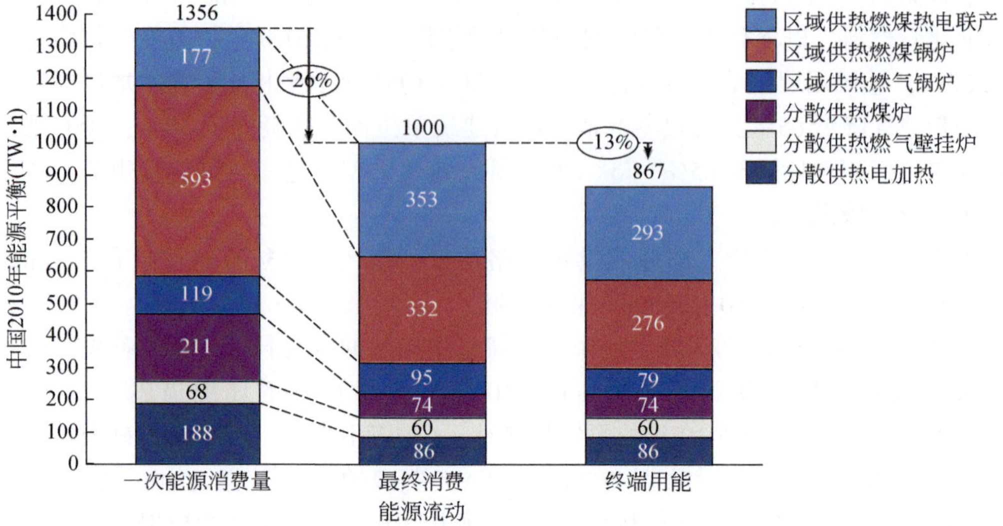

图 5 EnergyPLAN 模型计算的中国 2010 年三个层次建筑供热能源平衡估算

年与 2010 年相比，能源消费总量增长了 55.31%，而快速增长的能源消费量在之后十年里增长将放缓，2020～2030 年的增长率为 19.3%。参考情景的技术和财务假设见附表 1。特别是，中国大多数热电联产机组是抽凝机组，可作为纯凝机组运行，因此假设热电联产产生的热量为不产热的冷凝模式与同时产电和热的抽凝模式间电力生产之差。因此，热电联产电厂产热的一次能源消费量用在不产热的情况下生产增量电力所需的一次能源消费量来计算，而热电联产电厂的其余一次能源消费量被视为仅用于发电的能源供应。

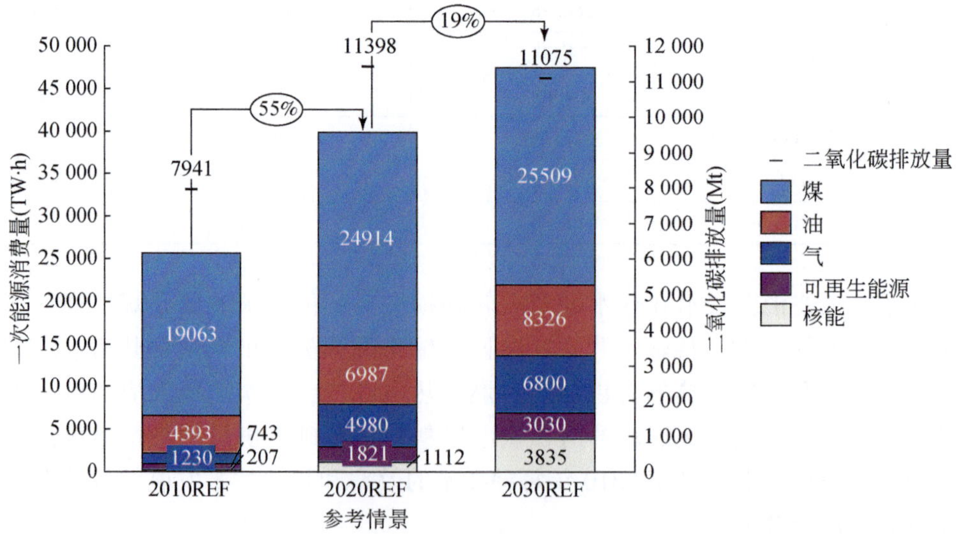

图 6 2010 年、2020 年、2030 年参考情景全国能源消费总量

4 中国供热路线图情景

在构建当前供热策略情景之后，可以构建替代供热策略情景。这里我们介绍两种替代方案，包括2020年和2030年的分散供热策略和新区域供热策略。下面介绍这两种情景的关键假设。

4.1 分散供热情景

参考情景中的总热量需求将从2010年的1000 TW·h增加到2020年的1345TW·h和2030年的1786 TW·h，详见附表2。在IND情景（分散供热情景）中，假设区域供热用户供热技术与2010年保持一致。在未来20年，增加的供热需求将由分散加热器（如电加热器）和分散天然气锅炉满足。假设不同类型加热器的比例与参考情景一致，而由于空气污染问题，假设煤炉将被替代。另外，IND情景考虑了来自中国南方的增量热需求。由于目前的政策南方地区没有区域供热，几乎所有当地的供热需求都由户用电暖扇和空调提供。由于空调器和电风扇生产能力不足且舒适度不足，当地居民不得不忍受冬季的寒冷和潮湿。据清华大学的预测，2020年和2030年中国南方地区供暖需求的可能增量分别为195 TW·h和255TW·h（Jiang，2014），这在参考情景中被忽略了。这些额外的热需求由IND场景中的分散供热提供。

4.2 对区域供热设计新的供热策略

虽然热电联产和燃煤锅炉在中国供热系统中有着悠久的历史，但与丹麦、瑞典和芬兰等区域供热高渗透率的国家相比，整体能效相对较低（Grohnheit and Gram Mortensen，2003）。通过扩大区域供热系统，可以更有效地利用工业和热电厂的余热，而目前中国的区域供热系统忽略了这一点。在此，通过工业热回收、减少燃煤锅炉和煤炉的产热及热量计量设施的利用，形成了一种更先进的区域供热系统的新供热策略（即HRC情景）。根据文献综述及与行业和学术专家的访谈，HRC情景使用三种主要方法对参考情景进行修改。附表4列出了HRC情景的详细情况，包括中国南方的增量热需求。

4.2.1 利用工业余热

由于2010年工业能耗占全国能源消费总量的70.8%（国家统计局，2011），工业余热可能是现有供热系统忽略的重要资源。在中国，化学工程、钢铁、玻璃和水泥等重工业部门的能耗占工业部门能源消费的比例较高，这表明工业余热具备大规模供热的潜力。为了量化热力行业工业热回收的潜力，表3收集了其他国家的区域供热系统中工业余热利用率的调查结果。假设中国可以连接到区域供热的总余热量的回收效率达到与瑞典相同的水平，到2020年余热将达到545.2TW·h，到2030年将达到731.5TW·h。

表 3　应用瑞典实践经验下欧洲国家和中国的余热回收潜力评估

国家	工业一次能源消费量（TW · h）	用于区域供热的回收能量（TW · h）	回收率（%）
瑞典（2008 年）	160. 2	5. 01	3. 13
法国（2008 年）	547. 9	0. 33	0. 06
德国（2009 年）	813. 9	0. 91	0. 11
丹麦（2009 年）	29. 5	0. 75	2. 54
意大利（2009 年）	431. 5	0. 03	0. 01
中国（2020 年可能值）	17 421. 0	545. 2	3. 13
中国（2030 年可能值）	18 286. 0	731. 2	4*

资料来源：Persson and Werner，2012.

*由于技术改进，回收率有望达到 4%，比 Building Energy Conservation Research Center，Tsinghua University (2013) 研究中估计的 10% 更保守。

1）中国的人口密度远高于瑞典，重工业工厂通常位于城市地区。因此，中国从余热到居民热需求的可能的传输距离更短。

2）与瑞典相比，整个工业行业中产生大量废热的生产水泥、钢铁等工业原材料的子行业所占份额相对较高（Hasanbeigi et al.，2013）。

3）中国工业整体能源效率低于瑞典（United Nations Industrial Development Organization，2014）。

据估计，瑞典的工业余热回收的实践技术可以在中国应用。我们假设与中国区域供热网相连的工业的一次能源消费量可能的回收率在 2020 年达到瑞典水平。

4. 2. 2　减少燃煤锅炉的热力生产

据我们估算，煤炭锅炉占大约 64. 5% 的建筑供暖一次能源消费量，而其在区域供热中的热量产生比例为 42. 5%。在新区域供热策略中，假设燃煤锅炉的产热量被燃煤热电联产和工业热回收取代。为了提供额外的热量，需要更多的煤热电联产机组。可能的热需求主要由集中电厂提供，因此，由于热电联产电厂其他资源的限制，将采用更多的新建燃煤热电联产机组或纯凝机组改造的产热机组。另外，测算表明，使用煤炉供热的家庭的污染水平一般超过了中国法律对室内空气质量的规定（Zhang and Smith，2007）。因此我们假设在未来 20 年内区域供热将取代户用煤炉。

4. 2. 3　改革能源计量系统

目前，中国的建筑供暖成本主要是按照建筑面积乘以每平方米的固定价格来计算的。这种计费方式被认为是冬季过热热量浪费的根本原因。由于缺乏能量计量系统和温度控制不佳，部分房间过于暖和，居民不得不打开窗户进行降温，造成严重的能源损失（Liu et al.，2011）。假设由于缺乏节约热量的经济激励机制，有 20% 的能源被浪费，这可以通过引入能源计量价格系统和热量计量设施来避免（Building Energy Conservation Research Center，Tsinghua University，2011）。附表 3 列出了计量设施的额外成本。

5 结果

根据对2020年和2030年参考情景、IND情景和HRC情景的模拟，全国能源系统的一次能源消费量和碳排放情况如图7和图8所示。如图7所示，一次能源消费量在IND情景和参考情景中非常相似，而与参考情景相比，HRC情景中的一次能源消费量减少约3%。与参考情景相比，IND情景的煤炭消耗相对较低而天然气消耗量较高。这主要是由于户用天然气锅炉和户用电加热器的热量需求增加，由燃气加热器带来的天

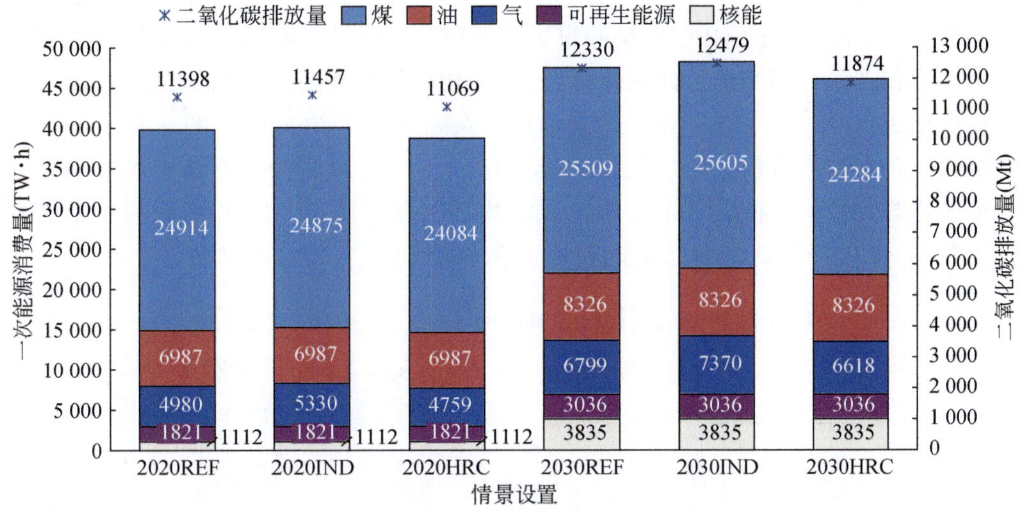

图7　2020年和2030年三个情景一次能源消费量和碳排放量

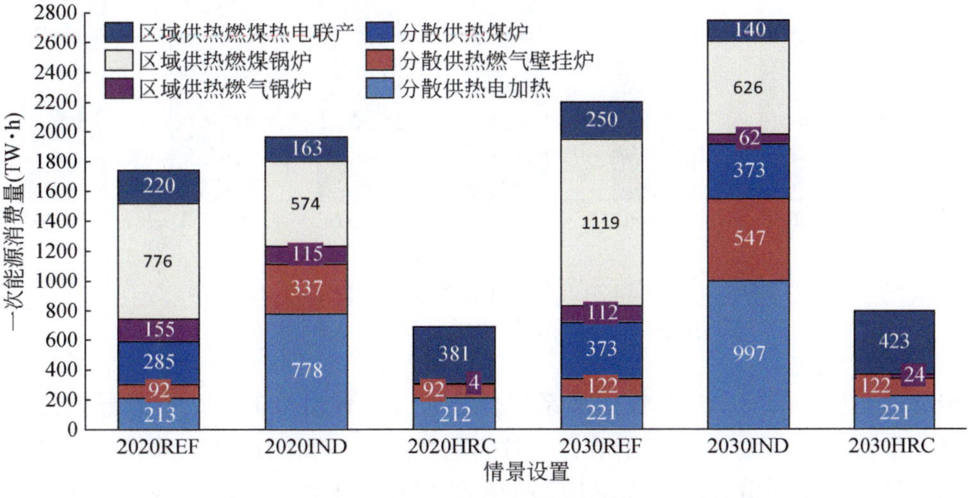

图8　2020年和2030年三个情景一次能源消费量

热电联产和分散供热电加热设备的一次能源消费量计算方法与图5中一致，不包含工业余热

然气消费量增加和户用电加热带来的火电消费量增加。另外，参考情景忽略的中国南方可能的热需求也包含在 IND 情景中。因此，IND 情景中的二氧化碳排放量略高于参考情景中的二氧化碳排放量。HRC 情景与参考情景相比，二氧化碳排放量和总一次能源消费量均略有下降，为 2% ~4%。由于工业和发电部门余热的利用，仅供热锅炉的能源消耗对中国全国能源系统低碳具有相当积极的影响。

图 8 比较了与总能量系统其余部分区分开的建筑供暖的一次能源消费量。它表明 IND 情景中的一次能源消费量相比参考情景明显增加，2020 年增加 13%，2030 年增加 24%。由此可以得出分散会导致更多的一次能源消耗的结论，因为户用电加热器使用的电力主要由火电生产。在 HRC 情景中更积极地扩大区域供热网可以更好地利用碳中性资源，如工业回收热。另外，使用燃煤热电联产替代燃煤锅炉和煤炉，而燃煤热电联产的热效率较高，因此 HRC 情景的煤炭消耗比参考情景下降约 70%。综合这些供应方面的努力和消费方面的热量计量改革，采用 HRC 供热策略，中国建筑供热的一次能源消费量在 2020 年和 2030 年比采用当前供热策略减少了约 60%。图 9 显示了 IND 情景的年成本高于参考情景，而二氧化碳排放量和一次能源消费量略高于参考情景。由于户用加热器的增加，投资成本和燃料成本均高于参考情景。HRC 情景的年总成本约减少 2%，一次能源消费量和二氧化碳排放量均略低。

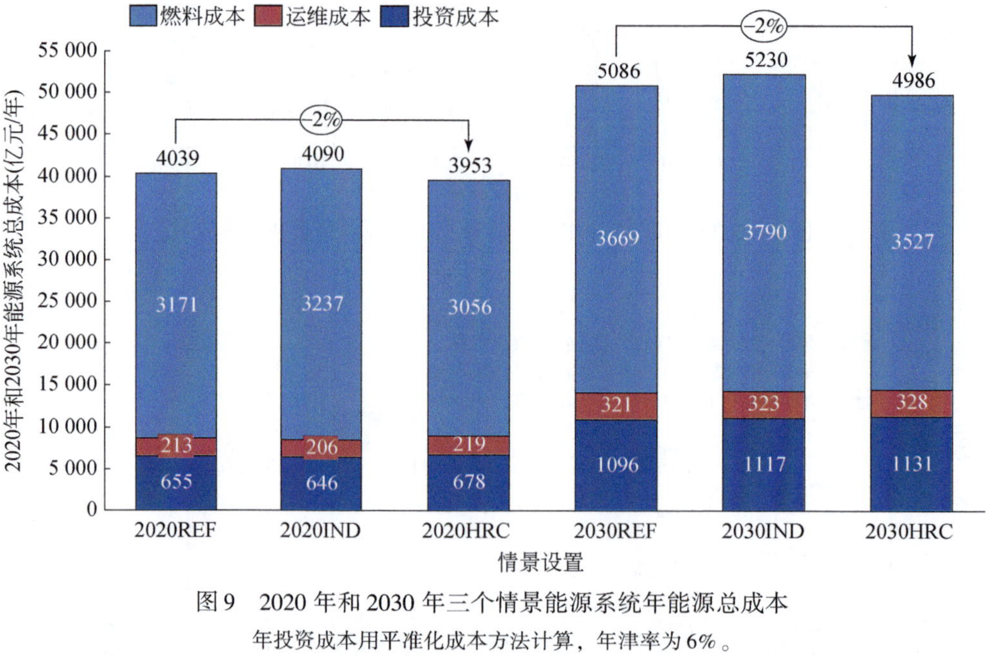

图 9　2020 年和 2030 年三个情景能源系统年能源总成本

年投资成本用平准化成本方法计算，年津率为 6%。

当将建筑供暖的成本与其他能源系统分开时，三种情景的年成本差异就体现得更为明显，如图 10 显示。IND 情景节省了对热电联产电厂和锅炉的额外投资，导致户用加热器的投资增加和由天然气需求增加带来的燃料成本增加。与 REF 情景相比，IND 情景下区域供热供应减少的投资并未抵消户用加热器和相关的燃料消耗的成本增加，建筑供暖总成本在 2020 年增加 13%，在 2030 年增加 19%。另外，HRC 情景中引入了对区域供热供应、工业热回收设备和热计量设施的新增投资。与参考情景相比，这些额外投资带来的能效改善非常明显。图10表明，由于余热利用和替代低效燃煤锅炉的共同作用，HRC情景中的燃料成本比参考情景低大约61%。由于节约了可观的燃料成本，HRC情景的年总成本比参考情景低15%。总而言之，对比得到的关键结果是，对中国新的热需求采用分散供热策略更昂贵且能源效率更低，可能实现与当前供热策略相类似的目标。然而，综合节能、工业余热的使用及将燃煤锅炉替换为热电联产，可以降低建筑供热能耗，其成本低于采用当前供热策略和分散供热策略的成本。

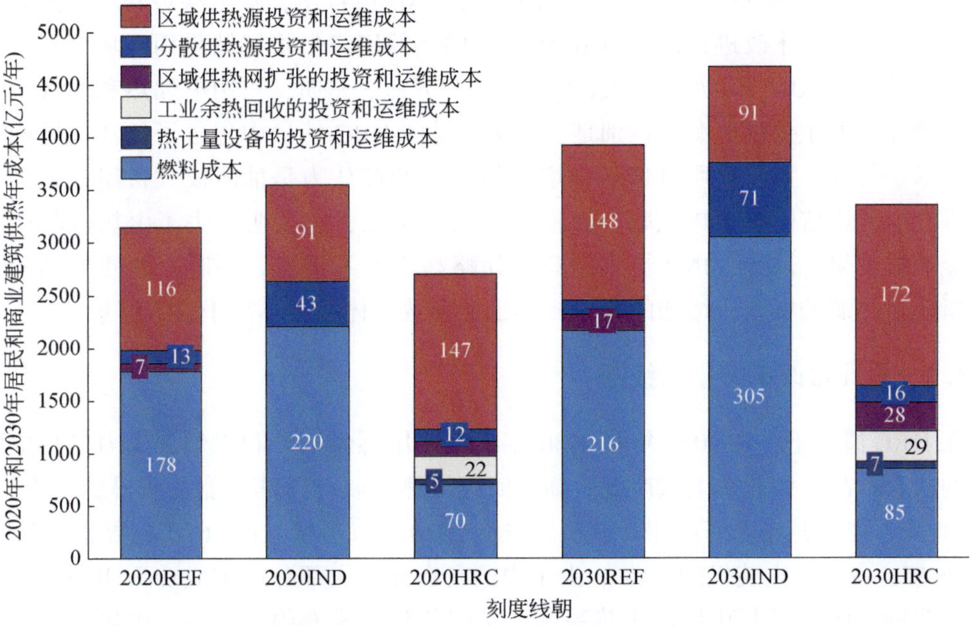

图10 建筑供热部门三个情景2020年和2030年年成本

注：区域供热热源包括热电联产、燃煤锅炉和天然气锅炉。分散热源包括煤炉、燃气壁挂炉和电加热。热源投资成本包含新建机组和现有机组的年投资平准化成本。

6 讨论

对目前区域供热情况的综述显示，中国的区域供热仍然以燃煤锅炉为主，而大型煤炉也对现有的分散供热供应有贡献。为了讨论在未来20年中如何满足中国不断增长的热量需求，第5节中的情景分析明确揭示了各种技术所带来的节能贡献，并为2030年的供热发展提供了三条可能的路径。

6.1 参考情景路线图

在参考情景中，热力部门的能源消耗量从2010年的1356TW·h不断增加到2020年的1740TW·h，然后继续增加到2030年的2197TW·h，而燃煤锅炉在热力总能耗中的比例保持43.7%不变。因此，在20年内燃煤锅炉的总装机增加了大约80%，从

197GJ/S 增加到 352GJ/S。对分散供热来说，煤炉依然占有重要地位，相应能耗为 373TW · h，大于 2010 年燃煤锅炉能耗的 50%。同时，热力供应扩张的年投资在 2020 年需要 1160 亿元，在 2030 年需要 1720 亿元。燃煤锅炉和煤炉在供热结构中的比例随着热需求的增加而增加，由于燃煤锅炉和煤炉难以达到高水平的排放标准，不能实现环保和节能目标。

6.2 分散供热情景路线图

如图 8 和图 10 所示，与参考情景相比，在 IND 情景中，除了煤炉外所有加热技术都被采用。随着技术改进，即便 2010 年区域供热的用户仍将持续采用区域供热，区域供热能源消耗与 2010 年的参考情景相比也略有下降。然而，户用电加热和燃气锅炉将是增量热需求的主要供应源。特别是，IND 情景和 HRC 情景中包含了长江流域的额外热量需求。另外，由于在所有情景中增量热电联产被认为是抽凝模式机组改造的，在 IND 情景中供热结构中的热电联产比例低于参考情景，这表明失去了由热电联产带来的节能减排效果。因此，IND 情景的总能耗略高于参考情景。同时，即便节约了部分用于新建供热源的资金，增加的燃料成本也会导致总体系成本高于参考情景。

6.3 热计量改革情景路线图

在 HRC 情景下，在 2020 年和 2030 年不可使用燃煤锅炉和煤炉，热力是热电联产机组的联合产品，因此热电联产能效高，而燃煤热电联产因其高能效而得到大力推广。在 2030 年，燃煤热电联产的累计装机容量从 2010 年参考情景的 167GW 增加到 2030 年的 350GW，占总火电装机的 25%。由于中国已在北方大部分城市成功采用高渗透率的区域供热网，HRC 情景中区域供热系统的扩张投资规模有限。另外，供热系统提供了接纳工业余热的选择。因此，由于不含工业余热，一次能源消耗量明显减少。尽管在供热源上的投资很高，但应该强调的是，从系统角度来看，总成本由于燃料成本的明显减少而减少。总而言之，HRC 情景是能源回收、高能效供应源和节能综合的结果，是为不断增长的热需求提供更具吸引力的既节约成本又节约能源的解决方案。

为了评估和实施新供热策略，需要热需求和热量生产的高分辨率数据，但热力部门的统计数据却非常原始且难以获取。此外，这项研究关注能源消耗、系统成本和碳排放，而其他许多问题，主要是体制和财务问题，都将被纳入对中国高比例燃煤锅炉且不可控的供热系统的全面分析中。

7 结论

本文对三种策略进行了模拟，比较了能耗、碳排放和系统成本，并将分散供热情景和新区域供热情景（包括区域供热扩张、工业余热和热量计量改革）与参考情景进行比较，以实现中国发布的政策目标。主要结论如下：

1）与参考情景相比，HRC 情景使得建筑供热部门一次能源消费量减少 50% 以上，而IND情景消耗的能源多于参考情景。在HRC情景中整个能源系统的碳排放相比参考情景降低大约3%，原因是如工业余热和热泵类的替代热源的增加、热电联产产热量的增加及终端用户使用热计量设备带来的热量自发节约。

2）与参考情景相比，在IND情景下，集中供热投资的减少不能抵消增加的燃料成本。HRC情景导致在区域供热扩张、工业热利用和热计量系统的额外投资，而热力部门的系统成本比参考情景下降约15%。

3）虽然由于数据限制，无法进行替代燃煤锅炉的详细地理分析，但从我们的计算结果来看，替代仅产热锅炉在技术和经济上都是可行的。在区域供热系统现有的高渗透率情况下，热网的扩张将为未来集成工业回收热量、火电及垃圾焚烧余热和可再生能源提供另一种可靠的解决方案。此外，区域供热也为整合住宅建筑的热量消耗提供了机会，这可能会增加非供暖期的热量需求。因此，区域供热网的可用性可以得到改善。

4）通过增加热计量设备，可增强热力和电力部门之间相互作用的灵活性，特别是对可再生能源并网与热泵或储热间的相互作用。

5）中国热力部门首次在能源系统仿真工具EnergyPLAN模型中用详细的技术信息复现。然而，进一步分析需要热力需求、热资源和热网的详细数据。另外，能源系统模拟表明，热力和电力部门之间的相互作用可能会降低能源消耗和碳排放量。

最重要的是，扩大区域供热的中国供热路线图情景应被视为供暖建筑物长期减少一次能源消费量、碳排放和系统成本的重要解决方案。

致谢

本文中介绍的工作是第四代区域供热系统战略研究中心（4DH）的研究成果，该研究中心得到了丹麦战略研究委员会的资助。该项目的部分资金来自山东能源经济协同创新中心（项目号：2014SDXT008）和中国教育部科学基金（项目号：12YJCZH184）。同时要感谢Pernille Sylvest Andersen在语言校对方面的真诚帮助。

参考文献

国家统计局. 2011. 中国统计年鉴2011. 北京：中国统计出版社

Aalborg University. 2014. Energy PLAN: advanced energy system analysis computer model. http://EnergPLAN. eu[2014-02-14].

Building Energy Conservation Research Center, Tsinghua University. 2011. Annual Report on China Building Energy Efficiency 2011. Beijing: China Architecture and Building Press.

Building Energy Conservation Research Center, Tsinghua University. 2013. Annual Report on China Building Energy Efficiency 2013. Beijing: China Architecture and Building Press.

Chen X, Wang L, Tong L G, et al. 2013. Energy saving and emission reduction of China's urban district heating. Energy Policy, 55:677-682.

Chen Y, Ebenstein A, Greenstone M, et al. 2013. Evidence on the impact of sustained exposure to air pollution on life expectancy from China's Huai River policy. Proceedings of the National Academy of Sciences of the United States of America, 110(32):12936-12941.

China 2050 Pathways Development Group. 2014. China 2050 Pathways. http://2050pathway-en. chinaenergyoutlook. org [2014-02-18].

China Electricity Council. 2013. Annual report of China's power sector development 2013. Beijing: China Electricity Press.

Chinese Academy of Engineering. 2010. Mid and Long-term China Energy Development Strategy Research. Beijing: Science Press.

Connolly D, Lund H, Mathiesen B V, et al. 2011. The first step towards a 100% renewable energy-system for Ireland. Applied Energy, 88(2):502-507.

Connolly D, Lund H, Mathiesen BV, et al. 2014. Heat Roadmap Europe: combining district heating with heat savings to decarbonise the EU energy system. Energy Policy, 65:475-489.

Connolly D, Lund H, Mathiesen BV, et al. 2010. A review of computer tools for analysing the integration of renewable energy into various energy systems. Applied Energy, 87(4):1059-1082.

Connolly D, Mathiesen B V. 2014. A technical and economic analysis of one potential pathway to a 100% renewable energy system. International Journal of Sustainable Energy Planning and Management, 1:7-28.

Energy Research Insititute. 2009. 2050 China Energy and CO_2 Emission Report. Beijing: Science Press.

Ethree. 2014. Generation Cost Model for China. https://ethree. com/public_projects/generation_cost_model_for_china. php[2014-05-14].

Fan Y, Xia Y. 2012. Exploring energy consumption and demand in China. Energy, 40:23-30.

Grohnheit P E, Gram Mortensen B O. 2003. Competition in the market for space heating. District heating as the infrastructure for competition among fuels and technologies. Energy Policy, 31(9):817-826.

Hasanbeigi A, Morrow W, Sathaye J, et al. 2013. A bottom-up model to estimate the energy efficiency improvement and CO_2 emission reduction potentials in the Chinese iron and steel industry. Energy, 50(0): 315-325.

International Energy Agency. 2011. World Energy Model- Metholodogy and Assumptions. http://www. iea. org/publications/worldenergyoutlook/weomodel/[2014-02-14].

International Energy Agency. 2007. Tracking industrial energy efficiency and CO_2 emissions: (complete edition - ISBN 9264030166). Sourceoecd Energy, (5):324.

International Energy Agency. 2014. World Energy Outlook 2012. http://www. worldenergyoutlook. org/publications/weo-2012/[2014-02-18].

Internatonal Energy Agency. 2011. Energy balances of OECD countries 2011: (edition complète- ISBN 9789264103344-enangl seulement). Sourceocde Energie, (18):i-330.

Jiang R, Sheng X. 2005. Settlement and analysis of heat price of unified heating system. Low Temperature Architecture Technology, 2(1):91-94.

Jiang Y. 2014. Roadmap for China building energy conservation. Beijing: Academic week for building energy saving in Tsinghua University.

Le N A, Bhattacharyya S C. 2011. Integration of wind power into the British system in 2020. Energy, 36(10):5975-5983.

Lin W, Xu X, Ge B, et al. 2011. Gaseous pollutants in Beijing urban area during the heating period 2007-2008: variability, sources, meteorological, and chemical impacts. Atmospheric Chemistry and Physics,

11(15):8157-8170.

Liu L, Fu L, Jiang Y, et al. 2011. Major issues and solutions in the heat- metering reform in China. Renewable and Sustainable Energy Reviews, 15(1):673-680.

Liu W, Lund H, Mathiesen B V. 2011. Large- scale integration of wind power into the existing Chinese energy system. Energy, 36(8):4753-4760.

Lund H, Mathiesen B V. 2009. Energy system analysis of 100% renewable energy systems—The case of Denmark in years 2030 and 2050. Energy, 34(5):524-531.

Lund H, Möller B, Mathiesen B V, et al. 2010. The role of district heating in future renewable energy systems. Energy, 35(3):1381-1390.

Lund H. 2006. Large- scale integration of optimal combinations of PV, wind and wave power into the electricity supply. Renewable Energy, 31(4):503-515.

Luo B, Liang H. 2012. An approach to cost-sharing in co-generation of heat and electricity. Thermal Power Generation, 41(2): 4-9.

Mathiesen B V, Lund H, Karlsson K. 2011. 100% Renewable energy systems, climate mitigation and economic growth. Applied Energy, 88(2):488-501.

Mathiesen BV, Lund H. 2009. Comparative analyses of seven technologies to facilitate the integration of fluctuating renewable energy sources. IET Renewable Power Generation: Institution of Engineering and Technology,3(2): 190-204.

McKinsey Company. 2014. China's green revolution. http://www. mckinsey. com/locations/chinasimplified/mckonchina/reports/china_green_revolution_report_cn. pdf. [2014-02-18].

Ministry of Housing and Urban- Rural Development of China. 2011. China Urban- Rural Construction Statistical Yearbook 2010. Beijing:China Planning Press.

Möller B, Lund H. 2010. Conversion of individual natural gas to district heating: geographical studies of supply costs and consequences for the Danish energy system. Applied Energy, 87(6):1846-1857.

Möller B, Nielsen S. 2014. High resolution heat atlases for demand and supply mapping. International Journal of Sustainable Energy Planning and Management,1:41-58.

Persson U, Werner S. 2012. District heating in sequential energy supply. Applied Energy, 95(0):123-131.

Statistical Sweden. 2014. Statistical database. http://www. scb. se/en _/Finding- statistics/Statistics- by-subject- area/Energy/[2014-02-14].

United Nations Development Program (UNDP). 2009. China human development report, 2009/10: China and a sustainable future: towards a low carbon economy and society. Beijing: China Translation and Publishing Corporation.

United Nations Industrial Development Organization. 2014. Policies for promoting industrial energy efficiency in developing countries and transition economies. http://www. unido. org/fileadmin/media/documents/pdf/Energy_Environment/ind_energy_efficiencyEbookv2. pdf[2014-05-01].

Zhang J J, Smith K R. 2007. Household air pollution from coal and biomass fuel in China: measurements, health impacts, and interventions. Environmental Health Perspectives, 115:848-855.

Zhang X, Chang S, Eric M. 2012. Renewable energy in China: an integrated technology and policy perspective. Energy Policy, 51:1-6.

Zhou N, Fridley D, Mcneil M, et al. 2011. China's energy and carbon emissions outlook to 2050. California: Lawrence Berkeley National Laboratory.

Østergaard P A, Lund H, Mathiesen B V. 2014. Energy system impacts desalination in Jordan. International Journal of Sustainable Energy Planning and Management, 1: 29-40.

附表 1　参考情景详细信息

项目	2010 年	2020 年	2030 年
区域供热			
燃煤热电联产热需求	353	477	631
燃煤热电联产装机(MW)	167 000	210 000	266 317
仅供热锅炉热需求(TW · h)	427	577	763
仅供热锅炉装机(MJ/S)	196 900	266 067	352 150
分散供热			
煤炉热需求(TW · h)	74	100	130
燃气壁挂炉热需求(TW · h)	60	81	107
电加热热需求(TW · h)	86	116	153

附表 2　各情景分散供热和区域供热热需求　　(单位:TW · h)

情景	分散供热热需求	区域供热热需求	总热需求
2010 年			
REF	220	780	1000
2020 年			
REF	291	1054	1345
IND	720	780	1500
HRC	197	936	1133
2030 年			
REF	391	1395	1786
IND	1172	780	1952
HRC	260	1492	1752

附表 3　IND 情景和 HRC 情景区域供热扩张和分散锅炉投资成本假设

分散锅炉	燃气	煤炉	电加热
投资[(元/(MW · h)]	390	1100	560
寿命(年)	15	110	15
年运维成本(投资的百分比)	3	3	2
区域供热网扩张			
寿命(年)	40		
供热区域的投资(元/m^2)	72		

续表

分散锅炉	燃气	煤炉	电加热
工业余热回收			
寿命(年)	15		
投资[(兆元/(TW·h)]	300		
热计量设备			
寿命(年)	15		
供热区域的投资(元/m^2)	45		

资料来源:Ethree,2014

附表4　HRC情景2020年和2030年详细设定

	2020年	2030年
区域供热		
区域供热热需求	1 131	1 492
燃煤热电联产装机(MW)	300 000	350 000
备用锅炉装机(MJ/S)	86 360	105 000
分散供热		
煤炉热需求(TW·h)	—	—
燃气壁挂炉热需求(TW·h)	81	107
电加热热需求(TW·h)	116	153

附表5　各种技术能源效率　　(单位:%)

能源效率	2010年	2020年	2030年
区域供热			
热电联产(电)	30	33%	35
热电联产(热)	32%	38	42
燃煤锅炉	58	59	60
天然气锅炉(备用)	80	80	80
分散供热			
煤炉	35	35	35
燃气壁挂炉	85	86	88

附表6　化石能源价格预测　　(单位:元/GJ)

燃料价格	2010年	2020年	2030年
煤	24	24	24
燃料油	85	85	85
柴油	95	95	95
汽油	100	100	100

续表

燃料价格	2010 年	2020 年	2030 年
天然气	55	55	55
液化石油气	60	60	60
生物质	24	24	24

Heat Roadmap China: New Heat Strategy to Reduce Energy Consumption towards 2030

Xiong Weiming, Wang Yu, Brian Vad Mathiesen,
Henrik Lund, Zhang Xiliang

Abstract: District heating is regarded as a key element of energy saving in the Chinese national energy strategy, while space heating in China is currently still dominated by coal boilers. However, there is no existing quantitative study to analyse the future heat strategy for China. Therefore, it is critical to formulate a development strategy to decrease energy consumption and carbon emissions. In this paper, the following three heat strategies are simulated with the energy modelling tool EnergyPLAN: the current heat strategy, an individual heat strategy and a new district heating strategy. These are compared to each other from the national energy system perspective. The comparison of the three strategies indicates that the new district heating strategy which introduces surplus heat from industry and generation plants is more economically and technically optimal than the individual heat strategy and the current heat strategy. The results show that district heating could contribute to a decrease in energy consumption for building heating by about 60% with 15% lower heating cost compared with the current, implemented heat strategy.

Keywords: China; District heating; EnergyPLAN

中国东北地区风电发展约束和潜在贡献的案例研究*

熊威明，王 宇，Brian Vad Mathiesen，张希良

摘要：近期中国风电行业面临弃风带来的低效利用的巨大障碍。通过在能源系统仿真工具中详细描述电力和热力部门，我们评估了可以应用于增加中国东北地区并网风电的技术改进的潜力。首先，对不同的规则模式进行比较和分析。其次，模型分析了储热和大规模热泵在热电部门中的整合作用。尽管目前的运行规则阻碍了风电并网，但对风力发电而言，东北地区并没有明显的向上/下灵活爬坡的技术壁垒。另外，储热和热泵的应用可以增强能源系统的灵活性，使其能够适应风电渗透率的增加。因此，更加灵活的调度规则及电力和供暖部门之间的整合被认为是增加中国北方风电并网的成熟的技术解决方案。

关键词：风电并网；弃风；可再生能源；储热；热泵

1 引言

风电被认为是减缓中国碳排放和空气污染的最成熟的可再生能源技术。中央政府通过一系列政策大力支持风电事业的发展。2013 年风电总装机容量已达到 91.4GW（National Energy Administration，2015），中国成为全球最大的风电市场。在国家能源局发布的“十二五”规划中，中国制定了到2020 年风电装机容量达到 2 亿 kW 的宏伟目标（National Energy Administration，2012）。特别的是，东北电网包括辽宁、吉林、黑龙江和内蒙古东部电网，是中国六大电网之一。作为最重要的 7 个大型风电基地之一，东北电网的风电装机占全国风电总装机的 30.1%（China Electricity Council，2013）。东北地区风力发电潜力巨大，水电资源有限，风电成为燃煤发电之后的第二大电源。2012 年，东北电网风电发电量和装机分别为该地区发电量和总装机的 17.5% 和 13.8%（Electricity Regulatory Commission in Northeast Grid，2012）。

虽然风电行业自 21 世纪初以来增长迅速，但近年来，东北电网已经出现严重的弃风现象。弃风意味着可用风电被电网拒绝上网，并且由于安全问题、技术问题、电网拥挤等，风机必须停止运行。2012 年，弃风电量已超过 20GW · h，意味着可用风电的 17% 被浪费了（Chinese Wind Energy Association，2014）。据报道，东北电网受到风电利用率低的严重影响，弃风电量占全国弃风的 45.4%（Feng et al.，2014）。该问题严重影响风电厂的营业收入，也会打击风电投资者的积极性。为了提高大规模风电开发利用水平，实施可能的解决方案以此减少东北电网的弃风成为当务之急。

---

* 原文来源：Xiong W M，Wang Y，Mathiesen B V，et al. Case study of the constraints and potential contributions regarding wind curtailment in Northeast China. Energy，2016，116：55-64. 中文出版略有改动。

一些现有的研究试图分析中国弃风的原因。Cong（2013）指出，风能、太阳能和生物质能的最优发电组合将从系统角度提高可再生能源的最大利用率。Luo 等（2016）的分析表明，中国的规划方法和电网管理是有效利用风电的主要障碍。采用热电联产（cogeneration，combined heat and power，CHP）和电锅炉相结合的系统，通过将中国现有能源部门中电力和热力部门整合，可以减少弃风（Zhang et al.，2016）。特别是，由于缺乏基于市场的价格信号，在某些情况下，如果必须保证燃煤发电的年度发电量，东北电网调度中心将放弃风电（Zhao et al.，2013）。电网的技术限制导致了一些与风电相关的严重电网事故，但中国已经改进了风电的电网规范（Davidson，2013）。作为中国最寒冷的地区，东北地区在冬季用于集中供热的热电联产机组渗透率高，热电联产机组的高利用率限制了风电并网（Chen et al.，2014）。综上所述，政策方面缺乏灵活的规则和冬季的热电冲突是东北等中国寒冷地区弃风的关键因素，纯技术问题在这方面并未起到重要作用。

就目前而言，很少有研究试图量化中国减少弃风的潜在影响。具体而言，电力和热力部门之间的互动在中国长期被忽略，而前人的工作已经提出整合能源部门是可再生能源并网问题的主要解决方案（Lund and Mathiesen，2015）。另外，在下一代区域供热系统中，可再生能源并网是实现可持续供热系统的关键部分（Lund，2014）。因此，我们的目标以东北电网为案例，以期能够填补这项研究的空白。基于能源系统模拟，本文的目的是探讨和量化可用于最优高效利用东北地区波动的风电的技术方案，从而促进中国风电的进一步发展。

本文的其余部分结构如下。首先介绍东北电网现有能源系统的概况；其次描述用于模拟研究区域能量系统的方法和技术细节；再次基于若干情景识别可能运行模式的改进和与热力部门的相互作用；最后给出讨论和结论。

2 材料和方法

2.1 东北电网能源系统概况

东北电网覆盖面积为 120 万 km^2，覆盖人口为 1.09 亿人，区域 GDP 2012 年占全国 GDP 的 10.7%（国家统计局，2014）。作为中国六大电网之一，东北电网 2012 年的发电装机容量为 106GW，其中煤电装机容量和风电装机容量分别为 78.4GW 和 18.4GW（China Electricity Council，2013）。2012 年，东北电网的年电力需求为 378TW · h，对邻近地区的净出口仅为 10.9 TW · h（Electricity Regulatory Commission in Northeast Grid，2012）。因此，我们从能量平衡的角度将东北电网模拟为孤立的电网区域，少量的出口被纳入总电力消费量。

东北电网覆盖地区资源丰富，自 2006 年以来，为实现碳减排目标，风电迅速发展（Cong and Wei，2012），2012 年年发电量达到 17.1 亿 kW · h，占总发电量的 13.9%（China Wind Energy Association，2014）。东北电网的供暖热需求量为 275TW · h，其中

57%由热电厂提供，其余则来自燃煤热锅炉（Electricity Regulatory Commission in Northeast Grid，2012）。在长的供暖期（大约10月至翌年4月），因为要首先满足热需求，大量的抽凝式燃煤热电联产机组需要运行，这就限制了热电联产系统根据需求调整出力的能力。

2.2 能源系统仿真工具

为了模拟高热电联产热需求地区如东北电网区域的大规模风电并网，需要能够反映可再生能源波动性和热力与电力相互作用的能源模拟工具。以前的研究已经开发过仿真体系来评估可再生能源并网与热力系统。例如，机组组合模型被用于研究北京市热电联产和热泵促进风电并网的效应（Yang et al.，2014）。Kiviluoma 和 Meibom（2010）利用线性规划模型从电力和区域供热部门的角度寻找可再生能源装机成本最小的扩容方案。EnergyPRO 被用于模拟和优化丹麦西部风电高渗透下的热电联产机组的产热和发电量（Sorknaes et al.，2013）。总之，确定高热需求区域的小时风电出力一般被描述为一个混合整数线性规划优化问题，它既考虑了技术约束又考虑了经济性。机组组合和经济调度模型被广泛应用于从包含风电、热电联产、储热、电力需求的多种特征的整个能源系统角度模拟风电并网（Davidson，2014）。但是，机组级别的技术细节数据的获取在中国是难以实现的。此外，使用混合线性规划获得东北电网风电并网适用的技术细节将需要昂贵的计算资源来处理发电机组级别的数千个变量和参数。

为了解决这些问题，我们使用小时调度模型 EnergyPLAN，通过小时级优化最低燃料消耗来简化可再生能源利用的计算。该模型是与迭代、线性规划或其他高级数学工具相反的分析编程方法。与机组组合或经济调度模型不同，EnergyPLAN 可以根据一年内可再生能源生产、热力生产、氢气使用的总计量，通过“生产层”得到小时级别模拟结果。该模型是一个能源系统小时级别仿真和分析的确定性的输入/输出模型，可以根据热力和电力供应、进出口、辅助服务、电网稳定性和剩余电力等方面对不同策略规则进行分析，如图1所示。模型中包含了各种热力、可再生能源、储存/转换和传输技术，以便重构能源系统，可以在具有间歇性的可再生能源高渗透率和存在热电联产电厂的情况下提高系统的灵活性（Aalborg University，2014）。

特别是，模型根据电力和热力部门生产、转化和需求模拟可再生能源弃电量，各类技术汇总为一个“单位”，该单位能够识别东北电网地区电力和热力部门能量平衡。基于 EnergyPLAN 的典型研究包括评估斯堪的纳维亚半岛可再生能源电力生产波动并网管理的不同调度策略，这一地区与东北电网区域类似，也具有较高的热需求和丰富的风力资源（Mathiesen et al.，2015）。此外，该模型还被用于揭示热电系统整合对欧洲和中国接纳可再生能源的好处，这是本文的主要研究领域（Mathiesen et al.，2015）。EnergyPLAN 在描述热力需求和热力生产技术细节方面具有独特的优势，而本研究的目的是分析电-热综合能源系统中大规模波动风电并网的潜力，因此可以将其应用于东北电网风电并网的案例研究中。

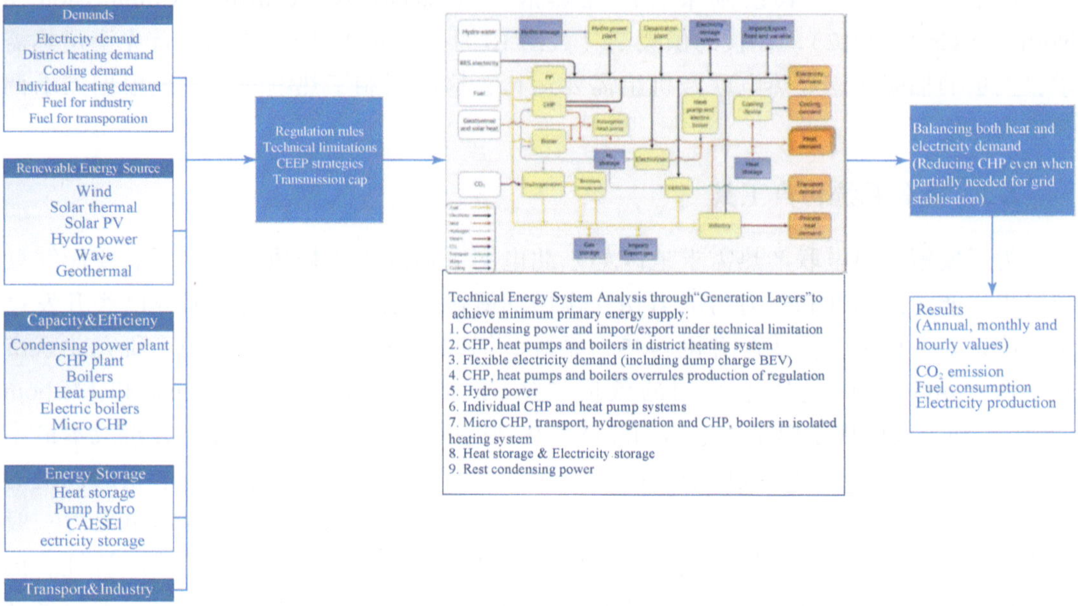

图 1　EnergyPLAN 结构示意

2.3　在 EnergyPLAN 中复现现有能源系统

EnergyPLAN 所需的参数主要有三个方面：年生产量、需求数据和小时分布情况。年度电力和热力需求、各种技术装机容量来自中国电力企业联合会和国家电力监管委员会（China Electricity Council，2013）。尽管 EnergyPLAN 可以描述太阳能和生物质能，但由于东北电网地区对应的装机容量非常有限，我们忽略东北电网地区的生物质能和太阳能光伏装机。这里的热需求仅适用于区域供热系统中的燃煤热电联产和燃煤锅炉，忽略户用加热器。我们的研究没有考虑生活热水需求，因为它与供暖系统是独立的。对于分布情况，需要每小时的热需求变化、电力需求变化和风力发电出力变化。因为东北电网地区有 150 多个风电厂，所以整个东北电网风电厂的出力变化情况是很难描述的。

由于中国统计系统中不包括风电的小时级别生产情况，我们收集了 2010 年每个与风电厂处于相同市的气象站的小时级别的风速数据（China Meteorological Data Sharing Service System，2014）。所有的风电出力都是使用典型的 1.5MW、82m 的轮毂高度的金风 GW82-1500 风机的出力曲线来计算的。对于风电每小时分布情况，我们总结了东北地区选定的市级风电的小时出力数据。对于供热需求波动，本文采用了户内外的温度差反映供热需求的小时波动情况。本研究通过将 2010 年东北三省的小时级别用电负荷曲线进行汇总，得到电力需求小时级别的波动情况（Draworld Environment Research Center，2015）。

下面的细节在模拟中国东北地区中的应用需要说明。如果设定较高的最小电网发电量，当模型中电力供给大于电力需求时，EnergyPLAN 将出现弃电。可行的风电并网能力表现为避免剩余电量的能力，剩余电量被视为舍弃的可再生能源电力。需要特别注意的是，本研究是从技术角度来看需求和供应的小时平衡，而不考虑频率和电压分析的详细模拟。此外，还有其他一些基本假设：①热电联产电厂在供暖期间必须保证产热，这些电厂的运行取决于热需求；②假设东北电网内部没有传输阻塞；③风电和太阳能电站不参与调峰。

2.4 情景设置

东北电网的调度机构已经设定了最低限度的发电容量限制来保证电网安全：大型燃煤电厂至少要有26.8GW的电力全年并网运行（Northeast Division of State Electricity Regulatory Commission，2012）。同时我们假定小时发电量的至少40%（最小电网稳定生产比例）必须由包括燃煤纯凝发电、燃煤热电联产和水力发电在内的电网稳定电源生产。根据2012年的具体技术要求和投入情况，我们建立了复制2012年东北电网现有系统的参考基础情景（REF情景）。目前，东北电网燃煤发电的调度规则基于“年度和月度计划小时数”，这是为了确保每个燃煤电厂最低利润的最低年发电量（Dong et al.，2015）。这个年度配额是由当地监管机构通过高度计划性的制定过程来确定的，它考虑了机组、相关发电企业和其他制约因素中的技术指标。此外，开停机及并网机组上下调峰的决定由当地调度机构强力控制，这与经济调度完全不相符（Kahrl et al.，2013）。由于可再生能源的波动性和间歇性，固定的年度或月度发电配额不能为风电并网提供灵活性，因为最低配额在传统的年度能源平衡中不考虑可再生能源。而且，如果没有适当的机制来鼓励煤电调度服务，东北电网将会限制风电的大规模并网。为了在EnergyPLAN中模拟调度改进对风电并网的影响，我们使用了两个关键的参数设计了更灵活的调度规则，详见表1。

表1 情景灵活调度规则设置

情景	最低煤电出力（GW）	电网最低安全电源比例（%）	说明
参考情景	26.8	40	反映现有系统
规则Ⅰ情景	20	35	更灵活的调度规则Ⅰ
规则Ⅱ情景	15	30	更灵活的调度规则Ⅱ

参考场景中的调度按照实际的规则设置，准确性已经在下一节中的多余的风电方面得到验证。然而，一些欧洲国家，如丹麦和德国已经实施了一些风电并网的先进做法。2015年，丹麦是风电并网的代表性国家，电力消费中超过42%来自风力发电。在丹麦传输系统运营商列出的风电并网重点列表中，柔性发电被视为利于电力平衡和可再生能源并网的成熟技术（Store-project，2014）。尽管燃煤电厂的渗透率高及东北电网水电资源有限，但目前最小燃煤发电的限制可以更加灵活，因此需要设计更多灵活的调度情景（Zhao et al.，2013）。

另外，由于目前大多数热电联产电厂通常都是大于100MW的大型抽凝机组（Electricity Regulatory Commission in Northeast Grid，2012），改变热力和电力生产之间的能量输出比率的灵活性是有限的。因此，由于供热期间给予热电联产优先权，风电的生产会受到限制。尤其是冬季也是东北电网地区风力丰富的季节，这使得风和热的冲突更加明显。然而，由于热电联产引入了更多的灵活性及热泵和储热，供热和发电部门整合已经在丹麦、瑞典等发达国家成功提高了风电渗透率。利用储热和热泵确保备用热力生产，可根据风的波动调整发电量。Wang 等（2011）的研究也表明，当储热和热泵被引入热电联产高渗透率的系统时，储热可以起到与储电技术类似的作用，改善风电和电力需求间的平衡。

为了研究热部门的整合对风电并网的好处，我们设置了四个情景来模拟表 2 所示的灵活加热选项。低灵活供热情景代表了在参考情景的基础上，热电联产电厂的热储能增加 275GW · h，热泵容量增加 2866MW，这意味着储热设备能够储存热电联产厂 24h 的产热量，而热泵产生的热量占热电联产总产热量的 12.5%。高灵活供热情景在低灵活供热情景的基础上，热储能和热泵容量翻了一番。在高热网融合供热情景中，假定整个东北电网区域的几个热电联产系统和锅炉系统之间有完美的连接。

表 2　热电部门整合研究的情景设置

项目	参考情景	低灵活供热情景	高灵活供热情景	低热网融合供热情景	高热网融合供热情景
热储能（GW · h）	0	275	550	275	550
热泵容量（MW）	0	2866	5732	2866	5732
热电联产热网与燃煤锅炉热网是否融合	否	否	否	是	是

3　结果

3.1　校准和验证

为了检查重现现有能源系统的参考情景的准确性，模型计算了风电渗透率（资源可用风电生产量占总电力消费的份额）为 0 ~ 100% 时的弃风电量（CEEP）和一次能源消费量，如图 2 和图 3 所示。当风电装机为 18.4GW · h、弃风电量为 9.37TW · h 时，已经与实际上的弃风电量 9.41TW · h 非常接近。尽管弃风也与政策约束有关，但我们认为 EnergyPLAN 的参考情景可以说明东北电网现有能源系统中存在过量风电。图 2 所示的弃风结果表明，在风电渗透率达到 5% 之前，几乎没有过多的风电生产。直到风电渗透率达到 15% 时，弃风电量开始逐渐增加。风电渗透率为 55% ~ 100% 时，弃风电量线性增加，这意味着增量风力发电量不能上网。图 3 显示，风电渗透率达到 15% 之前，能源系统的一次能源消费量呈下降趋势。风电渗透率为 15% 时，一次能源消费量最小。在这一点之前，整体能源效率的提高指风能替代化石能源。当弃风电量越来越多时，整体能源效率开始逐渐下降。

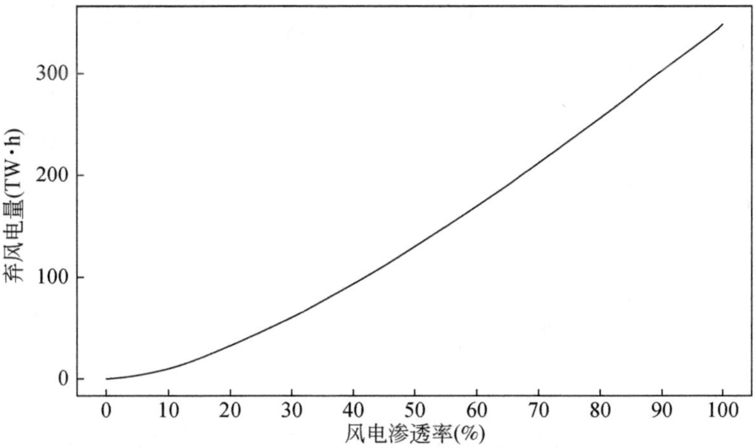

图2 2012年东北能源系统中不同风电渗透率下的弃风电量

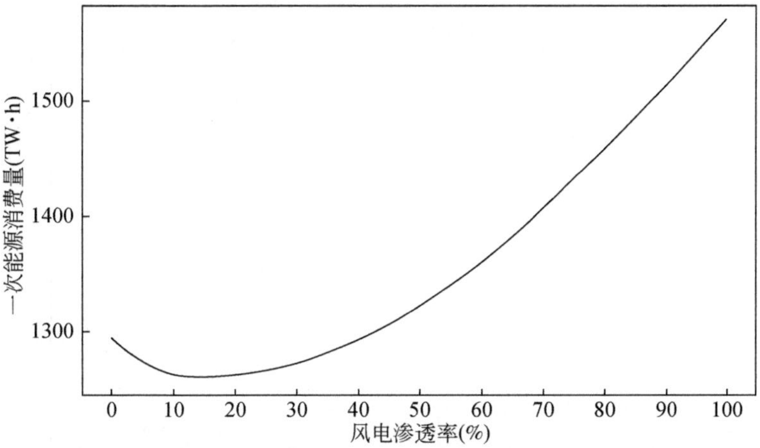

图3 2012年东北能源系统中不同风电渗透率下的一次能源消费量

从技术角度来看，东北电网风电的最小渗透率不应低于15%，因为当风电渗透率低于15%时，没有明显的弃风。但与其他风力资源丰富地区相比，这一比例相对较低。

3.2 煤电灵活性的影响

图4和图5分别显示了不同调度情景下弃风电量和一次能源消费量随风电渗透率的变化情况。在规则Ⅰ情景下，风电渗透率达到10%时发生弃风。当风电渗透率达到55%时，弃风电量开始线性增加。当风电渗透率为100%时，弃风电量为306.5TW·h，比基础情景减少42TW·h。在规则Ⅱ情景下，当风电渗透率超过70%时，弃风电量开始线性增加。当风电渗透率为100%时，弃风电量为262.3TW·h，仅为参考情景的67.6%。

在一次能源消费量方面，三种情景在没有风电渗透时具有相似的初始值。规则Ⅰ

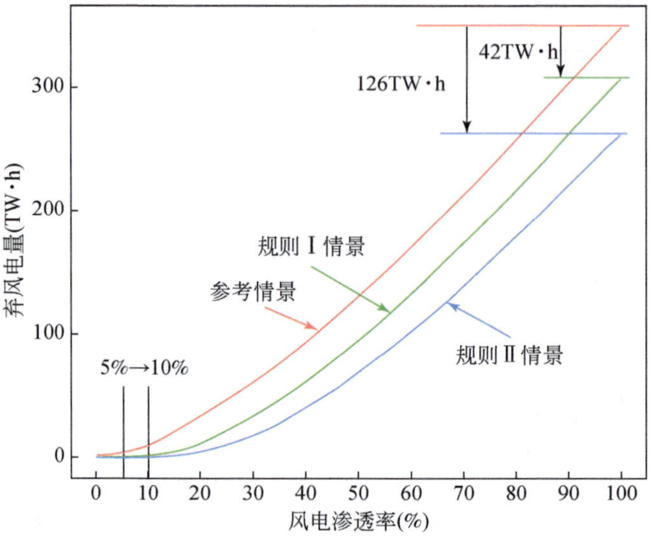

图 4　不同规则模式下弃风电量随风电渗透率的变化情况

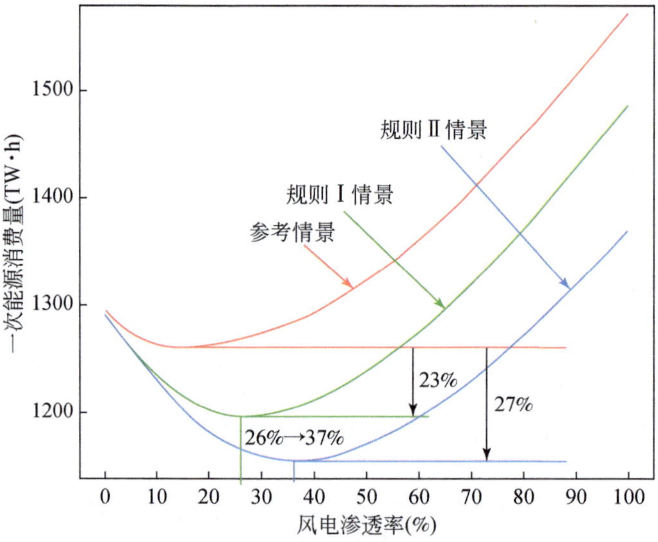

图 5　不同规则模式下一次能源消费量随风电渗透率的变化情况

情景下，一次能源消费量在风电渗透率为 26% 时达到最低值，这是因为风电并网和替代煤炭消费使得整体能源效率得到改善。与参考情景一样，规则Ⅰ情景的一次能源消费量在此转折点后开始增加，届时对煤炭消耗的替代不能抵消弃风浪费。规则Ⅱ情景表明，当风电渗透率达到 37% 时，一次能源消费量最低。与参考情景相比，规则Ⅰ和规则Ⅱ情景一次能源消费量最低时的风电渗透率分别增加了大约 23% 和 27%。因此，这三种情景的比较结果表明，灵活的调度约束对风电并网具有积极影响。

为说明三种调度规则对燃煤电厂小时生产的影响，在此列出了煤电调峰记录，详见表 3 ~ 表 5。这里，在不同情况下，燃煤发电调峰容量的频率和水平用一年内的 1h 内向上和向下爬坡容量变化表示。以参考情景中风电渗透率50%的情况为例，燃煤发电能够实现的1h内向上和向下爬坡最大容量分别为21 717MW和19 500MW。一般而言，随着风电渗透率增加，每小时向上和向下爬坡最大容量及爬坡频率都会增加。但是，不同情景对爬坡最大容量和爬坡频率的影响是不同的。在规则Ⅰ情景和规则Ⅱ情景中，爬坡容量和爬坡频率一起增加。在规则Ⅰ情景下风电渗透率50%的情况为例，10 000MW以上的燃煤发电机组全年1h内分别向上和向下爬坡6次和15次，5000~10 000MW的机组为136次和130次。在规则Ⅱ情景下风电渗透率50%的情况为例，10 000MW以上的燃煤发电机组全年1h内分别向上和向下爬坡20次和28次，5000~10 000MW的机组为206次和215次。这表明由于当前东北电网区域煤电机组有足够的爬坡能力，在更灵活的调度规则下，有可能实现更大比例的风电并网。

表3 参考情景不同风电渗透率下火电出力小时变化情况

风电渗透率（%）	最大向上调峰容量（MW）	最大向下调峰容量（MW）	向上调峰小时数			向下调峰小时数		
			>10 000 MW	5 000 ~ 10 000 MW	3 000 ~ 5 000 MW	>10 000 MW	5 000 ~ 10 000 MW	3 000 ~ 5 000 MW
10	8 006	9 251	0	11	244	0	22	351
20	8 889	10 674	0	22	209	2	40	243
30	7548	9 916	0	24	158	0	46	191
40	10 625	10 082	1	23	137	1	40	160
50	21 717	19 500	9	60	137	10	64	165
60	26 061	26 292	35	103	148	32	119	172
70	32 254	36 246	68	161	171	73	172	198
80	38 355	46 042	116	204	222	116	216	230
90	44 646	46 708	169	246	237	160	262	252
100	44 646	50 220	208	295	249	210	285	275

表4 规则Ⅰ情景不同风电渗透率下火电出力小时变化情况

风电渗透率（%）	最大向上调峰容量（MW）	最大向下调峰容量（MW）	向上调峰小时数			向下调峰小时数		
			>10 000 MW	5 000 ~ 10 000 MW	3 000 ~ 5 000 MW	>10 000 MW	5 000 ~ 10 000 MW	3 000 ~ 5 000 MW
10	11 636	12 580	1	26	343	1	33	517
20	13 088	14 437	3	72	409	8	102	461
30	12 922	14 318	7	96	361	8	138	396
40	12 581	14 219	6	113	340	7	133	325
50	17 541	15 654	6	136	313	15	130	335
60	21 049	21 137	20	169	307	28	174	312
70	24 557	29 193	49	203	315	56	210	316
80	33 753	37 256	73	275	327	86	263	336
90	38 422	42 869	119	325	331	135	307	354
100	45 825	47 635	175	355	341	163	369	357

表 5　规则Ⅱ情景不同风电渗透率下火电出力小时变化情况

风电渗透率（%）	最大向上调峰容量（MW）	最大向下调峰容量（MW）	向上调峰小时数			向下调峰小时数		
			>10 000MW	5 000 ~ 10 000 MW	3 000 ~ 5 000 MW	>10 000 MW	5 000 ~ 10 000 MW	3 000 ~ 5 000 MW
10	11 637	12 581	1	35	372	1	43	568
20	18 288	14 895	7	108	486	15	137	580
30	17 199	18 989	17	153	477	22	198	537
40	17 006	19 219	20	184	486	28	218	453
50	15 528	18 629	20	206	423	28	215	434
60	16 753	18 038	28	243	394	38	234	409
70	19 546	22 810	46	268	390	54	260	414
80	24 039	29 220	59	307	413	74	285	414
90	30 301	34 115	89	341	416	99	341	409
100	35 716	37 908	120	388	424	137	371	438

3.3　热电部门整合的影响

图 6 显示了热电部门整合对降低弃风电量的影响。在低灵活供热情景中，与参考情景风电渗透率 50% 的情景相比，引入额外的热泵和热储能使弃风电量减少约 50TW · h。低灵活供热情景和高灵活供热情景相比，在风电渗透率达到 55% 时，将热泵和热储能翻倍可以使并网风电增加 10TW · h。随着风电渗透率的上升，这种改善效果逐渐固定，这意味着增加热泵或者热储能带来的灵活性提升在高风电渗透率情况下是有上限的。在低热网融合供热情景和高热网融合供热情景对比下，由于热电联产供热系统和锅炉供热系统之间的融合提供了额外的灵活性，弃风电量在风电渗透率达到 50% 时比参考情景低约 70TW · h。这表明低热网融合供热情景和高热网融合供热情景在不同风电渗透率水平下的弃风电量差值基本恒定。由图 7 可知，在低灵活供热情景和高灵活供热情景中，一次能源消费量的最低点分别出现在风电渗透率为 20% ~25% 和 30% ~35% 时，而参考情景的最低值发生在风电渗透率为 10% ~15% 时。低热网融合供热情景和高热网融合供热情景通过热电联产和锅炉供热两大热网的融合显著降低了初级能源消费量。

为了反映电力和热力之间的相互作用对风电并网的影响，图 8 比较了三种情景冬季典型周的每小时级别的热力和电力生产量。在高灵活供热情景下，热电联产机组产热量小于参考情景，而剩余热需求由热泵供热替代满足，储热也释放了一部分提前存储的热量。为了减少过剩的电力，热电联产电厂使用热泵来增加电力消耗，而热电联产产生的多余的热量可以存储在蓄热箱内。因此，为了满足热泵的额外电需求接纳了更多的风电，而热电联产电厂的发电量可能受到限制。有了储热设施，产生的多余热量可以存储长达一周，为储备热源提供了可靠性。在这里，储热就像电力系统中的抽水蓄能一样充当“热池”，这有助于通过两个部门的连接更灵活地平滑风电的间歇性。

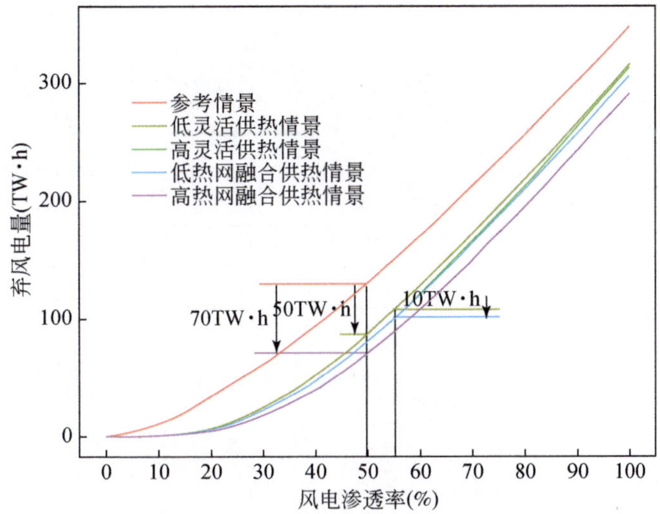

图 6　热电部门整合下弃风电量变化情况

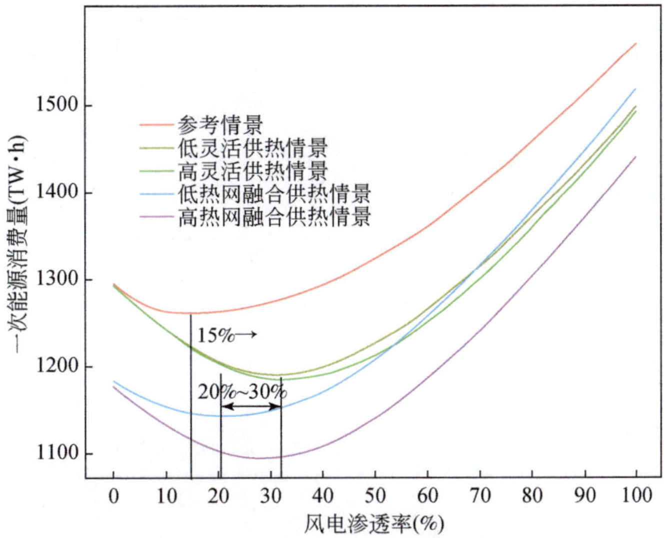

图 7　热电部门整合下一次能源消费量变化情况

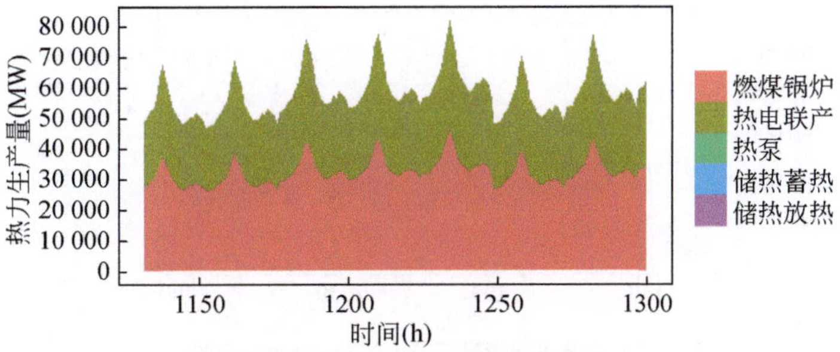

(a) 参考情景下每小时级别热力生产量

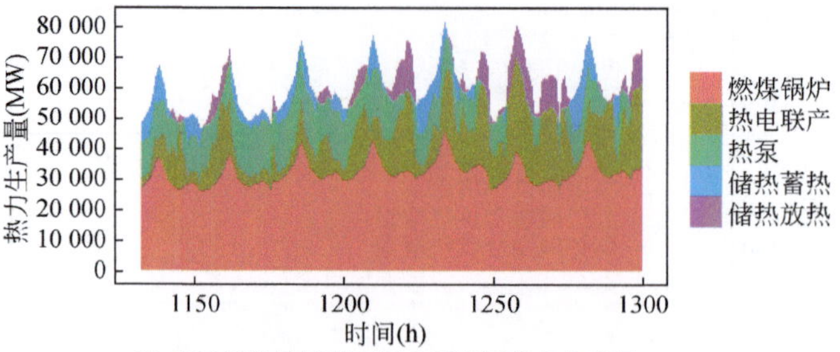

(b) 高灵活供热情景下每小时级别热力生产量

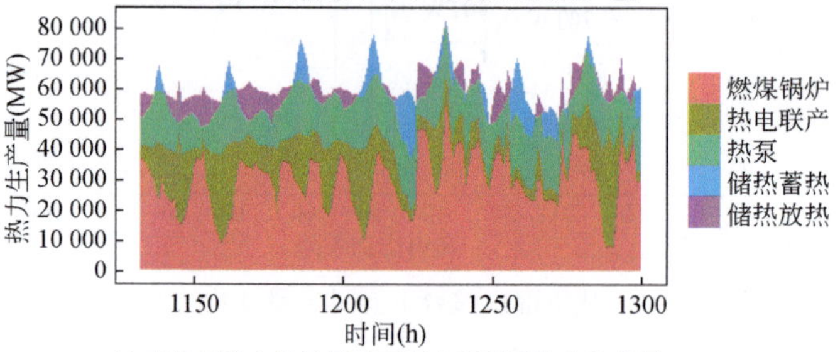

(c) 高热网融合供热情景下每小时级别热力生产量

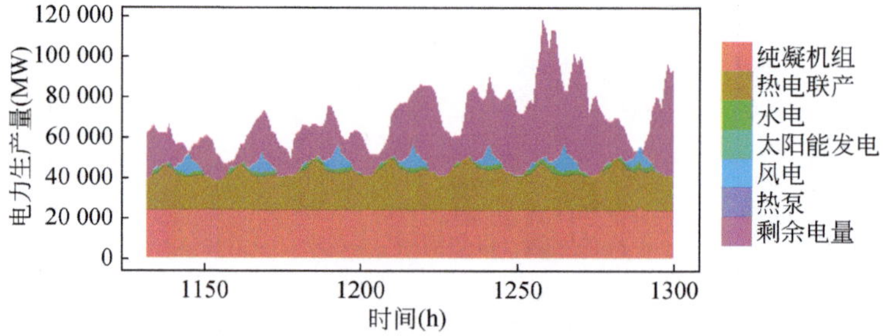

(d) 参考情景下每小时级别电力生产量

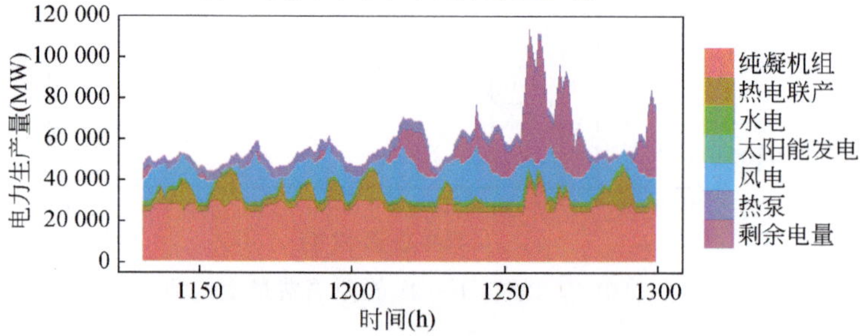

(e) 高灵活供热情景下每小时级别电力生产量

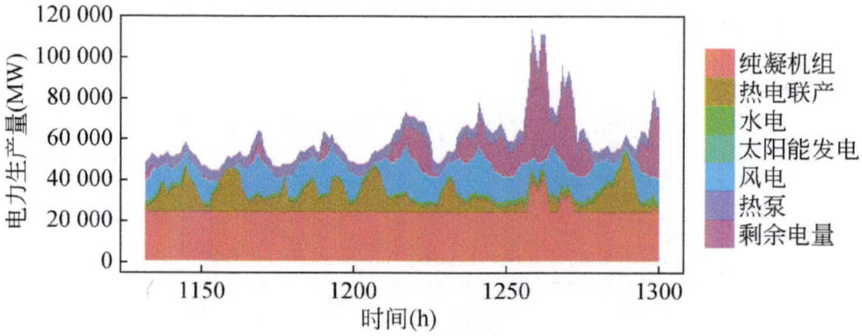

(f) 高热网融合供热情景下每小时级别电力生产量

图 8 风电渗透率为 50% 时参考情景、高灵活供热情景、高热网融合供热情景冬季典型周电热运行模拟情况

此外，热泵将电能转化为热能的能力有助于接纳大规模风电。东北电网中的热泵和储热设备的结合可以通过热量和电力之间的双向转换，在实现整个能源系统的灵活性方面发挥重要作用。高热网融合供热情景与高灵活供热情景相比，燃煤锅炉的产热量明显减少。由于热电联产供热系统和锅炉供热系统之间假定完美连接，燃煤锅炉将作为联合系统中的备用锅炉。风电高发时热电联产电厂的产热量将受到限制，但燃煤锅炉可替代生产热量。由于锅炉的灵活生产，热电联产机组的爬坡能力可能会增加。因此，热网融合情景下的弃风电量将减少。由于燃煤锅炉的整体能源效率远低于热电联产，高热网融合供热情景中的一次能源消费量也由于燃煤锅炉煤炭消费量减少而大幅减少。

4 讨论

模拟结果证实，在东北电网的能源系统中存在减少弃风电量的技术解决方案。我们的评估也通过确定改进管理要求和在热电部门之间进行整合以更好地实现风电并网，证明了在前人的工作中发现的定性结论（Zhao et al.，2012）。与定性研究相比，我们的评估使用小时模拟工具量化了技术改进对中国减少弃风电量的潜在贡献。

结果表明，如果放松火电最低在线容量的限制，系统的风电并网的灵活性将提高。剩余电量的比较表明，当热力部门参与电网调度以根据风电出力调整时，热电部门之间的整合可以提高系统灵活性。本研究特别强调了在电力部门和其他能源部门间联合，从整个能源系统而非单一电力部门研究系统灵活性的影响。不同能源部门之间的整合被认为是智能能源系统相比于传统能源系统的主要改进。本研究中所使用的基于小时级别能源系统模拟模型，并未考虑包括爬坡成本、启动/关停时间在内的细节。本研究假定东北电网内部的热网和电网之间有完美的连接，而忽略了区内阻塞和传输损失。未来，具有更多分区结构和对电网技术有更详细描述的仿真工具将有助于分析机组层面的调度。

5 结论

为了有效改善未来风电发展，有必要研究为什么东北电网在低风电渗透率下（低于5%）弃风率很高，从而探索中国能源部门如何适应大规模风电并网的需求。

我们的模拟结果表明，与参考情景相比，通过更加灵活的调度规则，在风电渗透率达到50%的条件下，弃风电量可能会减少近50%。推行更灵活的调度规则替代燃煤电厂最低在线容量的严格规定可明显改善弃风现象。另外，通过含有热泵和热储能的情景模拟了热电部门的潜在整合。热储能和热泵可以带来额外的灵活性，以提高热电联产电厂向上和向下爬坡的能力，而当风电出力较高时，余热可以替代热电联产电厂的热出力。要实现更好的能源部门整合，就需要从整个系统的角度完善能源市场并确立相关机制。特别是像灵活热电联产、热泵这些可以在跨能源部门之间应用的技术可以增加风电并网能力，因此值得更加关注。正如Lund等（2014）中第四代区域供热和智能能源系统定义所强调的，我们应该从整体能源系统而不仅仅是电力系统来评估可再生能源并网。

总之，我们的模拟结果表明，成熟的技术解决方案可以为东北电网风电并网做出巨大贡献。鼓励灵活的调度模式和电力热力部门之间相互影响作用的机制改革是未来接纳更多风电的潜在解决方案。为推动相关改革，整合热电部门的小时级别的现货电力市场应是中国电力系统的核心创新点。

致谢

本文介绍的工作是第四代区域供热系统战略研究中心（4DH）的研究成果，该研究中心得到了丹麦战略研究委员会的资助。本研究得到了国家自然科学基金的资助（项目号：71573152）。

参 考 文 献

国家能源局 . 2012. 可再生能源发展“十二五”规划 . 北京：国家能源局 .

国家统计局 . 2014. 中国统计年鉴 2013. 北京：中国统计出版社 .

中国电气企业联合会 . 2013. 电力工业统计快报 2012. 北京 .

中国风能协会 . 2014. 风电弃风统计报告 2012. 北京：中国风能协会 .

Aalborg University. 2014. EnergyPLAN: Advanced Energy System Analysis Computer Model. http://www. energyplan. eu/ [2014-05-10].

Chen X, Lu X, McElroy M B, et al. 2014. Synergies of wind power and electrified space heating: case study for Beijing. Environmental Science and Technology, 48:2016-2024.

China Meteorological Data Sharing Service System. 2014. Hourly ground climatological database. http://cdc. cma. gov. cn/ [2014-05-15].

China Wind Energy Association. 2014. Statistical report of China ' s wind capacity in 2012. http://www. ccchina. gov. cn/archiver/ccchinacn/UpFile/Files/Default/20130314144032116079. pdf[2014-05-15].

Cong R G, Wei Y M. 2012. Experimental comparison of impact of auction format on carbon allowance market. Renewable and Sustainable Energy Reviews, 16: 4148-4156.

Cong R G. 2013. An optimization model for renewable energy generation and its application in China: a perspective of maximum utilization. Renewable and Sustainable Energy Reviews, 17: 94-103.

Connolly D, Lund H, Mathiesen B V, et al. 2014. Heat roadmap Europe: combining district heating with heat savings to decarbonise the EU energy system. Energy Policy, 65:2475-2489.

Davidson M. 2014. Regulatory and technical barriers to wind energy integration in northeast China. Diss. Massachusetts Institute of Technology.

Davidson M. 2013. Politics of power in China: institutional bottlenecks to reducing wind curtailment through improved transmission. International Association for Energy Economics (IAEE) Energy Forum, 41:3.

Dong J, Xue G, Dong M, et al. 2015. Energy-saving power generation dispatching in China: regulations, pilot projects and policy recommendations—A review. Renewable and Sustainable Energy Reviews, 43: 1285-1300.

Draworld Environment Research Center. 2015. Provincial hourly load curve for summer and winter typical days in 2010. Internal report.

Electricity Regulatory Commission in Northeast Grid. 2012. Annual electricity regulatory report in Northeast Grid, http://www.docin.com/p-673426966.html [2014-08-15].

Feng Z, Zhang S, Guo Y, et al. 2014. Status and analysis of abandoned wind power in Northeast of China. Electrical Engineering, 2 :1-3.

Hewitt N J. 2012. Heat pumps and energy storage - The challenges of implementation. Appl Energ, 89: 37-44.

Kahrl F, Williams J H, Hu J. 2013. The political economy of electricity dispatch reform in China. Energy Policy, 53:361-369.

Kiviluoma J, Meibom P. 2010. Influence of wind power, plug-in electric vehicles, and heat storages on power system investments. Energy, 35: 1244-1255.

Lund H, Mathiesen B V. 2015. Large combined heat and power plants in sustainable energy systems. Applied Energy, 142: 389-395.

Lund H, Werner S, Wiltshire R, et al. 2014. 4th Generation District Heating (4GDH): Integrating smart thermal grids into future sustainable energy systems. Energy, 68: 1-11.

Lund H. 2014. A smart energy systems approach to the choice and modeling of 100% renewable solutions. New York: Academic Press.

Luo G, Li Y, Tang W, et al. 2016. Wind curtailment of China's wind power operation: evolution, causes and solutions. Renewable and Sustainable Energy Reviews, 53:1190-1201.

Mathiesen B V, Lund H, Connolly D, et al. 2015. Smart energy systems for coherent 100% renewable energy and transport solutions. Applied Energy, 145:139-154.

National Energy Administration. 2015. 2014 Annual monitoring report of wind power industry. http://www.nea.gov.cn/2015-02/12/c_133989991.htm[2015-08-15].

Northeast Division of State Electricity Regulatory Commission. 2012. Interim measures of minimum operation model for Northeast grid in 2012. Internal report.

Sorknaes P, Andersen A N, Tang J, et al. 2013. Market integration of wind power in electricity system balancing. Energy Strategy Reviews, 1: 174-180.

Store-project. 2014. Overview of the Danish power system and RES integration. http://www.store-project.eu/documents/target-country-results/en_GB/energy-needs-in-denmark-executive-summary [2014-08-12].

Wang H C, Jiao W L, Lahdelma R, et al. 2011. Techno-economic analysis of a coal-fired CHP based combined heating system with gas-fired boilers for peak load compensation. Energ Policy, 39: 7950-7962.

Xiong W, Wang Y, Mathiesen B V, et al. 2015. Heat roadmap China: new heat strategy to reduce energy consumption towards 2030. Energy, 81: 274-285.

Yang Y, Wu K, Long H, et al. 2014. Integrated electricity and heating demand-side management for wind power integration in China. Energy, 78:235-246.

Zhang N, Lu X, McElroy M B, et al. 2016. Reducing curtailment of wind electricity in China by employing electric boilers for heat and pumped hydro for energy storage. Applied Energy, 184:987-994.

Zhao X, Wang F, Wang M. 2012. Large-scale utilization of wind power in China: obstacles of conflict between market and planning. Energy Policy, 48: 222-232.

Case Study of the Constraints and Potential Contributions Regarding Wind Curtailment in Northeast China

Xiong Weiming, Wang Yu, Brian Vad Mathiesen,
Zhang Xiliang

Abstract: The wind power industry in China is faced with the obstacle of ineffective use due to severe wind curtailment recently. With detailed representation of the electricity and heat sectors in an energy-system-modeling tool, we evaluated the potential of technical improvements that could be implemented to increase wind integration in Northeast China. First, different regulation modes are compared and analyzed. Then, sector integration between the heat and electricity sectors is simulated assuming heat storage and large-scale heat pump utilization. While current regulation rules hamper wind integration, there are no apparent technical barriers to ramp up/down more flexible for wind power generation in Northeast China. The results also indicate that the implementation of heat storage and heat pump could enhance the flexibility of an energy system, making it able to accommodate an increase of wind penetration. Thus, more flexible dispatch rules and integration between the electricity and heating sectors are believed as mature technical solution to increase wind integration in northern China.

Keywords: Wind power integration; Wind curtailment; Renewable energy; Heat storage; heat pump

中国生物液体燃料长期展望：不确定性与潜在效益*

赵丽丽，常世彦，王海林，张希良，欧训民，王白羽，吴茂榕

摘要：本文在情景分析基础上，对中国交通用生物液体燃料进行了预测，探讨其在长期发展过程中的不确定性与潜在效益，并对各发展阶段的关键影响因素进行了识别。研究结果表明，中国生物液体燃料将在中远期取得较快发展，其主要驱动力为交通能源需求的增长、石油价格的上升和生物液体燃料技术的进步。同时，生物液体燃料的利用量具有较大的不确定性。到2050年，其利用量为0.45亿~1.26亿toe。在不同时间阶段，影响生物液体燃料发展的关键因素有所不同。在远期（2030~2050年），生物液体燃料的发展前景主要取决于资源可利用量；在中期（2020~2030年），转化技术成本、原料成本和资源可利用量都会影响生物液体燃料发展；而在近期（2020年前），1.5代生物液体燃料的原料成本则为关键影响因素。到2050年，生物液体燃料的发展可实现直接CO_2减排1.0亿~3.75亿t。基于市场的碳价和消费税优惠等政策措施对中远期生物液体燃料的发展具有重要作用，而近期补贴政策十分必要。

关键词：生物燃料；预测；不确定性；交通；中国

1 引言

中国的能源发展不仅受到国内资源限制和环保约束，也面临着全球应对气候变化与减排的巨大压力（He et al.，2012）。2013年，中国石油表观消费量超过4.98亿t，石油净进口量为2.54亿t，对外依存度达到51.0%（钱兴坤和姜学峰，2014）。另外，据中国能源中长期发展战略研究项目组（2011a）预测，2030年中国国内石油需求量将达到6亿~7亿t，2050年将达到7亿~8亿t；而同时，国内原油产量2020年直至2050年前，将维持在2亿t左右的水平（童晓光等，2008；Ma et al.，2012）；石油供需缺口巨大，这为替代燃料尤其是生物液体燃料（简称生物燃料）的发展提供了很好的机遇（Chang et al.，2012）。

生物燃料是可以规模化替代石油基产品的可再生能源，可替代柴油、汽油与航空煤油。生物燃料的发展对减少交通部门CO_2排放、加强能源安全具有重要作用。根据国际能源署（International Energy Agency）预测，到2050年，生物燃料能够满足全球27%的交通燃料需求（IEA，2011）。国际可再生能源机构（International Renewable Energy Agency）2014年发布的一份报告预计，到2030年，全球生物液体燃料利用量将达到6~16EJ，为2010年的3~8倍。联合国政府间气候变化专门委员会（Intergov-

---

* 原文来源：Zhao L L，Chang S Y，Wang H L，et al. Long-term Projections of Liquid Biofuels in China：Uncertainties and Potential Benefits. Energy，2015，83：37-54. 中文出版略有改动。

ernmental Panel on Climate Change，IPCC）的相关评估报告给出了一个较为宽泛的范围，即到 2030 年，全球生物燃料年利用量将达到 8 ~ 25EJ。

全球范围内的生物燃料发展预测非常重要，而国家（地区）层面的成本效益分析也是非常必要的。有些研究对地区层面的生物燃料产量进行了分析和预测。Wetterlund 等（2012）对欧盟地区的生物燃料生产情景进行了情景模拟，Larsen 等（2013）分析和预测了 2010 ~ 2030 年丹麦生物燃料的发展潜力及其对土地利用和农业生产的影响，Martinsen 等（2010）对德国生物质基交通燃料进行了成本效益分析，Islas 等（2007）对墨西哥生物燃料的发展进行了评估，Forsell 等（2013）对法国和瑞典的生物质能发展潜力进行了评估。然而，目前还没有针对中国生物燃料发展潜力的深入研究。

对中国生物燃料的长期预测难度较大，存在各种不确定性，这些不确定性主要包括可用于生物燃料发展的边际土地资源的不确定性（Tian et al.，2009；Zhuang et al.，2011）、原料供应的不确定性（Zhang et al.，2009；王仲颖等，2010），以及生物燃料生产对粮食安全影响的不确定性。虽然目前中国 80% 的生物燃料来自玉米和小麦（Chang et al.，2012），但是，中国已经确立了依靠非粮生物质原料生产生物燃料的发展战略。然而，从技术与产业的角度来说，发展非粮生物燃料存在着巨大的挑战。目前，生物燃料的发展，无论在中国，还是在全球，都面临走走停停的窘境（International Renewable Energy Agency，2014）。

本研究将通过情景模拟对中国生物燃料发展的不确定性进行研究，并识别出近期、中期和远期的关键影响因素。本文后续内容结构如下：第 2 部分描述研究方法，第 3 部分讲述情景设计，第 4 部分给出输入数据，第 5 部分给出情景分析主要结果，第 6 部分对研究结果进行分析和讨论，第 7 部分给出结论。

2 研究方法

考虑到不同生物燃料和化石交通燃料之间存在着复杂的相互关联和反馈关系，本研究建立了包括 C-ESM-BF（China energy system model-biofuel）与 CLTEEM（China's long-term transportation energy demand and greenhouse gas（GHG）emissions model）在内的两个子模型的综合分析模型（图 1）。C-ESM-BF 模型是清华大学基于 TIMES 模型（Loulou et al.，2005）开发的以中国本土数据为基础的能源系统动态优化模型，该模型可以详细刻画多种技术路线，通过自下而上的优化分析，描绘不同燃料产品之间的替代竞争关系，模型中建立的能源参考系统网络如图 2 所示。表 1 列出了本文涉及的原料、转化技术和生物燃料及其匹配关系。本文将生物燃料划分为 1 代、1.5 代、2 代和 3 代燃料。1 代生物燃料主要指采用粮食作物和植物油作为原料生产的燃料，如玉米乙醇、甘蔗乙醇和菜籽油基生物柴油等。1.5 代生物燃料主要指采用非粮糖料能源作物（如甜高粱）、非粮淀粉能源作物（如木薯）和非粮木本淀粉作物作为原料生产的燃料乙醇，以及以脂肪酸甲酯（FAME）、木本油料植物（如小桐子）和废弃油脂等作为原料生产的生物柴油及加氢生物柴油。2 代生物燃料主要指采用纤维类生物质作为原料生产的生物燃料，如纤维素乙醇、F-T 合成生物柴油（航空煤油、汽油）和水相催化生物汽油（航空煤油）等。3 代生物燃料主要指采用含油微藻作为原料生产的生物燃料。CLTEEM 模型是由清华大学基于离散选择方法开发的模型。本文的能源系统模型需要外生的能源需求量作为输入数据，这些数据由 CLTEEM 模型提供。

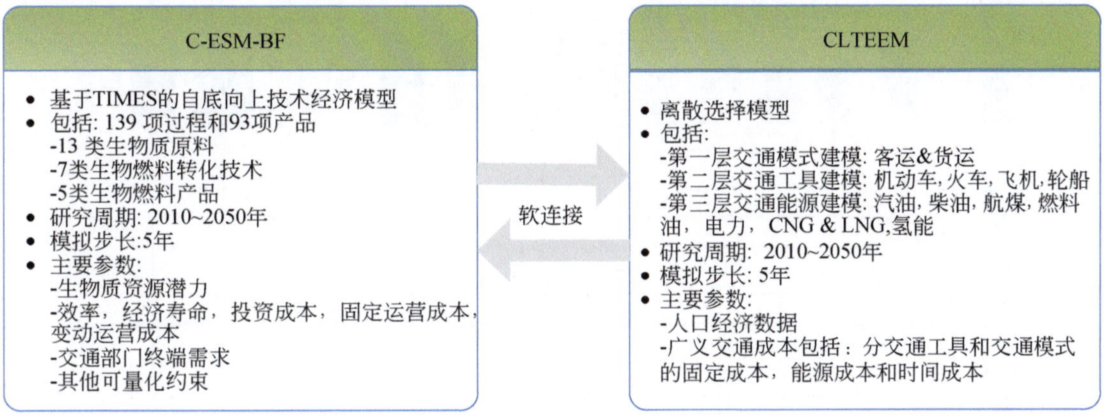

图 1　生物燃料系统优化模型平台

3　情景设计

3.1　影响生物燃料发展的关键因素

情景设计的主要目的是识别不同时期影响中国生物燃料发展的主要因素，本文考虑的影响因素主要包括以下四个方面。

3.1.1　可用于生物燃料发展的边际土地资源的不确定性

中国实际可利用边际土地资源量因缺乏可靠的数据支撑而存在较大的不确定性，根据能源作物的生物特性、对环境条件的要求及发展现状等因素，结合各区域的耕作制度和自然地理条件等，中国边际土地面积为 0.83 亿 ~ 2.03 亿 hm^2（Chang et al.，2013）。Chang 等（2013）对中国的各类边际土地进行了详细的综述。在所有的边际土地中，未利用土地因不存在“与粮争地”的问题而可能成为种植能源作物的最佳选择。但是，考虑到未利用土地的各种竞争性用途（如耕地占补平衡、城镇化进程、水资源涵养、保护生态环境）及能源作物的适应性和增产等情况，实际可以用于种植能源作物的未利用土地资源量也存在非常大的不确定性。未利用土地除可以用于种植能源作物外，还可以转化为耕地和城镇建设用地等。

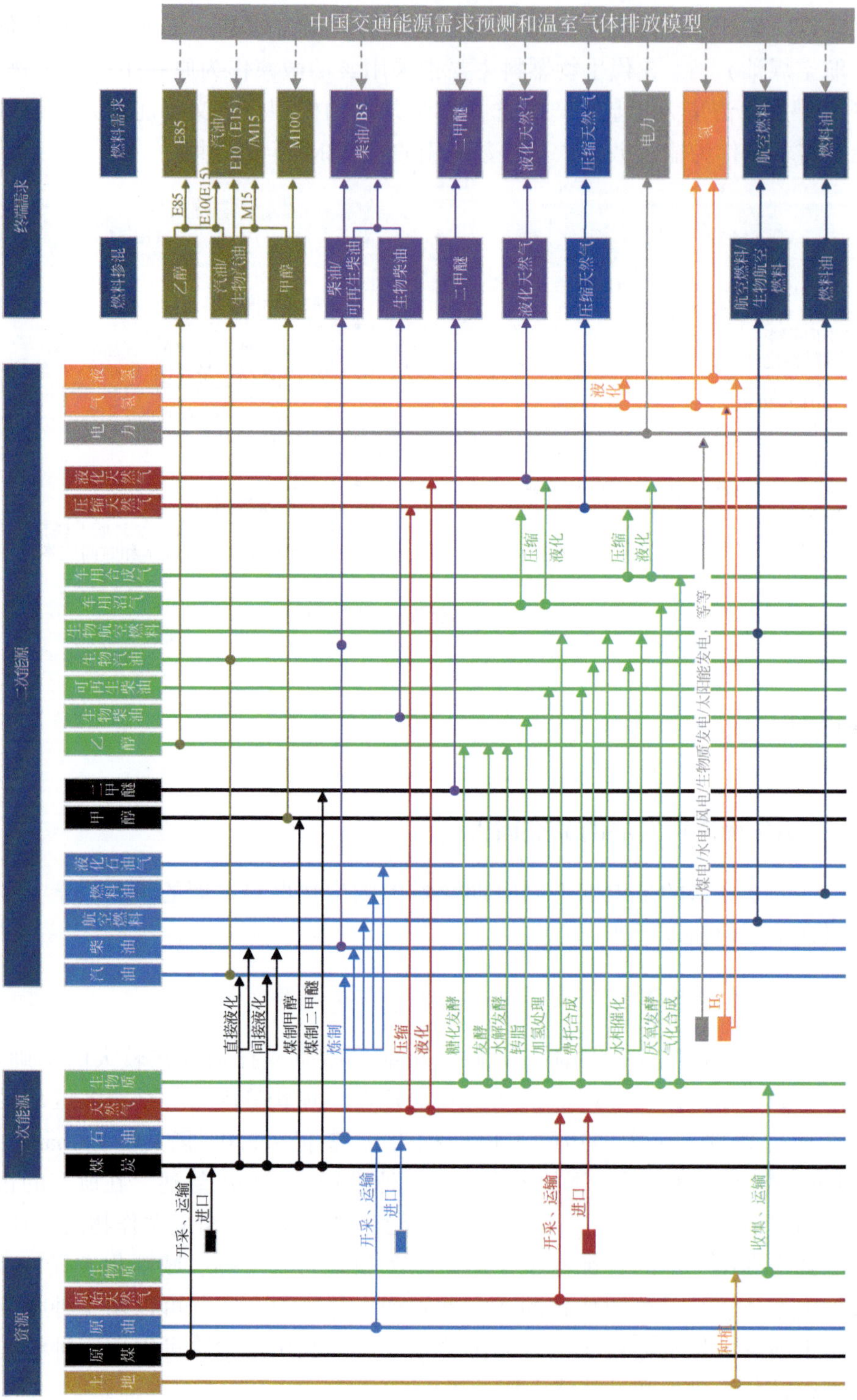

图2　生物燃料系统分析模型

表 1　本研究涉及的生物燃料列表

序号	原料	转化技术	生物燃料					
			乙醇	生物柴油	可再生柴油	生物汽油	生物航煤	分类
1	粮食（玉米、小麦）	糖化发酵	√					1 代
2	非粮淀粉能源作物	糖化发酵	√					1.5 代
3	非粮糖料能源作物	发酵	√					1.5 代
4	非粮木本淀粉作物	糖化发酵	√					1.5 代
5	木本油料作物	转脂		√				1.5 代
		加氢处理			√		√	1.5 代
6	废弃油脂	转脂		√				1.5 代
		加氢处理			√		√	1.5 代
7	农作物一次剩余物	水解发酵	√					2 代
		气化与费托合成			√	√	√	2 代
		水相催化				√	√	2 代
8	农作物加工剩余物	水解发酵	√					2 代
		气化与费托合成			√	√	√	2 代
		水相催化				√	√	2 代
9	林业一次剩余物	水解发酵	√					2 代
		气化与费托合成			√	√	√	2 代
		水相催化				√	√	2 代
10	林业加工剩余物	水解发酵	√					2 代
		气化与费托合成			√	√	√	2 代
		水相催化				√	√	2 代
11	木质能源林	水解发酵	√					2 代
		气化与费托合成			√	√	√	2 代
		水相催化				√	√	2 代
12	速生能源草	水解发酵	√					2 代
		气化与费托合成			√	√	√	2 代
		水相催化				√	√	2 代
13	含油微藻	转脂		√				3 代
		加氢处理			√		√	3 代

（1）未利用土地转化为耕地

根据耕地占补平衡制度，中国的耕地面积总量最少为 18 亿亩①。该制度规定，退耕土地必须通过将同等面积的其他用途土地转化为耕地进行补偿（Song and Pijanowski，

① 该制度自 20 世纪 90 年代晚期开始实施，实施部门为国家土地管理局（自然资源部前身）。1 亩≈666.67m^2。

2014）。尽管一些研究者认为，该制度存在缺陷，将导致高产耕地的流失，但在 2000 ~ 2008 年，还是有 160 万 hm^2的未利用土地被转化为耕地（中国国土资源统计年鉴编辑部，2013）。

（2）未利用土地转化为城镇建设用地

2005 ~ 2012 年，中国城镇建设用地增加了大约 160 万 hm^2，年增长率约为 6.4%（国家统计局，2019）。预期到 2030 年和 2050 年，中国城镇化率将分别达到 61% ~ 67% 和 66% ~ 75%（中国能源中长期发展战略研究项目组，2011b），随着中国城镇化的加深，城镇的扩张和建设用地将进一步增加，因而，开发未利用土地种植非粮能源作物将面临巨大压力。

（3）未利用土地转化为水资源涵养或生态保护区

未利用土地中适合种植非粮糖类和淀粉类作物的土地主要分布在北部和西部的干旱地区，如新疆、甘肃等，这些地区大部分都是典型的内陆干旱地区，水资源严重短缺且分布不均（中国能源中长期发展战略研究项目组，2011b）。2004 ~ 2010 年，新疆地区的水资源总量在 754 亿 ~ 113 亿 m^3，而同一时期其用水量在 497 亿 ~ 535 亿 m^3（国家统计局，2019）。考虑到经济社会的发展可能带来的水资源需求增长，新疆地区将实行严格的水资源管理措施。因此，综合考虑水资源节约与生态环境保护问题，实际可用于种植能源作物的未利用土地面积更加有限。

3.1.2　实际可利用农林业剩余物资源量的不确定性

农林业剩余物有广泛的竞争性用途。在农业生产循环中，农业剩余物还起着重要作用，能够维持土壤肥力、防止土壤侵蚀，这有利于作物生长的可持续性（谢光辉等，2011）。除还田外，秸秆还有多种用途。根据常世彦等（2012）的研究，目前，农业剩余物的利用现状为：15% 用于还田，28% 用作畜牧业饲料，4% 用于工业原料，3% 用于食用菌培育，35% 用于农村能源，15% 用于其他用途；林业剩余物的利用现状为：25% 用于还林，16% 直接燃烧，32% 加工为人造板、纸浆和饲料等进行综合利用，27% 被用作其他用途。农林业剩余物的最终利用情况将不可避免地随着生物燃料和其他工业的发展而发生较大变化。另外，农林业剩余物还可用于发电和供热。2012 年，中国农林生物质直燃发电装机容量约为 337 万 kW，生物质成型燃料产量近 600 万 t（国家可再生能源中心，2014），预计 2020 年生物质发电的装机总量将达到 3450 万 kW，生物质成型燃料将达到 3000 万 t（胡润青等，2011）。关于农林业剩余物在交通燃料、供热和发电等领域的竞争性利用情况，可参考能源与交通创新中心的相关研究报告（能源与交通创新中心，2010）。显然，农林业剩余物的用途存在取舍的问题。

3.1.3　原料价格的不确定性

对能源作物资源，以能源生产为导向的优良新品种及配套栽培管理技术的研发和推广需要一个过程，非粮能源作物的规模化种植存在着高成本和高风险的问题。中国目前的非粮能源作物，以能源为育种目标研究的规模和深度都是不足的（谢光辉等，2011）。例如，现在栽培的甜高粱品种主要属饲用类，一般生物量较大，存在抗倒伏性和抗病虫性较差的问题（能源与交通创新中心，2010）；大部分木本油料树种都是为造林和绿化培育的，它们存活时间长，但产量较低。未来需要通过良种良法相结合来提高单位面积产量（胡润青等，2011）。

此外，原料供应过程中还需考虑对土壤、水和大气的环境影响，既要低成本种植以降低燃料总成本，又不能过度施肥。这些也给原料成本的未来趋势带来了不确定性。

3.1.4 未来转化技术水平的不确定性

对1.5代生物燃料而言，主要成本为原料成本，占总生产成本的70%以上；而对2代生物燃料而言，主要成本为投资成本和不含原料成本的运营及维护成本，其次才是原料成本（Xu，2014）。先进生物燃料是否能够在成本上实现与化石燃料相竞争，其决定因素存在不确定性。技术研发、规模经济、推广学习及可再生能源内部日益激烈的市场竞争都可能成为成本下降的驱动因素。IEA发布的一份报告探讨了石油价格变化对其他燃料、商品价格及生物燃料未来成本的影响。该报告给出了两种情景，在低成本情景中，石油价格的增长不会对生物燃料生产成本造成较大影响，包括纤维素乙醇和生物质柴油（BTL）等在内的先进生物燃料会在2030年前后实现与化石燃料相竞争；而在高成本情景中，石油价格对生物质原料和燃料生产成本影响较大，到2050年，石油价格达到每桶120美元时，大部分生物燃料成本都还略高于汽油/柴油。根据IPCC（政府间气候变化专门委员会）的评估报告（Intergovernmental Panel on Climate Change，2012），在酶技术进展方面，到2030年，酶生产工艺的改进将带来减少40%的成本，其生产成本预期将从18～22美元/GJ（2005年示范项目数据）减少至12～15美元/GJ。

3.2 情景设计

3.2.1 参考情景

为识别不同时期影响中国生物燃料发展的关键因素，本文设计了若干不同的情景。首先，设计了参考情景（business-as-usual，BAU）；其次，在参考情景基础上，纳入碳税和消费税政策进一步设计了三种政策情景（详见3.2.2节）。在参考情景下，根据可获得资源量与成本的不同，设计了12类子情景，具体见表2。

表2 中国生物燃料发展情景设计（参考情景）

序号	情景名称	资源利用率			原料成本		转化技术成本	
		高	中	低	高	低	高	低
1	HRHFHC	√			√		√	
2	HRHFLC	√			√			√
3	HRLFHC	√				√	√	

续表

序号	情景名称	资源利用率			原料成本		转化技术成本	
		高	中	低	高	低	高	低
4	HRLFLC	√				√		√
5	MRHFHC		√		√		√	
6	MRHFLC		√		√			√
7	MRLFHC		√			√	√	
8	MRLFLC		√			√		√
9	LRHFHC			√	√		√	
10	LRHFLC			√	√			√
11	LRLFHC			√		√	√	
12	LRLFLC			√		√		√

3.2.2 政策情景

本研究建议政府通过政策手段将不同燃料的外部成本内部化（International Energy Agency, 2011），基于市场的政策手段可有效促进生物燃料发展。税收优惠政策是国际上广泛采用的促进生物燃料发展的政策手段，美国和巴西都采用了适合本国的税收优惠政策以加强生物燃料的市场竞争力（Barros，2013）。本文对消费税政策进行了分析，成品油消费税在很大程度上为“燃油税”，应该通过征收消费税引导消费者的消费行为，促进节能与环保。对燃料乙醇定点生产企业和以废弃油脂为原料进行生产的企业可在一定时期内免征消费税。

碳税和碳交易是两种主要的碳定价机制，其实施将有利于将外部收益内部化，减少碳排放。国家发展和改革委员会已经选择了六个省（直辖市）及深圳进行碳交易试点（Zhang et al.，2014），包括北京、天津、上海、重庆、湖北、广东和深圳，并引入了几种不同的碳交易机制；同时，中国也在对征收碳税进行研究。

本文基于参考情景，建立了以下三种政策情景：①碳价政策情景；②消费税优惠政策情景；③碳价加消费税优惠政策情景。

4 主要数据

4.1 参考情景数据

4.1.1 资源潜力与可利用量

（1）边际土地资源

表3 总结了本文采用的边际土地资源潜力数据，其中适宜种植非粮淀粉和非粮糖料能源作物的边际土地资源量数据来源于 Chang 等（2012）和常世彦等（2012），适宜

种植木本油料和木本淀粉作物的边际土地资源量基于国家林业局《全国林业生物质能源发展规划（2011—2020 年）》估算。

表 3　边际土地资源潜力　（单位：万 hm^2）

作物类型	2015 年	2020 年	2030 年	2050 年
非粮淀粉能源作物	140	140	140	140
非粮糖料能源作物	525	525	525	525
木本油料作物	212	422	500	500
木本淀粉作物	102	313	313	313

本研究假设了三种可利用边际土地资源比例（表 4）。这些假设的可利用资源量同时为各时间段相关生物燃料发展的上限。对非粮淀粉能源作物，其高、中、低利用率条件下 2020 年的利用率分别为 50%、30% 和 10%，2050 年的利用率分别为 70%、40% 和 20%；对非粮糖料能源作物，2020 年的利用率分别为 20%、10% 和 2%，2050 年的利用率分别为 50%、30% 和 20%；对木本油料作物，2020 年的利用率分别为 50%、30% 和 15%，2050 年的利用率分别为 100%、50% 和 40%；对木本淀粉作物，2020 年的利用率分别为 50%、30% 和 15%，2050 年的利用率分别为 100%、35% 和 30%。

表 4　生物燃料土地资源可利用量　（单位：万 hm^2）

实际可利用土地资源量	1.5 代生物质原料	2015 年	2020 年	2030 年	2050 年
高利用率	非粮淀粉能源作物	56	70	98	98
	非粮糖料能源作物	26	105	236	263
	木本油料作物	50	211	500	500
	木本淀粉作物	40	150	313	313
中利用率	非粮淀粉能源作物	28	42	56	56
	非粮糖料能源作物	11	53	158	158
	木本油料作物	32	127	250	250
	木本淀粉作物	15	94	94	110
低利用率	非粮淀粉能源作物	7	14	21	28
	非粮糖料能源作物	4	11	53	105
	木本油料作物	21	63	150	200
	木本淀粉作物	10	47	94	94

（2）农林业废弃物

基于农业农村部规划设计研究院的研究，本研究假设 2020 年、2030 年和 2050 年纤维素生物质可能源化利用的资源量将分别达到 1.88 亿 toe、2.11 亿 toe 和 2.56 亿 toe。到 2050 年，农业一次、二次剩余物和林业一次、二次剩余物可能源化利用量将达到 43

573 万 t，约占可能源化利用总量的 68.5%；能源草及木质能源林的利用量可达 20 000 万 t，约占资源总量的 31.5%（表 5）。

表 5　可能源化利用纤维素类生物质资源潜力　　（单位：万 t）

非种植类生物质资源	2020 年	2025 年	2030 年	2035 年	2040 年	2045 年	2050 年
农业一次剩余物	34 200	34 100	34 000	33 950	33 900	33 850	33 800
农业二次剩余物	6 630	6 630	6 630	6 630	6 630	6 630	6 630
林业一次剩余物	1 316	1 454	1 592	1 777	1 962	2 146	2 331
林业二次剩余物	671	741	812	812	812	812	812
木质能源林	4 500	5 800	7 000	7 500	7 500	8 750	10 000
能源草	0	1 450	3 000	5 000	7 500	8 750	10 000
合计	47 317	50 175	53 034	55 669	58 304	60 938	63 573

与边际土地资源量类似，可利用木质纤维素生物质资源比例也被分为三个类别，即高、中、低三种利用率。假设在高利用率情况下，2020 年、2030 年和 2050 年可用于生产生物燃料的农业一次剩余物资源量为 10%、30% 和 80%，中利用率情况下为 10%、20% 和 55%，低利用率情况下为 5%、10% 和 30%（表 6）。

表 6　不同情景可能源化利用纤维素类生物质资源量　　（单位：万 t）

资源利用率	高利用率			中利用率			低利用率		
	2020 年	2030 年	2050 年	2020 年	2030 年	2050 年	2020 年	2030 年	2050 年
农业一次剩余物	3 420	10 200	27 040	3 420	6 800	18 590	1 710	3 400	10 140
农业二次剩余物	994	3 978	5 304	994	2 652	3 315	994	1 989	1 989
林业一次剩余物	132	478	1 865	132	318	1 166	66	159	699
林业二次剩余物	101	487	650	101	325	406	101	244	244
木质能源林	45	2 800	7 000	45	700	2 000	45	490	1 500
能源草	0	1 200	7 000	0	210	2 000	0	210	1 500
总计	4 692	19 143	48 859	4 692	11 005	27 477	2 916	6 492	16 072

4.1.2　原料成本

原料成本包括田（林）间购买成本、收储运成本和机会成本，原料成本的确定基于田宜水（2014）和 Chang 等（2012）的研究成果。本报告设定了高和低两种原料成本以反映其不确定性，详见表 7。

表 7　不同情景原料成本　　（单位：元/t）

原料	情景	2010 年	2015 年	2020 年	2030 年	2050 年
玉米	高	1 544	1 544	1 367	1 524	2 686
	低	1 544	1 544	1 367	1 524	2 686

续表

原料	情景	2010 年	2015 年	2020 年	2030 年	2050 年
木薯干	高	1 965	2 087	2 090	1 837	1 466
	低	1 490	1 530	1 306	1 312	1 128
甜高粱茎秆	高	375	383	266	240	295
	低	215	219	213	216	221
小桐子油	高	6 998	6 666	6 563	6 223	5 820
	低	4 249	4 166	3 282	3 371	3 783
废弃油脂	高	6 632	7 074	7 431	7 664	9 290
	低	4 421	4 547	5 144	6 271	8 361
农作物秸秆	高	446	468	521	529	646
	低	343	375	435	529	646
能源柳	高	426	570	637	537	740
	低	426	570	637	537	740
能源草	高	550	531	460	313	181
	低	275	266	230	208	181
农产品加工剩余物	高	313	340	394	480	586
	低	313	340	394	480	586
林业三剩物	高	494	539	574	697	776
	低	411	449	521	634	776
藻油	高	31 579	25 263	21 053	12 632	7 158
	低	22 105	17 684	14 737	10 105	7 158

4.1.3 生物燃料转化成本

中国科学院广州能源研究所基于平准化成本分析方法对生物燃料转化阶段成本进行了分析和预测，分为高、低两种转化效率和成本（包括初始总投资、固定运营成本、可变运营成本）（Xu，2014）（表8）。

4.2 政策情景数据

4.2.1 碳价政策情景

碳价政策对减缓 CO_2 排放具有重要作用，但也不可避免地会带来一定经济成本（高鹏飞和陈文颖，2002；曹静，2009；尹祥和陈文颖，2013），需要对其进行合理假设。本研究在清华–麻省理工能源与气候变化研究项目成果（清华大学–麻省理工学院中国能源与气候项目组，2014）基础上，设立了高、低两种碳价水平（表9）。

表 8 生物燃料转化阶段成本

燃料	情景	2020 年				2030 年				2050 年			
		转化效率（吨原料/吨生物燃料）	初始总投资（元/toe）	固定运营成本（元/toe）	可变运营成本（元/toe）	转化效率（吨原料/吨生物燃料）	初始总投资（元/toe）	固定运营成本（元/toe）	可变运营成本（元/toe）	转化效率（吨原料/吨生物燃料）	初始总投资（元/toe）	固定运营成本（元/toe）	可变运营成本（元/toe）
非粮糖类燃料乙醇	低	0.04	5 614	402	1 389	0.04	5 614	559	1 611	0.05	5 614	816	1 976
	高	0.04	5 614	402	1 389	0.04	5 614	559	1 611	0.05	5 614	816	1 976
非粮淀粉乙醇	低	0.19	2 919	245	496	0.21	2 920	334	536	0.23	2 920	481	608
	高	0.21	2 919	245	519	0.23	2 920	334	551	0.25	2 920	481	627
纤维素乙醇	低	0.10	23 381	761	4 971	0.18	16 783	701	1 999	0.21	13 632	964	1 832
	高	0.11	23 381	809	5 546	0.20	16 783	701	3 752	0.21	13 632	964	2 992
转酯化生物柴油	低	0.86	2 858	233	1 128 ~ 1 176	0.86	2 858	360	1 372 ~ 1 427	0.86	2 858	561	1 613 ~ 1 681
	高	0.86 ~ 0.87	2 858	233	1 128 ~ 1 176	0.86 ~ 0.87	2 858	360	1 372 ~ 1 427	0.86 ~ 0.87	2 858	561	1 613 ~ 1 681
加氢生物柴油	低	0.82	2 871	191 ~ 206	1 352	0.85	2 871	303 ~ 317	1 334	0.88	2 871	483 ~ 496	1 324
	高	0.82	2 871	191 ~ 206	1 573 ~ 1 744	0.85	2 871	303 ~ 318	1 915 ~ 2 062	0.88	2 871	483 ~ 496	2 249 ~ 2 374
加氢生物航煤	低	0.55	1 914	127	902	0.57	1 914	202	890	0.58	1 914	322	883
	高	0.55	1 914	127 ~ 137	1 049 ~ 1 163	0.57	1 914	202 ~ 212	1 276 ~ 1 375	0.58	1 914	322 ~ 331	1 500 ~ 1 583
费托合成生物燃料	低	0.14	29 785	1 214	2 304	0.18	25 553	1 023	1 607	0.21	20 755	1 049	979
	高	0.16	31 290	1 313	3 029	0.21	26 844	1 467	2 323	0.24	21 804	2 034	1 783
水相催化生物燃料	低	0.13	16 464	1 222	3 740	0.14	13 999	759	3 179	0.16	9 755	835	1 676
	高	0.14	20 641	2 109	4097	0.17	14 851	1 704	2 901	0.21	10 349	2 034	2 137

表 9 碳价水平假设 （单位：元/t）

碳价水平	2015 年	2020 年	2025 年	2030 年	2035 年	2040 年	2045 年	2050 年
低	47.6	95.2	129.2	176.8	224.4	278.8	340	394.4
高	61.2	136	197.2	258.4	333.2	435.2	578	782

4.2.2 消费税优惠政策情景

目前，中国汽油消费税率为 1 元/L，柴油、航空煤油和燃料油的消费税税率均为 0.8 元/L。在消费税优惠政策情景下，对化石燃料征收消费税，本研究考虑在未来适当提高对化石燃料征收的消费税税率，分别假设税率低增长和税率高增长两种水平，并假设消费税税率随时间推移呈上升趋势，表 10 列出了本文采用的 2015 ~ 2050 年化石燃料消费税税率。

表 10 消费税税率 （单位：元/toe）

燃料	消费税	2015 年	2020 年	2025 年	2030 年	2035 年	2040 年	2045 年	2050 年
汽油	现有税率	1388	1388	1388	1388	1388	1388	1388	1388
	税率低增长	1666	1943	2082	2221	2360	2498	2637	2776
	税率高增长	2082	2360	2498	2637	2707	2776	2776	2776
柴油	现有税率	1470	1470	1470	1470	1470	1470	1470	1470
	税率低增长	1764	2058	2205	2352	2499	2646	2793	2940
	税率高增长	2205	2499	2646	2793	2867	2940	2940	2940
航空煤油	现有税率	1558	1558	1558	1558	1558	1558	1558	1558
	税率低增长	1870	2181	2337	2493	2649	2804	2960	3116
	税率高增长	2337	2649	2804	2960	3038	3116	3116	3116
燃料油	现有税率	1269	1269	1269	1269	1269	1269	1269	1269
	税率低增长	1523	1777	1904	2030	2157	2284	2411	2538
	税率高增长	1904	2157	2284	2411	2475	2538	2538	2538

4.3 宏观数据

交通需求受人口规模和 GDP 影响较大。本文采用的中国中长期人口数据在 United Nations（2015）的基础上进行了微调，预计到 2030 年，中国的人口将达到 14.6 亿人，之后开始缓慢下降（表 11）。同时，本文预计 2035 年 GDP 年增速约为 5%，到 2050 年 GDP 年增速约为 2.7%（表 11）。

表 11　中国人口、GDP 增长率和城镇化率

指标	2010 年	2015 年	2020 年	2025 年	2030 年	2035 年	2040 年	2045 年	2050 年
人口（亿人）	13.4	14	14.3	14.5	14.6	14.6	14.6	14.4	14.2
GDP 增长率（%）		7.5	7	6.5	6	5	4	3	2.7
城镇化率（%）	50	56	63	67	70	71	74	77	79

未来的城镇化率是影响交通需求量的另外一个重要因素，中国的城镇化率从 1990 年的 26.41% 增加到 2012 年的 52.57%（Sun et al.，2014），人口大量涌入城镇，使交通需求加快增长。本文所采用的中国城镇化率在联合国发布数据（United Nations，2015）的基础上，略有调整，中国城镇化率预计将从 2010 年的 50% 增加到 2050 年的 79%，与目前的高收入国家基本持平（表 11）。

4.4　原油及成品油成本

本研究基于 EIA（2016）的预测数据对中国中长期原油价格进行了预测，在此基础上，根据 Li 等（2013）对原油及成品油成本进行了估算和预测（表 12）。

表 12　原油及主要成品油成本　　（单位：元/t）

燃料	2010 年	2015 年	2020 年	2025 年	2030 年	2035 年	2040 年	2045 年	2050 年
原油	4121	4867	5486	6042	6655	7332	8080	8484	8823
汽油	6069	7039	7885	8677	9564	10552	11625	12270	12842
柴油	5284	6066	6715	7409	8122	8936	10181	10726	11201
航煤	5295	6250	7155	8101	9142	10203	11319	12052	12569

4.5　化石燃料 CO_2 排放

表 13 给出了化石燃料在使用阶段的排放因子。本文设定生物燃料为碳中性，其使用阶段的 CO_2 排放完全被其原料生长阶段吸收的 CO_2 所折减。

表 13　化石燃料 CO_2 排放因子　　（单位：t/toe）

化石燃料	CO_2 排放因子	化石燃料	CO_2 排放因子
煤	3.66	燃料油	3.16
原油	2.98	LPG	2.58
汽油	2.83	天然气	2.27
柴油	3.04	其他石油产品	3.16

资料来源：国家能源局新能源和可再生能源司国家可再生能源中心，2012

4.6　生物燃料全生命周期 GHG 减排因子

燃料的全生命周期温室气体排放因子一直以来都存在较大争议，目前，中国的全

生命周期分析研究显示，淀粉基和糖基燃料乙醇，以及废弃油脂基和木本油料作物基生物柴油的排放因子存在较大不确定性。究其原因，主要是不同全生命周期研究中的研究边界、研究方法、具体耕作过程和转化过程各有差异（Chang et al., 2012）。例如，关于甜高粱种植阶段的施肥量，不同的研究采用的数据差别迥异，介于45.8～60kg/(hm^2·a)。许多研究结果表明，利用甜高粱生产燃料乙醇具有温室气体减排效果（田宜水等，2011），而其他一些研究结果则恰恰相反（张阿玲等，2008；Ou et al.，2009）。因此，设置中国生物燃料全生命周期排放门槛值十分必要。为简化计算，本研究假设中国可持续生物燃料的门槛值为：1.5代生物燃料相对化石燃料最低减排10%，2代生物燃料相对化石燃料最低减排50%。为简化计算，我们按照以上假设的GHG减排门槛值对中国生物燃料的全生命周期GHG排放因子进行估算，结果见表14，其中的化石燃料排放因子是估算生物燃料排放因子的基础，其数据来源为Ou等（2009）。

表14 化石燃料与生物燃料全生命周期GHG排放因子

（单位：t CO_2，e/toe）

燃料	LC GHG 排放	燃料	LC GHG 排放
汽油	4.14	加氢生物柴油	3.86
柴油	4.29	加氢生物航煤	3.52
航煤	3.91	纤维素乙醇	2.07
天然气	3.05	费托生物柴油	2.14
LPG	4.05	费托生物汽油	2.07
氢	5.38	费托生物航煤	1.96
1.5代燃料乙醇	3.73	水相催化生物汽油	2.07
转酯柴油	3.86	水相催化生物航煤	1.96

5 情景分析结果

5.1 参考情景

5.1.1 生物燃料在交通能源需求总量中的比例

未来30多年，中国交通部门能源需求将持续增加，2050年中国客运周转量将达到近24.8万亿（人·千米），货运周转量将达到42.3万亿（吨·千米），交通部门能源总需求将达到7.98亿toe，分别为2010年的4.1倍、4.5倍和3.8倍（表15），这对中国环境和石油安全提出了重大挑战。生物燃料是目前唯一可以大规模替代石油基产品的可再生能源，将发挥重要的能源替代和温室气体减排作用。中国2010年生物燃料总体上的利用量在交通能源消费总量中的比例仅为0.6%，根据本研究结果，2020年，生物燃料占比将达到0.44%～1.87%，2030年为1.99%～7.23%，2050年为5.64%～

15.84%，其差别主要是由可利用资源潜力、原料成本和燃料转化成本的不确定性引起的。图 3 给出了 MRLFLC 情景 2010～2050 年的交通能源需求结构，可以看出，2050 年前，液体燃料，即化石燃料及其替代燃料仍然占支配地位。

表 15　2050 年前中国交通周转量及交通能源需求总量

指标	2010 年	2015 年	2020 年	2025 年	2030 年	2035 年	2040 年	2045 年	2050 年
交通能源需求总量（亿 toe）	2.08	3.08	4.37	5.73	6.77	7.49	7.79	7.91	7.98
客运周转量（万亿人公里）	6.0	8.8	12.6	16.3	19.2	21.4	22.9	24.2	24.8
货运周转量（万亿吨公里）	9.3	14.3	20.8	28.5	34.8	39.1	40.9	41.9	42.3

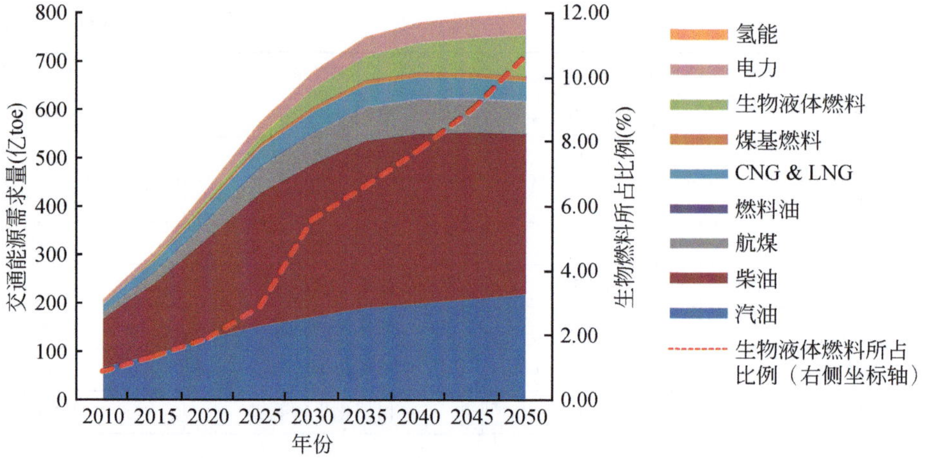

图 3　MRLFLC 情景交通能源需求结构

整体而言，中国生物燃料将在中长期取得较快发展，达到千万吨级以上的水平，其主要驱动力是交通能源需求的增长、石油价格的上升和生物燃料，尤其是 2 代燃料转化技术的进步与成本的降低。

分阶段来看，远期（2030～2050 年）生物燃料供应量将主要取决于可利用生物质原料资源量，如图 4（a）所示，4 个高资源利用率情景快速攀升，并在 2050 年超过 1.2 亿 toe 的水平；4 个中资源利用率情景逐步增长，在 2050 年达到 7300 万 toe 的水平；4 个低资源利用率情景也逐步于 2050 年达到 4500 万～4700 万 toe 的水平。

中期（2020～2030 年）发展路径较为复杂，如图 4（b）所示，2030 年生物燃料可能的发展水平在 1400 万～5200 万 toe，其中，高资源利用率情景可实现的供应量仍然会普遍高于低资源利用率。可以看出，除 2 代生物燃料外，1.5 代生物燃料的发展和积累对中国中期生物燃料利用量的增长也很重要。

近期（2010～2020 年）发展路径如图 4（c）所示，中国生物燃料的发展趋势在很大程度上取决于原料成本。值得注意的是，在延续现有政策措施的情况下，没有情景可以实现《可再生能源中长期发展规划》中关于生物燃料的发展目标。

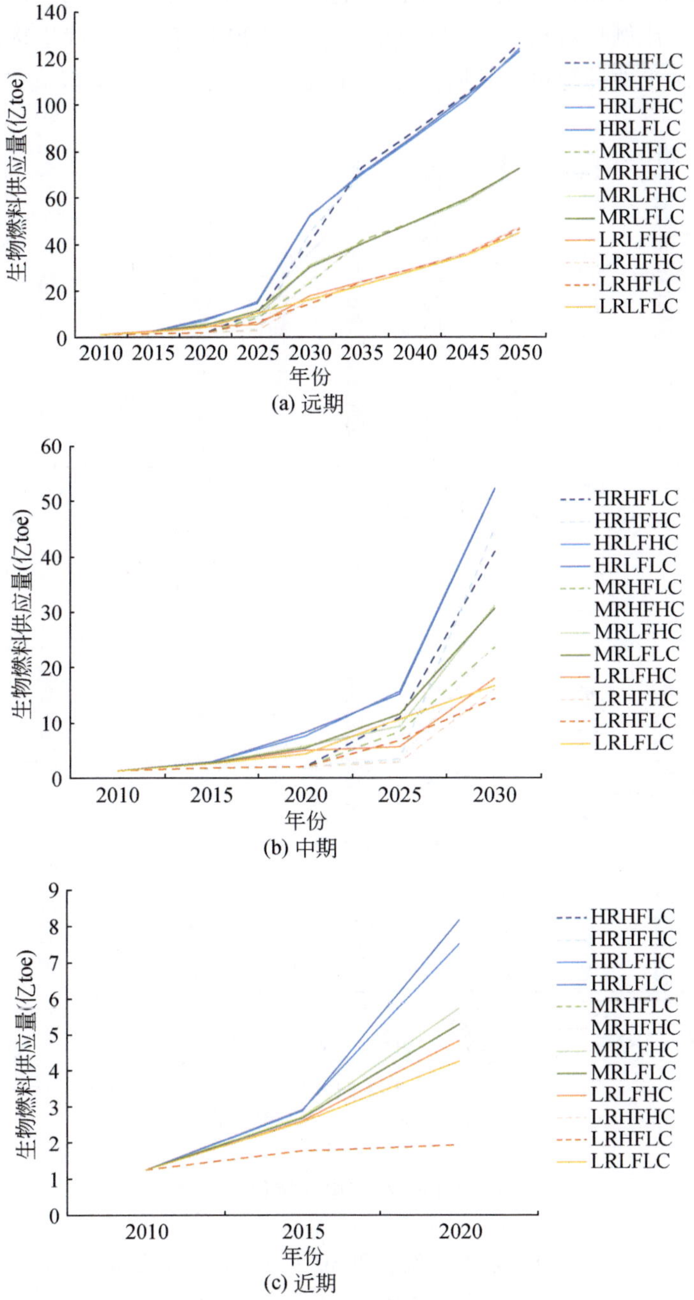

图 4　不同情景生物燃料供应量

5.1.2　燃料结构

在不同的时期，生物燃料的结构是不同的，2020 年前，1.5 代生物燃料在非粮燃料中将占据主要地位，关键影响因素为原料价格。到 2030 年，燃料结构将呈现出比较复杂的状况，除 1.5 代生物燃料有 10 年左右的发展积累外，部分 2 代生物燃料（如纤维素乙醇）也可能初步获得可与化石燃料相比的竞争优势。2030 年，1.5 代生物燃料在低原料成本情景下所占比例相对较高［图 5（a）］，而到 2050 年，1.5 代生物燃料的发展主要取决于可利用边际土地资源量，其所占比例在低资源量情景下相对较高［图 5（b）］。

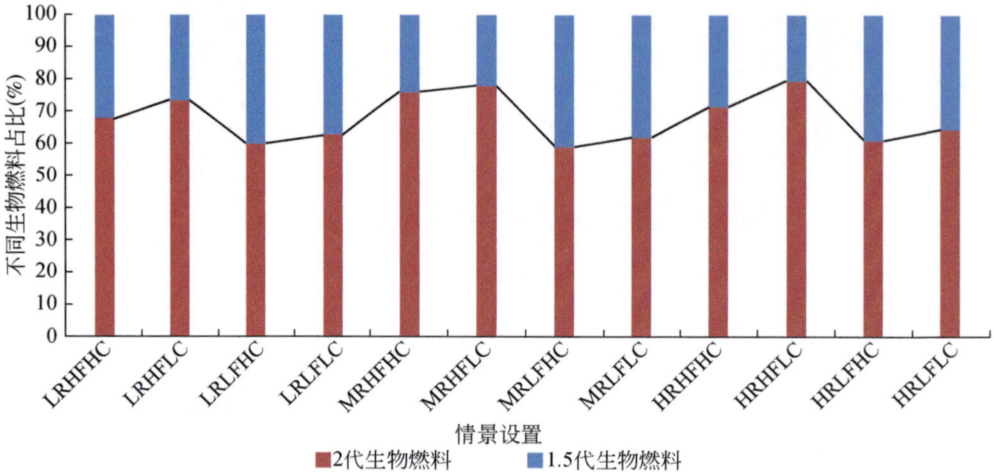

(a) 2030年

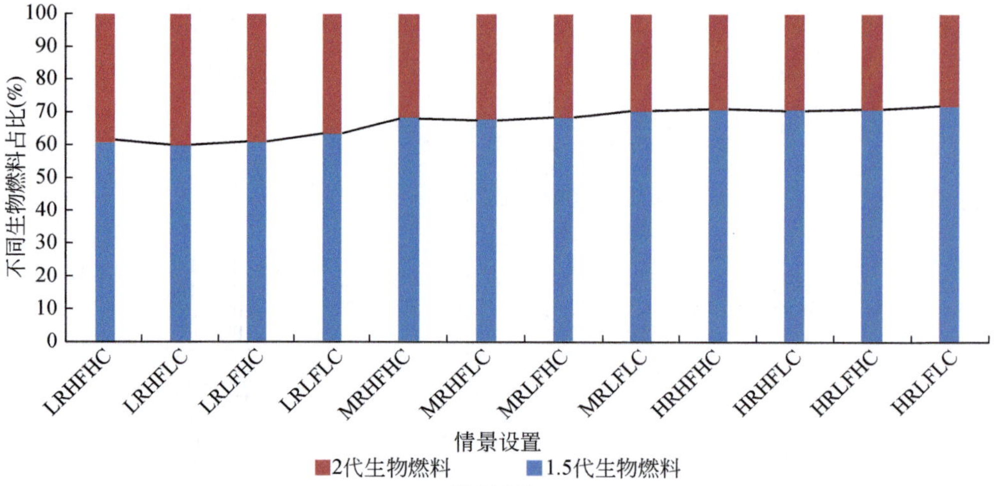

(b) 2050年

图 5　生物燃料结构（按代别分类）

从最终生物燃料产品的角度来考察，2030 年左右燃料乙醇（包括 1.5 代燃料乙醇和纤维素乙醇）占比较高，大部分在 30% 以上［图 6（a）］；而 2050 年左右，合成燃料（包括费托生物燃料和水相催化生物燃料）在大多数情景下占比将超过 50%［图 6（b）］。可见，2030 年后合成燃料逐步取得竞争优势。

5.1.3　原料结构

原料结构呈现多样化趋势，图 7 给出了 2050 年各情景的生物燃料原料构成情况，

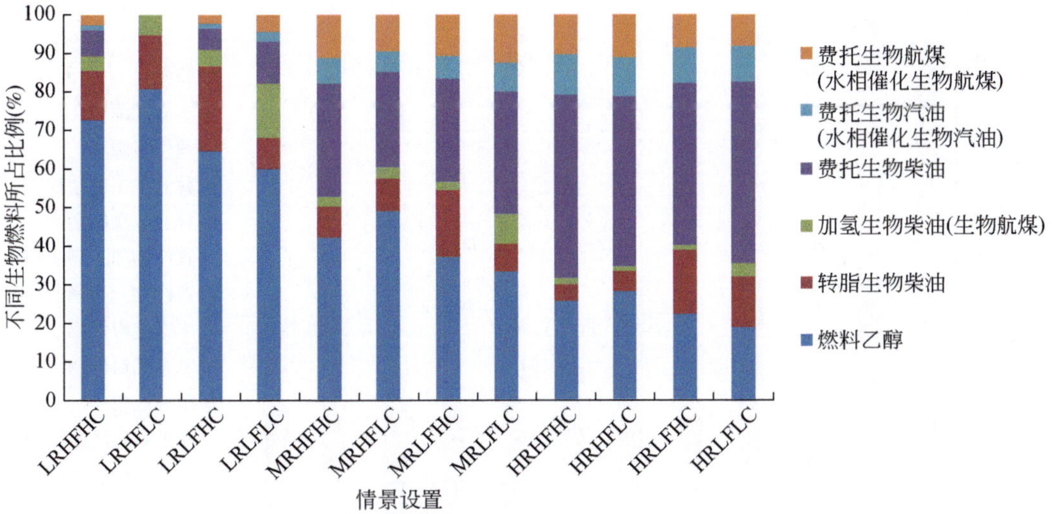

(a) 2030年

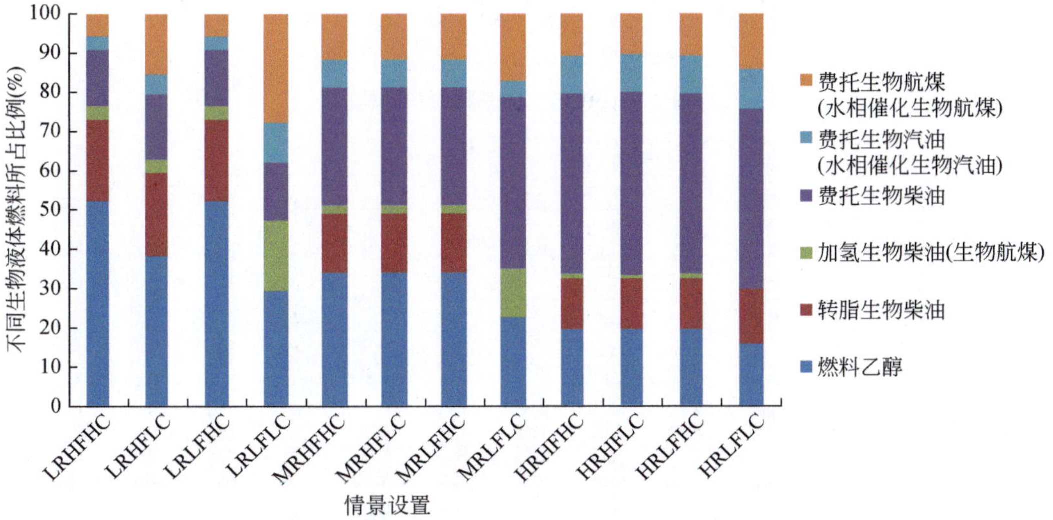

(b) 2050年

图 6 生物燃料结构（按产品分类）

计算基础为物理量（吨），从图 7 中可以看出，原料中占比最高的为农业剩余物（包括农作物一次剩余物和农作物加工剩余物），其次为非粮糖料能源作物。然而，如图 8 所示，以非粮糖料和非粮淀粉为原料的生物燃料供应量并不大，其原因是这两类原料的燃料转化率较低。

5.1.4 各情景生物燃料能源环境效益评估

（1）不同情景化石能源节约效益

单位交通周转量的化石能源消耗将随着生物燃料的使用而有所降低（图 9）。2050 年，与参考值（不使用替代燃料）相比，不同情景单位客运周转量可减少的化石燃料消耗量为6% ~14%，而单位货运周转量可减少的化石能源消耗量为3% ~17%。同时，

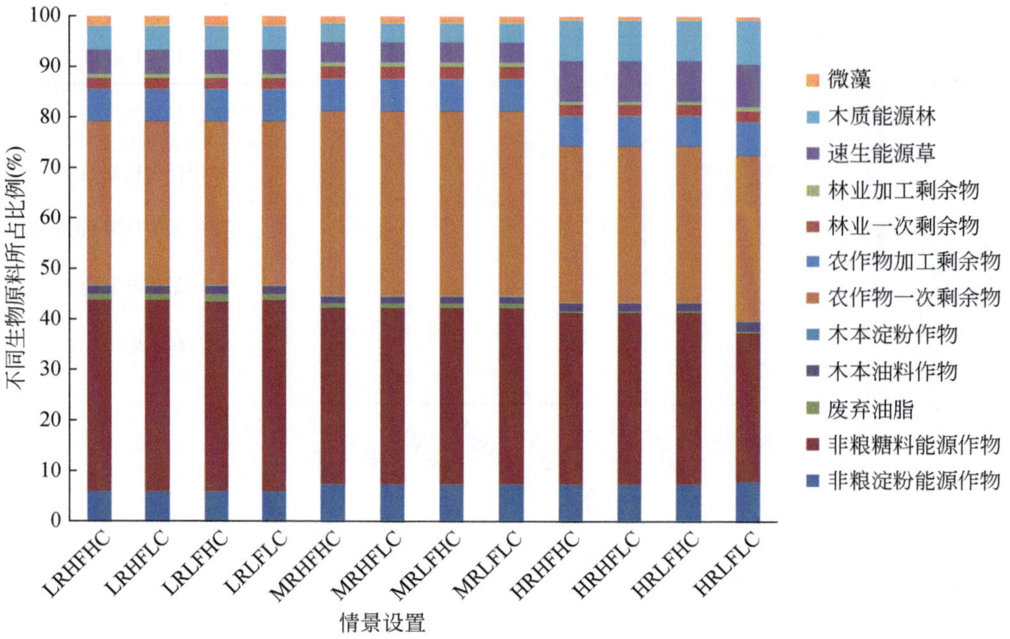

图 7　2050 年生物燃料原料结构

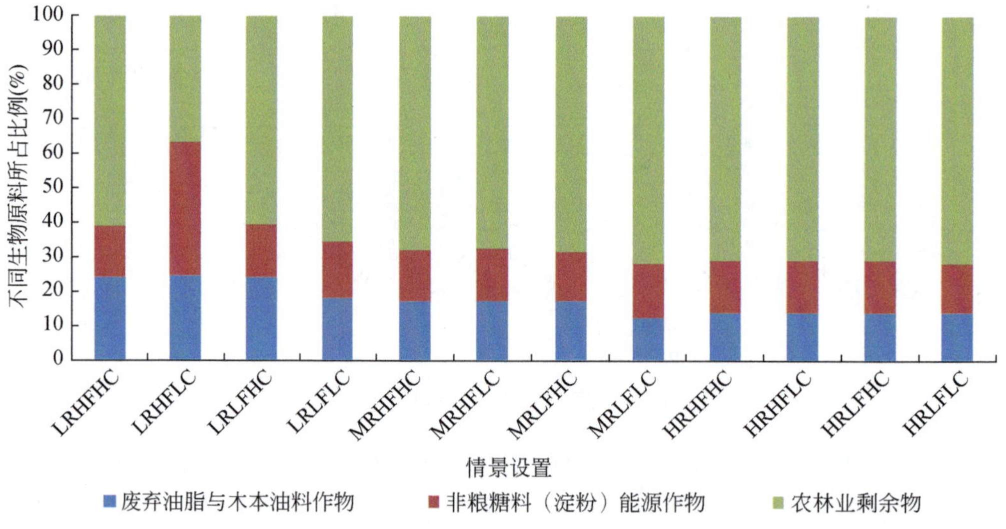

图 8　2050 年不同原料生产的生物燃料供应结构

不同情景间单位客运周转量化石燃料消耗量相差 0. 1kgoe 左右，而不同情景间单位货运周转量化石燃料的消耗量可相差 0. 15kgoe。

（2） CO_2 和全生命周期 GHG 减排效益

不同情景生物燃料可实现的绝对 CO_2 减排量有所差别。在高资源利用率情景下，2050 年 CO_2 减排量可达 3. 75 亿 t，而低资源利用率情景下，CO_2 减排量约为 1 亿 t（图 10）。

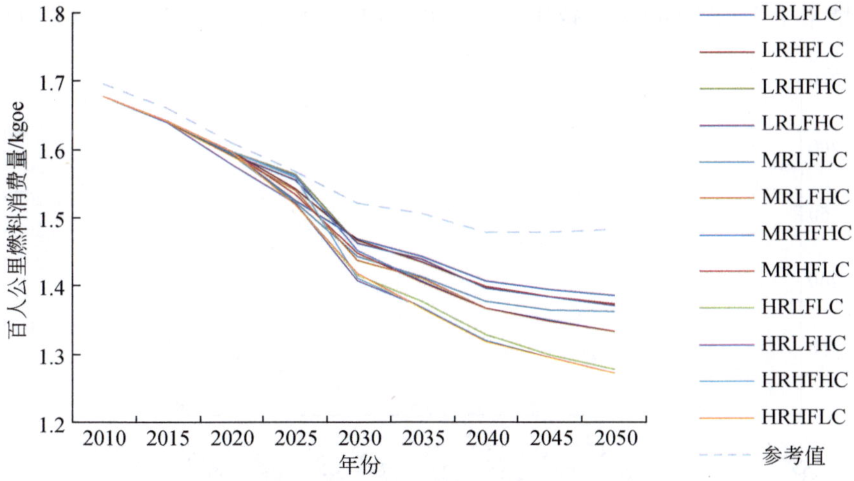

(a) 单位客运周转量化石燃料消耗量

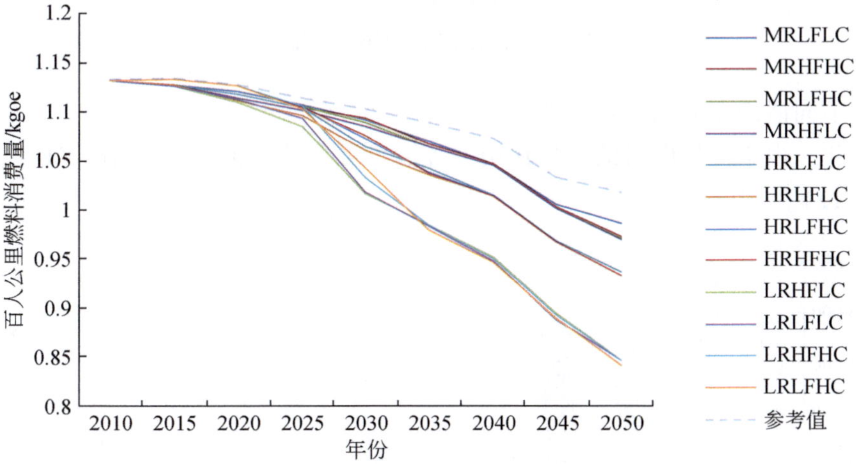

(b) 单位货运周转量化石燃料消耗量

图 9 单位交通周转量化石燃料消耗

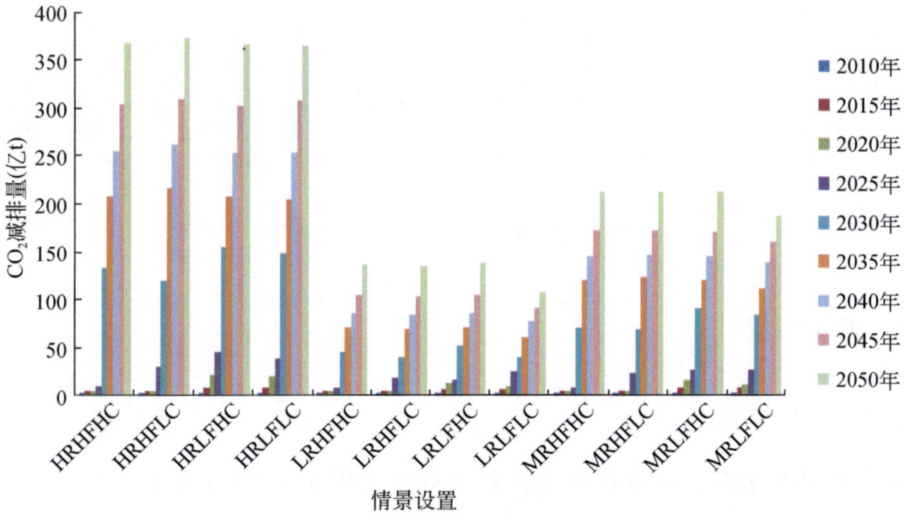

图 10 CO_2减排量

不同情景全生命周期 GHG 减排量可达 0. 66 亿 ~ 2. 40 亿 t CO_2，eq（图 11）。

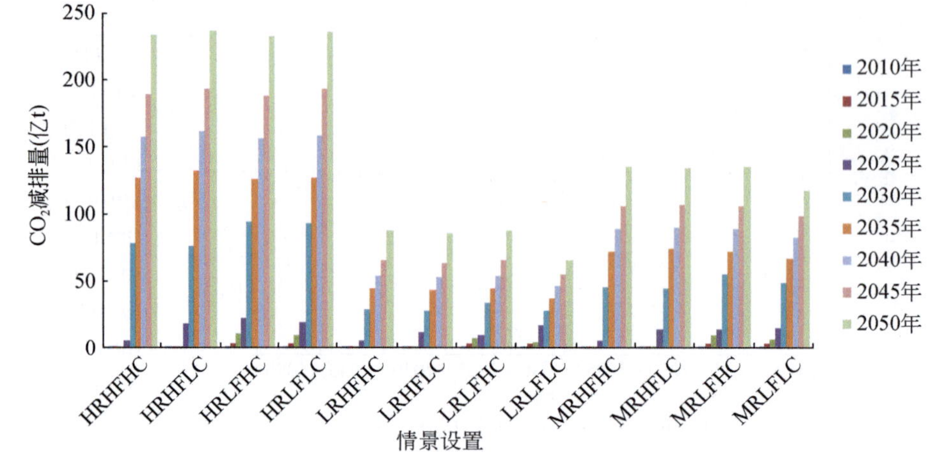

图 11　全生命周期 GHG 减排量

（3）不同情景交通能源经济性

2050 年，由于生物燃料的替代作用，各情景可节约原油进口费用 5600 亿 ~ 16 000 亿元（图 12）。

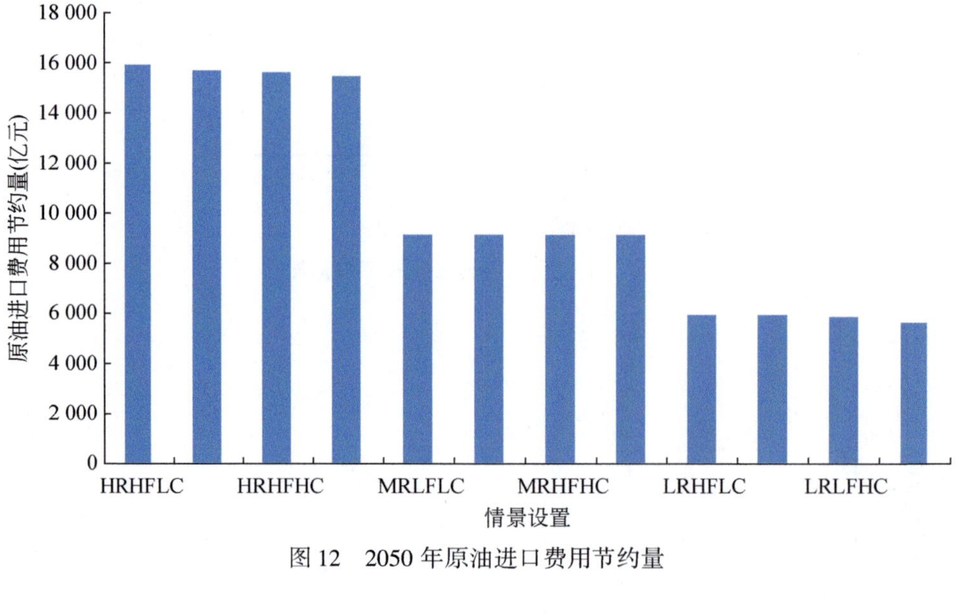

图 12　2050 年原油进口费用节约量

5. 2　政策情景

5. 2. 1　碳价情景

情景分析结果表明，碳价将可能在较大程度上影响 2030 年左右生物燃料的发展，但对近期生物燃料的发展影响较小（图 13）。因而，本研究建议中国应及早出台碳价政策以提高生物燃料竞争力，同时，建议生物燃料生产企业积极参与碳交易。

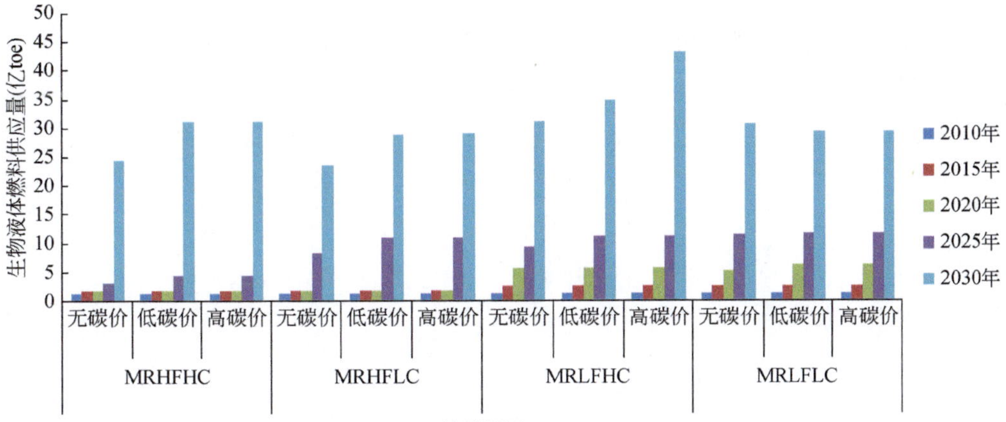

图 13　碳价对不同情景目标实现的影响

5.2.2　消费税优惠政策情景

与碳价类似，消费税优惠政策将可能在较大程度上影响中期（2030 年左右）生物燃料的发展，但对近期生物燃料的发展影响较小（图 14），因而，在近期对生物燃料进行直接补贴显得格外重要。另外，化石燃料消费税可以成为生物燃料发展补贴的资金来源。2010 年，中国成品油消费税额达 2000 多亿元（国家税务总局，2011），主要用于填补交通部门在养护管理、人员安置、公路水运建设等方面的支出需求。根据本研究预测，如果执行现有消费税税率，到 2050 年，仅交通部门的汽油、柴油、航空煤油和燃料油 4 类成品油所缴纳的消费税总额即可超过 9000 亿元，可以考虑从其增量中提取一部分作为发展生物燃料的基金。

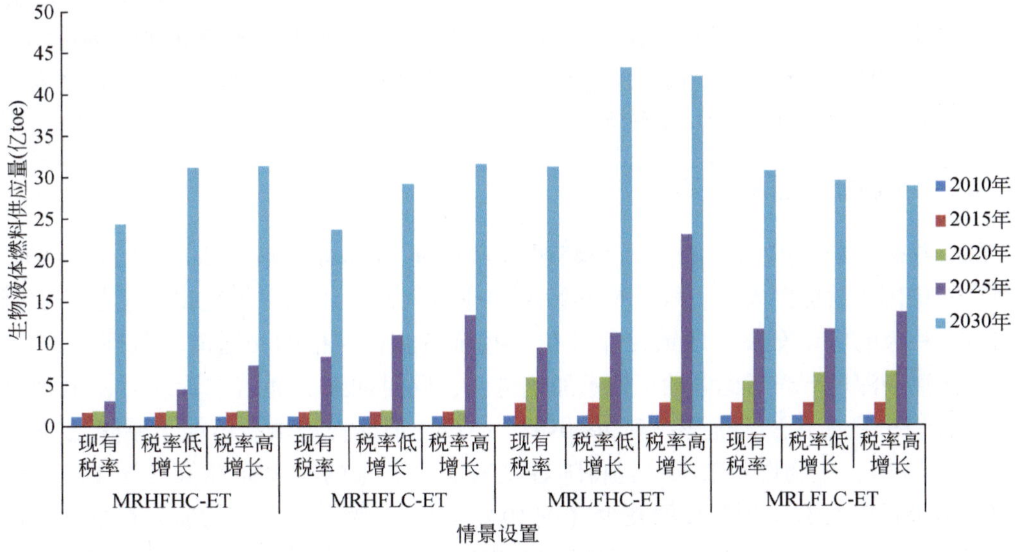

图 14　消费税优惠政策对不同情景目标实现的影响

5.2.3 碳价加消费税优惠政策情景

中期看来，碳价加消费税优惠政策将在较大程度上促进生物燃料的发展，但近期所能发挥的作用有限（图 15）。

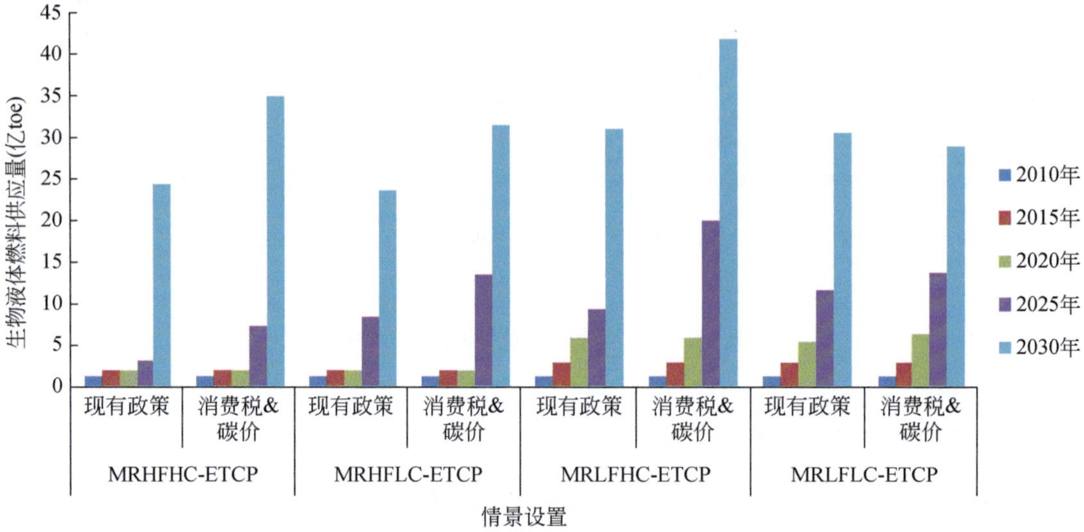

图 15 碳价和消费税优惠政策对不同情景目标实现的影响

6 讨论

6.1 本研究与文献结果比较

图 16 综合显示了中国生物燃料中长期的不同预测数据，其中，根据较为乐观的预测，中国生物燃料供应总量在 2050 年将达到 1.5 亿 toe，而根据较为悲观预测的结果，其供应量在 2050 年将只能达到 0.3 亿 toe。本研究的预测结果在文献结果区间之内，并提供了长期生物燃料发展的三类情景。

6.2 交通能源需求

除生物燃料外，电动车的发展和交通需求管理（transportation demand management，TDM）对中国改善能源安全、减少空气污染和应对气候变化也有较突出的贡献。中国已经出台了积极的电动车发展政策，并且在一些城市实行严格的交通需求管理，如北京、广州、天津和深圳。当考虑电动车技术加速进步，同时加强交通需求管理时，电动车相比传统轻型车将具有较大优势，到 2050 年，中国交通能源需求有可能大幅降低至 5.81 亿 toe（图 17），生物燃料需求量也将随着交通能源需求的减少而降低（图 18），燃料乙醇的需求量将会有比较明显的减少（图 19），但是生物柴油和生物航煤在重型交通模式中仍然会扮演比较重要的角色，原因在于重型交通工具的替代燃料十分有限。

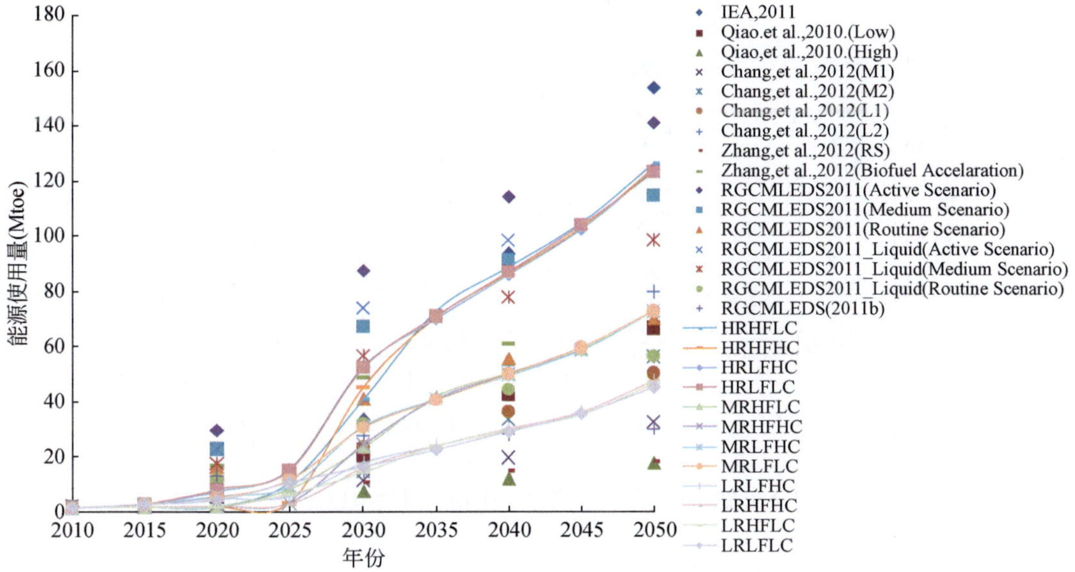

图 16　本研究与已有研究结果比较

资料来源：乔明等，2010；中国能源中长期发展战略研究项目组，2011a，2011c；IEA，2011；常世彦等，2012；张希良等，2012。

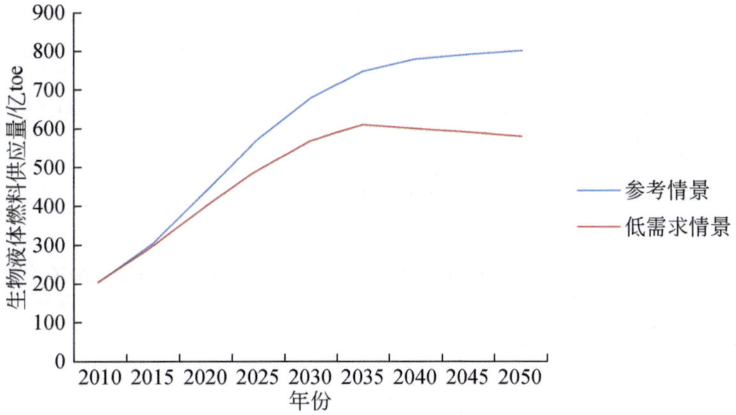

图 17　低交通能源需求量

6.3　可持续性

为了实现生物燃料产业的可持续发展，应进行合理规划与严格监管，以最大程度地降低其对社会、经济和环境的负面影响，并最大化其正面收益（Intergovernmental Panel on Climate Change，2012）。建议对生物燃料的发展做出更多的研究和评估，如生物燃料生产对粮食安全和农业发展的影响等（黄季焜等，2009；黄季焜和仇焕广，2010；付青叶等，2011）。

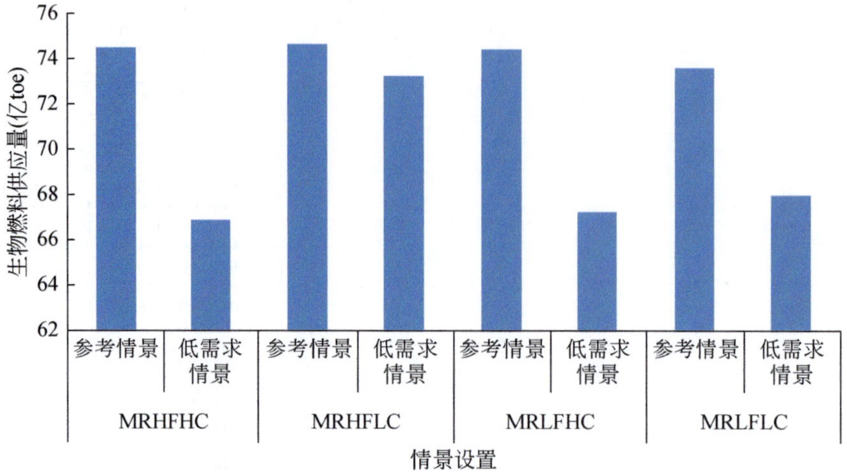

图 18　低交通能源需求情景与参考情景生物燃料供应量比较（2050 年）

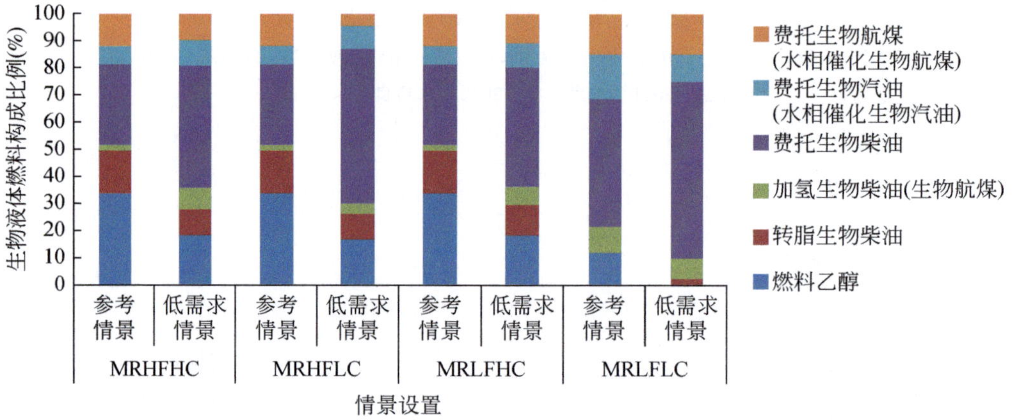

图 19　低交通能源需求情景与参考情景生物燃料结构比较（2050 年）

7　结论

中国中长期交通能源技术构成必然是多元化的，生物燃料作为目前唯一可以大规模替代石油基产品的可再生能源，将发挥重要的能源替代和温室气体减排作用。未来中国汽油和柴油等化石燃料在交通能源中的比例将逐步下降，而包括生物燃料、天然气和电力在内的替代燃料比例将有较大幅度的上升。2050 年，生物燃料在交通能源总量中的占比将达到 5.64% ~15.84%，实现直接 CO_2减排 1.0 亿 ~3.75 亿 t，全生命周期 GHG 减排 0.66 亿 ~2.40 亿 t CO_2，e。

长期而言，生物燃料的发展主要取决于可实际利用的原料资源供应量，当可实际利用的原料资源供应量较高时，生物燃料 2050 年供应量可以较为轻松地达到 7200 万 toe 甚至更高的水平。其中期发展受多种因素的共同影响，转化成本较低且资源可利用率较高时，2030年的产量可以达到2800万t甚至更高的水平。而近期，生物燃料的发展主要依赖于原料成本，当非粮糖料、非粮淀粉能源作物和木本油料作物能够实现规模化种植并且来自其他用途的竞争影响较小时，可以实现600万toe的水平。然而，对《可再生能源中长期发展规划》中设立的生物燃料发展目标，以上情景均无法实现，必须付出额外的成本。因此，近期的主要任务是降低1.5代生物燃料原料成本，中期是降低2代生物燃料转化技术成本，而长期来看则更应侧重于提高可利用资源量，如增加木质能源林和速生能源草的供应量。

基于市场的碳价和消费税优惠等政策措施对中长期促进生物燃料发展具有重要作用，而近期直接补贴十分必要。

致谢

本研究项目受到国家自然科学基金（基金号：71203119，71103109和71673165）资助，并获得中丹可再生能源发展项目办公室支持，特此致谢。也感谢本文所有匿名评审专家的评阅及宝贵意见。

参考文献

曹静．2009. 走低碳发展之路：中国碳税政策的设计及CGE模型分析．金融研究，(12)：19-29.

常世彦，赵丽丽，张婷，等．2012. 清华大学中国车用能源研究中心．生物液体燃料//张希良．中国车用能源展望2012. 北京：科学出版社．

付青叶，王征兵，毕玉平．2011. 生物燃料乙醇发展对中国粮食生产的影响分析．经济问题，(5)：84-88.

高鹏飞，陈文颖．2002. 碳税与碳排放．清华大学学报：自然科学版，42(10)：1335-1338.

国家可再生能源中心．2014. 中国可再生能源产业发展报告(2013). 北京：中国经济出版社．

国家林业局．2013. 全国林业生物质能发展规划2011-2020．http://www.forestry.gov.cn/main/72/content-608546.html [2007-1-15].

国家能源局新能源和可再生能源司国家可再生能源中心．2012. 可再生能源数据手册2012．北京. http://www.cnrec.org.cn/cbw/zh/2015-10-23-488.html[2019-09-22].

国家税务总局．2011. 中国税务年鉴2010．北京：中国税务出版社．

国家统计局．2019. 国家数据．http://data.stats.gov.cn/easyquery.htm? cn=C01[2019-09-22].

胡润青，秦世平，樊京春．2011. 中国生物质能技术路线图研究．北京：中国环境科学出版社．

黄季焜，仇焕广，KEYZER M，等．2009. 发展生物燃料乙醇对我国区域农业发展的影响分析．经济学(季刊)，(2)：727-742.

黄季焜，仇焕广．2010. 近年来世界生物燃料乙醇发展对全球和我国农产品市场的影响．我国生物燃料乙醇发展的社会经济影响及发展战略与对策研究．北京：科学出版社．

能源与交通创新中心．2010. 能源与交通创新中心．中国纤维生物质四种能源转化技术研究报告-生物质发电与生物质液体燃料．http://www.icet.org.cn/reports.asp? fid=20&mid=21[2015-07-01].

钱兴坤，姜学峰．2014. 2014年国内外油气行业发展报告．北京：石油工业出版社．

乔明，张璐瑶，安玉生，等．2010. 我国中长期交通运输用油需求及替代发展趋势预测．化工进展，29：10-16.

清华大学-麻省理工学院中国能源与气候项目组．2014. 中国能源展望．http://globalchange.mit.edu/files/document/CECP_2014_Outlook.pdf[2016-04-30].

田宜水，李十中，赵立欣，等．2011．甜高粱茎秆乙醇全生命周期分析．农业机械学报，6：132-137.
田宜水．2014．可作为生物质液体燃料原料的中国生物质资源潜力分析．北京：农业部规划设计院（内部报告）.
童晓光，赵林，汪如朗．2008．对中国石油对外依存度问题的思考．能源经济，1：60-65.
王仲颖，赵勇强，张正敏．2010．中国生物液体燃料发展战略与政策．北京：化学工业出版社
谢光辉，韩东倩，王晓玉，等．2011．中国禾谷类大田作物收获指数和秸秆系数．中国农业大学学报，（1）：1-8.
谢光辉，庄会永，危文亮．2011．非粮能源植物生产原理和边际地栽培．北京：中国农业大学出版社.
许洁，袁振宏．2014．中国生物液体燃料技术经济分析．广州：中科院广州能源研究所（内部报告）.
尹祥，陈文颖．2013．基于中国 TIMES 模型的碳排放情景比较．清华大学学报：自然科学版，9：1315-1321.
张阿玲，申威，韩维建，等．2008．车用替代燃料生命周期分析．北京：清华大学出版社.
张希良，欧训民，张继宏，等．2012．清华大学中国车用能源研究中心．车用能源情景分析//张希良．中国车用能源展望 2012．北京：科学出版社.
中国国土资源统计年鉴编辑部．2013．中国国土资源年鉴 2012．北京：地质出版社.
中国能源中长期发展战略研究项目组．2011a．中国能源中长期（2030、2050）发展战略研究：电力、油气、核能、环境卷．北京：科学出版社.
中国能源中长期发展战略研究项目组．2011b．中国能源中长期（2030、2050）发展战略研究：综合卷．北京：科学出版社.
中国能源中长期发展战略研究项目组．2011c．中国能源中长期（2030、2050）发展战略研究：可再生能源卷．北京：科学出版社.
Barros S. 2013. Brazil-Biofuels Annual-Annual Report 2013. http://gain.fas.usda.gov/Recent%20GAIN%20Publications/Biofuels%20Annual_Sao%20Paulo%20ATO_Brazil_9-12-2013.pdf [2007-1-15].
Chang S, Zhang X, Ou X, et al. 2012. Energy and greenhouse gas balance of biofuels in Chinese context: A review. proceedings of the The 6th World Bioenergy Symposium Beijing.
Chang S, Zhao L, Timilsina G R, et al. 2012. Biofuels development in China: Technology options and policies needed to meet the 2020 target. Energy Policy, 51: 64-79.
Chang S, Zhao L, Zhang T, et al. 2013. Liquid biofuels//Zhang X L, Wang H W, Ou X M. Sustainable Automotive Energy System in China. Heidelberg: Springer-Verlag.
Forsell N, Guerassimoff G, Athanassiadis D, et al. 2013. Sub-national TIMES model for analyzing future regional use of biomass and biofuels in Sweden and France. Renewable energy, 60: 415-426.
He J K, Yu Z W, Zhang D. 2012. China's strategy for energy development and climate change mitigation. Energy Policy; 51: 7-13.
Huo J, Yang D, Xia F, et al. 2013. Feasibility analysis and policy recommendations for the development of the coal based SNG industry in Xinjiang. Energy Policy, 61: 3-11.
International Energy Agency (IEA). 2011. Technology roadmap: biofuels for transport. http://www.iea.org/publications/freepublications/publication/Biofuels_Roadmap_WEB.pdf [2007-1-15].
Intergovernmental Panel on Climate Change (IPCC). 2012. Renewable Energy Sources and Climate Change Mitigation. New York: Cambridge University Press.
International Renewable Energy Agency (IRENA). 2014. REmap 2030: A Renewable Energy Roadmpa. Abu Dhabi, 2014: http://irena.org/remap/IRENA_REmap_Report_June_2014.pdf [2007-1-15].

Islas J, Manzini F, Masera O. 2007. A prospective study of bioenergy use in Mexico . Energy, 32(12): 2306-2320.

He J K, Yu Z W, Zhang D. 2012. China's strategy for energy development and climate change mitigation . Energy Policy,51:7-13.

Larsen L E, Jepsen M R, Frederiksen P. 2013. Scenarios for biofuel demands, biomass production and land use-The case of Denmark. Biomass and Bioenergy,55:27-40.

Li W, Fu F, Ma L, et al. 2013. A process-based model for estimating the well-to-tank cost of gasoline and diesel in China. Applied Energy,102:718-725.

Loulou R, Remne U, Kanudia A, et al. 2005. Documentation for the TIMES model. [http://www.iea-etsap.org/web/Docs/TIMESDoc-Intro.pdf [2007-1-15].

Ma L W, Fu F, Li Z, et al. 2012. Oil development in China: Current status and future trends . Energy Policy, 45:43-53.

Martinsen D, Funk C, Linssen J. 2010. Biomass for transportation fuels—A cost-effective option for the German energy supply? Energy Policy, 38(1): 128-140.

Ou X, Zhang X, Chang S, et al. 2009. Energy consumption and GHG emissions of six biofuel pathways by LCA in (the) People's Republic of China . Applied Energy, 86:S197-S208.

Song W, Pijanowski B C. 2014. The effects of China's cultivated land balance program on potential land productivity at a national scale. Applied Geography, 46:158-170.

Sun C, Ou X, Cai H, et al. 2014. Household pathway selection of energy consumption during urbanization process in China. Energy Conversion and Management,84:295-304.

Tian Y, Zhao L, Meng H, et al. 2009. Estimation of un-used land potential for biofuels development in (the) People's Republic of China. Applied Energy,86: S77-S85.

U. S. Energy Information Administration (EIA). 2012. Biofuels Issues and Trends. Washington. http://www.eia.gov/biofuels/issuestrends/ [2007-1-15].

U. S. Energy Information Administration (EIA). 2016. International Energy Outlook 2016. Washington D C. http://www.eia.gov/forecasts/ieo/ [2007-1-15].

United Nations. 2015. World Urbanization Prospects: the 2014 Revision. New York. http://esa.un.org/wup2009/unup/index.asp? panell/42 [2007-1-15].

Wetterlund E, Leduc S, Dotzauer E, et al. 2012. Optimal localization of biofuel production on a European scale. Energy,41(1): 462-472.

Xu J Y Z. 2014. Guangzhou Insititute of Energy Conversion, Chinese Academy of Sciences Techno-Economic Analysis of Liquid Biofuels in China. Beijing.

Zhang D K V, Cassisa C, Zhang X L. 2014. Emissions trading in China: Progress and prospects . Energy Policy,75: 9-16.

Zhang P, Yang Y, Tian Y, et al. 2009. Bioenergy industries development in China: Dilemma and solution. Renewable and sustainable energy reviews,13(9): 2571-2579.

Zhuang D, Jiang D, Liu L, et al. 2011. Assessment of bioenergy potential on marginal land in China. Renewable and Sustainable Energy Reviews, 15(2): 1050-1056.

Long-term Projections of Liquid Biofuels in China: Uncertainties and Potential Benefits

Zhao Lili, Chang Shiyan, Wang Hailin, Zhang Xiliang,
Ou Xunmin, Wang Baiyu, Wu Maorong

Abstract: Scenario-based analysis is conducted on the long-term projections of liquid biofuels in China for transport fuels. The key influencing factors during each period are assessed. Driven by the transport energy demand growth, increasing price of crude oil and technological progress, liquid biofuels are expected to develop rapidly in the medium and long term. Meanwhile, it is projected that the utilization of liquid biofuels will be full of uncertainties, with wide range of 45 Million ton of oil equivalent (Mtoe) to 126 Mtoe by 2050. At different times, critical factors significantly differ. In the long term (2030-2050), the development of liquid biofuels is highly dependent on the availability of biomass resources. In the medium term (2020-2030), conversion cost, biomass availability and feedstock price are critical. In the near term (current-2020), the feedstock price of 1.5 generation liquid biofuels is critical. In 2050, the utilization of liquid biofuels can reduce 100 to 375 million tons of CO_2 emission. Market-based instruments, i. e., carbon pricing policy and excise tax preferences, can stimulate the medium- and long-term development of biofuels. However, in the near-term, subsidies are highly necessary.

Keywords: Biofuels; Projection; Uncertainty; Transport; China

中国玉米秸秆基燃料乙醇全生命周期温室气体排放与能源使用：现状及预测*

赵丽丽，欧训民，常世彦*

摘要：本文对中国以玉米秸秆为原料生产燃料乙醇的技术路线进行了全生命周期分析（life cycle assessment，LCA）。在研究过程中，依据目前和未来燃料乙醇转化水平的不同设立了三种情景。本文给出了 WTP 和 WTW 两个阶段的研究结果，燃料乙醇全生命周期温室气体排放和能源使用的功能单位分别为每生产 1MJ 燃料乙醇、每生产和消费 1MJ E100 燃料，以及燃用 E10 燃料的轻型车每运行 1km。研究结果表明，与汽油相比，每生产和使用 1MJ E100 燃料，可减排 52%~55% 的温室气体，可分别节约 72%~76% 的化石能源和 74%~85% 的石油。在 WTP 阶段，乙醇转化过程中产生的温室气体排放占全生命周期的 51%~55%，而其中所消耗化学品的贡献率为 36%~37%。研究结果还表明，生命周期分析结果对分摊方法十分敏感。

关键词：纤维素生物质；全生命周期分析；生物乙醇；E10；E100

1 引言

燃料乙醇是一种重要的车用替代燃料，出于增强能源安全并减少温室气体排放的考虑，许多国家采取了促进燃料乙醇发展的政策和措施（Gnansounou et al.，2009）。虽然目前全球燃料乙醇以第 1 代燃料乙醇（粮食乙醇）为主，但是由于其存在与人争粮的问题而备受争议。第 2 代纤维素乙醇的开发受到广泛关注，纤维素类生物质被认为是用于生物燃料生产的具有前途的可持续性原料（Karlsson et al.，2014）。纤维素生物质包括农林业剩余物（如甘蔗渣、木屑、稻壳）、木质能源林、速生能源草、城市和工业废弃物等（Limayem and Ricke，2012），与化石燃料相比，纤维素乙醇可减少全生命周期温室气体排放量及化石燃料消耗量（Wiloso et al.，2012）。在中国，纤维素燃料乙醇的原料资源较为丰富，其中农作物废弃物占 60%（Zhao et al.，2015a）。

中国政府在《可再生能源中长期发展规划》中明确提出，从长远考虑，要积极发展以纤维素生物质为原料的生物燃料技术。纤维素生物质基燃料乙醇的发展对温室气体排放和化石能源使用将造成一定影响，对这些影响进行细致的定量评价十分必要。

关于纤维素乙醇全生命周期（life cycle，LC）温室气体排放和能源强度，国内外已经做了大量研究。根据对燃料转化阶段数据获取方法的不同，这些研究可归纳为两

---

* 原文来源：Zhao L L，Ou X M，Chang S Y. Life-cycle Greenhouse gas emission and energy use of bioethanol produced from corn stover in China：current perspectives and future prospectives. Energy，2016，115：303-313. 中文出版略有改动。

类：①采用调研得到的不依赖于具体工艺过程的简化数据（Fu et al.，2003）；②部分或全部基于详细工艺过程数据进行研究（Sheehan et al.，2003）。例如，有一些数据来源于 NREL 纤维素乙醇生产过程模拟结果（Aden et al.，2002）。另外，有少数研究（Dunn et al.，2012）围绕酶、酵母、过程化学品和养料对全生命周期排放的贡献做了分析，其研究结果表明，这些投入物料的贡献非常大。Borrion 等（2012a）认为，至少在全生命周期化石能源强度和温室气体排放方面，以纤维素生物质为原料的燃料乙醇具有积极贡献的结论是有依据可寻的；但是，关于“全生命周期哪个阶段的贡献最大”这个问题，各文献研究结果却存在分歧，有些研究认为主要贡献者为生物质原料，有些则认为主要贡献者为燃料转化过程；同时，由于各研究所采用的系统边界、功能单位、数据来源、农业活动、转化工艺和地区因素等不同，其研究结果差异较大。

通过文献调研，本研究发现，国内对纤维素生物质基燃料乙醇的全生命周期分析基本上是基于非常简化的工艺过程数据或不同工艺过程的混合数据。除了极少数文献（Spatari et al.，2010）外，大多数研究并未基于未来的技术水平，对现有水平与未来水平进行比较。另外，不同国家和地区的纤维素乙醇转化技术水平差异较大，大部分对中国纤维素乙醇的研究数据都是基于北美或欧洲的技术数据，而非中国本土数据。调研发现，极少研究中的燃料转化阶段输入数据来源于基于中国现有技术水平的 Aspen Plus 模拟结果。由于国内的研究忽略了转化过程化学品和养料的贡献，并未计算其在原料种植阶段的排放和能耗，其研究结果往往低估了中国纤维素乙醇的排放和能耗水平（Shen，2007）。个别研究（Tian et al.，2011）包含了酶和化学品等投入，但是，其燃料转化的过程数据仍然是基于国外研发的未来技术水平，而没有考虑中国的技术现状。

本研究对中国以玉米秸秆为原料的燃料乙醇进行了细致的全生命周期分析，对燃料乙醇转化阶段进行了详细考察，考虑了酶、化学品、养料等（包括直接化学品投入、用于培养酶制剂和发酵微生物的间接化学品和养料投入等）物质投入，同时考虑了原料种植和收储运阶段的物质和能量（种植能耗、杀虫剂、肥料、收储运能耗等）投入。针对燃料转化过程，本研究对现有和未来技术水平分别进行了分析，以考察现状及到未来技术进步后的变化情况（Spatari et al.，2010）。根据技术水平的不同，本研究设计了三个技术情景：①基于我国燃料乙醇工业化生产现状水平的现有技术情景（CT 情景）；②基于近中期可能的工业化技术水平的中等技术情景（MT 情景）；③基于长期可能的工业化技术水平的高技术情景（HT 情景）。本研究将汽油作为与燃料乙醇相比较的参考燃料，选用以玉米秸秆为原料的燃料乙醇作为纤维素乙醇的代表燃料，原因在于其资源量较大，占秸秆类生物质资源（农作物一次剩余物）总量的 32%，具有一定的代表性（田宜水，2014）。

本研究将给出中国纤维素乙醇全生命周期温室气体排放和能源使用的现状及预期情况，研究结果可供全生命周期分析者、决策者、技术研究人员和产业界参考。

2 研究方法、主要假设和输入数据

本研究使用美国阿贡国家实验室（Argonne National Laboratory，ANL）开发的交通运输中温室气体排放、排放控制和能源使用交通运输仿真模型（greenhouse gases，regulated emissions，and energy use in transportation，GREET）（Wang，2006）对以玉米秸秆为原料的燃料乙醇进行全生命周期分析。该模型是全生命周期分析领域的代表性模型之一，自 1996 年向用户开放以来，经历了多次升级与扩展。但是，它的数据及能源结构仅适用于美国国情，不能直接用于中国能源系统的研究。国内已经开展了大量的研究工作（Ou and Zhang，2011），旨在对模型进行本地化改造，并已取得丰硕成果。本研究在以上研究的基础上，对本地化数据进行了更新，并扩展了模型在纤维素乙醇全生命周期分析领域的研究。

2.1 研究目标与研究边界

2.1.1 系统边界

本研究对玉米秸秆基燃料乙醇生产与使用的全生命周期分析依托 GREET 模型系统进行，主要包括 4 部分内容：①原料培育与收集，主要包括原料种植和收集阶段的农化产品投入、能量投入和温室气体排放；②燃料乙醇转化，该过程的数据来源于 Aspen Plus 模拟结果；③燃料作为 E100（纯乙醇燃料）或 E10 在轻型乘用车中的使用；④其他辅助过程，包括原料运输与前处理、乙醇变性与运输、变性燃料乙醇与汽油的混合及分销等。其中，作为 E10 燃料使用的纤维素乙醇全生命周期系统边界如图 1 所示，而作为 E100 燃料使用的纤维素乙醇，其系统边界与 E10 类似，只是免除了乙醇变性和混合等过程。田间到车轮（well-to-wheels，WTW）全生命周期可分为两个阶段，即田间到加油泵（well-to-pump，WTP）和加油泵到车轮（pump-to-wheels，PTW），其中 WTP 指从原料培育到燃料乙醇运输与分销的上游过程，而 PTW 指燃料乙醇在轻型乘用车中的使用过程。

该系统不仅包含了燃料乙醇生产过程中的直接物质能量投入与排放，还包括了与生产各种物质和能源相关的间接投入与排放（NREL，2012），但是与设备制造、厂房建设相关的投入与排放未包括在燃料乙醇生产系统中。

2.1.2 研究量纲

本研究从全生命周期温室气体排放和能源安全两个维度对纤维素乙醇进行分析。其中温室气体排放为 CO_2、CH_4 和 N_2O 排放量之和，采用联合国政府间气候变化专门委员会（Intergovernmental Panel on Climate Change，IPCC）发布的 100 年温升系数对各种温室气体的排放量进行统一折算，三种温室气体的温升系数分别为 1、25 和 298（Eggleston et al.，2006）。能源安全主要体现在燃料乙醇的 LC 化石能源强度和石油能

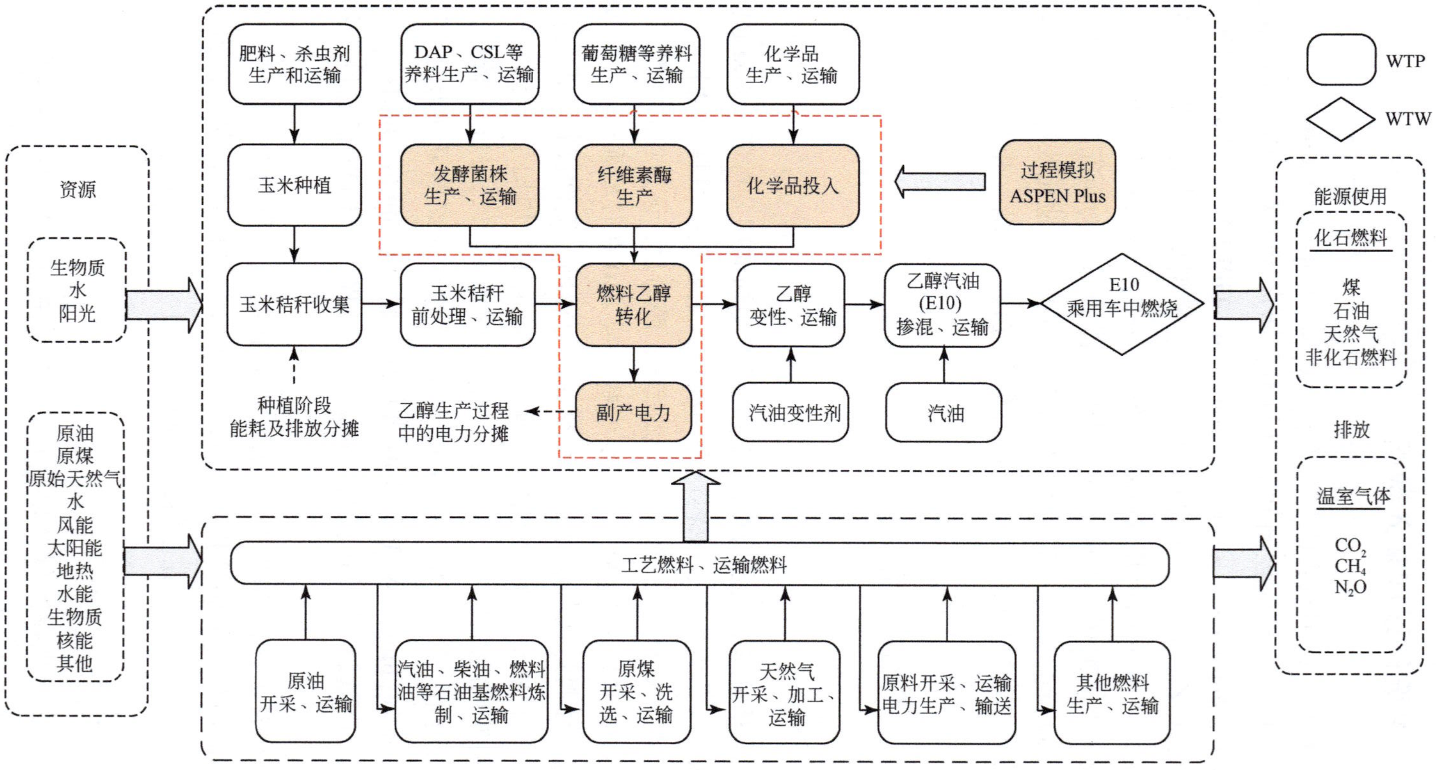

图1　玉米秸秆基燃料乙醇全生命周期分析系统边界(E10)

DAP：磷酸二铵；CSL：玉米浆；WTP：田间到加油泵(well-to-pump)；WTW：田间到车轮(well-to-wheels)。

源强度方面。

2.1.3 功能单位

为更加细致地对纤维素乙醇进行全生命周期分析，并便于与不同的研究结果进行比较，本研究设置了 3 种功能单位，分别为：①WTP 阶段每生产 1MJ 乙醇；②WTW 阶段每生产和使用 1MJ E100 燃料；③WTW 阶段轻型乘用车每行驶 1km。

2.2 主要假设

为便于比较，并避免由未来能源系统变动的不确定性对 MT 情景和 HT 情景造成的干扰，本研究假设三种技术情景（CT 情景、MT 情景、HT 情景）所依托的能源系统相同，具体而言，所有关于我国能源结构、交通模式、自然资源与产品的生产与运输都基于国内现有水平，不考虑未来的能源结构变动、交通技术提高和交通模式变化等因素。

2.3 燃料乙醇转化过程

对于第 2 代乙醇技术路线，目前尚缺乏可靠的产业化数据，转化技术的不确定性使得全生命周期分析中针对纤维素乙醇转化阶段的研究十分困难（Borrion et al., 2012）。因而，本文选取了美国国家可再生能源实验室（US National Renewable Energy Laboratory, NREL）开发的一条燃料乙醇技术路线（Humbird et al., 2011）作为代表，对纤维素乙醇进行分析，该技术以稀酸预处理和酶水解为技术特点，以玉米秸秆为原料。玉米秸秆被切碎成均匀碎段后加入稀硫酸在高温状态下进行预处理，经过预处理，大部分的半纤维素通过水解反应被转化为五碳糖，纤维素结构被破坏。预处理产物与氨混合以提高 pH，之后，使用厂内生产的酶对预处理产物进行水解。水解产物经冷却后加入发酵微生物进行发酵以生产乙醇，发酵产生的醪液被送往产品回收装置进行蒸馏和脱水；乙醇通过蒸馏、精馏和分子筛吸附等过程被回收，得到浓度为 99.5% 的无水乙醇；蒸馏塔中产生的釜馏物冷却后进行固液分离，所产生的废液被送往废水处理单元进行处理，而固体釜馏物，即木质素等被作为燃料送往热电联产单元。废水处理单元通过厌氧消化和需氧消化两个工艺过程对废液中的有机物进行处理，产生沼气和沉淀物，沉淀物主要是细胞生物质。沼气与废水处理的沉淀物都作为燃料被送往燃烧炉。热电联产单元主要是以未转化的固体釜馏物和废水处理产生的沼气为燃料生产电力和热力，其中，热力供厂内使用，不需要外购热力，不对外输出热力；电力除供厂内使用外，盈余部分被送往电网进行销售，以折减部分生产成本和排放；该单元中，锅炉效率约为 80%（输出蒸汽热值与输入蒸汽热值之比），发电机效率约为 85%（Humbird et al., 2011）。

NREL（2012）通过 Aspen Plus 软件对以上工艺过程进行了模拟，在此基础上获取了详细的物料与能源投入和产出数据，这些数据被用于本研究的 HT 情景中进行全生命周期分析。在 NREL 模型基础上，本研究结合中国实际技术水平及技术发展趋势，针对 CT 和 MT 两个情景对模型进行了修改，其模拟结果被作为以上两个情景的全生命周期分析输入数据。

2.4 分摊方法

在玉米秸秆基燃料乙醇生产的全生命周期过程中，温室气体排放与能源消耗主要体现在两个阶段：一是原料培育和收集阶段玉米谷物与玉米秸秆之间的分摊，二是燃料乙醇转化阶段乙醇产品与电力副产品之间的分摊。

不同的分摊方法往往导致结果差别较大，通常分摊方法分为两类：一类是系统扩展法，或称替代法；一类是分摊法。在本文不需要对这两类方法进行区分的部分，两类方法统称为“分摊法”。在使用第一类方法，即系统扩展法时，全生命周期分析界限被扩展，包括了被替代产品的全生命周期过程，因副产品产出而节省的排放和能耗将以负值计入主产品总量，即对主产品排放和能耗进行折减；而第二类方法，即分摊法主要包括能量分摊法、质量分摊法和市场价值分摊法，这三类分摊法，指在产品和主产品之间，分别按照其能量、质量和市场价值的比例关系对排放和能耗进行分摊（Wang et al.，2011）。

其中，系统扩展法是国际标准化组织（International Organization for Standardization，ISO）和英国可再生燃料协会等机构推荐的方法（Mckechnie et al.，2015），国际上大部分纤维素乙醇全生命周期分析研究都使用系统扩展法（Sheehan et al.，2003）。而国际社会并没有就分摊方法问题达成最终一致（Kaufman et al.，2010）。

本研究在 CT、MT 和 HT 三个不同的技术情景下根据分摊方法的不同，设置了基准分摊情景和其他分摊情景，其中，基准情景采用系统扩展法。同时，本研究对不同分摊方法导致的全生命周期分析结果进行了敏感性分析。

2.5 输入数据

2.5.1 GREET 模型基础输入数据

为使用 GREET 模型对我国纤维素乙醇进行全生命周期分析，需要首先在模型中建立支持纤维素乙醇从原料培育、燃料转化到燃料使用全生命过程的子能源系统，这个子能源系统应包含所有与纤维素乙醇生产相关的直接和间接的物质能量投入与排放，基础数据涵盖：①过程燃料、交通燃料和电力的全生命周期生产、运输与分销；②运输工具全生命周期能耗与排放。这些基础数据不仅适用于对纤维素乙醇进行分析，也支持对其他产品的全生命周期分析，因而称之为基础输入数据。

本研究扩展了 GREET 模型在中国纤维素乙醇全生命周期分析中的应用，在 GREET 模型中建立了一个完整的纤维素乙醇生产路线子系统，系统中的数据进行了本地化改造和更新。其中的基础输入数据见补充材料中的附表 1 ~ 附表 5。

2.5.2 原料种植与收集

本节主要讨论玉米种植与收获阶段的各种投入与排放，以及应如何在玉米谷物和玉米秸秆之间对这些投入与排放进行分摊。玉米秸秆指除玉米谷物外地面以上的玉米植株，其N元素含量为0.45%（Sheehan et al.，2003），即0.0045kg/kg秸秆。

（1）能量、化肥与杀虫剂投入，N_2O 与 CH_4 排放

根据欧训民和张希良（2011）的研究，我国玉米谷物亩产量（含水量为12.5%）为5360kg/hm^2，在含水量为15%的条件下，玉米植株的草谷比为1.04（清华大学中国车用能源研究中心，2012），由此，玉米秸秆产量为5574kg/hm^2（含水量15%）。土地的氮肥、磷肥、钾肥和除草剂施用量分别为162kg/hm^2、45kg/hm^2、131kg/hm^{2}和4kg/hm^2。生产化肥和杀虫剂的能量投入参考欧训民和张希良（2011）的研究。玉米种植阶段能耗为4478MJ/hm^2，其中，汽油消耗占7.16%，柴油占86.62%，电力占6.22%（Ou and Zhang，2011）。玉米种植阶段的氮肥施用会导致 N_2O 与 CH_4 排放，氮肥中约2%的N元素以 N_2O 形式排放到环境中，而 CH_4 的排放量为0.01kg/kg N（Cherubini and Ulgiati，2010）。值得注意的是，玉米收割后的秸秆，如果保留在田间，则会通过微生物发酵释放出 N_2O，在国内，农民一般将玉米秸秆从田间移除，用于作饲料或薪柴，等等，从而避免了 N_2O 排放，这部分 N_2O 应进行折减（Wu et al.，2006）。

关于玉米谷物与玉米秸秆之间的能耗与排放分摊，本研究分别采用了系统扩展法、质量分摊法和市场价值分摊法，其中基准情景中使用的是系统扩展法。

系统扩展法意味着，只有因玉米秸秆移除而额外增加的环境负担被计入玉米秸秆的能耗和排放量，具体包括秸秆收集所消耗的能量、在下一季中因秸秆移除而额外施用的化肥、由于增加氮肥施用量而额外排放的 CH_4 和 N_2O、因秸秆移除而避免的 N_2O 排放，以及土地使用变化引起的土壤有机碳的变化等（Mckechnie et al.，2015）。每移除1kg秸秆（干基）而额外增加的氮肥、磷肥和钾肥分别为8.488g、2.205g和13.228g。净 N_2O 排放根据式（1）进行计算（Wu et al.，2006）。

$$\mathrm{NetN_2O}=\frac{44}{28}\times(2\%\times N_{\mathrm{add}}-0.0045\times\mathrm{EF}) \tag{1}$$

式中，$\mathrm{NetN_2O}$ 为每移除1kg秸秆而导致的 N_2O 净排放量，单位为kg/kg；N_{add} 为每移除1kg秸秆而在下一季中额外施用的氮肥中的N元素质量，氮肥中的N元素含量假设为50%（Ou and Zhang，2011）；玉米秸秆中的氮含量为0.0045（基于质量）；EF为玉米秸秆中的N元素通过微生物发酵转化为 N_2O 的系数，设为0.0125（IPCC，1996）。

关于分摊法，玉米秸秆基于能量分摊法的分摊率为49%［干基谷物与秸秆的低位热值分别为18.10MJ/kg和16.89MJ/kg（Wang，2016），如上所述，其含水量分别为12.5%和15%］。基于质量分摊法的分摊率为50%（如上所述，玉米植株的草谷比为1.04，谷物与秸秆的含水量分别为12.5%和15%），由于能量分摊与质量分摊两种方法的分摊率非常接近，本研究没有采用能量分摊法。关于市场价值分摊率，2010～2015年玉米谷物平均收购价格为2044元/t①，玉米秸秆收购价格为200～300元/t（吴宏伟等，2014），本研究采用250元/t，因而，秸秆的市场价值分摊率为11%。

① 数据来源于http：//www.ceicdata.com/en/countries/china。

附表6总结了原料种植与收集过程中的物质和能量投入及温室气体排放数据。

（2）土壤有机碳变化

关于土地用途变化引起的土壤有机碳变化是否应计入玉米秸秆生产过程的排放范围内，目前国际社会并没有达成一致。由土地用途变化引起的温室气体排放量变化，因土壤性质、碳存量、气候条件、耕种方式等差别而存在巨大的不确定性（Spatari et al., 2005）。有研究认为，土壤有机碳变化量在玉米秸秆基燃料乙醇全生命过程中的影响可以忽略不计（Spatari et al., 2005），而有些研究则对土地变化带来的影响进行了细致的分析（Mckechnie et al., 2015）。虽然存在各种争论与不确定性，但是考虑到土壤有机碳变化对燃料乙醇LC排放与能耗的影响可能较大，本文在数据调研基础上，对该因素进行了敏感性分析，具体分析结果见3.4.1.2部分，而分析中所采用的数据如下：

秸秆移除将导致土壤有机碳减少，但减少量具有较大的不确定性（Kim et al., 2009）。陈鲜妮等（2012）发现，与玉米秸秆不还田相比，其还田带来的年均土壤有机碳增加量为155～413kg/hm^2［13～19g/kg秸秆（干基）］，那么，可以理解为与秸秆还田相比，秸秆不还田将带来的年均土壤有机碳减少量为13～19g/kg秸秆；Kim等（2009）的研究结果认为，秸秆移除导致的年均土壤有机碳减少量为15～39g/kg秸秆（干基）；Cherubini和Ulgiati（2010）在研究中采用的数据是“秸秆移除导致年均土壤有机碳减少量为43g/kg秸秆（干基）”。本研究综合以上研究结果，采用的数据是“秸秆移除导致年均土壤有机碳减少量为13～43g/kg秸秆（干基）”，如换算为CO_2排放，则为48～158g/kg秸秆。

2.5.3 乙醇转化

不同技术情景下乙醇转化过程的关键技术参数见附表7。乙醇转化阶段的物质和能量投入数据来自Aspen Plus模拟结果，过程模拟系统得出的用于燃料乙醇全生命周期分析的物流数据见表1。乙醇转化过程中的主产品为燃料乙醇，副产品为电力。由于该生产过程自身生产的电力和热力可以自给自足并可对外输出一部分电力，整个过程除一些必要的柴油消耗外，不需要提供其他能量。每生产1kg乙醇，CT、MT和HT情景下副产的电力分别为（4.89kW·h、3.48kW·h和1.93kW·h），多余电力输入电网，具体上网电力数量见表1。

表1　每生产1kg乙醇所副产的电力和物质投入

产品与投入		技术情景		
		CT	MT	HT
产品	乙醇（kg）	1.00	1.00	1.00
	电力（kW·h）	2.11	1.45	0.61
投入	玉米秸秆（干基）（kg）	6.46	5.21	3.86
	纤维素酶（g）	84.40	51.10	23.88

续表

产品与投入		技术情景		
		CT	MT	HT
投入	NaOH（g）	169.50	138.00	103.77
	氨（g）	98.83	76.18	53.46
	玉米浆（g）	43.37	43.08	22.36
	葡萄糖（g）	460.80	278.90	130.44
	石灰（g）	84.70	64.10	41.34
	磷酸二铵（g）	7.50	8.70	4.59
	硫酸（g）	153.40	123.80	91.63
	玉米油（kg）	2.20	1.30	0.61
	SO_2（g）	1.79	1.10	0.51
	其他	11.84	7.16	3.35

乙醇转化过程中，主产品乙醇和副产品电力之间的能量与排放分摊，采用了三种分摊方法，分别为系统扩展法、能量分摊法和市场价值分摊法，其中基准情景中采用的是系统扩展法，其他分摊方法的计算结果见敏感性分析部分。在基准情景中，假设副产品电力替代的对象为中国网电平均排放和能耗水平。为计算电力的市场价值分摊率，本研究采用了2011～2015年我国燃料乙醇和工业用电平均价格，分别为6.1元/kg和0.76元/(kW·h)[①]。

2.5.4 燃料乙醇使用

燃料乙醇在车辆中的使用主要分为两种形式：①与汽油以体积比为5%～20%的比例进行掺混，不对发动机进行改造；②与汽油以体积比为85%～100%的比例进行掺混，需要有针对性地对发动机进行改造（Fu et al.，2003）。参考《节能与新能源汽车产业发展规划（2012—2020年）》，本研究对E10和E100燃料在轻型乘用车中的使用分别进行分析，基准年为2015年，假设基准年轻型乘用汽油车的平均燃料消耗为6.9L/100km，那么汽车每行驶1km所消耗的燃料为2.16MJ。假设汽油燃料与E10燃料的燃油经济性相同，那么E10驱动车辆的燃料消耗也为2.16MJ/km。

E10、E100与汽油在轻型乘用车中使用的排放因子见附表8，该数据来源于GREET模型（Wang，2016）。

① 数据来源于http：//www.ceicdata.com/en/countries/china。

2.5.5 原料前处理与各种物料的运输

本研究假设原料由中间代理商统一收购并向燃料乙醇工厂供货，代理商首先将从田间收购的原料运往收储站进行存储和前处理，再将原料从收储站运到乙醇工厂，其中原料前处理的能耗为112MJ/t（97%柴油和3%电力）（赵黛青，2008）。

产品乙醇首先被运往汽油批发站进行变性和混合，混合后的E10燃料被分销到加油站进行销售。原料和燃料的运输模式与运输距离见附表9。其他生产过程直接消耗和间接消耗物料的运输距离假设为150km，运输工具为中型卡车。

3 结果与讨论

本节内容包括了本研究的一些重要结果，以及纤维素乙醇全生命周期分析分析结果与文献的对比情况。

3.1 基础燃料全生命周期分析结果

GREET模型中用到的我国基础工艺/运输燃料和电力生产的全生命周期（WTP阶段）排放和能耗结果见附表10。这些燃料和电力是燃料乙醇生产的能源基础，是必不可少的。

3.2 农化产品和化学品全生命周期分析结果

农化产品和化学品的投入是纤维素乙醇全生命过程中能耗和排放的重要贡献者，前者主要用于玉米秸秆的种植过程，而后者主要用于燃料乙醇的生产过程，主要农化产品和化学品的全生命周期分析结果见附表11。

3.3 纤维素乙醇全生命周期WTP阶段分析结果

3.3.1 纤维素乙醇全生命周期WTP阶段基准情景分析结果

纤维素乙醇全生命周期WTP阶段基准情景下的排放和能耗结果见表2。从表2中可以看出，三种情景下，单位乙醇产量对应的温室气体排放量和化石燃料消耗量分别为41.4~44.5g CO_2，e和0.3~0.4MJ，可见随着技术进步，温室气体排放和化石燃料能耗略有降低，但降低幅度并不十分显著。造成这一结果的原因如下：随着技术进步，乙醇转化率提高，从而导致生产单位乙醇的排放与能耗减少，但同时其副产品电力产量也相应减少（表1），这导致副产品电力替代网电带来的排放和能耗折减量有较大幅度的减少。然而，随着技术进步，单位乙醇产量对应的石油基燃料和天然气消耗及总能量消耗有较大幅度的下降。

表 2　1MJ 纤维素乙醇全生命周期 WTP 阶段基准情景下的排放和能耗

项目	情景		
	CT	MT	HT
温室气体 g CO_2,e	44.5	42.7	41.4
CO_2（kg）	0.2	0.2	0.1
CO_2折减（kg）	-0.2	-0.1	-0.1
CH_4（mg）	75.3	69.5	65.7
N_2O（mg）	75.5	61.3	42.7
化石燃料（MJ）	0.4	0.3	0.3
石油基燃料（MJ）	0.3	0.2	0.2
天然气（MJ）	0.3	0.2	0.1
煤（MJ）	-0.2	-0.1	0.0
非化石燃料（MJ）	4.7	3.8	2.8
总能量（MJ）	5.0	4.1	3.1

为更好地理解全生命周期 WTP 阶段温室气体的排放源情况，我们将温室气体排放按照主要的排放源进行了分解（图 2）。其中，燃料乙醇转化过程的排放源被分为 6 个部分：碱、氨、玉米浆、葡萄糖、其他化学品、转化过程能耗和其他，这 6 个排放源基本不直接排放温室气体，但其生产和运输过程产生了大量的间接排放。从图 2 中可以看到，虽然 CT、MT 和 HT 三个情景下，最终单位产品的净排放量差别较小，但是如果不考虑副产品折减，那么其差别较为显著。随着技术进步，总排放从 110g CO_2,e/MJ 下降至 59.9g CO_2,e/MJ。与此同时，原料运输和化学品导致的排放呈现类似的下降趋势。

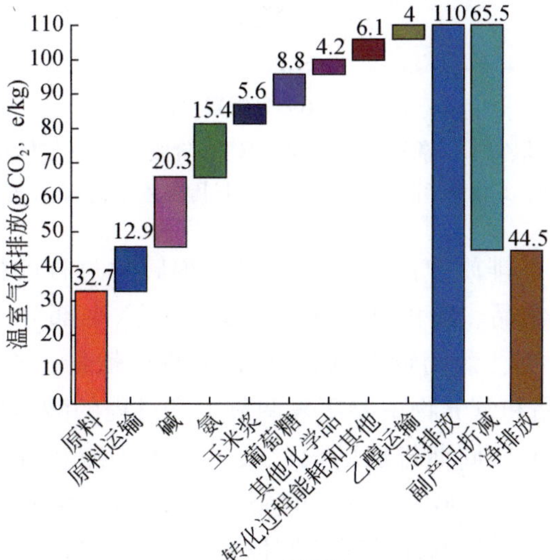

(a) CT情景

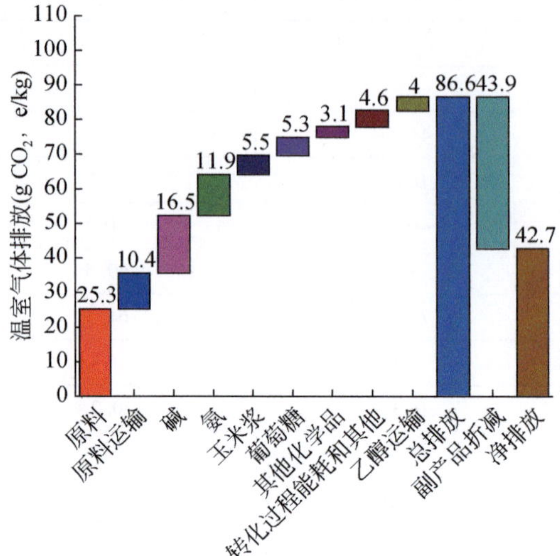

(b) MT情景

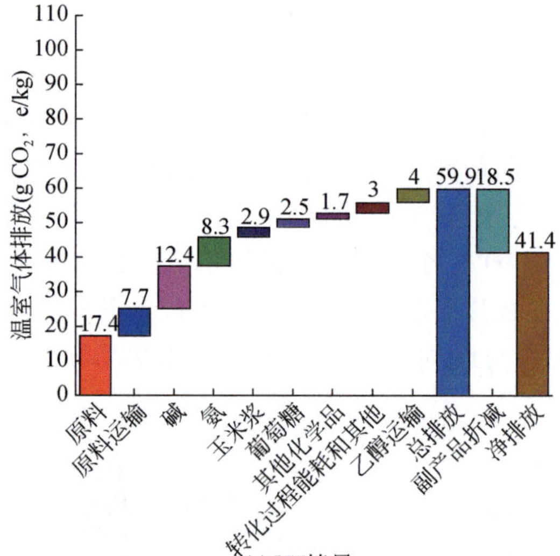

(c) HT情景

图 2　秸秆基燃料乙醇全生命周期（WTP 阶段）温室气体排放分解图

碱、氨、玉米浆、葡萄糖、其他化学品、转化过程能耗和其他这六部分之和为乙醇转化过程的总排放。

值得注意的是，在总排放中占比最大的是乙醇转化过程的排放，包括碱、氨、玉米浆、葡萄糖、其他化学品、转化过程能耗和其他这六个部分，占全生命周期总排放量的 51%~55%，碱、氨、葡萄糖、其他化学品的贡献量占全生命周期总排放量的 36%~37%。这些化学品和营养物主要用来调节生产过程的酸碱度及培育纤维素酶和发酵微生物。燃料乙醇全生命周期排放的第二大贡献者为原料种植、收集与前处理，占全生命周期总排放量的 29%~30%。本文的分析结果与 McKechnie 等（2015）的结论一致，该研究与本研究基于同样的纤维素乙醇技术路线，其认为 50%~82% 的排放来自乙醇生产过程的化学品和营养物。另外，MacLean 和 Spatari（2009）研究发现，酶的生产与转化过程化学品的消耗占全生命周期总排放量的 30%~35%；Dunn 等（2012）发现，乙醇转化过程中酶与酵母的生产占全生命周期总排放量的27%。本研究没有给出酶和发酵微生物的排放量，而是将酶与发酵微生物的生产分解为葡萄糖等各种营养物和化学品的生产。

3.3.2 纤维素乙醇WTP阶段LCA结果对分摊方法的敏感性分析

关于纤维素乙醇全生命周期的副产品分摊问题，如上所述，在原料种植和乙醇转化两个阶段存在分摊。本研究在原料种植阶段采用系统扩展法（基准情景）、质量分摊法和市场价值分摊法三种方法，而在乙醇转化阶段，采用系统扩展法（基准情景）、能量分摊法和市场价值分摊法三种方法。由此，本研究在CT、MT和HT三个技术情景下，分别包含了9种分摊子情景，但是，计算结果发现，在原料种植阶段，替代法和市场价值分摊法的全生命周期结果比较接近，而在乙醇转化阶段，能量分摊法和市场价值分摊法的结果也较为接近，为更简单地呈现研究结果，本文只给出了表3列出的四种分摊子情景的计算结果。

图3给出了纤维素乙醇WTP阶段全生命周期结果对分摊方法的敏感性分析结果，

表3 CT、MT和HT三个技术情景下的分摊方法子情景

分摊子情景名称	原料种植阶段	乙醇转化阶段	备注
Baseline	系统扩展法	系统扩展法	基准情景
Mass-Exp	质量分摊法	系统扩展法	
Exp-En	系统扩展法	能量分摊法	
Mass-En	质量分摊法	能量分摊法	

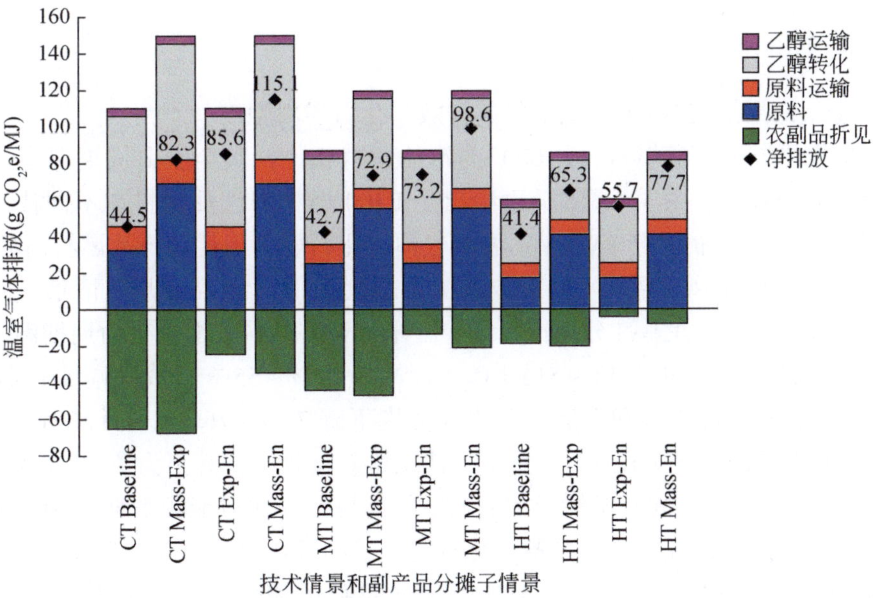

图3 玉米秸秆基燃料乙醇LC温室气体排放对分摊方法的敏感性分析结果

可以看出，基准子情景下的温室气体净排放量最低。当原料种植阶段采用系统扩展法进行分摊时，乙醇转化过程是温室气体排放的最大贡献者，其贡献远大于原料贡献；然而，当原料种植阶段采用质量分摊法时，乙醇转化过程和原料生产与收集过程的温室气体排放量基本相当，二者之和占总排放量的 80% 以上。当乙醇转化阶段采用系统扩展法时，副产品折减量非常大，但是当采用能量分摊法时，副产品折减量相对较小，因而两种分摊方式导致最终的净排放量差别显著，采用系统扩展法的排放量小于采用能量分摊法的排放量。

3.3.3 纤维素乙醇 WTP 阶段全生命周期结果对比与分析（本研究与其他文献）

本研究将分析结果与已发表文献进行了对比，对比情况见。从表 4 中可以看出，本研究与 Mckechnie 等（2015）结果类似，但数值偏高，主要原因在于我国玉米种植的化肥投入量较高，另外我国主要工艺与交通燃料的全生命周期温室气体排放和能耗高于美国。与 Wang（2016）、MacLean 和 Spatari（2009）、Kaufman 等（2010）相比，本研究结果相对较高，除以上提及的原因外，还有一个重要的原因就是这些研究没有包含乙醇转化过程中化学品的消耗。Ou 和 Zhang（2011）、Shen（2007）较大程度上低估了我国纤维素乙醇全生命周期温室气体排放和能源消耗，原因主要有两点：一是在原料种植阶段没有对玉米秸秆进行分摊，二是没有考虑乙醇转化阶段消耗的各种化学品和营养物，而根据上文分析结果，这两部分的排放和能耗占总量的 80% 以上。

3.4 燃料全生命周期（WTW）分析结果

本节假设 E100 燃料与 E10 燃料被用作轻型机动车燃料，并给出两类燃料与汽油燃料相比的全生命周期温室气体排放和化石能源消耗结果。

3.4.1 E100 燃料

（1）全生命周期（WTW）温室气体排放与化石燃料强度

本节旨在研究纯乙醇燃料（E100）与汽油燃料相比，其全生命周期温室气体减排和化石能源节约效益。图 4 ~ 图 6 分别给出了 E100 燃料与汽油燃料在不同技术情景和分摊子情景下的全生命周期（WTW）温室气体、化石燃料消耗和石油燃料消耗结果。

如图 4 和图 5 所示，温室气体排放和能源消耗最低的情景为基准情景，而最高的情景为 Mass-En 情景。在基准分摊情景下，玉米秸秆基燃料乙醇全生命周期温室气体减排量和化石燃料节约量可达 48 ~ 51g CO_2，e/MJ（52% ~ 55% 的减排幅度）和 0.93 ~ 0.98MJ/MJ（化石能源强度和石油能源强度分别下降 72% ~ 76%）。而在 Mass-En 情景下，对于 CT 和 MT 两个技术情景，温室气体减排效益较小，甚至为负（CT Mass-En 情景）。在基准情景下，不同技术情景中的温室气体排放和化石能源消耗差别不大，而当采用其他分摊情景时，温室气体减排与化石能源节约效益较为可观。在 Mass-Exp、Exp-En 和 Mass-En 三种情景中，每生产 1MJ 乙醇所排放的温室气体分别从 82.7g CO_2，e 下降到 65.7g CO_2，e，从 86g CO_2，e，下降到 56.1g CO_2，e，从 115.5g CO_2，e，下降

表4　纤维素燃料乙醇全生命周期分析结果对比

本文/文献	地域/原料	乙醇转化数据来源	原料种植过程分摊	系统扩展法		质量分摊法			市场价值分摊法		不分摊
			乙醇转换过程分摊	系统扩展	能量分摊	不分摊	系统扩展	能量分摊	系统扩展	市场价值分摊	系统扩展
本文	中国/秸秆	Humbird 等(2011)	温室气体	41.40～44.50	48.00～85.60	55.70～90.70	65.30～82.30	77.70～115.10	31.30～35.00	50.0～76.5	39.70～61.10
			化石能耗	0.29～0.35	0.50～0.75	0.52～0.93	0.59～0.70	0.73～1.07	0.31～0.36	0.51～0.77	0.43～0.65
Mckechnie 等(2015)	美国/秸秆	Humbird 等(2011)	温室气体	1.50～22.00			38.00～52.00				
Wang(2016)	美国/秸秆		温室气体	10.80							
			化石能耗	0.14							
Maclean 和 SpatarI(2009)	美国/柳枝稷	Aden 等(2002)	温室气体			27.00～29.00					
			化石能耗			0.25～0.30					
Kaufman 等(2010)	美国/秸秆	Aden 等(2002)	温室气体						15.00	26.00	
Ou 和 Zhang(2011)	中国/纤维素	—	温室气体								-5.00
		—	化石能耗								-0.03
Shen(2007)	中国/秸秆	—	温室气体								-65.00～-40.00
			化石能耗								0.10～0.20

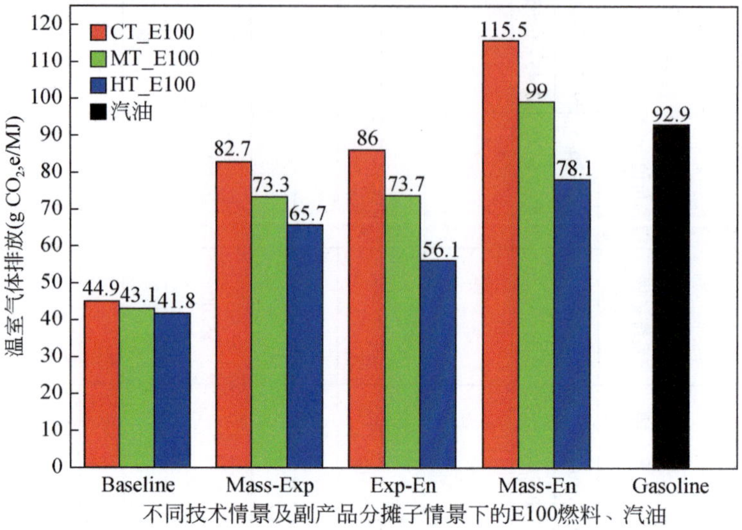

图 4　E100 燃料全生命周期（WTW）温室气体排放

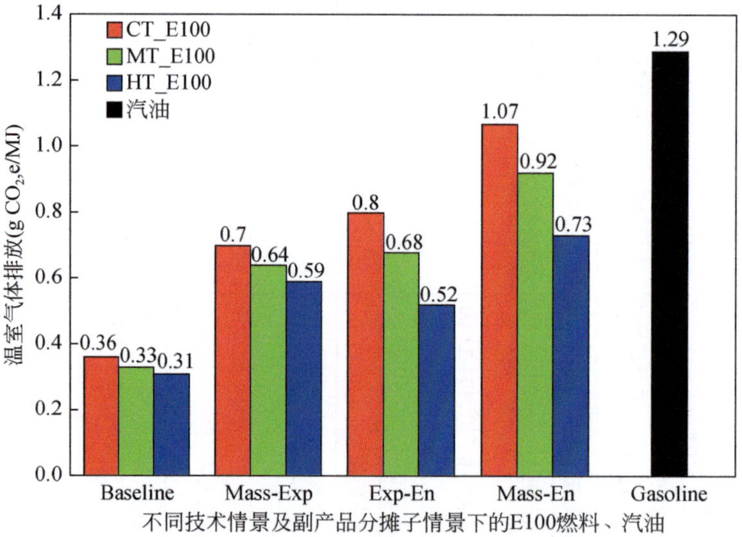

图 5　E100 燃料全生命周期（WTW）化石燃料消耗

到 78.1g CO_2，e；而化石燃料消耗则分别从 0.7MJ/MJ 下降到 0.59MJ/MJ，从 0.8MJ/MJ 下降到 0.52MJ/MJ，从 1.07MJ/MJ 下降到 0.73MJ/MJ。在所有分摊情景下，HT 技术情景中的温室气体减排量和化石燃料节约量都十分可观。

对于所有的技术情景和分摊情景，E100 燃料都具有化石燃料和石油燃料的节约效益，尤其后者的节约效益更为可观。与汽油相比，每生产和使用 1MJ E100 燃料，可节约化石燃料和石油燃料分别为 0.22～0.98MJ 与 0.67～0.94MJ，即化石燃料消耗强度和石油燃料消耗强度分别下降 17%～76% 和 60%～85%。

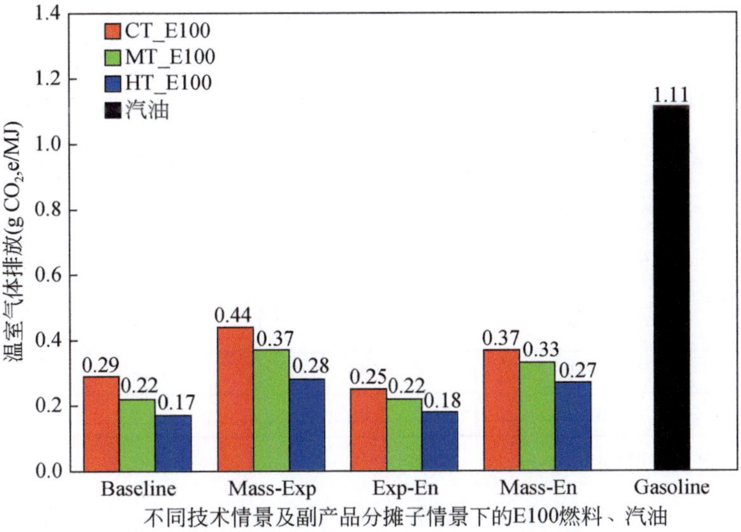

图 6　E100 燃料全生命周期（WTW）石油燃料消耗

（2）E100 燃料 LC 温室气体排放对 SOC 变化的敏感性分析结果

基于 2. 5. 2 部分的输入数据，本文就 E100 燃料全生命周期（WTW）的温室气体排放对因秸秆移除造成的土壤有机碳变化情况进行了敏感性分析，该分析针对各技术情景下的基准分摊子情景。结果表明，每生产和使用 1MJ E100 燃料，其 CT、MT 和 HT 三种技术情景下的 LC 温室气体排放分别增加 12. 7 ~ 42g、10. 3 ~ 33. 9g 和 7. 6 ~ 25. 1g，这导致三种技术情景下 E100 燃料的 LC 温室气体排放分别达到 57. 6 ~ 86. 9g、53. 4 ~ 77g 和 49. 4 ~ 66. 9g，而与之相比的汽油 LC 温室气体排放为 92. 9g/MJ，三种技术情景下，E100 与汽油相比的 LC 温室气体减排幅度分别为 6%~38%、17%~43% 和 28%~47%。以上结果表明，按照现有 SOC 变化数据，在考虑 SOC 的影响情况下，纤维素乙醇全生命周期仍然具有较好的减排效果，但是其减排力度因 SOC 变化率的不确定性而存在一定的不确定性。

3. 4. 2　E10 燃料

由表 5 可知，在基准分摊情景下，E10 燃料全生命周期（WTW）温室气体排放与化石能耗比汽油燃料分别减少 6. 35 ~ 6. 81g CO_2, e/km 和 0. 14 ~ 0. 15MJ/km，可减少温室气体排放 3%，节约石油能源 5%~6%。

表 5　全生命周期（WTW）E10 和汽油燃料温室气体排放与能源使用

项目	E10 燃料			汽油
	LT 情景	MT 情景	HT 情景	
温室气体（g）	194. 09	193. 80	193. 63	200. 44
CO_2（g）	216. 14	210. 51	204. 81	188. 98
CO_2 折减（g）	-31. 72	-31. 72	-31. 72	0. 00

续表

项目	E10 燃料			汽油
	LT 情景	MT 情景	HT 情景	
CH_4（g）	0.31	0.31	0.31	0.32
N_2O（mg）	14.84	12.81	10.16	3.92
化石燃料（MJ）	2.64	2.64	2.63	2.78
石油（MJ）	2.28	2.27	2.26	2.40
天然气（MJ）	0.16	0.16	0.15	0.14
煤（MJ）	0.20	0.21	0.23	0.24
非化石燃料（MJ）	0.69	0.56	0.42	0.02
总能源（MJ）	3.33	3.20	3.07	2.80

注：功能单位为轻型乘用车行驶 1km。

表 6 给出了本研究与其他文献的比较结果，可以看出，本研究结果与 Wang 等（2016）研究的美国情况较为相近，但是与申威等（2007）针对中国国情的研究结果差别较大，原因在于本研究与申威等（2007）在 WTP 阶段的分析结果差别较大，本研究考虑了原料种植阶段农化产品投入和乙醇转化阶段化学品等投入带来的间接排放与能耗。

表 6　E10 燃料全生命周期（WTW）分析结果比较

项目	本研究	Wang（2016）	Sheehan 等（2003）	Borrion 等（2012）	Fu 等（2003）	Shen（2007）	Luo 等（2009）
地域/原料	中国/玉米秸秆	美国/玉米秸秆	美国/玉米秸秆	多国/纤维素生物质	加拿大/纤维素生物质	中国/秸秆	美国和欧洲/玉米秸秆
化石燃料消耗（MJ）	2.64～2.63（比汽油节约 5% 的石油燃料）	2.52	减少化石燃料消耗 0.25	比汽油减少 4%～8% 的化石燃料消耗	—	0.7～1	—
温室气体排放（g CO_2，e）	194.1～193.6（比汽油节约 6.4～6.8）	188.6	221.75（比汽油减少 17.25）	−1100～280	244～256	50～100	−1100～250

注：功能单位为轻型乘用车行驶 1km。

4　结论与建议

4.1　基本结论

本研究通过引入 Aspen Plus 过程模拟系统，对纤维素乙醇全生命周期的乙醇转化阶段给予格外细致的分析，该过程模拟系统针对中国国情，既对我国现有技术水平进行了模拟，又对未来近中期和长期的技术水平在专家预测的基础上进行了模拟，这使得本研究的结果不仅可以反映我国纤维素乙醇现有的排放和能耗情况，也可以展现出技术进步引起的温室气体排放和能耗的变动情况。同时，该模拟系统能够得到乙醇生产过程的所有物料和能量投入，因而，可以较为细致地计算生产过程所需化学品和营养物的排放与能耗，这使得纤维素乙醇在转化阶段的排放和能量分析较全面，而国内的研究大都忽略这些化学品和营养物的投入。本研究与国内大部分的研究不同，对原料种植和收集阶段的排放和能耗也进行了较为细致的研究，根据不同的分摊方法，将玉米种植阶段的能耗分摊给玉米秸秆，而国内的研究大都将秸秆种植阶段的能耗视为“0”。

研究结果表明，与汽油燃料相比，玉米秸秆基燃料乙醇具有一定的减排和化石燃料节约效益，但是其效益大小受分摊方法影响较大。燃料乙醇转化过程中的化学品与营养物消耗成为纤维素乙醇全生命周期排放和能耗的重要贡献者。

本研究结果与文献相比，温室气体排放量与化石燃料消耗量都呈现偏高的现象，相比国内大多文献差别更大，主要原因在于：①本研究在燃料乙醇转化阶段，包括了化学品和营养物的排放和能耗，这些物质投入带来的排放和能耗占转化过程总量的80%以上；②本研究的CT情景是针对我国现有技术水平进行的分析，而国内外文献目前大部分是针对未来的技术水平进行的分析，因而本研究的CT情景分析结果高于大部分文献结果；③我国用于支撑纤维素乙醇生产的主要运输燃料和工艺燃料的全生命周期排放与能耗高于发达国家。

4.2 建议

基于以上研究结果和结论，本文针对纤维素乙醇的发展与全生命周期分析提出如下建议。

1）纤维素乙醇转化技术方面，建议把研发与政策支持的重点放在工艺集成、五碳糖和六碳糖共发酵微生物培育、经济高效的纤维素酶培育，以及高效和低能耗预处理技术的开发等方面，以降低乙醇转化过程中化学品和营养物的投入量，降低生产过程能耗。

2）确立可持续纤维素乙醇温室气体排放门槛值，即满足这个标准才能被认可为纤维素乙醇并享受可能的优惠政策和补贴。

3）建立一条可行完整的纤维素乙醇全生命周期评价体系，确定合理的研究边界，建议研究边界至少包含以下内容：原料种植阶段化肥和除草剂等的施用，化肥施用与秸秆移除导致的N_2O与CH_4排放的变化，原料收集与前处理，原料运输，燃料乙醇转化过程中化学品、营养物、纤维素酶、发酵微生物等的投入，燃料乙醇在车辆中的使用，等等。

4）对纤维素乙醇各种工艺路线进行全生命周期比较，以便使纤维素乙醇全生命周期的温室气体排放及化石燃料消耗情况更加全面，为技术研发、产业发展和政府决策提供更多的支撑信息。

5）除温室气体排放和化石燃料消耗以外，建议对纤维素乙醇其他方面的环境影响进行全生命周期评价，包括对大气、土壤、水体和人类健康等方面的影响。

致谢

本研究得到了国家自然科学基金委员会（项目号：71203119，71403142 和 71673165）的支持，作者在此表示衷心的感谢。

参考文献

陈鲜妮,岳西杰,葛玺祖,等. 2012. 长期秸秆还田对塿土耕层土壤有机碳库的影响. 自然资源学报,27(1):25-32.

国家统计局能源统计司. 2015. 中国能源统计年鉴 2014. 北京:中国统计出版社.

林鑫,武国庆. 2015. 纤维素乙醇关键技术及进展. 生物产业技术,(2):16-21.

欧训民,张希良. 2011. 中国车用能源技术路线全生命周期分析. 北京:清华大学出版社.

乔庆安,张建,鲍杰. 2013. 产业化工况下木质纤维素生物炼制过程的流程模拟. 华东理工大学学报(自然科学版),4:8.

清华大学中国车用能源研究中心. 2012. 中国车用能源展望 2012. 北京:科学出版社.

田宜水. 2014. 可作为生物质液体燃料原料的中国生物质资源潜力分析. 北京:农业部规划设计研究院.

魏昭峰. 2014. 2013 中国电力年鉴. 北京:中国电力出版社.

吴宏伟,朱竹清,刘咏梅. 2014. 秸秆焚烧的治理困境及其经济学分析. 农村经济,(11):111-115.

赵黛青. 2008. 基于农林类生物质资源发电技术的全生命周期综合评价——生物质发电生命周期 3E 评价模型与分析. 广州:中国科学院广州能源研究所.

Aden A, Ruth M, Ibsen K, et al. 2002. National Renewable Energy Laboratory. Golden, CO: Lignocellulosic Biomass to Ethanol Process Design and Economics Utilizing Co-Current Dilute Acid Prehydrolysis and Enzymatic Hydrolysis for Corn Stover.

Borrion A L, Mcmanus M C, Hammond G P. 2012a. Environmental life cycle assessment of bioethanol production from wheat straw. Biomass and Bioenergy,47:9-19.

Borrion A L, Mcmanus M C, Hammond G P. 2012b. Environmental life cycle assessment of lignocellulosic conversion to ethanol: A review. Renewable and Sustainable Energy Reviews,16(7):4638-4650.

CATARC. 2007. CATARC(China Automotive Technology and Research Center) and GM(General Motor). Beijing, China: Well-to-Wheels Analysis of Energy Consumption and GHG Emissions of Multi Vehicle Fuel in Future China.

Cherubini F, Ulgiati S. 2010. Crop residues as raw materials for biorefinery systems-A LCA case study. Applied Energy,87(1):47-57.

Dunn J, Mueller S, Wang M, et al. 2012. Energy consumption and greenhouse gas emissions from enzyme and yeast manufacture for corn and cellulosic ethanol production. Biotechnol Lett,34(12):2259-2263.

Eggleston S, Buendia L, Miwa K, et al. 2006. The Institute for Global Environmental Strategies (IGES). Hayama, Japan: 2006 IPCC Guidelines for National Greenhouse Gas Inventories, Prepared by the National Greenhouse Gas Inventories Programme. http://www.ipcc-nggip.iges.or.jp/public/2006gl/index.html.

Farrell A E, Plevin R J, Turner B T, et al. 2006. Ethanol can contribute to energy and environmental goals. Science,311(5760):506-508.

Fu G Z, Chan A W, Minns D E. 2003. Life cycle assessment of bio-ethanol derived from cellulose. The International Journal of Life Cycle Assessment,8(3):137-141.

Gnansounou E, Dauriat A, Villegas J, et al. 2009. Life cycle assessment of biofuels: Energy and greenhouse gas balances. Bioresource Technology,100(21):4919-4930.

Hsu D D, Inman D, Heath G A, et al. 2010. Life cycle environmental impacts of selected US ethanol production and use pathways in 2022. Environmental Science and Technology,44(13):5289-5297.

Humbird D, Davis R, Tao L, et al. 2011. National Renewable Energy Laboratory. Golden, Colorado: Process Design and Economics for Biochemical Conversion of Lignocellulosic Biomass to Ethanol: Dilute-Acid Pretreatment and Enzymatic Hydrolysis of Corn Stover.

IPCC. 1996. IPCC Guidelines for National Greenhouse Gas Inventories. Paris: Integovernmental Panel on Climate Change.

ISO. 1997. Environmental management: Life cycle assessment: principles and framework, ISO14040. International Organization for Standardization.

Karlsson H, Börjesson P, Hansson P A, et al. 2014. Ethanol production in biorefineries using lignocellulosic feedstock-GHG performance, energy balance and implications of life cycle calculation methodology. Journal of Cleaner Production, 83: 420-427.

Kaufman A S, Meier P J, Sinistore J C, et al. 2010. Applying life-cycle assessment to low carbon fuel standards—How allocation choices influence carbon intensity for renewable transportation fuels. Energy Policy, 38(9): 5229-5241.

Kim S, Dale B E, Jenkins R. 2009. Life cycle assessment of corn grain and corn stover in the United States. The International Journal of Life Cycle Assessment, 14(2): 160-174.

Li X, Ou X, Zhang X, et al. 2013. Life-cycle fossil energy consumption and greenhouse gas emission intensity of dominant secondary energy pathways of China in 2010. Energy, 50: 15-23.

Limayem A, Ricke S C. 2012. Lignocellulosic biomass for bioethanol production: Current perspectives, potential issues and future prospects. Progress in Energy and Combustion Science, 38(4): 449-467.

Luo L, van Der Voet E, Huppes G, et al. 2009. Allocation issues in LCA methodology: A case study of corn stover-based fuel ethanol. The International Journal of Life Cycle Assessment, 14(6): 529-539.

Maclean H L, SpatarI S. 2009. The contribution of enzymes and process chemicals to the life cycle of ethanol. Environmental Research Letters, 4(1): 014001.

Mckechnie J, Pourbafrani M, Saville B A, et al. 2015. Exploring impacts of process technology development and regional factors on life cycle greenhouse gas emissions of corn stover ethanol. Renewable Energy, 76: 726-734.

Morikawa Y, Zhao X, Liu D. 2014. Biological co-production of ethanol and biodiesel from wheat straw: a case of dilute acid pretreatment. RSC Advances, 4(71): 37878-37888.

NREL. 2012. Process Design for Biochemical Conversion of Biomass to Ethanol(DW1111A). U. S. National Renewable Energy Laboratory(NREL). http://www. nrel. gov/extranet/biorefinery/aspen_models/.

Ou X, Zhang X. 2011. Life-cycle Analysis of Automotive Energy Pathways in China. Beijing: Tsinghua University Press.

Pourbafrani M, Mckechnie J, Shen T, et al. 2014. Impacts of pre-treatment technologies and co-products on greenhouse gas emissions and energy use of lignocellulosic ethanol production. Journal of Cleaner Production, 78: 104-111.

Sheehan J, Aden A, Paustian K, et al. 2003. Energy and environmental aspects of using corn stover for fuel ethanol. Journal of Industrial Ecology, 7(3-4): 117-146.

Shen W. 2007. Well-to-Wheel analysis on energy use, GHG emissions and cost of vehicle fuels in future China.

Spatari S, Bagley D M, Maclean H L. 2010. Life cycle evaluation of emerging lignocellulosic ethanol conversion technologies. Bioresource Technology, 101(2): 654-667.

Spatari S, Maclean H L. 2010. Characterizing model uncertainties in the life cycle of lignocellulose-based ethanol fuels. Environmental Science and Technology,44(22):8773-8780.

Spatari S,Zhang Y,Maclean H L. 2005. Life cycle assessment of switchgrass-and corn stover-derived ethanol-fueled automobiles. Environmental Science and Technology,39(24):9750-9758.

Tian W,Liao C,Li L,et al. 2011. Life cycle assessment of energy consumption and greenhouse gas emissions of cellulosic ethanol from corn stover. Chinese Journal of Biotechnology,27(3):516-525.

Wang M, Huo H, Arora S. 2011. Methods of dealing with co-products of biofuels in life-cycle analysis and consequent results within the US context. Energy Policy,39(10):5726-5736.

Wang M. 2016. Center for Transportation Research, Energy Systems Division, Argonne National Laboratory/Department of Energy. Argonne, IL: The Greenhouse Gases, Regulated Emissions, and Energy Use in Transportation(GREET) Model(Version GREET 2015).

Wang M. 2016. Center for Transportation Research, Energy Systems Division, Argonne National Laboratory/Department of Energy. Argonne, IL: The Greenhouse Gases, Regulated Emissions, and Energy Use in Transportation(GREET) Model(Version GREET 2015).

Wiloso E I,Heijungs R,de Snoo G R. 2012. LCA of second generation bioethanol: A review and some issues to be resolved for good LCA practice. Renewable and Sustainable Energy Reviews,16(7):5295-5308.

Wu M,Wang M,Huo H. 2006. Argonne National Laboratory,ANL/ESD/06-7. Fuel-cycle assessment of selected bioethanol production pathways in the United States.

Yang M,Li W,Liu B,et al. 2010. High-concentration sugars production from corn stover based on combined pretreatments and fed-batch process. Bioresource Technology,101(13):4884-4888.

Zhang A,Shen W,Han W,et al. 2008. Life Cycle Analysis of Automotive Alternative Fuel. Beijing: Tsinghua University Press.

Zhao L,Chang S,Wang H,et al. 2015a. Long-term projections of liquid biofuels in China: Uncertainties and potential benefits. Energy,83:37-54.

Zhao L,Zhang X,Xu J,et al. 2015b. Techno-economic analysis of bioethanol production from lignocellulosic biomass in China: dilute-acid pretreatment and enzymatic hydrolysis of corn stover. Energies, 8 (5): 4096-4117.

附表 1　生产 1MJ 燃料各种工艺燃料投入及转化效率

（单位:%）

		煤基燃料		石油基燃料								天然气基燃料		
		煤开采洗选	焦炭生产	原油开采	汽油炼制	航煤炼制	柴油炼制	燃料油炼制	石脑油炼制	石油焦炼制	LPG 炼制	天然气开采	天然气加工	LNG 生产
转化效率		94.1	95.5	93.0	89.1	89.5	89.7	94.0	88.7	92.0	90.3	96.0	94.0	91.0
燃料	煤	72.4	16.9	3.3	16.9	16.9	16.9	16.9	16.9	16.9	16.9	3.3	0.0	0.0
	焦炭	3.1	6.3	0.0	6.3	6.3	6.3	6.3	6.3	6.3	6.3	0.0	0.0	0.0
	原油	0.0	24.0	23.6	24.0	24.0	24.0	24.0	24.0	24.0	24.0	23.6	0.0	0.0
	汽油	0.3	0.0	0.7	0.0	0.0	0.0	0.0	0.0	0.0	0.0	0.7	0.0	0.0
	航空煤油	0.1	0.0	0.0	0.0	0.0	0.0	0.0	0.0	0.0	0.0	0.0	0.0	0.0
	柴油	4.8	1.9	2.9	1.9	1.9	1.9	1.9	1.9	1.9	1.9	2.9	0.0	0.0
	燃料油	0.0	1.2	0.5	1.2	1.2	1.2	1.2	1.2	1.2	1.2	0.5	0.0	0.0
	石脑油	0.0	6.7	0.0	6.7	6.7	6.7	6.7	6.7	6.7	6.7	0.0	0.0	0.0
	石油焦	0.0	2.1	0.0	2.1	2.1	2.1	2.1	2.1	2.1	2.1	0.0	0.0	0.0
	LPG	0.0	2.5	0.0	2.5	2.5	2.5	2.5	2.5	2.5	2.5	0.0	0.0	0.0
	炼厂干气	0.0	13.5	1.4	13.5	13.5	13.5	13.5	13.5	13.5	13.5	1.4	0.0	0.0
	天然气	0.8	2.6	48.9	2.6	2.6	2.6	2.6	2.6	2.6	2.6	48.9	94.5	98.0
	LNG	0.0	8.3	0.1	8.3	8.3	8.3	8.3	8.3	8.3	8.3	0.1	0.0	0.0
	电	18.4	14.0	18.5	14.0	14.0	14.0	14.0	14.0	14.0	14.0	18.5	1.0	2.0
	原料损失	5.3	0.0	1.0	0.1	0.1	0.1	0.1	0.1	2.6	0.1	1.0	0.1	0.1

注:除原料损失相关的数据外,其他数据均来自《中国能源统计年鉴 2014》;关于原料损失数据,其中煤基原料的损失来自《中国能源统计年鉴 2014》,其他来自 CATARC 和 GREET 模型。

附表 2　各种燃料运输过程中交通模式占比

（单位:%）

交通模式	煤	焦炭①	原油	汽油	航空煤油	柴油	燃料油	石脑油②	石油焦③	LPG	天然气	LNG④
远洋油轮	4⑤	0	50	0	44[e]	0	69⑤	0	0	14	0	15⑥
铁路	55	55	30	50	50	50	29	50	55	50	0	0
管道	0	0	78	15	15	15	15	15	0	15	100	100
轮船	26	26	10	10	25	10	10	10	26	25	0	0
长途货运	30	30	0	0	0	0	0	0	30	0	0	0
短途货运	100	100	0	10	10	10	10	10	100	10	0	0

①参考“煤”数据;②参考“柴油”数据;③参考“焦炭”数据;④参考“天然气”数据;⑤和⑥参考《中国能源统计年鉴 2014》;未特别标注的数据来源于 Li 等(2013)。

附表 3　各种燃料运输过程中各交通模式运输距离

（单位:km）

交通模式	煤	焦炭①	原油	汽油	航空煤油	柴油	燃料油	石脑油②	石油焦③	LPG	天然气	LNG④
远洋油轮	11 000⑤	0	11 000	0	11 000	0	11 000	0	0	11 000	0	6 700⑥
铁路	642	642	942	900	900	900	900	900	642	900	0	0
管道	0	0	440	160	160	160	160	160	0	160	1 500	1 500
轮船	650	650	250	1 200	1 200	1 200	1 200	1 200	650	1 200	0	0
长途货运	310	310	0	0	0	0	0	0	310	0	0	0
短途货运	50	50	0	50	50	50	50	50	50	50	0	0

①参考“煤”数据;②参考“柴油”数据;③参考“焦炭”数据;④参考“天然气”数据;⑤和⑥参考“原油”数据;未特别标注的数据来源于 Li 等(2013)。

附表 4　中国电力生产结构、平均发电效率、电力传输损失率

（单位:%）

来源	煤电	水电	风电	天然气	核电	生物质	太阳能	油电	其他
比例	74. 10	16. 61	2. 57	2. 17	2. 08	0. 52	0. 16	0. 10	1. 70
效率	36. 4①			45. 9①				45. 9[a]	
线损率:6. 68									

①根据专家意见确定;未特别标注的数据来源于 Wei(2014)。

附表 5　交通模式关键参数和燃料结构

运输模式	燃料结构	HP/载重因子（kW/kg)	平均速度(km/h)	燃油经济性(km/L)	能源强度[kJ/t · km)]
远洋油轮	燃料油(100%)	0.0001	32	—	—
水运	燃料油(100%)	0.0002	15	—	—
重卡	柴油（72%)、汽油(28%)	—	—	1.20	—
中卡	柴油（72%)、汽油(28%)	—	—	3.27	—
铁路	柴油(41%)、电力(59%)	—	—	—	68
管道(油)	燃料油(50%)、电力（50%)	—	—	—	300
管道(天然气)	天然气(99%)、电力(1%)	—	—	—	372

资料来源：Li et al.,2013.

附表 6　每 1kg 玉米秸秆(干基)种植与收集过程中的物质和能量投入与排放数据

项目		系统扩展法	分摊前所有投入与排放	分摊方法	
				基于质量(50%)	基于市场价值(11%)
投入	氮肥（g)	8.488	34.190	17.095	3.761
	磷肥（g)	2.205	9.497	4.749	1.045
	钾肥（g)	13.228	27.647	13.824	3.041
	除草剂(g)	0	0.844	0.422	0.093
	能量（MJ)	0	0.945	0.473	0.104
排放	N_2O（g)	−0.039	0.433	0.217	0.048
	CH_4(g)	0.041	0.171	0.085	0.019

附表 7 纤维素乙醇生产过程中各技术情景的关键技术参数

工段	参数	情景		
		CT	MT	HT①
预处理	固体质量分数(%)	30	30	30
预处理	木聚糖→木糖转化率(%)	80	80	90
预处理	纤维素→葡萄糖转化率(%)	5	5	10
脱毒	糖损失(%)	15	10②	—
酶水解	纤维素→葡萄糖转化率(%)	79	84	90
酶水解	固体质量分数(%)	20	20	20
酶水解	酶用量(mg/g 纤维素)	40②	30②	20
酶水解	酶用量(FPU/g 纤维素)	20	20	20
发酵	葡萄糖→乙醇转化率(%)	90	90	95
发酵	五碳糖→乙醇转化率(%)	0	40	85
发酵	糖损失(%)	3	3	3

①本列数据均来源于 Humbird 等,2011;②该数据根据专家意见确定。

附表 8 E10、E100 与汽油在轻型乘用车中使用的排放因子

温室气体	E10	E100	汽油
CO_2(g/MJ)	71.67	70.70	71.73
CO_2折减 (g/MJ)	4.70	70.70	0.00
CH_4(mg/MJ)	1.90	0.58	1.811
N_2O (mg/MJ)	1.68	0.51	1.60

附表 9 原料和产品等物料的运输模式与运输距离

货物	运输起始点	距离 (km)	运输工具
玉米秸秆	田间到收储站	6.5	中卡
玉米秸秆	收储站到燃料乙醇工厂	190	中卡
乙醇	燃料乙醇工厂到批发站点	450	重卡
E10	批发站点到加油站	50	中卡

资料来源:Yang et al.,2010;Zhao et al.,2015.

附表 10 我国基础燃料和电力全生命周期(WTP 阶段)排放和能耗结果

项目	煤	焦炭	原油	汽油	航煤	柴油	燃料油	石脑油	石油焦	LPG	天然气	LNG	电力
温室气体 (g)	14.40	17.00	12.78	20.76	21.22	19.86	18.25	19.43	17.06	19.87	15.64	20.02	243.60
CO_2(g)	9.63	11.67	8.83	15.94	16.46	15.19	13.59	14.67	12.62	15.23	9.96	9.11	231.60
CH_4(g)	0.15	0.16	0.12	0.15	0.14	0.14	0.14	0.15	0.14	0.14	0.18	0.36	0.35
N_2O (mg)	0.14	0.17	0.13	0.22	0.23	0.21	0.20	0.22	0.18	0.21	0.08	0.06	3.47
化石燃料 (MJ)	1.11	1.17	1.13	1.29	1.28	1.28	1.24	1.29	1.23	1.27	1.16	1.17	2.49
汽油 (MJ)	0.03	0.05	1.04	1.11	1.11	1.11	1.10	1.11	1.08	1.10	0.02	0.01	0.07
NG (MJ)	0.00	0.01	0.04	0.07	0.06	0.06	0.06	0.06	0.06	0.06	1.12	1.13	0.06
煤 (MJ)	1.08	1.11	0.04	0.11	0.11	0.11	0.08	0.11	0.09	0.10	0.03	0.02	2.36
非化石燃料 (MJ)	0.00	0.01	0.01	0.01	0.01	0.01	0.01	0.01	0.01	0.01	0.00	0.00	0.35
总能源 (MJ)	1.12	1.17	1.13	1.30	1.29	1.29	1.25	1.30	1.24	1.28	1.17	1.17	2.84

附表 11 1kg 农化产品和化学品温室气体排放与化石能源消耗

项目	农化产品				生产过程所需化学品			
	氮肥	磷肥	钾肥	除草剂	氨	NaOH	玉米浆	葡萄糖
温室气体 (g CO_2,e)	5.05	0.92	0.77	30.49	4.20	3.23	3.45	0.51
化石燃料 (MJ)	55.18	11.31	8.71	359.97	37.83	39.13	25.19	6.75
石油 (MJ)	2.11	2.99	1.98	138.87	0.89	3.75	8.76	0.95
天然气 (MJ)	11.31	3.80	1.39	61.61	9.23	14.82	5.47	4.58
煤 (MJ)	41.75	4.52	5.34	159.49	27.71	20.56	10.95	1.22

Life-cycle Greenhouse Gas Emission and Energy Use of Bioethanol Produced from Corn Stover in China: Current Perspectives and Future Prospectives

Zhao Lili, Ou Xunming, Chang Shiyan

Abstract: In this study, a life cycle analysis (LCA) of bioethanol production from corn stover is carried out under Chinese context. Three scenarios were developed and assessed based on current and future technology levels of the ethanol conversion process. Well-to-pump (WTP) and well-to-wheels (WTW) results are presented in this paper via functional units of 1 MJ of ethanol produced, 1MJ of E100 produced and used, and 1km of distance driven by a light-duty vehicle on E10 fuel, respectively. It was verified that for 1 MJ of E100, the WTW GHG emission reduction relative to gasoline reaches 52% ~ 55%, and the savings of fossil fuel and petroleum fuel reach 72% ~ 76% and 74% ~ 85%, respectively. For 1 MJ of ethanol produced, GHG emissions occurred in ethanol conversion process account for 51% ~ 55%, and the contribution of chemical inputs reaches 36% ~ 37%. Furthermore, the life cycle results were found to be highly sensitive to allocation methods.

Key words: Lignocellulosic biomass; Life cycle analysis; Bioethanol; E10; E100

2010 年中国主要二次能源路线的全生命周期化石能源消耗和温室气体排放强度分析*

李　昕,欧训民,张　旭,张　茜,张希良

摘要:本文采用清华大学中国车用能源全生命周期分析模型(Tsinghua life-cycle analysis model,TLCAM)和多次迭代算法对 2010 年中国的 9 种二次能源的全生命周期一次化石能源消耗(fossil primary energy consumption,FPEC)和温室气体(greenhouse gas,GHG)排放强度进行了分析。本文考虑的温室气体主要有三种,分别是 CO_2、CH_4 和 N_2O,同时本文考虑了原料生产子阶段的非燃烧 CH_4 泄漏。我们得出如下结论:①每兆焦二次能源的获得和使用的全生命周期一次化石能源消耗强度按照数量级排序为原煤(仅开采)、精煤(最终传输给终端用户)、原油(开采及处理)、原始天然气(天然气开采和处理)、精致天然气(最终传输给终端用户)、燃料油、柴油、电力;②尽管它们的上游阶段 GHG 排放量较小,但是在考虑直接排放后,其全生命周期排放强度分别达到 63. 8g CO_2,e/MJ、70. 0g CO_2,e/MJ、81. 6g CO_2,e/MJ、91. 7g CO_2,e/MJ、93. 5g CO_2,e/MJ、97. 6g CO_2,e/MJ、99. 3g CO_2,e/MJ、101. 6g CO_2,e/MJ 和 226. 4g CO_2,e/MJ;③中国的全生命周期一次能源消耗强度和 GHG 排放强度比其他国家高,这主要是源于中国整体较低的能源效率和能源使用过程中煤炭占比过高。

关键词:全生命周期分析;能源消耗;温室气体;二次能源;中国

1　引言

1. 1　全生命周期能耗和 GHG 排放分析对中国能源决策的重要性

能源消耗有关的 GHG 排放带来的全球性气候变化逐渐成为全世界需共同面对的巨大挑战。当前,中国已经成为全球第二大能源消耗国和全球最大的 CO_2 排放国。低碳能源转型是中国与他国共同应对气候变化的必由之路。因此,对工业、居民消费和其他部门中广泛使用的多种二次能源进行全生命周期一次能源消耗和 GHG 排放强度分析是一项重要的任务。与此同时,从全生命周期中找出能够助益整体能效提升和 GHG 减排的关键部分和阶段也变得非常重要。

1. 2　不同能源路线或系统的全生命周期分析

已有若干研究针对能源使用路线和系统进行了全生命周期分析(life cycle assessment,LCA),它们采用的研究方法主要有三种:①基于过程的全生命周期分析方

---

* 原文来源:Li X,Ou X M,Zhang X,et al. Life-cycle fossil energy consumption and greenhouse gas emission intensity of dominant secondary energy pathways of China in 2010. Energy,2013,50:15-23. 中文出版略有改动。

法,该方法系统边界较为简化,上游阶段不够完备;②经济投入产出的全生命周期分析方法,其系统完备,但其计算过程是基于一个国家或者整个世界的经济相互作用,因而较为复杂;③混合的全生命周期分析方法,综合了上述两种方法,其系统边界完整且应用系统可靠。

Suh(2005)认为,全生命周期分析的研究目标并不是要找到一个比别人优秀的研究方法,而是在资源和时间允许的条件下找到与研究目标和研究边界关联最为紧密的研究方法。

某一种能源生产过程或者系统中的一些特定阶段,其产出可能在别的阶段被直接或间接地引用。因此,采用简单地直接加总各个阶段的能源需求来求得全生命周期能源消耗的方式不够准确。然而,一些迭代方法可以用来解决这个问题。

美国阿贡国家实验室开发的 GREET 模型便是一个很好的例子。该模型自 1999 年以来不断优化,目前已经涵盖了不同原料生产得来的100 余种交通用燃料。GREET 包括了约 30 张 Excel 表单。在专业计算工具的基础上,模型采用迭代方法来使得输入侧和输出侧的数据相互连接,从而得到科学的分析结果。

自 1990 年以来,GREET 和其他针对美国和欧洲的能源和燃料的模型(如全生命周期分析模型 LEM)已经被广泛用于不同区域的一系列的交通燃料的全生命周期分析过程中。

1.3 中国燃料路线和模型开发相关研究

中国针对燃料路线的研究可以被分成两类:①以 GREET 模型为基础并将部分参数本土化,对不同燃料路线(主要为车用燃料)进行对比;②利用自主开发的模型研究某些特定路线。

回顾上述文献可以发现,使用科学方法对比中国多条燃料路线相关研究主要有以下三个潜在问题:①对外来模型及其缺省数据库进行本地化不可避免地会出现若干错误;②自主开发模型之间的系统边界不够统一;③简单地进行过程分析而忽视数据的关联和迭代,将使得测算结果偏低。

全生命周期分析旨在建立一个用于多种路线分析的统一、综合且系统的计算模型,但中国的研究环境却不够理想,主要原因如下:①缺乏关于有效性和可信度的数据库;②相关研究机构之间合作力度不够;③长期研究缺乏足够的资金支持。

总而言之,关于能源领域全生命周期的现有研究必须在模型规模(覆盖的路线、参数设置和考虑的阶段)和模型结果(精确性和误差分析)方面做出合理的权衡。

1.4 研究目的和研究内容

本研究旨在建立一个用于测算中国现实情景中 9 种主要二次能源(包括原煤、原始天然气、原油、精煤、精制天然气、柴油、汽油、燃料油和电力)全生命周期的一次能源消耗量和 GHG 排放强度清单的计算模型,并为该计算模型的现实应用打下基础。研究目的具体包括以下两个部分:①为特定能源技术路线全生命周期分析提供各种终端能源对应的计算因子;②建立一个用于全生命周期能源使用和 GHG 排放分析的平台。

换言之,本文对 9 种主要二次能源全生命周期一次能源消耗量和 GHG 排放强度进行了评估分析。

我们对清华大学中国车用能源全生命周期分析模型的独特特点进行了展示,与此同时,我们也克服了若干前文述及的缺陷:

1)本研究覆盖了包括提取后直接使用的能源和需要进一步加工处理的能源在内的中国绝大多数的二次能源。

2)基于 Excel 平台和清华大学中国车用能源全生命周期分析模型,通过电脑迭代过程,得到不同能源路线之间的关联关系及这种关联对最终全生命周期分析结果的相应影响。

3)本文详细分析并展示了上游阶段能源使用情况及其对 GHG 排放的影响,从而刻画出中国二次能源路线包含的能源消耗和排放情况。

本文的测算结果(主要二次能源路线的全生命周期强度清单)将能够为微观层面具体的能源路线的全生命周期分析和宏观层面部门的全生命周期计算提供参考,具体如下:

1)本文的研究结果可以用作应用到每一个阶段相应工艺燃料消耗的乘数。从而,我们能够得到对具体路线全生命周期分析有意义的全生命周期能耗、间接能耗和 GHG 排放。例如,光伏发电路线的能耗和排放覆盖了原料提取和制备、设备制造和包装、设备安装及设备运转等阶段。

2)本研究的结果可以为行业能源使用和 GHG 排放分析提供一个统一的平台。从能源使用的角度来看,农业、建筑业、工业、交通部门及居民消费均会使用若干种二次能源,而在本研究的清单的基础上,便可以求得这些行业的全生命周期能源消耗及相应的 GHG 排放。

我们认为如果以本研究的研究结果为参考和依据,未来的相关研究结果将更加准确,研究方法将更加可行,这主要得益于本研究采用的是本地化研究框架及数据库,与此同时,若以本研究为基础,研究的系统边界将逐渐统一并且全生命周期的计算将更加完整。具体来说,对未来微观层面的全生命周期能耗和 GHG 排放分析来说,计算结果和相对结论的精确性将得到显著提高;另外,对未来宏观层面行业全生命周期能耗和 GHG 排放测算,基于统一平台计算结果将有助于挖掘出全生命周期中那些可能实现能效提升和 GHG 减排的子阶段。

在上述的基础上,本文第二部分主要介绍了研究方法,包括一些基本定义及运算公式,第三部分介绍了本文的基本假设和所用数据,第四部分展示了本文的研究结果,并对研究结果进行了分析讨论,与相似研究进行了对比,以及对应用前景和未来研究方向进行了探讨。

2 方法学

2.1 基本定义

本文定义某一种二次能源的化石能源强度(EF_{LC},MJ/MJ)为得到和使用 1MJ 该种能源的全生命周期内一次能源消耗量之和,定义 GHG 排放强度为得到和使用 1MJ 该种能源的全生命周期内的 GHG 排放之和。

本文主要考虑了 3 种一次化石能源,即煤炭(CC)、天然气(CN)和石油(CO),用下标 i 表示,以及 9 种二次能源,用 j、x 和 z 来表示。本文考虑了 4 种主要电力路线,分别是煤电、气电、油电和其他非化石能源发电,用 n 来表示。具体解释参见表 1。

表 1　i、j、m 及 n 的解释

序号	i(PE)	j、x、z(SE)	m(子阶段)	n(电力路线)
1	煤炭(CC)	原煤(RC)[a]	原料生产	煤电
2	天然气(CN)	原始天然气(RN)[b]	原料运输	气电
3	石油(CO)	原油(RO)[c]	燃料生产	油电
4		精煤(FC)[d]	燃料运输	其他非化石能源发电
5		精制天然气(FN)[e]		
6		柴油		
7		汽油		
8		燃料油		
9		电力		

a表示开采得来的原煤直接用作二次能源;b表示开采和加工后得来的原始天然气直接用作二次能源;c表示开采和加工后得来的原油直接用作二次能源;d表示经过开采、加工和运输过程得来的精煤用作二次能源;e表示经过开采、加工和运输过程得来的精制天然气用作二次能源

2.2　化石能源强度计算

加总所有 $EF_{LC,j,i}$(二次能源 j 全生命周期的一次能源 i 使用强度)从而得到 $EF_{LC,j}$(二次能源 j 的全生命周期一次能源消耗量),如式(1)所示:

$$EF_{LC,j} = \sum_{i=1}^{3} EF_{LC,j,i} (j = 1,2,\cdots,9) \tag{1}$$

$EF_{LC,j,i}$是由 $EI_{m,j}$(最终得到 1MJ 二次能源 j 在子阶段 m 所需的一次能源投入),$SH_{m,j,z}$(表示得到 1MJ 二次能源 j 在子阶段 m 中二次能源 z 在该阶段总能源投入的占比)和 $EF_{LC,z,i}$(全生命周期一次能源 i 使用强度)计算得来,如式(2)所示:

$$EF_{LC,j,i} = \sum_{m=1}^{4} (EI_{m,j} \sum_{z=1}^{9} (SH_{m,j,z} EF_{LC,z,i})) + \delta_{i,j}$$
$$\delta_{i,j} = \begin{cases} 1 & when \quad (i,j) \in \{(1,1),(1,4),(2,2),(2,5),(3,3),(3,6),(3,7),(3,8)\} \\ 0 & otherwise \end{cases} \tag{2}$$

$EF_{LC,j}$因而可以由式(3)求得

$$\begin{cases} EF_{LC,j} = \sum_{i=1}^{3} \sum_{m=1}^{4} (EI_{m,j} \sum_{z=1}^{9} (SH_{m,j,z} EF_{LC,z,i})) + \gamma_j \\ \gamma_j = \begin{cases} 0 & for \quad j = 9 \\ 1 & otherwise \end{cases} \end{cases} \tag{3}$$

对于非电力二次能源($j=1,2,\cdots,8$),EI 可以通过 $\eta_{m,j}$(得到 1MJ 二次能源 j 过程中各个子阶段的能源转化效率)和 ξ_j(燃料生产阶段中原料和燃料的转化效率)计算得到,如式(4)~式(7)所示:

$$EI_{1,j}=(1/\eta_{1,j}-1)/\xi_j(j=1,2,\cdots,8) \tag{4}$$

$$EI_{2,j}=(1/\eta_{2,j}-1)/\xi_j(j=1,2,\cdots,8) \tag{5}$$

$$EI_{3,j}=1/\eta_{3,j}-1 \ (j=1,2,\cdots,8) \tag{6}$$

$$EI_{4,j}=1/\eta_{4,j}-1 \ (j=1,2,\cdots,8) \tag{7}$$

对于电力($j=9$),本文按照各种电力路线在电网供电总量中的权重进行加总来测算,具体计算公式如式(8)所示:

$$EI_{m,9}=\begin{cases}\sum_{n=1}^{4}(RA_n/\eta_{3,9,n}/\eta_{4,9,n}) & for \quad m=3\\ 0 & otherwise\end{cases} \tag{8}$$

式中,RA_n 表示第 n 条路线在电网供电总量中的权重;$\eta_{3,9,n}$ 和 $\eta_{4,9,n}$ 分别表示第 n 条发电路线发电和电力输配阶段的能源传输效率。

采用上述计算方式,$\eta_{m,j}$、ξ_j 及 $SH_{m,j,z}$ 是计算 $EF_{LC,j,i}(j=1,2,\cdots,8)$ 的重要参数,RA_n、$\eta_{3,9,n}$ 和 $\eta_{4,9,n}$ 是计算 $EF_{LC,9,i}$ 的必须参数。由于不同二次能源路线的各阶段存在相互关联的情况,式(2)~式(7)只能通过电脑的迭代算法来计算实现。

2.3 GHG 排放强度测算

2.3.1 总体概述

$GHG_{LC,j}$(二次能源 j 的全生命周期 GHG 排放强度)主要包含三种类型的 GHG 排放(CO_2、CH_4 和 N_2O)。根据全球变暖潜能值(global warming potential, GWP),不同的 GHG 被转换为二氧化碳当量表征(CO_2, e)(IPCC, 2012),如式(9)所示:

$$GHG_{LC,j}=CO_{2,LC,j}+23CH_{4,LC,j}+296N_2O_{LC,j}, \tag{9}$$

式中,$CO_{2,LC,j}$、$CH_{4,LC,j}$ 和 $N_2O_{LC,j}$ 分别表示某一种二次能源 j 的 CO_2、CH_4 和 N_2O 全生命周期的排放强度。

与 $EF_{LC,j,i}$ 类似,$GHG_{LC,j}$ 的计算也是通过迭代算法实现,参见式(12)、式(15)和式(18)。

2.3.2 CO_2 排放

$CO_{2,LC,j}$ 包含两个部分:上游阶段 CO_2 排放($CO_{2,up,j}$)和燃烧造成的直接排放($CO_{2,direct}$),如式(10)和式(11)所示。

$$CO_{2,LC,j}=CO_{2,up,j}+CO_{2,direct}, \tag{10}$$

$$CO_{2,j,direct}=\frac{44}{12}CC_jFOR_j, \tag{11}$$

式中,$CO_{2,up,j}$ 表示上游阶段的二氧化碳排放(g/MJ);$CO_{2,direct}$ 表示直接二氧化碳排放

(g/MJ);CC_j 表示二次能源 j 的碳含量系数;FOR_j 表示二次能源 j 的燃料氧化率;$\frac{44}{12}$表示 C 到 CO_2 的质量转换系数。

上游阶段二氧化碳排放通过终端能源 j 的生产各子阶段使用的各种终端能源 x 的直接排放($CO_{2,\text{direct},x}$, g/MJ)和上游阶段的排放($CO_{2,\text{up},x}$, g/MJ)加总得来,如式(12)所示:

$$CO_{2,\text{up},j} = \sum_{m=1}^{4}\sum_{x=1}^{9}[EI_{m,j}SH_{m,j,x}(CO_{2,\text{direct},x} + CO_{2,\text{up},x})]. \quad (12)$$

$CO_{2,\text{direct},x}$可以通过下面的碳平衡方程求得

$$CO_{2,\text{direct},x} = \frac{44}{12}CC_x FOR_x, \quad (13)$$

式中,CC_x 表示二次能源 x 的碳含量系数(g/MJ);FOR_x 表示二次能源 x 的燃料氧化率;$\frac{44}{12}$表示 C 到 CO_2 的质量转换系数。

2.3.3 CH_4 排放

类似地,$CH_{4,\text{LC},j}$包含两部分:上游阶段部分($CH_{4,\text{up},j}$)和燃烧阶段的直接排放部分($CH_{4,\text{direct}}$)。

$$CH_{4,\text{LC},j} = CH_{4,\text{up},j} + CH_{4,\text{direct}} \quad (14)$$

$$CH_{4,\text{up},j} = \sum_{m=1}^{4}\sum_{x=1}^{9}[EI_{m,j}SH_{m,j,x}(CH_{4,\text{direct},m,x} + CH_{4,\text{up},x})] + CH_{4,j,\text{noncomb}} \quad (15)$$

$$CH_{4,j,\text{noncomb}} = CH_{4,j,\text{resource}}/\xi_j \quad (16)$$

式中,$CH_{4,\text{direct},m,x}$表示二次能源 x 在子阶段 m 的直接 CH_4 排放;$CH_{4,j,\text{noncomb}}$表示包括原料生产阶段泄漏和损失在内的非燃烧源头间接 CH_4 排放(二次能源 j, g/MJ);$CH_{4,\text{resource}}$表示资源提取阶段的间接 CH_4 排放(g/MJ)。

2.3.4 N_2O 排放

同样地,$N_2O_{\text{LC},j}$包含两个部分:上游阶段排放($N_2O_{\text{up},j}$)和 燃烧阶段的直接排放(N_2O_{direct})。

$$N_2O_{\text{LC},j} = N_2O_{\text{up},j} + N_2O_{\text{direct}} \quad (17)$$

$$N_2O_{\text{up},j} = \sum_{m=1}^{4}\sum_{x=1}^{9}(EI_{m,j}SH_{m,j,x}(N_2O_{\text{direct},m,x} + N_2O_{\text{up},x})) \quad (18)$$

式中,$N_2O_{\text{direct},m,x}$表示 m 阶段内二次能源 x 的直接 N_2O 排放(g/MJ)。

2.3.5 所需数据

基于上述公式计算 $GHG_{\text{LC},j}$,需要每一种二次能源的 CC、FOR、$CH_{4,\text{resource}}$、$CH_{4,\text{direct},m}$和 $N_2O_{\text{direct},m}$($m=1,2,3,4$)。

3 数据及假设

基于上述方法学,对每一种二次能源来说,所需数据主要有两部分:①能源转换效率

和每一个子阶段的直接使用二次能源结构数据(η、SH)、原料到燃料的转化效率(ξ),以及电力路线中各不同发电路线的比例(RA_n);②与直接和间接 GHG 排放因子有关的数据(CC、FOR、$CH_{4,direct}$、N_2O_{direct} 和 $CH_{4,resource}$)。用于计算 $GHG_{LC,j}$ 的中间变量(EI)基于 η 和 ξ 测算得来。

3.1 η、SH、ξ 及 RA_n

表2展示了煤基、天然气基、油基和电力的中国本地化数据库。其中包括效率值、原料生产和加工阶段的工艺燃料使用结构及运输、储存和分配阶段的平均运输距离和燃料使用结构。绝大多数数据取自《2011中国能源统计年鉴》、《2011中国交通年鉴》及电力行业年报(CTTA,2011)。部分数据取自 Ou 和 Zhang(2011)——一个由清华大学中国车用能源研究中心开展的综合性的具体全生命周期案例分析研究。清华大学中国车用能源研究中心是一个以大学为基础的研究中心,旨在对中国未来交通能源路线的可持续发展展开研究。该研究中心由清华大学、通用汽车公司和上海汽车集团股份有限公司联合支持创立。为描绘出中国汽车能源全面而详细的蓝图,该研究中心已经开展了现场调研、专家研讨会并且进行了大量的文献调研。

表2 计算 η 和 *SH* 所需输入数据

项目		数值	数据源	备注
煤炭开采及洗选	煤炭开采效率	97%	NBSC,2011	
	煤炭洗选效率	97%	Ou 和 Zhang,2011	
	二次能源使用结构	RC(81%)、电力(15%)、柴油(3%)和 FN(1%)	NBSC,2011	基于煤炭行业能源平衡表
煤炭运输	铁路:49%(642km);水运:26%(650km);长距离公路运输:30%(310km);短途公路运输:100%(50km)		CTTA,2011	
天然气开采及加工	开采效率	96%	NBSC,2011	
	天然气开采二次能源使用结构	RN(44%)、RO(28%)、电力(14%)、diesel(9%)、FC(4%)燃料油(1%)和汽油(1%)	NBSC,2011	基于天然气和石油行业能源平衡表
	天然气加工效率	94%	Ou 和 Zhang,2011	
	天然气加工二次能源使用结构	RN(99%)、电力(1%)	NBSC,2011	
天然气运输模式	管道运输:100%(1500km)		Ou 和 Zhang,2011	
石油开采	开采效率	93%	Ou 和 Zhang,2011	
	石油开采二次能源使用结构	RN(44%)、RO(28%)、电力(14%)、柴油(9%)、FC(3%)燃料油(1%)和汽油(1%)	NBSC,2011	基于石油开采业能源平衡表

续表

项目		数值	数据源	备注
石油运输模式		远洋油船：50%（11 000km）；铁路：30%（942km）；管道：78%（440km）；水运：10%（250km）	CTTA,2011	
石油炼制	石油炼制的二次能源使用结构	RO(69%)、炼厂干气(10%)、FC(9%)、electricity(6%)、RN(4%)和燃料油(2%)	NBSC,2011	基于石油炼制工业能源平衡表
	汽油生产效率	89.1%	Ou 和 Zhang,2011	
	柴油生产效率	89.7%	Ou 和 Zhang,2011	
	燃料油生产效率	94.0%	Ou 和 Zhang,2011	
汽油、柴油输配模式		铁路:50%(900km);管道:15%(160km);水运：10%（1200km）；短途公路运输：10%（50km）	CTTA,2011	
燃料油输配模式		远洋海运：52%（7000km）；铁路：50%（900km）；管道运输：15%（160km）；水运：10%(1200km);短途公路运输:10%(50km)	Ou 和 Zhang,2011	
电力供应结构		FC(73.9%)、FN(5.6%)、燃料油(0.8%)及其他非化石能源(19.7%)	CEC,2011	
电力输配过程中损失比		2010 年为 6.53%	CEC,2011	
电力供应效率		煤电(36.4%)、油电(32.0%)、气电(45.9%)	CEC,2011	

注:运输模式:% 比例(平均运输距离);交通运输模式比例加总可能超过 100%,因为存在两个或更多的运输模式同时使用的可能性。炼厂干气是由炼厂现场制得,该副产品生产过程中不需要任何附加的一次能源投入;本文设置其生产过程的能源效率为 100%,CO_2 排放因子为 65g/MJ。

表 3 展示了本文采用的运输阶段能耗强度［kJ/(t·km)］和每一种交通运输模式的能源使用结构。原料运输和燃料输配阶段的二次能源消耗量便是结合表中数据和交通燃料的低位热值测算而来(Ou and Zhang,2011)。

表 3　交通运输模式和能源使用结构

交通运输模式	能耗强度［kJ/(t·km)］	数据来源	燃料结构和比例	数据来源
远洋海运	23	Ou and Zhang,2011	燃料油(100%)	Ou and Zhang,2011
铁路运输	68	CTTA,2011	柴油(41%)和电力(59%)	CTTA,2011
石油管道运输	300	Ou and Zhang,2011	燃料油(50%)和电力(50%)	Ou and Zhang,2011
天然气管道运输	372	Ou and Zhang,2011	FN(99%)和电力(1%)	Ou and Zhang,2011
水运	148	Ou and Zhang,2011	燃料油(100%)	Ou and Zhang,2011
短途公路运输	1362	Ou and Zhang,2011	柴油(72%)和汽油(28%)	NBSC,2011
长途公路运输	1200	Ou and Zhang,2011	柴油(72%)和汽油(28%)	NBSC,2011

表4 展示了所有能源转换效率参数,表5 和表6 展示了所有二次能源使用结构比例。部分二次能源的生命周期中缺少部分阶段,这些跳过的阶段的能源转换系数在本研究中被认为是 100%。

表4 η、ξ 及 RA_n(%)迭代结果

子阶段	1	2	3		4	—
	η	η	η	ξ	η	RA
RC	94.6	100.0	100.0	100.0	100.0	—
RN	90.2	—	—	—	—	—
RO	91.3	—	—	—	—	—
FC	94.6	98.9	—	—	—	—
FN	90.2	99.6	—	—	—	—
柴油	91.3	99.0	91.5	95.0	99.5	—
汽油	91.3	99.0	90.8	95.0	99.5	—
燃料油	91.3	99.0	94.0	97.0	99.5	—
煤电	—	—	36.4	36.4	93.5	73.9
气电	—	—	45.9	45.9	93.5	5.6
油电	—	—	32.0	32.0	93.5	0.8
其他电力	—	—	—	—	—	19.7

注:—表明该路线不包含相应的阶段

表5 非电力二次能源每个阶段二次能源使用结构及比例

燃料	RC				RN				RO				FC			
子阶段序号	1	2	3	4	1	2	3	4	1	2	3	4	1	2	3	4
RC	0.73	0.00	0.00	0.00	0.04	0.00	0.00	0.00	0.04	0.00	0.00	0.00	0.73	0.00	0.00	0.00
RN	0.00	0.00	0.00	0.00	0.43	0.00	0.00	0.00	0.43	0.00	0.00	0.00	0.00	0.00	0.00	0.00
RO	0.00	0.00	0.00	0.00	0.28	0.00	0.00	0.00	0.28	0.00	0.00	0.00	0.00	0.00	0.00	0.00
FC	0.07	0.00	0.00	0.00	0.00	0.00	0.00	0.00	0.00	0.00	0.00	0.00	0.07	0.00	0.00	0.00
FN	0.01	0.00	0.00	0.00	0.00	0.00	0.00	0.00	0.00	0.00	0.00	0.00	0.01	0.00	0.00	0.00
柴油	0.03	0.00	0.00	0.00	0.09	0.00	0.00	0.00	0.09	0.00	0.00	0.00	0.03	0.78	0.00	0.00
汽油	0.00	0.00	0.00	0.00	0.01	0.00	0.00	0.00	0.01	0.00	0.00	0.00	0.00	0.08	0.00	0.00
燃料油	0.00	0.00	0.00	0.00	0.01	0.00	0.00	0.00	0.01	0.00	0.00	0.00	0.00	0.08	0.00	0.00
电力	0.15	0.00	0.00	0.00	0.14	0.00	0.00	0.00	0.14	0.00	0.00	0.00	0.15	0.06	0.00	0.00

燃料	FN				柴油				汽油				燃料油			
子阶段序号	1	2	3	4	1	2	3	4	1	2	3	4	1	2	3	4
RC	0.04	0.00	0.00	0.00	0.04	0.00	0.06	0.00	0.04	0.00	0.06	0.00	0.04	0.00	0.06	0.00
RN	0.43	0.00	0.50	0.00	0.43	0.00	0.00	0.00	0.43	0.00	0.00	0.00	0.43	0.00	0.00	0.00

续表

燃料	FN				柴油				汽油				燃料油			
RO	0.28	0.00	0.00	0.00	0.28	0.00	0.79	0.00	0.28	0.00	0.79	0.00	0.28	0.00	0.79	0.00
FC	0.00	0.00	0.00	0.00	0.00	0.00	0.03	0.00	0.00	0.00	0.03	0.00	0.00	0.00	0.03	0.00
FN	0.00	0.99	0.00	0.00	0.00	0.00	0.04	0.00	0.00	0.00	0.04	0.00	0.00	0.00	0.04	0.00
柴油	0.09	0.00	0.00	0.00	0.09	0.03	0.00	0.10	0.09	0.03	0.00	0.10	0.09	0.03	0.00	0.06
汽油	0.01	0.00	0.00	0.00	0.01	0.00	0.00	0.00	0.01	0.00	0.00	0.00	0.01	0.00	0.00	0.00
燃料油	0.01	0.00	0.00	0.00	0.01	0.72	0.02	0.73	0.01	0.72	0.02	0.73	0.01	0.72	0.02	0.83
电力	0.14	0.01	0.50	0.00	0.14	0.25	0.06	0.17	0.14	0.25	0.06	0.17	0.14	0.25	0.06	0.10

表 6　发电过程各子阶段二次能源消耗比例　（单位:%）

子阶段序号	1	2	3	4	综合平均网电
RC	0.00	0.00	0.00	0.00	0.00
RN	0.00	0.00	0.00	0.00	0.00
RO	0.00	0.00	0.00	0.00	0.00
FC	1.00	0.00	0.00	0.00	0.92
FN	0.00	1.00	0.00	0.00	0.07
柴油	0.00	0.00	0.00	0.00	0.00
汽油	0.00	0.00	0.00	0.00	0.00
燃料油	0.00	0.00	1.00	0.00	0.01
电力	0.00	0.00	0.00	0.00	0.00

3.2　GHG 排放相关参数

表 7 展示了与直接 GHG 排放（CC、FOR、$CH_{4,direct}$ 和 N_2O_{direct}）和间接 GHG 排放（$CH_{4,noncomb}$）有关的参数。在中国获得 1MJ 原油、原始天然气和原煤的非燃烧甲烷排放值（$CH_{4,resource}$）分别为 0.009、0.072 和 0.406 g。二次能源的 $CH_{4,resource}$ 值通过式（15）计算得来。

表 7　直接和间接 GHG 排放相关数据[a]

二次能源	CC_j（g C/MJ）	FOR_j	$CH_{4,direct}$（g/MJ）	N_2O_{direct}（g/MJ）	$CH_{4,noncomb}$（g/MJ）
RC	24.74	0.90	0.001	0.001	0.406
RN	15.30	0.99	0.001	0.001	0.072
RO	20.00	0.98	0.002	0.000	0.009
FC	24.74	0.90	0.001	0.001	0.406
FN	15.70	0.99	0.001	0.001	0.072
柴油	20.20	0.98	0.004	0.002/0.028[a]	0.009
汽油	18.90	0.98	0.080	0.002	0.009

续表

二次能源	CC_j(g C/MJ)	FOR_j	$CH_{4,direct}$(g/MJ)	N_2O_{direct}(g/MJ)	$CH_{4,noncomb}$(g/MJ)
燃料油	21.10	0.98	0.002	0.000	0.009
电力	—	—	—	—	0.980

[a] 对汽车来说,本文采用的数据为 0.002, 但对其他情况本文采用 0.028。

4 结果及讨论

4.1 中国二次能源路线全生命周期分析结果

表 8 展示了 9 条主要二次能源路线的化石能源强度(EF_{LC}及具体的 PE 强度)和 GHG 排放强度(GHG_{LC}及其上游 GHG 排放强度)结果。

表 8 化石能源强度和 GHG 排放强度

项目	EF_{LC} (MJ/MJ)	$EF_{LC,Coal}$ (MJ/MJ)	$EF_{LC,NG}$ (MJ/MJ)	$EF_{LC,Petrol}$ (MJ/MJ)	GHG_{LC} (g CO_2,e/MJ)	$CO_{2,up}$ (g/MJ)	$CH_{4,up}$ (g/MJ)	N_2O_{up} (g/MJ)
RC	1.073	1.069	0.002	0.003	97.600	6.155	0.434	0.129
RN	1.146	0.044	1.054	0.049	68.300	10.120	0.094	0.413
RO	1.128	0.038	0.047	1.043	81.600	8.876	0.029	0.362
FC	1.089	1.071	0.003	0.015	99.300	7.250	0.435	0.394
FN	1.151	0.044	1.058	0.049	70.000	10.400	0.095	0.418
柴油	1.271	0.074	0.059	1.139	101.600	19.430	0.045	0.481
汽油	1.282	0.076	0.060	1.146	91.700	20.180	0.046	0.487
燃料油	1.233	0.064	0.055	1.113	93.500	16.590	0.041	0.445
电力	2.548	2.303	0.180	0.065	226.400	203.600	0.951	3.228

图 1 中,我们将 9 种二次能源路线按照其能源强度从低到高排序,并展示了它们各自的全生命周期化石能源强度和 GHG 排放强度。这其中,电力能源强度最高,因为它是一种高质量的能源;煤基二次能源的能源强度比天然气基和石油基二次能源的能源强度低但是 GHG 排放却更高。天然气基二次能源的能源强度和 GHG 排放强度均比石油基二次能源低。若以 GHG 排放强度来排序,则从低到高依次是原始天然气、精制天然气、原油、汽油、燃料油、精煤、柴油、原煤和电力。

相比生物质燃料和可再生能源发电这类能源强度和 GHG 排放强度都比较低的能源,这些二次能源路线的全生命周期能源强度和 GHG 排放强度要高很多。对这些化石能源路线来说,它们都需要一个单位的化石能源并且会在最终燃烧时排放相应的 GHG,与此同时这些路线的上游阶段也对整条路线的能耗和 GHG 排放有所贡献。从这个意义上讲,可再生能源路线有其独到的优势,如生物质燃料的碳中性,以及可再生能源电力的零化石能源投入。

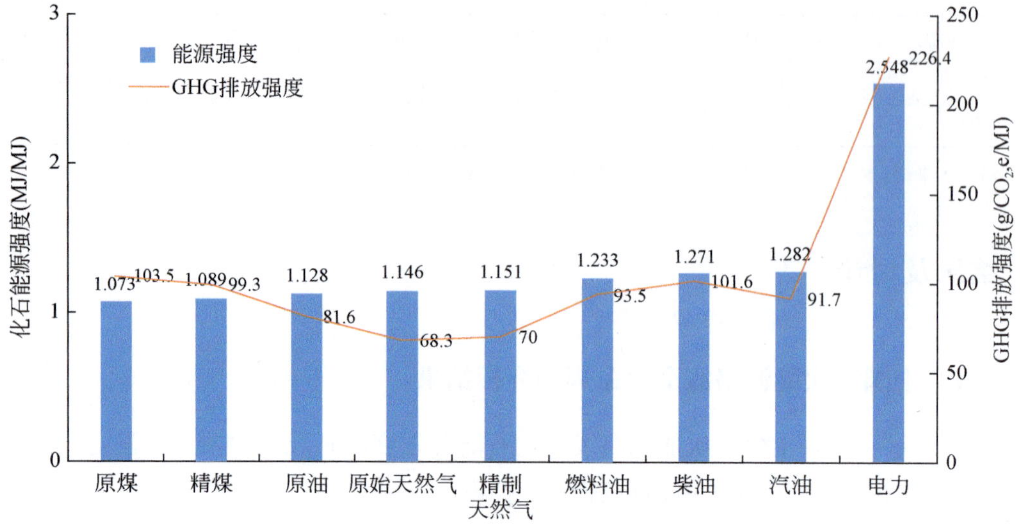

图 1 中国二次能源的化石能源强度和 GHG 排放强度

4.2 对比研究:石油基和电力路线

本研究的强度测算结果与其他研究有很大不同,尤其是石油基燃料和电力路线。由表 9 可知,在针对中国的研究当中,本文关于 GHG 排放强度的测算结果相对悲观。

表 9 不同研究中石油基二次能源路线能源强度和碳强度测算结果

二次能源	数据来源	区域	石油消耗强度(MJ/MJ)	能耗强度(MJ/MJ)	GHG 排放强度($g\ CO_2,e$/MJ)
汽油	本研究	中国	1.15	1.28	92
汽油	Huang and Zhang,2006	中国		1.27	
汽油	Hu et al.,2007b	中国		1.31	
汽油	Shen et al.,2007	中国		1.25	
汽油	Hekkert et al.,2005	世界		1.09(最佳值),1.14(可能性较大的值),1.23(最差值)	
汽油	Granovskii et al.,2006	加拿大		1.18	83
汽油	Campanari et al.,2009	意大利		1.25	
柴油	本研究	中国	1.14	1.27	102
柴油	Hu et al.,2007a	中国		1.26	95
柴油	Shen et al.,2007	中国		1.22	
柴油	Hekkert et al.,2005	世界		1.04(最佳值),1.05(可能性较大的值),1.12(最差值)	

中国与其他国家的测算结果的不同的主要原因如下:①原料提取和加工过程中的低效率,如 GREET 模型中原油提取效率为 98%,但是中国原油提取效率仅为 95%;②中国

燃料生产过程中相对较高的能源消耗,特别是中国广泛使用的以煤为燃料的蒸汽锅炉,其效率约为80%,而世界平均水平为90%;③中国交通部门的能耗强度较美国高出很多;④中国的能耗结构仍以煤为主,与此同时,煤炭、原油和天然气开采过程中伴生的大量甲烷排放也对 GHG 排放产生了显著影响。

由表 10 可知,发电过程中的 GHG 排放强度也比较高。

表 10 不同国家发电和供电过程中的全生命周期二氧化碳排放结果

国家	中国	新加坡	墨西哥	英国	葡萄牙	意大利
强度[g CO_2,e /(kW · h)]	815	618	571	597	611	634
数据源	本研究	Tan et al.,2010	Santoyo-Castelazo et al.,2011	Santoyo-Castelazo et al.,2011	Santoyo-Castelazo et al.,2011	Santoyo-Castelazo et al.,2011
研究对应年份	2010	2007	2006	2004	2004	2004

这主要是因为中国的发电和供电结构中火电仍然占据着主导地位(70%以上),远高于其他发电形式。相对低碳的电力路线(如水电和核电)仅占中国电力消费的20%左右。

4.3 本文部分测算结果较高的解释说明

我们发现中国二次能源的全生命周期能耗强度和 GHG 排放强度大多比发达国家要高(甚至比世界平均值也要高)。其中原因主要是相对较低的能效和原料生产过程中较高的甲烷泄漏水平。例如,中国发电的 GHG 排放强度比较高,主要是由于火电在中国的发电结构中占据的比例较大。

4.4 本文研究结果的进一步利用

本文关于中国二次能源路线的全生命周期一次能源消耗量和 GHG 排放强度为未来相关领域的研究打下了坚实的基础。例如,强度清单可以用作乘数,来计算具体二次能源路线比例已知的情况下上游及全生命周期的化石能源消耗量和 GHG 排放量。全生命周期计算结果是由强度数据和相应的具体二次能源消耗量相乘再求和而来。

5 结论

在可计算迭代模型的基础上,我们建立起了不同能源路线之间的关系,并据此得到了中国主要二次能源的全生命周期一次能源消耗和 GHG 排放强度清单。本文具体展示了上游和间接能源使用及其对 GHG 排放的影响,从而测算出中国二次能源路线中包含的能源使用和温室气体排放。

本文得出的清单能够起到双重作用:其一,可以用作具体全生命周期分析中的因子,将该因子与相应的能源消耗量相乘即可得到最终的 GHG 排放;其二,可以用作全生命周期能耗和 GHG 排放分析的一个统一化的平台。

对比显示,绝大多数中国的二次能源的全生命周期能耗强度和 GHG 排放强度比其他一些国家高(甚至比世界平均值还要高)。这主要是源于相对较低的能效、较高的原料生产阶段的甲烷泄漏率及中国以煤为主的能源消费结构。

本研究采用的模型和数据进行了本地化,系统边界一致且计算过程完整,因而本文的计算结果准确,并且在全生命周期强度清单的基础上,本文采用的研究方法可以应用到微观和宏观的全生命周期分析当中:①在本研究的基础上,未来大范围内的微观层面的能源路线的全生命周期分析结果将会更加准确;②在统一化平台下测算得来的宏观层面的中国分部门的全生命周期能耗和 GHG 排放计算结果将更加有意义,因为全生命周期分析将有助于找出能效可以提升和 GHG 排放可以减少的阶段。

参 考 文 献

国家统计局 . 2011. 中国能源统计年鉴 2011. 北京:中国统计出版社 .

胡志远,谭丕强,楼狄明,等 . 2007a. 柴油及其替代燃料生命周期排放评价 . 内燃机工程,(3):80-84.

胡志远,谭丕强,楼狄明 . 2007b. 车用汽油替代燃料生命周期能源消耗和排放评价 . 同济大学学报(自然科学版),35(8):1099-1103.

欧训民,张希良 . 2011. 中国车用能源技术路线全生命周期分析 . 北京:清华大学出版社 . Intergovernmental Panel on Climate Change. 2012. IPCC Guidelines for National Greenhouse Gas Inventories. http://www. ipcc. ch/publications_and_data/publications_and_data_reports. shtml[2012-2-15].

清华大学能源环境经济研究院 . 2003. 2000 年中国油气系统甲烷排放源与汇清单编制报告 .

张阿玲,申威,韩维健,等 . 2008. 车用替代燃料全生命周期分析 . 北京:清华大学出版社 .

中国电力工业联合会 . 2011. 中国电力年鉴 2010. 北京:中国电力出版社 .

中国交通运输协会 . 2011. 中国交通年鉴 2010. 北京:人民交通出版社 .

Baral A,Bakshi B R. 2010. Emergy analysis using US economic input-output models with applications to life cycles of gasoline and corn ethanol. Ecological Modelling,15:1807-1818.

Brinkman N,Michael W. 2005. Well-to-Wheel Analysis of Advanced Fuel/vehicle Systems:A North American Study of Energy Use,Greenhouse Gas Emissions,and Criteria Pollutant Emissions. Warren:GM Research and Development Center.

Campanari S, Manzolini G, Garcia F. 2009. Energy analysis of electric vehicles using batteries or fuel cells through well-to-wheel driving cycle simulations. Journal of Power Sources,186:464-477.

Chang Y,Ries R J,Wang Y. 2010. The embodied energy and environmental emissions of construction projects in China:An economic input-output LCA model. Energy Policy,38:6597-6603.

China Automotive Technology and Research Center. 2007. Well-to-Wheels Analysis of Energy Consumption and GHG Emissions of Multi Vehicle Fuel in Future China. Beijing:CATARC.

Chung W S,Tohno S,Shim S Y. 2009. An estimation of energy and GHG emission intensity caused by energy consumption in Korea:an energy IO approach. Applied Energy,86:1902-1914.

Crawford R H. 2008. Validation of a hybrid life-cycle inventory analysis method. Journal of Environmental Management,88:496-506.

Delucchi M A. 2003. A Lifecycle Emissions Model (LEM): Lifecycle Emissions from Transportation Fuels. Davis:University of California.

Edwards R. 2006. Well-to-Wheels Analysis of Future Automotive Fuels and Powertrains. London: EUCAR,

CONCAVE,JRC/IEC.

Granovskii M, Dincer I, Rosen M A. 2006. Life cycle assessment of hydrogen fuel cell and gasoline vehicles. International Journal of Hydrogen Energy,31(3):337-352.

He J K,Zhang X L,Li Z. 2007. Energy issues faced by China in the scenario of CO_2 mitigation. Science and Technology Review,26:91-92.

Hekkert M P, Hendriks F H J F, Faaij A P C, et al. 2005. Natural gas as an alternative to crude oil in automotive fuel chains well-to-wheel analysis and transition strategy development. Energy Policy, 33: 579-594.

Hu Z Y,Tan P Q,Yan X Y,et al. 2008. Life cycle energy,environment and economic assessment of soybean-based biodiesel as an alternative automotive fuel in China. Energy,33:1654-1658.

Huang Z J, Zhang X. 2006. Well-to-wheels analysis of hydrogen based fuel-cell vehicle pathways in Shanghai. Energy,31:471-489.

Jiang Z M. 2008. Reflections on energy issues in China. Shanghai Jiaotong University,42:345-359.

Leng R B, Wang C T, Zhang C, et al. 2008. Life cycle inventory and energy analysis of cassava-based fuel ethanol in China. Journal of Cleaner Production,16:374-384.

Nassena J,Holmberga J,Wadeskogb A,et al. 2007. Direct and indirect energy use and carbon emissions in the production phase of buildings:An input-output analysis. Energy,32:1593-1602.

Ou X M,Chang S Y,Zhang X L. 2009. Energy consumption and GHG emissions of six biofuel pathways by LCA in(the)People's Republic of China. Applied Energy,86:S197-S208.

Ou X M,Yan X Y,Zhang X L. 2010. Using coal for transportation in China:Life-cycle GHG of coal-based fuel and electric vehicle, and policy implications. International Journal of Greenhouse Gas Control, 4(5): 878-887.

Ou X M,Yan X Y,Zhang X L. 2011. Life-cycle energy consumption and greenhouse gas emissions for electricity generation and supply in China. Applied Energy,88(1):289-297.

Ou X M,Yan X Y,Zhang X L. 2012. Life-cycle energy consumption and GHG emission intensities of alternative vehicle fuels in China. Applied Energy,90(1):218-224.

Ou X M,Zhang X L,Chang S Y. 2010a. Alternative fuel buses currently in use in China:Life-cycle fossil energy use,GHG emissions and policy recommendations. Energy Policy,38:406-418.

Ou X M,Zhang X L,Chang S Y. 2010b. Scenario analysis on alternative fuel/vehicle for China's future road transport:life-cycle energy demand and GHG emissions. Energy Policy,38(8):3943-3956.

Peiro L T, Lombardi L, Mendez G M, et al., 2010. Life cycle assessment (LCA) and exergetic life cycle assessment(ELCA)of the production of biodiesel from used cooking oil(UCO). Energy,35:889-893.

Santoyo-Castelazo E, Gujba H, Azapagic A, 2011. Life cycle assessment of electricity generation in Mexico. Energy,36:1488-1499.

Shen W,Zhang A L,Han W J. 2006. Well-to-wheel analysis on energy use and GHGs emission of NG-based alternative fuels. Natural Gas Industry,26:148-152.

Silalertruksa T,Gheewala S H. 2012. Environmental sustainability assessment of palm biodiesel production in Thailand. Energy,43:306-314.

Soimakallio S,Kiviluoma J,Saikku L. 2011. The complexity and challenges of determining GHG(greenhouse gas) emissions from grid electricity consumption and conservation in LCA (life cycle assessment)-A methodological review. Energy,36:6705-6713.

Stromman A H, Peters G P, Hertwich E G. 2009. Approaches to correct for double counting in tiered hybrid life cycle inventories. Journal of Cleaner Production, 17: 248-254.

Suh S, Huppes G. 2005. Methods for life cycle Inventory of a product. Journal of Cleaner Production, 13: 687-697.

Tan RBH, Wijaya D, Khoo HH. 2010. LCI (Life cycle inventory) analysis of fuels and electricity generation in Singapore. Energy, 35: 4910-4916.

Torchio M F, Santarelli M G, 2010. Energy, environmental and economic comparison of different powertrain/fuel options using well-to-wheels assessment, energy and external costs-European market analysis. Energy, 35: 4156-4171.

Wang M Q. 2012. Operating Manual for GREET Version 1. 7. http://greet. anl. gov/publications. html[2012-2-15].

Weisser D. 2007. A guide to life-cycle greenhouse gas (GHG) emissions from electric supply technologies. Energy, 32: 1543-1559.

Yu S R, Tao J, 2009. Energy efficiency assessment by life cycle simulation of cassava-based fuel ethanol for automotive use in Chinese Guangxi context. Energy, 34: 22-31.

Zhang L, Huang Z, 2007. Life-cycle study of coal-based dim ethyl ether as vehicle fuel for urban bus in China. Energy, 32: 1896-1904.

Zhang Y L, Gao X X, Wang A H. 2009. LCA of biofuel EtOH demonstration projects in China. Renewable Energy, 27(6): 63-68.

Life-Cycle Fossil Energy Consumption and Greenhouse Gas Emission Intensity of Dominant Secondary Energy Pathways of China in 2010

Li Xin, Ou Xunmin, Zhang Xu, Zhang Qian, Zhang Xiliang

Abstract: Life-cycle fossil primary energy consumption (FPEC) and greenhouse gas (GHG) emission intensity of nine types of dominant secondary energy (SE) pathways for China in 2010 are calculated with iterative methods, using the TLCAM (Tsinghua Life-cycle Analysis Model). Three major types of GHG (CO_2, CH_4 and N_2O) are considered for GHG emission intensity, and non-combustion CH_4 leakage during the feedstock production sub-stage is included. We found the following. (1) Life-cycle FPEC intensities in units of per MJ SE are obtained and used, in order of magnitude, for: raw coal (recovered only); raw natural gas (NG, recovered and processed only); raw oil (recovered and processed); final coal (finally transported to end-user); final NG (finally transported to end-user); diesel; gasoline; residual oil and electricity. (2) Although their upstream GHG emission intensities are small, their life-cycle intensities are 103. 5, 68. 3, 81. 6, 99. 3, 70. 0, 101. 6, 91. 7, 93. 5 and 226. 4 g CO_2, e/MJ SE, respectively, when direct GHG emissions are included. (3) Life-cycle intensities of both FPEC and GHG emissions for SE in China are higher than those in some other countries, because of the relatively low overall efficiency and high percentage of coal in the national energy mix.

Keywords: Life-cycle analysis; Energy consumption; Greenhouse gas; Secondary energy; China

中国电力生产与供应的全生命周期能耗及温室气体排放*

欧训民，闫晓宇，张希良

摘要：本文应用 Tsinghua-CA3EM 模型中的矿井到电表（well-to-meter，WTM）分析模块测算中国电力生产与供应的一次化石能源消费和温室气体排放。结果表明：①2007 年中国电力结构的 WTM 一次化石能源消费强度和温室气体排放强度分别为 3.247MJ/MJ 和 297.688g CO_2，e/MJ；②电力生产是主要贡献子阶段；③煤电技术路线是 2007 年电力结构中一次化石能源消费（96.23%）和温室气体排放（97.08%）的主要贡献者；④随着核电和可再生能源电力的发展，2020 年温室气体排放强度将降至 220.470g CO_2，e/MJ，如果采用碳捕集与封存（CO_2 capture and storage，CCS）技术，将降至 169.014g CO_2，e/MJ。本文得到以下结论：①目前中国电力比较高的一次化石能源消费和温室气体排放水平一方面是由于煤炭在发电部门起主导作用，另一方面是由于从资源开采到终端能源消费的所有子阶段的效率相对较低；②核电和可再生能源电力的发展及 CCS 等低碳技术可以显著减少电力的温室气体排放。

关键词：全生命周期分析；温室气体；电力生产；电力供应；CCS；中国

1 引言

在中国，电力工业已经成为经济发展的重要基础，近年来电力占总终端能源消费的 20% 左右（国家统计局，2008）。截至 2008 年年底，中国的总装机容量达到了 793GW。2008 年的总发电量为 3.43 万亿 kW·h，其中煤基火电占 80.95%，大型水电占 16.41%，核电占 1.99%，其他类型占 0.65%（中国电力企业联合会，2008）。

随着电力行业的温室气体排放越来越受重视（Lean and Smyth，2009；Atkins et al.，2010），全生命周期能源消费和温室气体排放已经成为影响适当政策实施的关键和必要信息（de Haes and Heijungs，2007；Jaramillo et al.，2009）。发电和供电的一次化石能源消费和温室气体排放高度依赖于发电技术路线，因此应当单独计算，然后生成电力路线组合的情景（Wang and Huo，2009）。Weisser（2007）进行了一次综述，为全球不同发电技术路线的全生命周期温室气体排放提供了指导。这项研究有助于了解总体情况，但缺乏针对具体国家的指标性研究结果。

一些中国电力的全生命周期分析可以追溯到 2002 年（狄向华等，2002；晓斌等，2002），仅涵盖火电或煤电（刘敬尧等，2009）。由于缺乏关键基础数据和科学计算模

---

* 原文来源：Ou X M，Yan X Y，Zhang X L*. Life-cycle energy consumption and greenhouse gas emissions for electricity generation and supply in China. Applied Energy，2011，88（1）：289-297. 中文出版略有改动。

型平台，关于中国多种电力技术路线的综合和比较分析仍然是空白。

随着越来越多的研究关注当前和未来中国的能源需求和相应的温室气体排放（国家发展和改革委员会能源研究所，2009），通过提供电力部门的基础数据，考虑低碳技术方案应用的及时的、全面的电力全生命周期分析和未来情景分析将为国家宏观能源供需分析做出巨大贡献，并且可以从全生命周期的角度确定电动汽车路线仍然是中国特定情况下的低碳路线之一（欧训民等，2010）。

通过使用最新数据并结合国家特定情况，本研究对中国电力一次化石能源消费和温室气体排放的分析考虑了不同的技术路线，并涵盖了在终端消费之前电力生命周期的全部上游阶段：资源开采和运输、燃料生产和运输、发电及输配电。本文旨在对中国电力行业的能源和温室气体影响提供系统、有效和现实的判断，该判断可用作未来发展战略和政策制定的科学依据。

2 方法学

2.1 基础模型

本研究采用的 Tsinghua-CA3EM 模型是中国车用能源供需平衡计算和分析的综合计算模型。该模型基于中国的具体情况及应用广泛的交通能源微观计算模型——GREET（greenhouse gas, regulated emissions and energy use of transportation fuel）模型（Wang, 2007）。部分 GREET 模型已经根据可获取的中国数据将参数进行本地化调整，使其适应中国的特定情况（如反映煤炭在一次能源消费结构中的主导作用）（Ou et al., 2009, 2010）。

本研究的系统边界内的核心部分是矿井到电表（WTM）阶段，包括终端消费之前电力的所有上游阶段：资源开采与处理、资源运输、原料生产（如适用）、原料运输（如适用）、发电、电力输配（图 1）。

本研究考虑了三种一次化石能源和九种工艺燃料。前者包括煤炭、天然气和石油，后者包括原煤、原始天然气、原油、精煤、精制天然气、柴油、汽油、渣油和电力。前三种工艺燃料仅开采和运输，不加工为二次能源。本研究考虑三种主要温室气体，包括 CO_2、CH_4、N_2O。

能源输入和排放的指标是 E_{WTM} 和 GHG_{WTM}。E_{WTM} 既表示资源开采与处理阶段的直接化石能源，也表示 WTM 的所有阶段中作为工艺燃料和运输燃料的上游间接化石能源消费。GHG_{WTM} 表示所有的直接和间接温室气体排放。间接排放进一步追踪至两部分：获取工艺燃料的上游排放和非燃烧间接排放（如原料开采阶段的泄漏和损失）。上游间接化石能源消费和工艺燃料温室气体排放的详细迭代计算方法参见参考文献 Ou et al., 2009, 2010。

如图 1 所示，由于根据国际生命周期分析（life cycle assessment, LCA）准则，基础设施建设、劳动力投入、车辆和其他机器制造对整个生命周期结果的贡献可以忽略不计，本研究未考虑这些活动造成的次级能源消费或温室气体排放（Ou et al., 2010）。

本研究提出的 LCA 方法可涵盖所有必要的重要阶段，得出 E_{WTM} 和 GHG_{WTM} 结果，在同一平台展示总化石能源消费量和温室气体排放量，并为其他研究引用提供标准因子。本研究相对于以往类似主题的研究，在数据方面有所更新（狄向华等，2002；晓斌等，2002；刘敬尧等，2009）。

本研究中的功能单位（function unit）是“提供给用户 1MJ 电力”。E_{WTM} 是提供 1MJ 电力的 WTM 一次化石能源消费，单位为 MJ/MJ；GHG_{WTM} 是提供 1MJ 电力的 WTM 温室气体排放，单位为 g CO_2, e/MJ。

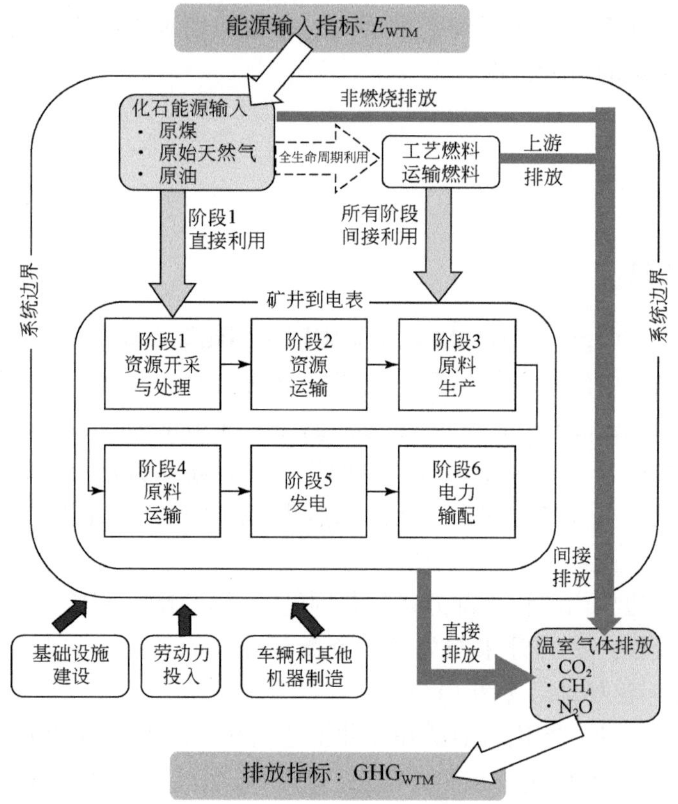

图 1　本研究的系统边界和逻辑图

2.2　计算方法

E_{WTM} 为所有子阶段直接利用的工艺燃料带来的所有一次化石能源消费的总和：

$$E_{WTM} = \sum_{p=1}^{6} \sum_{j=1}^{9} \sum_{i=1}^{3} (EN_{p,j} EF_{LC,j,i}) \tag{1}$$

式中，i 是一次化石能源类型；j 是工艺燃料类型；p 是子阶段；$EN_{p,j}$ 是在子阶段 p 中获取 1MJ 终端电力消费的工艺燃料 j 的量（MJ/MJ）；$EF_{LC,j,i}$ 是全生命周期能源消费因子，表示为了获取 1MJ 工艺燃料 j 消费的一次化石能源 i 的量（MJ/MJ）。

$EN_{p,j}$可以根据子阶段 p 直接消费的工艺燃料 j 的量（$EU_{p,j}$）、每个阶段的能量转换效率因子（η_p）和燃料生产子阶段中燃料对资源的转换因子（ξ，MJ/MJ）推导得出：

$$EN_{1,j}=EU_{1,j}/(\xi\eta_5\eta_6) \tag{2}$$

$$EN_{2,j}=EU_{2,j}/(\xi\eta_5\eta_6) \tag{3}$$

$$EN_{3,j}=EU_{3,j}/(\eta_5\eta_6) \tag{4}$$

$$EN_{4,j}=EU_{4,j}/(\eta_5\eta_6) \tag{5}$$

$$EN_{5,j}=EU_{5,j}/\eta_6 \tag{6}$$

$$EN_{6,j}=EU_{6,j} \tag{7}$$

其中，当 $p=1$，3，5 时，$EU_{p,j}$的单位是 MJ/MJ 资源/燃料/电力（在对应阶段结束时获取 1MJ 能源）；当 $p=2$，4，6 时，$EU_{p,j}$的单位是 MJ/MJ 资源/燃料/电力（在对应阶段过程中的 1MJ 能源）。

根据所考虑的全球增温潜势，按照式（8）计算温室气体排放量（IPCC，2007）：

$$GHG_{WTM}=CO_{2,WTM}+23CH_{4,WTM}+296N_2O_{WTM} \tag{8}$$

式中，$CO_{2,WTM}$是 WTM 二氧化碳排放（g/MJ）；$CH_{4,WTM}$是 WTM 甲烷排放（g/MJ）；N_2O_{WTM}是 WTM 一氧化二氮排放（g/MJ）。

在所有子阶段，温室气体排放通常包括直接排放部分和间接排放部分：前者包括工艺燃料燃烧和使用产生的直接排放，后者包括这些一次化石能源上游生命周期阶段的排放。对于甲烷，还额外考虑了一部分间接排放：不同发电技术路线在资源开采与处理阶段包括泄漏和损失的非燃烧源产生的排放。基于碳平衡，$CO_{2,WTM}$为直接排放部分和间接排放部分的总和（Wang，2007；Ou et al.，2009，2010）。

$$CO_{2,\ WTM}=CO_{2,\ direct}+CO_{2,\ indirect}=\sum_{p=1}^{5}\sum_{j=1}^{9}EN_{p,\ j}(CC_jFOR_j44/12+T_{CO_2,\ j}) \tag{9}$$

式中，$CO_{2,direct}$是 WTM 直接二氧化碳排放（g/MJ）；$CO_{2,indirect}$是 WTM 间接二氧化碳排放（g/MJ）；CC_j是工艺燃料 j 的碳含量因子（g/MJ）；FOR_j是工艺燃料 j 的燃料氧化率；$T_{CO_2,j}$是工艺燃料 j 的间接二氧化碳排放因子（g/MJ）；44/12 是从碳到二氧化碳的质量转换率。

类似地，$CH_{4,WTM}$和 N_2O_{WTM}可以通过下列表达式计算：

$$CH_{4,\ WTM}=CH_{4,\ direct}+CH_{4,\ indirect}=\sum_{p=1}^{5}\sum_{j=1}^{9}EN_{p,\ j}(ER_{CH_4,\ j}+T_{CH_4,\ j})+CH_{4,\ noncomb} \tag{10}$$

$$N_2O_{WTM}=N_2O_{direct}+N_2O_{indirect}=\sum_{p=1}^{5}\sum_{j=1}^{9}EN_{p,\ j}(ER_{N_2O,\ j}+T_{N_2O_j}) \tag{11}$$

式中，$CH_{4,direct}$是 WTM 直接甲烷排放（g/MJ）；$CH_{4,indrect}$是 WTM 间接甲烷排放（g/MJ）；$ER_{CH_4,j}$是工艺燃料 j 的直接甲烷排放因子（g/MJ）；$T_{CH_4,j}$是工艺燃料 j 的间接甲烷排放因子（g/MJ）；$CH_{4,noncomb}$是非燃烧源的间接甲烷排放（g/MJ）；N_2O_{WTM}是 WTM 一氧化二氮排放（g/MJ）；N_2O_{direct}是 WTM 直接一氧化二氮排放（g/MJ）；

$N_2O_{indirect}$是 WTM 间接一氧化二氮排放（g/MJ）；$ER_{N_2O,j}$是工艺燃料 j 的直接一氧化二氮排放因子（g/MJ）；$T_{N_2O_j}$是工艺燃料 j 的全生命周期间接一氧化二氮排放因子（g/MJ）。非燃烧源甲烷排放用式（12）计算：

$$CH_{4,\ noncomb} = CH_{4,\ resource}/(\xi\eta_5\eta_6) \tag{12}$$

式中，$CH_{4,resource}$是来自非燃烧源的间接甲烷排放，包括资源开采与处理阶段获取 1MJ 资源的泄漏和损失（g/MJ）。

3　数据和假设

式（1）~式（12），两部分数据对 WTM 分析至关重要：①每个子阶段的转换效率因子（η 和 ξ）和每个子阶段直接消费的每种工艺燃料（EU）；②每种工艺燃料的直接和间接工艺燃料利用及温室气体排放因子（EF_{LC}、CC、FOR、T_{CO_2}、ER_{CH_4}、T_{CH_4}、ER_{N_2O}、T_{N_2O}和 $CH_{4,noncomb}$）。中间数据（EN）可以根据第一部分数据（η、ξ 和 EU）计算，然后与第二部分数据一起计算 WTM 结果。

3.1　原始数据和来源

2007 年中国的电力结构为煤炭 80.1%、石油 1.8%、天然气 0.7%、核能 1.9%、其他电力 15.5%，平均输配损失为 6.97%（国家统计局，2008；中国电力企业联合会，2008）。2007 年各种技术路线的发电效率采用参考文献（Ou et al.，2008）中数据：煤炭 36%、石油 32%、天然气 45%、核能 32%、其他可再生能源为 100%。

表 1 列出了用于化石能源基火电技术路线的输入数据。表 2 列出了每种交通运输方式的所有能源强度［kJ/（t · km）］和燃料结构数据。这些数据和这些交通燃料的低热值（MJ/kg）将一起用于计算资源运输子阶段的工艺燃料直接消费量（EU）（Ou et al.，2008）。

表 1　化石能源基火电技术路线的输入数据

化石能源基火电技术路线		输入数据	数据来源
煤炭	煤炭开采和加工	煤炭开采效率：97%	国家统计局，2008
		煤炭加工效率：97%	Ou et al.，2008
		原煤开采和加工阶段的工艺燃料构成为：煤炭（80%）、电力（16%）、柴油（2%）、汽油（1%）和天然气（1%）	国家统计局，2008
	煤炭运输	铁路：50%（1000km）；水运：17%（650km）；公路（长途）：8%（310km）；公路（短途）：100%（50km）	中华人民共和国交通运输部，2008

续表

化石能源基火电技术路线		输入数据	数据来源
石油	石油开采	开采效率：93.0%	Ou et al., 2008
		工艺燃料构成：电力（37%）、原油（20%）、天然气（23%）、煤炭（10%）、柴油（8%）、渣油（1%）和汽油（1%）	国家统计局，2008
	石油运输方式	远洋：50%（11 000km）；铁路：45%（950km）；管道：80%（500km）；水运：10%（250km）	中华人民共和国交通运输部，2008
	石油炼制	工艺燃料构成：原油（50%）、煤炭（20%）、电力（12%）、炼厂气（10%）、渣油（4%）、柴油（1%）和汽油（1%）	国家统计局，2008
	渣油运输方式	渣油生产效率：94.0%	Ou et al., 2008
		远洋：70%（7000km）；铁路：15%（900km）；水运：25%（1200km）、公路（短途）：10%（50km）	中华人民共和国交通运输部，2008
天然气	天然气开采和处理	开采效率：96.00%	Ou et al., 2008
		天然气开采的工艺燃料构成：电力（40%）、天然气（23%）、渣油（20%）、柴油（8%）、煤炭（7%）和汽油（2%）	国家统计局，2008
		天然气处理效率：94.00%	Ou et al., 2008
		天然气处理的工艺燃料构成：渣油（40%）、天然气（28%）、煤炭（20%）、电力（10%）、柴油（1%）和汽油（1%）	国家统计局，2008
	天然气运输方式	管道：100%（625km）	中华人民共和国交通运输部，2008

表 2　每种交通运输方式的能源强度和燃料结构

交通运输方式	能源强度 [kJ/(t·km)]	燃料组合
远洋	23	渣油（100%）
铁路	240	柴油（55%）和电力（45%）
管道（石油）	300	渣油（50%）和电力（50%）
管道（天然气）	372	天然气（99%）和电力（1%）
水运	148	渣油（100%）
公路（短途）	1362	柴油（68%）和汽油（32%）
公路（长途）	1200	柴油（68%）和汽油（32%）

注：括号内数据为燃料对应占比。

资料来源：Ou et al., 2008.

3.2 η、ξ和EU

表3列出了计算出的能量转换效率因子，这些因子直接用于计算所有的$EN_{p,j}$。根据式（2）~式（7），EN是基于η、ξ和EU推导出的，结果列于表4。

表3　各子阶段的能源转换效率因子（η）和从燃料到资源的转换因子（ξ）

（单位：%）

子阶段		煤电	油电	气电
η	资源开采与处理	94.1	93.0	90.2
	资源运输	99.8	99.4	99.6
	原料生产	100	94.0	100
	原料运输	100	99.7	100
	发电	36.0	32.0	45.0
	电力输配	93.0	93.0	93.0
ξ	原料生产	100	96.9	100

表4　各子阶段的工艺燃料利用（EN）　　（单位：kJ/MJ 电力）

燃料	煤电				油电		
	子阶段1	子阶段2	子阶段5	子阶段6	子阶段1	子阶段2	子阶段3
原煤	203.6	0.0	0.0	0.0	0.0	0.0	0.0
原始天然气	0.0	0.0	0.0	0.0	0.0	0.0	8.2
原油	0.0	0.0	0.0	0.0	65.0	0.0	246.6
精煤	0.0	0.0	2986.9	0.0	32.5	0.0	82.2
精制天然气	2.5	0.0	0.0	0.0	74.8	0.0	0.0
柴油	5.1	4.4	0.0	0.0	26.0	3.1	4.1
汽油	2.5	2.1	0.0	0.0	3.3	0.0	4.1
渣油	0.0	0.0	0.0	0.0	3.3	10.4	16.4
电力	40.7	0.0	0.0	74.9	120.3	5.8	49.3

燃料	油电			气电			
	子阶段4	子阶段5	子阶段6	子阶段1	子阶段2	子阶段5	子阶段6
原煤	0.0	0.0	0.0	0.0	0.0	0.0	0.0
原始天然气	0.0	0.0	0.0	66.3	9.2	0.0	0.0
原油	0.0	0.0	0.0	0.0	0.0	0.0	0.0
精煤	0.0	3360.2	0.0	37.7	0.0	2389.5	0.0
精制天然气	0.0	0.0	0.0	0.0	0.0	0.0	0.0
柴油	3.3	0.0	0.0	9.7	0.0	0.0	0.0
汽油	0.1	0.0	0.0	3.6	0.0	0.0	0.0
渣油	3.4	0.0	0.0	81.5	0.0	0.0	0.0
电力	2.5	0.0	74.9	56.3	0.1	0.0	74.9

注：子阶段6中的电力损失不在式（6）和式（7）中计算。

3.3 直接和间接温室气体排放因子

直接和间接温室气体排放因子见表5，来自 Ou 等（2008）。在中国获取1MJ原油、原始天然气和原煤的非燃烧甲烷排放值（$CH_{4,resource}$）分别为0.009g、0.072g和0.406g（Ou et al.，2008），发电的$CH_{4,noncomb}$值根据式（12）计算，结果列于表6。

表5 一次化石能源的全生命周期消费系数和工艺燃料的直接和间接温室气体排放因子

工艺燃料	EF_{LC}（MJ/MJ）			T_{CO_2} (g/MJ)	T_{CH_4} (g/MJ)	T_{N_2O} (mg/MJ)	ER_{CH_4} (g/MJ)	ER_{N_2O} (mg/MJ)	C_C (g C/MJ)	FOR
	煤炭	天然气	石油							
原煤[a]	1.05	0.00	0.00	4.26	0.42	0.06	0.001	0.001	24.08	0.90
原始天然气[a]	0.08	1.01	0.06	11.91	0.07	0.15	0.001	0.001	15.30	0.99
原油[a]	0.10	0.02	1.05	16.00	0.05	0.27	0.002	0	20.00	0.98
精煤	1.06	0.00	0.11	5.73	0.43	0.17	0.001	0.001	24.74	0.90
精制天然气	0.11	1.04	0.05	16.58	0.05	0.12	0.001	0.001	15.32	0.99
柴油	0.18	0.03	1.12	27.87	0.08	0.44	0.004	0.002/0.028[b]	20.20	0.98
汽油	0.18	0.03	1.12	28.83	0.09	0.47	0.080	0.002	18.90	0.98
渣油	0.14	0.03	1.06	25.33	0.07	0.41	0.002	0	21.10	0.98
电力	2.86	0.03	0.37	248.02	2.16	0.62	0	0	0	0

资料来源：Ou et al.，2008.

a 这些能源经过开采和运输，但并未精炼。

b 对于汽车，全生命周期消费系数为0.002；对于其他运输方式，全生命周期消费系数为0.028。

表6 非燃烧甲烷排放 （单位：g/MJ 电力）

项目	油电	气电	煤电
$CH_{4,noncomb}$	0.031	0.172	1.213

3.4 核电、水电和生物质发电的数据

核电、水电和生物质发电技术路线的数据来自参考文献（Weisser，2007；Ou et al.，2008），列于表7。核电的分析主要涉及铀矿开采、加工和运输子阶段。水电是中国主要的非化石能源电力，被水库淹没的土地上的生物质降解产生的甲烷排放不容忽视。生物质发电的分析基于以下数据：原料的热值为15.89MJ/kg，原料运输距离假定为100km，运输原料的交通工具（柴油卡车）的燃油经济性为0.0745L/（t · km）。

表 7 核电、水电和生物质发电的数据

发电类型	具体数据	数据来源
核电	化石能源利用为 0.063MJ/MJ，包括煤炭（0.052）、天然气（0.005）和石油（0.006）；温室气体排放为 6.506g CO_2，e/MJ	Ou 等，2008
水电	能源利用可忽略不计，温室气体排放约为 5g CO_2，e/MJ	Weisser，2007
生物质发电	棉花秸秆为 0.076MJ/MJ，包括煤炭（0.010）、天然气（0.002）和石油（0.064）；温室气体排放为 5.846g CO_2，e/MJ	Ou 等，2008

4 结果

表 8 列出了 WTM 结果。对于三种化石能源基电力，WTM 一次化石能源消费和温室气体排放分别介于 3.238～5.373MJ/MJ 和 236.956～357.707g CO_2，e/MJ。由于发电效率相对较低，石油基电力的能源消费最高，而煤基电力的温室气体排放最高，主要是因为煤炭的碳含量高，且煤炭开采子阶段的非燃烧 CH_4 排放高。结合各种电力技术路线的相应贡献，发电结构加权的 WTM 一次化石能源消费强度和温室气体排放强度分别为 3.247MJ/MJ 和 297.688g CO_2，e/MJ。煤炭、天然气和石油分别占总一次化石能源消费的 87.93%、0.83% 和 11.24%。CO_2 排放是最主要的温室气体排放，占 83.30%，CH_4（16.65%）和 N_2O（0.06%）的排放贡献相对较低。

表 8 分原料类型的电力供应 WTM 结果

项目	单位	原料类型						
		煤炭	石油	天然气	核能	生物质	其他	综合
化石能源消费	MJ/MJ	3.869	5.373	3.238	0.063	0.076	0.000	3.247
煤炭	MJ/MJ	3.503	1.150	0.482	0.052	0.010	0.000	2.855
天然气	MJ/MJ	0.007	0.188	2.561	0.005	0.002	0.000	0.027
石油	MJ/MJ	0.359	4.036	0.195	0.006	0.064	0.000	0.365
温室气体排放	g CO_2,e/MJ	357.707	340.956	236.956	6.506	5.846	5.000	297.688
CO_2	g /MJ	297.464	328.225	228.343	5.920	2.221	0.000	247.972
CH_4	g /MJ	2.610	0.525	0.367	0.025	0.006	0.217	2.154
N_2O	mg /MJ	0.692	2.217	0.563	0.000	11.771	0.000	0.615

如图 2 所示，对于化石能源基电力，发电是 WTM 一次化石能源消费和温室气体排放最主要的贡献子阶段，其贡献高于其他所有子阶段的总和，而对于核电，主要贡献子阶段是资源开采和原料生产，对于生物质基电力，主要贡献阶段是原料运输（表 8）。

从表 1 和图 2 可以看出，对于混合的供电结构，发电子阶段是一次化石能源消费

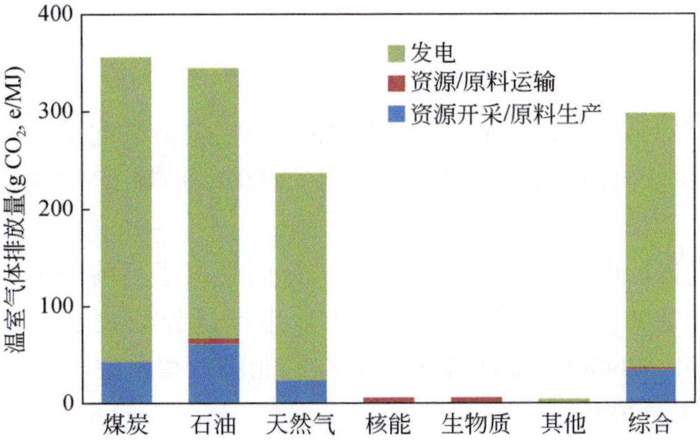

图2 不同原料类型的电力技术路线中各子阶段对温室气体排放的贡献

和温室气体排放的主要来源，分别占总量的89.98%和87.80%。资源/原料开采和加工子阶段的贡献较低（9.73% 和12.07%），运输子阶段的贡献可以忽略不计。

图3显示了电力结构中不同类型电力对一次化石能源消费量和温室气体排放量的贡献。煤炭显然是非常重要的贡献者，分别占一次化石能源消费量和温室气体排放量的96.27% 和97.08%。石油基、天然气基和其他类型电力分别占一次化石能源消费量的2.99%、0.70% 和0.04%，占温室气体排放量的2.07%、0.56%和0.29%。

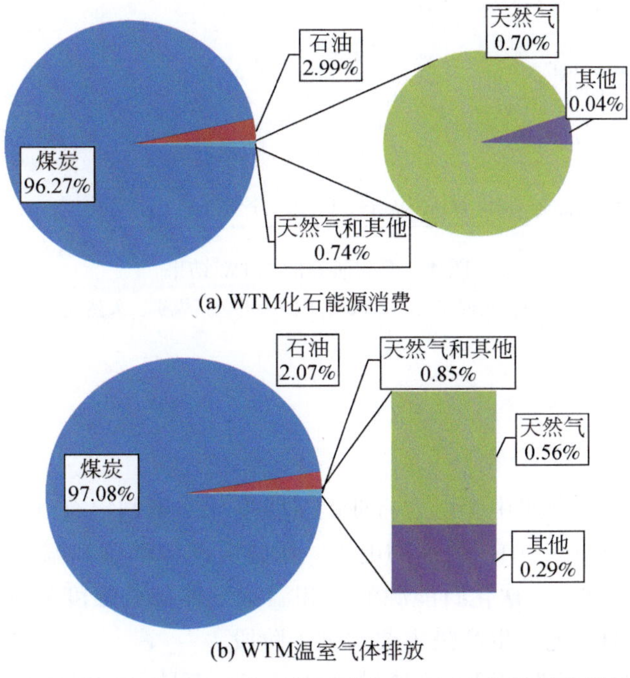

图3 各种类型电力对一次化石能源消费量和温室气体排放量的贡献

5　讨论

图 4 对本研究的 WTW（与 WTM 类似，但不包括电力输配子阶段）一次化石能源消费和温室气体排放与以前的研究（狄向华等，2002；晓斌等，2002；Weisser，2007）进行了比较。

中国和其他地区的电力结果存在差异，一方面是由于当前中国能源结构煤炭占主导地位（江泽民，2008），另一方面是由于工业生产过程的效率相对较低（国家统计局，2008；Ou et al.，2008），如从煤炭到蒸汽的能源效率，中国为 80%，而世界平均水平为 90%（IPCC，2005）。

根据柴沁虎（2008）、张阿玲（2008）的研究，本文已在如下方面进行改进：①涵盖了对通常忽略的细节的分析，如煤炭开采、原油和天然气勘探阶段的二氧化碳和甲烷排放；②使用更精确和更新的数据。

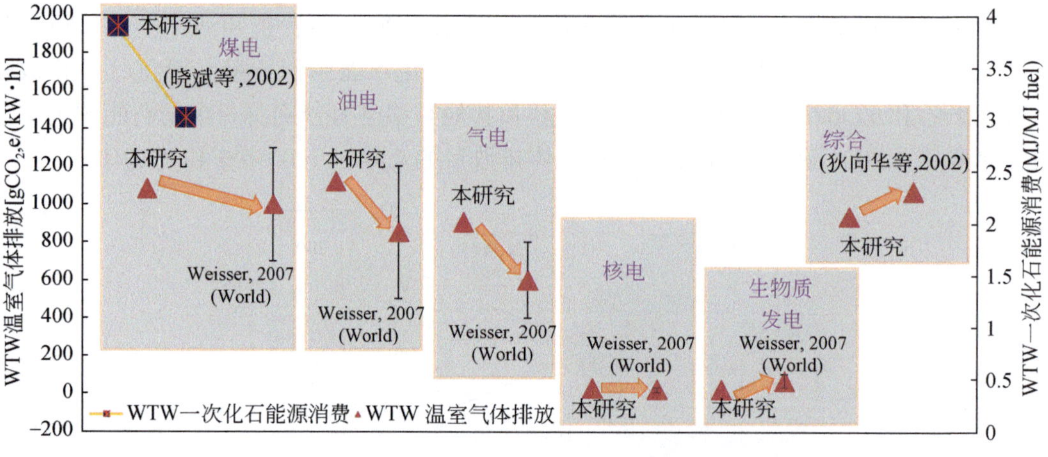

图 4　不同研究的 WTW 结果

WTW：well-to-wall；Weisser（2007），狄向华等（2002）中的火电包括煤炭、天然气和石油发电；晓斌等（2002）。

6　结论

基于以上讨论，本文对中国电力行业的气候变化政策制定有以下重要意义。

1）与其他国家相比，中国目前的电力一次化石能源消费和温室气体排放水平相对较高。电力结构的 WTM 一次化石能源消费和温室气体排放强度分别为 3.247MJ/MJ 和 297.688g CO_2，e/MJ，电力生产是主要贡献子阶段。

2）一次化石能源消费和温室气体排放高，一方面是由于煤炭在中国，尤其是在电力部门中占主导地位，另一方面是由于从原料开采到终端能源消费的各子阶段的效率都相对较低。

3）核电和生物质发电的发展及 CCS 等低碳技术的应用能够显著降低电力的温室气

体排放。

参考文献

柴沁虎 . 2008. 生物质车用替代能源产业发展研究 . 清华大学 .

狄向华,聂祚仁,左铁镛 . 2002. 中国火力发电燃料消耗的生命周期排放清单 . 中国环境科学,26:632-635.

国家发展和改革委员会能源研究所 . 2009. 中国 2050 年低碳发展之路:能源需求暨碳排放情景分析 . 北京:科学出版社 .

国家统计局 . 2008. 中国能源统计年鉴 2007. 北京:中国统计出版社 .

江泽民 . 2008. 对中国能源问题的思考 . 上海交通大学学报,42:345-359.

刘敬尧,钱宇,李秀喜,等 . 2009. 燃煤及其替代发电方案的生命周期评价 . 煤炭学报,34:133-138.

欧训民,张希良,覃一宁,等 . 2010. 未来煤电驱动电动汽车的全生命周期分析 . 煤炭学报,35:169-172.

晓斌,张阿玲,陈贵锋 . 2002. 中国洁净煤发电的生命周期清单分析 . 洁净煤技术,11:1-4.

张阿玲 . 2008. 车用替代燃料生命周期分析 . 北京:清华大学出版社 .

中国电力企业联合会 . 2008. 中国电力工业统计数据分析 2008. 北京:中国电力企业联合会 .

中华人民共和国交通运输部 . 2008. 中国交通运输统计年鉴 2007. 北京:人民交通出版社 .

Atkins M J, Morrison A S, Walmsley M R W. 2010. Carbon Emissions Pinch Analysis (CEPA) for emissions reduction in the New Zealand electricity sector. Applied Energy, 87:982-987.

de Haes H A U, Heijungs R. 2007. Life-cycle assessment for energy analysis and management. Applied Energy, 84:817-827.

IPCC. 2005. Carbon Dioxide Capture and Storage: IPCC Special Report.

IPCC. 2007. IPCC Fourth Assessment Report: climate change 2007.

Jaramillo P, Samaras C, Wakeley H, et al. 2009. Greenhouse gas implications of using coal for transportation: Life cycle assessment of coal-to-liquids, plug-in hybrids, and hydrogen pathways. Energy Policy, 37: 2689-2695.

Lean H H, Smyth R. 2009. CO_2 emissions, electricity consumption and output in ASEAN, Applied. Energy.

Ou X M, Zhang X L, Chang S Y, et al. 2009. Energy consumption and GHG emissions of six biofuel pathways by LCA in China. Applied Energy, 86:197-208.

Ou X M, Zhang X L, Chang S Y. 2008. Life-cycle analysis of energy consumption, GHG emissions and regulated pollutants emissions of automotive fuel pathways in China. Center of Automotive Energy Research Center, Tsinghua University.

Ou X M, Zhang X L, Chang S Y. 2010. Alternative fuel buses currently in use in China: Life-cycle fossil energy use, GHG emissions and policy recommendations. Energy Policy, 38:406-418.

Wang M Q, Huo H. 2009. Transportation: meeting the dual challenges of achieving energy security and reducing greenhouse gas emissions. Frontiers of Energy and Power Engineering in China, 3:212-225.

Wang M Q. 2007. Operating Manual for GREET Version 1. 7. http://greet. anl. gov/publications. html.

Weisser D. 2007. A guide to life-cycle greenhouse gas (GHG) emissions from electric supply technologies. Energy, 32:1543-1559.

Life-Cycle Energy Consumption and Greenhouse Gas Emissions for Electricity Generation and Supply in China

Ou Xunmin, Yan Xiaoyu, Zhang Xiliang

Abstract: The well-to-meter (WTM) analysis module in the Tsinghua-CA3EM model has been used to examine the primary fossil energy consumption (PFEC) and greenhouse gas (GHG) emissions for electricity generation and supply in China. The results show that ①the WTM PFEC and GHG emission intensities for the 2007 Chinese electricity mix are 3.247 MJ/MJ and 297.688 g carbon dioxide of equivalent (g CO_2, e)/MJ, respectively; ②power generation is the main contributing sub-stage; ③ the coal-power pathway is the only major contributor of PFEC (96.23%) and GHG emissions (97.08%) in the 2007 mix; and ④GHG emissions intensity in 2020 will be reduced to 220.470 g CO_2, e/MJ with the development of nuclear and renewable energy and to 169.014 gCO_2, e/MJ if carbon dioxide capture and storage (CCS) technology is employed. It is concluded that ①the current high levels of PFEC and GHG emission for electricity in China are largely due to the dominant role of coal in the power-generation sector and the relatively low efficiencies during all the sub-stages from resource extraction to final energy consumption and ② the development of nuclear and renewable energy as well as low carbon technologies such as CCS can significantly reduce GHG emissions from electricity.

Keywords: Life-cycle analysis, Greenhouse gas, Power generation, Electricity supply, CCS, China

中国交通部门2050年交通模式、交通技术、能源消费和二氧化碳排放研究*

王海林，欧训民，张希良

摘要：清华大学开发的交通模式-技术-能源-二氧化碳（transportation mode-technology-energy-CO_2，TMOTEC）模型运用离散选择方法（discrete-choice method，DCM），以核算的广义交通成本为核心变量，可用于研究中国交通部门未来能源消费和二氧化碳排放。本研究采用情景分析方法，比较了提高交通工具能效、推广电动汽车使用、增加燃油税和碳税等情景下的模型结果。研究结果表明，在参考情景下，中国交通部门总的交通能源消费在2050年可增至6.36toe，将产生16.02亿t的二氧化碳排放量。在综合发展情景下，中国交通部门可在2045年实现能源消费达峰，峰值水平为4.97亿toe，该情景下二氧化碳排放量将会在2040~2045年达到峰值，峰值水平为11.29亿t，且交通部门能源消费和二氧化碳排放二者在峰值后都呈现缓慢下降的趋势。我们相信，中国政府可以通过提高燃油经济性标准，推进电动汽车的技术进步和市场渗透，以及通过增加传统交通能源和二氧化碳的税费等措施，减少中国交通部门的能源消费，进而早日实现二氧化碳排放达峰。

关键词：交通能源；离散选择方法；二氧化碳排放；中国

1 引言

在2015年底的巴黎气候大会上（COP21），中国政府对外宣布了中国国家自主贡献目标（nationally determined contributions，NDC），努力在2030年左右达峰并争取早日达峰。要实现这一目标，中国要在节能和减少二氧化碳排放方面采取更强有力的措施。

美国、日本、欧盟等发达国家和地区历史数据表明，来自交通部门的二氧化碳排放占整个国家或地区化石能源消费产生的二氧化碳的1/4~1/3（IEA，2016），并且发达国家交通部门的二氧化碳排放峰值都出现在各自总二氧化碳排放峰值之后（He，2011）。经济合作与发展组织（Organization for Economic Cooperation and Development，OECD）国家交通部门的总能源消费峰值已在21世纪前10年内出现，当前新增的交通能源消费主要来自非OECD国家，特别是来自中国。

自2000年以后，随着经济的发展，中国交通部门的客运周转量和货运周转量呈现出快速的增长势头。2000~2014年，中国客运周转量从1.23万亿人公里（PKM）增

---

* 原文来源：Wang H L，Ou X M，Zhang X L＊. Mode technology，energy consumption，andresulting CO_2 emissions in China’s transport sector up to 2050. Energy Policy，2017，109：719-733. 中文出版略有改动。

长到 3.01 万亿 PKM，年均增长率为 6.60%。同期货运周转量从 4.43 万亿吨公里（TKM）增长到 18.58 万亿 TKM，年均增长率为 10.78%（国家统计局，2017）。在此期间，随着居民收入的增长和生活水平的提高，民航、高铁、私家车等高耗能交通方式的使用频度日益加大。例如，高铁运行里程从 2008 年的 672km 增加到 2015 年的 19 838km，其在铁路客运周转量中的份额也从 0.8% 上升到 16.4%（国家统计局，2016）。未来，高能耗舒适便捷的交通服务需求将快速增长，这也将大大增加交通部门的能源消费，同时也将会加剧交通拥堵，以及诸如雾霾等环境污染问题。在中国的东部地区，已经出现了长时间大范围的雾霾天气，交通部门大量的化石能源消费是其主要成因之一（Peng，2013）。实现交通部门的绿色低碳发展已经成为中国的当务之急，其成败也将影响中国 2030 年 CO2 排放整体达峰的进程。

回顾交通部门在能源消费和二氧化碳排放中所发挥的重要作用，一些现有的研究（Chen et al.，2016，Hao et al.，2015，Hu，2012，Hu et al.，2010，Kishimoto et al.，2014，Ou et al.，2010，Wang et al.，2014，Yin et al.，2015）从全球、国家及部门等视角专注于交通部门等中期和长期发展问题，得出如下结论：如果交通部门能够采取足够的措施，则可以实现全球及国家层面的二氧化碳减排目标。交通部门的能源消费和二氧化碳排放已经成为中国乃至世界所关注的重要议题。但目前研究存在部分不足，如一些已有的技术模型（Ou et al.，2012）不能够有效协调多种交通运输方式之间的竞争机制；一些研究者对未来交通发展的展望（Zhang et al.，2016a）有些过于乐观。

交通模式-技术-能源-二氧化碳（TMOTEC）模型由清华大学能源环境经济研究所开发。该模型基于离散选择方法和广义交通成本，在对未来中国经济、人口及城市化率做出预期判断等基础上，预测中国 2050 年可能的交通客运周转量和货运周转量。

运用 TMOTEC 模型可以计算不同情景下交通部门的能源消费及其二氧化碳排放量。本文的主要研究特点在于：①运用广义交通成本这一指标作为刻画多种交通运输方式间竞争关系的核心变量；②考虑到当前中国的宏观经济和交通发展阶段，运用离散选择方法分析交通部门未来各种交通方式及交通技术的构成关系，运用交通工具的存活规律曲线并结合交通工具能效的提高趋势，分析中国交通部门 2010 ~ 2050 年能源消费和能源结构，计算二氧化碳排放总量。本文设置了 3 个替代情景和 1 个综合发展情景，在情景研究中引入了提高交通工具能效、推广电动汽车使用、增加燃油税和碳税等政策措施，并分别与参考情景（REF）研究进行比较。

2 方法学

2.1 TMOTEC 模型简介

图 1 为 TMOTEC 模型的整体框架示意图。TMOTEC 模型包括了 6 个子模块，如图 1 中的蓝色背景的图框所示，即交通模式选择模块（transport mode distribution module，TMDM）、广义交通成本模块（general transport cost module，GTCM）、交通服务需求

预测模块（transport service demand module，TSDM）、交通工具保有量模块（vehicle population module，VPM）、交通能源和二氧化碳排放模块（energy and CO_2 emissions module，ECEM）、输出模块（output module，OM）。前5个模块的详细论述将在2.2节中进行，OM模块是结果输出的交互界面。图1中包含了3类外生参数，用绿色虚线框表示。这些外生参数分别为经济参数、交通工具运行参数、交通成本参数。图1中蓝色实线框表示的交通模式是一个重要的中间变量，其连接着TMDM、TSDM、VPM和OM这4个子模块。

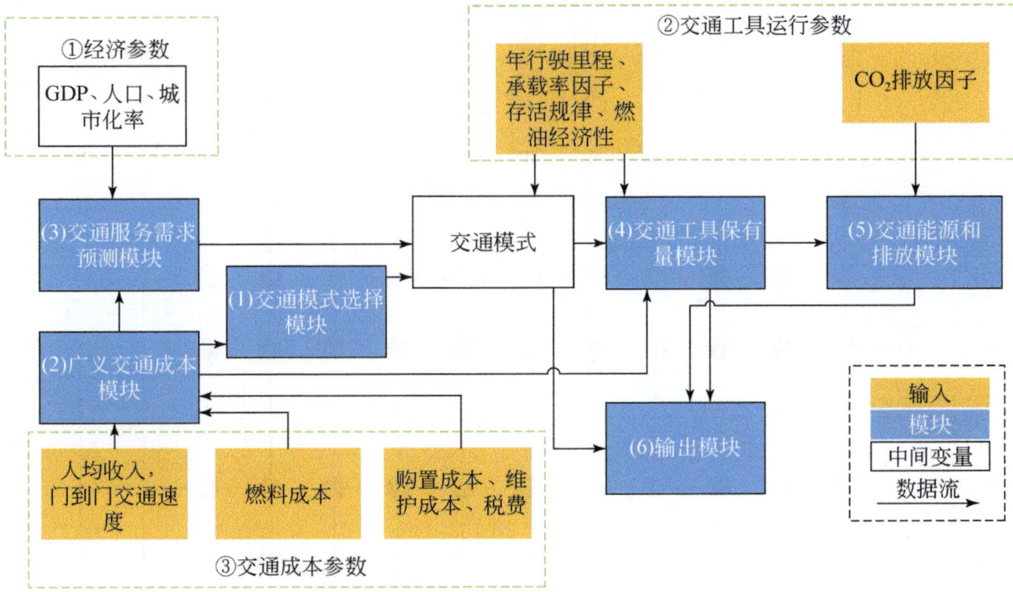

图1　TMOTEC模型的结构和数据流

在中国，由于城市化进程的推进，城乡之间交通客运服务需求和居民消费习惯表现出很大的不同。本研究将中国客运分为3个领域（城市、城际和农村），货运作为一个整体进行研究。有9种交通方式（地铁、摩托车、乘用车、客车、火车、飞机、船舶、货车、农用车）支撑上述的4个研究点，如图2所示。

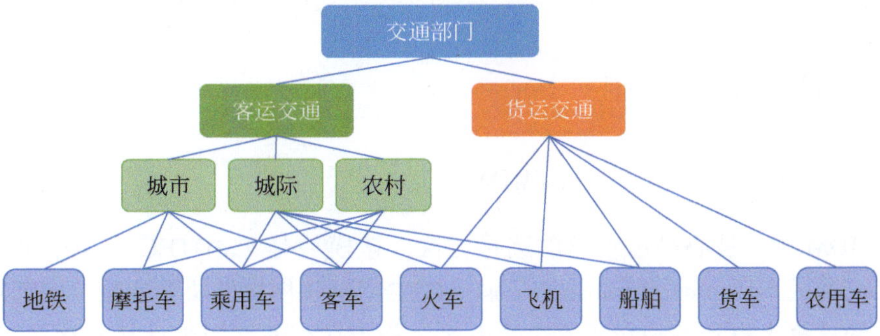

图2　TMOTC模型中的交通分类

在模型中，有 14 种交通燃料技术来支撑上述的 9 种交通方式，在 TMOTEC 模型中二者的关系如图 3 所示。矩阵图中的实心焦点所代表的是模型中考虑的交通燃料技术与交通方式的组合。14 种交通燃料技术分别为汽油、柴油、生物乙醇、生物柴油、煤基甲醇、液化石油气（liquefied petroleum gas，LPG）、压缩天然气（compressed natural gas，CNG）、电力、液氢、航空煤油、航空生物燃料、燃料油、汽油混合动力、柴油混合动力。

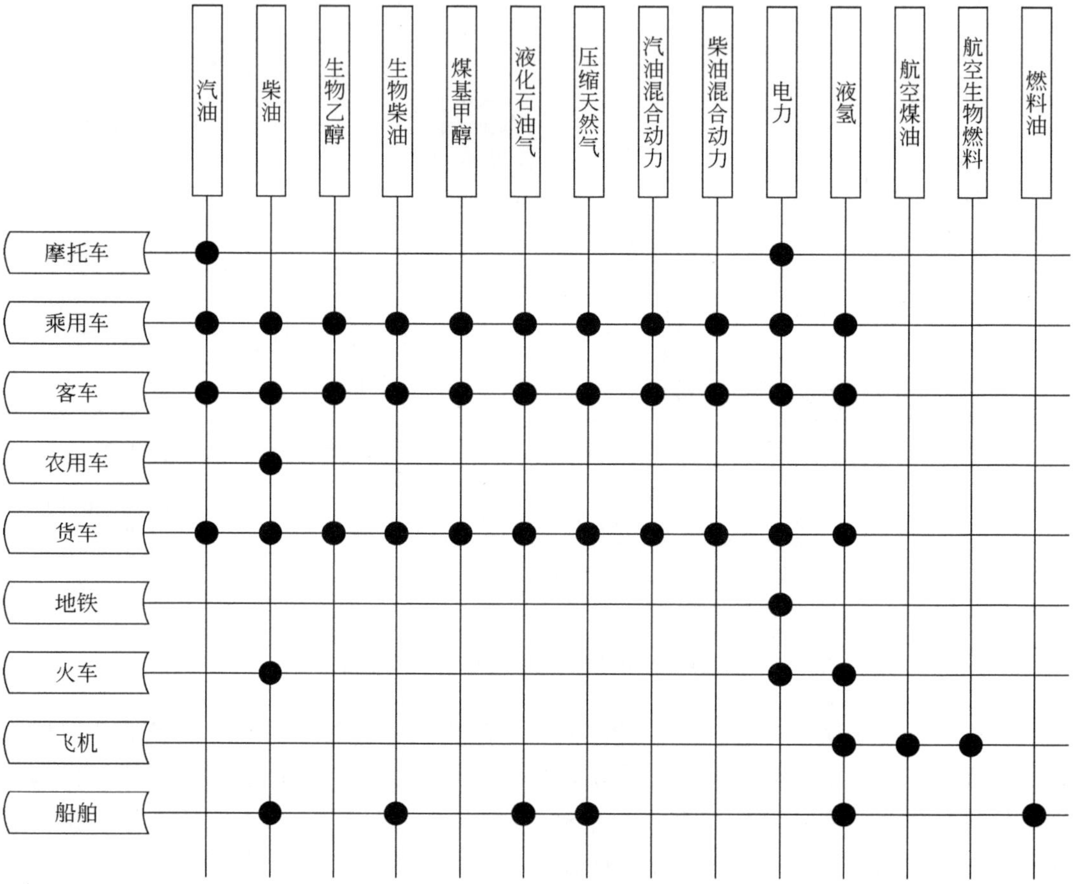

图 3　TMOTEC 模型中考虑的交通方式和交通燃料技术的对应关系

2.2　子模块的计算原理

2.2.1　交通模式选择模块（TMDM）

在 TMDM 中，核心是运用离散选择方法。该模块是 TMOTEC 模型中最核心的模块。广义交通成本（general transport cost，GTC）是该模块的决策变量，可通过对广义交通成本的计算来得到各种交通方式的占比。关于在交通部门中计算 GTC 的方法，可参考 Kim 等（2006）及 Kyle 和 Kim（2011）的相关研究。

在 TMDM 中，刻画的是一个理性人在多种交通方式中的出行选择概率，可用式

(1) 进行表述。

$$\mathrm{Share}_{i,\ m,\ k}=\frac{\lambda_{i,\ m,\ k}\times \mathrm{GTC}_{i,\ m,\ k}^{-\tau}}{\sum_{k}\lambda_{i,\ m,\ k}\times \mathrm{GTC}_{i,\ m,\ k}^{-\tau}} \tag{1}$$

式中，i 表示年份；k 表示交通技术；m 表示交通工具；share 表示客运（货运）周转量的市场份额；λ 表示市场敏感性因子；τ 表示交通技术的敏感性因子。在交通服务市场中，所有 $\mathrm{Share}_{i,m,k}$ 对交通工具 m，交通技术 k 及年份 i 的求和为1，见式（2）

$$\sum_{\mathrm{k}}\mathrm{Share}_{i,\ m,\ k}=1 \tag{2}$$

2.2.2 广义交通成本模块（GTCM）

GTCM中最重要的核心变量是广义交通成本（GTC），该成本由式（3）核算得到。对每一种交通方式，其广义交通成本由三部分构成，分别是广义交通固定成本（general transport stable cost，GTSC）、广义交通燃料成本（general transport fuel cost，GTFC）和广义交通时间成本（general transport time cost，GTTC）。结合中国当前的交通部门的实际情况，民航和铁路等交通方式的票价由政府制定指导价格，其他一些交通方式的价格由市场竞争形成。

$$\mathrm{GTC}_{i,m,k}=\xi\times\mathrm{GTSC}_{i,m,k}+\theta\times\mathrm{GTFC}_{i,m,k}+\eta\times\mathrm{GTTC}_{i,m,k} \tag{3}$$

式中，GTSC表示交通方式在生命周期内单位PKM（或TKM）的平均固定成本；GTFC表示交通工具在生命周期内均摊到单位PKM（或TKM）的燃料消耗对应的成本；GTTC表示理性人在乘坐所选择客运交通出行方式时花费时间的机会成本；ξ，θ，η 表示上述三种成本的比例因子；GTC表示交通工具在生命周期内单位PKM（或TKM）广义交通成本。

对政府部门指导运行的交通工具，GTSC可用政府指导价（GGP）减去广义交通燃料价格（GTFC）得到，如式（4）所示。民航的政府指导价参考国家发展和改革委员会2015年发布的《民航国内航线旅客运输基准票价定价规则》，铁路货运的政府指导价参考《国家发展改革委关于调整铁路货物运价有关问题的通知》，本研究不对政府指导价未来的变化进行预判，假定其到2050年保持不变。

其他交通方式的GTSC可由式（5）计算得到。式（5）中的分子表示交通工具生命周期内的总的成本，包含了交通工具的购置成本，以及在其生命周期内的维护成本和各种税费成本，分母表示交通工具生命周期内的总的交通服务量（PKM或TKM）。其中不同车型的购置价格参考了搜狐网（http：//db. auto. sohu. com/price/）的价格数据，并假定这些车型未来技术升级改造需增加的成本与车型规模效应所降低的成本相当，也意味着这些车型的销售价格到2050年保持不变。

$$\mathrm{GTSC}_{i,m,k}=\mathrm{GGP}_{i,m,k}-\mathrm{GTFC}_{i,m,k} \tag{4}$$

$$\mathrm{GTSC}_{i,\ m,\ k}=\frac{\mathrm{Cost\_\ Pch}_{i,\ m,\ k}+\mathrm{Cost\_\ Mt}_{i,\ m,\ k}+\mathrm{Cost\_\ Tx}_{i,\ m,\ k}}{\sum_{t=1}^{\mathrm{Life}}\mathrm{AnnualKM}_{t,\ m,\ k}\times \mathrm{LF}_{t,\ m,\ k}} \tag{5}$$

式中，GGP表示政府指导价；Cost_Pch表示交通工具的购置成本；Cost_Mt表示交通工具的维护成本；Cost_Tx 表示各种税费成本；AnnualKM 表示交通工具在寿命期内年均行驶里程数；LF 表示交通工具的承载率因子；Life 表示交通工具的寿命周期。

广义交通燃料成本指交通工具生命周期内均摊到单位人公里和吨公里的所消耗燃料对应的成本，式（6）是其具体的计算方法，GTFC 由交通燃料的市场价格（FuelPrice 单位为元/L）乘以交通工具的燃油经济性（EF，单位为 L/100km）再除以平均承载率因子（客运单位为人/车，货运单位为 t/车）而得到。其中，燃料价格在不同的情景中取值不一样，在 REF 情景中的燃料价格信息在 3. 2 中阐述。

$$\text{GTFC}_{i,m,k}=\delta_{i,m,k}\times\text{FuelPrice}_{i,m,k}\times\text{EF}_{i,m,k}/\text{LF}_{i,m,k} \tag{6}$$

式中，FuelPrice 表示交通燃料的市场价格；EF 表示交通工具的燃油经济性；δ 表示单位转换因子，可将 GTFC 的单位转化为元/PKM（或元/TKM）。

广义交通时间成本指人在乘坐所选择的交通工具时花费时间的机会成本。相应的，交通工具的平均速度越快，乘坐交通工具的时间机会成本越小。GTTC 可用居民的平均居民收入水平（单位为元/h）除以交通工具的门到门速度（单位为 km/h）得到，如式（7）所示。模型中货运不考虑广义交通时间成本。城市和农村的居民平均收入水平可通过 2016 年、2017 年《中国统计年鉴》获得，模型中未来居民收入的增长预期与 GDP 的增长预期相一致。

$$\text{GTTC}_{i,m}=\frac{\text{Income}_i}{V_{i,m}} \tag{7}$$

式中，Income 表示平均居民收入水平；V 表示交通工具门到门的平均速度。

2. 2. 3 交通服务需求模块

在该模块中，未来国内客运和货运的周转量可以用式（8）和式（9）计算。本研究中，未来国内客运周转量与居民的收入水平和人口数量呈正相关，与居民的广义交通出行成本呈负相关；未来的国内货运周转量与 GDP 呈正相关，与货运的广义交通成本呈负相关。这意味着，单位客运周转量（货运周转量）的出行成本越高，未来的交通服务需求将越小。

$$\text{PKM}_i=\sum_j \alpha_{i,j}\times \text{Income}_{i,j}^{\text{E\_In}_{i,j}}\times \text{Pop}_{i,j}^{\text{E\_Pop}_{i,j}}\times \text{GTC}_{i,j}^{\text{E\_GTCP}_{i,j}} \tag{8}$$

$$\text{TKM}_i=\beta_i\times\text{GDP}_i^{\text{E\_GDP}_i}\times\text{GTC}_i^{\text{E\_GTCF}_i} \tag{9}$$

式中，α，β 表示修正因子；Pop 表示人口；PKM 表示客运周转量；TKM 表示货运周转量；GDP 表示国内生产总值；E_In. E_Pop 和 E_GTCP 分别表示收入、人口和广义交通成本对客运周转量的弹性；E_GDP 和 E_GTCF 分别表示 GDP 和广义交通对货运周转量的弹性。

2. 2. 4 交通工具保有量模块

在该模块中，本文运用交通工具的存活规律来计算每一年新车保有量，如式（10）所示。式（10）的第一部分是该年份满足交通服务需求所需要的全社会总的交通工具数量，第二部分是历史的交通工具保有量在存活规律下在该年份能够提供的交通工具数量。所计算的新车保有量就是来补充该年份交通工具的不足。

$$P_{i,\ m,\ k} = \frac{\text{TD}_{i,\ m} \times \text{NewVP}_{i,\ m,\ k}}{\text{AnnualKM}_{i,\ m,\ k} \times \text{LF}_{i,\ m,\ k}} - (\sum_{t}^{i-1} \text{HisVP}_{t,\ m,\ k} \times \text{Lifecurve}_{t,\ m,\ k}) \tag{10}$$

式中，t 表示交通工具的存活时间；NewVP 表示新增加的交通工具保有量；TD 表示交通服务需求，包括客运服务需求和货运服务需求；HisVP 表示交通工具的历史保有量；Lifecurve 表示交通工具的存活率。

2.2.5 能源和二氧化碳排放模块

该模块用来核算交通部门总的能源消费和二氧化碳排放。总的能源消费如式（11）所示，总的二氧化碳排放如式（12）所示。

$$\text{TotalEnergy}_i = \sum_m \sum_k \varepsilon_k \times \text{EndyearVP}_{i,\ m,\ k} \times \text{EF}_{i,\ m,\ k} \times \text{AnnualKM}_{i,\ m,\ k} \tag{11}$$

$$\text{TotalEmission}_i = \sum_m \sum_k f_k \times \varepsilon_k \times \text{EndyearVP}_{i,\ m,\ k} \times \text{EF}_{i,\ m,\ k} \times \text{AnnualKM}_{i,\ m,\ k} \tag{12}$$

式中，EndyearVP 表示年末的交通工具总保有量；ε 表示能源单位转换因子；f 表示不同交通能源类型所对应的二氧化碳排放因子；TotalEnergy 表示交通部门总的能源消费量；TotalEmission 表示交通部门总的二氧化碳排放量。

3 关键数据和假设

3.1 GDP、人口和城市化率假设

随着中国经济的发展，GDP 的年均增速在未来将下降。一些研究机构（Jiang et al.，2013；EDMC，2015）认为，2020 年之后，中国 GDP 的年均增速下降将更为显著，逐渐回落到合理的中高速增长率并进一步下降到低增长率。参考 Zhang 等（2016b）的研究，TMOTEC 模型中的 GDP、人口和城市化率见表 1。

表 1 TMOTEC 模型中的 GDP、人口和城市化率的假设

项目	2010 年	2020 年	2030 年	2040 年	2050 年
GDP 年均增速（%）	7.0		5.7	3.8	3.2
人口（亿人）	13.4	14.2	14.5	14.4	14.0
城市化率（%）	50	63	70	74	79

随着中国快速城镇化率的推进，未来将有越来越多的人居住并生活在城市中。考虑到中国新的人口政策，每一对夫妇可以生育两个孩子，中国未来人口的总量将有一定的增长。参考相关研究（UNDESA，2015；Yin et al.，2015，Zhang et al.，2016b），本文对中国人口和城市化率的假设见表 1。

3.2 成本相关的参数

本研究中，燃料价格是重要的参数之一。2014 ~ 2016 年，国际原油价格从 100 美元/桶（1 桶≈158.98L）跌至 30 美元/桶左右。石油价格的剧烈波动不仅影响了世界原油市场的供求关系，同时对交通部门的能源消费也产生重要的影响。由此看来，未来世界范围内的原油价格将有更大的不确定性。本研究 2010 年的各种交通燃料的价格主要参考了 CAERC（2012）和 IEA（2014）的研究，给出的未来交通燃料价格增长趋势见表 2。表 2 的数据中，2010 年交通燃料价格数据主要来自 Soshoo 数据库（http：//www.soshoo.com.cn/index.do）中的历史价格数据，化石交通燃料未来的价格指数参考 IEA（2014）报告中原油价格的情景数据，其他一些交通燃料的价格指数主要参考了 CAERC（2012）的报告。

表 2 交通燃料价格（2010 年）及燃料价格指数（2010 ~ 2050 年）

项目	2010 年交通燃料价格（1000 元/t）	燃料价格指数（2010 年 = 1）				
		2010 年	2020 年	2030 年	2040 年	2050 年
汽油	8.5	1.00	1.34	1.63	1.99	2.18
柴油	7.8	1.00	1.34	1.63	1.99	2.18
燃料油	4.8	1.00	1.34	1.63	1.99	2.18
生物乙醇	8.0	1.00	1.34	1.63	1.99	2.18
生物柴油	11.5	1.00	1.21	1.48	1.80	1.97
煤基甲醇	4.5	1.00	1.26	1.54	1.88	2.05
液化石油气	6.3	1.00	1.34	1.63	1.99	2.18
压缩天然气	4.5	1.00	1.21	1.47	1.79	1.96
电力	2.6	1.00	1.17	1.43	1.74	1.90
液氢	40	1.00	1.11	1.10	1.09	1.08
航空煤油	6.7	1.00	1.34	1.63	1.99	2.18
航空生物燃料	7.5	1.00	1.34	1.63	1.99	2.18

附表 1 中是 2010 年的平均交通工具价格数据，该数据用于核算广义交通固定成本。本研究中，考虑到未来交通工具的价格受到技术升级和规模效应的双重影响，未来的价格假设为不再变化（CAERC，2012）。

3.3 交通工具使用相关的参数

在 TMOTEC 模型中，与交通工具使用相关的参数包括交通工具的门对门速度（Yan and Crookes，2010）、承载率因子（Huo et al.，，2012；He et al.，2013）、交通工具的年行驶里程（Lyu et al.，2015）、二氧化碳的排放因子（CAERC，2012）。这些参数详见附表 2 ~ 附表 5。

交通工具的燃油经济性用于衡量其运行的情况。在 REF 情景中，未来能效的改进假设见附表 6。当然，燃油经济性受诸如燃油经济性标准等政策的影响很大，本研究中不同的情景之间交通工具的能效也不同。

本研究中，交通工具的存活规律运用 Weibull 分布计算得到。基于 Hao（2012）和 Hu（2012）的一些研究，本研究中交通工具的存活规律如图 4 所示。

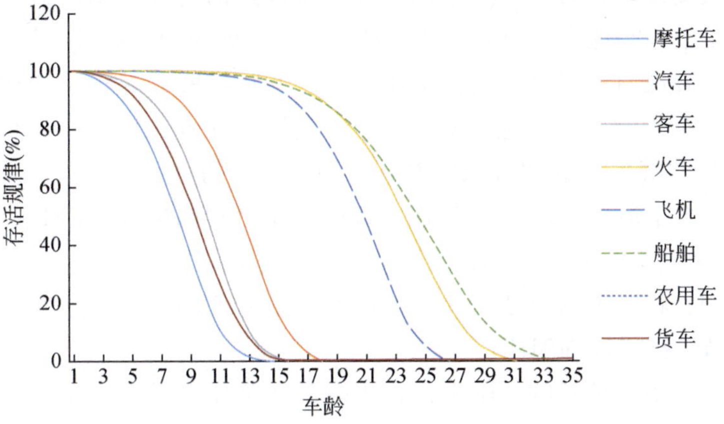

图 4　TMOTEC 模型中交通工具的存活规律

3.4　其他参数

计算未来的交通服务需求的弹性数据参考了 Hu（2012）的研究，具体的参数见表 3.

表 3　TMOTEC 模型中的弹性数据

项目	弹性	参数	2010 年	2030 年	2050 年
国内客运交通	收入（城市）		0.85	0.80	0.75
	收入（城际）		0.80	0.75	0.70
	收入（农村）		0.75	0.70	0.65
	客运服务价格弹性	E_GTCP	-0.90	-0.90	-0.90
	人口	E_Pop	1.00	1.00	1.00
国内货运交通	GDP	E_GDP	0.80	0.70	0.60
	货运服务价格弹性	E_GTCF	-1.00	-1.00	-1.00

2010～2013 年的交通服务量、交通工具保有量和交通能源消费量的核算数据见附表 7（Wang，2013；CAAC，2015；国家统计局，2016，2017）。计算得到的 2010 年的 GTSC 和 GTFC 数据列入附表 8 中。

4　情景分析和结果

4.1　情景设计

中国的一些政府部门，如国家发展和改革委员会、财政部、工业和信息化部、科学技术部和国家税务总局等近些年来发布了系列的政策和规划。例如，出台的《乘用车企业平均燃料消耗量与新能源汽车积分并行管理办法》要求车辆制造企业增加高能效汽车、新能源汽车和电动汽车在其总产量中的比例。《关于2016—2020年新能源汽车推广应用财政支持政策的通知》指出，在政策涵盖的时间范围内对购置符合规定的新能源汽车给予中央和地方两级的财政补贴。一些发展规划，如《"十三五"现代综合交通运输体系发展规划》、《城市公共交通"十三五"发展纲要》、《交通运输科技"十三五"发展规划》及《交通运输信息化"十三五"发展规划》等对2020年我国交通系统的"智能"、"绿色"和"高效"提出了更加明确的目标。

本文设置了5个情景，即参考情景（REF）、能效提高情景（EEI）、发展电动汽车情景（PEV）、额外税费情景（ATI）及综合发展情景（CPR）。

REF情景中，将中国当前已出台的交通政策拓展到2050年。参考情景中的相关参数设计在第3节中已经详细阐述；

EEI情景是在REF情景的基础上，在更强的政策驱动下，未来交通工具的能效进一步提高。例如国IV和国V的机动车排放标准将在中国范围内强制执行（Guo et al.,，2016），该情景下能效提高将比参考情景更快，详见附表9。

PEV情景是在REF情景的基础上，对购置电动汽车给予更高的财政补贴，以提高电动汽车的市场占有率。这一情景中，假设持续到2050年电动汽车价格的20%仍能够得到政府的补贴。

ATI情景是在REF情景的基础上，对化石燃料和二氧化碳排放征收额外的税费。化石燃料征收其市场价格的20%作为额外的税费，而二氧化碳的排放税参考Zhang等（2016b）的研究，详见附表10。

CPR情景是在REF情景的基础上，充分结合EEI、PEV和ATI情景而得到。CPR情景同时考虑进一步提高交通工具能效、推广电动汽车使用、提高燃油税和碳税。

4.2 结果和讨论

4.2.1 客运和货运的交通服务周转量

在REF情景下，中国交通部门的客运周转量和货运周转量情况如图5所示。在未来几十年的城市化推进中，总的客运周转量从2010年的5.1万亿PKM增长至2050年的22.54万亿PKM。具体的客运方面［图5（a）～图5（c）］，主要的交通方式仍然是汽车和客车。在REF情景下，城市、城际和农村的客运周转量表现出不同的特点。城市方面，汽车的比例从2010年的60.1%增长至2050年的76.4%，客车的比例从2010年的28.0%减少至2050年的18.1%。城际方面，飞机的比例从2010年的9.6%增长至2050年的15.0%，汽车的比例也从2010年的16.0%增长至2050年的29.0%。随着更多的人移居到城市，并且他们的收入水平不断提升，农村客运周转量的份额中私家车的占比也将从2010年的17.0%增长至2050年的53.5%。

图5（d）中是REF情景下国内货运周转量的情况。总的国内货运周转量从2010

年的9.8万亿TKM增长至2050年的29.4万亿TKM，年均增速为2.8%，且2040年后货运周转量的增速更加趋缓。货运周转量中，道路交通（即货车和农用车）所承担的份额也将从2010年的44.6%增长至2050年的51.0%。

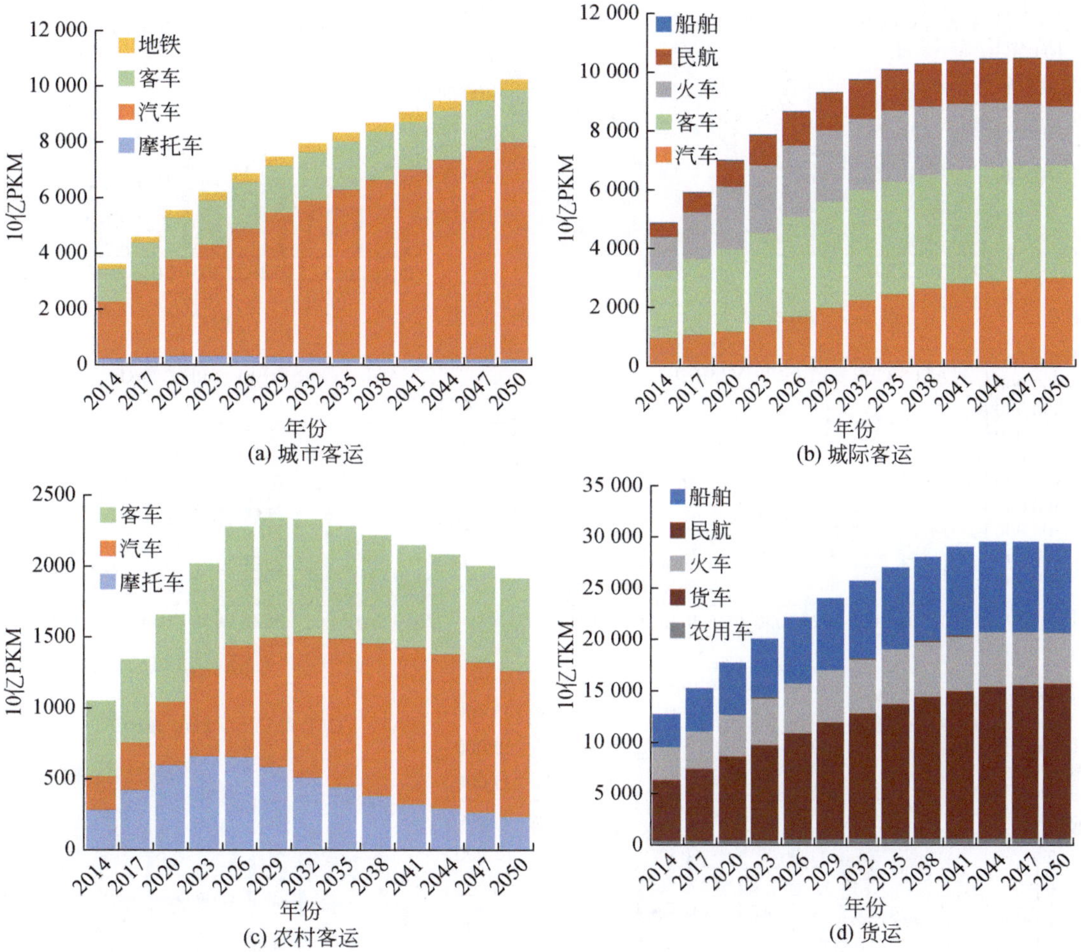

图5 参考情景（REF）下客运和货运交通服务周转量（2014～2050年）

其他情景中由于GTC的不同，其与REF情景在客运周转量和货运周转量方面有很大的不同。其他情景下的客运周转量和货运周转量的数据详见附表11。

4.2.2 交通工具保有量和结构

不同情景下交通工具保有量如图6所示。在EEI情景中，燃油经济性的提高推动了乘用车的快速增长，该情景下机动车（不包括摩托车）保有量将在2050年增长至5.32亿辆。在PEV情景下，电动汽车发挥了替代作用，2050年电动汽车可增长至7700万辆，将占届时机动车总量的18%。在ATI情景下，铁路、地铁、电动汽车及其他使用生物燃料的交通工具快速增长，化石燃料的消费由于受到税费的影响而得到控制。在CPR情景下，使用新能源和生物燃料的交通工具在道路交通中将发挥更加重要的角色：相比其他情景，它们的保有量将显著增长。在 CPR 情景下电动汽车的数量将在 2050 年增长至 9400 万辆。不同情景下每种类型交通工具的具体保有量情况可见附表 12。

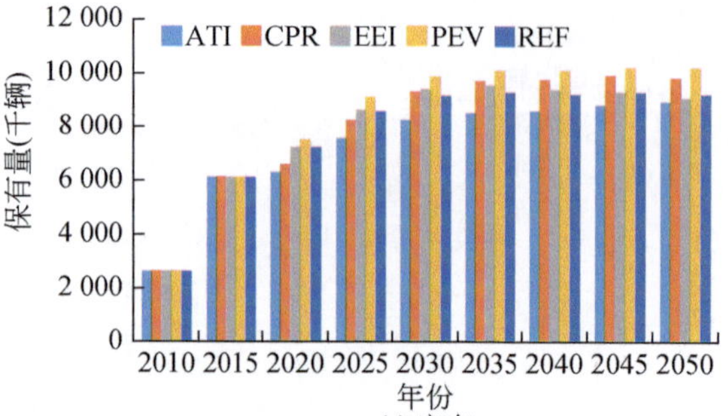

(a) 客车

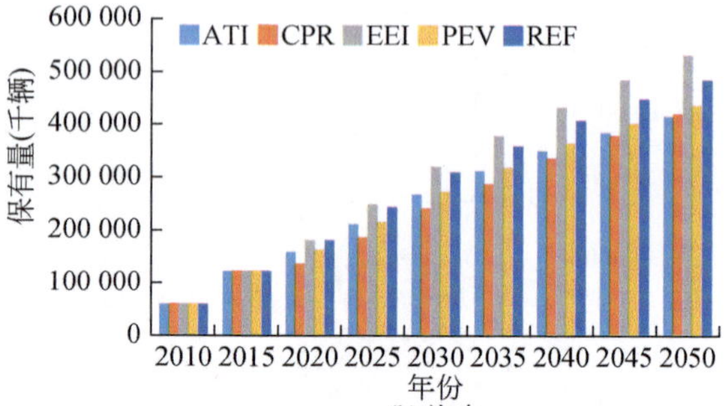

(b) 汽车

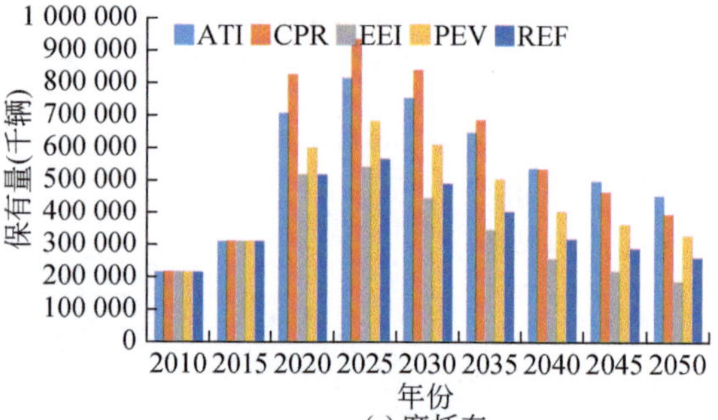

(c) 摩托车

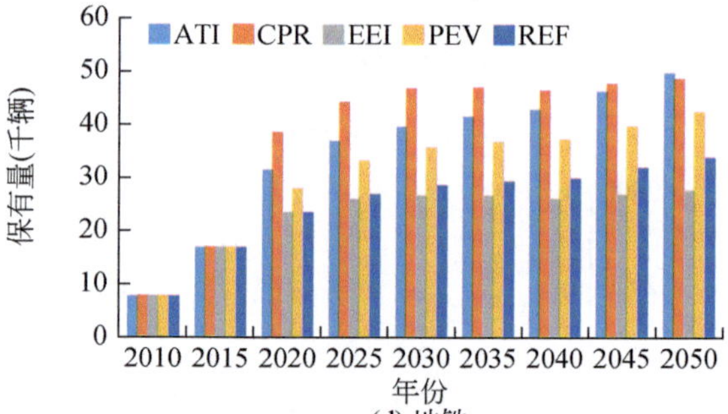

(d) 地铁

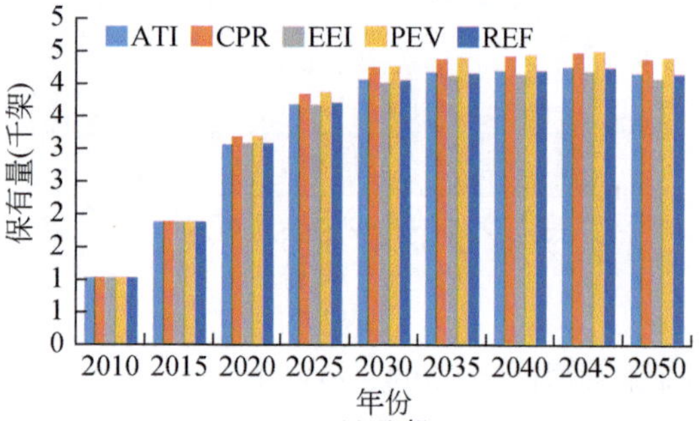

(e) 飞机

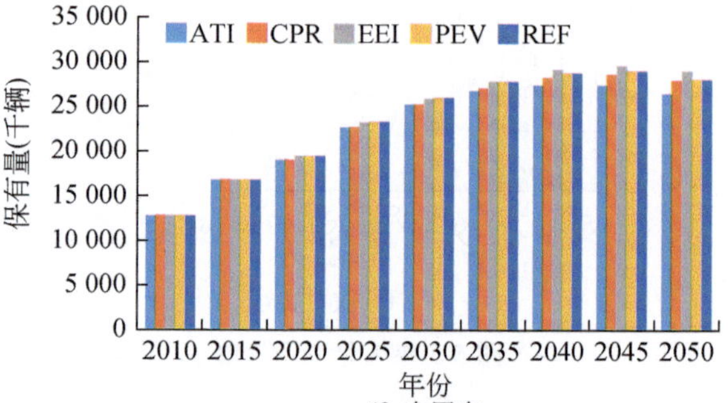

(f) 农用车

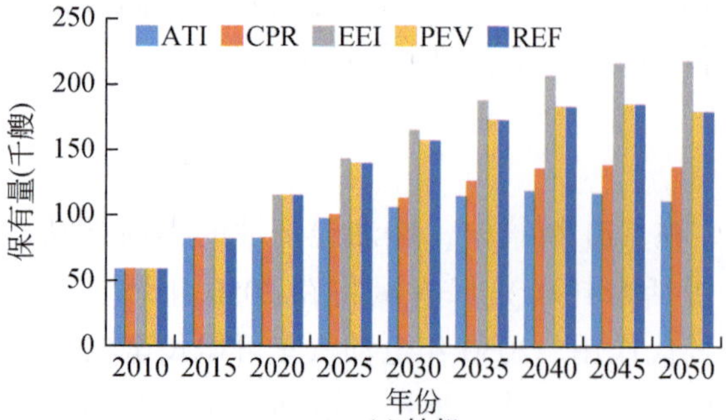

(g) 轮船

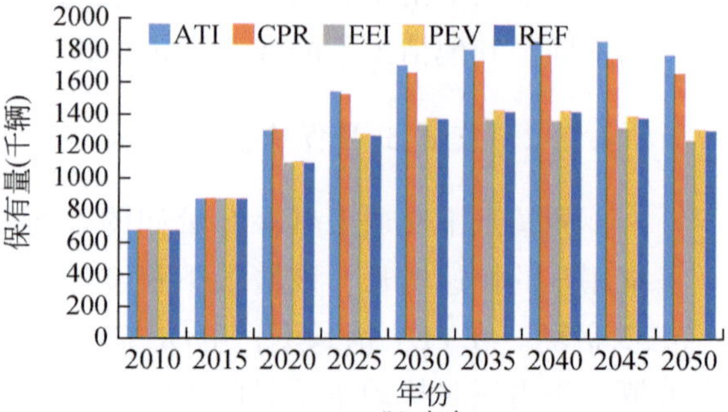

(h) 火车

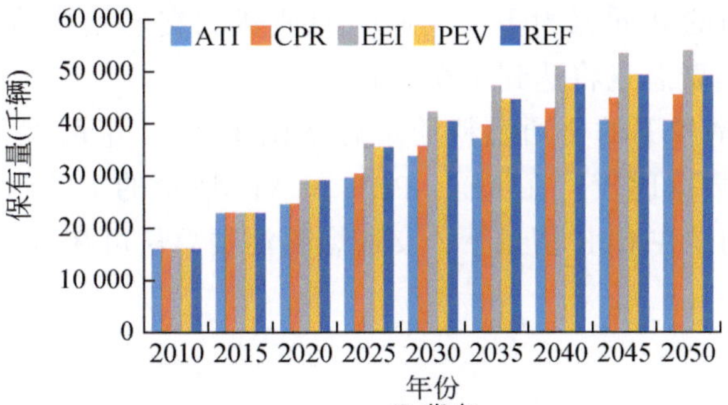

(i) 货车

图6 不同情景下交通工具保有量

4.2.3 能源消费和二氧化碳排放

REF 情景下交通部门分品种的交通燃料消费量如图 7 所示。交通燃料消费总量从 2010 年的 1.91 亿 toe 增长到 2050 年的 6.36 亿 toe，年均增速达到 3.1%。其中，汽油和柴油仍然在交通燃料消费中占主导地位，到 2050 年将分别占到 41.2% 和 35.0%。届时生物乙醇、航空燃油及电力分别占 7.6%、5.2% 和 3.9%。在交通燃料消费总量中，化石燃料将占 86.3%，诸如生物燃料、电力和液氢等清洁的交通能源只占交通燃料消费总量的 13.7%。

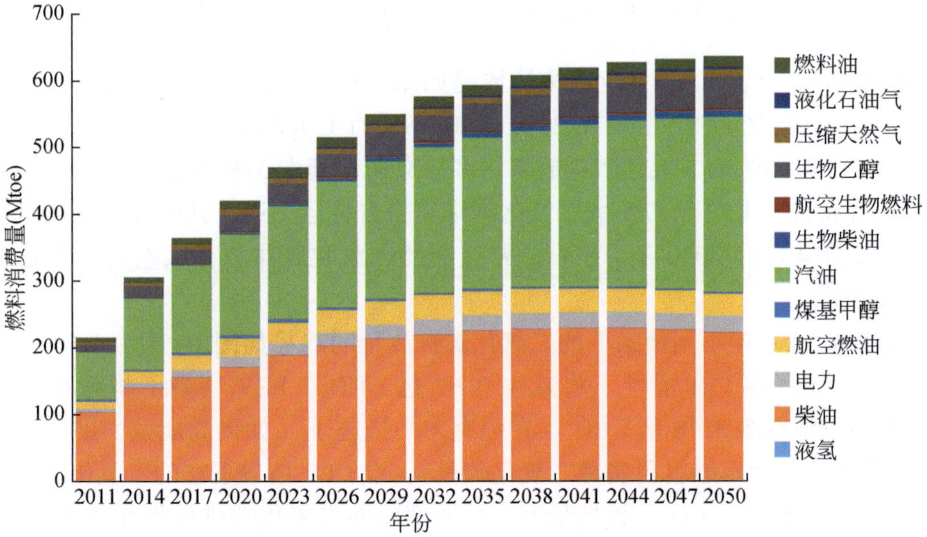

图7 REF 情景下交通部门分品种的交通燃料消费情况（2011～2050 年）

2030 年和 2050 年不同情景下交通燃料消费量如图 8 所示。2030 年与 REF 情景相比较，在 EEI 情景下提高能效产生的效果将被新增的交通服务需求所抵消，在 PEV 情景下，电动汽车的替代将增加电动汽车的保有量，总的电动汽车燃料消费量在 2030 年也将达到 0.23 亿 toe。在 ATI 情景下，二氧化碳税和额外的化石燃料税费将对交通能源结构的优化发挥重要的作用，交通燃料消费总量在 2030 年将达到 4.93 亿 toe。在 CPR

情景下，在上述措施的共同努力下，交通能源消费和交通结构将得到进一步的优化，2030 年的交通燃料消费总量将达到 4.6 亿 toe。

到 2050 年不同情景下的交通燃料消费总量相比 2030 年都表现出增加的趋势。与 REF 情景的 2050 年数据比较，在 EEI、PEV 和 ATI 情景的节能量都比 2030 年与 REF 的节能量更大。特别是在 CPR 情景下，交通燃料消费总量可在 2045 年达到峰值，峰值为 4.97 亿 toe。

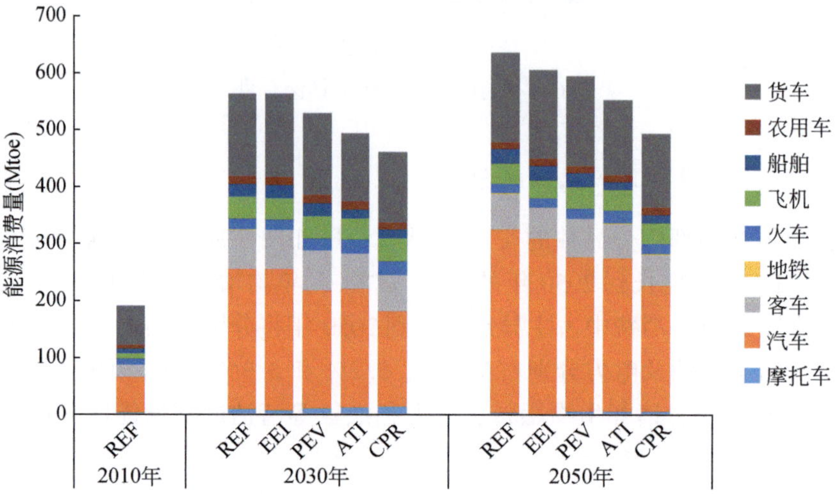

图 8　不同情景下交通能源消费量（2010 年、2030 年和 2050 年）

在 REF 情景下的总的二氧化碳排放情况如图 9 所示。交通部门总的二氧化碳排放从 2010 年的 5.22 亿 t CO_2 增长到 2050 年的 16 亿 t CO_2 的水平，年均增速为 2.8%。2050 年，大约有 63% 的二氧化碳排放来自客运交通，其中 37% 来自城市，21% 来自城际，5% 来自农村，大约有 37% 的二氧化碳排放来自货运交通，其中大部分的贡献来自货车（大约 27.4%）。2050 年，来自道路交通的二氧化碳排放量大约占总交通二氧化碳排放量的 88%。

2030 年和 2050 年不同情景下的二氧化碳排放量的趋势如图 10 所示。与 2050 年的 REF 情景相比较，在 EEI 情景下将减少 0.67 亿 t CO_2，PEV 情景下将减少 1.59 亿 t CO_2，ATI 情景将减少 3.18 亿 t CO_2。在强有力的措施下（如提高能效、推广电动汽车使用、征收额外的化石燃料税费和二氧化碳税），在 CPR 情景下总的二氧化碳排放要比 REF 情景减少 4.94 亿 t CO_2，该情景下，交通部门的二氧化碳排放将在 2042 年达到峰值，峰值水平为 11.3 亿 t CO_2。

4.2.4　对比研究

本节中，对比了一些已有的对中国交通部门的研究结果（国家发展和改革委员会能源研究所课题组，2009；Fu，2011；Hu，2012；Huo and Wang，2012；IEA，2012；Zhou et al. 2013；EDMC，2015；Yin et al.，2015；中国工程院，2016；交通运输部科学研究院，2016；Chen et al.，2016），比较的维度选择了客运周转量、货运周转量、机动

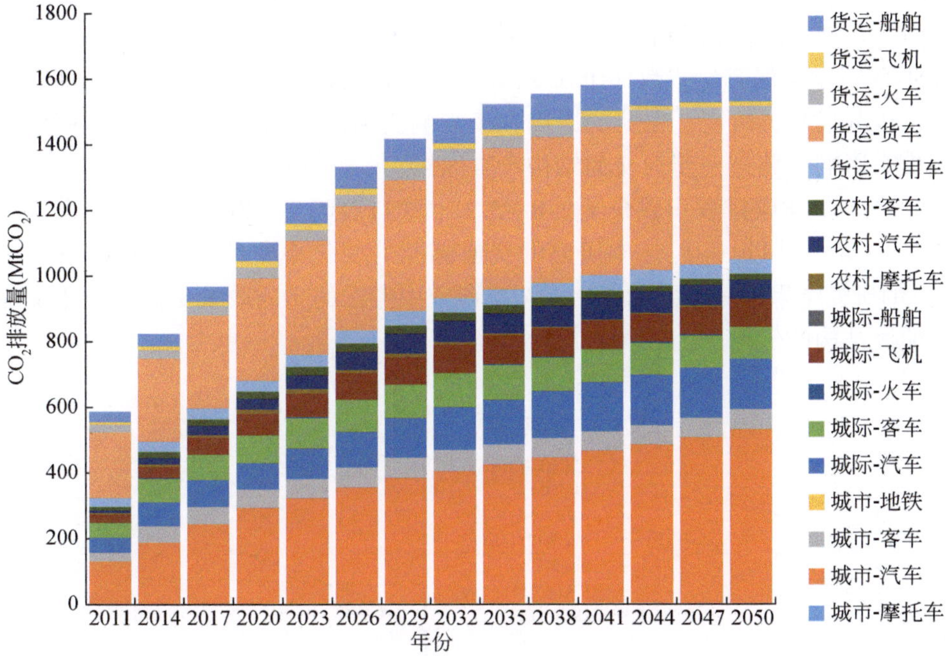

图9 参考情景（REF）下交通部门二氧化碳排放量（2011～2050年）

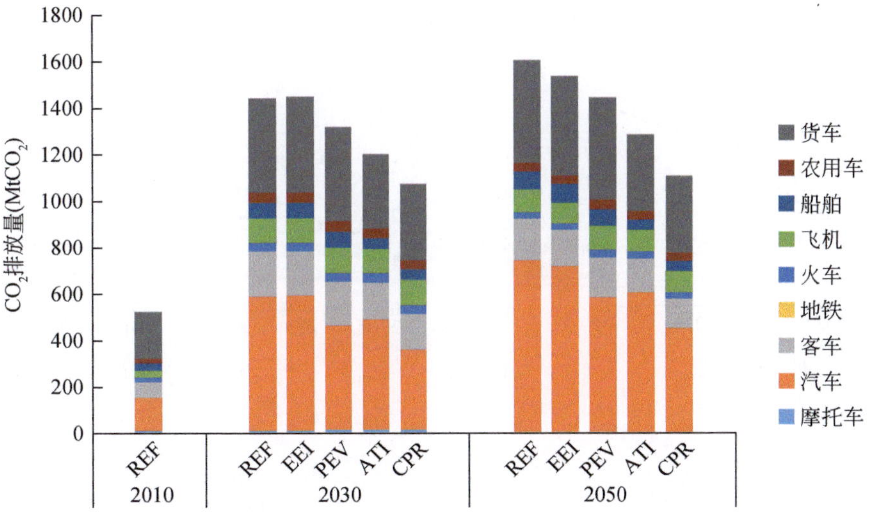

图10 交通部门不同情景下的二氧化碳排放比较（2010年、2030年和2050年）

车保有量、交通能源消费量及二氧化碳排放量。不同已有研究选取的研究方法、起始年份和数据来源都不一致，本文将各研究的数据对2010年进行归一化。

2050年客运周转量指数介于3.2～6.4［图11（a）］。本研究2010～2035年的客运周转量比其他研究都表现出更为快速的增长势头，主要的原因在于本研究中对未来收入的预期较高，并且城市化的进程驱动了客运周转量的需求。本研究发现，2035年之后客运周转量随居民生活标准的缓慢提高而增长趋缓。

2050 年货运周转量指数介于 2.9～5.4［图 11（b）］。较低的货运周转量主要是源于对 GDP 的年均增速预期降低，以及当前中国新常态带来的系列改变。

2050 年机动车保有量指数介于 6.3～8.1［图 11（c）］。2050 年机动车保有量在本研究中低于其他相关研究，主要的原因在于影响交通成本的政策（对新车销售和车辆使用强度有影响）将进一步对交通结构产生优化。

2050 年二氧化碳排放指数介于 2.8～5.1［图 11（d）］，2050 年交通能源消费指数介于 2.7～4.4［图 11（e）］。本研究的交通能源的变化率要低于 CAE（2016）和 Hu（2012）的研究结果，其主要的原因在于本研究中考虑的交通政策更加有利于交通结构和交通能源结构的优化。

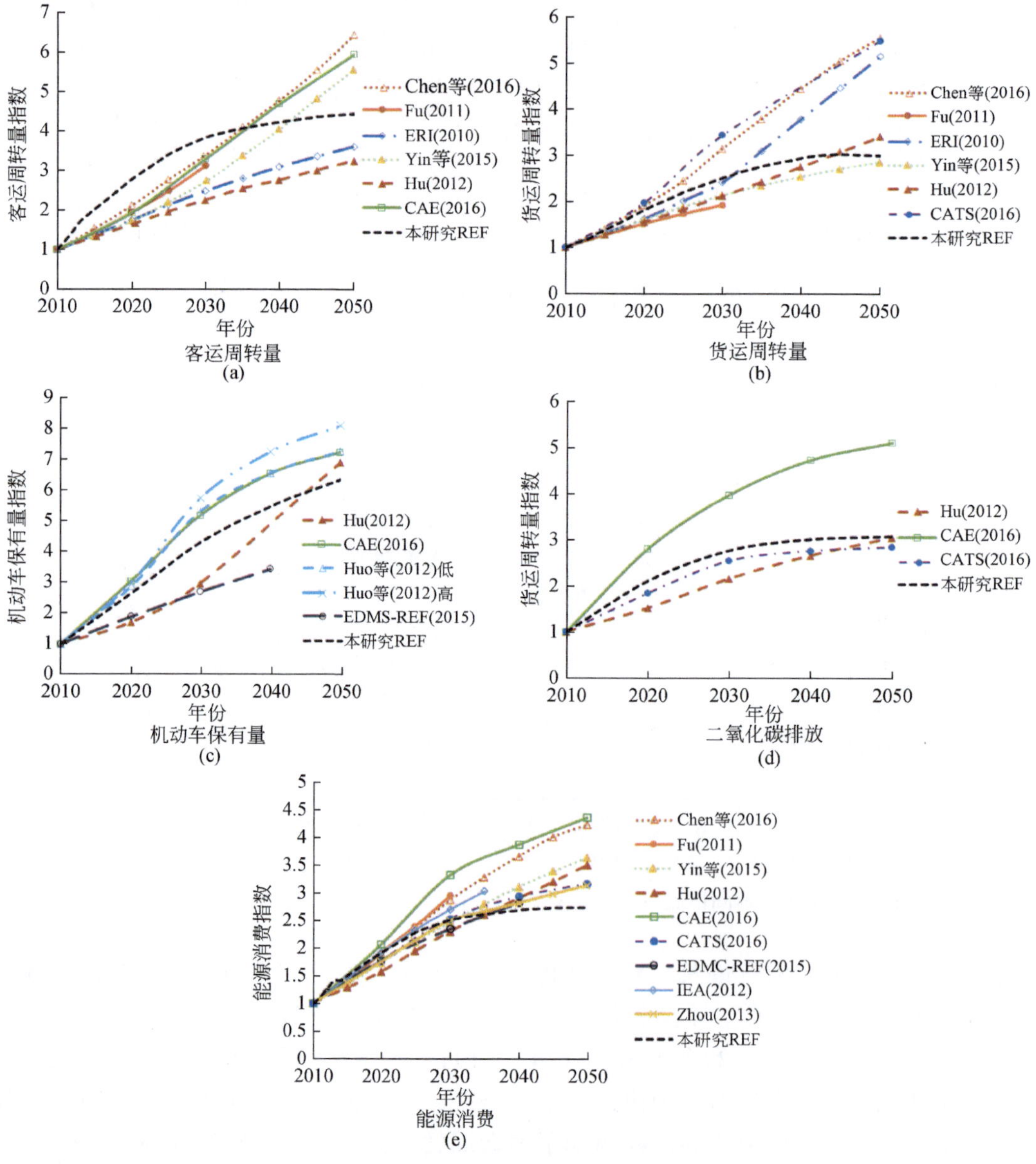

图 11　与相关研究的比较（以 2010 年为指数 1）

ERI 代表国家发展和改革委员会能源研究所课题组；CAE 代表中国工程院；CATS 代表交通运输部科学研究院。

5 结论和政策建议

基于对中国未来经济、人口和城市化率的预判，本研究预测了中国到2050年的交通服务需求情况。运用TMOTEC模型中的离散选择方法和广义交通成本，我们得到了不同情景下的交通能源消费和相应的二氧化碳排放情况。

我们将广义交通成本（GTC）作为决策变量来仿真得到2050年的客运（城市、城际和农村）周转量和货运周转量情况，进而分析各种交通模式和交通技术的构成。

本研究基准情景的基本结论有：客运周转量从2010年的5.1万亿PKM快速增长到2050年的22.54万亿PKM，货运周转量同期从9.8万亿TKM增长到29.4万亿TKM。客运周转量和货运周转量在2030年之后都表现出缓慢的增长趋势。

情景研究的结果显示，到2050年不论是在客运方面还是在货运方面，道路交通在未来仍然是交通部门的主导，在未来的20年期间，机动车将快速地增长，2030～2050年的增速将放缓，到2050年中国的机动车保有量将达到5.32亿辆。

我们设置了3个替代情景和1个综合发展情景与REF情景做比较研究。替代情景引入了进一步提高交通工具能效、推广电动汽车使用及增加燃油税和碳税。研究发现，在REF情景下，总的交通能源消费将在2050年增长到6.36亿toe，相应的二氧化碳排放达到16亿t CO_2。在CPR情景下将得到一些更加振奋人心的结论：交通部门的能源消费将在2045年达到峰值，峰值的能源消费量是4.97亿toe，二氧化碳排放将在2042年达到峰值，峰值水平为11.3亿tCO_2。

为此，中国政府要采取更大的努力来提升燃油经济性标准、促进电动汽车的技术革新和提高电动汽车的市场渗透率，对化石交通燃料征收额外的燃油税和二氧化碳排放税。上述的措施将有效抑制交通能源的消费量，促进交通部门二氧化碳尽早达峰。

基于上面的相关讨论，对中国交通部门提出如下三点政策建议：①进一步出台政策组合来提升交通工具能效。交通工具能效的提高可在不减少交通服务需求的情况下减少交通能源的消费和相应的二氧化碳排放。2016年出台的《乘用车企业平均燃料消耗量与新能源汽车积分并行管理办法》就是生产侧非常好的一项措施，该措施可激励车辆制造商进一步提高清洁高效车辆在其总产量中的份额。当然，这也需要政策组合来协助能效政策的实施进而全面提高交通工具能效。②出台相应的措施来增加对清洁高效的交通运输方式的基础设施建设，如步行专用道、自行车专用道、电动汽车充电设施及高速铁路。③适当地改进税费和补贴制度，因为财税补贴是鼓励发展新能源汽车和清洁交通运输方式的重要政策工具。

致谢

本研究的工作得到了国家自然科学基金委员会项目的资助（项目编号为71690244和71673165）。

参考文献

傅志寰，胡思继，姜秀山，等. 2011. 中国交通运输中长期节能问题研究. 北京：人民交通出版社.

国家发展和改革委员会能源研究所课题组. 2009. 中国 2050 年低碳发展之路：能源需求暨碳排放情景分析. 北京：科学出版社.

国家能源局新能源和可再生能源司. 2015. 可再生能源数据手册 2015. 北京：国家能源局新能源和可再生能源司.

国家统计局. 2016. 中国统计年鉴 2016. 北京：中国统计出版社.

国家统计局. 2017. 中国统计年鉴 2017. 北京：中国统计出版社.

国务院新闻办公室. 2015. 强化应对气候变化行动——中国国家自主贡献. http://www.scio.gov.cn/xwfbh/xwbfbh/wqfbh/2015/20151119/xgbd33811/Document/1455864/1455864.htm[2016-3-7].

交通运输部科学研究院. 2016. 中国交通低碳发展研究. 北京：交通运输部科学研究院.

清华大学中国车用能源研究中心. 2012. 中国车用能源展望 2012. 北京：科学出版社.

王庆一. 2013. 中国能源数据 2013. 北京：中国能源基金会.

中国工程院. 2016. 中国二氧化碳减排机制和峰值目标研究. 北京：中国工程院.

中国民用航空局发展计划司. 2015. 从统计看民航 2014. 北京：中国民航出版社.

Chen W, Yin X, Zhang H. 2016. Towards low carbon development in China: a comparison of national and global models. Clim Change, 136: 95-108.

EDMC. 2015. Handbook of Japan's & World Energy & Economic Statistics. Tokyo: The Energy Conservation Center.

Fu Z. 2011. Medium & Long Term Development of Policies for Energy Saving in Transportation For China. Beijing: China Communication Press.

Guo X, Liu L, Wei C, et al. 2016. The development and research of the fuel economy standards for passenger vehicles in China. Small Internal Combustion Engine and Vehicle Technique, 45: 93-97.

Hao H, Geng Y, Li W, et al. 2015. Energy consumption and GHG emissions from China's freight transport sector: scenarios through 2050. Energy Policy, 85: 94-101.

Hao H. 2012. Research on themodeling of China's vehicle ownership and automotive energy system. Beijing: Tsinghua University.

He D, Liu H, He K, et al. 2013. Energy use of, and CO_2 emissions from China's urban passenger transportation sector-carbon mitigation scenarios upon the transportation mode choices. Transp. Res. Part A-Policy Pract, 53: 53-67.

He J. 2011. Economic analysis and effectiveness evaluation on China's CO_2 emission mitigation target. Studies in Science of Science, 29: 9-17.

Hu G. 2012. Research and Application of Long Term Transport Energy Consumption and Carbon Emission Model in China. Beijing: Tsinghua University.

Hu X, Chang S, Li J, et al. 2010. Energy for sustainable road transportation in China: challenges, initiatives and policy implications. Energy, 35: 4289-4301.

Huo H, Wang M. 2012. Modeling future vehicle sales and stock in China. Energy Policy, 43: 17-29.

Huo H, Zhang Q, He K, et al. 2012. Vehicle-use intensity in China: current status and future trend. Energy Policy, 43: 6-16.

IEA. 2012. World Energy Outlook 2012. Paris.

IEA. 2014. World Energy Outlook 2014. Paris.

IEA. 2016. CO_2 Emissions from Fuel Combustion Highlights 2016. Paris.

Jiang K, Zhuang X, Miao R, et al. 2013. China's role in attaining the global 2℃ target. Clim. Policy, 13:55-69.

Kim S H, Edmonds J, Lurz J, et al. 2006. The O^{bj} ECTS framework for integrated assessment: hybrid modeling of transportation. Energy Journal, S2:63-91.

Kishimoto P, Zhang D, Zhang X, et al. 2014. Modeling regional transportation demand in China and the impacts of a national carbon policy. Transportation Research Record: Journal of the Transportation Research Board, 2454:1-11.

Kyle P, Kim S H. 2011. Long-term implications of alternative light-duty vehicle technologies for global greenhouse gas emissions and primary energy demands. Energy Policy, 39:3012-3024.

Lyu C, Ou X, Zhang X. 2015. China automotive energy consumption and greenhouse gas emissions outlook to 2050. Mitigation and Adaptation Strategies for Global Change, 20:627-650.

Ou X, Yan X, Zhang X, et al. 2012. Life-cycle analysis on energy consumption and GHG emission intensities of alternative vehicle fuels in China. Applied Energy, 90:218-224.

Ou X, Zhang X, Chang S. 2010. Scenario analysis on alternative fuel/vehicle for China's future road transport: life-cycle energy demand and GHG emissions. Energy Policy, 38:3943-3956.

Peng Y. 2013. Analysis of the causes of recent Beijing haze pollution and its countermeasures. Journal of Engineering Studies, 5(3):233-239.

UNDESA(United Nations Department of Economic and Social Affairs). 2015. World Population Prospects.

Wang Y, Li K, Xu X, et al. 2014. Transport energy consumption and saving in China. Renewable and Sustainable Energy Reviews, 29:641-655.

Yan X, Crookes R J. 2010. Energy demand and emissions from road transportation vehicles in China. Progress in Energy and Combustion Science, 36:651-676.

Yin X, Chen W, Eom J, et al. 2015. China's transportation energy consumption and CO_2 emissions from a global perspective. Energy Policy, 82:233-248.

Zhang H, Chen W, Huang W. 2016a. TIMES modelling of transport sector in China and USA: comparisons from a decarbonization perspective. Applied Energy, 162:1505-1514.

Zhang X, Karplus VJ, Qi T, et al. 2016b. Carbon emissions in China: how far can new efforts bend the curve? Energy Economics, 54:388-395.

Zhou N, Fridley D, Khanna N Z, et al. 2013. China's energy and emissions outlook to 2050: perspectives from bottom-up energy end-use model. Energy Policy, 53:51-62.

附表 1 2010 年车辆价格 （单位：元）

交通方式-燃料技术	价格	交通方式-燃料技术	价格	交通方式-燃料技术	价格
汽车-汽油	130 000	客车-汽油	480 000	摩托车-汽油	4 000
汽车-柴油	150 000	客车-柴油	530 000	摩托车-电力	3 000
汽车-生物乙醇	130 000	客车-生物乙醇	480 000	农用车-柴油	40 000
汽车-生物柴油	150 000	客车-生物柴油	530 000	卡车-汽油	200 000
汽车-煤基甲醇	150 000	客车-煤基甲醇	500 000	卡车-柴油	220 000
汽车-液化石油气	150 000	客车-液化石油气	500 000	卡车-生物柴油	200 000

续表

交通方式-燃料技术	价格	交通方式-燃料技术	价格	交通方式-燃料技术	价格
汽车-压缩天然气	150 000	客车-压缩天然气	490 000	卡车-煤基甲醇	220 000
汽车-汽油 & 电力	300 000	客车-汽油 & 电力	1500 000	卡车-液化石油气	205 000
汽车-柴油 & 电力	300 000	客车-柴油 & 电力	1600 000	卡车-压缩天然气	210 000
汽车-电力	450 000	客车-电力	1700 000	卡车-电力	800 000
汽车-液氢	700 000	客车-液氢	2000 000	卡车-液氢	900 000

附表 2 TMOTEC 模型中的平均车速 （单位：km/h）

分区	交通模式	2010 年	2020 年	2030 年	2040 年	2050 年
城市	摩托车	18.0	18.0	18.0	18.0	18.0
	汽车	30.0	29.0	28.0	27.0	26.0
	客车	13.0	14.0	15.0	16.0	17.0
	地铁	40.0	40.0	40.0	40.0	40.0
城际	汽车	55.0	55.6	56.2	56.8	57.4
	客车	40.0	40.5	41.0	41.5	42.0
	火车	51.9	59.1	62.8	67.1	72.1
	飞机	260.0	260.0	260.0	260.0	260.0
	轮船	20.0	20.0	20.0	20.0	20.0
农村	摩托车	18.0	18.0	18.0	18.0	18.0
	汽车	40.0	40.0	40.0	40.0	40.0
	客车	18.0	18.8	19.6	20.4	21.2

附表 3 TMOTEC 模型中的承载率因子

分区	交通模式	2010 年	2020 年	2030 年	2040 年	2050 年
城市	摩托车（人/车）	1.3	1.3	1.2	1.2	1.2
	汽车（人/车）	1.95	1.9	1.8	1.7	1.6
	客车（人/车）	15	15	15	15	15
	地铁（人/车）	120	120	120	120	120
城际	汽车（人/车）	2	1.96	1.92	1.88	1.84
	客车（人/车）	15	15	15	15	15
	火车（人/车）	108	108	108	108	108
	飞机（人/车）	150	160	170	180	190
	轮船（人/车）	500	600	600	600	600
农村	摩托车（人/车）	1.4	1.4	1.35	1.3	1.3
	汽车（人/车）	2.2	2.1	2	1.94	1.9
	客车（人/车）	15	15	15	15	15

续表

分区	交通模式	2010 年	2020 年	2030 年	2040 年	2050 年
货运	农用车（t/车）	3	3	3	3	3
	货车（t/车）	7.6	7.8	8	8.2	8.5
	火车（t/车）	65	65	65	65	65
	飞机（t/车）	27	28	29	30	31
	轮船（t/车）	360	368	379	390	402

附表 4　TMOTEC 模型中的年行驶里程　（单位：km/a）

分区	交通模式	2010 年	2020 年	2030 年	2040 年	2050 年
城市	摩托车	1 400	1 400	1 400	1 400	1 400
	汽车	1 350	1 350	1 350	1 350	1 350
	客车	40 000	40 000	40 000	40 000	40 000
	地铁	95 000	95 000	95 000	95 000	95 000
城际	汽车	19 000	19 000	19 000	19 000	19 000
	客车	50 000	50 000	50 000	50 000	50 000
	火车	165 000	165 000	165 000	165 000	165 000
	飞机	2 300 000	2 300 000	2 300 000	2 300 000	2 300 000
	轮船	150 000	150 000	150 000	150 000	150 000
农村	摩托车	1 400	1 400	1 400	1 400	1 400
	汽车	15 000	15 000	15 000	15 000	15 000
	客车	40 000	40 000	40 000	40 000	40 000
货运	农用车	8 000	8 000	8 000	8 000	8 000
	货车	36 000	36 000	36 000	36 000	36 000
	火车	64 000	64 000	64 000	64 000	64 000
	飞机	1 400 000	1 400 000	1 400 000	1 400 000	1 400 000
	轮船	120 000	120 000	120 000	120 000	120 000

附表 5　TMOTEC 模型中的 CO_2 排放因子　（单位：t CO_2/t）

交通燃料	CO_2 排放因子
汽油	2.83
柴油	3.04
燃料油	3.16
生物乙醇	0
生物柴油	0
煤基甲醇	2.92
液化石油气	2.58

续表

交通燃料	CO_2排放因子
压缩天然气	2.27
电力	0
液氢	0
航空燃油	2.94
航空生物燃料	0

附表 6　2010 年能效及 2010～2050 年参考情景下的能效提高率

交通工具	2010 年 (L/100km)	2010 年	2015 年	2020 年	2025 年	2030 年	2035 年	2040 年	2045 年	2050 年
摩托车	2.5	100.0%	98.5%	97.0%	95.6%	94.2%	92.8%	91.4%	90.0%	88.7%
汽车	9.75	100.0%	90.4%	81.7%	75.8%	70.2%	67.5%	64.8%	64.2%	63.5%
客车	23	100.0%	98.3%	96.6%	94.9%	93.2%	91.6%	90.0%	88.5%	86.9%
铁路	34	100.0%	98.0%	96.1%	94.4%	92.8%	91.1%	89.6%	88.0%	86.5%
飞机	480	100.0%	97.7%	95.5%	93.6%	91.7%	89.9%	88.1%	86.4%	84.7%
船舶	55	100.0%	97.5%	95.1%	92.8%	90.5%	88.2%	86.0%	83.9%	81.8%
农用车	8	100.0%	97.1%	94.4%	92.3%	90.2%	88.2%	86.2%	84.3%	82.4%
货车	16	100.0%	97.3%	94.6%	92.1%	89.6%	87.1%	84.8%	82.4%	80.2%

附表 7　交通保有量、交通工具保有量和能源消费量

交通模式	项目	单位	2010 年	2011 年	2012 年	2013 年
客运道路交通	保有量	百万辆	275.24	296.78	319.43	343.62
	周转量	万亿 PKM	3.85	4.79	5.85	7.07
	能源消费量	Mtoe	87.41	107.05	127.39	149.77
客运铁路交通	保有量	千辆	58.39	62.84	67.76	71.01
	周转量	万亿 PKM	0.99	1.06	1.13	1.17
	能源消费量	Mtoe	2.54	3.06	3.52	3.84
客运水路交通	保有量	千辆	0.09	0.09	0.08	0.07
	周转量	十亿 PKM	7.062	7.302	7.617	6.677
	能源消费量	Mtoe	0.01	0.01	0.01	0.01
客运民航交通	保有量	千辆	1.14	1.31	1.50	1.69
	周转量	万亿 PKM	0.26	0.31	0.36	0.40
	能源消费量	Mtoe	7.18	8.63	9.88	11.11

续表

交通模式	项目	单位	2010年	2011年	2012年	2013年
货运道路交通	保有量	百万辆	28.78	31.38	33.35	35.41
	周转量	万亿 TKM	4.68	5.22	5.67	5.87
	能源消费量	Mtoe	74.69	76.44	82.29	84.39
货运铁路交通	保有量	千辆	622.28	644.68	664.33	715.49
	周转量	万亿 TKM	2.59	2.68	2.76	2.98
	能源消费量	Mtoe	7.66	7.96	8.22	8.86
货运水路交通	保有量	千辆	178.31	179.15	178.51	172.48
	周转量	万亿 TKM	2.52	2.67	2.67	2.88
	能源消费量	Mtoe	9.20	9.43	9.10	9.83
货运航空运输	保有量	千辆	0.46	0.45	0.44	0.46
	周转量	十亿 TKM	11.184	11.630	11.320	11.754
	能源消费量	Mtoe	2.67	2.76	2.68	2.77

附表8 TMOTEC模型中2010年广义交通固定价格和广义交通燃料价格

模式		技术	广义交通固定价格			广义交通燃料价格
			购置	维护	税费	
客运（元/PKM）	摩托车	柴油	0.22	0.09	0.08	0.12
	摩托车	电力	0.23	0.09	0.08	0.02
	汽车	汽油	0.33	0.13	0.12	0.29
	汽车	柴油	0.38	0.15	0.13	0.33
	汽车	汽油 & 电力	0.76	0.30	0.27	0.42
	汽车	电力	1.07	0.43	0.38	0.28
	客车	汽油	0.05	0.02	0.02	0.09
	客车	柴油	0.06	0.02	0.02	0.10
	客车	柴油 & 电力	0.18	0.07	0.06	0.12
	客车	电力	0.18	0.07	0.06	0.09
	地铁	0.24	0.02			
	火车	0.25	0.02			
	飞机	0.59	0.17			
	轮船	1.59	0.01			
货运（元/TKM）	农用车		0.17	0.07	0.06	0.18
	货车	汽油	0.05	0.02	0.02	0.13
	货车	柴油	0.05	0.02	0.02	0.11
	火车		0.05			0.02
	飞机		3.67			1.44
	轮船		0.01			0.02

附表 9　2010 年 EEI 情景下的能效和 2010～2050 年能效提高率（2010 年 = 100%）

交通工具	2010 (L/100km)	2010 年	2015 年	2020 年	2025 年	2030 年	2035 年	2040 年	2045 年	2050 年
摩托车	2.5	100.0%	98.5%	97.0%	93.7%	91.4%	89.1%	86.9%	84.8%	82.7%
汽车	9.75	100.0%	90.4%	81.7%	73.1%	67.1%	63.2%	59.5%	57.4%	55.4%
客车	23	100.0%	98.3%	96.6%	92.8%	89.1%	86.7%	84.3%	82.0%	79.8%
火车	34	100.0%	98.0%	96.1%	93.0%	90.0%	87.1%	84.3%	81.6%	79.0%
飞机	480	100.0%	97.7%	95.5%	92.2%	89.0%	85.9%	83.0%	80.1%	77.3%
轮船	55	100.0%	97.5%	95.1%	91.4%	87.8%	84.3%	81.0%	77.8%	74.7%
农用车	8	100.0%	97.1%	94.4%	90.9%	87.5%	84.3%	81.2%	78.2%	75.3%
货车	16	100.0%	97.3%	94.6%	90.5%	86.5%	83.3%	80.2%	77.2%	74.4%

附表 10　TMOTEC 模型中的碳税　　（单位：美元/t CO_2）

项目	2015 年	2020 年	2025 年	2030 年	2035 年	2040 年	2045 年	2050 年
CO_2税	7	14	19	26	33	41	50	58

附表 11　不同情景下的交通服务需求

分区	情景	2010 年	2015 年	2020 年	2025 年	2030 年	2035 年	2040 年	2045 年	2050 年
货运（万亿 TKM）	ATI	9.80	13.60	15.78	19.08	21.61	23.59	24.99	25.56	25.22
	CPR	9.80	13.60	15.78	19.30	22.17	24.58	26.46	27.49	27.55
	EEI	9.80	13.60	17.80	21.91	25.36	28.35	30.76	32.21	32.54
	PEV	9.80	13.60	17.80	21.63	24.63	27.04	28.79	29.61	29.37
	REF	9.80	13.60	17.80	21.63	24.63	27.04	28.79	29.61	29.37
城际（万亿 PKM）	ATI	2.67	5.19	6.71	8.10	9.12	9.67	9.94	10.08	9.99
	CPR	2.67	5.19	6.67	8.11	9.20	9.81	10.12	10.29	10.23
	EEI	2.67	5.19	6.99	8.49	9.63	10.27	10.59	10.77	10.71
	PEV	2.67	5.19	6.93	8.38	9.44	10.02	10.31	10.45	10.36
	REF	2.67	5.19	6.99	8.44	9.50	10.08	10.36	10.50	10.41
农村（万亿 PKM）	ATI	0.46	1.15	1.59	2.13	2.25	2.19	2.08	1.97	1.83
	CPR	0.46	1.15	1.61	2.19	2.34	2.28	2.17	2.05	1.90
	EEI	0.46	1.15	1.66	2.22	2.37	2.33	2.23	2.12	1.98
	PEV	0.46	1.15	1.67	2.25	2.38	2.33	2.21	2.09	1.94
	REF	0.46	1.15	1.66	2.21	2.33	2.28	2.17	2.06	1.92

续表

分区	情景	2010年	2015年	2020年	2025年	2030年	2035年	2040年	2045年	2050年
城市（万亿PKM）	ATI	1.97	3.93	5.33	6.43	7.37	7.99	8.52	9.16	9.74
	CPR	1.97	3.93	5.35	6.46	7.43	8.06	8.62	9.30	9.93
	EEI	1.97	3.93	5.51	6.69	7.76	8.47	9.12	9.87	10.56
	PEV	1.97	3.93	5.50	6.62	7.59	8.23	8.79	9.44	10.05
	REF	1.97	3.93	5.51	6.66	7.67	8.33	8.92	9.60	10.21

注：ATI为额外税费情景、CPR为综合发展情景、EEI为能效提高情景、PEV为发展电动汽车情景、REF为参考情景，下同。

附表12 不同情景下的交通工具保有量 [单位：千辆（架、艘）]

交通工具	情景	2010年	2015年	2020年	2025年	2030年	2035年	2040年	2045年	2050年
客车	ATI	2 625	6 139	6 313	7 594	8 258	8 531	8 600	8 827	8 977
	CPR	2 625	6 139	6 612	8 218	9 315	9 725	9 788	9 902	9 865
	EEI	2 625	6 139	7 238	8 643	9 399	9 564	9 399	9 315	9 087
	PEV	2 625	6 139	7 501	9 095	9 882	10 133	10 103	10 214	10 208
	REF	2 625	6 139	7 238	8 584	9 163	9 323	9 237	9 300	9 254
汽车	ATI	58 616	122 336	158 446	210 966	267 533	310 665	351 015	384 794	415 400
	CPR	58 616	122 336	137 117	185 501	239 373	286 650	334 701	378 201	420 208
	EEI	58 616	122 336	181 068	249 232	320 012	376 745	432 306	483 633	532 094
	PEV	58 616	122 336	162 178	214 468	272 273	318 520	363 251	401 067	435 372
	REF	58 616	122 336	181 068	243 602	309 544	359 327	406 169	446 713	483 459
摩托车	ATI	214 000	308 805	704 002	816 153	752 021	644 576	536 901	495 968	452 138
	CPR	214 000	308 805	823 802	934 257	838 561	683 464	531 699	459 001	391 575
	EEI	214 000	308 805	516 473	537 626	442 666	344 160	255 066	217 668	186 566
	PEV	214 000	308 805	598 796	679 230	606 811	503 154	399 113	361 752	328 146
	REF	214 000	308 805	516 473	564 505	488 674	400 868	316 360	286 225	259 381
地铁	ATI	8	17	32	37	40	42	43	47	50
	CPR	8	17	39	44	47	47	47	48	49
	EEI	8	17	24	26	27	27	26	27	28
	PEV	8	17	28	33	36	37	38	40	43
	REF	8	17	24	27	29	30	30	32	34
飞机	ATI	1	2	3	4	4	4	4	4	4
	CPR	1	2	3	4	4	4	4	4	4
	EEI	1	2	3	4	4	4	4	4	4
	PEV	1	2	3	4	4	4	4	5	4
	REF	1	2	3	4	4	4	4	4	4

续表

交通工具	情景	2010 年	2015 年	2020 年	2025 年	2030 年	2035 年	2040 年	2045 年	2050 年
农用车	ATI	12 800	16 832	19 091	22 652	25 205	26 724	27 438	27 403	26 421
	CPR	12 800	16 832	19 091	22 647	25 189	26 994	28 136	28 514	27 891
	EEI	12 800	16 832	19 511	23 187	25 860	27 821	29 137	29 573	28 945
	PEV	12 800	16 832	19 511	23 243	26 004	27 777	28 775	28 904	28 003
	REF	12 800	16 832	19 511	23 243	26 004	27 777	28 775	28 904	28 003
船舶	ATI	58	82	82	98	107	115	119	117	111
	CPR	58	82	82	100	113	126	136	139	138
	EEI	58	82	115	144	165	188	208	217	219
	PEV	58	82	115	140	157	173	184	185	180
	REF	58	82	115	140	157	173	184	185	180
火车	ATI	673	874	1303	1544	1709	1809	1861	1857	1778
	CPR	673	874	1310	1530	1661	1737	1770	1747	1655
	EEI	673	874	1099	1256	1334	1368	1361	1321	1237
	PEV	673	874	1104	1280	1382	1428	1427	1391	1310
	REF	673	874	1099	1272	1373	1419	1418	1383	1302
货车	ATI	15 976	22 857	24 510	29 546	33 739	36 979	39 312	40 617	40 536
	CPR	15 976	22 857	24 510	30 216	35 498	39 611	42 768	44 857	45 429
	EEI	15 976	22 857	29 138	36 025	42 351	47 256	51 031	53 507	54 085
	PEV	15 976	22 857	29 138	35 346	40 572	44 602	47 553	49 262	49 208
	REF	15 976	22 857	29 138	35 346	40 572	44 602	47 553	49 262	49 208

Mode Technology, Energy Consumption, and Resulting CO_2 Emissions in China's Transport Sector up to 2050

Wang Hailin, Ou Xunmin, Zhang Xiliang

Abstract: Using the Transportation Mode-Technology-Energy-CO_2 (TMOTEC) model which is based on discrete choice mothed and general transport cost simulation, this study made a scenario analysis of energy consumption and reductions in CO_2 emissions in China's transport sector. We used scenarios to investigate the relative influences of improving vehicle energy efficiency, promoting EV use, and increasing taxes for fossil fuels and CO_2. We found that in the reference scenario, total transport energy consumption would increase to 636 million tons of oil equivalent（Mtoe）in 2050；that would result in 1602 million tons of CO_2 emissions. In the comprehensive development scenario，transport energy consumption would peak at 497 Mtoe around 2045；the resulting CO_2 emissions peak would be 1129 million tons of CO_2 between 2040 and 2045. Both energy consumption and CO_2 emissions in the transport sector would decline steadily after reaching their peak. We believe that the Chinese government should make greater efforts with vehicle fuel economy standards，in improving technological progress and market expansion of EVs，and in increasing taxes on traditional transport energy and CO_2. This would contribute to reducing energy consumption and achieving a CO_2 emissions peak in China's transport sector as soon as possible.

Keywords：Transport energy；Bottom-up model；Discrete-choice method；CO_2 emissions；China

中国到2050年的车用能源消费及温室气体排放展望*

吕传俊，欧训民，张希良

摘要：能源安全和气候变化是当前中国有关国际政治、经济和环境问题的主要议题。在现代化进程中，中国将继续面临能源供应安全和减缓气候变化的挑战。考虑到中国的国家规模，其未来能源供应的发展及能源的使用方式将对全球能源市场和当地环境及全球气候变化产生重大影响。中国目前是全球汽车市场增长最快的地区之一，同时也是世界上最大的汽车市场。因此，车用能源已经成为国家的核心能源但同时也带来了明显的环境问题。本文的主要目的是通过研究经济、技术和政策之间的相互作用，系统地分析认识我国汽车能源发展的动态变化。本文概述了我国汽车能耗和温室气体排放的现状，利用清华大学中国车用能源模型（Tsinghua China automotive energy model，TCAEM）开发了两种替代能源方案——基准情景（business as usual，BAU）和综合政策情景（integrated policy scenario，IPS）。这两种情景描述了车用能源消耗和温室气体排放到2050年的两种可能的发展路径。这两类情景的分析揭示了在中国发展可持续汽车能源产业的背景下技术创新和政策干预的重要应用。

关键词：车用能源；温室气体减排；技术创新；公共政策；中国

1 引言

在过去几十年里，尤其是过去十年中，中国经济、城市化和工业化的高速增长导致了运输服务的迅速扩张和能源消费的增加。中国的能源消费总量中，交通行业所占的比例仍相对较低，2010年仅为总能源消费量的14%（胡广平，2012），远低于全球平均水平（27%）（IEA，2013）。然而，由于中国的乘用车保有量预计在未来将继续快速增长，这一比例将会有所改变。

近年来，中国的机动车保有量迅速增长，目前是全球汽车市场上增长最快的地区之一。中国已成为全球最大的汽车消费国和生产国。中国的汽车产量从2005年的580万辆上升到2012年的1927万辆（NBSC，2013；CATARC，2013）。随着私家车的广泛普及，乘用车（passenger vehicle，PV）已成为汽车行业产销量增长最快的部门。移动需求也促进了客运和货物运输需求的提高，这也令客车和货车的产销量迅速增长。

在中国，石油安全也成为一个更加突出的问题。随着经济飞速发展和运输需求不断增加，中国的石油消费持续增长。2001年中国石油消费总量为2.3亿t，而2011年则增长至4.4亿t，增长了近1倍。

---

* 原文来源：Lyu C J，Ou X M，Zhang X L. China automotive energy consumption andgreenhouse gasemission outlook to 2050. Mitigation and Adaption Strategies for Global Change，2015，20（5）：627-650. 中文出版略有改动。

中国对进口石油的依赖也迅速增加。2011年，石油进口依存度为57.5%，2012年为58.3%，进口石油总量分别为2.4亿t和2.6亿t。根据英国石油公司（BP）的预测，未来20年全球石油净需求增量的85%将来自中国（BP，2013）。因此，车用能源已成为中国的核心能源但同时也带来了明显的环境问题。在现代化进程中，中国也将面临从长远角度缓解气候变化压力的挑战。

由于道路运输在中国的能源供需和全球温室气体排放中所起的重要作用，预测中国未来的能源消费和温室气体排放量已成为国内外学术界、企业界和政策制定者的一个重要课题。中国学者从20世纪90年代开始研究这个问题，持续对方法和数据进行更新（He et al.，2005；Wang et al.，2006；Wang and Huo，2009；Huo et al.，2007，2012）。他们开发了一种方法和模型以模拟年中国机动车保有量到2050年的增长情况，以及由此产生的石油消耗量和二氧化碳排放量。

他们还通过燃料经济性和环境影响模型（Fuel Economy，Emissions and Impacts，FEEI）模型（Huo et al.，2007，2012）评估了各种政策所产生的影响。这些研究主要分析车用能源与汽车保有量、汽车使用强度和燃油经济性之间的关系。Yan和Crookes（2009）、Ou等（2010a）针对中国的道路运输部门制定了一个详细的能源需求和温室气体排放模型，并依据该模型研究制定了减排措施。

Ou等（2010b）以可靠的历史趋势为基础，对中国未来道路交通的替代燃料/车辆使用模式进行了情景分析，对当前的政策措施进行了解释说明。Hao等（2011c，2012）建立了一个自底向上的模型，以预测中国道路交通中客车和卡车的油耗及全生命周期温室气体排放量的未来趋势。总的来说，这些现有的研究主要是为了对未来情景进行描述，而没有明确地表示国家级的能源供应和需求之间的关系，也没有一个包括运输需求、车辆人口预测和更广泛的能源系统背景的综合的研究平台。

本文利用清华大学中国车用能源模型（TCAEM）研究了中国汽车能源使用趋势对汽车能源使用趋势的影响，并提出了两种车用能源情景—基准情景和综合政策情景。该研究的目的是：①了解中国未来汽车能源使用的发展情况；②为中国车用能源可持续发展技术的选择和政策的制定提供数据依据；③计算从当前到2050年车用燃料消耗量和温室气体排放量的发展路径；④在中国向可持续汽车能源体系转型的背景下，为技术创新和政策干预提供建议。

2 模型方法

2.1 TCAEM的结构和模块

2.1.1 模型结构

TCAEM模型如图1所示，是中国汽车能源研究中心（CAERC）在清华大学（CAERC，2013）开发的中国汽车和能源综合技术和政策评估模型。该模型基于几个影响中国车用能源系统发展的重要参数：人口与地理、经济增长、技术进步和公共政策（清华大学中国车用能源研究中心，2012）。TCAEM 模型由四个模块组成，即需求、成本渗透、综合和输出模块。

模型的输入是需求和成本渗透参数，这两类参数是车用能源情景的驱动和结构变量，如经济发展、人口、技术进步和决定未来车用能源使用方向的公共政策。燃料消费结构和温室气体排放量是在综合模块中，运用成本最小化原则进行计算的，并通过运输服务需求和生命周期单位服务成本在输出模块中展现。而未来新能源汽车（new energy vehicle，NEV）的市场渗透曲线预测是通过需求模块和成本渗透模块求解得出的。本文接下来将详细介绍模型的构造和使用方法，包括 TCAEM 的内部逻辑、各个模块之间的集成/反馈，以及选择关键参数的过程。

2.1.2 需求模块

基于 Hao 等（2011a）的研究，本文建立了包含三个子模型的混合模型，以模拟中国私人乘用车、城市公共交通工具和商业运营车的增长模式，TCAEM 模型包含图 1 所示的需求模块。通过对车辆和其他交通工具的旅行距离、时间和服务份额的假设，可以确定汽车、公交车和货车的运输服务需求（清华大学中国车用能源研究中心，2012）。每年新车销售量的计算基于汽车保有量和每个车型对应的存活率曲线（Hao et al. ,2011b）

2.1.3 成本渗透模块

成本渗透模块的关键过程（图 1）包含通过分部门寻找到的车辆综合成本（全生命周期成本），以及基于创新扩散理论计算出的 NEV 渗透率。通过相似的方法，Ou 等（2013）和 Cai 等（2012）对电动汽车（EVs）和燃料电池汽车（fuel cell vehicles，FCV）的市场渗透率进行了建模。综合成本包括两部分：车辆成本和燃料成本。车辆成本包括购车、维护、保险、税金及其他费用；燃料成本包括原材料成本、运输和基础设施投资、加工转换及整个能源产业链的燃料成本。NEV 保有量也可以根据每种汽车的存活率来计算（Hao et al.，2011b）。

2.1.4 综合模块方法

通过集成模块，在不同的车用能源发展情景下，优化、组合、选择不同的车用能源供应路径和车辆动力技术，进行整合研究。模型的运行机理为，在满足各种能源资源限制、温室气体排放目标和基础设施配备特征下，寻求以最小的综合汽车交通费用来满足汽车交通服务需求的汽车动力技术与能源技术组合。

能源和环境排放的目标和需求通过 Eq（1）体现。在这个模型中，模型的优化目标是最小化中国汽车交通部门总成本。函数 Min$C$（q，t，f，x）代表了模型目标。通过求解可得 2010 ~2050 年考虑能源成本和非能源成本的中国汽车交通部门最小成本。

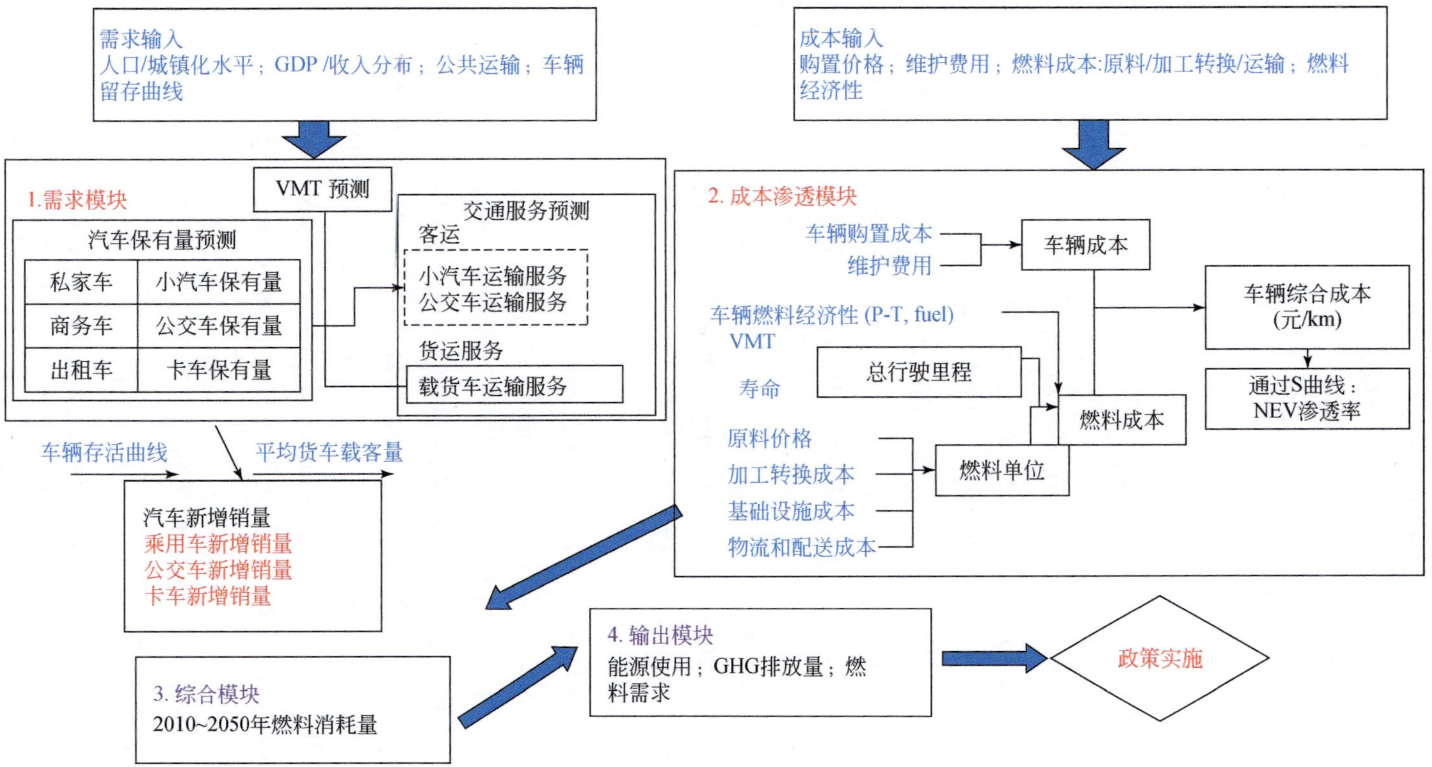

VMT—汽车行驶里程; P-T—动力技术; GHG—温室气体

图1 TCAEM 模型结构

$$\text{Min}C(q, t, f, x) = \sum_i \sum_q \sum_t \sum_f A_i(q, t, f) \times X_i(q, t, f) \tag{1}$$

$$\text{s.t.} \quad \sum_{t, f} X_i(q, t, f) \geqslant u_i(q), \quad X_i(q, t, f) \geqslant 0, \quad u_i(q) \geqslant 0;$$

$$\sum_{q, t} X_i(q, t, f) \times \alpha_i(q, t, f) \leqslant e_i(f), \quad \alpha_i(q, t, f) \geqslant 0, \quad e_i(f) \geqslant 0;$$

$$\sum_{q, t, f} X_i(q, t, f) \times \varepsilon_i(q, t, f) \leqslant \varphi_i, \quad \varepsilon_i(q, t, f) \geqslant 0, \quad \varphi_i \geqslant 0;$$

$$\sum_f e_i(f) \times n_i(f) \leqslant \psi_i, \quad n_i(f) \geqslant 0, \quad \psi_i \geqslant 0.$$

式中，$i \in \{2005, 2010, 2015, \cdots, 2050\}$ 表示时间年份；$q \in \{1, 2, \cdots, 9\}$ 表示所包含的车辆类型（表1）；$t \in \{1, 2, 3, 4, 5\}$ 表示车辆动力技术类型（表2）；$f \in \{1, 2, \cdots, 12\}$ 表示模型中包含的车辆所使用的燃料类型；A_i（q，t，f）表示考虑到车辆类型 q、动力技术 t、第 i 年单位运输量使用的燃料 f 后的成本；X_i（q，t，f）表示车辆类型 q 配备动力技术 t 加注燃料 f 这一机动车组合方式在时间段内承担的交通服务量；u_i（q）表示车辆类型 q 在时间段 t 内的总交通服务量；α_i（q，t，f）表示车辆类型 q，动力技术 t，燃料 f 在第 i 年的每辆车的单位燃料消费率；e_i（f）表示燃料的供应上限；ε_i（q，t，f）表示机动车（q，t，f）的全生命周期（WTW）的单位温室气体排放因子；φ_i 表示第 i 年道路交通全生命周期的温室气体排放限额；n_i（f）表示 f 燃料生产供应环节（WTT）的单位温室气体排放因子；ψ_i 表示第 i 年燃料生产供应过程总的温室气体排放限额。

混合动力电动汽车（HEVs）不能插入外部电源，但并没有在模型中单独列出，而是被认为属于点燃（SI）和压燃（CI）车辆这一类车型。燃气发动机（GE）汽车是使用气体作为燃料的汽车。燃料电池汽车主要用于中型客车和大型客车（如运动型多用途车）。纯电动汽车和插电式混合动力汽车（plug-in hybrid electric vehicle，PHEV）主要用于客运，包括乘用车（如出租车）和大型公共汽车（城市公共交通）。每一种车辆类型与车辆动力技术之间的对应关系见表4。除了传统的汽油和柴油之外，替代燃料还包括以下几种：液化石油气（liquefied petroleum gas，LPG）、压缩天然气（compressed natural gas，CNG）、液化天然气（liquefied natural gas，LNG）、二甲醚（DME）等。

由于不同车辆动力技术所使用的燃料是多种多样的，在模型中考虑的车辆动力技术和燃料类型的主要组合见表5。

表1　TCAEM模型中车辆类型与编号对应表

项目	乘用车				公交车			卡车	
q	1	2	3	4	5	6	7	8	9
说明	微型	小型	中型	大型	中型	大型	轻型	中型	重型

表2 TCAEM模型中的车辆动力技术与编号对应表

t	1	2	3	4	5
动力技术	点燃（SI）	压燃（CI）	气体燃料发动机（GE）	纯电动（EV）	氢能燃料电池（FCV）

表3 TCAEM模型中车辆燃料类型与编号对应表

f	1	2	3	4	5	6
燃料类型	汽油	柴油	液化石油气（LPG）	压缩天然气（CNG）	液化天然气（LNG）	甲烷
f	7	8	9	10	11	12
燃料类型	二甲醚（DME）	生物质乙醇	生物柴油	煤制柴油	电力	氢气

表4 TCAEM模型中车辆类型与车辆动力技术的关系

t \ q	微型	小型	中型	大型	中型	大型	轻型	中型	重型
点燃（SI）	√	√	√	√	√		√		
压燃（CI）		√	√	√	√	√		√	√
气体燃料发动机（GE）	√	√	√		√	√	√	√	
纯电动（EV）	√	√	√	√	√	√			
氢能燃料电池（FCV）	√	√	√	√	√	√	√		

表5 TCAEM模型中车辆动力技术与燃料类型组合关系表

动力技术 t \ 燃料类型 f	汽油	柴油	LPG	CNG	LNG	甲烷	二甲醚	生物乙醇	生物柴油	电能	氢能
点燃（SI）	√					√		√			
压燃（CI）		√					√		√		
气体发动机（GE）			√	√	√						
电动汽车（EV）										√	
燃料电池汽车（FCV）											√

每单位运输服务的汽车运输系统的综合成本包括两项成本，即汽车单位拥有成本与汽车使用成本。模型中包含了这些成本，式（2）是考虑贴现率因素的动态平准化成本：

$$A_i(q, t, f) = B_i(q, t, f) + R_i(f) \tag{2}$$

式中，$B_i(q, t, f)$ 表示车辆类型 q、动力技术 t、燃料类型 f 在第 i 年的交通运输活动中所产生的非能源平准化成本；$R_i(f)$ 表示燃料类型 f 在第 i 年的平准化成本。$B_i(q, t, f)$ 的扩展方程见式（3）：

$$B_i(q, t, f) = \sum_{j=1}^{T_1} w_{i,j}(q, t, f) \times B_{i-j}(q, t, f) + w_{i,i}(q, t, f) \times Y_i(q, t, f) \tag{3}$$

式中，j 表示车辆使用年限；T_1 表示车辆年限；$w_{i,j}$（q，t，f）表示第（i–j）年购置的（q，t，f）类汽车占第 i 年该车（q，t，f）类车辆总数的比例；$w_{i,i}$（q，t，f）表示第 i 年购置的（q，t，f）类汽车占第 i 年该车总保有量的比例；Y_i（q，t，f）表示（q，t，f）这种车型在第 i 年的购车平准化成本。

根据购车平准化成本计算公式，新购置车辆的非能源成本如式（4）所示：

$$Y_i(q,\ t,\ f) = \frac{\sum_{j=1}^{T_1}(K_{i,\ q,\ t,\ f,\ j} + D_{i,\ q,\ t,\ f,\ j}) \times (1+r)^{-j} \times \frac{r \times (1+r)^{T_1}}{(1+r)^{T_1} - 1}}{Q_{i,\ q,\ t,\ f}} \tag{4}$$

式中，$K_{i,q,t,f,j}$表示第 i 年新销售的（q，t，f）车在第 j 年的投资成本，如购置成本、牌照获取成本、购置税及未来电池更换的成本；$D_{i,q,t,f,j}$表示第 i 年新销售的（q，t，f）类汽车在第 j 年的运营成本，如强制保险和维护费用；r 表示利率；$Q_{i,q,t,f}$表示第 i 年新销售的（q，t，f）类汽车在使用年限内行驶的总里程。

扩展方程如式（5）所示：

$$R_i(f) = \sum_{k=1}^{T_2} m_{i,\ k}(f) \times R_{i-k}(f) + m_{i,\ i}(f) \times Z_i(f) \tag{5}$$

式中，k 表示能源供应基础设施的使用年限；T_2 表示能源供应基础设施的寿命；$m_{i,k}$（f）表示燃料品种 f 在（i–k）年里由新建供应设施生产的量占第 i 年总量的比例；$m_{i,i}$（f）表示新建供应设施在第 i 年生产的燃料所占当年总产量的比例；Z_i（f）表示燃料 f 由新建成的燃料供应设施在第 i 年生产的平准化成本。

由平准化公式可知，新建成的燃料供应设施的能源成本如式（6）所示：

$$Z_i(f) = \frac{\sum_{k=1}^{T_2}(J_{i,\ f,\ k} + L_{i,\ f,\ k}) \times (1+r)^{-k} \times \frac{r \times (1+r)^{T_2}}{(1+r)^{T_2} - 1}}{P_{i,\ f}} \tag{6}$$

式中，$J_{i,f,k}$表示对于燃料 f，当其新建供应设施寿命为 k 时，其在第 i 年的投资成本，如电厂的初始投资成本和充电站的投资；$L_{i,f,k}$表示运营成本，如原料成本和维护成本；$P_{i,f}$表示第 i 年由新建产能在总使用年限中生产的燃料总产量。

燃料供应成本是油井到油箱（WTT）成本，其中除固定投资以外，还需要考虑转换效率。$L_{i,f,k}$的扩展方程如式（7）所示：

$$L_{i,f,k} = \frac{S_{i,f,k}}{\beta_{i,f,k}} + G_{i,f,k} + H_{i,f,k} - I_{i,f,k} \tag{7}$$

式中，$S_{i,f,k}$表示第 i 年新建燃料 f 的设施在其使用的第 k 年时的原材料成本；$\beta_{i,f,k}$表示新建供应设施在寿命为 k 时第 i 年的燃料 f 的生产效率；$G_{i,f,k}$表示第 i 年新建燃料 f 的设施在使用第 k 年时的维护和运营成本（除原材料以外）；$H_{i,f,k}$表示第 i 年新建燃料 f 的设施在使用第 k 年时的限制成本（如碳税）；$I_{i,f,k}$表示第 i 年新建燃料 f 的设施在使用第 k 年时的燃料产出收入。

2.1.5　输出模块中的 WTW 计算

在输出模块中计算能耗和温室气体排放。应该注意的是，油井到车轮（WTW）的温室气体排放（即全生命周期排放）包括上游阶段的排放，如原料勘探、运输、燃料生产和运输，以及燃料利用阶段的排放。WTW 排放量等于相应的生命周期排放因子与所有消耗的最终燃料量的乘积。本研究使用的不同燃料路径的生命周期温室气体排放因子来自欧训民等的早期研究。在考虑了温室气体的三种主要类型（CO_2、CH_4和N_2O）后，根据联合国政府间气候变化专门委员会（Intergovernmental Panel on Climate Change, IPCC）的指导方针计算了二氧化碳当量100年的全球温升潜力（CO_2，e）。

2.2 能源消耗和温室气体排放的情景分析

在 BAU 和 IPS 情景中，根据早先对汽车保有量、交通服务和 NEV 渗透率的研究，以不同的假设估计保有量的总能耗和温室气体排放量（清华大学中国车用能源研究中心，2012；CAERC，2013；Hao et al.，2011a，2011b；Ou et al.，2013）。相关参数值在第3节中有详细的介绍。

在 BAU 情景（基准情景）中，政府对于中国汽车能源的未来发展没有明确的目标或要求。此外，可能不会采取加快汽车和能源技术的创新速度，推动其发展的新政策。因此，目前的车辆驱动和能源技术的趋势将会延续，现有的市场状况也是如此。在这种情况下，由于电池成本无法降低，性能（能量密度和寿命）也没有竞争力，我国汽车的电气化进程十分缓慢。

因此，EVs 的使用者数量有限，且停留在示范阶段，而 FCVs 的成本太高，无法商业化。新能源发展的基础设施无法建设，第2代生物燃料商业化也因土地和生物量收集的高成本和限制性政策而发展缓慢。根据清华大学中国车用能源研究中心（2012）的假设，在 BAU 假设的2025年之前，第2代生物燃料技术不会有根本性的突破，因此即使第2代生物燃料的成本在2035年后出现更大的下降，本研究也只涵盖了有限数量的第一代生物燃料车辆。由于高二氧化碳排放和用水限制，煤燃料也无法大幅扩大产能。未来燃油经济性将有所改善，但提升程度有限。

在 IPS 的情景（即汽车能源发展的目标情景）中，明确要求了各大汽车能源系统的能源效率、温室气体排放、能源供应安全、燃油供给和需求平衡及汽车工业发展在2050年的发展目标，而第2代生物乙醇和生物柴油的生产成本也会在2025年前大幅下降。这一设想结合了车辆推进和能源技术方面的创新，以及运输服务的交通需求管理（transportation demand management, TDM）。

3 主要数据和假设

3.1 宏观数据

3.1.1 中国的人口数量和城市化水平

1990～2012年，中国人口从11.4亿人增加至13.5亿人（NBSC，2013），根据

UNDP（2013）的研究，到2030年中国人口总量将达到14.5亿人。与此同时，中国城镇化率也在快速上升，从1990年的26%上升到2012年的49%（NBSC，2013）。预计到2030年城镇化率将继续保持在70%左右，到2050年城镇化率将继续保持在80%左右（Chai and Zhang，2010）。

3.1.2 中国的经济发展

过去几十年，中国经济快速增长，根据不变价格计算的GDP从1978年的3650亿元增长至2012年的5189.4亿元，同比增长15.7%。按不变价格计算，2012年GDP约为1978年GDP的24倍（NBSC，2013）。尽管增长率在下降，但中国的GDP预计在2010～2020年将翻一番，按不变价格计算，2050年GDP将是2012年GDP的6倍（Cai and Zhang，2010）。

3.1.3 对汽车运输服务的需求

本研究将交通运输服务中的客运和货运服务分别用人公里（PKM）和吨公里（TKM）表示。2010年，乘用车、公交车和卡车的服务分别为1505亿PKM、303.8亿PKM和3860亿TKM（清华大学中国车用能源研究中心，2012）。表6显示了不同类型的汽车运输服务的增长率。为达到BAU情景下由私家车向公共交通转变的效果，政府并没有就推广公共交通服务推出积极的政策。同样，从货车到铁路货运也没有迅速或有效的转移。而在IPS情景中使用的交通需求管理包括乘客和货物车辆的需求管理及优化运输模式，如使用公共交通而不是私人乘用车，以及使用道路运输以外的方式运输货物。

表6 在BAU和IPS情景中的汽车运输服务的平均年增长率 （单位：%）

情景	汽车运输服务	2010～2020年	2020～2030年	2030～2050年
BAU	乘用车	15.33	3.84	0.02
	客车	6.43	3.35	0.99
	货车	9.96	5.55	1.59
IPS	乘用车	12.51	3.64	0.36
	客车	6.43	3.35	0.99
	货车	9.51	4.97	1.07

注：这些数据由TCAEM的Demand模块生成（清华大学中国车用能源研究中心，2012）；乘用车车载人数为7人及以下，客车车载人数为7人以上

3.2 车辆相关的数据

3.2.1 厂商建议零售价和行驶里程

模型中根据发动机排量大小将乘用车划分为微型、小型、中型和大型四种类型（表7）。2010年四个细分市场的厂商建议零售价（manufacturer suggested retail price，

MSRP）也包括在表7中。MSRP是式（4）中车辆购置成本和运营成本计算的基础。这里假设，在BAU情景下，基于2010年价格不变，各种内燃机（internal combustion engine，ICE）乘用车（passenger vehicle，PV）的MSRP在2050年之前是不变的。有两个因素可能会增加这种定价模式中计算的成本：①中国的劳动力和材料成本将进一步上升；②中国汽车产业的进一步扩张可能带来规模优势，从而降低汽车成本。另外，每辆车的行驶里程（km travelled，KMT）和车辆总燃料消耗量的计算有关。这里假定微型车的KMT迅速下降，这主要是因为更多人会使用微型车作为家庭的第二辆车或上班代步车，因此单次出行的平均出行时间或出行距离将会迅速下降（表7）。

表7 乘用车分类、MSRP和KMT参数

乘用车分类	发动机排量（L）	MSRP（元）	KMT			
			2010年	2020年	2030年	2050年
微型	<1.0	35 000	14 000	12 000	10 000	6 000
小型	1.0~1.6	120 000	16 000	14 000	13 000	11 000
中型	1.6~2.5	223 700	18 000	16 000	14 000	12 000
大型	>2.5	535 400	20 000	18 000	15 000	13 000

3.2.2 内燃机汽车燃料经济性

表8概述了在计算新销售的微型、小型、中型和大型乘用车的油耗时所使用的假设。在BAU情景中，乘用车的油耗将会适度降低。与BAU方案相比，在IPS情景中，乘用车的油耗将显著降低，但也会带来一定的成本。表8还包括了有关减少客车和货车油耗的假设。如果汽车节能技术的现有发展趋势在BAU情景中可以得到延续，那么公共汽车和卡车的油耗将在一定程度上得到改善。

表8 乘用车、公交车和卡车的油耗参数

项目	分类	BAU				IPS			
		2010年	2020年	2030年	2050年	2010年	2020年	2030年	2050年
乘用车（L/100km）	微型	5.5	4.5	4.0	3.8	5.5	4.5	3.5	3.5
	小型	7.0	5.8	5.0	4.7	7.0	5.8	4.5	4.5
	中型	9.0	8.0	7.0	6.3	9.0	8.0	7.0	6.0
	大型	12.0	10.5	9.5	8.8	12.0	10.5	9.5	8.5
客车（与2010年相比）	客车汽车人公里油耗降低的速率	3 %	6 %	9 %	12 %	5 %	10 %	15 %	20 %
货车（与2010年相比）	货车吨公里油耗降低的速率	5 %	10 %	15 %	20 %	20 %	30 %	35 %	40 %

资料来源：清华大学中国车用能源研究中心，2012。

3.2.3 新能源汽车的能源效率和成本

电动汽车的电池容量因乘用车的技术分类不同而有所差异（表9）。电动汽车和燃料电池汽车与基准的内燃机车型的相对能源效率比分别约为300%和230%。表9还显示了电动汽车的耗电量和燃料电池汽车的耗氢量。

表9 电动汽车的电池容量、电动汽车的耗电量、燃料电池汽车的耗氢量

项目	乘用车分类	2010年	2020年	2030年	2050年
电动汽车的电池容量（kW·h）	微型	8	7	7	6.2
	小型	13	13	13	13
	中型	18	18	18	18
	大型	24	24	24	24
电动汽车的耗电量（kW·h/100km）	微型	12	11	11	10
	小型	16	15	14	13
	中型	20	18	16	15
	大型	24	22	20	18
燃料电池汽车的耗氢量（kg/100km）	微型	0.80	0.76	0.72	0.64
	小型	0.90	0.86	0.81	0.72
	中型	1.00	0.95	0.90	0.80
	大型	1.50	1.35	1.25	1.15

根据清华大学中国车用能源研究中心（2012）的分析，BAU情景中纯电动汽车的电池、发动机和电子控制的成本只会缓慢地下降，因此，在2040年之前，小型电动乘用车将无法与传统燃油车竞争。由于纯电动汽车无法与大中型客车的行驶里程相匹配，必须使用插电式混合动力汽车和增程式电动车（extended-range electric vehicles，EREV）。然而，它们每公里的平均形式成本仍将高于传统燃油车。

然而，在IPS情景中，纯电动汽车在中、短期内取得重大技术突破，相关成本将迅速下降。因此，在2025年前后，小型和小型电动客车将能够与燃油车竞争，之后它们将进入快速发展阶段。对于中型和大型乘用车来说，插电式混合动力汽车和增程式电动车将进入市场，到2025年，它们的全寿命总成本将与燃油车持平，之后也将进入快速发展阶段。

对于客车来说，纯电动汽车主要用于大型客车。在BAU情景中，在2040年之前，纯电动客车无法与燃油车在成本上竞争。在IPS情景中，到2025年左右，纯电动客车的全寿命成本将与柴油公交车持平，之后这一技术将进入快速发展阶段。大中型客车也适用于燃料电池动力系统。在BAU情景中，燃料电池汽车的寿命成本在2050年之前无法与燃油车相比。在IPS情景中，燃料电池乘用车使用氢燃料，这些氢燃料通过利用中国目前正在开发的碳捕集与封存（carbon capture and storage，CCS）技术从煤炭中提取出来。在2035年前后，中型和大型燃料电池乘用车将进入快速发展阶段。大型燃料电池汽车将在2035年左右进入快速发展阶段，而中型燃料电池汽车将在2030年左右进入快速发展阶段。

电动汽车相较基准汽车的厂商建议零售价额外成本主要来自电池系统，但是没有电池系统的电动汽车和内燃机之间的成本差异也是重要的因素。在BAU和IPS情景中，电动汽车的电池系统成本不同（表10）。这里包括了所有车辆的加价费用；此外，在未来的BAU和IPS情景中，没有电池系统的内燃机和电动车之间的区别也不同。同样，对于燃料电池汽车而言，最终的厂商建议零售价通过比率（燃料电池汽车的厂商建议零售价除以内燃机的厂商建议零售价）进行预测。由表10可知，在BAU情景下，燃料电池汽车发展缓慢，而在IPS情景下燃料电池汽车发展较快。

表10　BAU和IPS情景下电动汽车的电池系统成本

项目		BAU				IPS			
		2010年	2020年	2030年	2050年	2010年	2020年	2030年	2050年
电动汽车的电池系统成本（元/kW·h）		6 000	4 800	4 000	3 000	6 000	2，500	2 143	2 143
没有电池系统的电动汽车的厂商建议零售价和内燃机之间的差异（元）	微型乘用车	10 150	0	0	0	6 650	2 450	−3 500	−8 400
	小型乘用车	34 800	0	0	0	2 280	−5 560	−7 800	−35 194
	中型乘用车	64 873	0	0	0	1 214	5 832	−2 393	−21 000
	大型乘用车	155 266	0	0	0	98 793	48 120	19 894	−29 571
燃料电池汽车与内燃机的厂商建议零售价的比率	微型乘用车	4.25	3.45	2.85	2.25	4.25	1.85	1.61	1.39
	小型乘用车	3.75	2.95	2.35	1.75	3.75	1.59	1.35	1.21
	中型乘用车	3.50	2.70	2.10	1.50	3.50	1.48	1.25	1.19
	大型乘用车	3.25	2.45	1.85	1.25	3.25	1.46	1.23	1.05

4　结果和讨论

4.1　BAU情景

4.1.1　车用能源消费量

图2显示了2010～2050年BAU情景下的中国汽车能源消费量。2010～2050年，中国的汽车能源消费量将继续增长，但2010～2020年的增长速度最快，年均增长率为11.3%。2020～2030年，年均增长率为3.5%；2030～2050年，年均增长率为0.6%。在2020年、2030年和2050年，汽车能源消费量将分别为352Mtoe、479Mtoe和539Mtoe，与2010年相比，分别增加了2.6倍、3.6倍和4.0倍。

能源方面，2020年、2030年和2050年，柴油和汽油的总消费量将分别达到3.28亿toe、4.37亿toe和4.75亿toe，分别占汽车能源消费量的93%、91%和88%。也就是说，在BAU情景下，汽车能源以石油为主。汽油消耗量从2010年的0.57亿toe增加到2020年的1.82亿toe，2030年达到2.31亿toe，2050年达到2.40亿toe。柴油消费量从2010年的0.71亿toe增加到2020年的1.46亿toe，2030年达到2.06亿toe，2050年达到2.35亿toe。在BAU情景中，替代燃料的使用比例仅从2010年的5%增加到2020年的7%，2030年达到9%，2050年达到12%。生物燃料是一种战略替代燃料；到2020年、2030年和2050年，中国生物燃料消耗总量将分别达到5.34亿toe、11.35亿toe和18.46亿toe，分别占中国汽车交通部门能源消费总量的1.5%、2.4%和3.4%。在2025年之前，生物燃料将主要是第一代生物燃料；2030年后新增的生物燃料将主要来自第二代技术。在BAU情景下，到2050年，第二代生物燃料的市场份额将低于2%。

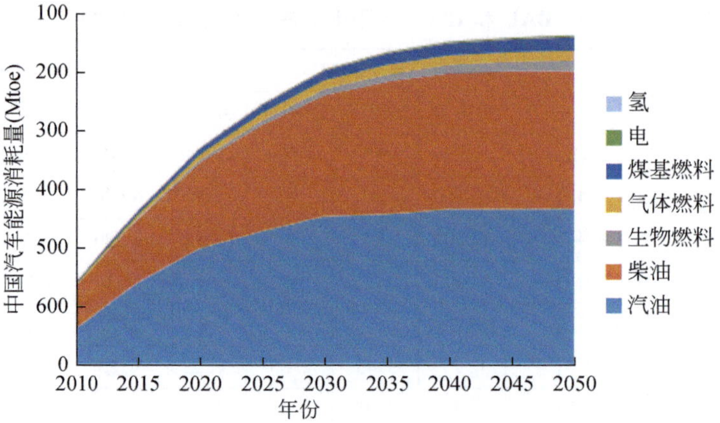

图2　BAU情景下的中国汽车能源消费量

4.1.2　温室气体排放

图3显示了BAU情景下2010～2050年的中国交通部门汽车温室气体排放量。2010～

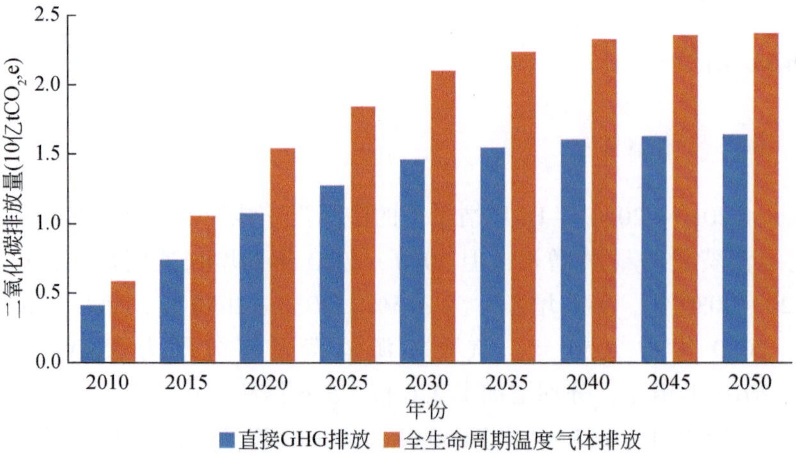

图3　BAU情景下中国交通部门汽车温室气体排放量

2050年温室气体排放量保持上升趋势，2010～2020年，直接温室气体排放量和全生命周期温室气体排放量分别增长11.4%和11.4%。2030～2040年，增长速度放缓并进入稳定阶段。2050年汽车直接温室气体排放量和全生命周期温室气体排放量将分别达到16.5亿t CO_2和23.8亿t CO_2。

4.2 IPS情景

4.2.1 车用能源消费量

在IPS情景下，中国的汽车能源消费量仍将持续增加直到2035年。如图4所示，2020年、2030年和2050年的能耗将分别达到282Mtoe、358Mtoe和306Mtoe。到2030年，汽车能源消费量将继续保持快速增长，2010～2030年年均增长率将达到5.4%。汽车能源消费量将在2030年达到峰值，随后以每年1%的平均速度下降。

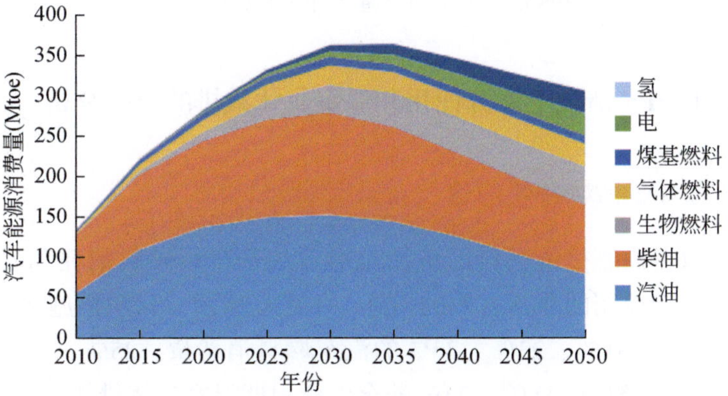

图4 IPS情景下中国交通部门汽车能源消费情况

到2030年，柴油和汽油的消费量将分别增长3.1%和5.4%。柴油和汽油的总消费量将在2030年达到峰值。柴油和汽油占汽车总能源消费的比例也将分别从2010年的53%和42%下降到2050年的28%和26%。生物燃料作为替代石油燃料的战略燃料，将在2030年以后发挥更重要的作用。生物燃料消费量将从2010年的0.006亿toe增加到2050年的0.48亿toe，在汽车能源消费总量中的占比从2010年的0.45%增加到2050年的15.8%。

4.2.2 温室气体排放

图5显示了IPS情景下2010～2050年中国汽车交通部门的温室气体排放量。中国汽车交通部门在2020年、2030年和2050年的直接温室气体排放量将分别为8.5亿t CO_2，e、10.6亿t CO_2，e和7.6亿t CO_2，e。图5还给出了在IPS情景下中国交通部门2010～2050年的温室气体排放量。在2020年、2030年和2050年，中国交通部门汽车全生命周期温室气体排放量将分别达到12.2亿t CO_2，e、14.8亿t CO_2，e和10.0亿t CO_2，e，与BAU情景相比，在2020年、2030年和2050年将分别减少21%、30%

和 58%。

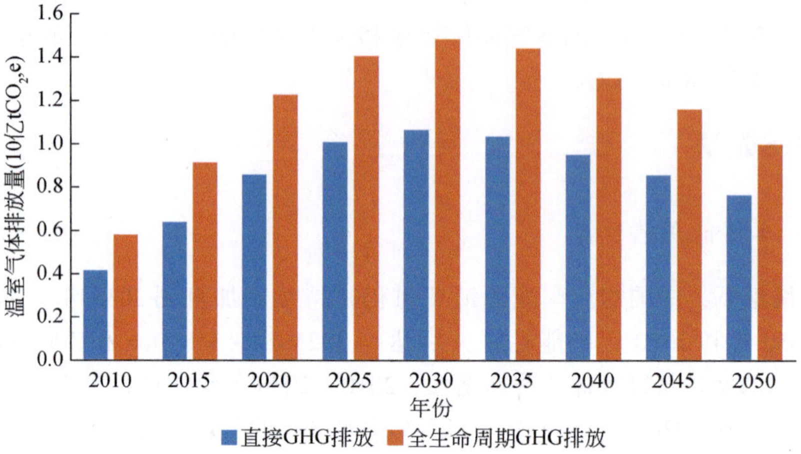

图 5　IPS 情景下中国交通部门汽车温室气体排放量

4.3　BAU 和 IPS 情境下能源使用和温室气体减排的贡献分析

4.3.1　提高内燃机燃料经济性

我们发现，改善内燃机的燃料经济性是对石油基车用燃料消耗和温室气体排放进行短期、中期和长期控制的非常有效的措施，如图 6 所示。这项措施将分别在 2020 年、2030 年、2050 年减少 31%、23%、33% 的汽车燃料消费量，25%、17%、24% 的石油基车用燃料消费量和 28%、18%、23% 的全生命周期温室气体排放量。

4.3.2　加速车辆的电气化

我们发现，到 2050 年，电动汽车的发展将减少 27% 的汽车燃料消费量、29% 的石油基车用燃料消费量，以及减少 27% 的温室气体排放量。到 2050 年，燃料电池汽车将替代 12% 的石油类燃料消费量，减少 9% 的温室气体排放量。

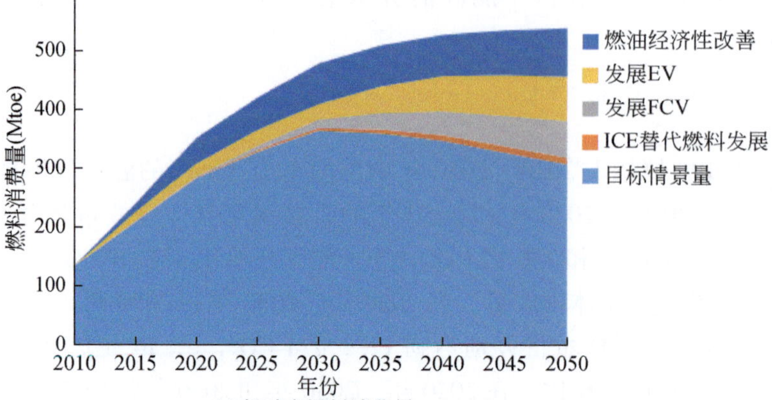

(a) 机动车燃料消费量

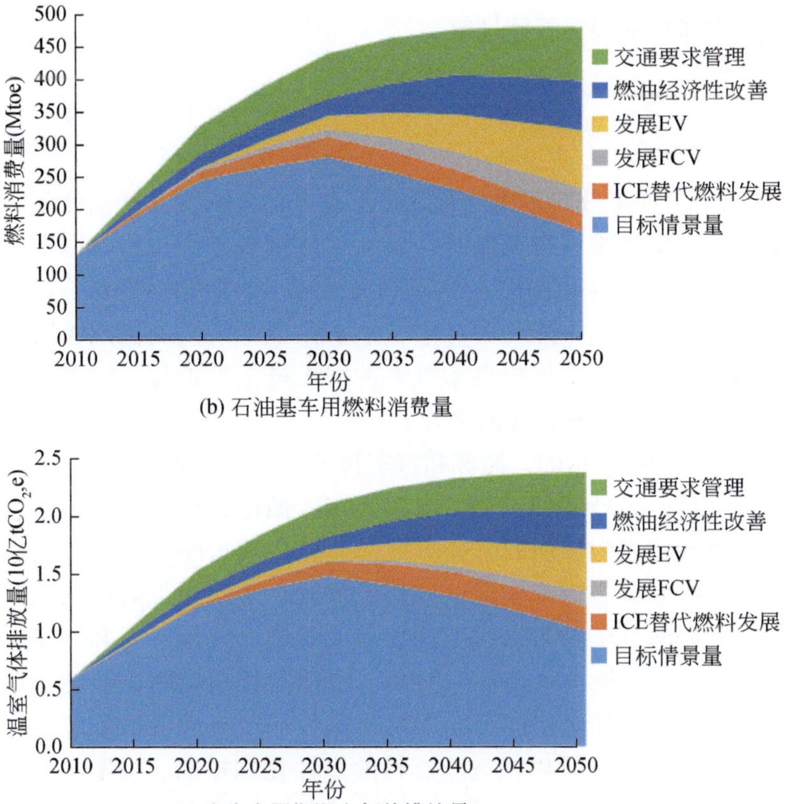

(b) 石油基车用燃料消费量

(c) 全生命周期温室气体排放量

图6 不同措施对车辆的能源消费和温室气体减排的贡献

交通需求管理包括对旅客和货物车辆的需求管理和优化运输方式（如使用公共交通工具代替乘用车和其他方法运输道路货物）。燃油经济性改善包括提高乘用车的燃油经济性、使用小型化和轻质材料、提高商用车的燃油经济性及大型货车的物流优化。电动汽车包括纯电动汽车、插电式混合动力汽车和范围扩展的电动汽车

4.3.3 发展内燃机的替代燃料

我们发现，天然气在车用能源的多样化和减少温室气体排放的短期、中期及长期发展方面都会发挥重要作用。到2020年，天然气将成为汽车燃料多样化和温室气体减排的第三大重要方法。开发第二代生物柴油可以解决电动汽车大规模开发之前柴油和汽油消费的不平衡问题。随着2030年后对生物燃料的新需求，第二代生物柴油汽车的开发将与电动汽车的开发同步。

4.3.4 优化综合运输方式

我们发现，无论是从短期、中期发展还是从长期发展来看，优化综合运输方式均将有效地控制石油基车用燃料的能源消费和温室气体排放。优化综合运输方式，如使用公交车而不是私家车，使用铁路货运而不是货车，在2020年、2030年、2050年将有

助于降低 65%、60%、36% 汽车油耗，52%、44%、26% 的汽油燃料消耗和 56%、46%、25% 的全生命周期温室气体排放。

5 结论

在 BAU 情景下，如果政府不出台有关能源安全和气候变化的新政策，中国汽车运输行业未来的能源需求将难以得到满足，温室气体排放趋势也将难以遏制。直接能源需求和温室气体排放量都将是 2010 年水平的三倍以上。中国对进口石油的严重依赖不会改变，这一行业的温室气体排放将对中国未来在全球气候变化减缓国际谈判中的战略构成巨大压力。此外，如果传统汽车继续占据市场主导地位，中国较难推动其汽车产业发展，进而成为全球汽车行业的领导者。

正如 IPS 场景分析所显示的，能源和汽车技术创新与交通需求管理一起，可能会将中国汽车能源消费推向可持续的道路。电动汽车、插电式混合动力汽车、燃料电池汽车和第二代生物燃料将成为长期的解决方案，而提高汽车能源效率和交通需求管理则是近期和中期的解决方案。为了实现这些解决方案，必须加强对电动汽车、插电式混合动力汽车、燃料电池汽车和第二代生物燃料的基础、应用研究和开发。在研究的所有措施中，我们发现提高燃油经济性对短期、中期和长期控制车辆燃油消耗和温室气体排放是非常有效的，而加速新能源的发展将是长期最有效的措施。为汽车开发替代燃料（天然气和生物燃料）可以在汽车燃料的多样化和短期、中期减少温室气体排放方面发挥重要作用。

根据目前预期的政策行动，从 BAU 情景到 IPS 情景的转变是可能的。通过实现对燃料使用的激进假设（包括实现电动汽车和燃料电池汽车的技术突破）、引入严格的燃料经济性标准并深入推动运输模式的全面优化等措施可以实现 IPS 情景。政策工具可能包括基于市场的措施，如碳税、许可税和征税、拥堵费和停车费。命令和控制措施也将是重要的，如推出强制性的生物燃料标准和燃料经济/碳标准。机构改革同样也可以促进 IPS 情景的实现，如以协调的方式规范能源和汽车工业并引入创新的扩散模式。

减缓策略对中国道路运输行业应对全球气候变化挑战具有重要意义。为了实现将全球温度上升控制在2℃以内的目标，2050 年全球温室气体排放量将达到 110 亿 t CO_2，e 左右。在 BAU 情景下，2050 年中国公路运输业的温室气体排放量将达到 24 亿 t CO_2，e。而 IPS 情景则引入了更积极的政策和战略，在该情景下，中国的车用能源全生命周期温室气体排放量将在 2050 年减少到 7.6 亿 t CO_2，e。

参考文献

国家统计局 . 2013. 中国统计年鉴 2013. 北京：中国统计出版社 .

韩文科，杨永伟 . 2012. 中国能源展望 . 北京：中国经济出版社 .

胡广平 . 2012. 中国长期运输能耗和碳排放模型的研究与应用 . 北京：清华大学博士学位毕业论文 .

清华大学中国车用能源研究中心 . 2012. 中国车用能源展望 2012. 北京：科学出版社 .

王庆一.2011. 中国能源数据. 北京:清华大学.

中国能源研究会.2013. 中国能源发展报告2013. 北京:中国电力出版社.

中国汽车技术研究中心,中国汽车工业协会,2013. 中国汽车工业年鉴2013. 北京:中国汽车工业年鉴出版社.

British Petroleum. 2013. 2035 world energy outlook. http://www. bp. com/en/global/corporate/about-bp/statistical-review-of-world-energy-2013/energy-outlook-2030. html[2013-12-25].

CAERC. 2013. Sustainable Automotive Energy System in China. Heidelberg: Springer Press..

Cai Z, Ou X, Zhang Q, et al. 2012. Full lifetime cost analysis of battery, plug-in hybrid and FCEVs in China in the near future. Frontiers in Energy, 6: 107-111.

Chai Q, Zhang X. 2010. Technologies and policies for the transition to a sustainable energy system in China. Energy, 35: 3995-4002.

European Union. 2012. EU Transport in figures-statistical pocketbook 2012. Brussel, Luxembourg: Publications Office of the European Union.

Hao H, Wang H, Ouyang M, et al. 2011a. Vehicle survival patterns in China. Science China-Technological Sciences, 54: 625-629.

Hao H, Wang H, Ouyang M. 2011c. Fuel conservation and GHG emissions mitigation scenarios for China's passenger vehicle fleet. Energy, 36: 6520-6528.

Hao H, Wang H, Ouyang M. 2012. Fuel consumption and life cycle GHG emissions by China's on-road trucks: Future trends through 2050 and evaluation of mitigation measures. Energy Policy, 43: 244-251.

Hao H, Wang H, Yi R. 2011b. Hybrid modeling of China´s vehicle ownership and projection through 2050. Energy, 36: 1351-1361.

He K, Huo H, Zhang Q, et al. 2005. Oil consumption and CO_2 emissions in China's road transport: Current status, future trends, and policy implications. Energy Policy, 33: 1499-1507.

Huo H, Wang M, Johnson L, et al. 2007. Projection of Chinese automotive vehicle growth, oil demand, and CO_2 emissions through 2050. Transportation Research Record, 2038: 69-77.

Huo H, Wang M, Zhang X, et al. 2012. Projection of energy use and greenhouse gas emissions by automotive vehicles in China: policy options and impacts. Energy Policy, 43: 37-48.

International Energy Agency. 2013. 2013 Key world energy statistics. France: 75739 Paris Cedex 15.

Ma L, Fu F, Li Z, et al. 2012. Oil development in China: current status and future trends. Energy Policy, 45: 43-53.

Ou X, Yan X, Zhang X. 2011. Life-cycle energy consumption and green-house gas emissions for electricity generation and supply in China. Applied Energy, 88: 289-297.

Ou X, Zhang Q, Zhang X, et al. 2013. China's new energy passenger vehicle development scenario analysis based on life time cost modelling. Low Carbon Economy, 4: 71-79.

Ou X, Zhang X, Chang S. 2010a. Alternative fuel buses currently in use in China: life-cycle fossil energy use, GHG emissions, and policy recommendations. Energy Policy, 38: 406-418.

Ou X, Zhang X, Chang S. 2010b. Scenario analysis on alternative fuel/vehicle for China's future road transport: life-cycle energy demand and GHG emissions. Energy Policy, 38: 3943-3956.

UNDP(United Nations Development Program). 2013. China human development report 2013. Beijing: UNDP China Office.

Wang M, Huo H, Johnson L, et al. 2006. Projection of Chinese motor vehicle growth, oil demand, and CO_2

emissions through 2050. Argonne, IL: ANL/ESD/06-6, Argonne National Laboratory.
Wang M, Huo H. 2009. Transportation: meeting the dual challenges of achieving energy security and reducing greenhouse gas emissions. Frontiers of Energy and Power Engineering China, 3: 212-225.
Yan X, Crookes R. 2009. Reduction potentials of energy demand and GHG emissions in China's road transport sector. Energy Policy, 37: 658-668.

China Automotive Energy Consumption and Greenhouse Gas Emissions Outlook to 2050

Lv Chuanjun, Ou Xunmin, Zhang Xiliang

Abstract: Energy security and climate change are topics of primary interest in current Chinese debates about international politics, economy, and the environment. In the ongoing process of modernization, China will continue to face challenges to provide secure energy supplies and mitigate climate change over time. Given the size of the country, the development of future energy supplies and their usage in China will have a substantial impact on global energy markets and the local environment and implications for global climate change. China is currently one of the fastest growing regions in the global automobile market and is already the world's largest automobile market. As a result, automotive energy has become a core energy and environmental issue for the country. The purpose of this paper is to provide a better understanding of the dynamics of automotive energy development in China in a systematic way by examining the interactions of economics, technology, and policy. The paper gives an overview of recent automotive energy consumption and greenhouse gas (GHG) emissions in China. Two alternative energy scenarios-business as usual (BAU) and integrated policy scenario (IPS)-were developed using the Tsinghua China Automotive Energy Model (TCAEM). The two scenarios depict two possible trajectories of automotive energy consumption and GHG emissions out to 2050. Analysis of these scenarios reveals important implications for technology innovation and policy intervention, which are discussed in the context of China developing a sustainable automotive energy industry.

Keywords: Automotive energy; Greenhouse gas mitigation; Technology innovation; Public policy; China

车用替代燃料全生命周期能耗和温室气体排放分析*

欧训民，闫晓宇，张希良，刘贞

摘要：该研究对我国主要车用替代燃料的化石能源消耗和温室气体排放强度进行了全生命周期计算，并与常规车用燃料进行了对比分析。计算结果表明，与传统汽油路线相比，目前多数车用替代燃料路线的温室气减排优势并不明显：①煤基替代燃料的能耗和温室气体排放强度较高；②采用中国平均电网的电力，尽管其能耗强度较低，但其温室气体排放强度与汽油路线接近；③一代生物液体燃料路线的能耗和温室气体排放强度显著降低。该研究预测，2020 年，与传统汽油路线相比：①煤基替代燃料的能耗和温室气体排放强度分别是传统汽油路线的 1.5 ~1.8 倍和 1.8 ~2.5 倍，碳捕捉和存储技术的应用可以有效降低煤基替代燃料的温室气体排放强度；②电力路线的温室气体排放强度将明显降低；③第 2 代生物液体燃料路线将实现近零能耗和温室气体排放。

关键词：能源消耗；温室气体；车用替代燃料；全生命周期分析

1 引言

2008 年，中国终端能源消费中的10%是由交通部门消耗的；中国交通部门能源消费量分别占石油、汽油、柴油和煤油消费量的 40%、95%、60% 和 80% （Wang，2009）。道路车辆能源消耗不仅是交通能源消费中的最重要组成部分，而且是温室气体排放的最重要驱动因素之一（IEA，2008）。低碳车辆技术除了传统的综合节能技术外，还包括目前正在发展中的车用替代燃料技术和电动汽车技术（AERT，2006）。车用替代燃料技术包括采用煤基和生物质基液体作为燃料而不需要对车辆结构进行重大改装的车辆技术。电动汽车技术通过使用电池而不是内燃机作为动力来源，从而从根本上改变了汽车的传动系统。

如 Jaramillo 等（2009）所述，车用替代燃料技术的实际生命周期能源投入和温室气体排放是为政策制定者提供实施或者废止相关政策建议的关键因素。目前公开发表的关于中国车用替代能源全生命周期分析的文章大多集中在针对某条特定燃料/车辆技术路线的研究，或是多条技术路线之间的对比分析（Huang and Zhang，2006；Zhang and Huang，2007；Di et al.，2002；Song et al.，2008；Wei et al.，2008；Xiao et al.，2002；Zhang，2007）。由于缺乏实际数据，先前的研究结论多是基于实验室中的发动机检测数据，或者是没有实际数据支撑的预测结果（Hu et al.，2007；Ou et al.，2011；Zhang and Huang，2005）。因而，不能将这些结果用于多条技术路线之间的全生命周期

---

* 原文来源：Ou X，Yan X，Zhang X，et al. Life-cycle analysis on energy consumption and GHG emission intensities of alternative vehicle fuels in China. Applied Energy，2012，90（1）：218-224. 中文出版略有改动。

分析和比较（Chai，2008；Shen et al.，2006；Zhang et al.，2008）。

中国正在深入思考全球气候变化和国家能源安全问题，并推动低碳车用替代能源技术的开发和利用。基于同一平台对中国主要的车用替代能源路线开展全生命周期化石能源消耗和温室气体排放分析显得非常重要。

本文的作者早前已经发表了类似主题的文章，这些研究多是关注中国的几条生物燃料技术或者公交车路线（Ou et al.，2010）。本研究基本上是之前的研究的延续，并将其扩展到多种替代燃料途径，包括煤基燃料、生物质燃料和电力路线。作者以最大的努力，基于某一可比车型和相同的行驶距离，对中国多条车用替代能源路线的能源消耗和温室气体排放进行了全生命周期分析计算。

2　研究方法和基本数据

2.1　关键定义

基于低位热值的车用替代能源化石能源强度定义为：获得并使用1MJ车用替代能源所需的全生命周期化石能源投入（E_{heat}，MJ/MJ），类似的，其基于低位热值的温室气排放强度定义为：获得并使用1MJ车用替代能源所产生的温室气体排放量（GHG_{heat}，g CO_2，e/MJ）。若考虑车辆能源效率，基于能源服务的车用替代能源化石能源强度定义为：车辆行驶1km所需的全生命周期化石能源投入（$E_{distance}$，MJ/km），其基于能源服务的温室气排放强度定义为：车辆行驶1km所产生的温室气体排放量（GHG_{heat}，g CO_2，e/km）。

2.2　计算模型

本研究使用Tsinghua-CA3EM模型来计算车用替代能源路径的全生命周期化石能源消耗和温室气体排放。该模型是由清华大学车用能源研究中心基于著名的温室气体排放、排放控制和能源使用交通运输仿真模型（GREET）开发的。清华大学车用能源研究中心成立以来，针对中国车用能源问题进行了深入的实地调研，召开了相关的专家研讨会议，并进行了深入广泛的文献综述，对中国车用能源问题进行了全面详细的描述，对我国目前主要的二次能源全生命周期化石能源消耗和温室气体排放因子进行了计算，主要考虑了三种一次化石能源类型（煤、天然气和石油）和三种关键的温室气体（CO_2，CH_4和N_2O）。全生命周期分析所涵盖的子阶段包括原料开采、原料运输、燃料生产和燃料运输。

2.3　方法学

2.3.1　二次能源的全生命周期因子计算

对于中国能源消费结构中占主导地位的9类二次能源类型的全生命周期能源消耗

因子和温室气体排放因子（$EF_{LC,j,i}$，$GHG_{LC,j,i}$），采用计算机迭代算法并基于这 9 类二次能源生产过程的各个子阶段中的能源消费机构进行计算。i 和 j 分别代表一次能源和二次能源类型。

2.3.2 车用燃料的全生命周期因子计算

对于某一特定车用替代能源路线，E_{heat} 和 GHG_{heat} 分别是各个子阶段中作为工艺燃料的二次能源消费量与其全生命周期能源消耗因子和温室气体排放因子（$EF_{LC,j,i}$ 和 $GHG_{LC,j,i}$）相乘后的加和；$E_{distance}$ 和 $GHG_{distance}$ 表示不同的燃料/车辆组合时车辆行驶 1km 的生命周期结果，该结果由车辆燃料/能源效率与相应车用燃料的全生命周期因子的乘积确定。

2.4 基础数据和参数

表 1 列出的中国原始数据包括原料开采和加工效率、工艺燃料结构、运输方式和平均运输距离，燃料生产效率、工艺燃料结构、燃料与运输、储存和配送模式（TSD），以及煤基、天然气基和石油基燃料的平均运输距离。表 2 列出了各运输模式的能源强度［kJ/（t · km）］和工艺燃料结构数据，当运输阶段的工艺燃料的低位热值已知时，这些数据用于计算原料运输和燃料 TSD 阶段的各工艺燃料消耗量（Ou et al., 2010）。通过采用 1.3 节 Ou 等（2009，2010）所提及的迭代计算方法，对 9 种二次能源的全生命周期化石能源消耗和温室气体排放强度进行计算，结果如表 3 所示。

表 1 用于计算二次能量生命周期因子的输入数据

项目	输入数据	文献来源
煤炭开采和加工阶段	煤炭开采效率：97%；煤炭加工效率：97%；原煤开采和加工阶段的工艺燃料结构：煤（80%）、电（16%）、柴油（2%）、汽油（1%）和天然气（1%）	Ou et al., 2010
煤炭运输阶段	铁路：50%（1000km）；水运：17%（650km）；公路（长途）：8%（310km）和公路（短途）：100%（50km）	CTTA, 2008
天然气开采和加工阶段	开采阶段能源效率：96.00%；天然气开采阶段工艺燃料结构：电力（40%），天然气（23%），燃料油（20%），柴油（8%），煤（7%）和汽油（2%）；天然气加工效率：94.00%；天然气加工阶段工艺燃料结构：燃料油（40%），天然气（28%），煤（20%），电力（10%），柴油（1%）以及汽油（1%）	Ou et al., 2010
天然气运输阶段	管道：100%（1500km）	Ou et al., 2010
石油开采阶段	开采阶段能源效率：93.0%	Ou et al., 2010
	开采能耗的工艺燃料结构：电力（37%）；原油（20%）；天然气（23%）；煤（10%）；柴油（8%）；燃料油（1%）；汽油（1%）	NSBC, 2007

续表

项目	输入数据	文献来源
石油运输阶段	远洋油轮：50%（11 000km）；铁路：45%（950km）；管道：80%（500km）；水运：10%（250km）	CTTA，2008
石油精炼阶段	石油炼制工艺燃料结构：原油（50%）；煤（20%）；电力（12%）；炼厂干气（10%）；燃料油（4%）；柴油（1%）；汽油（1%）	NSBC，2007
	汽油生产的能源效率：89.1%；柴油生产的能源效率：89.7%；燃料油生产的能源效率：94.0%	Ou et al.，2010
汽油和柴油运输、储存和配送阶段	远洋油轮：25%（7000km）；铁路：50%（900km）；水运：15%（1200km）和公路（短途）：10%（50km）	CTTA，2008
燃料油运输、储存和配送阶段	远洋油轮：65%（7000km）；铁路：50%（900km）；管道：15%（160km）；水运：25%（1200km）；公路（短途）：10%（50km）	CTTA，2008
电力供应结构	煤发电（80.1%）；石油发电（1.8%）；天然气发电（0.7%）；其他电力（17.4%）	NSBC，2007
电力传输损失	6.97%（2008年）	NSBC，2007
供电效率	煤发电（36%）；石油发电（32%）；天然气发电（45%）；其他电力（假设二次能源投入为零）	Ou et al.，2010

注："运输模式：所占比例（平均运输距离）"。交通运输模式比例加总可能超过100%，因为存在两个或更多的运输模式同时使用的可能性。炼厂干气是由输入原油现场制得，该副产品生产过程中不需要任何附加的一次能源投入；本文设置其生产过程的能源效率为100%，CO_2 排放因子为65g/MJ。

表2　各运输模式的能源强度和工艺燃料结构

运输模式	能源强度 [kJ/（t·km）]	工艺燃料结构
远洋油轮	23	燃料油（100%）
铁路	240	柴油（55%）和电力（45%）
管道：石油	300	燃料油（50%）和电力（50%）
管道：天然气	372	天然气（99%）和电力（1%）
水运	148	燃料油（100%）
公路：短途	1362	柴油（68%）和汽油（32%）
公路：长途	1200	柴油（68%）和汽油（32%）

资料来源：Ou et al.，2010.

表3　中国二次能源的全生命周期化石能源消耗和温室气体排放强度

项目	EF_{LC}	$EF_{LC,coal}$	$EF_{LC,NG}$	$EF_{LC,petroleum}$	GHG_{LC}
能源	（MJ/MJ）	（MJ/MJ）	（MJ/MJ）	（MJ/MJ）	（gCO_2，e/MJ）
原煤	1.055	1.053	0.000	0.002	100.5
原气	1.155	0.080	1.011	0.064	68.59

续表

项目	EF_{LC}	$EF_{LC,coal}$	$EF_{LC,NG}$	$EF_{LC,petroleum}$	GHG_{LC}
原油	1. 167	0. 097	0. 023	1. 047	89. 19
精煤	1. 172	1. 061	0. 001	0. 110	104. 5
精制天然气	1. 196	0. 081	1. 015	0. 065	72. 73
柴油	1. 319	0. 156	0. 027	1. 119	102. 4
汽油	1. 331	0. 164	0. 049	1. 130	98. 86
燃料油	1. 220	0. 139	0. 026	1. 055	102. 9
电力	2. 924	2. 572	0. 021	0. 330	297. 7

资料来源：Ou et al.，2010.

注：coal 表示煤炭；NG 表示天然气；petroleum 表示石油。

3 煤基燃料路线

在中国，目前有 4 种类型的煤基液体燃料已经在示范应用或者商业化阶段。大约 200 万 t 煤制甲醇可能被非法掺入车用汽油中，二甲醚已经进入示范应用阶段。年产 100 万 t 煤制油的炼厂已经投入使用，其他几个直接和间接煤制油炼厂也已在建设之中（Zhang，2009）。不同路线之间的能源效率具有差异，对于同一路线，不同产能或者投产时间，其能源效率也不相同，如表 4 所示。煤基液体燃料运输阶段工艺燃料结构和运输模式数据如表 5 所示（Ou et al.，2010）。在该研究中，我们假设直接和间接煤制油的生产过程中除了由自备发电厂提供电力外，不需要消耗额外的电力，燃料产品的运输方式与传统石油基柴油相同（Li et al.，2008）。结合液体燃料的低位热值（甲醇、二甲醚、汽油和柴油分别为 19. 7 MJ/kg 、28. 4 MJ/kg 、43. 07 MJ/kg 和 42. 62 MJ/kg）和表 6 所列数据，可以计算运输 1 MJ 煤基液体燃料所需的工艺燃料消耗量，如表 7 所示。若将捕捉效率为 80% 的碳捕捉和存储技术用于直接煤制油路线，捕捉 1t 二氧化碳需额外消耗电力 80 ~140 kW · h（Jaramillo et al.，2009）。煤基液体燃料的 E_{heat} 和 GHG_{heat} 计算结果如表 8 所示。

表 4 各条煤制油路线的能源效率

路线	年份	效率（%）	备注
煤制甲醇	2008	30 ~ 45	根据 AERT（2006）、Zhang 等（2008）及 CATARC 和 GM（2007）的调研结果
	2020	50 ~ 60	根据 Zhang 和 Huang（2007）、Zhang 等（2008）的预测和 Ma（2003）的模拟结果
煤制二甲醚	2008	40 ~ 44	根据 AERT（2006）和 Zhang 等（2008）的调研结果
	2020	42 ~ 54	根据 Zhang 和 Huang（2007）和 Zhang 等（2008）的调研结果
直接煤制油	2008	45 ~ 55	根据 Zhang 等（2008）以及实地调研结果
	2020	55 ~ 60	根据 AERT（2006）、Zhang 等（2008）及 CATARC 和 GM（2007）的调研结果

续表

路线	年份	效率（%）	备注
间接煤制油	2008	40 ~ 44	根据 AERT（2006）和 Zhang 等（2008）的调研结果
	2020	42 ~ 52	根据 Zhang 等（2008）、CATARC 和 GM（2007）的预测结果

表 5　煤基液体燃料运输阶段工艺燃料结构和运输模式

项目	数据
甲醇生产	工艺燃料结构：煤（91%）和电力（9%）
运输模式	公路（短途）：100%（100km）
二甲醚生产	工艺燃料结构：煤（93%）和电力（7%）
运输模式	铁路：50%（900km），水运：50%（1200km）和公路（短途）：100%（50km）
煤制油生产	工艺燃料结构：煤（100%）
运输，存储和加注模式	铁路：50%（900km），水运：15%（1200km）和公路（短途）：100%（50km）

注："运输模式：所占比例（平均运输距离）"。交通运输模式比例加总可能超过 100%，因为存在两个或更多的运输模式同时使用的可能性。

资料来源：Ou et al.，2010.

表 6　运输能源强度和工艺燃料结构

运输模式	能源强度［kJ/（t · km）］	工艺燃料结构
铁路	240	柴油（55%）和电力（45%）
水运	148	燃料油（100%）
公路：短途	1362	柴油（68%）和电力（32%）

资料来源：Ou et al.，2010.

表 7　煤基液体燃料运输阶段工艺燃料消耗　（单位：kJ/MJ）

工艺燃料	甲醇	二甲醚	汽油	柴油
柴油	3. 10	1. 70	0. 98	0. 99
汽油	1. 46	0. 06	0. 03	0. 03
燃料油	0	2. 36	1. 02	0. 85
电力	0	1. 29	0. 74	0. 96

表 8　煤基液体燃料路线的 E_{heat} 和 GHG_{heat}

技术路线	E_{heat}（MJ/MJ）		GHG_{heat}（g CO_2，e/MJ）	
	2008 年	2020 年	2008 年	2020 年
煤制甲醇	3. 02 ~ 4. 53	2. 72 ~ 3. 00	255. 22 ~ 382. 60	229. 75 ~ 252. 60
煤制二甲醚	3. 00 ~ 3. 30	2. 45 ~ 3. 14	252. 60 ~ 277. 78	205. 97 ~ 264. 59
直接煤制油	2. 13 ~ 2. 61	1. 96 ~ 2. 13	177. 44 ~ 216. 77	162. 70 ~ 174. 44
间接煤制油	2. 66 ~ 2. 93	2. 26 ~ 2. 79	221. 64 ~ 243. 76	187. 61 ~ 232. 17
直接煤制油/碳捕捉和存储技术	—	2. 02	—	131. 53
间接煤制油/碳捕捉和存储技术	—	2. 35	—	139. 08

4 生物质基燃料路线

目前，不同路径和区域的生物质基燃料的全生命周期分析结果有很大差异。根据文献 Ou 等（2009）的全生命周期分析结果，中国 6 种主要的一代生物燃料路线中，一半路线的净输出能量为负值（玉米制乙醇、甜高粱制乙醇、大豆制生物柴油），其他的路线净输出能量为正值（木薯制乙醇、麻风果制生物柴油、地沟油制柴油）。获得并使用 1 MJ 这些生物质基燃料所产生的温室气体排放范围为 51. 971 ~ 145. 391 g CO_2，e，这些技术路线中，除了地沟油之外，其他原料都是种植的生物质，这些植物从空气中吸收二氧化碳，因此被看作碳汇。因而，车辆使用阶段所产生的温室气体排放可以被这部分碳汇所抵消。尽管二代生物燃料包括纤维素乙醇和生物质液体燃料仍处于研发阶段，但它们有望实现显著的节能和温室气体减排效益（Chai，2008）。对于 2020 年的情形，我们假设：①可以从草本和木质纤维素中生产乙醇，从原料到纯乙醇的质量转化率为 3. 7，纤维素所含能量的 20% 可用于醇电联产；②生物质液体燃料从原料到燃料的质量转化率为 6，整个工艺过程能源效率约 45%，这是由于醇电联产产生的电力可以满足整个工艺过程需求，不需要外购电力。

如表 9 所示，2008 年一代生物燃料的全生命周期化石能源消耗和温室气排放强度与 2020 年二代生物燃料差异很大。目前的平均计算结果相对较高，变化范围较大。在中国，目前有四种类型的煤基液体燃料已经在示范应用或者商业化阶段。未来生物燃料的全生命周期温室气排放因子几乎为零，其全生命周期化石能源消耗因子约为当前水平的 10%。

表 9　生物质基燃料的 E_{heat} 和 GHG_{heat}

技术路线	年份	E_{heat}（MJ/MJ）	GHG_{heat}（g CO_2，e/MJ）
玉米制乙醇	2008	1. 13	131. 384
木薯制乙醇	2008	0. 65	68. 63
甜高粱制乙醇	2008	1. 46	145. 391
大豆制柴油	2008	1. 02	110. 5
麻风果制生物柴油	2008	0. 50	51. 971
地沟油制柴油	2008	0. 87	74. 746
纤维素乙醇	2020	0. 101	4. 176
生物质液体燃料	2020	0. 092	0. 997

5 电力路线

2008 年中国各化石能源热电厂的电力结构、平均传输损耗、电力生产效率如表 1 所示。表 10 所示的核电、水电和生物质电力数据来自 Ou 等（2010）和 Weisser

(2007)。核电的分析主要涵盖铀矿开采、加工和运输阶段。水电是中国主要的非化石能源电力。被水库淹没的土地上腐烂的生物质所产生的甲烷排放不应被忽略。对于生物质发电的分析主要基于以下假设：①原料的热值为 15.89 MJ/kg；②原料运输距离为 100km；③原料运输所使用的车辆的燃料消耗强度为 0.0745 L/t · km（柴油货车）。目前不同原料来源的电力路线的全生命周期计算结果如表 11 所示。

表 10　核电、水电和生物质电力相关数据

项目	相关数据	参考文献
核电	化石能源消耗：0.063 MJ/MJ，包括煤（0.052 MJ/MJ），天然气（0.005 MJ/MJ）和石油（0.006 MJ/MJ）；温室气体排放：6.506 g CO_2，e/MJ	Ou et al.，2010
水电	化石能源消耗假设为零，而温室气体排放约为 5 g CO_2，e/MJ	Weisser，2007
生物质电力	棉花秆：0.076 MJ/MJ，包括煤（0.010 MJ/MJ），天然气（0.002 MJ/MJ）和石油（0.064 MJ/MJ）；温室气体排放：5.846 g CO_2，e/MJ	Ou et al.，2010

表 11　2008 年各电力路线全生命周期结果

类型	单位	电力来源						
		煤	石油	天然气	核能	生物质	其他	平均电网
E_{heat}	MJ/MJ	3.869	5.373	3.238	0.063	0.076	0.000	3.247
GHG_{heat}	g CO_2，e/MJ	357.707	340.956	236.956	6.506	5.846	5.000	297.688

如表 12 所示，我们设计了三种情景对 2020 年的电力情况进行分析：基准（BAU）情景反映了当前国家电力发展规划所计划的趋势；清洁能源（CE）情景中，核电和可再生电力占比分别增至 15% 和 10%（Ou et al.，2010）；对于碳捕捉和存储技术（CCS）情景，其电力结构与 BAU 情景相同，但假设燃煤电厂采用捕捉效率为 80% 的 CCS 技术，其能源效率降至 32%（IPCC，2005）。2020 年假设电力传输损耗为 5%，平均电网的全生命周期计算结果如表 13 所示。随着核电和水电比例的增加，2020 年，如果国家电力发展规划全部实现，其平均电网的全生命周期温室气体排放强度为 254.737g CO_2，e/MJ，相比 2008 年降低 14.46%，而对于 CE 情景和 CCS 情景，该水平相比 2008 年分别降低 13.45% 和 53.85%（117.558 g CO_2，e/MJ）。

表 12　2020 年不同情景下各电力技术占比　（单位：%）

情景		煤	石油	天然气	核能	生物质	风/光/小水电	其他
2008 年		80.8	1.8	0.7	1.9	0.1	0.0	14.7
2020 年	BAU	70.0	1.8	0.7	5.0	0.5	1.9	20.1
	CE	55.0	1.8	0.7	15.0	2.0	8.0	17.5
	CCS	70.0	1.8	0.7	5.0	0.5	1.9	20.1

表 13 2020 年不同情景下平均电网的全生命周期化石能源消耗和温室气体排放强度

类别	单位	BAU 情景	CE 情景	CCS 情景
E_{heat}	MJ/MJ	2.773	2.406	3.104
GHC_{heat}	g CO_2，e/MJ	254.737	220.470	117.558

6 车辆效率

当对比不同燃料路径的全生命周期化石能源消耗和温室气体排放结果时，研究的关键是需要获得不同燃料路径的能源/车辆效率（MJ/km）。通过举办专家研讨会和论坛，对 2008 年和 2020 年的车辆效率数据进行了充分分析和讨论，其结果如表 14 所示。对于汽油车，实际行驶时的能源效率约为 8 L/100km（Wagner et al., 2009）。根据行业专家观点，随着技术的发展，2020 年汽油车燃料经济性相比 2008 年提高约 15%，其能源效率将达到 6.7L/100km。对于其他车用燃料，基于 GREET 模型，根据其实际行驶数据与汽油车数据的相对值来确定。对于电动汽车是个例外，因为其只在城市道路行驶（Ou et al., 2010）。

表 14 车辆行驶阶段不同燃料的能源/车辆效率 （单位：MJ/km）

燃料	2008 年	2020 年	燃料	2008 年	2020 年
柴油	2.500	2.125	甲醇	2.850	2.423
汽油	3.000	2.550	二甲醚	2.375	2.019
电力	1.000	0.638	直接煤制油	2.125	2.019
乙醇	2.850	2.423	间接煤制油	2.550	2.168
生物柴油/生物质液体燃料	2.500	2.019			

7 结果和讨论

7.1 基于燃料生产和利用的全生命周期结果对比分析

如图 1 所示，相比于 2008 年，到 2020 年，无论是全生命周期化石能源消耗强度（MJ/MJ）还是温室气排放强度（g CO_2，e/MJ），车用能源都有明显的改善潜力（全生命周期化石能源消耗变化范围如图中棒状线 I 所示，全生命周期温室气体排放数值为平均水平）。从比较方面进行分类分析：①煤基燃料和电力路线的全生命周期表现最差，其计算结果约为传统汽油和柴油路线的两倍；②目前，一代生物燃料路线的结果略微低于与传统燃料路线；③未来二代生物燃料路线具有最好的计算结果；④未来煤基液体燃料和电力路线（CCS 情景）的计算结果仍然较高；煤基燃料和电力路线中 CCS 技术的应用将降低温室气体排放量，但化石能源消耗将显著增加。

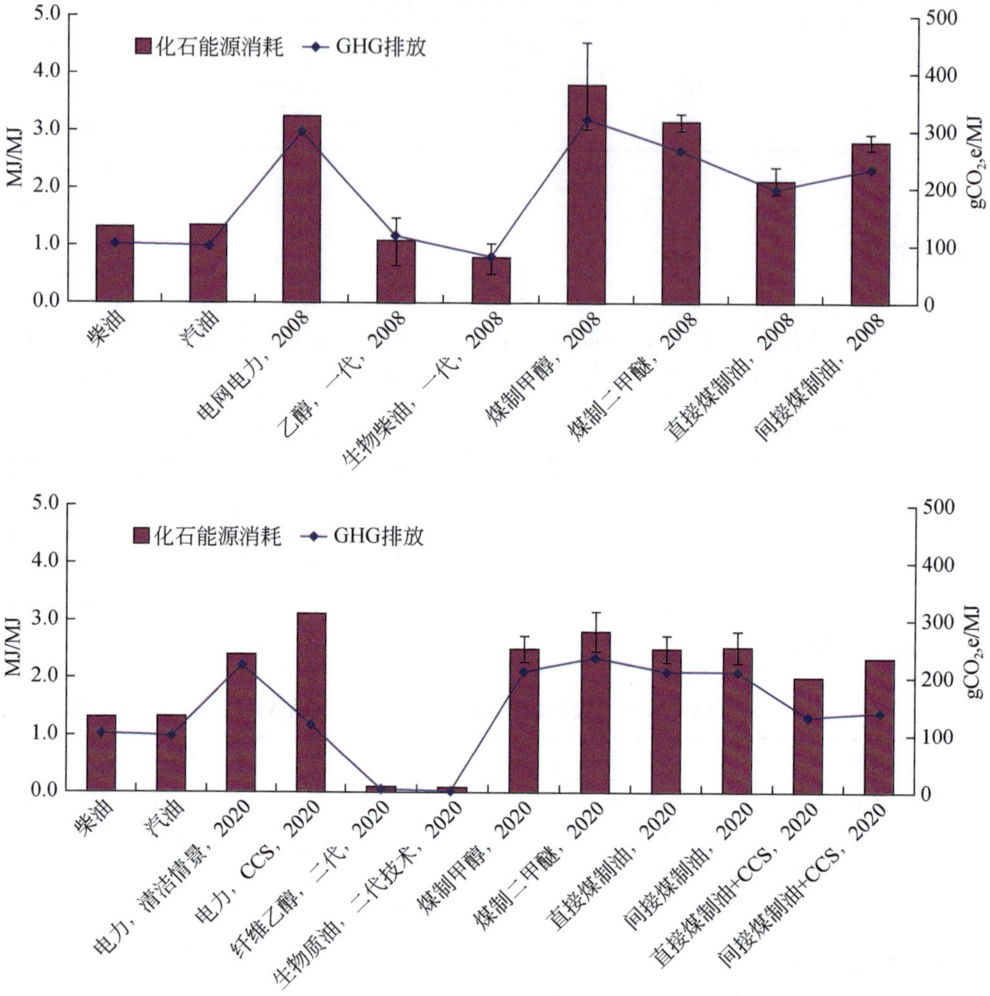

图 1　获得和使用 1 MJ 车用替代燃料的全生命周期计算结果

7.2　基于相同行驶距离的全生命周期结果对比分析

将车辆运行阶段的能源效率考虑在内，可以得到行驶相同距离时不同燃料的 $E_{distance}$（MJ/km）和 $GHG_{distance}$（g CO_2，e/km），以及它们与基准路线（汽油）的相对值（图 2 中的点代表每条路线的平均值）。研究结果表明：①当前情况而言，与基准路线相比，大部分车用替代能源都具有较高的温室气体排放强度；②煤基车用替代能源的全生命周期化石能源消耗和温室气体排放强度较高；③电网平均电力的温室气体排放强度与汽油路线相当，但化石燃料强度较低；④目前生物质基燃料的化石能源消耗和温室气体排放强度较低。根据 2020 年的预测，与汽油路线相比：①车用替代能源的化石能源消耗和温室气体排放强度都将降低；②低碳电力技术的应用将使得电力路线的温室气体排放强度大幅降低，但化石能源消耗强度降低幅度较小；③二代生物燃料技术将实现的化石能源消耗和温室气体的近零消耗和排放，节能减排效益明显；④煤基车用替代燃料的化石能源消耗强度和温室气体排放强度分别是汽油路线的 1.5 ~ 1.8 倍和 1.8 ~ 2.5倍；⑤碳捕捉和存储技术的应用将使得煤基车用替代燃料的温室气体排放强度略微高于汽油路线，但化石能源消耗强度将增加。

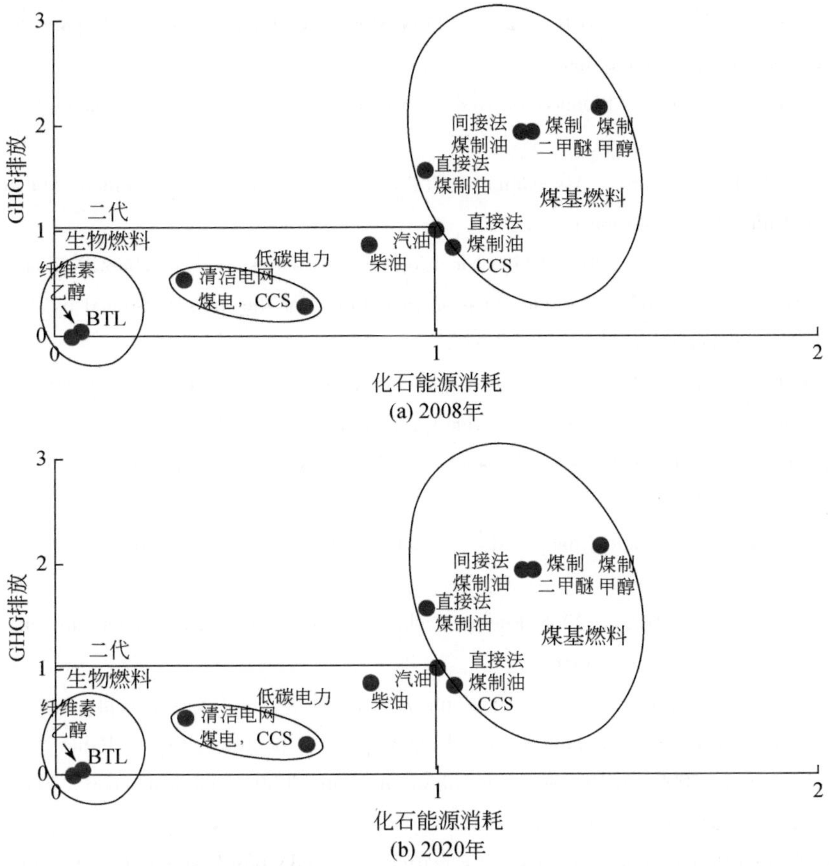

图 2 基于同一行驶距离时不同燃料路线的全生命周期计算结果（相对于汽油路线的相对值）

注：图中横纵轴上的数字指相对于汽油路线的相对值。

8 研究结论

1）与传统汽油燃料路线相比，多数车用替代能源路线的温室气体排放强度并没有显著降低。

2）预计 2020 年车用替代能源的化石能源消耗和温室气排放强度将得到明显改善。

3）需要采取一系列措施以实现车用替代能源的化石能源节约和温室气体减排效益。

参 考 文 献

China Automotive Technology and Research Center (CATARC), General Motor (GM). 2007. Well-to-Wheels

Analysis of Energy Consumption and GHG Emissions of Multi Vehicle Fuel in Future China. Beijing: CATARC.

National Statistic Bureau of China (NSBC). 2007. National Statistic Bureau of China, China Energy Statistic Yearbook 2007. Beijing: China Statistic Press.

Alternative Energy Research Team (AERT). 2006. China Alternative Energy Research Report. Beijing: National Development and Reform Commission.

Chai Q H. 2008. Research on the Biomass-Derived Automotive Alternative Energy Industry. Beijing: Tsinghua University.

China Traffic and Transportation Association (CTTA). 2008. China Transportation Statistic Yearbook 2007. Beijing: China Transportation Press.

Chinese Electricity Council (CEC). 2008. China Electric Power Statistics Analysis 2008. Beijing: CEC.

Di X H, Nie Z R, Zuo T Y. 2002. Life-cycle emission inventories for the fuels consumed by thermal power in China. China Environmental Science, 26: 632-635.

Hu Z Y, Tan P Q, Lou D M. 2007. Life-cycle assessment of energy consumption and emissions of vehicle gasoline alternative fuel. Journal of Tongji University, 35: 1099-1103.

Huang Z J, Zhang X. 2006. Well-to-wheels analysis of hydrogen based fuel-cell vehicle pathways in Shanghai. Energy, 31: 471-489.

Intergovernmental Panel on Climate Change (IPCC). 2005. Carbon Dioxide Capture and Storage. Cambridge: Cambridge University Press.

International Energy Agency (IEA). 2008. Energy Technology Perspectives 2008: Scenarios and Strategies to 2050. Paris: International Energy Agency.

Jaamillo P, Samaras C, Wakeley H, et al. 2009. Greenhouse gas implications of using coal for transportation: life-cycle assessment of coal-to-liquids, plug-in hybrids, and hydrogen pathways. Energy Policy, 37: 2689-2695.

Li Z, Ma LW, Fu F, et al. 2008. Coal-based Fuel Pathway in China 2009 (Technical report). Beijing: China Automotive Energy Research Center, Tsinghua University.

Ma L W. 2003. System Research on Methanol and Electricity Co-production Based on Coal Gasification. Beijing: Tsinghua University.

Ou X M, Yan X Y, Zhang X L. 2011. Life-cycle energy consumption and greenhouse gas emissions for electricity generation and supply in China. Applied Energy, 88: 289-297.

Ou X M, Zhang X L, Chang S Y, et al. 2009. Energy consumption and GHG emissions of six biofuel pathways by LCA in (the) People's Republic of China. Applied Energy, 86(S): S197-S208.

Ou X M, Zhang X L, Chang S Y, et al. 2010. Scenario analysis on alternative fuel/vehicle for China's future road transport: life-cycle energy demand and GHG emissions. Energy Policy, 38: 3943-3956.

Ou X M, Zhang X L, Chang S Y. 2010. Alternative fuel buses currently in use in China: life-cycle fossil energy use, GHG emissions and policy recommendations. Energy Policy, 1: 406-418.

Shen W, Zhang A L, Han W J. 2006. Well-to-wheel analysis on energy use and GHGs emission of NG-based alternative fuels. Natural Gas Industry, 26: 148-152.

Song W, Guo J Q, Wang C. 2008. Study on China coal-based vehicle fuel energy consumption and carbon dioxide emissions based on WTW fuel cycle analysis. Automobile Technology, (1): 5-9.

Wagner D, An F, Wang C. 2009. Structure and impacts of fuel economy standards for passenger cars in China. Energy Policy, 37: 3803-3811.

Wang Q Y. 2009. China's energy end use and efficiency in 2007. Energy Saving and Environment Protection, (02):14-17.

Wei YC, Peng S P, Jiang Y F, et al. 2008. Analysis on life-cycle GHGs emission of coal based methanol. Clean Coal Technology, 14:10-12.

Weisser D. 2007. A guide to life-cycle greenhouse gas (GHG) emissions from electric supply technologies. Energy, 32:1543-1559.

Xiao B, Zhang AL, Chen G F. 2002. Life-cycle inventory of clean coal-fired power generation in China. Clean Coal Technology, 11(2):1-4.

Zhang A L, Shen W, Han W J, et al. 2008. Life-cycle Analysis of Automotive Alternative Fuel. Beijing: Tsinghua University Press.

Zhang G B. 2009. Report on China's Energy Development for 2009. Beijing: Economic Science Press.

Zhang L, Huang Z. 2005. Life-cycle assessment and selection of natural gas-based vehicle alternative fuels. Automotive Engineering, 27:553-556.

Zhang L, Huang Z. 2007. Life-cycle study of coal-based dim ethyl ether as vehicle fuel for urban bus in China. Energy, 32:1896-1904.

Zhang L. 2007. Study on life-cycle energy use, pollutants emission and economy of coal-based vehicle DME. Shanghai: Shanghai Jiao Tong University.

Life-Cycle Analysis on Energy Consumption and GHG Emission Intensities of Alternative Vehicle Fuels in China

OU Xunmin, Yan Xiaoyu, Zhang Xiliang, Liu Zhen

Abstract: Fossil energy consumption (FEC) and greenhouse gas (GHG) emission intensities of major alternative vehicle fuels (AVFs) in China are calculated and compared with conventional fuels by means of full life-cycle analysis. Currently most of the AVFs have not relatively obvious GHG emission reduction when compared to the gasoline pathway: ① coal-based AVF has higher intensities in terms of both the FEC and GHG emissions; ② electricity from the average Chinese grid has the GHG emission intensity similar to that of gasoline pathway although relatively lower FEC intensity; ③ first generation technology biofuel has relatively lower GHG emission intensity and substantially lower FEC intensity. It is forecasted that by 2020 when still comparing to the gasoline pathway: ①coal-based AVF will still have FEC and GHG emission intensities that are 1.5 ~1.8 and 1.8 ~2.5 times those of gasoline pathway, and the application of carbon capture and storage technology can reduce the GHG emission intensity of coal-based AVF; ②electricity will have significantly lower GHG intensity; ③ second generation technology bio-fuel will have near zero FEC and GHG intensities.

Key words: energy consumption; greenhouse gas; alternative vehicle fuel; life-cycle analysis

